STUTTGARTER ARBEITEN ZUR GERMANISTIK
herausgegeben von
Ulrich Müller, Franz Hundsnurscher und Cornelius Sommer

Nr. 30

Friedrich Hebbels HERODES UND MARIAMNE:

Literarhistorische Studien zur gesellschaftlichen Funktion und Klassenbedingtheit von Werk und Wirkung

von
Manfred Michael

AKADEMISCHER VERLAG HANS-DIETER HEINZ
Stuttgart 1976

Die Reihe „**STUTTGARTER ARBEITEN ZUR GERMANISTIK**"
ist die **neugermanistische** Fortsetzung der Reihe
„GÖPPINGER ARBEITEN ZUR GERMANISTIK",
Verlag Alfred Kümmerle, Göppingen.
In den „GÖPPINGER ARBEITEN ZUR GERMANISTIK"
erscheinen ab Band 160 ausschließlich Veröffentlichungen aus
dem Gebiet der Altgermanistik und der Sprachwissenschaft.

Verlag Hans-Dieter Heinz, Stuttgart 1976
Druck: Fotodruck PRÄZIS B. v. Spangenberg KG · Tübingen
ISBN 3-88099-029-8
Printed in Germany

Vorwort

Die vorliegende Untersuchung ist im Sommer 1976 vom Fachbereich für Neuere deutsche Literatur u. Kunstwissenschaften der Philipps-Universität in Marburg als Dissertation angenommen worden.

Die Arbeit geht auf eine Anregung von Herrn Prof. Dr. J. Kunz im Jahre 1964 zurück. Damals orientierte sich die Untersuchung methodisch an Leo Spitzers Stilstudien sowie an den Wölfflin-Walzelschen Kategorien der offenen und geschlossenen Form. Nach einiger Zeit zeigte sich, daß auf diesem Wege neue Ergebnisse nicht zu erzielen waren. Dennoch war ich nach wie vor der Auffassung, daß eine Untersuchung Hebbelscher Produktionen bei der Sprache ansetzen müsse, wenn die Positionen der metaphysizierenden Hebbelkritik begründet widerlegt werden sollten. Erst 1967 erhielt ich die Anregung, den Wort-Index eines Hebbelschen Dramas zu erarbeiten und diesen für die Interpretation des Werkes auszuwerten. Frau Prof. Dr. M.-L. Gansberg hat die Arbeit seit 1972 betreut. Sie forderte eine stärkere Berücksichtigung der politisch-sozialen Bezüge des Textes und bemängelte die Vernachlässigung der Wirkungsgeschichte. Die Vielzahl unterschiedlicher Aneignungsversuche des Hebbelschen Werkes machte die Überprüfung der jeweiligen geschichtlich-gesellschaftlichen Rezeptionsbedingungen erforderlich; diese wiederum schärften den Blick für die geschichtlich-gesellschaftlichen Bedingungen der Produktion des Werkes.

Ich danke all denen, die mich bei der Anfertigung der vorliegenden Untersuchung unterstützt haben, insbesondere Frau Prof. Dr. Marie-Luise Gansberg, Herrn Ludwig Koopmann, dem Leiter des Hebbel-Museums in Wesselburen, und meiner Frau Marianne. Mein Dank gilt auch Herrn Prof. Dr. Franz Hundsnurscher, der das Erscheinen der Arbeit in dieser Reihe ermöglicht hat.

Inhalt

Seite

Abkürzungen

DLZ	Deutsche Literatur-Zeitung
DuV	Dichtung und Volkstum
DVjs	Deutsche Vierteljahrsschrift für Literaturwissenschaft und Geistesgeschichte
GRM	Germanisch-Romanische Monatsschrift
Hirth	Aus Friedrich Hebbels Korrespondenz: Ungedruckte Briefe von und an den Dichter nebst Beiträgen zur Textkritik einzelner Werke, hg. und erläutert von Friedrich Hirth. München [2]1913
HJb	Hebbel-Jahrbuch
LE	Literarisches Echo
W I - XII *)	Friedrich Hebbel. Sämtliche Werke. Historisch-kritische Ausgabe, besorgt von Richard Maria Werner. Erste Abteilung. Werke. 12 Bände. Berlin [2]1904
WB	Weimarer Beiträge
W Bf I - VIII	Friedrich Hebbel. Sämtliche Werke. Historisch-kritische Ausgabe, besorgt von Richard Maria Werner. Dritte Abteilung. Briefe. 8 Bände. Berlin 1904-1907
W S I - XV	Friedrich Hebbel. Sämtliche Werke. Historisch-kritische Ausgabe, besorgt von Richard Maria Werner. Säkularausgabe. 15 Bände. Berlin 1911 - 1922
W T I - IV	Friedrich Hebbel. Sämtliche Werke. Historisch-kritische Ausgabe, besorgt von Richard Maria Werner. Zweite Abteilung. Tagebücher. 4 Bände. Berlin 1903 - 1904
ZdB	Zeitschrift für deutsche Bildung
ZdU	Zeitschrift für deutschen Unterricht
ZfD	Zeitschrift für Deutschkunde
ZfdPh	Zeitschrift für deutsche Philologie

*) Hebbels Herodes und Mariamne wird zitiert nach dem 2. Band der historisch-kritischen Ausgabe von Richard Maria Werner (W II).

1. Einleitung

1.1 Probleme der Hebbelforschung

Die Auffassung, daß das literarische Werk so wenig wie die Deutungen, die es im Laufe der Zeit erfährt, "in der Luft" schwebt, sondern mit seinem jeweiligen soziologisch-historischen Träger funktional verbunden ist[1], ist nicht neu[2], und sie ist nicht kühn: Sie ist gegenwärtig Anlaß und Gegenstand einer ganzen Anzahl literaturtheoretischer und literaturdidaktischer Untersuchungen[3]. Aber sie ist wenig erprobt, wie am Beispiel der Hebbelforschung unschwer zu erkennen ist. "Entstehung" und "Wirkung"[4] eines Hebbelschen Werkes sind Gegenstand dieser Untersuchung, weil die Hebbelforschung gegenwärtig vor Schwierigkeiten steht, die "geistesgeschichtlich" oder "werkimmanent" nicht auflösbar sind.

Die jüngste Hebbel-Monographie hat Herbert Kraft mit seiner Tübinger Habilitationsschrift _Poesie der Idee: Die tragische Dichtung Friedrich Hebbels_ (Tübingen 1971) vorgelegt. Auf eine ausführliche referierende Inhaltsangabe kann hier verzichtet werden. Das Buch behandelt nach einer kurzen Einleitung (S. 1 - 13) in verschiedenen Kapiteln in der Reihenfolge ihres Entstehens sämtliche epischen und dramatischen Werke Heb-

---

1 Karl Mannheim, "Das Problem einer Soziologie des Wissens", _Wissenssoziologie_ (Berlin 1964) S. 376; zuerst veröffentlicht im _Archiv für Sozialwissenschaft und Sozialpolitik_ 53 (1925) S. 577 - 652.

2 Cf. die Dokumentation _Marxismus und Literatur: Eine Dokumentation_, hg. Fritz J. Raddatz, 3 Bde. (Reinbek, 2. Aufl. 1972).

3 Cf. die kontinuierlich geführte Diskussion um die "materialistische Literaturtheorie" in den _Weimarer Beiträgen_ sowie in einzelnen Heften der Zeitschrift _alternative_ (H. 67/68, 69, 78/79, 82 , 84/85) und im _Argument_ (H. 26, 28, 49, 64, 72, 77); cf. außerdem die Auseinandersetzung um die Grundlagen der Literaturdidaktik in den letzten Jahrgängen der Zeitschriften _Deutschunterricht_, _Der Deutschunterricht_ und _Diskussion Deutsch_.

4 Diese Begriffe sind in der Bedeutung gefaßt, die ihnen der Aufsatz von Robert Weimann, "Gegenwart und Vergangenheit in der Literaturgeschichte", _WB_ 16 (1970) H. 5, 30 - 57 gegeben hat.

bels. Eingefügt sind Kapitel über den Stil der Dichtung Hebbels (S. 63 - 75), über Hebbels Vers (S. 76 - 78), über Hebbels Theorie des Dramas (S. 125 - 131) und über die Bedeutung der Geschichte für Hebbels dramatische Dichtung (S. 132 - 137). Die Darstellung schließt mit Ergänzungen und zusammenfassenden Hinweisen zur Struktur der Dichtung Hebbels (S. 282 - 293). Ihnen folgt ein Literaturverzeichnis (S. 294 - 320).

Kraft geht es um eine Deutung der komplexen und anspruchsvollen Problematik des Hebbelschen Gesamtwerkes. Unbestreitbar ist die große Sorgfalt, mit der die Studie vorbereitet worden ist; sie bezeugt eine in der Hebbelforschung der letzten Jahrzehnte einzigartige Kenntnis der Hebbelliteratur und der Hebbelschen Briefe, Tagebücher und ästhetischen Schriften, auf die die Forschung fortan wohl stärker zurückgreifen wird. Anerkannt werden muß auch, daß insgesamt ein kritischer Ansatz zumindest intendiert wird, der sich von älteren Fragestellungen und Bewertungen lösen will. Dennoch befriedigt die Arbeit nicht. Sie dokumentiert vielmehr "ein eklatantes Mißverhältnis" von "riesigem Aufwand und greifbarem Resultat"[5], die Grenze des Buches liegt "im Fehlen durchschlagend neuer Gesichtspunkte oder Verfahrensweisen"[6].

Krafts Arbeit wirft wichtige Fragen auf, freilich meist nur implizit, die im folgenden erörtert werden sollen.

1. Hebbel hat, folgt man den Ausführungen Krafts, mit der Maria Magdalena "in der Darstellung der Situation seiner Zeit den Umbruch der Zeiten als Gegenstand seiner Dichtung" entdeckt (S. 122). Vorgeführt wird in diesem bürgerlichen Trauerspiel der "gesellschaftliche Zusammenbruch" des Bürgertums: "In Hebbels Drama am Ende der Geschichte des bürgerlichen Trauerspiels befindet sich das Bürgertum nicht mehr in der Auseinandersetzung mit einem höheren Stand (dem Adel), sondern es leidet an seiner zur Unmöglichkeit verengten Existenz" (S. 121). Auch in den späteren Werken greift

---

5 Walter Dietze (Rez.), DLZ 92 (1971) S. 881

6 Helmut Kreuzer (Rez.), Germanistik 12 (1971) S. 809.

Hebbel die ungelösten Probleme seiner Zeit auf, wenn ihm auch offensichtlich viel daran gelegen ist, "die direkte Aussage zu vermeiden" (S. 193). Entscheidend ist jedoch die These Krafts, daß in diesen Werken die Darstellung "Abbild" und "Entwurf" zugleich ist (S. 122). Sie hat, soweit sie die gegenwärtige gesellschaftliche Situation abbildet, eine entschieden gesellschaftskritische Funktion: sie zeigt die Unerträglichkeit der gegebenen Verhältnisse. Ob der "Entwurf" einer besseren Zukunft eine ideologische oder utopische Funktion[7] hat, ist eine offene Frage. Krafts Interpretation der Schauspiele, die die soziale Realität des 19. Jahrhunderts voraussetzen, zeigt, daß Hebbel den "Schritt von der Gegenwart zur Zukunft" (S. 122) intendiert, aber nicht bzw. nicht überzeugend hat darstellen können. In der _Julia_ erweist sich "das zu leistende Neue" als die entscheidende und nicht erledigte Schwierigkeit (S. 169), und was in der Idylle _Mutter und Kind_ als Lösung der sozialen Frage angeboten wird, ist nach dem Urteil Krafts nicht mehr als Hebbels "Privat-Versöhnung" (S. 245): es hat eindeutig ideologischen Charakter.
Es bleiben die historischen Schauspiele im engeren Sinne. Die Geschichte ist in diesen Stücken dazu benutzt, "dem Zuschauer oder Leser den Beweis der gelingenden Zukunft" zu liefern (S. 235). Den Auftritt der drei Könige aus dem Morgenland in _Herodes und Mariamne_ (S.186), die Herrschaft des Griechen in _Gyges und sein Ring_ (S. 235), das Christentum in den _Nibelungen_ (S. 266) deutet Kraft als "Signale" (S. 235) für den "sinnvollen Ablauf der Geschichte" (S. 123). Wenn diese Stücke tatsächlich darauf angelegt sind, den Eindruck zu vermitteln, "daß die Geschichte nach dem Prinzip der Vollendung abläuft" (S. 136), so bedeutet dies unzweifelhaft, daß ihre gesellschaftskritische Funktion weitgehend aufgefangen wird. Kraft vernachlässigt die Frage, wie-

---

7 Cf. zu dieser Unterscheidung _Utopie: Begriff und Phänomen des Utopischen_, hg. Arnhelm Neusüss, Soziologische Texte 44 (Neuwied, 2.Aufl. 1972) S. 14 ff.

weit Hebbels Produktionen auf Nachahmung einer höheren Ordnung, wieweit sie auf Veränderung von Welt und Leben abzielen. Anders gewendet: das Ineinander von gesellschaftskritischen und ideologischen Intentionen ist ungeklärt.

Im übrigen ist es zweifelhaft, ob die Formel Krafts: "In seinen Werken ist das besondere Dasein Katastrophe, das allgemeine Versöhnung" (S. 123) zutrifft. Hebbels ästhetische Reflexionen bieten kaum Anhaltspunkte dafür. Dafür einige Belege: Hebbel sah zumindest bis 1848/49 seine "Lebensaufgabe" darin, in historischen Dramen "den gegenwärtigen Weltzustand, wie er ist und ward, darzustellen"[8]. In einem Brief Hebbels an den Verleger Campe vom 2. 6. 1844 heißt es: "Ich habe mir kein geringeres Ziel gesteckt, als den ganzen gegenwärtigen Welt=Zustand, wie er sich im Verlauf der Geschichte abwickelt und jetzt zur Katastrophe (denn unläugbar steht uns eine solche in Staat und Kirche, wie in Wissenschaft und Kunst bevor) gesteigert hat, in einer Reihe von miteinander correspondirenden Lebens=Bildern Darzustellen. Ob ich dieß Ziel ganz erreichen oder einem Nachfolger einen Theil der Arbeit unerledigt zurücklassen werde, kann ich nicht wißen, aber dieß weiß ich, daß die dramatische Kunst jetzt nur noch diese Aufgabe zu lösen hat, und daß Jeder, der nicht von vorneherein zu den Todten und Gespenstern gerechnet sein will,meinen Weg gehen muß."[9] Wenn die dramatische Kunst "überhaupt noch irgend Etwas" bewirken sollte[10], wenn sie "nicht kümmerlich hinter der Philosophie und dem öffentlichen Leben herhinken" wollte[11], dann mußte sie nach Ansicht Hebbels darauf gerichtet sein, die "Wahnvorstellungen" des Publikums zu "widerlegen", den verhängnisvollen "Hang der Leute zur Lüge und zu Lügnern" zu geißeln[12]. An anderer Stelle schrieb Hebbel, er habe von Anfang an das Ziel vor Augen gehabt, "den einmal aufgenomme-

---

8 W T III 3943 (30.1.1847), ebenso: W Bf IV 6-8.

9 Hirth 35.

10 W S XI 43.

11 W S XI 18.

12 W Bf IV 69 (11.12.1847).

nen Kampf gegen Wahn und Vorurtheil" siegreich zu Ende zu führen[13]. Die Menschen seien "erstaunlich ingeniös" in Erfindungen, den reflektierenden Teil ihres Ichs über den handelnden zu betrügen[14], und nichts empöre sie mehr, "als wenn man aus ihren eigenen Behauptungen die Consequenzen zieht, sie zu widerlegen"[15]. Weil er in seinen Bühnenstücken "die Probleme der concreten Welt" aufgreife, eben darum stoße er so hart mit ihr zusammen[16]. Der "morsche Weltzustand", schrieb Hebbel im Jahre 1848, habe auf ihm gelastet, als ob er allein unter ihm zu leiden hätte, "und es schien mir die Kunst nicht unwürdig, seine Unhaltbarkeit durch ihre Mittel zur Anschauung zu bringen". Jetzt , da die Konflikte , aus denen seine bisherigen Dramen hervorgegangen seien, "auf den Gassen verhandelt und geschichtlich gelöst" würden, halte er sich für abgelöst; jedenfalls brauche er"das alte Gefängnis ohne Rauchfang und Fenster" nicht weiter zu malen[17]. Ebenfalls aus dem Jahre 1848 stammt folgende Äußerung des Dichters: Der Gehalt eines jeden Kunstwerks hänge davon ab, ob es neben dem bloßen Bilderwert, der allerdings unter Umständen auch schon ein beträchtlicher sein könne, "noch einen höheren, seine Existenz zur Nothwendigkeit erhebenden und im doppelten Sinn der Abspiegelung und der Fortentwicklung historischen" besitze[18]. In einem Aufsatz aus dem Jahre 1851 schrieb Hebbel, seine dramatischen Produktionen reflektierten nicht über den "Welt- und Menschen-Zustand", vielmehr spiegelten sie ihn ab und gäben dem Zuschauer und dem Leser nur die Gelegenheit, darüber zu reflektieren, was allerdings geschehen solle[19]. Nur unter solchen wirkungspoetischen Aspekten wird Hebbels Kritik der Dramatik Schillers verständlich. Gegen Schiller erhob Hebbel in einem 1843/49 veröffentlichten Aufsatz den Vorwurf,

---

13 W Bf IV 166 (30.10.1849).
14 W T III 3640 (30.6.1846).
15 W T III 3334 (21.2.1845).
16 W Bf IV 78 (23.12.1847).
17 W Bf IV 124 (16.6.1848).
18 W Bf IV 84 (27.1.1848).
19 W S XI 387 - 407 (406).

er sei "aus der realen Welt in die ideale, aus der Welt der Verworrenheit und des Zickzacks in die der reinen Kreislinie" geflüchtet und habe dieser Welt gemäß auch die Menschen zugerichtet, mit denen er sie bevölkere ; an der "eigentlichen Aufgabe der dramatischen Kunst" habe er sich jedoch vorbeigeschlichten. Diese bestehe nämlich nicht darin, "eine ideale Welt in die reale als ein Bild hinein zu hängen und das Bild mit bengalischer Flamme zu beleuchten, sondern darin, diese ideale aus der realen selbst hervor zu arbeiten"[20]. Ob diese ideale Welt in der Form eines utopischen Gegenentwurfs auf die Realität bezogen ist oder ob sie dazu bestimmt ist, von den Widrigkeiten der Wirklichkeit abzulenken, und somit ideologischen Charakter hat, diese Frage läßt Krafts Buch unbeantwortet.

2. Kraft legt großes Gewicht darauf, daß "Inhalte und Gestalten" auf ihre Funktion hin befragt werden, weil "nur das Ganze als für die Aussage stehend aufgefaßt" werden kann (S. 10). Folglich sei auch bei der Behandlung der Charaktere die Dichtung der eigentliche Gegenstand der Untersuchung. Als Kriterium für die "Glaubhaftigkeit" der dramatischen Charaktere werde nicht "das nach dem Leben Gestaltete" angenommen, sondern die Funktionalität im Zusammenhang des Ganzen als des konstruierten Kunstwerks" (S. 10). Die Kritik, die seit den Zeiten Julian Schmidts an Hebbels Personengestaltung vorgetragen worden ist, hält Kraft deshalb für verfehlt. "Natürlichkeit" und "Echtheit" menschlichen Empfindens könnten bei Hebbels Personen nicht erwartet werden (S. 289): "Die Charaktere sind Theaterfiguren, die nicht Leben haben, sondern Funktion." (S. 290)

Es gilt jedoch zu bedenken, daß auch die Figuren Shakespeares oder Goethes, die Hebbels Kritiker immer wieder als Beispiele gelungener Personengestaltung anführen, im Sinne Krafts Theaterfiguren sind. Wenn es zutrifft, daß Hebbels Figuren "keinesfalls als psychologisch integrierte und damit als psychologisch identifizierbare Personen aufzufassen" sind, daß Hebbel Figuren konstru-

---

20 W S XI 90 - 197 (141).

iert hat, "durch die gedachte Gefühle und gedachte Möglichkeiten als Wirklichkeiten ausgegeben" werden[21], genügt es nicht, darauf hinzuweisen, daß es eben keine lebenden Menschen, sondern Theaterfiguren sind. Kraft versäumt es, die Deformationen von Hebbels dramatischen Personen genauer zu beschreiben und auf ihre Funktion hin zu untersuchen. Es ist kein Zufall, daß er den von Dieter Gerth beschriebenen Reduktionsformen der Individualität[22] nur geringe Beachtung schenkt (S. 54, 219, 291) und daß er auf Georg Lukács' Hebbelkritik gar nicht eingeht. Für Lukács ist die "überindividualisierte Psychologie" der dramatischen Figuren weniger ein "individueller Mangel des Dichters als eine Zeiterscheinung"[23]. Es fragt sich, ob und in welchem Sinne die von Lukács bemängelte komplizierte psychische Verfassung der dramatischen Figuren gesellschaftlich vermittelt ist.

3. Kraft versucht zu zeigen, daß "dem Betrachter" durch Hebbels Drama seine Situation veranschaulicht und bewußt gemacht werden soll. Das geweckte Interesse an seiner Situation führe zur Überwindung der Richtungslosigkeit der Gegenwart und schließlich zu der Erkenntnis, daß die Gegenwart zur "Katastrophe" werde, wenn sie nicht als ein Zustand begriffen werde, den es zu überschreiten gelte (S. 136).

Am Ende seiner Untersuchung hebt Kraft hervor, daß das Kunstwerk erst "im Bewußtsein des Kunstbetrachters" seine endgültige Form erhalte; die niedrigere Bewußtseinsstufe der dramatischen Personen sei dafür nicht ausreichend. Entsprechend gestalte sich die "Struktur" des Kunstwerks: "bestimmend sind das Wissen und Denken des Zuschauers und Lesers" (S. 292). Wenn, wie die Darstel-

---

21 Heinz W. Puppe, "Wir sprechen hier vom Möglichen: Hebbels Herodes und Mariamne", Neophilologus 54 (1970) S. 286, 289.

22 Dieter Gerth, "Die Struktur der reduzierten Individuation bei Friedrich Hebbel", HJb 1968, S. 9 - 44.

23 Die Grablegung des alten Deutschland: Essays zur deutschen Literatur des 19. Jahrhunderts, Ausgewählte Schriften I, rowohlts deutsche enzyklopädie 276 (Reinbek 1967) S. 67, 68; ähnliche Formulierungen in Der historische Roman (Berlin 1955) S. 125 f.

lung Krafts vermuten läßt, das politisch-soziale wie das religiöse und ästhetische Bewußtsein des Lesers oder Zuschauers durch Hebbels Stücke beeinflußt, ja verändert werden soll und die "Struktur" jedes einzelnen Werkes durch diese Aufgabe wesentlich bestimmt ist, stellt sich die Frage um so dringlicher, auf welches Publikum sich Hebbels literarische Werke beziehen. Es liegt auf der Hand, daß Kraft Umfang und Bedeutung dieser historisch-kritischen Frage verkennt, wenn er abschließend schreibt: "Der denkende Dichter schreibt für den denkenden Zuschauer und Leser." (S. 293) Fähigkeiten und Interessen eines jeden Lesers oder Zuschauers sind, wie uns die Sozialisationsforschung lehrt[24], in ganz erheblichem Maße gesellschaftlich vermittelt. Solange die Konkretion durch den spezifischen Leser oder Leserschichten nicht erfolgt, ist die Gefahr weitreichender Fehldeutungen nicht ausgeschlossen.

4. Krafts methodologisches Ideal ist die integrale Werkbeschreibung: "nur der ganze Inhalt und die ganze Form reichen aus für eine Beschreibung der Funktion des Stils." (S. 75) Das ist aber schon theoretisch und erst recht praktisch unmöglich[25], und so begnügt sich Krafts Darstellung damit, streng werkimmanent "Inhalte und Gestalten (...) auf ihre Funktion hin" zu befragen, um so die "Grundstruktur der einzelnen Dichtungen" herauszuarbeiten (S. 10). Methodische Hilfsmittel werden nicht genannt, es sei denn, man wolle die Verwendung der ästhetischen Schriften sowie der Briefe und Tagebücher Hebbels zur Verdeutlichung "des an der Dichtung Entwickelten" (S. 6) als solche auffassen. Die einzelnen Interpretationen Krafts gerinnen infolgedessen zu einer streckenweise diffusen, weil methodisch unkontrollierten Aneinanderreihung von Beobachtungen und Erörterun-

---

24 Cf. die Gutachten von Aebli, Heckmann, Mollenhauer u.a. in Begabung und Lernen: Ergebnisse und Folgerungen neuer Forschungen, hg. H. Roth, Deutscher Bildungsrat, Gutachten und Studien der Bildungskommission, Bd. 4 (Stuttgart, 3.Aufl. 1969).

25 Jürgen Habermas, Zur Logik der Sozialwissenschaften (Tübingen 1967) S. 166.

gen, in denen fortgesetzt Problemstellungen und Resultate der älteren Forschung reflektiert werden. Tatsächlich fehlt es in der Hebbelforschung, von ganz wenigen Ausnahmen abgesehen[26], an Versuchen, etwa im Sinne des New Criticism durch eine Analyse der Sprache der Texte ihre Intention aufzuspüren[27]. Krafts Ausführungen über Hebbels epische und dramatische Sprache sind eine Zusammenfassung älterer Forschungen. Sie gehen davon aus, daß Hebbels Dichtung sich durch einen "Dauerton" auszeichnet, der die Behandlung des Stils und des Verses in zusammenfassenden Kapiteln ermöglicht (S. 63). Die Ausführungen über Dialog und Monolog, Eigenarten der Syntax und Metaphorik sind dazu bestimmt, "die Funktionalität der Sprache im dichterischen Kunstwerk Hebbels zu erläutern" (S. 63 f.). Kraft kommt dabei zu dem Ergebnis, daß sich die Sprache Hebbels am ehesten "als Negation der 'dichterischen' Möglichkeiten bis zur Neutralität" kennzeichnen lasse (S. 75). "Reflexion und Argumentation" seien die stilprägenden Merkmale, weshalb der Inhalt "die entscheidende Bedeutung vor der Form" erhalte (S. 64). Krafts Forschungsinteresse konzentriert sich folgerichtig auf den "Inhalt" der einzelnen Werke; ein neuer methodischer Ansatz zur Erforschung der literarischen Sprache Hebbels und ihrer Funktionen ist in seiner Untersuchung nicht entwickelt. Dieser Verzicht auf eine genauere Analyse von Hebbels epischer und dramatischer Sprache ist um so bemerkenswerter, als Hebbel, dessen ästhetische Ansichten Kraft sonst durchaus nicht für belanglos hält, in dem Aufsatz <u>Ueber den Styl des Dramas</u> selbst dazu angeregt hat: "Unstreitig ist die

---

26 Martin Stern, "Das zentrale Symbol in Friedrich Hebbels Maria Magdalene", <u>Wirkendes Wort</u> 9 (1959) S.338-349; wieder abgedruckt in <u>Hebbel in neuer Sicht</u>, hg. Helmut Kreuzer (Stuttgart 1963) S. 277 - 290; - Klaus Ziegler, "Hebbel. Judith", <u>Das deutsche Drama vom Barock bis zur Gegenwart</u>, hg. B. von Wiese, Bd.II (Düsseldorf 1958) S. 101 - 122.

27 Cf. Joachim Müller, "Zur motivischen und dramatischen Struktur von Hebbels Maria Magdalene", <u>HJb</u> 1968, S. 45: "Der Sprach- und Baukünstler Hebbel wird über dem denkerischen Verkünder einer eigenständigen und differenzierten Weltanschauung noch immer arg vernachlässigt."

Sprache das allerwichtigste Element, wie der Poesie überhaupt, so speciell auch des Dramas, und die Kritik thut schon darum wohl, bei ihr zu beginnen, weil sie, wenn sie hier nicht befriedigt wird, gar nicht weiter zu gehen braucht."[28]

5. Kraft besitzt augenscheinlich keine präzisen rezeptionstheoretischen Vorstellungen. Er berücksichtigt weder Levin L. Schückings Soziologie der literarischen Geschmacksbildung (Bern, 3. Aufl. 1961) noch Johannes R. Bechers Ausführungen über die Literaturgesellschaft[29] und die sich daran anschließende Diskussion in der DDR-Germanistik[30]. Auch die in der BRD vielbeachteten Bücher von Robert Escarpit[31] und Hans Robert Jauß[32] sind nicht herangezogen worden. Kraft betont in der Einleitung seines Buches, daß die Geschichte der Hebbelforschung mit Zieglers Untersuchung[33] ihre "entscheidende Wende" erreicht habe (S. 1). Ziegler sei es ein für allemal gelungen, "die Dichtung Hebbels in ihrer Modernität zu erkennen und darzustellen" (S. 2).

Daß die inhaltliche Füllung von Krafts Begriff der "Modernität" unbestimmt bleibt und daß die eindeutige Option der Einleitung mit den Ergebnissen der meisten Einzelinterpretationen Krafts nur schwer oder gar nicht zu vereinbaren ist - man vergleiche die Ausführungen über Ein Trauerspiel in Sicilien, Julia und Agnes Bernauer mit den Formulierungen der Einleitungen -, ist allerdings bezeichnend für die wissenschaftstheoretische Unsicherheit des Verfassers, der sich in jeder seiner Einzeluntersuchungen mit allen ihm erreichbaren Interpretationen auseinandersetzt, ohne zu versuchen, diese historisch-kritisch zu begreifen und auszuwerten. Offensichtlich kennt

---

28 W S XI 65 - 73 (65).

29 Von der Größe unserer Literatur (Berlin 1956) S. 32 f.

30 Cf. die Artikel"Kulturerbe" und "Rezeption", Kulturpolitisches Wörterbuch, hg. Harald Bühl u.a. (Berlin 1970) S. 297 - 300, S. 460 - 462, sowie zahlreiche Aufsätze in den Weimarer Beiträgen.

31 Das Buch und der Leser: Entwurf einer Literatursoziologie, Kunst und Kommunikation, Schriften zur Kunstsoziologie und Massenkommunikation, Bd. 2 (Köln 1961).

32 Literaturgeschichte als Provokation der Literaturwissenschaft (Konstanz, 2. Aufl. 1969).

33 Mensch und Welt in der Tragödie Friedrich Hebbels,

Kraft die Frageansätze der modernen Rezeptionsforschung gar nicht, ein Mangel, den seine Arbeit mit anderen Hebbelstudien der jüngsten Zeit gemein hat[34].

Im übrigen genügt eine sorgfältigere Betrachtung der Briefe und Tagebücher Hebbels, das Zieglersche Werkverständnis historisch zu relativieren. Zieglers auf die Erforschung des weltanschaulichen Gehalts von Hebbels Dramatik gerichteten Arbeiten gehen davon aus, daß eine freilich vielfach gestörte religiöse Bindung dieses dramatische Werk überhaupt erst ermöglicht hat. Ob im Zeitalter der historischen Bibelkritik (D.F. Strauß, B. Bauer) und der radikalen Kritik der Religion (L. Feuerbach) ein Drama mit religiös-metaphysischen Gehalten möglich oder auch nur beabsichtigt sein konnte, ist eine offene Frage. In der Tat muß es zu denken geben, daß Hebbel ohne erkennbaren inneren Widerstand sich die Standpunkte der historischen Bibelkritik und der radikalen Kritik der Religion zu eigen gemacht hat. Schon 1835 nannte Hebbel das Christentum "wohl subjektiv ersprießlich, aber nicht objectiv notwendig"[35], und 1837 notierte er: "Ob das Christenthum fortbestehen wird, oder nicht? Jedenfalls ist die Krisis eingetreten."[36] Später brachte er seine Sympathie mit dem "Standpunct des Zweifels", mit David Friedrich Strauß und Bruno Bauer, unmißverständlich zum Ausdruck[37]. Die "religiösen Tatsachen" waren für Hebbel nichts als "Anthropomorphismen"[38], das Christentum "eine Mythologie neben anderen"[39]. Als Mythologie aber begriff Hebbel die "religiösen Anschauungen" eines Volkes "in seinem ersten Entwicklungsstadium"[40]. Die "christliche Mythologie" konnte und brauchte er nicht

---

Neue Forschungen 32 (Berlin 1938).

34 Cf. unter diesem Aspekt Gerth, <u>HJb</u> 1968, 9 - 44, und Helmut Kreuzer, "Friedrich Hebbel", <u>Deutsche Dichtung des 19. Jahrhunderts: Ihr Leben und Werk</u>, hg. Benno von Wiese (Berlin 1969) S. 387 - 411.

35 W T I 75.

36 W T I 739.

37 W T IV 6189; W S XI 215; W T IV 5967; W T IV 5966.

38 W T IV 5847.

39 W Bf VII 266.

40 W Bf VI 43.

zu respektieren, gehörte sie doch für sein Verständnis einer geschichtlich überholten Bewußtseinsstufe an[41]. Die radikale Kritik des christlichen und des religiösen Bewußtseins führte deshalb zu keiner Lebenskrise: "Ich kenne den Weg sehr wohl, auf dem die Phantasie dazu gelangt, in Tertullians: Credo, quia absurdum est! einzustimmen und weiß, daß es reizend ist, ihn zu wandeln, aber ich werde mich von meinem sicheren Markstein nie entfernen."[42] Das christliche Bewußtsein war wie jedes andere religiöse Bewußtsein für Hebbel ein durch wissenschaftliche Prüfung widerlegtes falsches Bewußtsein. Ein religiöses, d.h. für Hebbel mythisches Weltverständnis war deshalb unmöglich geworden[43].

Daß Zieglers religiös-weltanschaulicher Deutungsansatz "auch heute noch (...) gültig" sei, wie Kraft meint (S. 2 f.), dürfte vor dem Hintergrund solcher Anschauungen zumindest zweifelhaft erscheinen. Statt dessen drängt sich die Frage auf, warum gerade der Zieglersche Deutungsansatz für die Hebbelforschung der letzten drei Jahrzehnte richtungweisend gewesen ist.

---

41 W Bf VI 37.

42 W Bf VI 42.

43 Cf. Peter Michelsen, Friedrich Hebbels Tagebücher: Eine Analyse (Göttingen 1966) S. 132.

1.2 Untersuchungsziele und angewandte Methode

Vor diesem Problemaufriß lassen sich die Ziele der vorliegenden Untersuchung wie folgt kennzeichnen:

1. Es ist nicht länger möglich, den geschichtlich-gesellschaftlichen Charakter von Hebbels literarischem Werk zu ignorieren. Auch wenn die Literaturinterpretation vom einzelnen Werk ausgeht und dieses zum Gegenstand ihrer Untersuchung macht, ist zu bedenken, daß das literarische Werk ebenso historisch ist wie sein späterer Nachvollzug durch den Leser[1]. Die Diskussion um das Wesen des künstlerischen Aspekts der Wirklichkeitserfassung, um die Eigengesetzlichkeit des künstlerischen Abbildes gegenüber anderen Formen gesellschaftlichen Bewußtseins ist noch nicht abgeschlossen, doch können wir davon ausgehen, daß das literarische Werk als Einheit von Analyse und Entwurf, von Widerspiegelung und schöpferischem Eingreifen in die Wirklichkeit, mit welchen Illusionen auch immer, zu begreifen ist. M. Kagan stellt diesen Sachverhalt in folgender Weise dar: "Das künstlerische Schaffen ist ... _Widerspiegelung_ der Wirklichkeit und zugleich deren _Umgestaltung_ ; es verkörpert die Ergebnisse der _Erkenntnis_ der Wirklichkeit und zugleich deren _Beurteilung_; es enthält deshalb eine zweifache Information: über die _Welt_ und über den _Künstler_, über das _Objekt_ und über das _Subjekt_; es berichtet darüber, wie die Realität des Lebens _ist_, und zugleich darüber, wie das menschliche Leben _sein soll_ und wie es nicht sein soll."[2]

2. Es geht nicht an, daß fremde Anschauungen über das literarische Werk Hebbels aus ihrem Zusammenhang geris-

---

1 Weimann, _WB_ 16 (1970), H. 5, 44.

2 "Die Kunst und die Wirklichkeit", _Kunst und Literatur_, 1965, H. 8, 765, zit. nach _Einführung in die Methodik der Stiluntersuchung_, verfaßt von einem Autorenkollektiv unter Leitung von Georg Michel (Berlin 1968) S.61.- Cf. Thomas Metscher, "Ästhetik als Abbildtheorie: Erkenntnistheoretische Grundlagen materialistischer Kunsttheorie und das Realismusproblem in der Literaturwissenschaft", _Das Argument_ 14 (1972) S. 919 - 976.

sen, mit den eigenen Meinungen verglichen und dann bloß verworfen oder gebilligt werden, es muß vielmehr versucht werden, ihre historisch-gesellschaftliche Rolle zu begreifen. Wenn es zutrifft, daß im Prozeß der Rezeption "eine aktive Konfrontation der ideologischen Bedürfnisse, der weltanschaulichen, ethischen und ästhetischen Interessen, besonders der politisch-moralischen Überzeugungen der Kunstaufnehmenden mit dem Ideengehalt und der ästhetischen Gestaltung des Kunstwerkes stattfindet"[3], stellt sich die Aufgabe, die spezifische Abhängigkeit der Hebbelrezeption von der politisch-sozialen, ideologischen und ästhetischen Position der Rezipienten zu untersuchen.

Dieser doppelten Aufgabenstellung versucht die vorliegende Arbeit gerecht zu werden, die sich allerdings auf die Untersuchung eines einzigen Schauspiels beschränkt. Hebbels literarisches Werk ist zu umfangreich, seine Problematik zu kompliziert und verzweigt, als daß sie summarisch abgehandelt werden könnte. Herodes und Mariamne ist in den Jahren 1847/48 entstanden. Das Stück ist, da "Dichten" als "menschliche Tätigkeit", "gesellschaftliche Praxis mit aller Widersprüchlichkeit, Veränderlichkeit, (...) geschichtsbedingt und Geschichte machend"[4], zu begreifen ist, Hebbels Beitrag zur deutschen Revolution. An seinen ästhetischen Besonderheiten, an seinem Stil, lassen sich die geschichtlich-gesellschaftlichen Bedingungen seiner Entstehung ablesen, wie umgekehrt bestimmte individuelle Eigenarten des Stücks durch seine Entstehungsgeschichte, seine sozial-historische Bedingtheit, erklärbar sind. Hebbels Drama ist aber nicht nur als literarisches Produkt einer vergangenen Zeit und seiner ehemaligen Wirklichkeitsbezüge Gegenstand dieser Untersuchung; es wird auch seine Wirkung untersucht, und damit wird der seit der ersten Veröffentlichung des Textes andauernde Prozeß der Konfrontation von Werk und Rezipient

---

3 "Rezeption", Kulturpolitisches Wörterbuch, S. 460.

4 Brecht, zit. nach Metscher, Das Argument 14 (1972) S. 940.

zum Gegenstand der Untersuchung gemacht. Die Rekonstruktion wirkungsgeschichtlicher Perspektiven zielt nicht allein darauf ab, alle einschlägigen Forschungsergebnisse bereitzustellen, es sollen vielmehr generell die geschichtlich-gesellschaftlichen Voraussetzungen der Wirkung von Hebbels Schauspiel erkennbar werden. Die Verknüpfung der entstehungs- und wirkungsgeschichtlichen Aufgabenstellung verspricht gerade im Hinblick auf dieses, an einem kritischen Wendepunkt der deutschen Geschichte entstandenen Stücks interessante literaturgeschichtliche Einsichten.

Die Chancen, von bestimmten Schichten der deutschen Gesellschaft rezipiert zu werden, sind im Text von Hebbels Drama selbst angelegt. Dieser Text enthält entscheidende Hinweise auf die Entstehungsgeschichte des Stücks, die seine ästhetischen Besonderheiten erst recht verständlich macht, ist doch die sprachliche Seite des literarischen Kunstwerks die "Existenzform" des ideellen künstlerischen Abbildes der Wirklichkeit. "Sie bildet das Material des Kunstwerkes, das eine wichtige Voraussetzung sowohl für die 'Produktion' als auch für die 'Rezeption' künstlerischer Abbilder der Wirklichkeit darstellt."[5] Das literarische Wirklichkeitsabbild existiert im Sprachlichen, und umgekehrt: das Sprachliche konstituiert das literarische Abbild der Wirklichkeit. Der "Zugang zum ästhetischen Wesen der schönen Literatur" ist deshalb nur über die Sprache möglich[6].

Methodisch kann sich die Untersuchung des Stils von Hebbels Drama auf "Fingerspitzengefühl und Intuition"[7] allein nicht verlassen, sie muß sich vielmehr auf belegbares sprachliches Material und nachweisbare sprachliche Zusammenhänge des Textes stützen und "die empirisch gegebenen sprachlichen Fakten , auf denen bestimmte Stilzüge beruhen, sowie die quantitativen und

---

5 _Einführung in die Methodik der Stiluntersuchung_, S. 62.

6 ebd., S. 63.

7 Wolfgang Kayser, _Das sprachliche Kunstwerk_ (Bern, 4. Aufl. 1956) S. 329.

qualitativen Beziehungen zwischen diesen Fakten" darstellen[8]. Die vorliegende Arbeit geht nach dem Vorbild der älteren Philologie von einem Wortindex aus, der in konventioneller Weise mit Hilfe eines Zettelkastens erarbeitet worden ist und somit jederzeit zum Gegenstand nachprüfender Forschung werden kann[9]. Die Darstellung konzentriert sich auf die Untersuchung der lexischen Stilelemente, die grammatischen und phonetischen Stilelemente werden dagegen nicht untersucht[10]. Mit dem Zählen der Belege kann es keineswegs getan sein, es geht darum, den Sprachgebrauch aufzuarbeiten. Jede Isolierung der Belege vom Kontext muß zu einer oberflächlichen Inhaltsbestimmung oder gar zu Fehlinterpretationen führen[11]. Der sprachliche Kontext bildet die entscheidende empirische Basis für die semantische Interpretation der Belege, und "nur sprachlich gebundene Inhalte" dürfen als "Inhalte des sprachlichen Kunstwerks" angesehen werden[12]. Allerdings braucht die Monosemierung nicht ausschließlich durch Elemente des sprachlichen Kontexts zu erfolgen. Es können in einem literarischen Text Unstimmigkeiten oder Widersprüche vorkommen, die nur durch den Rekurs auf den "Situationskontext" erklärbar werden[13].

---

8 Einführung, S. 66.

9 Cf. Helmut Schanze, "Zur Interpretation von Novalis' Heinrich von Ofterdingen: Theorie und Praxis eines vollständigen Wortindex", Wirkendes Wort 20 (1970) S. 19 - 32.

10 Cf. die Ausführungen über grammatische Stilelemente in Hebbels Dramen bei Marga Bührig, Hebbels dramatischer Stil, Wege zur Dichtung, Bd. XXXV (Frauenfeld 1940) S. 72 ff.; Heinrich Deiters, Stilistische Studien zu Hebbels Tragödien (Berlin, Phil. Diss. 1911) S. 20 ff.; Edgar Wallberg, Hebbels Stil in seinen ersten Tragödien Judith und Genoveva (Berlin, Phil. Diss. Marburg 1909) S. 100 ff. - Zu den phonetischen Stilelementen cf. Wolrad Rube, Der fünffüßige Jambus bei Hebbel: Ein Beitrag zur Geschichte des Metrums (München , Phil. Diss. 1909) und Robert Bräuer, Tonbewegung und Erscheinungsformen des sprachlichen Rhythmus: Profile des deutschen Blankverses (Berlin 1964) S. 134 ff.

11 Einführung, S. 68.

12 ebd., S. 71.

13 Cf. Einführung , S. 70 f., und Heinz Schlaffer, Der

Im einzelnen richtet sich die Aufmerksamkeit zunächst auf das "übergreifende Ganze"[14], in diesem Fall auf die Handlung des Schauspiels und den durch sie erzeugten tragischen Effekt. Im Anschluß daran werden die geschichtlich-gesellschaftlichen sowie persönlichen Bedingungen, unter denen der Dichter das Drama konzipiert hat, skizziert. Das umfangreiche Material zur Entstehungsgeschichte des Stücks wird dabei in der Absicht, die gesellschaftliche Funktion und Klassenbedingtheit des Schauspiels zunächst in groben Umrissen erkennbar zu machen, ausgewertet. Daran schließt sich die Untersuchung der lexischen Stilelemente an, die genauere Auskunft über die hier interessierenden historisch-genetischen Fragen geben soll[15]. Dabei ist es erforderlich, das umfangreiche sprachliche Material mit Hilfe geeigneter Fragestellungen zu sichten, damit es analysiert werden kann. In diesem Sinne brauchbare Fragestellungen lassen sich aus der Theorie der Bühnensprache ableiten, die Roman Ingarden vorgelegt hat[16]. Ingarden geht davon aus, daß sich die dramatische Sprache von der lyrischen und der erzählenden durch die Besonderheit ihrer Aufgabe abgrenzt, und versucht, die Eigenart der Sprache im Schauspiel phänomenologisch durch vier Faktoren zu bestimmen, die er als Darstellung, Ausdruck, Kommunikation und wechselseitige Beeinflussung aufeinander bezogener Personen kennzeichnet. Im Zusammenwirken dieser vier Faktoren erfährt der Begriff der dramatischen Sprache seine Füllung, da das Entwerfen von Wirklichkeit, das Nach-außen-Kehren innerer Regungen, die gegenseitige Ver-

---

<u>Bürger als Held: Sozialgeschichtliche Auflösungen literarischer Widersprüche</u>, edition suhrkamp 624 (Frankfurt 1973) S. 146 ff.

14 <u>Einführung</u>, S. 74.

15 Cf. zu diesem methodischen Vorgehen Zoltan Kanyó, "Zur Frage der Methodologie in der Literaturwissenschaft", <u>WB</u> 18 (1972), H. 6, S. 168 - 187, und M. Chrapčenko, "Zu einigen Grundrichtungen der literaturwissenschaftlichen Forschung", <u>WB</u> 18 (1972), H. 12, S. 86 - 95.

16 <u>Das literarische Kunstwerk</u>, (Tübingen, 2. Aufl. 1960) S. 406 ff.

ständigung der Figuren und der Versuch, durch die Rede den Gegenspieler zu gewünschten Handlungen zu verleiten, Dimensionen der dramatischen Sprache bezeichnen, die das Schauspiel durchdringen. Die in Hebbels Drama verwendeten lexischen Stilelemente können unter den Aspekten der Darstellung, des Ausdrucks und der Kommunikation untersucht werden, wobei allerdings die allgemeinen Gesichtspunkte der Ingardenschen Theorie in speziellere, die Besonderheiten des sprachlichen Materials berücksichtigende Gesichtspunkte aufgegliedert werden müssen, damit sie ihre Aufgabe erfüllen können: das Wortmaterial übersichtlich aufzubereiten, damit es untersucht werden kann. So können durch die Stiluntersuchung Wirklichkeitsbezüge der Dichtung ermittelt werden, die den historisch-gesellschaftlichen Charakter von Hebbels Stück konstituieren und die für das Verständnis seiner individuellen Eigenart unentbehrlich sind.

Für den Leser oder Theaterbesucher unserer Zeit ist Hebbel kein Unbekannter. Mit seinem Namen und seinen Hauptwerken verbinden sich mehr oder weniger präzise Vorstellungen, die der Hebbelkritik bzw. der Hebbelforschung, und zwar in der Regel durch die Vermittlung der Schule und der Literaturgeschichtsschreibung, zu verdanken sind. Die vorliegende Arbeit bemüht sich in ihrem zweiten Teil um die Untersuchung dieses Hebbelbildes. Dabei wäre es relativ einfach, etwa am Beispiel von Herodes und Mariamne nachzuweisen, wann dieses Schauspiel bekannt gewesen ist und Anerkennung gefunden hat bzw. unbekannt gewesen oder abgelehnt worden ist. Dieses Verfahren würde aber nur einer historisch korrekten Registratur gleichkommen und könnte nichts über die hier interessierenden funktionalen Zusammenhänge ausmachen. Wir erführen dadurch zwar, daß Hebbels Drama zur Zeit seiner Entstehung beachtet, aber von den meisten abgelehnt worden ist, daß es, über Jahrzehnte vergessen, um die Jahrhundertwende wiederentdeckt wird und seitdem allen politischen und gesellschaftlichen Umbrüchen zum Trotz seinen Platz in der literarischen Kritik wie auf den Spielplänen der deutschen Bühnen behauptet hat. Uns kann es keineswegs genügen festzustellen, daß jede Generation "aufs neue apodiktische wie antithetische Hebbel-Verdikte hervorgebracht" hat[17], vielmehr haben wir darüber hinaus zu erforschen, warum das Drama Hebbels so und nicht anders rezipiert worden ist. Um Erfolg bzw. Mißerfolg des Dramas begreifen zu können, muß gefragt werden, welche sozialen Schichten die Chance gehabt haben, Hebbels Werk kennenzulernen, und welche Aufnahmebereitschaft bei denjenigen Schichten der Bevölkerung bestanden haben kann, die sich - offensichtlich mit unterschiedlicher Intensität - für Hebbels Produktion interessiert haben, was insbesondere auch diejenigen beherrscht und erfüllt haben mag, die ernsthaft über das Schauspiel nachgedacht haben.

Die Arbeit versucht nicht, die Ergebnisse der vorliegenden theaterwissenschaftlichen Untersuchungen[18] zu korrigieren oder zu ergänzen[19]; auch die Vermittlung durch Rundfunk und Fernsehen ist nicht thematisiert. In den Kreis der Untersuchung einbezogen sind dagegen die Fragen, die Buchproduktion und -verleih, Lehrpläne und Vorlesungsverzeichnisse im Hinblick auf die Verbreitung von Hebbels literarischem Werk aufwerfen. Zu berücksichtigen ist außerdem, für welche Leserschaft die Hebbelstudien bestimmt gewesen sind, die in literaturkritischen, gelehrten oder volkstümlichen Abhandlungen, nicht zuletzt auch in literaturdidaktischen Schriften veröffentlicht worden sind. Inhalte und Me-

---

17 Kreuzer, Deutsche Dichter, S. 387.

18 Marie Louise Hiller, Friedrich Hebbels Herodes und Mariamne auf der Bühne 1849 - 1925, Hebbel=Forschungen XX (Berlin 1930); Walther Landgrebe, Hebbels Nibelungen auf der Bühne (Kiel, Phil. Diss. 1927); Hartwig Sievers, Hebbels Maria Magdalene auf der Bühne: Ein Beitrag zur Bühnengeschichte Hebbels (Kiel, Phil. Diss. 1933) ; Hildegard Stern, Friedrich Hebbels Judith auf der deutschen Bühne, Hebbel=Forschungen XVIII (Berlin 1927).

19 Cf. zur Situation der theaterwissenschaftlichen Hebbelforschung Erika Sterz, "Zur Problematik der Dramen Hebbels auf der Bühne", HJb 1966, S. 117 - 141.

thoden der Hebbelstudien sind ohne Kenntnis der Epoche, in der sie entstanden sind, und ohne Kenntnis der besonderen Interessenlage der Schicht, der ihre Verfasser und Leser angehören, nicht zu verstehen.

T E I L   I

2. Literarhistorische Studien zur gesellschaftlichen Funktion und Klassenbedingtheit von Hebbels <u>Herodes</u> <u>und</u> <u>Mariamne</u>

2.1 Die tragische Handlung

Die Figuren von Hebbels Drama, die sich in Szene I,1 im "großen Audienzsaal" der "Burg Zion" versammelt haben, um dem König ihre Aufwartung zu machen, hegen schwerlich die Erwartung, die Entscheidungen des Herrschers beeinflussen zu können. Nur Sameas versucht, Herodes zu veranlassen, die von ihm angeordnete fürstliche Bestattung der Selbstmörderin zu widerrufen. Herodes' Erwiderung: "Ein ander Mal!" (62), Joab und Judas, Titus und Serubabel stehen bereit, Herodes Bericht zu erstatten und seine Weisungen entgegenzunehmen. So unbestritten in dieser Szene die Unterordnung der Beherrschten unter den Willen der Herrschenden ist, so vielfältig sind die Motive und Absichten, die die Figuren im Gespräch voreinander zu verbergen trachten. Dies gilt auch für die Gesprächssituation in den Szenen I,3 und I,5.

Ist die Handlung des ersten Akts im wesentlichen durch den Willen des Herrschers bestimmt, der seine pragmatischen Zwecke kraft der Weisungsgewalt seines Amtes durchzusetzen vermag, veranschaulicht das dramatische Geschehen des zweiten Akts das Bemühen der Beherrschten, zu einem ihrer Situation angemessenen Verhalten zu finden. Um den Pharisäer Sameas leidenschaftlich zu erregen und ihn zu veranlassen, das Volk von Jerusalem zur Empörung gegen die römische Fremdherrschaft aufzurufen, läßt Alexandra in Szene II,1 diesen religiösen Eiferer wissen, Herodes sei entschlossen, in Jerusalem die römischen Kampfspiele einzuführen (710 ff.) und das jüdische Volk zur Preisgabe seines Brauchtums zu zwingen (783). In Szene II,3 wagt Alexandra "einen letzten Sturm" (941), die Königin von Herodes "abzuzieh'n" (938) und sie zu bewegen, ihr nach Rom zu folgen. Doch es gelingt ihr nicht, ihre Tochter zu ihren Ansichten zu bekehren. Wenn Alexandra die Königin schließlich als "das Weib / Des Mörders" (1026 f.) schmäht, erreicht sie gerade das Gegenteil dessen, was sie zu erreichen gehofft hat. Mariamne bekennt sich jetzt ausdrücklich zu Herodes (1083 ff.).

Als Vertreter des Königs ist Joseph nicht darauf angewiesen, seine Gesprächspartner von der Stichhaltigkeit seiner Ansichten zu überzeugen. Sein Handeln besteht darin, seine Partner auszuhorchen (Szenenanweisung, S. 255) und Befehle zu erteilen. Alexandra und Mariamne hingegen versuchen, sich den Anweisungen des Vizekönigs zu widersetzen und ihn zu zwingen, seine verborgenen Absichten preiszugeben.

Bezeugt der dramatische Vorgang im ersten Akt die Entschlossenheit des Herrschers, seinen Willen durchzusetzen, veranschaulicht er im zweiten Akt das Bemühen der Beherrschten, während der Abwesenheit des Königs selbständig zu handeln, so treten sich im dritten Akt Spiel und Gegenspiel, Herrscher und Beherrschte, in klarem, zugespitztem Gegeneinander entgegen. Dabei wird offenkundig, daß nicht Sameas oder Alexandra, deren politische Aktionen noch vor dem Eingreifen des Königs gescheitert sind, sondern Mariamne die wichtigste Gegenspielerin Herodes' ist. Als es nach der Entfernung der Hofgesellschaft (1600 f.) zur offenen Auseinandersetzung der Antagonisten kommen kann, bezeugt ihr Dialog das beiderseitige Unvermögen, in angemessener Form auf das Denken und Handeln des Partners einzuwirken. Während Mariamne das Nichtige von Herodes' Befürchtungen und die Unbesonnenheit seines Handelns geißelt (1604 ff., 1608 ff , 1617 ff.), ordnet der König die Hinrichtung Josephs an (1634 ff.), noch ehe er den - freilich vergeblichen - Versuch unternimmt, Mariamne von der Notwendigkeit der Tötung ihres Bruders Aristobolus zu überzeugen (1648 ff.). Salomes Versuch, das Leben ihres Gemahls zu retten, scheitert, ohne daß Herodes Ursache und Zweck des Tötungsbefehls zu erläutern wüßte (1747 ff.). Schließlich verlangt Herodes von Mariamne das Eingeständnis eines Betrugs, den die Königin nie begangen hat (1840 ff.). Während Mariamne eine glückliche Fügung des Himmels erhofft, durch die alle unheilvollen Mißverständnisse beseitigt würden (1803 ff.), sucht sich der König gegen einen möglichen Treubruch Mariamnes zu sichern.

Herodes. Denn prüfen muß ich sie! Hätt' ich geahnt,
Daß sie's erfahren könnte, nimmer wär' ich
So weit gegangen. Jetzt, da ich es weiß,
Jetzt muß ich weiter geh'n!
1948-51

Herodes erteilt nunmehr Soemus den Befehl, nach seinem Tod Mariamne zu töten.

Im vierten Akt wiederholen sich bis zum Eingreifen des Königs in Szene IV,8 die Bühnenverhältnisse des zweiten Akts. Wie im zweiten Akt zeigen sich während der Abwesenheit des Herrschers die seiner Weisungsgewalt unterworfenen Figuren bestrebt, zu einem ihren eigenen Vorstellungen entsprechenden Handeln zu finden.

In Szene IV,1 bleibt das Verhalten der Königin Alexandra so unbegreiflich, daß sie von jedem Versuch absieht, ihre Tochter in ihrem Sinne zu beeinflussen. Unbeachtet läßt die Königin die Mahnung des Pharisäers Sameas, sich von Herodes loszusagen, "Wie er sich losgesagt von Gott" (2062). In Szene IV ,3 bezeugt die Königin im Gespräch mit Soemus ihre Entschlossenheit, dem Willen des Herrschers "auch im Tode noch Gehorsam" (2124) zu verschaffen: "es soll nicht ein Befehl, / Den er gegeben, unvollzogen bleiben" (2125 f.). Mit dieser Entschiedenheit zwingt die Königin Soemus zu der Erklärung, daß er den "Befehl" (2138) habe, auch sie, Mariamne, zu töten.

Wenn es Alexandra gelingt, ihre Tochter daran zu hindern sich verzweifelt selbst umzubringen (2150 f.), vermag sie Mariamne doch nicht zu überreden, sich in den Schutz der Römer zu begeben (2154 ff.). Mariamne ordnet ein Fest an, das ihre Partner nicht begreifen und das zu einer unangemessenen Auslegung geradezu herausfordert. Mariamnes Verhalten ist darauf gerichtet, dem König bei seiner Rückkehr seine eigenen Wahnvorstellungen leibhaft vor Augen zu führen (2442 ff.). Dieser Zweck ist erreicht, als das nach dem unglücklichen Ausgang der Schlacht bei Actium Unwahrscheinliche geschieht und Herodes, "kriegerisch angethan"

(Szenenanweisung, S. 326), die tanzende Königin erblickt. Unmittelbar nach seiner Rückkehr läßt der König Soemus und Mariamne festnehmen und abführen. Beide Gefangenen machen keinen Versuch, sich den Weisungen des Herrschers zu widersetzen.

Gab sich der vierte Akt als eine leicht modifizierte Wiederholung des Bühnengeschehens des zweiten Akts zu erkennen, so knüpft der Schlußakt an die Bühnensituation des ersten Aktes an. Wie im ersten Akt zeigt sich Herodes im fünften Akt fähig und entschlossen, seinen Untergebenen seinen Willen aufzuzwingen. Herodes ordnet die Hinrichtung Soemus' und Sameas' an, ohne daß seine entschiedendsten Widersacher ihm in offenem Gespräch entgegentreten könnten. Dazu kommt es auch in der Gerichtsszene V,5 nicht. Herodes verlangt von den Richtern das Todesurteil, obwohl es keinen eindeutigen Beweis für Mariamnes Schuld gibt (2877 ff.). Statt sich Herodes' Willkür zu widersetzen und die Richter an ihre Pflicht zu erinnern, setzt Mariamne ihren ganzen Einfluß daran, Titus und Alexandra davon abzubringen, gegen dieses rechtswidrige Verfahren Einspruch zu erheben (2918 ff.). Die Richter beugen sich zwar dem Willen des Königs und verurteilen Mariamne zum Tode, aber unmittelbar nach dem Abschluß der Gerichtsverhandlung bemühen sie sich, den König wieder umzustimmen (2952 ff.).

Während der König die sofortige Hinrichtung Mariamnes anordnet (2945), um sich nicht "Tag für Tag" "mit dem Räthsel" zu "quälen", "Ob solch ein Trotz das widerwärtigste / Gesicht der Unschuld, ob die frechste Larve / Der Sünde ist" (2899 ff.), läßt Mariamne einzig eine wunderbare Auflösung des verhängnisvollen Mißverständnisses gelten (3093 ff.). Mariamne erfährt das Unangemessene ihrer Wundergläubigkeit; Herodes indessen wird in der Schlußszene zur vernichtenden Einsicht in das Verfehlte seines Handelns genötigt, ohne daß er sich fähig zeigt, das Fragwürdige seiner Herrschaftsbesessenheit zu durchschauen.

Der Handlungsablauf dieses nach klassischen Vorbildern konstruierten Dramas zielt offensichtlich darauf ab, gesellschaftliche Implikationen der Herrschaft erkennbar zu machen. Dabei zeigt es sich, daß die verschiedenen Versuche der Beherrschten, zu einem ihrer Situation angemessenen Verhalten zu finden, nicht weniger verfehlt sind als die Anstrengungen des Königs, seine pragmatischen Zwecke kraft der Weisungsgewalt seines Amtes durchzusetzen. Offensichtlich hat Hebbel die Darstellung dieser ausweglosen Situation angestrebt, hat er in ihr das tragische Moment gesehen, das sein Bühnenstück zur großen Tragödie hat erheben sollen.

Vergleichbare Beobachtungen sind oft gemacht worden. Hebbels Drama besitzt nicht nur "das Pathos einer tragischen Monumentalität"[1], sondern vermittelt auch ein "tragisch resignatives Erlebnis"[2]. Es bietet keine "Lösung des Konflikts" , die mit den Lösungen der klassischen bürgerlichen Dramatik vergleichbar wäre[3]; der tragische Vorgang soll vielmehr dem Zuschauer "die völlige Ausweglosigkeit des tragischen Zirkels", in den die Figuren des Stücks verstrickt sind, vor Augen führen[4] ; er soll den Zuschauer zwingen, "dem 'Vernichtungsprozeß' nicht allein mit Furcht und Mitleid beizuwohnen, sondern ihn zu bejahen, ja sich zu dem Entschluß, der ihn auslöst, zu 'bekennen'..."[5].

---

1 Fritz Martini, Deutsche Literatur im bürgerlichen Realismus (Stuttgart 1962) S. 167.

2 Wolfgang Liepe, "Zum Problem der Schuld bei Hebbel", HJb 1958, S. 19.

3 Franz Mehring, Aufsätze zur deutschen Literatur von Hebbel bis Schweichel, Gesammelte Schriften, Bd. 11 (Berlin 1961) S. 50.

4 Klaus Ziegler, Mensch und Welt in der Tragödie Friedrich Hebbels, Neue Forschungen 32 (Berlin 1938) S. 98 f.

5 Rainer Gruenter, "Hebbel. 'Herodes und Mariamne'", Das deutsche Drama vom Barock bis zur Gegenwart , hg. Benno von Wiese, Bd. II (Düsseldorf 1958) S. 130.

Die Hebbelforschung hat diese Wirkungsabsicht in der Regel zur Kenntnis genommen, ohne nach ihrer gesellschaftlichen Funktion und ihrer Klassenbedingtheit zu fragen. Dabei steht außer Frage, daß Hebbels Bühnenstück, so tragisch-monumental es sich auch gibt, nicht abseits von den materiellen Existenzbedingungen des gesellschaftlichen Lebens entstanden ist.

2.2 Entstehungsgeschichtliche Aspekte

Daß Hebbels Biographie für jeden, der sein tragisches Weltgefühl und die Eigenarten seines Schaffens begreifen will, äußerst wichtig ist , ist keine neue Erkenntnis. Schon Franz Mehring hat darauf hingewiesen, daß Hebbels Leben "eine beißende Satire" auf den alten "Philistertrost" sei, "daß sich das Genie in der bürgerlichen Gesellschaft immer durchkämpft"[1], und daß es keinen Künstler gebe, "dessen künstlerisches Wesen zu begreifen wäre ohne steten Hinblick auf die gesellschaftlichen Zustände, in denen er gelebt hat"[2].

Bekannt sind die schlechten Startchancen des in großer Armut in kleinbürgerlichen Verhältnissen, weitab von den industriellen, politisch-sozialen und kulturellen Zentren der damaligen deutschen Gesellschaft aufgewachsenen Dichters, dessen Muttersprache ein niederdeutscher Dialekt gewesen ist. Hebbel hat bis zu seiner Übersiedlung nach Hamburg von den Anfängen des Industriekapitalismus keine Kenntnis gehabt. Er erlebte den Zusammenbruch der ständischen Wirtschafts- und Gesellschaftsordnung und die allmähliche Entwicklung des Kapitalismus, einen Vorgang, der mit einer stark beschleunigten Bevölkerungsvermehrung zusammenfiel, in einer Kleinstadt, wo einer kleingewerblichen und beamteten Honoratiorenschicht die sich ständig vergrößernde Zahl der verarmten Bauern und Kleingewerbetreibenden gegenüberstand. Hebbel, der selbst aus einer verarmten Kleinbürgerfamilie stammte, hat, wie ein zeitgenössischer Kritiker festgestellt hat, das "Volk" "mehr in seiner Verworfenheit als in sei-

---

1 Mehring, Aufsätze zur deutschen Literatur von Hebbel bis Schweichel, S. 29.

2 ebd., S. 30 f.

ner Tugend" kennengelernt: "Sein erster Lebensberuf war der eines Gerichtsschreibers bei einem Criminalamt. Er führte dort die Protokolle bei den Verbrechen, deren Thatbestand Richter und Zeugen allmälig zur Gewißheit zu bringen suchen. Er sah diese Unsumme von List, Lüge und Beschönigung des Verbrechens, wie sie im Menschenherzen leben kann."[3] Hebbel lernte das "Volk" nicht als die "große Armee der Arbeit", nicht als Schöpfer aller materiellen Güter der Zivilisation kennen, sondern als einen Haufen verarmter, ungebildeter Wesen, die in der seit 1815 anhaltenden chronischen Depression häufig genug ihren Besitz und Arbeitsplatz verloren hatten und zu Kriminellen geworden waren.

Hebbel hat nie daran gedacht, sich zum Anwalt dieser unterprivilegierten Schichten zu machen. Er hat noch in späteren Jahren, als im Zuge der Industrialisierung die objektiven Möglichkeiten für grundlegende gesellschaftliche Reformen klarer erkennbar wurden, an einem reaktionären Malthusianismus festgehalten - einen Ausweg aus der von ihm deutlich empfundenen gesellschaftlichen Krise hat er offensichtlich nicht gefunden.

Hebbel mußte, da er als Dichter erfolgreich sein wollte, Eingang in die literarisch interessierten Kreise des Bürgertums finden[4], die ihrerseits "wegen ihrer Inhomogenität und wegen der defensiven Festlegung auf den vorindustriellen sozialen und wirtschaftlichen status quo" nicht imstande waren, aus eigener Kraft politische und gesellschaftliche Veränderungen durchzusetzen[5]. Hebbel gehörte seit seiner Übersiedlung

---

3 "Friedrich Hebbel", Unterhaltungen am häuslichen Herd, N.F. Bd. 1 (1856) S. 190.

4 Horst Siebert, "Friedrich Hebbel - Anpassung und Widerstand", HJb 1970, S. 43.

5 Cf. Udo Köster, Literarischer Radikalismus: Zeitbewußtsein und Geschichtsphilosophie in der Entwicklung vom Jungen Deutschland bis zur Hegelschen Linken (Frankfurt 1972) S. 151.

nach Hamburg zum Typus des "freien", d.h. vom freien Verkauf seiner Literaturproduktion lebenden Schriftstellers. Sein Eintritt in die Literaturgesellschaft fiel in eine Periode fortschreitender Kommerzialisierung der Literatur: dem Prozeß der Freisetzung des bürgerlichen Schriftstellers von staatlicher und kirchlicher Dienststellung bzw. von fürstlichen Mäzenen entsprach seine steigende Abhängigkeit von den Gesetzen des kapitalistischen Marktes[6].

Hebbel hat sich auf dem kapitalistischen Literaturmarkt nicht behaupten können. In den Verhandlungen mit Campe und den anderen Verlegern, mit denen er Kontakt aufnahm, erwies er sich regelmäßig als der Unterlegene; niemals lernte er "das befreiende Gefühl des Mannes" kennen, der "für gute Ware gleich guten Lohn" in Empfang nimmt[7]. Dazu kamen Schwierigkeiten mit der Zensur und den Theaterbehörden. "Von Hebbels bis 1848 vollendeten sechs Dramen haben bis zur Aufhebung der Zensur nur zwei das Rampenlicht erblickt: Judith und Maria Magdalene ; die Zahl der Aufführungen zusammen erreicht nicht einmal das Dutzend."[8] Die Freiheit, dieses große Ideal der bürgerlichen Gesellschaft, blieb für Hebbel ein schöner Traum. Wie für andere Künstler seiner Zeit ist die "Geldfrage" für ihn jahrelang die "Hauptfrage der Kultur" gewesen[9], und auch nach seiner Vermählung mit Christine Enghaus, als er aller finanzieller Sorgen enthoben war, erwartete er wie Polykrates den Zorn der neidischen Götter[10]. Daß Hebbel zugrunde gegan-

---

6 Cf. Rainer Rosenberg, "Deutsche Literatur zwischen 1830 - 1871", WB (1972), H. 1, S. 124.

7 Albert Malte Wagner, "Friedrich Hebbel und sein Verleger", GRM 5 (1913) S. 180.

8 H.H. Houben, "Friedrich Hebbels Zensurerlebnisse", Zeitschrift für Bücherfreunde, N.F. 13 (1921) S. 132.

9 Walter Muschg, Tragische Literaturgeschichte (Bern 1948) S. 189.

10 A.J. Friedrich Zieglschmid, Beiträge zu Friedrich Hebbels Charakterkunde: Ein psychologischer Deutungsversuch, Hebbel=Forschungen, Nr. XXII (Berlin 1932) S. 105.

gen wäre, wenn nicht "einige Weiberlaunen" seine materielle Existenz gesichert, für sein Überleben in der bürgerlichen Gesellschaft gesorgt hätten, ist nicht zu bezweifeln[11].

Ebensowenig ist es ein Zufall, daß es in allen bedeutenden Werken Hebbels, so auch in Herodes und Mariamne, um das Verhältnis zwischen Mann und Frau geht und daß die Darstellung dieses Verhältnisses autobiographische Züge trägt[12]. Daß die "Sünde wider die Persönlichkeit" vor allem in der "Brutalisierung des Weibes durch den Mann", in der "Erniedrigung des Weibes zur Sache" Gestalt gewinnt, dieser Umstand erklärt sich aus dem innersten und persönlichsten Erleben des Dichters[13]. In den Beziehungen zwischen den Hauptfiguren spiegeln sich, "gesteigert natürlich und gebrochen", die "Macht= und Herrschbegierde des Wesselburener Häuslersohnes" und sein "quälendes Schuldgefühl" Elise Lensing und Christine Enghaus gegenüber wider[14].

Damit soll keiner bloß psychologischen Erklärung das Wort geredet werden. Hebbels Angst vor der Armut, die Erfahrung der Verdinglichung und das Schuldgefühl des Menschen, der sich herrschend über andere erhebt, sind sozialgeschichtlich bedingt und zugleich konstitutiv für Hebbels Produktion geworden. Sie machen sich auch in Herodes und Mariamne geltend. Hebbel begann mit der Bearbeitung des Stoffs im Frühjahr 1847[15], als die Revolution bereits ihre Schatten vorauswarf. Das Elend breiter Schichten des deutschen Volkes wuchs sich zu einer furchtbaren Hungersnot aus, als 1845 und 1846 zwei schwere Mißernten aufeinanderfolgten und 1847 eine internationale Konjunkturkrise auf Deutschland über-

11 Mehring, Aufsätze zur deutschen Literatur von Hebbel bis Schweichel, S. 30.

12 Cf. Theodor Poppe, Friedrich Hebbel, Moderne Essays, Heft 28 (Berlin 1903) S. 8 f.

13 Paul Bornstein, Hebbels 'Herodes und Mariamne': Ein Vortrag (Hamburg 1904) S. 9.

14 ebd.

15 Cf. zur Entstehungsgeschichte WS II, S. XXXVII. - Zur Quellenfrage cf. Hayo Matthiesen, "Herodes und Mariamne: Eine Untersuchung über die Quellen", HJb 1966, S. 88 - 116.

griff. Jetzt gerieten nicht nur die pauperisierten Schichten in Stadt und Land, die Bauern und Kleinbürger in Bewegung, auch die bürgerlichen Honoratioren und die industrielle Bourgeoisie, die seit dem Ende der dreißiger Jahre erheblich erstarkt war, konnten es sich nicht länger erlauben, den Druck der halbfeudalen, halbbürokratischen Herrschaften, die Mitteleuropa zerstückelt hielten, apathisch und passiv hinzunehmen. Die durch die akute ökonomische und soziale Krise in Bewegung geratenen Volksmassen drängten das liberale Bürgertum zu tatkräftigem Handeln und ermöglichten es ihm, als Vertreter der nationalen Interessen des deutschen Volkes aufzutreten.

Als im November 1848 die Arbeit an Herodes und Mariamne abgeschlossen wurde, war das Bündnis zwischen dem liberalen Bürgertum und den sozialen Unterschichten längst zerfallen. In allen deutschen Staaten war die industrielle Bourgeoisie, waren die bürgerlichen Honoratioren und Mittelschichten davor zurückgeschreckt, mit Hilfe der revolutionären Volksbewegung die im März 1848 besiegte, aber noch nicht vernichtete feudale Reaktion aus allen entscheidenden Positionen zu entfernen und ihre Macht völlig zu brechen. Mit der Eroberung Wiens durch die Truppen Windischgrätz' konnte die Konterrevolution ihren ersten entscheidenden Sieg erringen.

Hebbel hat, während er an Herodes und Mariamne arbeitete, an den sozialen Kämpfen, die gerade in Wien mit außerordentlicher Heftigkeit ausgetragen wurden, im wesentlichen beobachtend teilgenommen[16]. So begeistert

16 Cf. Hebbels "Berichte aus Wien an die 'Augsburger Allgemeine Zeitung'", W X, S. 55-157. - Cf. außerdem neben den bei Kuh und Werner mitgeteilten biographischen Details die Darstellungen von Heinrich Steves, Fr. Hebbels Verhältnis zu den politischen und sozialen Fragen (Greifswald, Phil. Diss. 1909), Elise Dosenheimer, Friedrich Hebbels Auffassung vom Staat und sein Trauerspiel 'Agnes Bernauer', Untersuchungen zur neueren Sprach- und Literaturgeschichte, Heft 13 (N.F.) (Leipzig 1912) S. 82 ff., und Walther Bloch-Wunschmann, "Friedrich Hebbel als Politiker", Grenzboten 71 (1913), Bd.I S. 15 - 24.

er die Beseitigung des feudal-bürokratischen Regimes aufgenommen hat, die revolutionäre Volksbewegung hat ihn von Anfang an mit maßlosem Schrecken erfüllt. Schon am 7. 3. 1848 schrieb Hebbel an L. Gurlitt: "Was sagst Du zu Frankreich? Ich erwarte für Deutschland und ganz Europa die segensreichsten Folgen von diesem überraschend schnell gekommenen Ereignis. (...) Nur der Wahnsinn des Communismus, der resultatlose, der sich dennoch für einige Zeit geltend machen und den Boden der Kultur verwüsten kann, ängstigt mich, nicht der Krieg. Den habe ich immer befehdet."[17] In panischer Kommunistenfurcht hat Hebbel am Ende die brutale Militärdiktatur Windischgrätz' als Rettung aus dem "Chaos"[18] empfunden. In einem Brief an F. Bamberg vom 3. 2. 1849 heißt es: "Ich habe alles mit durchgemacht: Studenten- und Pöbelherrschaft, Belagerung, Bombardement und Einnahme der Stadt. (...) eher würde ich mich noch dem russischen Czaren anschließen, als der schaam- und sittenlosen Brutalität, die hier für die Trägerin der Freiheit galt. Ich stand eigentlich allein und thu' es jetzt auch, nun das Heft in andere Hände gekommen ist, schon wieder."[19] Die von Hebbel empfundene politische und soziale Isolierung ändert nichts daran, daß er sich der Sache nach genauso verhielt wie die "Mittelclassen", die in der Sorge um ihren Besitz die Revolution verrieten. "Die Revolution beging 1848 den ungeheuren Fehler, daß sie weiter wollte, als die Mittelclassen, auf deren Sympathie der Erfolg zu allen Zeiten beruht; darum scheiterte sie."[20] Hebbel hat wiederholt hervorgehoben, wieviel ihm die Arbeit an Herodes und Mariamne gerade in den entscheidenden Oktobertagen bedeutet hat. In einer Tagebuch-

---

17 W Bf IV 94; cf. W Bf IV 98, W X 62, W T III 4393, 4982.

18 W T III 4481.

19 W Bf IV 143.

20 W Bf IV 220.

aufzeichnung vom 14. 11. 1848 heißt es: "Die Haupt-Scene des 5ten Acts, die sechste, zwischen Mariamne und Titus wurde während der Wiener Schreckenszeit geschrieben. Ja, das Werk war mir im Element des nach jeder Seite hin Widerwärtigen die einzige Rettung und es stand mir auch mit Frau und Kind, für die ich zitterte, in gleicher Linie."[21] Die Vermutung, daß die politisch-gesellschaftlichen Erfahrungen und Einstellungen des Dichters in seinem Bühnenstück ihren Niederschlag gefunden haben, liegt jedenfalls nahe.

Andererseits fällt es auf, daß Hebbel, der sich in _Maria Magdalene_ und im _Trauerspiel in Sicilien_ mit gesellschaftlichen Problemen der Gegenwart befaßt hat, gerade in den Monaten, als die "Conflikte", aus denen, wie er selbst schreibt, seine bisherigen Dramen hervorgegangen sind, "auf den Gassen verhandelt und geschichtliche gelöst" wurden[22], einen historischen Stoff zur Bearbeitung aufgegriffen hat. Dies Verhalten erinnert an die berühmten Sätze aus dem _Achtzehnten Brumaire des Louis Bonaparte_: "Die Tradition aller toten Geschlechter lastet wie ein Alp auf dem Gehirne der Lebenden. Und wenn sie eben damit beschäftigt scheinen, sich und die Dinge umzuwälzen, noch nicht Dagewesenes zu schaffen, gerade in solchen Perioden beschwören sie ängstlich die Geister der Vergangenheit zu ihrem Dienste herauf..."[23]. Marx setzte mit diesen Worten zur Erklärung der Gründe an, aus denen sich die Revolution von 1789 bis 1814 "abwechselnd als römische Republik und als römisches Kaisertum" drapierte und in der Revolution von 1848 bis 1852 die Überlieferung der ersten französischen Republik und des napoleonischen Kaiserreichs parodistisch wiederholt wurde. Nicht nur 1848, als die Re-

21 W T III 4461. - Ähnliche Äußerungen: W T III 4481, W Bf IV 136, 144.

22 W Bf IV 124.

23 Marx/Engels, _Werke_, Bd. VIII, S. 115. - Cf. zum folgenden Hans Kaufmann, "Zehn Anmerkungen über das Erbe, die Kunst und die Kunst des Erbens", _WB_ 1973, H. 10, S. 34 - 53, bes. S. 36f.

publikaner bereits vor dem selbständigen Auftreten des Proletariats zurückschreckten, sondern auch in der ersten französischen Revolution, als die bürgerliche Gesellschaft die Fesseln des Feudalismus abschüttelte und die antike Überlieferung eine Geburtshelferrolle spielte, beruhte die Rückerinnerung an die Vergangenheit auf "Selbsttäuschungen", deren die Akteure der Revolution "bedurften, um den bürgerlich beschränkten Inhalt ihrer Kämpfe sich selbst zu verbergen und ihre Leidenschaft auf der Höhe der großen geschichtlichen Tragödie zu halten"[24].

Es fragt sich, welcher "Selbsttäuschungen" Hebbel bedurfte, um den beabsichtigten tragischen Effekt zu erzielen. Seine große historische Tragödie spielt sich zwar nicht in Rom selbst, sondern in einer Randprovinz des römischen Reiches ab, wo neben den Entscheidungen der römischen Machthaber und ihrer einheimischen Erfüllungsgehilfen die eschatologischen Erwartungen des unterdrückten jüdischen Volkes eine große Rolle gespielt haben. Hebbel hat sich deshalb während der Arbeit an Herodes und Mariamne immer wieder mit dem "Christusproblem" auseinandergesetzt[25].

In seinen Ausführungen über Herodes und Mariamne hat Hebbel wiederholt den Kunstcharakter seines Werkes betont. In den Briefen an Rötscher und Kühne sowie im Ludovico-Aufsatz[26] geht es um Formprobleme der "großen historischen Tragödie"[27], um den Versuch, "aus dem Styl der Griechen und dem Styl Shakespeares" "ein Mittleres zu gewinnen"[28]. Das Stück ist in der Auseinandersetzung mit der literarischen Tradition entstanden. Aus Walter Schnyders Untersuchung über die

---

24 Marx/Engels, Werke, Bd. VIII, S. 116.

25 Cf. Hermann Nagel, Studien zur Entstehungsgeschichte von Friedrich Hebbels Christusfragment, Hebbel=Forschungen, Nr. XIV (Berlin 1925) S. 70.

26 W Bf IV 73/74; W S XI 247 - 260.

27 W Bf IV 136; ähnlich: W T III 4334, W Bf IV 54, 89, 207, WS XI 248.

28 W Bf IV 207.

Beziehungen Hebbels zu Rötscher ergibt sich, daß Hebbel _Herodes und Mariamne_ geradezu als"Gegenstück zu den 'Wahlverwandtschaften'" konzipiert hat[29]. Weiter sind nachweislich Anregungen aus Werken Shakespeares und Kleists verarbeitet worden[30].

Herodes und Mariamne ist Hebbels erstes in Wien begonnenes und vollendetes Schauspiel gewesen. Nach seiner Vermählung mit der Burgschauspielerin Christine Enghaus mochte Hebbel die Hoffnung haben, mit einer nach dem Vorbild der klassischen bürgerlichen Dramatik konstruierten historischen Tragödie den Zugang zum Burgtheater zu finden, war diese Hofbühne für Hebbel doch das maßgebliche Theater der deutschen Nation, "und aus allen noch so verbitterten Tagebuchnotizen und Briefstellen spricht immer wieder nur die eine Sehnsucht: jedes einzelne seiner Werke gerade an dieser Stätte der gültigsten Verkörperung aufgeführt zu sehen"[31]. Alles Zensurwidrige mußte deshalb von vornherein ausgeschlossen werden.

---

29 _Hebbel und Rötscher unter besonderer Berücksichtigung der beiderseitigen Beziehungen zu Hegel_, Hebbel=Forschungen, Bd. X (Berlin 1923) S. 72, 138.

30 Cf. die Belege bei Wilhelm Alberts, _Hebbels Stellung zu Shakespeare_, Forschungen zur neueren Literaturgeschichte, Bd. 33 (Berlin 1908) S. 35 ff. , und Joseph Ferdinand Schneider, "Mystik in Hebbels 'Herodes und Mariamne'", _DuV_ 36 (1935) 341 - 356.

31 Heinz Kindermann, "Hebbel und das Wiener Theater seiner Zeit", _HJb_ 1942, S. 108.

2.3 Die Welt des Schauspiels

Daß es in Herodes und Mariamne um die Darstellung einer Endzeit geht, läßt der Weltentwurf von Hebbels dramatischer Sprache erkennen. Die "trotz ihrer dokumentarisch nachzuweisenden Richtigkeit unglaublich und unwahrscheinlich bleibenden speciellen Ereignisse und Handlungen" in Herodes und Mariamne sind durch die "allgemeinen Zustände der Welt, des Volkes und der Zeit" bedingt; Hebbel hat dies im Ludovico-Essay selbst hervorgehoben[1]. Die "allgemeinen Zustände" machen aber nicht nur die tragische Ausweglosigkeit der Situation der handelnden Figuren verständlich, sondern sie lassen auch Rückschlüsse zu hinsichtlich der Art und Weise, wie Hebbel eigene politisch-soziale Erfahrungen verarbeitet hat.

Überprüft man die lexischen Elemente des sprachlichen Materials, die der Wortindex von Hebbels Drama zur Verfügung stellt, so lassen sich bestimmte Motive und Motivkomplexe auffinden , die dazu bestimmt sind, dem Zuschauer oder Leser die Welt des Schauspiels zu vergegenwärtigen. Im einzelnen sind die Motivkomplexe "Flucht und Gefängnis", "Gewalt und Herrschaft", "Recht und Gericht" , "Preis und Kosten", "Welt und Gott", "Volk und Rom" sowie "Kreuz und Kind" zu unterscheiden. Auf den ersten Blick erkennbar ist die Dominanz politisch-rechtlicher und theologischer Vorstellungen in Hebbels Drama. Andererseits bleiben bestimmte Realitätsschichten ausgeklammert. Erfahrungen in der agrarischen und industriellen Produktion, die für die überwiegende Mehrheit von Hebbels Zeitgenossen von zentraler Bedeutung gewesen sein müssen, spielen in Hebbels Drama offensichtlich gar keine Rolle.

---

1 WS XI 247 - 260 (248, 253).

2.3.1 Flucht und Gefängnis

Ort der dramatischen Handlung bleibt in allen fünf Akten die "Burg Zion" in Jerusalem, die Residenz des Königs Herodes. Die Konzentration der dramatischen Handlung auf diesen einen Handlungsraum ist um so auffälliger, als wichtige Bezüge des dramatischen Vorgangs nach außerhalb verweisen. Wenn Hebbel von der Möglichkeit absieht, dem Zuschauer die spannungsgeladenen Vorgänge in Alexandrien und Actium - Joabs Audienz bei Antonius (115 ff.) und Herodes' Auseinandersetzung mit Antonius und Octavian (1674 ff., 2554 ff.) - dramatisch vor Augen zu führen, wird die Absicht spürbar, das dramatische Geschehen auf einen Bühnenraum zu beschränken, auf die königliche Residenz in Jerusalem.

Was die Einheit des Raumes in diesem Drama zu bedeuten hat, läßt eine Untersuchung des Wortgebrauchs von Flucht, flüchten, entfliehen einerseits, von Gefängnis, Gefangener, Gefangenschaft, Kerker, Hüter und Henker andererseits erkennen[1].

Wiederholt ist von Fluchtversuchen die Rede, die jedoch entweder gar nicht zur Ausführung gelangt sind oder aber von den königlichen Behörden aufgespürt und vereitelt werden.

Alexandra. Sonst wäre ich zuvor mit Dir entfloh'n,
Mir stand die Freistatt in Egypten offen
978-979

Alexandra versucht vergeblich, ihren Kindern durch die Flucht das Leben zu retten. Ihren Sohn Aristobolus haben die Behörden, in einem Sarg versteckt, auf einem Schiff aufgespürt, das ihn in die Freiheit nach Ägypten bringen sollte (540 ff., 1118 ff.). Mariamne kann sie

---

1 Flucht: 542 flüchten: 2389
entfliehen: 978 Gefängnis: 1991, 2745
Gefangener: 908, 1200, 1247, 2602
Gefangenschaft: 3122
Kerker: 283, 909, 2009, 2036, 2080, 2130, 2351, 3122
Hüter: 1992, 1993.

nicht dazu überreden, "zu den Römern (zu) flüchten" (2389). Offensichtlich begreift Alexandra sich selbst und ihre Kinder als "Gefangene" des Königs, auch wenn sie nicht im "Kerker" sitzen (908 f.). Daß diese Vermutung nicht aus der Luft gegriffen ist, zeigt sich auf den Höhepunkten der dramatischen Entwicklung im zweiten und vierten Akt. Die Machthaber bestätigen ausdrücklich, daß Alexandra und Mariamne "Gefangene" sind.

Joseph. Zur Zinne steht der Weg Dir frei! Die Burg
Ist abgesperrt!
Alexandra. So wären wir Gefang'ne?
So lange, bis die Ruhe hergestellt ist,
Muß ich Dich bitten -
1246-49

Mariamne <u>wendet sich kurz</u>. Ich bin Gefang'ne?
Herodes. Ja!
Mariamne <u>zu den Soldaten</u>: So führt mich ab!
2602

Gefangengenommen oder getötet wird in diesem Drama jeder, der es gewagt hat, sich der königlichen Herrschaft zu widersetzen.

Titus. Nun komm' ich, Dich zu fragen,
Ob Du Gefang'ne oder Todte willst.
Mein Adler packt so gut, als er zerfleischt,
Und Du mußt wissen, was Dir besser frommt.
1199-1202

Die gefangenen Empörer erwartet ein blutiges Strafgericht.

Silo. Da wird denn bald viel Blut vergossen werden,
Die Kerker stecken seit dem Aufruhr voll!
2350-51

Daß der König seine "Kerker" (283) auftut und dem Räuber den verwirkten Kopf zurückgibt, wird nicht ausgeschlossen. Undenkbar erscheint dagegen die Befreiung des Empörers, gleichgültig , ob dieser "mit Recht im Kerker" (2009) sitzt oder nicht.

Mariamne. Wie kannst Du dem Empörer, den Herodes
Gefangensetzen ließ, den Kerker öffnen?
2079-80

Mariamne. So wahr ich Maccabäerin, Du schickst
Den Sameas zurück in seinen Kerker!
2129-30

Im "Gefängnis" (2745) wird Sameas aufs grausamste gefoltert und schließlich umgebracht. Sicher fühlen sich die Mächtigen in diesem Drama offensichtlich nur dann, wenn ihre Gefangenen getötet sind.

Salome. Nein, Aaron, nein,
Nichts von Gefangenschaft! Im Kerker bliebe
Sie keinen Mond. Das Grab nur hält sie fest
3121-23

Die brutalste Form des Strafvollzugs, die Hinrichtung, ist vom ersten bis zum letzten Akt im Bewußtsein der Figuren gegenwärtig. Dies bezeugen die 16 Belegstellen des Wortes <u>Henker</u> sowie 2 Belegstellen des Wortes <u>Henkersknecht</u>[2].

Der König erinnert in Szene I,1 Sameas daran, wie gern dieser mit seinem Kopf "dem Henker ein Geschenk" (42) gemacht hätte. Daß Herodes als Jüngling vor seinen Richter hingetreten ist und ihn gemahnt hat , "Daß er der Henker ist, und daß der Henker / Kein Todesurteil an sich selbst vollzieht" (676 f.), erwähnt der Pharisäer in Szene II,1. Joseph sieht sich gegen Ende des zweiten Akts geradezu genötigt, nach der Krone zu greifen, um sein Haupt "vor'm Beil des Henkers" (1187) zu sichern. Daß der König auf ihren Tod sinnt, wird Mariamne im dritten Akt zur Gewißheit.

Mariamne. Ob ihm sein Weib in's Grab freiwillig folgt,
Ob sie des Henkers Hand hinunter stößt -
Ihm gleich, wenn sie nur wirklich stirbt!
1604-06

Durch Alexandra wird die Königin im vierten Akt daran gehindert, "den Henker" (2151) an sich selbst zu machen. Dabei zeigt es sich, daß Soemus kein "Henkersknecht" (2169) ist. Grausam gefoltert wird Sameas, den der König gefangenhält: "Der Henker hat / Fast jede Qual ihm angetan" (2761 f.).

Joab. Selbst ein Henkersknecht
Erschrak und hielt, anstatt ihm neue Wunden
Zu schlagen, ihm die alten zu!
2788-90

In der Gerichtsszene V,5 macht es Mariamne dem König

---

2 <u>Henker</u>: 42, 67 (2x), 1187, 1605, 2151, 2761, 2847, 2870, 2930, 2937, 3039, 3040, 3085, 3187, 3236
<u>Henkersknecht</u>: 2169, 2788.

wiederholt zum Vorwurf, daß er "verlarvt den Henker" (2847) hinter sie gestellt habe.

Mariamne. Wie, oder hast Du stets, wenn Du dem Tod
In ehrlich=off'nem Krieg entgegen zogst,
Den Henker hinter mich gestellt?
2868-70

Die Königin hält es für denkbar, daß ihr "Henker" (2930) schon vor der Verkündung des Urteils bestellt ist und bereits mit dem Beil auf sie wartet. Dies ist indessen nicht der Fall.

Herodes. Der Henker ist noch nicht bestellt -
2937

Mariamne kennt die Absicht des Königs: Er will im Tode ihren "Henker" (3039) machen. Sie ist entschlossen, diesen Plan zu durchkreuzen: "Du sollst mein Henker werden, doch im Leben!" (3040) Eine Rückkehr ins Leben erscheint der Königin am Ende nicht mehr zumutbar.

Mariamne. Und folgte ich, so würde mir der Lohn,
Daß ich vor einem Jeden, der mir nahte,
Von jetzt an schaudern und mir sagen müßte:
Hab' Acht, das kann Dein dritter Henker sein!
3082-85

In der Schlußszene weiß Titus, daß die ihm verbleibende Aufgabe schmerzlicher ist als die eines "Henkers" (3187): Seine Enthüllungen vernichten den König, ohne ihn zu töten. Herodes muß den Trost entbehren, der selbst dem verurteilten Soemus zuteil geworden ist: "Daß sich sein Blut mit ihrem mischen würde, / Wenn auch nur auf dem Block durch Henkers Hand." (3235 f.)

Herrscher und Beherrschte sind in diesem Drama an denselben Ort, die "Burg Zion", gefesselt, die einen, weil sie gefangengehalten werden, die anderen, um die Gefangenen bewachen und hinrichten zu können. Ob sich der dramatische Vorgang wie im ersten und fünften Akt im "Großen Audienzsaal" oder in den "Gemächern" Alexandras und Mariamnes abspielt, immer ist es ein Raum, in dem der eine herrscht, während die anderen gefangen sind und hingerichtet werden.

Wenn in Hebbels Schauspiel die Einheit des Bühnenortes so streng beachtet wird, so geschieht dies offensichtlich in der Absicht, die Niedertracht einer die Menschen korrumpierenden Zwangsordnung hervorzukehren. Berücksichtigt man die politisch-gesellschaftlichen Antagonismen der Jahre 1847/48, so ist die antifeudale Stoßrichtung der Hebbelschen Darstellung unverkennbar. Um so auffälliger ist die eigentümliche Stabilität, die Hebbels Drama dieser als unerträglich empfundenen Zwangsordnung zuerkennt. Es fragt sich, wie dieser Widerspruch zu erklären ist: Die Darstellung zielt einerseits darauf ab, die Unerträglichkeit gesellschaftlicher Verhältnisse vorzuführen; sie ist andererseits darauf angelegt, die Unaufhebbarkeit dieser Verhältnisse vor Augen zu stellen.

2.3.2 Gewalt und Herrschaft

Die Unerträglichkeit der gesellschaftlichen Verhältnisse ist an zahlreichen Stellen angedeutet. Besonders deutlich wird die intensive Vergegenwärtigung von Gewalt und Terror in dem Wortgebrauch von Kopf und Hals, Blut und blutig, Arm, Hand und Faust sowie Knie, Fuß und Ferse. Das Wort Kopf tritt vergleichsweise häufig auf; es ist an 24 Stellen belegt[1]. Um so auffälliger ist der ausnahmslos festzustellende einseitige Wortgebrauch. Das "Wichtigste" ist, überlegt Joab im ersten Selbstgespräch des Dramas in Szene I,1, "zu erfahren, / Ob unser Kopf noch fest sitzt oder nicht" (3 f.). Herodes erinnert den Pharisäer Sameas daran, wie gern dieser "Mit seinem Kopf dem Henker ein Geschenk / Gemacht" (42 f.) hätte. Ohne merkliche Erregung ordnet der König die Tötung des Mannes an, der bislang sein Schlafgemach bewacht hat.

> Besorge das! Ich muß den Kopf noch seh'n,
> Ich will ihn meiner Schwiegermutter schicken!
> 247-248

Gelegentlich ist der König auf die Dienste von Verbrechern angewiesen; um sie für seine Zwecke zu gebrauchen, gibt er ihnen "den verwirkten Kopf" (284) zurück. Joseph gibt in seinem Gespräch mit dem König in Szene I,5 der Sorge Ausdruck, daß Salome, sein Weib, ihn bald zum letz-

1 Kopf: 4, 42, 247, 284, 594, 595, 683, 768, 903, 916, 935, 996, 1142, 1235, 1261, 1419, 1628, 1746, 1843, 2464, 2477, 2551, 2561, 2918.

ten Male sehen werde, und zwar "ohne Kopf" (594). Herodes muß ihn ermuntern, den "Kopf" (595) zu verteidigen.

Sameas und Alexandra sind der Auffassung, daß diesem König "der Kopf" (768) gar nicht früh genug "genommen" werden kann. In Szene II,3 spielt Alexandra mit dem Gedanken, daß Herodes vielleicht schon "ohne Kopf" (903) sei; sie erwägt, daß er ihr "einen abgeschlagenen Kopf zum Abschied" (916) geschickt hat und daß die meisten ihrer Vorfahren "ohne Kopf die Welt / Verlassen" (935 f.). Mariamne hält ihrer Mutter vor, daß sie sich von Herodes "für jeden Kuß / Im Voraus einen Kopf" (995 f.) hätte bedingen müssen, um den Wünschen ihrer Familie gerecht zu werden.

Joseph gibt Alexandra zu bedenken, daß schon mancher von den Gegnern des Königs "den starren Kopf" (1142) verloren hat. Sameas erwähnt, daß Herodes jedes einzelne Mitglied des Synedrions "Kopf für Kopf" (683) gezählt hat, ehe er das Synedrion entmachtet hat. Mariamne nimmt sich vor, Salome, Josephs Gattin, zu vernichten: "Bei meinem Bruder, / Ihr Kopf ist mein!" (1234 f.).

Für die Bewachung der Gefangenen bürgt Josephs Diener mit seinem"Kopf" (1261). Der "Kopf" (1628) Josephs steht dem König zum Pfand dafür, daß Mariamne nichts von dem Anschlag auf ihr Leben erfährt. Warum Joseph bei der Rückkehr des Königs "Den Kopf verlieren mußte" (1746), bleibt für das Volk von Jerusalem ein Rätsel. Herodes selbst drängt Mariamne zu enthüllen, "Wie's kam, daß er den Kopf an Dich verschenkte" (1843). Titus vergleicht Mariamne mit der biblischen Judith, die dem Helden "Im Schlaf den Kopf" (2464) abgehauen hat. Auch Salome ist von der Verwerflichkeit von Mariamnes Tun überzeugt: "Wenn die den Kopf / Behält ..." (2477 f.). In Szene IV,8 versichert Herodes, er habe sich "mit dem Kopfe des Octavian" (2561) die Herrschaft verdienen wollen. Dagegen behauptet Mariamne, daß der König, um seine Herrschaft zu erhalten, auch den "Kopf" (2551) seines Freundes Antonius nicht geschont hätte. "Des Soemus Kopf" (2918) wird in der Gerichtsszene V,5 bedenkenlos geopfert.

Gewaltsamkeiten werden auch im Kontext des Wortes Hals angedeutet[2]. Im ersten Akt fürchtet Mariamne für ihr Leben, wenn Salome sie je erblicken sollte, "Die Wunderperlen um den Hals" (333),die ihr der König geschenkt hat. Später sucht die Königin selbst den Tod: "Treibt mich, das Beil für meinen Hals zu wetzen!" (2399).

Barbarische Gewalttätigkeiten deuten sich im Kontext der Wörter Blut und blutig an. Blut ist zwölfmal, blutig neunmal belegt[3]. Das Volk von Rom begeistert sich bei seinen Gladiatorenspielen daran, "wenn das rote Blut den Sand bespritzt" (733). In Jerusalem pflegen die Mächtigen ihre Widersacher in den Gefängnissen, nicht aber auf offener Straße beiseite zu schaffen. Die römische Kohorte erhält den ausdrücklichen Befehl, bei der Unterdrückung des Aufstandes Gefangene zu machen: "Blut darf nicht fließen!" (1203). An den gefangenen Insurgenten wird dann ein grausames Strafgericht vollzogen.

Silo. Da wird denn bald viel Blut vergossen werden,
Die Kerker stecken seit dem Aufruhr voll!
2350-51

Vergeblich versucht Mariamne ihrem Gatten verständlich zu machen, daß sie Antonius auf keinen Fall erhören, sondern ihm widerstehen würde, "wenn er triefend / Von Deinem Blut als Freier vor mich träte" (1613 f.). Mehr Gehör findet die Schwester des Königs, Salome, die nach der Hinrichtung ihres Gatten die Tötung Mariamnes verlangt.

Salome. Du sollst
In ihrem Blut Dich waschen, wie in seinem,
Sonst wirst Du niemals wieder rein!
1753-55

In den Augen Salomes sind die Verbrechen Mariamnes so abscheulich, daß sie die durch Gott verbürgte Ordnung von Welt und Leben in Frage stellen.

---

2 Hals: 333, 2399

3 Blut: 733, 1203, 1448, 1614 , 1754, 2350, 2479, 2569, 2596, 2666, 2672, 3235

blutig: 299, 308, 655, 932, 952, 1074, 1741, 2444, 3182.

Salome. Wenn die den Kopf
Behält, so weiß ich nicht, warum der Herr
Das Blut der üpp'gen Jesabel den Hunden
Zu lecken gab!
2477-80

Tatsächlich verfehlen Salomes Einflüsterungen nicht ihre Wirkung auf den König.

Herodes. Salome,
Du hattest recht, ich muß mich waschen, waschen
Blut her! Sogleich beruf' ich ein Gericht!
2594-96

Als Salome in Szene V,1 die Königin als einen "Dämon aus der Hölle" (2662) beschreibt, der, um alle zu täuschen, den "Leib von Fleisch und Blut" (2666) übergestreift habe, widerspricht ihr Herodes nicht. Vielmehr rühmt er den Römer Titus, den Salome als Zeugen für ihre ungeheuerliche Enthüllung bezeichnet, mit dem ausdrücklichen Hinweis darauf, daß er "gerecht" sei "wie Geister ohne Blut" (2672). Einen geradezu gespenstischen Mut beweist Herodes selbst, als er nach der Schlacht bei Actium vor den Sieger hintritt und erklärt, er habe vergeblich gehofft, sein Schwert mit Octavians "Blut" (2569) zu färben; jetzt stehe er zu seiner Verfügung. Herodes' unmenschlicher Gewaltsamkeit fällt schließlich der Mann zum Opfer, den der König noch zu Beginn des dritten Akts als seinen zuverlässigsten Diener ausgezeichnet hat.

Soemus. ich fand
Jerusalem in Flammen vor und konnte
Nur löschen helfen!

Herodes <u>reicht ihm die Hand</u>. Und das thatest Du
Mit Deinem Blut!
1445-48

Am Ende bleibt Soemus nur die Genugtuung, daß sich "sein Blut" (3235) mit dem Blut der Königin mischen werde, "Wenn auch nur auf dem Block durch Henkers Hand" (3236).

Gewalt und Verbrechen werden angedeutet, wenn von "blut'gen Händen" (299, 308), dem "blut'gen Schwert (655) und dem "blut'gen Fall" (932) die Rede ist. Alexandra beschwört in ihrem Gespräch mit Mariamne in Szene II,3 den "blut'gen Schatten" (952) ihres Sohnes, indes die Königin ihre Mutter beschuldigt, ihr "ein Gespenst, / Ein blut'ges" (1073 f.), in die Ehekammer geschickt zu haben. Nach der Hinrichtung Josephs heißt es: "Das blut'ge

Werk / Ist abgethan!" (1741 f.). Später werden ein "blut'ger Befehl" (2444) und ein "blut'ger Spruch" (3182) des Königs erwähnt.

Die in diesen Textstellen angedeutete Gefährdung des Lebens durch rücksichtslose Gewaltanwendung wird - mit wenigen Ausnahmen - auch durch den Wortgebrauch von Arm, Hand und Faust sinnfällig gemacht.

Unverstellt ist die Gewaltsamkeit, die im Kontext des dreimal belegten Wortes Faust[4] angedeutet wird. Antonius könnte sich unter bestimmten Bedingungen selbst "mit eig'ner Faust erdrosseln" (171). Daß den Hohenpriester beim Baden im Jordan der Schwindel gepackt habe, erscheint dem Römer nicht recht glaubwürdig: "der Schwindel hatte Fäuste!" (207).

Ohnmächtig vor Wut würde Sameas "die Fäuste ballen, / Die Augen rollen und die Zähne fletschen" (753 f.), wenn Herodes in Jerusalem die römischen Fechterspiele einführen sollte.

Die Hände[5] des Mörders werden dreimal erwähnt. Für die Königin ist Herodes der Mörder ihres Bruders.

> O, daß er nicht die blut'gen Hände hätte!
> 299
>
> Wir sprachen ja bis jetzt von Perlen nur,
> Von Perlen, die so rein sind und so weiß,
> Daß sie sogar in blut'gen Händen nicht
> Den klaren Glanz verlieren!
> 306-309

In der Gerichtsszene V,5 erinnert der König an einen Mörder, dem es nichts geholfen hat, "daß er / Auf seine wohlgewasch'nen Hände wies" (2881 f.).

In den ersten Versen des Stücks berichtet Judas dem König von einem jungen Weib, das sich auf keinen Fall von

4 Faust: 171, 207, 753.

5 Hand: 19, 22, 164, 299, 308. 602. 852, 1290, 1491, 1710, 1801 , 2247, 2511, 2548, 2712, 2735, 2882, 2945, 3026, 3211, 3289.

dem Leichnam des Gemahls habe trennen wollen: "mit Händen / Und Füßen" (19 f.) habe es um sich geschlagen und geschrien, "sie habe / Mit eig'ner Hand sich eben töten wollen" (21 f.). Wie dieses Weib will Mariamne sich "mit eig'ner Hand" (1290) töten, wenn sie von dem Tod des Gemahls Kenntnis hat. Später sucht sie allerdings aus ganz anderen Gründen den Tod.

Titus. Ich sah den Dolch auf ihrer Brust versteckt,
Und mehr als einmal zuckte ihre Hand.
3210-11

Verglichen mit Octavian gilt Antonius als Schwärmer, der sich das Fleisch vom Leibe hacken lassen und es verzeihen könnte, "Weil er die Hand bewundert, die das thut"! (2247). Herodes allerdings überwacht der Römer sehr genau.

Alexandra. Des aber halt' ich mich gewiß, schon hat er
Die Hand an's Schwert gelegt.
851-852

Es erscheint deshalb keineswegs als abwegig, daß der König nach Octavians Sieg "Den Marc Anton mit eig'ner Hand" (2548) hat beseitigen wollen.

Einige Belegstellen deuten eine erzwungene Unterordnung an. Daß der König Joseph zu täuschen sucht , wenn er behauptet , er wolle Josephs Geschick in seine "eig'nen Hände legen" (602), ist offensichtlich. Tatsächlich wird der Vizekönig - "Er hatte / Den Brief, der ihn zum Tod verdammt, in Händen" (1709/10) - ebenso rücksichtslos den Zwecken des Herrschers dienstbar gemacht wie Soemus, den der Zufall dem König "in die Hände liefert" (1491). Titus vermutet deshalb, daß Soemus versucht hat, sich die Gunst der Königin, "In deren Händen seine Zukunft lag" (2712), zu erkaufen.

Die Vollstreckung des Todesurteils überläßt der König in der Gerichtsszene V,5 seinem Beauftragten Joab: "Ich leg's in Deine Hand!" (2945). Wenig später wäre er zum äußersten bereit, wenn er Mariamne aus ihrem Grab erlösen könnte: "Ich grübe mich mit eig'nen Händen ein!" (3289).

Gewalt und Unterwerfung werden wie in der Mehrzahl der Belegstellen des Wortes Hand[6] auch durch den Wortgebrauch von Arm[7] angedeutet.

Joseph legt in seinem Gespräch mit dem König in Szene I,5 großen Wert auf die Feststellung, daß der Hohepriester in seinen Armen nicht den Tod gefunden habe: "In meinen Armen hat der Schwindel / Ihn nicht erfaßt" (556 f.). In Szene IV,2 tritt Sameas mit der Forderung an die Königin heran, ihren Gatten zu beseitigen.

Sameas. Du bist sein Weib, du bist das Weib des Frevlers,
Der sich für den Messias hält, Du kannst
Ihn in die Arme schließen und ihn küssen,
D'rum kannst Du auch was And'res für ihn thun!
2030-33

Zurückhaltender äußert sich Alexandra in Szene II,3: Einzig durch ein Wenden ihres "Mundes" und "durch ein stilles Kreuzen" ihrer "Arme" (957) hätte Marimne, das Ebenbild des getöteten Aristobolus, den König treffen können.

Zum Kampf gegen die Römer ruft Alexandra den Pharisäer Sameas auf.

Alexandra. Nur vergiß nicht: wenn der eig'ne Arm
Nicht stark genug ist, um den Feind zu stürzen,
So muß man einen fremden nicht verschmäh'n!
797-799

Es zeigt sich jedoch, daß Rom gar nicht "den Arm / Mit Blitz und Donnerkeil zugleich" (1486 f.) zu bewaffnen braucht, um die jüdischen Aufständischen zu zerschmettern.

Der unablässige, mit brutaler Gewaltsamkeit geführte Kampf der Figuren gegeneinander ist auch im Kontext der Verben packen, schleppen, schleifen, reißen, zerreißen, zertreten, ein- und abhauen, hacken, schlagen, durchstechen, stoßen, durch- und hinunterstoßen erkennbar. Siebenmal belegt ist das Verb packen[8]. Daß es ein Schwin-

---

6 Nur 5 der insgesamt 20 Belegstellen des Worts stehen in einem anderen Zusammenhang: 164, 1801, 2511, 2735,3026.

7 Arm: 556, 797, 957, 1486, 2032.

8 packen: 205, 206, 256, 773, 1201, 1353, 2523.

del gewesen ist, der den Hohenpriester Aristobolus beim Baden "gepackt" (205) hat, glaubt, wie Joab dem König berichtet, in Rom niemand.

> Gepackt! Ja, ja, das ist
> Das rechte Wort; der Schwindel hatte Fäuste!
> 206-207

Herodes vergleicht sich selbst mit dem "Mann der Fabel, den der Löwe vorn, / Der Tiger hinten packte" (255 f.). Daß Antonius ihn "packt" (771) und vernichtet, ist die Hoffnung seiner Widersacher in Jerusalem. Titus kann mit Sicherheit voraussagen, daß seine Truppen jeden Aufstand niederschlagen werden.

> Titus. Mein Adler packt so gut, als er zerfleischt.
> 1201

Joseph "packt ein Grauen" (1353), wenn er an seine Zukunft denkt. Mariamne spricht davon, daß ein Schauder sie "packt" (2523), als sie sich am Ende ihres Traums als Gerippe vorfindet.

Vergleichbare Vorgänge werden durch den Wortgebrauch von <u>schleppen</u> und <u>schleifen</u>[9] angedeutet. Antonius "schleppte" (1681) den König in Alexandrien von Schmaus zu Schmaus, ohne ihn freizusprechen. Titus "schleppt", als der Aufstand des Volks in Jerusalem niedergeschlagen ist, den greisen Sameas, "an den Schweif / Des Rosses, das er reitet, festgebunden, / Mit sich herum" (1453 ff.). Dabei muß der Pharisäer rennen, "wie er niemals noch / Gerannt sein mag, wenn er nicht fallen und / Geschleift sein will" (1457 ff.). Manchen Aufständischen hat der Hauptmann Judas in die Kerker des Königs "hineingeschleppt" (2353). Daß ihn der König "mit ander'n Kriegsgefangenen / Hiehergeschleppt" (2290 f.), sieht Artaxerxes als ein großes Unglück an.

Das Verb <u>zertreten</u>[10] ist an vier Stellen belegt. Joseph hat den Auftrag, Mariamne wie eine Schlange zu "zertreten" (639). Alle Widersacher will der König nach seiner

---

9 <u>schleppen</u>: 1453, 1681, 2291, 2353
<u>schleifen</u>: 1459, 3046.

10 <u>zertreten</u>: 639, 1464, 1525, 3300.

Rückkehr aus Alexandrien "zertreten" (1464). Salome warnt er davor, die Königin zu verleumden.

Herodes. Du stellst
Dich zwischen mich und sie? Nimm Dich in Acht,
Du kannst zertreten werden!
1523-25

Am Ende fühlt sich der König selbst von einem unbarmherzigen Geschick "zertreten" (3300).

Einmal belegt sind die Verben stoßen, durchstoßen und hinunterstoßen[11].

Ob ihm sein Weib freiwillig ins Grab folgt oder "Ob sie des Henkers Hand hinunterstößt" (1605), ist, dies erkennt Mariamne in Szene III,5, dem König gleichgültig. Daß Soemus den Auftrag hat,sie mit dem Schwert zu "durchstoßen" (2138), erfährt die Königin in Szene IV,3. Fortan ist ihr Verhalten darauf gerichtet, Herodes selbst zu "reizen, mit dem Schwert nach ihr zu stoßen" (3227).

Ein- bzw. zweimal finden sich die Verben hacken und schlagen[12].

Antonius gilt als ein Mann, der sich unter bestimmten Bedingungen "das Fleisch / Vom Leibe hacken" (2245 f.) lassen und die Untat verzeihen könnte.

In Szene I,1 wird einer jungen Witwe gedacht: Sie "schlug mit Händen / Und Füßen um sich" (19 f.), als die Soldaten sie von der Leiche ihres Gatten wegzuzerren versuchten. Am Ende wird Sameas so grausam gefoltert, daß selbst der Henkersknecht für Augenblicke erschrocken, statt ihm "neue Wunden / Zu schlagen" (2789 f.), die alten zuhält.

Dem Sinnbezirk rücksichtsloser Gewaltsamkeit sind schließlich auch die Verben ein- und abhauen und durchstechen[13] zuzurechnen.

11 stoßen: 3227
durchstoßen: 2137
hinunterstoßen: 1605.

12 hacken: 2246
schlagen: 19, 2790.

13 einhauen: 1203 abhauen: 1385, 2463/65
durchstechen: 779, 1872, 1874.

Der Römer Titus hat keine Bedenken, mit allen zur Verfügung stehenden Mitteln auf die Insurgenten "einzuhauen" (1203). Als Herrscher bemüht sich Herodes angestrengt darum, "die Dämme zu durchstechen" (779), die sein Volk von den anderen Völkern trennen.

Auf dem Höhepunkt der dramatischen Verwicklung im dritten Akt gäbe Herodes viel darum, wenn er sein Weib aus dem Gedächtnis streichen könnte.

> Wenn ich, indem ich beide Augen mir
> Durchstäche und die Spiegel Deiner Schönheit
> Vertilgte, auch Dein Bild vertilgen könnte,
> In dieser Stunde noch durchstäch' ich sie.
> 1871-74

Herodes handelt nach Ansicht Mariamnes wie ein "Sterbender, der seinen Feigenbaum / Abhauen" (1384 f.) läßt, weil er seine Früchte keinem anderen gönnt. Die biblische Judith wird erwähnt, die dem Geliebten im Schlaf den Kopf <u>abhaut</u> (2463/5).

Je zwei Belege gibt es für die Wörter <u>reißen</u> und <u>zerreißen</u>[14]. Herodes ist entschlossen, sich den "Kranz des Siegs, wenn auch zerrissen" (1662), anzueignen. Daß seine Mutter aus Schmerz um den tot geglaubten Sohn sich schon das Gewand "zerriß" (2539), erfährt Herodes bei seiner für alle überraschenden Rückkehr in Szene IV,8.

Dem Römer Titus gesteht der König in derselben Szene, daß er sich leichter das Herz aus der Brust als Mariamne aus dem Herzen risse.

> Herodes. Auch jetzt noch riss' ich leichter
> Das Herz mir aus der Brust - Titus, so ist's! -
> Als <u>Wieder zu Mariamne</u>. Dich mir aus dem Herzen!
> Doch ich thu's!
> 2599-2601

Sameas hingegen prophezeit, als er den eigenen Tod vor Augen hat, die Aufhebung aller überkommenen Ordnungen und Gesetzmäßigkeiten: Es wird ein Kind geboren werden, "Das Throne stürzen, Tote wecken, Sterne / Vom Himmel reißen" wird (2781 f.).

---

14 <u>reißen</u>: 2599, 2782
<u>zerreißen</u>: 1662, 2539.

Die brutale Gewaltsamkeit erweist sich als das dominierende Merkmal der Herrschaft. Deutlich zeigt dies der Wortgebrauch von Befehl und befehlen[15]. Für den Fall seines eigenen Todes ordnet Herodes die Ermordung seiner Gattin an: "Den Befehl lass' ich zurück!" (515) Mariamne, die darauf besteht, daß "nicht ein Befehl, / Den er gegeben, unvollzogen" (2125 f.) bleibt, erfährt durch Soemus, welch "blutigen Befehl" (2444) der König hinterlassen hat.

Soemus. Soll ich auch Dich mit meinem Schwert durchstoßen?
Ich hab' auch dazu den Befehl von ihm!
2136-37

Sich einem Befehl des Königs offen zu widersetzen, ist geradezu ausgeschlossen.

Titus. Hättest Du
Den starren Diener leben lassen können,
Der den Befehl einmal von Dir empfing
Und ihn zurückwies?
2703-06

Auch Titus sieht sich außerstande, dem König zuzurufen: "Gib den Befehl nicht!" (2742). Keiner nimmt Anstoß daran, daß Herodes den "Befehl" (2748) gibt, Sameas zu martern.

Dem Kampf mit wilden Tieren in der Arena kann niemand entgehen, wenn der König ihn "befiehlt" (715). Titus hat dafür zu sorgen, daß die Empörer bestraft werden: "Thu' denn rasch, was ich befahl!" (1197). Soemus soll den Vizekönig dem Henker übergeben.

Herodes. Du begleitest ihn
Und sorgst, daß alles treu vollzogen wird,
Was dieser Brief befiehlt!
1636-38

Später sieht der König für Augenblicke den getöteten Joseph in seiner typischen Haltung vor sich.

Herodes. Er kommt nicht! Dennoch seh' ich
Ihn vor mir! "Du befiehlst?" - Es ist unmöglich!
1939-40

---

15 Befehl: 515, 516m 2125, 2137, 2444, 2705, 2742, 2748
befehlen: 715, 1197, 1568, 1638, 1940, 2060, 3304.

Schon im dritten Akt begegnet Mariamne ihrem Gatten mit folgenden Worten: "Was befiehlt der König? / Ich bin entboten worden und erschien!" (1568 f.).

Rasch wird die Tötung des Sameas befohlen (2060). Zuletzt erhält der Hauptmann, der in Bethlehem "befiehlt" (3304), den Auftrag, alle Kinder des Orts zu töten.

Einen vergleichbaren Stellenwert hat das Verb gebieten[16]. Den Aspekt der alle sozialen Beziehungen determinierenden Zwangsordnung veranschaulicht auch der Kontext von Schwert und Dolch. Schwert ist an 18 Stellen, Dolch an 4 Stellen belegt[17]. Im Kontext des Wortes Krone[18] ist angedeutet, daß im Ringen um die Sicherung der Herrschaft Menschenleben nicht geschont werden.

Den Besitz des Throns[19] hat sich Herodes gewaltsam angeeignet: Er war Soldat, "Eh' er den Thron bestieg" (2182). Daß er sich die Herrschaft durch berechnende Gewaltanwendung zu sichern versteht, steht außer Frage.

Alexandra. Was erhält ihn auf dem Thron?
Sameas Des Volkes Segen nicht! Vielleicht sein Fluch!
806-807

Ebenso gewaltsam kann er die Herrschaft wieder verlieren: "Zwei Stöße, und der Weg zum Thron ist frei" (1230). Diejenigen, die die Mächtigen um ihre Vorzugsstellung beneiden, tun gut daran, wenn sie in ihrer Vorstellung "an den Thron / Ganz dicht ein Schlachtfeld ... mit tausend Gräbern" rücken (1098 f.). Joseph muß das Ärgste fürchten, wenn Mariamne nach Herodes' Tod die Herrschaft an sich reißen sollte: "Mit Ruhe" könnte er sie aller Wahrscheinlichkeit nach nicht "auf dem Throne seh'n" (545). Er muß Mariamne töten, um sich "den Besitz / Des Throns" (607 f.) und mit ihm das Leben zu sichern.

---

16 gebieten: 149, 1216, 1219 (2 x), 2001, 2555, 2956, 3192.

17 Schwert: 108, 507, 521, 605, 655, 667, 852, 955, 985, 1067, 1302, 2088, 2137, 2193, 2529, 2531, 2567, 3227.
Dolch: 427, 635, 3111, 3210.

18 Krone: 1159 1186, 1921, 2230, 2466, 2552, 2562, 2566, 2575, 3282, 3292.

19 Thron: 441, 545, 608, 806, 1098, 1168, 1230, 2182, 2781, 2829.

Daß es einmal einer Herrscherin in Jerusalem gelungen ist, sich mit allen Feinden auszusöhnen, erscheint als wenig rühmlich.

Joseph. Sie söhnte sich, als sie den Thron bestieg,
Mit allen ihren Feinden aus, nun hatte
Niemand von ihr zu fürchten, nur zu hoffen,
Kein Wunder, daß sie fest saß bis zum Tod!

Mariamne. Das find' ich kläglich! Wozu einen Zepter,
Wenn nicht, um Haß und Liebe zu befried'gen?
1168-73

Die Krise der Herrschaft ist auch gegen Ende der dramatischen Verwicklung nicht überwunden. Judas Maccabäus, der Ahnherr ihres Geschlechts, gilt Mariamne mehr als der König.

Mariamne. Dort, hinter jenem Thron, auf dem ein König
Zu sitzen scheint, steht Judas Maccabäus.
2829-30

Der gefolterte Sameas prophezeit die Geburt eines Kindes, das die "Throne stürzen" (2781) wird.

Kriegerische Verwicklungen im Hintergrund des Bühnengeschehens werden durch den Wortgebrauch von Schlacht und Schlachtfeld[20] angedeutet. Daß "an den Thron / Ganz dicht ein Schlachtfeld ... mit tausend Gräbern" (1098 f.) gerückt ist, hebt Mariamne hervor. Der König hat "auf dem Schlachtfeld" (1653) wiederholt das Äußerste wagen müssen. Der Tod "auf fernem Schlachtfeld" (2607) steht ihm deshalb deutlich vor Augen. Alle Figuren des Stücks sind davon überzeugt, daß ihr eigenes Geschick durch den Ausgang der "Schlacht" bei Actium (2084,2085, 2541) beeinflußt, ja verändert werden wird; unklar bleibt jedoch, in welcher Form dies geschieht. Auf diese Entscheidungsschlacht beziehen sich vier der fünf Belegstellen des Wortes Kampf[21].

Das Wort Krieg[22], das an vier Stellen belegt ist, wird nur zweimal im eigentlichen Sinne des Wortes gebraucht. Herodes hebt hervor, daß er schon manchen "Krieg" (1809)

---

20 Schlacht: 2084, 2085, 2541.
Schlachtfeld: 1099, 1653, 2607.

21 Kampf: 715, 1783, 1811, 1812, 2243.

22 Krieg: 674, 1259, 1778, 1809.

überstanden habe. Nach der Rückkehr des Königs im dritten Akt muß Joseph früher oder später sein Leben verlieren: "Im nächsten Krieg / Hätt' er den Platz des Urias bekommen!" (1778/79). Die übrigen Belege deuten die Situation des Bürgerkriegs an. Schon als Jüngling hat Herodes dem Synedrion den "Krieg erklärt" (674). "Offener Krieg" (1259) herrscht während der Abwesenheit des Königs zwischen Joseph, dem Vizekönig, und Alexandras politischem Anhang. Die Zerrüttung der innerstaatlichen Ordnung ist auch im Kontext des Wortes Frieden angedeutt. Alexandra fordert Sameas auf, "den schlaffen Frieden" (858) zu stören. Für Alexandra ist der Bürgerkrieg ein unersetzbares Mittel ihres politischen Kampfes. Eine Untersuchung des Wortgebrauchs von Aufruhr, Aufstand, Empörer und Empörung[23] macht dies augenfällig.

Gewalt und Unterdrückung konstituieren in der Welt dieses Schauspiels ein gesellschaftliches Ordnungsgefüge, das durch Krieg und Bürgerkrieg immer wieder in Frage gestellt wird. Im Kontext der hier untersuchten Belegstellen bestätigt sich, daß die Darstellung nicht darauf angelegt ist, ein historisches Gemälde zu entwerfen, daß sie vielmehr darauf abzielt, dem Publikum einen Spiegel vorzuhalten, in dem es soziale Konflikte der eigenen Zeit erkennen kann.

---

23 Aufruhr: 652, 1149, 1266, 1375, 2060, 2351, 2354,
Aufstand: 911, 1239, 1240
Empörer: 2079
Empörung: 614, 648, 858.

2.3.3 Recht und Gericht

Um die rechtlichen Perspektiven dieses gesellschaftlichen Ordnungsgefüges geht es im Kontext der Wörter, die dem Motivkomplex von "Recht und Gericht" zuzurechnen sind. Die diesem Motivkomplex zugehörigen Wörter verteilen sich über alle fünf Akte, wobei allerdings eine gewisse Konzentration der Belege auf den fünften Akt, in dem der Prozeß Mariamnes vorgeführt wird, zu beobachten ist.

Für den König sind Recht und Gesetz[1] seit eh und je belanglos gewesen. Schon als Jüngling hat man ihn vors Synedrion stellen müssen, weil er sich "einen Angriff auf's Gesetz erlaubt" (691). In seinem ersten Monolog in Szene I,2 bezeichnet er das für ihn verbindliche "Gesetz".

> Ich wehre mich, so gut ich kann,
> Und gegen jeden Feind mit seiner Waffe
> Das sei von jetzt mir Regel und Gesetz.
> 259-261

Macht und Einfluß gelten dem König mehr als Recht und Gesetz. So wird seine Äußerung verständlich, daß Alexandra "Mit einer Art / Von Recht" (585 f.) Josephs Tod verlangen könne. Aus der Mißachtung des geltenden Rechts durch den König entspringt eine eigentümliche Rechtsunsicherheit (1715/17, 2009, 2435/36, 313/314, 1852). Die Juden leben unter dem "Gesetz" (2012), doch die Mächtigen kehren sich nicht daran. Es gibt kein Gesetz, das Antonius daran hindern könnte, im Rausch die Welt zu verschenken und "sich dabei des Rechts / auf einen Platz darin" (173 f.) zu begeben.

Wie rücksichtslos sich Herodes über Recht und Gesetz hinwegsetzt, bezeugt der Kontext des Wortes Mörder[2]. Dreimal wird der König, der die Macht hat, einen "Mörder" (287) vom Kreuz herunterzunehmen, selbst als Mörder bezeichnet.

---

1 Recht: 173, 313, 585, 1716, 1852, 2009, 2436
Gesetz: 261, 691, 2012.

2 Mörder: 287, 959, 1024, 1027, 1389, 1625, 2879.

Alexandra. Er selbst, der Mörder, hätte nicht gewagt,
Sich Dir zu nähern
959-960

Alexandra. Er hatte sie
Voraus bestellt, wie and're Mörder sich ,
Wo möglich, Wasser schöpfen, eh' sie morden -
1023-25

Mariamne. Mutter, vergiß nicht!
Alexandra. Was? Daß Du das Weib
Des Mörders bist?
1026-27

Daß Mariamne den "Mörder" (1625) ihres Gatten verabscheuen würde, steht außer Frage. Herodes aber scheut sich nicht, die Richter zu veranlassen, gerade Mariamne wie einen "Mörder" (2879) zum Tode zu verdammen.

Die rücksichtslose Mißachtung des Rechts durch den König ist auch im Kontext der Wörter Mord und Brudermord[3] zu zu erkennen.

Daß Herodes den "Mord" (949) an Aristobolus veranlaßt hat, steht außer Zweifel. Mariamne weiß schon vor dem Beginn des Bühnengeschehens, daß der König ihr "durch heimlich-stillen Mord" (1688) den Bruder geraubt hat. Daß Joseph auf Geheiß des Königs auf "Mord" (1285) sinnt, erkennt die Königin im zweiten Akt, und sie ist entschlossen, diesen "Mord" (1644) als Verbrechen zu brandmarken.

Den "Brudermord" (1901) hat Mariamne dem König verzeihen müssen. Herodes hat es verstanden, dem "Brudermord" (1640) das Siegel der Notwendigkeit aufzudrücken, er hat die Königin gezwungen, "Den Brudermord zu finden, wie das and're, / Nothwendig, unvermeidlich , wohl gethan" (303 f.).

Der allgemeinen Rechtsunsicherheit entspricht eine auffällige Divergenz der Rechtsauffassungen, wie im Kontext der Wörter Pflicht, pflichtig und Pflichtgefühl deutlich

---

3 Mord: 949, 1285, 1644, 1688
Brudermord: 303, 1640, 1901.

4 Pflicht: 273, 373, 708, 1612, 1836, 2061, 2238, 2873, 2874, 3158, 3188, 3190, 3192, 3203
Pflichtgefühl: 3017
pflichtig: 750.

zu erkennen ist.

Pflichtig ist im Kontext eines öffentlich rechtlichen Tatbestands verwendet: In Israel gibt es keine Sklaven, die dem König "auf Tod und Leben pflichtig" (750) sind. Auf das geltende Recht beruft sich Herodes, wenn er die Königin daran erinnert, daß sie sein Vorgehen gegen Aristobolus "Als Tochter ihres Volks aus heil'ger Pflicht" (373) gutheißen müsse. In der Schlußszene muß sich Titus darüber belehren lassen, daß es seine "Pflicht" (3203) gewesen wäre, den König zu warnen, wenn ihm nur der geringste Zweifel an Mariamnes Schuld gekommen wäre.

Daß sie die Pflichten, die sie durch die gesellschaftliche Ordnung auferlegt erhält, zu erfüllen hat, ist für Mariamne eine Selbstverständlichkeit: "ich kenne meine Pflicht" (273). Ein ehebrecherisches Verhältnis ist für sie aber auch aus anderen als positiv rechtlichen Gründen undenkbar: "ein Gefühl von Pflicht" (1612) würde sie davon abhalten. An dieses im Bewußtsein der personalen Identität verankerte Pflichtgefühl appelliert der König im Gespräch mit Mariamne in Szene III,6.

> D'rum bettle ich denn auch bei Deiner Liebe
> Nicht um ein letztes Opfer mehr, doch hoff' ich,
> Daß Du mir eine letzte Pflicht erfüllst.
> 1834-36

Dieses individuelle Rechtsbewußtsein stellt sich bei den einzelnen Figuren durchaus unterschiedlich dar. Nach Ansicht Alexandras hätten sich die Pharisäer im entscheidenden Augenblick dem Usurpator Herodes widersetzen müssen; dann hätten sie den "schlichten Mut der Pflicht" (708) bewiesen. Sameas beruft sich mit Sicherheit nicht auf das geltende Recht, wenn er die Königin an ihre "Pflicht" (2061) mahnt, sich von Herodes zu trennen. Zur offenen Auflehnung, zur Revolte, entschließt sich Soemus.

> Wer Dienste von mir fordert,
> Die mich, vollbracht und nicht vollbracht, wie's kommt,
> Schmachvoll dem sicher'n Untergange weih'n,
> Der spricht mich los von jeder Pflicht.
> 2235-38

Auch für Mariamne ist am Ende die rechtliche Ordnung nicht mehr maßgeblich. Vielmehr folgt sie einem inneren Gebot, das ihre eigene Vernichtung vorschreibt.

> Da Du's selbst so tief empfindest,
> Was sich für Dich geziemt, da Deine Furcht
> Mich über meine Pflicht belehrt, so will
> Ich endlich diese heil'ge Pflicht erfüllen,
> D'rum scheid' ich mich auf ewig von Dir ab!
> 2871-75

Titus läßt sich von seinem "Pflichtgefühl" (3017) leiten, wenn er Mariamnes letzten Willen erfüllt. Das Ansehen eines Toten wiederherzustellen, ist für das Bewußtsein dieses Römers Menschenpflicht.

> Doch, wenn es heil'ge Pflicht ist, einen Todten,
> Wer er auch sein mag, zu bestatten,
> So ist die Pflicht noch heil'ger, ihn von Schmach
> Zu reinigen, wenn er sie nicht verdient,
> Und diese Pflicht gebeut mir jetzt allein!
> 3188-92

Die Pflicht, die die drei heiligen Könige in Szene V,8 erwähnen, hat weder eine positiv rechtliche Sanktion, noch ist sie im individuellen Rechtsgefühl begründet. Die "heil'ge Pflicht", dem König aller Könige "huldigend zu Füßen / Zu legen, was auf Erden kostbar ist" (3158 f.), deutet einen heilsgeschichtlichen Zusammenhang an.

Trotz der unübersehbaren Rechtsunsicherheit werden fortwährend Prozesse angestrengt und Urteile, auch Todesurteile, gefällt und vollzogen. Dem Sprachgebrauch der Kriminaljustiz entspricht der Kontext der Wörter <u>Strafe</u> und <u>Todesstrafe</u>[5]. Herodes rechtfertigt im Gespräch mit Salome Josephs rasche Verurteilung:

> er wußte,
> Welch eine Strafe ihn erwartete,
> Wenn er es that; er unterwarf sich ihr
> Und that es doch!
> 1711-14

Artaxerxes, Herodes' persischer Diener, berichtet, daß bei den Festen des Satrapen, seines früheren Herren,

> Strafe,
> Oft Todesstrafe, darauf stand, wenn Einer
> Nur einen Tropfen Wasser trank.
> 2317-19

---

5 <u>Strafe</u>: 1712, 2317
<u>Todesstrafe</u>: 2318.

Die Wörter strafen und bestrafen sind an acht bzw. zwei Stellen belegt[6]. Das Nomen Spruch, das an sechs Stellen des fünften Akts vorkommt[7], bedeutet so viel wie gerichtliche Entscheidung.

Nur eine Belegstelle gibt es für das Wort Freispruch. Wie ihn Antonius in Alexandrien gedemütigt hat, daß er ihn von Schmaus zu Schmaus geschleppt und ihm doch "den Freispruch" (1681) vorenthalten hat, vertraut der König Mariamne in Szene III,3 an.

Das Substantiv Urteil[8] ist in diesem Drama nur zweimal gebraucht. Beiläufig wird erwähnt, daß ein Römer das "Urteil" (907) langsam fällt, aber schnell vollzieht. Daß Alexandra und Mariamne sich "das Urteil" (1189) selbst gesprochen haben, hebt der Vizekönig in Szene II,4 hervor; ungeduldig erwartet er den Augenblick, da er es vollziehen kann.

Todesurteil ist dreimal[9], verurteilen einmal belegt[10]. Weil er widerrechtlich ein "Todesurteil" (692) vollzogen hat, haben die Pharisäer den jungen Herodes vor Gericht gestellt. Dabei haben sie allerdings erkennen müssen, "daß der Henker / Kein Todesurteil an sich selbst vollzieht" (676 f.). In der Tat hat Herodes jahrelang peinlich darauf geachtet, daß "kein Todesurteil" (2385) an einem Menschen vollzogen worden ist, der das Alter seines entführten Sohnes gehabt hat. Zu dieser berechnenden Zurückhaltung ist Herodes am Ende der dramatischen Verwicklung nicht mehr fähig, als er alles daran setzt, daß Mariamne "zum Tode verurteilt" 62929) wird.

Die Verben richten und verdammen[11] haben die Wortbedeutung verurteilen. Joseph wird ohne gerichtliches Verfah-

---

6 bestrafen: 699, 2953
strafen: 104, 740, 792, 1114, 2063, 2729, 2730;
Lügen strafen: 1329.

7 Spruch: 2614, 2638, 2884, 2912, 2926, 3182.

8 Urteil: 907, 1189.

9 Todesurteil: 677, 692, 2385.

10 verurteilen: 2929.

11 richten: 1708, 1709
verdammen: 58, 402, 1696, 1697, 1698, 1710, 1865, 2807, 2880, 3203.

ren zum Tode verurteilt.

Herodes. Dein Gatte stirbt!
Salome. Eh' er gerichtet wurde? Nimmermehr!
Herodes. Er ist gerichtet durch sich selbst!
1707-09

In Szene I,1 warnt Sameas den König "Vor einer Handlung, die der Herr verdammt" (58). Ob Antonius ihn Bruder nennen oder aber "Zum Hungertod im unterird'schen Kerker, / In dem Jugurtha starb, verdammen wird" (401 f.), ist für Herodes vor seinem Aufbruch nach Alexandrien völlig ungewiß. Den Mordanschlag des Königs auf sie muß nach Ansicht Mariamnes jedermann verurteilen.

Mariamne. Solch einen Frevel
Verdammt das ganze menschliche Geschlecht,
Verdammt das Schicksal, das ihn zwar beginnen,
Doch nicht gelingen ließ, verdammst Du selbst!
1695-98

Die rasche Hinrichtung seines Stellvertreters sucht Herodes zu rechtfertigen: "Er hatte / Den Brief, der ihn zum Tod verdammt, in Händen" (1709 f.). Sich selbst "verdammt" (1865) der König, den Mund Mariamnes nicht mehr zu küssen. Daß die Richter froh sein werden, wenn sie die Königin "nicht verdammen" (2807) müssen, hebt der König am Anfang des Prozesses gegen Mariamne hervor. Wenig später verlangt er unter dem Hinweis auf einen Präzedenzfall ihre Bestrafung.

Herodes. Doch habt ihr einmal einen Mörder schon
Zum Tod verdammt, weil des Erschlag'nen Kleinod
Sich bei ihm fand.
2879-81

Am Schluß erinnert der König Titus daran, daß sein Zeugnis die Königin "mit verdammen half" (3203).

Unverkennbar ist die Neigung der Figuren, gegeneinander Klage zu erheben. Das Verb verklagen ist zehnmal belegt, die Substantive Klage und Kläger finden sich vier- und zweimal[12]. Prozessuale Verhaltensweisen geben sich auch

12 verklagen: 202, 388, 566, 1072, 1135, 1282, 1331, 1575, 1716, 2834
Klage: 1010, 1485, 1521, 1576
Kläger: 1141, 1530.

im Kontext der Wörter Zeuge, -in, Zeugnis, zeugen und bezeugen[13] zu erkennen.

Richter und Gericht sind, das ist augenfällig, Instrumente in den Händen der Mächtigen[14]. Um so auffälliger ist die eigentümliche Faszination, die der Strafprozeß dennoch besitzt. Die Figuren neigen dazu, in ihren sozialen Beziehungen unablässig Situationen des Strafprozesses zu reproduzieren. Davon zeugt der Wortgebrauch von verdächtigen, verstricken, widerlegen, bekennen und beteuern[15] ebenso wie der Wortgebrauch von leugnen[16], prüfen[17] und beweisen[18].

Sameas macht dem König in Szene I,1 seine Aufwartung, um ihm zu "beweisen" (56), daß er dankbar ist. Dem Vizekönig gibt Herodes in Szene I,5 zu verstehen, daß es entscheidend darauf ankommt, seine Ergebenheit zu "beweisen" (570, 646). Die Figuren sind fortwährend bemüht, aus Tatbestandsmerkmalen Beweise zu konstruieren. Daß Joab bei Antonius zunächst nicht vorgelassen worden ist, "beweist" (123) nach Ansicht des Königs, daß er die rechte Stunde nicht gewählt hat. Daß sich die in Szene I,1 erwähnte junge Witwe verzweifelt dagegen gesträubt hat, gerettet zu werden, "beweist" (434), so argumentiert Mariamne, "Daß ihr der Todte mehr war, als die Welt" (435). Soemus hat seinen Posten in Judäa sicherlich nicht verlassen, um dem König zu "beweisen, daß er ungefährdet / Verlassen werden könne" (1436 f.). Vielmehr "beweist" (1959) sein Kommen dem König, "Wie treu er denkt, / Wie eifrig er mir dient" (1958 f.). Daß er ein Mann ist, beweist (2233) Soemus dadurch, daß er sich von Herodes lossagt. Daß Herodes sich in der Entschei-

---

13 Zeuge,-in: 1521, 1566, 2621 , 2796, 2845
zeugen: 3078, 3230 ; Zeugnis: 3202
bezeugen: 2469,2886.

14 Richter: 675, 2793, 2815 , 2816, 2926;
Gericht: 1467,1574, 1675, 2596 ,2613 ,2817,2919,3045.

15 verdächtigen: 1266; bekennen: 2687, 2876
verstricken: 1352; beteuern: 3024
widerlegen: 2637.

16 leugnen: 1003, 1599, 2586, 2625, 2639 , 2724 , 2851.

17 prüfen: 1012, 1190 , 1827 , 1948.

18 beweisen: 56, 123, 434 , 570, 646, 708, 1436, 1959, 2024, 2044, 2233, 2545.

dungsschlacht bei Actium rechtzeitig auf die Seite des Siegers geschlagen hat, "Beweist" (2545) dem Römer Titus die Rückkehr des Königs.

Eine Kritik dieser Art der Beweisführung wird an zwei Stellen angedeutet.

Sameas. Mit verruchtem Witz
Bewies er dann, wir sei'n ein Volk von Irren
Und er der einzige Verständige
2043-45

Für Sameas steht es außer Frage, daß das, was der König zu beweisen versucht, unsinnig, ja, gemeingefährlich ist. In anderem Zusammenhang berichtet Mariamne von einem Pharisäer, der einen von ihm vorausgesagten Brand selbst angelegt hat.

Mariamne. der Brand
Hat uns beweisen sollen , daß er wirklich
Prophet sei und das Künftige durchschaue
2023-25

In der Tat zeigt die Beweisführung der Figuren des Stücks die Merkmale einer sich selbst erfüllenden Prophezeihung.

Hebbels Schauspiel greift offensichtlich auf Erfahrungen zurück, die in der Krise der Jahre 1847/48 nicht nur den Angehörigen der Bourgeoisie, sondern auch den breiten Volksmassen, den Kleinbürgern und Lohnarbeitern in Stadt und Land, bewußt geworden sind: die Erfahrung der Mißachtung des geltenden Rechts durch die staatliche Gewalt und die Erfahrung der allgemeinen Rechtsunsicherheit und der daraus resultierenden völligen Zerrüttung des gesellschaftlichen Ordnungsgefüges.

2.3.4 Preis und Kosten

Es hat den Anschein, daß Hebbels Drama, das, wie das Fehlen eines entsprechenden Wortschatzes zeigt, die Probleme der industriellen und agrarischen Arbeitswelt ignoriert, immerhin an Erfahrungen aus Handel und Gewerbe anknüpft. Bestimmte Implikationen bürgerlicher Erwerbstätigkeit sind im Kontext einer zahlenmäßig kleinen Gruppe von Wörtern mit niedrigen Belegziffern angedeutet.

Dazu gehören die Verben kaufen, erkaufen und markten[1]. Beiläufig wird erwähnt, daß Mariamne noch nach dem Tode ihres Bruders ein Geschenk von ihm erhalten hat, "Das er bei'm Gang in's Bad für sie gekauft" (497). Sameas verkehrt mit den Ärmsten der Armen; mit ihnen verzehrt er das , was "niemand käuft" (880). Daß Soemus sich die Gunst der Königin hat "erkaufen" (2711) wollen, schließt Titus im Gespräch mit dem König in Szene V,3 nicht aus. Gerade gegen die Käuflichkeit menschlichen Verhaltens lehnt sich die Königin auf.

Mariamne. Denn ich sollte nicht
Unwürdig mit ihm markten um ein Leben,
Das für mich den Preis, um den ich's kaufen kann,
Für mich den letzten Wert verlieren muß.
3096-99

Herodes dagegen erscheint diese Käuflichkeit als das Selbstverständliche. Sein Gebrauch des Wortes Preis[2] bezeugt dies: "Um welchen Preis erfuhrst / Du dies Geheimnis? Wohlfeil war es nicht!" (1626 f.). Die Königin wird - dies ist Herodes' Überzeugung - einen hohen "Preis" zahlen müssen, wenn sie Soemus wie vor ihm Joseph dazu bewegen will, dem königlichen Befehl zuwider zu handeln und das Geheimnis preiszugeben: "Verräth er mich, / So zahlt sie einen Preis, der - " (1962 f.). Alexandra denkt ganz ähnlich, wie im Kontext des Wortes Kauf-

---

1 kaufen: 497, 880, 3098
erkaufen: 2711
markten: 3097.

2 Preis: 1626, 1963, 3098.

preis[3] zu erkennen ist. Bei der Vermählung ihrer Tochter mit Herodes ist sie davon ausgegangen , daß Mariamne "den Kaufpreis nicht vertändeln" (963) würde.

Daß Handel und Gewerbe eine die Ausdrucksweise der Figuren prägende Kraft besitzen, zeigt auch der Wortgebrauch von Kosten und Rechnung[4]. Im Ausdruck der Figuren finden sich die Wendungen "auf fremde Kosten" (1146), "Auf Deine Kosten" (2711) und "Auf meine eig'nen Kosten" (3059). "Punct für Punct" (1138) hat Herodes, wie Joseph berichtet, vor Antonius die "Rechnung" (1139) der Pharisäer wiederholt. Soemus geht davon aus, daß das Morden nach Caesars Tod auf die "Rechnung" (2115) Octavians gesetzt werden muß.

Im Kontext der Verben zahlen und bezahlen[5] werden geschäftliche, aber auch politische Vorgänge angedeutet. Zweimal geht es darum , ob bzw. daß eine "Schuld bezahlt" (291, 312) wird. Dem Pharisäer Sameas ist es eine Genugtuung, daß die Heiden ihrem Schöpfer "einen gräßlichen Tribut bezahlen" (739) müssen. Herodes will und muß seinem römischen Patron die Krone "bezahlen" (2552, 2562), notfalls mit dem Kopf des Freundes. Beiläufig wird auf die geschäftliche Seite der römischen Herrschaft hingewiesen. Die Römer werden nach Ansicht Alexandras an Herodes festhalten, solange es ihm gelingt, "Den Zins, den wir dem Römer zahlen müssen, / Alljährlich vor'm Verfallstag einzuschicken" (809 f.).

Mit kommerziellen Begriffen werden zuweilen politische und gesellschaftliche Vorgänge wiedergegeben; der Wortgebrauch von Geschäft, Handel und Unternehmen[6] zeigt dies. Sameas bezeichnet die Erhebung des Volks als ein

---

3 Kaufpreis: 993.

4 Kosten: 1146, 2711, 3059.
Rechnung: 1139, 2115.

5 zahlen: 809, 1963
bezahlen: 291, 312, 739, 2552, 2562.

6 Handel: 984
Geschäft: 3181
Unternehmen: 892.

von langer Hand vorbereitetes "Unternehmen" (892). Mariamnes Verbindung mit Herodes geht auf einen "Handel" (984) ihrer Familie mit dem Emporkömmling zurück. Den König darüber zu unterrichten, daß Mariamne schuldlos gewesen ist, erscheint dem Römer Titus am Ende als ein furchtbares "Geschäft" (3181).

Die Denkweise des Königs charakterisiert sein Gebrauch der Wörter wuchern, verfallen und Pfand[7]. Daß man mit "allem wuchern" (296) soll, warum nicht mit "verfall'nem Menschenleben" (297), ist geradezu eine Maxime von Herodes' Denken. Diesem Grundsatz entspricht seine Einstellung Joseph gegenüber: Der Kopf des Freundes steht ihm "zum Pfand" (1628), damit sein Geheimnis verborgen bleibt.

Der Kontext der Wörter Siegel und Schuldschein[8] deutet auf die innere Verfassung der Königin hin. Mariamne verabscheut die Kommerzialisierung der Lebensbezüge.

> Man stellt auf Thaten keinen Schuldschein aus,
> Viel weniger auf Schmerzen und auf Opfer
> 465-466

Sie kann sich schwer damit abfinden, daß Herodes dem Brudermord "das Siegel der Notwendigkeit" (1641) aufgedrückt hat. Daß es ihm nie gelingen wird, mit "diesem Siegel" (1644) auch den Mord an ihr selbst zu "stempeln" (1645), hebt sie im gleichen Atemzug hervor.

Die Welt von Hebbels Schauspiel enthält, wie dieser Wortgebrauch zeigt, ein Element, das dem Empfinden und Wissen bestimmter bürgerlicher Schichten durchaus verfügbar gewesen ist: die Erfahrung kommerzieller Zwänge, auf die die eine Hauptfigur mit der Bereitschaft zur Anpassung, die andere mit entschlossener Auflehnung reagiert. Hier artikuliert sich offensichtlich eine Kritik der kapitalistischen Wirtschaftsgesin-

---

7 wuchern: 296
verfallen: 297
Pfand: 1628.

8 Siegel: 1641, 1644
Schuldschein: 465.

nung, die dem Unbehagen der vorindustriellen bürgerlichen Mittelschichten, besonders des Bildungsbürgertums, am gesellschaftlichen Aufstieg der Bourgeoisie entspricht[9], hat doch die Bourgeoisie "die heiligen Schauer der frommen Schwärmerei, der ritterlichen Begeisterung, der spießbürgerlichen Wehmut in dem eiskalten Wasser egoistischer Berechnung ertränkt", "die persönliche Würde in den Tauschwert aufgelöst und an die Stelle der zahllosen verbrieften und wohlerworbenen Freiheiten die eine gewissenlose Handlungsfreiheit gesetzt"[10].

---

9 Cf. Karl Mannheim, "Das konservative Denken: Soziologische Beiträge zum Werden des politisch-historischen Denkens in Deutschland", Wissenssoziologie (Berlin 1964) S. 451.

10 Marx/Engels, "Manifest der Kommunistischen Partei", Werke, Bd. IV, S. 464 f. - Auf die Kommerzialisierungsproblematik im Gesamtwerk Hebbels hat Ludger Lütkehaus, "Die Gesellschaft und ihr Henker. Zu Hebbels 'Ein Trauerspiel in Sicilien'", HJb 1973, S. 99 - 106, hingewiesen.

2.3.5 Welt und Gott

Gerade zu der Zeit, als sich der revolutionäre Kampf des Bürgertums gegen die feudalen Gewalten mit dem Kampf gegen die plebejischen Schichten des Kleinbürgertums und das Proletariat verschränkt, wendet sich der Dramatiker Hebbel der Vergangenheit zu. In Herodes und Mariamne ist eine historische Welt dargestellt; ihre wichtigsten Quellen sind die Antiquitates Judaicae des Flavius Josephus und die Bibel[1].

Hebbels historische Rekonstruktion hält sich durchaus an die geschichtlichen Quellen. Das relativ stark hellenisierte Galliläa[2] ist fest in der Hand des königlichen Statthalters Soemus (1422), die Aufwiegelungsversuche der Pharisäer sind hier (1443) zum Scheitern verurteilt. Herodes kann feststellen: "Aus Galliläa kommt mir Nichts, als Gutes!" (76). Die Galliläer[3] sind - freilich aus eigennützigen Motiven - Anhänger des Königs (106, 1264), der sich mit ihnen umgibt (250) und ihnen die Durchführung besonders schwieriger Aufgaben anvertraut (1225, 2200).

Judäa[4] dagegen steht ganz unter dem Einfluß der Pharisäer, die sich gegen den König verschworen haben (886). Zu Judäa gehören die Städte Jericho und Jerusalem. In Jericho[5], einer den Makkabäern besonders verbundenen Stadt, hat Herodes den Hohenpriester[6] umbringen lassen: hier (379, 1008, 1012) begegnet ihm Mariamne, die Makkabäerin, verschlossen und unversöhnlich.

---

1 Cf. zur Quellenfrage Hayo Matthiesen, "Herodes und Mariamne: Eine Untersuchung über die Quellen", HJb 1966, S. 88 - 116.

2 Galliläa: 76, 1422, 1443.

3 Galliläer: 106, 205, 1225, 1264, 2200.

4 Judäa: 886, 2306.

5 Jericho: 379, 1008, 1012.

6 Hoherpriester: 188, 203, 1045.

Anders ist die Situation in Jerusalem[7].

Herodes. Du konntest mich in Jericho nicht küssen,
Du wirst es können in Jerusalem!
379-380

In Jerusalem , wo sich der Tempel[8] mit dem Allerheiligsten[9] und die militärisch gesicherte Burg[10] des Königs gegenüberliegen, befindet sich nicht nur der Sitz des Hohen Rates (696), hier konzentrieren sich die revolutionären Aktivitäten der Pharisäer (887), hier kommt es zum Aufstand ("ganz Jerusalem in Aufruhr" 1375; "Jerusalem in Flammen" 1446) und zur Niederwerfung des Aufstands ("Doch ganz Jerusalem / Steht starr und fragt ..." 1742/43). Offensichtlich steht das geschichtliche Panorama , das in Hebbels Stück entworfen ist, nicht beziehungslos neben der politisch-gesellschaftlichen Realität der Jahre 1847/48.

Aus den Antiquitates Judaicae, aber auch aus der Bibel übernommen sind die politischen und religiösen Zusammenhänge, die im Kontext der Wörter Pharisäer, Judas Maccabäus und Maccabäer(in) sowie Messias angedeutet sind.

Die Pharisäer[11] sind nicht bereit, die Schmach, die ihnen Herodes angetan hat, zu vergessen (881). Ihr Verhalten schwankt zwischen Trotz, subversiver Tätigkeit und offener Empörung (106, 1442, 3277). Einerseits versuchen sie, sich mit Rom ins Einvernehmen zu setzen, um die Absetzung Herodes' zu erreichen (600, 1134), andererseits predigen sie "Beständig Aufruhr ... gegen Rom" (1148-49) - mit der Folge, daß ihnen jeder greifbare politische Erfolg versagt bleibt. Für die Römer sind die Pharisäer ein Gegenstand ihres Spotts (1206,

---

7 Jerusalem: 380, 696, 887, 1375, 1446, 1742.

8 Tempel: 756, 2007.

9 das Allerheiligste: 771.

10 Burg: 1246, 1415, 2008; Szenenanweisungen, S. 199, 232, 269, 295.

11 Pharisäer: 447, 600, 881, 904, 1134, 1148, 1206, 1442, 1451, 2022, 2974, 3277.
Pharisäerpöbel: 103.

1451). Die Pharisäer gelten als fanatische Anhänger ihrer Überzeugungen (2022); dennoch ist ihr Verhalten nicht unehrenhaft: Alexandra traut dem Pharisäer Sameas nicht zu, daß er sie belauscht (904). In betontem Gegensatz zu Titus und Herodes, aber auch den anderen Hauptfiguren des Stücks vertreten die Pharisäer den Gedanken der Unsterblichkeit (446, 2975) und verweisen damit über diese Welt hinaus.

Sind die Pharisäer in Hebbels Drama ein Ferment politisch-gesellschaftlicher und religiöser Unruhe, so wird mit Judas Maccabäus[12] an einen nationalen Helden erinnert, der ein Jahrhundert zuvor den Aufruhr gegen die hellenistische Fremdherrschaft entfacht und als Partisan den Guerillakrieg organisiert und schließlich siegreich beendet hat. Ihm verdanken die Maccabäer[13] ihre politischen und gesellschaftlichen Privilegien, die auch Herodes nicht ignorieren kann (1527) und die seiner Alleinherrschaft im Wege sind.

Alexandra.
Zwei Stöße, und der Weg zum Thron ist frei;
Denn, giebt es keine Maccabäer mehr,
So kommen die Herodianer d'ran.
1230-32

Dem großen Judas fühlen sich noch die letzten Makkabäer verbunden (1176, 2830), denen ausgesprochen elitäre Eigenschaften zugeschrieben werden: sie sind kühn (546), stolz (1006, 2649), selbstbewußt (2129) und neigen zu politischem Pragmatismus (378, 1163).

Dagegen gibt sich Herodes, der aus keinem der jüdischen Fürstengeschlechter stammt, als Erlöserkönig der Juden, als Messias[14] (2031, 2034) aus, womit er freilich den Widerstand aller, die auf das Kommen eines Messias-Königs warten, herausfordert.

---

12 Judas Maccabäus: 1176 , 1220, 2830.

13 Maccabäer(in): 378, 546, 1006, 1163, 1231, 1527, 2129, 2635, 2949.

14 Messias: 2031, 2034, 2038.

Sameas.
Ich schrie zum Herrn, ich rief: Sieh auf Dein Volk
Und schicke den Messias, den Du uns
Verheißen für die Zeit der höchsten Noth,
Die höchste Noth brach ein! Darauf versetzt' er
Mit stolzem Hohn: Der ist schon lange da,
Ihr aber wiss't es nicht! Ich bin es selbst!
2037-42

Diese auch bei Flavius Josephus überlieferte messianische Heilserwartung ist Audruck der Sehnsucht breiter Schichten des jüdischen Volks nach einer besseren Zukunft, sie ist ein Indiz der sozialen Unzufriedenheit, als deren Wortführer in Hebbels Stück die Pharisäer fungieren.

Überprüft man den Kontext der Wörter Prophet, prophezeien sowie Jonas und Elias[15], so zeigt sich eine Differenz der Auffassungen, die offensichtlich durch die unterschiedliche soziale Stellung ihrer Träger bedingt ist. Für Mariamne, die Angehörige des Hochadels, steht es fest, daß die Propheten, die Künder und Bereiter des Messias-Reiches, stumm sind wie Gott selbst (2015-16). Sie hält es für ausgeschlossen, daß ein "Prophet" mit der Fähigkeit, "das Künftige" zu durchschauen, auftreten könnte (2025). Der Usurpator Herodes sieht in dem "Knaben", "Den die Propheten längst verkündet haben" (3295-96), einen Rivalen, den er am liebsten beseitigen möchte. Das Volk dagegen hält den Pharisäer Sameas für "Jonas Enkel" (1991). Alexandra weiß, welche Bedeutung Sameas für das Volk hat.

Alexandra. Ich weiß,
Was Du vermagst, wenn Du den Sack ergreifst
Und Wehe! rufend, durch die Gassen ziehst,
Als wär' Dein Vorfahr Jonas wieder da.
873-76

Als Sameas im Kerker durch die Schergen des Herodes zu Tode gequält wird, "prophezeit" (2773) er den Anbruch des Reiches Gottes.

---

15 Prophet: 2015, 2025, 3296
prophezeien: 2773
Jonas: 876, 1991
Elias: 2786.

Joab. Das Volk indeß, zu Tausenden versammelt ,
Harrt draußen vor den Thoren, hört das Alles
Und glaubt, daß sich Elias' Flammen=Wagen
Hernieder senken wird, um ihn, wie den,
Empor zu tragen.
2784-88

Das gegenwärtige Elend macht die eschatologischen Erwartungen[16] des Volks verständlich ; in ihnen artikulieren sich die Wünsche der breiten Massen nach einer grundlegenden Veränderung der Verhältnisse. Daran ist den Angehörigen der Machtelite verständlicherweise nicht gelegen.

Die Art und Weise, wie sich die Figuren des Stücks mit Gestalten und Vorgängen des Alten Testaments auseinandersetzen, ist bezeichnend für ihr gesellschaftliches Verhalten. Salome erwähnt Jacob, Rahel und Jesabel[17]. Ihre Bemerkung, Joseph, ihr Gemahl, habe um sie geworben, "wie Jacob warb um Rahel" (Gen 29, 19 ff.; 1364), gibt sich im Kontext der dramatischen Rede als Anmaßung weiblicher Eitelkeit zu erkennen. Die Königin, die noch mehr Vorrechte besitzt als sie selbst, verfolgt sie mit maßlosem Haß.

Salome. Wenn die den Kopf
Behält, so weiß ich nicht, warum der Herr
Das Blut der üpp'gen Jesabel den Hunden
Zu lecken gab!
2477-80
cf. 1. Könige 21, 19 u. 23
2. Könige 9, 36

Alexandra beklagt die politische Fehlentscheidung, die sie ihrem Vater und sich selbst vorzuwerfen hat: Sie hat, als sie ihre Zustimmung zu der Vermählung ihrer Tochter mit dem Edomiter Herodes gegeben hat,

---

16 Zu Begriff und Geschichte der Eschatologie im Alten und Neuen Testament cf. Die Bibel und ihre Welt: Eine Enzyklopädie, hg. Gaalyahu Cornfeld und G. Johannes Botterweck, dtv-Lexikon, Bd. II (München 1972) S. 461 - 463.

17 Jacob: 1364
Rahel: 1364
Jesabel: 2479.

"für Edoms Schwert / Die Perle Zions" hingegeben (985 f.; cf. Gen 32,3 ff., Gen 33,1 ff., 1. Könige 8,1, 2.Könige 19, 21)[18].

Mit Judith und Rahab[19] wird Mariamne in Verbindung gebracht, die nach dem Zeugnis des Alten Testaments beide zu Rettern des Volkes Israel geworden sind (Judith 8,1 ff., Josua 2,1 ff.). Mariamne lehnt es aber ab, an Herodes "in stiller Nacht die Katzenthat / Der Judith" zu wiederholen (1000-01).

Von der Herrschaft Davids und Salomos wird das Regime Herodes' deutlich abgesetzt. Herodes residiert zwar in "Davids Burg" (2008), aus dessen Stamm der verheißene Messias ist (cf. 2779)[20], aber gerade jene Haltungen, die die großen jüdischen Könige auszeichnen, können, wie im Kontext der Wörter Ruth, Uria, Saul und Salomo[21] erkennbar ist, von Herodes nicht nachvollzogen werden. Von "Ruth", der Stammutter Davids, deren Treue und Lauterkeit die Bibel rühmt, heißt es, daß sie Herodes nicht zu "fassen" vermöchte, "Wie hätte sie's gelernt beim Aehrenlesen" (Ruth 2; 376-77). Ironisch identifiziert sich Herodes mit "Saul", der den Spieß nach dem jungen David wirft (1. Sam 19,9 f. ; 569), und mit David selbst, dem Mörder des Uria (2. Sam 11, 15; 1779). In der Gerichtsszene fordert er die Richter auf, nicht dazusitzen "wie Salomo / Zwischen den Müttern mit den beiden Kindern" (1 Könige 3,37; 2910-11). Um das Widerwärtige und Unerträgliche von Herodes' Herrschaft hervorzuheben, erinnert Alexandra an die feierliche Tempelweihe durch Salomo: So feierlich "wie Salomo den Tempel" wird Herodes die "heidnische Arena weihen" (2. Chron 5; 755 ff.).

---

18 Edom: 985
Zion: 986.

19 Judith: 955, 1001, 2484
Rahab: 955.

20 David: 2008, 2779.

21 Ruth: 375
Saul: 569
Uria: 1779
Salomo: 756, 2910.

Moses[22], der"Trotz Pharao" "gerettet" worden ist (Ex 2; 3311-12) und der sein Volk auf wunderbare Weise durch das "rothe Meer" aus der Gefangenschaft in die Freiheit geführt hat (Ex 14,15 ff. ; 870-72), ist für Herodes ein Ärgernis ("Mosis dummes Buch" 2051, "Was Moses bloß gebot, ... / ... / Wenn er kein Narr war" 149-51), für das Volk dagegen nicht nur der Garant nationaler Eigenständigkeit (718-19): An seine Gestalt knüpft vielmehr die Hoffnung auf eine erneute Rettungstat Gottes an. Der "Todes=Engel (789) erinnert an die zehnte Plage unmittelbar vor dem Aufbruch des Volks aus der Gefangenschaft in Ägypten (Ex 11 u. 12). Zwar ist die "Dampf= und Feuersäule" (Ex 13,21 f.), die dem Volk bei seinem Aufbruch aus Ägypten in der größten Gefahr vorangegangen ist, "erloschen" (2013), aber schon ist ein Brand gelegt worden, der den Anbruch einer neuen Zeit hat ankündigen sollen (2017-29). Gott kann, dies ist die Überzeugung Sameas', wenn er will, das Unmögliche zur Rettung seines Volks geschehen lassen, so wie er die "drei Männer" aus dem glühenden Ofen errettet hat (Dan 3,17 f.; 2770-71).

Dieser sozial bedingten unterschiedlichen Aneignung der biblischen Tradition entspricht das Gottesverständnis der Figuren, das durch die Kontextanalyse der Wörter "Gott" und "Herr" zu erschließen ist.

Gott ist sechzehnmal belegt[23], davon sechsmal in formelhaften Wendungen: "Gott Lob" (717m 2333), "bei Gott" (1162, 2677), "O Gott" (1728, 2148). Herodes hat sich nach Ansicht Sameas' "losgesagt von Gott" (2062). Daß er als Herrscher "nur an Gott gebunden sein" (408) sollte, hebt Herodes selbst hervor: "Ich bin es nicht!" (409).

---

22 Moses: 149, 719, 872, 2051, 3311.
Todes=Engel: 789
Dampf= und Feuersäule: 2013.

23 Gott: 408, 717, 777, 814, 1162 , 1182, 1694, 1728, 2062, 2148, 2175, 2333, 2656, 2677, 2692 , 3107.

Alexandra geht es aus politischen Gründen darum, an den überkommenen Formen jüdischer Frömmigkeit festzuhalten: Ihrem Ahnherrn, dem großen Judas Maccabäus, haben es ihre Landsleute zu danken, daß sie noch vor ihrem "Gott" knien dürfen (1182) "Und nicht vor Holz, vor Erz und Stein" (1183). Dabei ist ihr völlig klar, daß es den Römern gleichgültig ist, welchen "Gott" (814) die Juden verehren: "Der Römer will nur unser Gold, nicht mehr, / Er läßt uns unser'n Glauben, unser'n Gott" (813 f.). Daß Herodes sich gelegentlich kritisch mit der jüdischen Lebensart auseinandersetzt ("Er meint, wenn unser Volk sich mit den ander'n / Nicht mischen sollte, würden wir den Erdball / Von Gott für uns allein erhalten haben!" 775-777) , ist für Alexandra ein Argument mehr, um den rebellischen Sameas auf ihre Seite zu ziehen.

Spuren traditioneller Religiosität sind im Kontext der übrigen Belege zu erkennen. Daß "Gott" ihr "aus des Himmels Höhen" etwas hätte zurufen können (2556 f.), will Salome nicht ausschließen. Mariamne hingegen glaubt nicht daran, daß ihr zuliebe ein Wunder geschehen könnte: "Wärest du der Mann / Gewesen, der du schienst, so hätte Gott / Ein Wunder thun ... / ... müssen" (2174-77). Daß keiner sich das Leben nehmen lassen will "als von Gott allein, / Der es gegeben hat" (1694 f.), bemerkt Mariamne, als sie die brutale Bedrohung ihres Daseins durchschaut. Daß Herodes "des Kleinods, das ihm Gott beschieden" (2692), gar nicht wert gewesen sei, läßt Soemus dem König unmittelbar vor seiner Hinrichtung mitteilen. Mit einem Menschen, der in ihr "Nicht einmal Gottes Ebenbild mehr ehrt" (3107), will Mariamne am Ende nicht mehr leben. Für diese Figuren ist die Machtlosigkeit Gottes in der Welt offenkundig: Gott läßt es zu, daß das Leben vernichtet, das Glück zerstört, ja, das Ebenbild Gottes geschändet wird.

Ein ganz anderes Gottesverständnis hat Sameas, wie die Kontextanalyse des Wortes Herr, das neunmal in der Wortbedeutung Gott belegt ist[24], erweist.

Für Sameas ist Gott der Herr der Welt und der Geschichte: "Der Herr ist groß!" (1987). Der Pharisäer hält daran fest, alle Vorgänge der wirklichen Welt auf einen höheren Heilsplan Gottes zu beziehen (784, 2037). Deshalb findet er den Mut, den König vor einer Handlung zu warnen, "die der Herr verdammt" (58). Daß er vorübergehend aus dem Gefängnis befreit ist, ist nach Auffassung des Pharisäers dem Wirken Gottes in der Welt zuzuschreiben ("So hat's der Herr gethan" 2006; "Der Herr! Saß ich mit Recht im Kerker?" 2009). Es ist bezeichnend, daß Mariamne diese Deutung des Geschehens ausdrücklich ablehnt: "Der Herr" (2009) ist es nicht gewesen, der den Pharisäer aus dem Gefängnis befreit hat.

Mariamne. Die Zeiten sind vorbei, worin der Herr
Unmittelbar zu seinem Volke sprach.
2010-11

Das Gottesverständnis der Figuren ist durchaus nicht auf einen Nenner zu bringen. Für das Bewußtsein Mariamnes hat sich Gott aus der Welt zurückgezogen. Sameas dagegen ist nicht davon abzubringen, daß das Elend der Gegenwart in einem höheren Heilsplan Gottes aufgehoben ist. Während die Makkabäerin dazu neigt, das Unglück, das sie erlebt, als schicksalhaftes Verhängnis hinzunehmen, ist der Pharisäer zutiefst davon überzeugt, daß es für sein Volk eine Rettung geben wird.

Als Korrelat dieses widersprüchlichen Gottesverständnisses erweist sich bei näherer Betrachtung das Weltverständnis der Figuren.

Ich zähle 27 Belege des Substantivs <u>Welt</u>[25]. Dreimal er-

---

24 <u>Herr</u>: 58, 784, 1987, 2006, 2009 (2x), 2010, 2037, 2478; sonst: 1127, 1496, 1816, 1850, 2186, 2549.

25 <u>Welt</u>: 75, 84, 172 , 345, 435, 437, 438, 439 (2x), 893, 935, 1064, 1188, 1348, 1542 , 1550, 1813, 1814, 1815, 1957, 2048, 2173, 2783, 2970, 2976, 3076, 3276.

scheint die formelhafte Wendung "alle Welt" (84, 345, 2048). Je einen Beleg gibt es für die Wendungen "zur Welt gebracht" (75), "die Welt / Verlassen" (935 f.) und "auf der Welt" sein (1957). Ein metaphorischer Gebrauch des Wortes ist zweimal nachweisbar: Joseph starrt "eine Welt von Haß" entgegen (1188); der Mensch lebt in einer "Welt des Scheins" (3076).

Um die Beherrschung, häufiger noch um die Verachtung der Welt geht es im Kontext der übrigen Belegstellen des Wortes. Antonius "gehört" die "Welt" (172); deshalb ist für Herodes der Gedanke, Mariamne "In einer Welt, wo ein Antonius lebt" (1348), zurückzulassen, so schwer erträglich. Allerdings wird ihm die Herrschaft durch Octavian streitig gemacht. Der Kampf zwischen Antonius und Octavian wird nicht "Um etwas in der Welt" (1813), sondern "um die Welt" (1814) geführt: "er soll entscheiden, / Wer Herr der Welt ist" (1814 f.).

Für die Königin ist Herodes, ihr Gemahl, mehr "als die Welt" (435).

Mariamne. Wenn Du Dir sagen darfst,
Daß Du die Welt mir aufgewogen hast,
Was sollte mich wohl in der Welt noch halten?
436-438

Ohne den König möchte Mariamne nicht leben, offensichtlich weil er allein ihr jenes Glück geschenkt hat, das ihr in der Welt sonst versagt geblieben ist. Seitdem ihr Bruder, "der geboren schien, / Der Welt den ersten Glücklichen zu zeigen" (1063 f.), getötet ist, scheint Mariamne zu zweifeln, ob sich ein glückliches Dasein überhaupt verwirklichen läßt. Später sieht sich die Königin, die nach einer Aussage Salomes "die Welt" berückt hat (1542), von Verrätern umgeben, die sie nicht um sich dulden kann, "Wie nützlich sie auch sind auf dieser Welt" (2173). Als verachte sie die "Welt" (2976), als scheine die "schöne Welt" (2970) ihr nicht einmal mehr des flüchtigen Rückblicks wert, so scheidet Mariamne im Schlußakt aus dem Leben.

Der König selbst zeigt keine Neigung, seine Macht zu überschätzen: "Die Welt! Die Welt hat manchen König noch" (439). Als hätte sich alles gegen ihn verschworen, werden gerade seine liebsten Hoffnungen und Erwartungen vereitelt.

Herodes. Ist es nicht,
Als wär' die ganze Welt von Spinnen rein,
Und alle nisteten in meinem Hause
1549-51

Am Ende geht es ihm nur noch darum, mit äußerster Anstrengung seine Herrschaft zu behaupten.

Herodes. Ich bin ein König, und ich will's die Welt
(Er macht eine Bewegung, als ob er etwas zerbräche.)
Empfinden lassen!
3276-77

Dies Bemühen wirkt um so angestrengter, als gleichzeitig die Geburt eines Herrschers angekündigt wird, der "von Ewigkeit / Zu Ewigkeit die Welt regieren" wird (2782 f.). Offensichtlich gibt es für diese Menschen des Dramas keinen Lebensraum, in dem individuelles Glück realisiert werden könnte: Die einen, die sich in dieser Welt behaupten wollen, ringen um die Sicherung ihrer Herrschaft, indes die anderen, enttäuscht und ihrer Hoffnungen beraubt, aus der Welt gedrängt werden.

Auch für die breiten Schichten des Volkes ist das Dasein in dieser Welt unerträglich geworden, aber sie reagieren anders als die Figuren, die Hebbel in den Mittelpunkt des dramatischen Geschehens gestellt hat. Sameas berichtet von einem Blinden, der sich der Aufstandsbewegung der Pharisäer angeschlossen hat "Und lieber sterben, als in dieser Welt, / Wenn es mißlingt, noch leben will" (893 f.).

Die Differenzen im Gottes- und Weltverständnis der einzelnen Figuren deuten auf die realen gesellschaftlichen Konflikte hin, die das politisch-gesellschaftliche Ordnungsgefüge 1847/48 erschüttert haben.

2.3.6 Volk und Rom

Ich zähle 24 Belegstellen des Wortes Volk[1]. Zwar gehört das Volk nicht zum Bühnenpersonal von Hebbels Drama, aber es ist , wie die Untersuchung des Wortgebrauchs zeigt, die maßgebliche Triebkraft politisch-gesellschaftlicher Umwälzungen in diesem Drama.

Herodes verachtet das "Volk", das zäh an den Geboten Moses' festhält (150, 151), das sich der Dynastie der Makkabäer verbunden weiß (612, 930) und ihm immer wieder seine Ergebenheit bezeugt (1046, 2191). Der König verbirgt seine Verachtung nicht.

Sameas. Mit verruchtem Witz
Bewies er dann, wir sei'n ein Volk von Irren
Und er der einzige Verständige.
2043-45

Die Herrschaft kann dieser Auffassung zufolge nur effektiv sein, wenn es gelingt, das Volk einzuschüchtern.

Herodes.
Was dann das Volk betrifft, so wird es schaudern,
Wenn es Dein blut'ges Schwert erblickt
654-655

Sich selbst hält Herodes für unersetzlich, er sieht sich als des "Volkes Haupt" (367), "Und eins, das diesem Volk so nötig ist, / Wie irgend einem Rumpf das seinige" (368 f.). Als "Tochter ihres Volks" (373) sei deshalb auch Mariamne ihm gegenüber zu uneingeschränktem Gehorsam verpflichtet.

Daß diesem Herrscher auf keinen Fall des "Volkes Segen" (807) den Thron erhält, ist offenkundig. Alexandra fällt es nicht schwer, dem strenggläubigen Pharisäer die drohende Katastrophe vor Augen zu führen.

Denn Dinge stehen Israel bevor,
Die manchem Herzen den Verzweiflungswunsch
Abdringen werden, daß das Rote Meer
Das ganze Volk, die heiligen zwölf Stämme,
Verschlungen hätt', und Moses selbst zuerst.
868-872

---

1 Volk: 150, 151, 367, 368, 373, 612, 654, 760, 775, 807, 860, 871, 888, 896, 960, 1046, 1196, 1256, 2037, 2044, 2191, 2759, 2784, 2791.

Die Vorstellung, daß sich das auserwählte "Volk" (775) mit den andern Völkern mischen könnte , ist dem Pharisäer so unerträglich wie die Aussicht, daß der König nach römischem Vorbild in Jerusalem eine Arena errichten könnte, in der er, Sameas, vor den Augen des "Volks" (760) von wilden Tieren zerrissen würde. Daß die Pharisäer im Kampf gegen den König und die römische Militärmacht auf das "Volk" (888) zählen können, ist Sameas' feste Überzeugung: "Schon schlug das Volk ihn in Gedanken tot" (860). Alexandra bestätigt diese Feststellung in ihrem Monolog in Szene II,1 ausdrücklich: "Schon schlug das Volk ihn in Gedanken tot! / Ich weiß! Ich weiß!" (896 f.). Wenig später geschieht, was die Gegner des Königs seit langem erwartet haben: "das Volk / Empört sich!" (1196 f.). Der offensichtlich von langer Hand vorbereitete Aufstand (1256) wird blutig niedergeschlagen. Eine rücksichtsvolle Behandlung der Unterworfenen ist nach Ansicht Titus' überall angebracht, "Nur hier nicht, wo das Volk so störrig ist" (2759). Für Sameas ist jetzt die "Zeit der höchsten Noth" gekommen.

Sameas. Ich schrie zum Herrn, ich rief: Sieh auf Dein Volk
Und schicke den Messias, den Du uns
Verheißen für die Zeit der höchsten Noth
2037-39

Vor den Toren des Gefängnisses, in dem der Pharisäer gefoltert wird, harrt "das Volk ..., zu Tausenden versammelt" (2784). Daß man ihn töten und "dem Volk / Ihn zeigen" soll, "wenn er tot ist" (2791 f.), ordnet Herodes im Schlußakt an. Bis zum Ende hält der König an der Auffassung fest, daß sich das Volk nur durch brutale Gewaltakte beeindrucken und zur Unterwerfung zwingen läßt.

Die Belege zeigen, daß in Hebbels Schauspiel die Perspektive eines entschlossenen Kampfes gegen die etablierte öffentliche Gewalt durchaus vorhanden ist. Träger dieses Widerstands ist das Volk. Aber, auch dies wird deutlich, die revolutionären Anstrengungen der Volksmassen bleiben vergeblich, es gelingt nicht, eine spürbare Veränderung des politisch-gesellschaftlichen Machtgefüges herbeizuführen. Die Ursachen dafür liegen auf der Hand: Die in Bewegung geratenen revolutionären Volksmassen halten zäh an überkommenen, längst veralteten Lebensformen fest, sie vermögen es nicht, der gescheiterten, degenerierten Dynastie der Makkabäer den endgültigen Abschied zu geben, sie lassen es zu, daß fanatische religiöse Eiferer die Führung des revolutionären Kampfes an sich reißen. Ein revolutionäres Programm, eine revolutionäre Organisation sind in diesem Schauspiel nicht zu erkennen.

Hebbels Drama setzt das vitale Interesse des Volks an einer politisch-gesellschaftlichen Umgestaltung voraus. Nur so erklärt sich die Hartnäckigkeit, mit der das Volk auch nach der Niederwerfung des Aufstands an seinem Widerstand gegen die römische Fremdherrschaft und deren Handlanger Herodes festhält. Daß dieses Volk die etablierte Ordnung überwinden und sich zum Herrn seines eigenen Geschicks machen könnte, erscheint allerdings angesichts seiner politischen Unreife und angesichts seines starren Festhaltens an der überkommenen jüdischen Kultur wenig wahrscheinlich. Offensichtlich soll verdeutlicht werden, daß für das Volk die etablierte Ordnung unerträglich ist, daß es aber außerstande ist, sie zu beseitigen und durch eine andere, bessere Ordnung zu ersetzen.

Es fällt nicht schwer, in diesen Vorstellungen eine Widerspiegelung der politisch-gesellschaftlichen Vorgänge der Jahre 1847/48 zu erkennen. Beachtlich ist die Entschiedenheit, mit der auf die Unhaltbarkeit der bestehenden Verhältnisse hingewiesen wird. Andererseits sind Momente eines bürgerlichen Rechtfertigungsdenkens zu erkennen. Das "Volk" wird für das Scheitern seiner an sich berechtigten revolutionären Anstrengungen selbst verantwortlich gemacht. Die Bourgeoisie, aber auch die bürgerlichen Mittelschichten, deren Haltung den Ausgang der revolutionären Kämpfe in der geschichtlichen Realität entscheidend bestimmt haben, spielen in _Herodes und Mariamne_ keine ausschlaggebende Rolle.

Statt dessen werden Gesichtspunkte der internationalen Machtpolitik in den Vordergrund geschoben.

Wie sich die Weltmacht Rom in diesem Drama darstellt und was die Herrschaft Roms für die Menschen des Stücks bedeutet, erweist eine Untersuchung des Wortgebrauchs von Rom, Römer und römisch[2]. Diese Wörter - sie sind an 9, 22 und 3 Stellen belegt - bilden einen Motivkomplex, dem auch die Wörter Caesar und Pompejus, Zeus und Jupiter, Centurio und Cohorte, Triumphator, Auguren und Lictoren-Beil[3] zuzurechnen sind.

Eine , wie es scheint, unüberwindbare militärische Macht, aber auch brutale Gewaltsamkeiten sind die hervorragenden Kennzeichen dieser Weltmacht: "Ein Stein ist blind, ein röm'scher Wurfspieß auch. / Sie treffen beide oft, was sie nicht sollen" (1250 f.). Der römische "Triumphator" (1482) erscheint als das unerreichbare Vorbild des herrschaftsbesessenen Herodes. Daß der große Caesar einem tückischen Mordanschlag zum Opfer gefallen ist (2981 f.) und daß nach seinem Tod eine "große Schlächterei" (2114) begonnen hat, wird beiläufig erwähnt. Rom braucht Soldaten, aber auch wilde Tiere, die einen zur Sicherung seiner Herrschaft über zahllose unterworfene Völker, die anderen zur Ablenkung der Aggressionstriebe seiner Großstadtbevölkerung.

Herodes. Sonst hätt' ich ihm
Mein Wort gehalten und ihn als Soldat
Nach Rom geschickt, wo Tiger nötig sind.
293-295

---

2 Rom: 209, 295, 725, 930, 939, 1149, 2469, 2719, 2757

römisch: 721, 1250, 2027

Römer: 74, 717, 809, 813, 838, 855, 906 (2x), 1143, 1147, 1223, 1276, 1453, 2154, 2192, 2210, 2259, 2359, 2389, 2668, 2920, 2994.

3 Zeus: 160
Jupiter: 816
Lictoren-Beil: 1128
Pompejus: 770
Cohorte: 89, 1198.
Auguren: 160
Caesar: 1486, 2114, 2981
Triumphator: 1482
Centurio: 80, 87, 96

Alexandra. Du kennst die Fechterspiele
der Römer doch?

Sameas. Gott Lob, ich kenn' sie nicht!

- - - - - - - - - - - - - -

Alexandra. So weißt Du also nicht, daß sie die wilden Tiere
Aus Afrika zu Hunderten nach Rom
Hinüber schaffen?

Sameas. Nein, ich weiß es nicht!

Alexandra. Daß sie sie dort in steinerner Arena
Zusammentreiben, daß sie ihnen Sclaven
Entgegen hetzen, die auf Tod und Leben
Mit ihnen kämpfen müssen, während sie
Im Kreis herum auf hohen Bänken sitzen
Und jubeln, wenn die Todeswunden klaffen,
Und wenn das rothe Blut den Sand bespritzt?
716-717 - 724-733

Die Herrschaft Roms zielt darauf ab, die Provinzen auszubeuten: "Der Römer will nur unser Gold, nicht mehr, / Er läßt uns unser'n Glauben, unser'n Gott" (813 f.). Die Blasphemie der lästernden römischen Staatsmänner wird an zwei Stellen hervorgehoben. Pompejus hat sich nicht gescheut, "heidenkeck / Ins Allerheiligste zu treten" (770 f.). Joab hat Antonius in Alexandrien beobachten können,

denn er that
Beim Trinken alle Staatsgeschäfte ab,
Ernannte Magistrate, ordnete
Dem Zeus das Opfer an, vernahm Auguren
Und sprach die Boten, wie sie eben kamen,
Nicht mich allein.
157-162

Einer "Laune / Des Römers" (2209 f.) verdankt Herodes seine Herrschaft. Er regiert mit Hilfe der römischen Besatzungsmacht. Römische Soldaten sind in Jerusalem offensichtlich allgegenwärtig.

Sameas. Ich mache jedesmal die Augen zu,
Wenn mir ein römischer Soldat begegnet
720-721

Mariamne. Doch ein Soldat ertappt ihn auf der That.

Sameas. Ein röm'scher?

Mariamne. Ja!
2026-27

Ein "Centurio" bewacht das Schlafgemach des Königs (80, 89, 96). Eine römische "Cohorte" ist in der Königsburg stationiert (89); eingesetzt wird diese "Cohorte" bei der Niederwerfung des Volksaufstands im zweiten Akt (1198).

Herodes' jüdische Widersacher sind gleichzeitig Feinde des römischen Volkes, und sie werden mit aller Strenge verfolgt: "Kann dem Römer / Der Pharisäer denn was sein, des Zunge / Beständig Aufruhr predigt gegen Rom?" (1147-49) Der Pharisäer Sameas wird erbarmungslos der Lächerlichkeit preisgegeben und beseitigt.

Herodes. Der starre Römer schleppt ihn, an den Schweif
Des Rosses, das er reitet, festgebunden,
Mit sich herum, weil er im heil'gen Eifer
Auf off'nem Markt nach ihm gespieen hat.
1453-56

Titus. Ich hätte selbst auf seinen Tod gedrungen,
Denn er hat mich beschimpft und Rom in mir,
Und das kann überall verziehen werden,
Nur hier nicht, wo das Volk so störrig ist!
2756-59

Daß der König "Den Römern für den Ring von Eisen gilt, / Der alles hier bei uns zusammenhält" (855 f.), vermutet Alexandra. Vor allem ist es ihm gelungen, "Den Zins, den wir dem Römer zahlen müssen, / Alljährlich vor'm Verfallstag einzuschicken / Und ihn sogar freiwillig zu verdoppeln , / Wenn sich ein neuer Krieg entzündet hat" (809-812). Dennoch ist auch er "Vor dem Lictoren-Beil" (1128) nicht sicher. Herodes bleibt der römischen Besatzungsmacht verantwortlich, von ihr kann er jederzeit zur Rechenschaft gezogen werden. Deutlich wird dies bereits in Szene I,1, als Joab berichtet, "Daß man in Rom nicht glaubt, der Jüngling sei / Ertrunken, sondern daß man Dich bezichtigt, / Du habest ihn durch Deine Kämmerer / Ersticken lassen in dem tiefen Fluß" (209-212). Für Herodes hängt alles davon ab, ob es ihm gelingt, "des Römers volle Gunst" (1143) zu erringen. Wie Antonius sich entscheiden wird, ist für die Figuren des Stücks unberechenbar.

Antonius ist zwar Antonius,
Doch auch ein Römer, und ein Römer fällt
Das Urteil langsam, wie er's schnell vollzieht.
905-907

Noch unübersehbarer wird das Geschick dieser Menschen dadurch, daß Antonius' Machtstellung in Rom selbst gefährdet ist. Herodes fürchtet sich deshalb vor den "vielen Freunden", die Soemus "in Rom" hat (2719). Auch Alexandra hat Freunde in Rom, die, wie sie glaubt, für ihre und ihrer Tochter Sicherheit einstehen werden.

Alexandra. Ja, wär' sie von ihm abzuzieh'n
Und zu bewegen, mir nach Rom zu folgen.
Dann --
938-940

Zeitweilig ist die Weltmacht Rom die Hoffnung derer, die in Jerusalem unter der Schreckensherrschaft des Herodes leben müssen (2154, 2257-59, 2389). Die Königin wird durch Rom wirksam geschützt werden, dies vermuten Joseph (1223), Soemus (2192) und Mariamne (1274-77). In Wirklichkeit aber unternimmt der römische Hauptmann Titus in den letzten Szenen des Stücks nichts, um das Leben der rechtswidrig verurteilten Königin zu retten. Die Vorstellung, daß "nimmer Rom geduldig" zusehen wird (930), wie seinen Untertanen das ärgste Unrecht zugefügt wird, ist offensichtlich falsch.

Die Figuren des Stücks haben keinen Einfluß auf die römische Politik. Wie immer die große militärische Konfrontation Antonius' und Octavians ausgehen mag, der "Bürger" Silo und der "Hauptmann" Judas zweifeln nicht daran, daß ihnen keine andere Wahl bleibt, als mit allen Mitteln einen Aufstand des Volks gegen die verhaßte Römerherrschaft zu bekämpfen.

Judas die Römer sind
Zu mächtig gegen uns, wir sind nicht mehr
Als ein Insect ist in des Löwen Rachen,
Das soll nicht stechen, denn es wird verschluckt!
2359-62

Das distanzierte politische Räsonnement dieser Figuren bezeugt die Notwendigkeit, für die Aufrechterhaltung unerwünschter, ja verhaßter Verhältnisse einzutreten, weil jeder Widerstand aussichtslos erscheint, ja sogar die Existenz von Volk und Staat gefährden könnte.

Silo und Judas sind, sieht man von den Dienerfiguren ab, die einzigen Figuren des Stücks, die nicht zur eigentlichen Machtelite gehören, aber auch nicht dem "Volk" zuzurechnen sind. Ihre Entscheidung gegen die revolutionäre Volksbewegung korrespondiert in auffälliger Weise mit der politischen Option nicht nur der deutschen Bourgeoisie, sondern auch der überwiegend ständisch orientierten bürgerlichen Mittelschichten für den feudal-bürokratischen Obrigkeitsstaat. Im Kontext von Hebbels Drama erscheint diese Entscheidung als das Resultat kühl abwägender Analyse der vorgegebenen Machtverhältnisse. Wenn, wie wiederholt nachgewiesen, in *Herodes und Mariamne* bei der Konstituierung der dramatischen Welt auf kollektive Erfahrungen der Jahre 1847/48 zurückgegriffen wird, so ist gerade im Kontext der Äußerungen Silos und Judas' die politische Tendenz der Hebbelschen Darstellung unverkennbar. Es wird ganz im Sinne des deutschen liberalen Bürgertums demonstriert, daß die revolutionäre Bewegung bekämpft und das herrschende Regime, wie schwer erträglich es auch sei, akzeptiert werden müssen. Dieser Darstellungsabsicht kommt der Umstand zugute, daß in Hebbels Stück die sozioökonomischen Voraussetzungen politisch-gesellschaftlicher Auseinandersetzungen außer Betracht und ausgespart bleiben. Doch sind in Hebbels dramatischem Konzept auch biblische Vorstellungen vorhanden, die gerade auf das liberale Bürgertum befremdend wirkten.

2.3.7 Kreuz und Kind

Die Wörter Kreuz und Marterkreuz sind ebenso beiläufig erwähnt wie das Wort Golgatha[1]. Wenn aber das Wort vom "Tod am Kreuz" (241) fällt, wenn vom "Marterkreuz" (866), von "Golgatha" (2808), vom Mörder, den der König "vom Kreuz herunternehmen" (287) läßt, gesprochen wird, wird an die Passion Jesu erinnert , zumal auch sonst die Evangelienberichte über die Passion Jesu wiederholt zitiert werden. Der Wortlaut des Gebets Jesu in Gethsemane ist in einer Äußerung Herodes' bei seinem Aufbruch nach Alexandrien erkennbar: "Und daß der Tod an mir vorübergeht" (1821; cf. Mt 26,42). Als die Verurteilung Mariamnes beschlossene Sache ist, bekundet Herodes wie Pilatus das Bedürfnis, sich zu "waschen" (Mt 27,24; 2595). Joab berichtet von der Hinrichtung Mariamnes mit dem Bibelwort: "Es ist vollbracht!" (Joh 19,30; 3179). In dem entsetzten Ausruf des Königs - "Thut sich die Erde auf? Geh'n alle Todten / Hervor?" (3245-46) - deutet sich der Wortlaut von Mt 27,52 f. an.

Daß in Hebbels Drama auf die Passion Jesu angespielt wird, ist auch im Kontext der Wörter Opfer und opfern, Opferthier, Opferpriester und Opfertod belegt[2].

Sakrale Handlungen sind im Kontext von drei Belegstellen angedeutet. Antonius ordnet dem "Zeus das Opfer" (160) an. Sameas geht in den Tempel, "um zu opfern" (2068), wobei Alexandra ihn auffordert, "das Opfer" (2068) aus ihrem Stall zu nehmen.

Im Kontext der übrigen Belegstellen ist die Analogie zum kultischen Opfervorgang unverkennbar. Alexandra

---

1 Kreuz: 241, 287
Marterkreuz: 866
Golgatha: 2808.

2 Opfer: 160, 466, 953, 1835, 2068
opfern: 434, 647, 2068 , 2680, 2684
Opferthier: 433 , 1324 , 3061
Opferpriester: 1324
Opfertod: 1607.

erwartet von ihrer Tochter das "schwesterliche Opfer einer Rache" (953). Herodes will nicht länger "um ein letztes Opfer" (1835) betteln: Mariamne soll getötet werden, wenn er selbst in Alexandrien den Tod finden sollte. Die Blutsverwandte darf Joseph "nicht zu heilig" sein, "um sie zu opfern, / Wenn es Empörung zu ersticken gilt" (647-648). Daß er seinem Weib "Mutter, Schwester, / Und was nicht" <u>geopfert</u> hat (2680), wie Salome unterstellt, bestätigt der König selbst: "Ich habe ihr die Schwester / Und fast die Mutter auch geopfert" (2683-84).

Mariamne versucht, sich der brutalen Fremdbestimmung ihres Daseins zu widersetzen. Sie hebt hervor, daß die im ersten Akt erwähnte Selbstmörderin sich nicht zum "Opferthier" (433) hat machen lassen, daß sie vielmehr "sich selbst geopfert" (434) hat: Auf "Opfer" (466) stellt man keinen Schuldschein aus. Im zweiten Akt begreift die Königin, welche Rollen ihr und Joseph zugedacht sind.

Mariamne. Du sprichst, als ob Herodes selber mich
Zum Opferthier und Dich zum Opferpriester
Erkoren hätte.

1323-25

Herodes will ihr zum "Opfertod" (1607) nicht einmal Zeit lassen. Als "Opferthier" (3061) bezeichnet sich Mariamne am Ende selbst; diese Wortwahl ruft Assoziationen an die Passion Jesu hervor.

Wenn aber vom Reifen der <u>Feige</u>, vom <u>Kranz</u>, der dem Sieger nach schwerem Kampf gereicht wird[3], gesprochen wird, wird auf die Reden vom Endgericht bei Matthäus (24, 32) sowie auf die im ersten Brief des Paulus an die Korinther (9,24 f.) verheißene Erlösung hingewiesen. Um menschliches Elend, aber auch um die Befreiung daraus geht es im Kontext der Belegstellen des Wortes <u>Kind</u>[4].

---

3 <u>Feige</u>: 245.
<u>Kranz</u>: 1660, 1662, 1828.

4 <u>Kind</u>: 30, 31 , 288, 1002,1230, 1891, 2379, 2503, 2643, 2780, 2911, 3089, 3170, 3175, 3308.

Leben und Wohlergehen schutzbedürftiger Kinder sind in den Äußerungen der Figuren zu Beginn des dramatischen Geschehens als unantastbare Werte vorausgesetzt. Herodes will für das "Kind" (30, 31) jenes Weibs sorgen, das sich zusammen mit dem Leichnam des Gemahls hat verbrennen lassen. Er hat schon einem Mörder die Freiheit gegeben, "Als es ein Kind aus einer Feuersbrunst / Zu retten galt" (288-289). Später verlangt Mariamne von Joseph den Schwur beim Haupte seines Kindes, daß er keinen Anschlag auf ihr Leben plant.

Mariamne. Kannst Du das Gegentheil mir schwören?
Kannst Du's bei Deines Kindes Haupt?
1279-80

An ihre Kinder erinnert die Königin Herodes, um ihren leidenschaftlich verblendeten Gemahl zur Besinnung zu bringen: "Ich hab' Dir Kinder / Geboren! Denk' an die!" (1890-91). Mariamne weiß, daß ihr Lebensglück ihrer eigenen Mutter nichts gilt; diese hätte sie dann "mit Stolz" ihr "Kind" genannt, wenn sie wie Judith ihren Geliebten umgebracht hätte.

In Szene IV,4 berichtet Judas von einer Frau, die, als Herodes sich vor vielen Jahren von ihr abgewandt hat, ihr "Kind" (2379), den Sohn des Königs, mit dem feierlichen Schwur entführt hat, es zu verderben, "So zu verderben, daß er's tödten müsse" (2383). Judas weiß, daß der König niemals ein Todesurteil an einem Menschen hat vollziehen lassen, der im Alter seines Sohnes gewesen ist.

"Fürchterlich" (2648) nennt Herodes später einen Schwur seiner Schwester Salome, der eine beklemmende Gleichgültigkeit gegenüber dem Lebensrecht und den Lebenserwartungen ihres Kindes erkennen läßt.

Salome. so soll mein Kind -
Ich liebe es ja wohl? - so viele Jahre
Erleben, als sein Scheitel Haare zählt,
Und jeder Tag ihm so viel Schmerzen bringen,
Als er Minuten, ja, Secunden hat!
2643-47

Ihre eigene Kindheit begreift Mariamne am Ende als den Beginn eines unaufhebbaren Verhängnisses. Am Anfang jenes Traums, in dem die Königin ihr eigenes Dasein bis hin zur Verwesung ihres Leibs aufgezeichnet sieht, erscheint sie "Als Kind, von zartem Rosenlicht umflossen" (2503). Die eigenen "Kinder" (3089) können diese Frau nicht mehr dazu bewegen, ins Leben zurückzusuchen.

Von Rücksicht auf das Lebensrecht der Kinder kann am Schluß des Stücks gar keine Rede mehr sein. Herodes, der die Richter anherrscht, nicht dazusitzen "wie Salomo / Zwischen den Müttern mit den beiden Kindern" (2910-11), zeigt einen rücksichtslosen Vernichtungswillen den Kindern gegenüber.

Herodes. Er soll die Kinder, die im letzten Jahr
Geboren wurden, auf der Stelle tödten,
Es darf nicht ein's am Leben bleiben!
3308-10

Nach biblischem Vorbild steht der bethlehemitische Kindermord (Mt 2,16) in Verbindung mit der Geburt des Gottessohnes. Um diese geht es im Bericht über die visionären Eingebungen des gefolterten Sameas sowie in den Reden der "Drei Kön'ge aus dem Morgenland" (Mt 2,1 ff.; 3125).

Von der Geburt des Gottessohnes reden heißt im Kontext dieser Belegstellen immer, auch von seiner angekündigten kommenden Herrschaft sprechen. Sameas spricht von der Geburt eines "Kindes", "Das Throne stürzen, Todte wecken, Sterne / Vom Himmel reißen und von Ewigkeit / Zu Ewigkeit die Welt regieren werde" (2780-83). Die Könige aus dem Morgenland suchen ein "Kind" (3175) aus "Königlichem Stamm" (3141), das sie als "König aller Könige" (3156) verehren wollen.

Dritter König.
Und ob des Königs, ob des Bettlers Sohn,
Das Kind, dem dieser Stern in's Leben leuchtet,
Wird hoch erhöhet werden, und auf Erden
Kein Mensch mehr athmen, der sich ihm nicht beugt!
3169-72

Offensichtlich geht es in diesen Äußerungen um die alle geschichtlichen Formen der Herrschaft transzendierende Herrschaft Gottes. Die Hinweise auf die Geburt des Gottessohnes scheinen somit darauf angelegt, Gewalt und Herrschaft, die alle sozialen Beziehungen in der Welt dieses Schauspiels determinieren, unter dem eschatologischen Aspekt der Herrschaft Gottes zu relativieren.

Hebbel hat dafür gesorgt, daß der Auftritt der drei Könige aus dem Morgenland ein eigentümlich unwirkliches Gepräge erhält. Die Szenenanweisung zu V,8 schreibt vor, daß die drei Könige "fremdartig" gekleidet seien, und zwar "so, daß sie sich in allem voneinander unterscheiden", daß ein "reiches Gefolge" sie begleite und daß "Gold, Weihrauch und Myrrhen" vor ihnen hergetragen würden. Der "wundersamen" (3129) Kostümierung der drei Könige und ihres Gefolges, die sie deutlich von den übrigen dramatischen Figuren abhebt, entspricht eine auffällige Stilisierung ihrer Sprache[5]. In der strengen Gleichförmigkeit ihrer Reden ist jegliche individuelle Besonderheit getilgt. Das Reich Gottes, das in diesen Reden nicht nur wie an anderen Stellen des Stücks verheißen wird, sondern als Realität vorausgesetzt ist, ist offensichtlich nicht Bestandteil der in diesem Drama dargestellten geschichtlichen Welt. Die Reden der Könige können keinen "Ausblick auf eine neue, reinere Lebensform" gewähren[6], da ihre formelhaften Ankündigungen keine Beschreibung irgendeiner historisch-gesellschaftlichen Realität sind und da ja die Könige selbst als unwirklich, als nicht zu dieser Welt gehörig, gezeichnet sind. Aber sie sind insofern auf die Welt, die in diesem Drama dargestellt ist, bezogen, als sie unabgegoltene Hoffnungen auf grundlegende Änderungen der widrigen Verhältnisse reklamieren. Diese Funktion haben auch die übrigen eschatologischen Hinweise in Hebbels Stück. Damit werden aber auch die Grenzen dieser Erwartungshaltung einsichtig: Die notwendi-

---

5 Cf. Kurt May, "Hebbels Herodes und Mariamne", HJb 1949/50, 52, und Lawrence Ryan, "Hebbels Herodes und Mariamne: Tragödie und Geschichte", Hebbel in neuer Sicht, hg. Helmut Kreuzer (Stuttgart 1963) S. 263.

6 So Walter Schnyder, Hebbel und Rötscher unter besonderer Berücksichtigung der beiderseitigen Beziehungen zu Hegel, Hebbel=Forschungen X (Berlin 1923) S.121.

gen Veränderungen sollen nicht durch menschliche Anstrengungen herbeigeführt werden, sondern durch einen "Akt von oben" erfolgen[7]. Die Haltung des "Hoffens und Harrens auf eine letzte Erfüllung"[8] erscheint somit als die einzig angemessene.

Auf den tragischen Vorgang bezogen, hat die Einblendung des eschatologischen Aspekts offensichtlich die Funktion, die Ausweglosigkeit einer Situation darzustellen, die einzig und allein durch die messianische Rettungstat überwunden werden kann. Die Verwendung eschatologischer Vorstellungen für diesen ästhetischen Zweck, die von den Liberalen der industriell entwickelteren Gebiete West- und Mitteldeutschlands mit Befremden zur Kenntnis genommen wurde, ist der Wiener bürgerlichen Intelligenz durchaus plausibel erschienen[9]. Als infolge der Revolution die Produktion von Luxusartikeln für den Bedarf der reichen aristokratischen Hofhaltungen und der großbürgerlichen Haushalte der Börsen-Bourgeoisie der Donaumonarchie ins Stocken geriet, als Absatzschwierigkeiten und Massenarbeitslosigkeit die sozialen Spannungen in Wien verschärften, war nach Ansicht der bürgerlichen Mittelschichten, denen sich Hebbel verbunden fühlte, an einen durch bürgerlich-demokratische Institutionen abgesicherten gesellschaftlichen Fortschritt nicht mehr zu denken. Die Vorstellung, in einer Endzeit zu leben, in der jedes aktive sozialreformerische oder gar revolutionäre Engagement aussichtslos ist, ja sogar

---

7 Cf. zu den Unterschieden utopischen und eschatologischen Denkens Martin Schwonke, "Die Bedeutung von Naturwissenschaft und Technik für die Entwicklung der Utopie vom "Idealstaat" zum "Leitbild des Handelns'", Der utopische Roman, hg. Rudolf Villgradter und Friedrich Krey (Darmstadt 1973) S. 200 ff.

8 ebd., S. 223.

9 Cf. Wilhelm Gärtner, "Ueber Friedrich Hebbels Herodes und Mariamne", Lydia: Philosophisches Jahrbuch 2 (1851), II. Abt., S. 192 - 243 und Emil Kuh, Friedrich Hebbel: Eine Charakteristik (Wien 1854) S. 28.

dem Versuch gleichkäme, dem Willen Gottes vorzugreifen, zielt darauf ab, die Entscheidung der bürgerlichen Mittelschichten Wiens gegen eine revolutionäre Umgestaltung der sozioökonomischen und politischen Verhältnisse im Jahre 1848 zu rechtfertigen. Daß dieser Rechtfertigungsversuch einen ideologischen Charakter hat, liegt auf der Hand, da ja gerade die für die Entscheidung des Bürgertums ausschlaggebenden sozioökonomischen Motive verschleiert werden. Wird Hebbels Darstellung somit zum ideologischen Verstärker bestimmter schichtenspezifischer Interessen, so behauptet sie diesen gegenüber doch eine gewisse Überlegenheit. Diese Überlegenheit kommt dadurch zum Ausdruck, daß in Hebbels Drama erhebliche gesellschaftliche Mißstände aufgezeigt werden, die das Syndrom einer Endzeit veranschaulichen.

2.4 Der Ausdruck der Figuren

Hebbel war kein Realist - die Art und Weise, wie die reale historische Wirklichkeit in Herodes und Mariamne widergespiegelt ist, läßt daran keinen Zweifel. Die sozialgeschichtlichen, klassenspezifischen Ursachen dafür sind in Hebbels kleinbürgerlicher Herkunft und in seinem Aufstieg in die Kreise des Bildungsbürgertums begründet. Als Angehöriger des durch die industriekapitalistische Entwicklung in seiner sozioökonomischen Existenz bedrohten ständisch-vorindustriellen Bürgertums bedurfte Hebbel bestimmter Illusionen, um sich Welt und Leben erklären zu können. Dennoch war er ein Künstler, der nach Maßgabe seiner Möglichkeiten die Wahrheit suchte. Er schrieb selbst einmal, daß "das Brechen der Weltzustände ja nur in der Gebrochenheit der individuellen erscheinen kann"[1]. In der Tat ist man bei der Lektüre des Stücks vor allem erstaunt über die geradezu ungeheuerliche, allumfassende Mißgestaltung des Lebens aller Gestalten, der Haupt- und Nebenfiguren, die selbst leiden und anderen Leid zufügen. Hebbel hat die Unmenschlichkeit der gesellschaftlichen Verhältnisse seiner Zeit zweifellos empfunden, doch das führte ihn zu der Vorstellung von einer einheitlichen, über den Klassen stehenden und unbesiegbaren Gesellschaftsordnung, die die Herrscher und die Beherrschten, die Ausgebeuteten und die Ausbeuter in gleicher Weise unterdrückt.

Das "Volk" kommt in Hebbels nach klassischen Vorbildern konstruiertem Drama nicht zu Wort. Ein Reflex der Erfahrungen und Erwartungen der sozialen Unterschichten ist allenfalls in den Äußerungen Sameas', des aufrührerischen Pharisäers, zu erkennen. Die Hauptfiguren gehören ausnahmslos der jüdisch-römischen Machtelite an, ein Umstand, der bei allen individuellen Unterschieden eine gewisse Einheitlichkeit ihrer Erfahrungen garantiert. Die "Dostojewskijschen Züge von Hebbels Helden"[2]

---

1 W XI 44.

2 Georg Lukács, Die Grablegung des alten Deutschland: Essays zur deutschen Literatur des 19. Jahrhunderts, Ausgewählte Schriften I, rowohlts deutsche enzyklopädie 276 (Reinbek 1967) S. 26.

sind allerdings keineswegs als schichtenspezifisch gekennzeichnet; die Darstellung soll vielmehr den Anschein erwecken, als ob das Elend dieser Figuren, ihre Erniedrigung und Deformation, mit dem Leben selbst gesetzt und deshalb unaufhebbar sei. Gerade der Figurenentwurf von Hebbels Drama zielt darauf ab, den Zuschauer oder Leser dazu zu bringen, die schicksalhafte Unmöglichkeit eines erfolgreichen Kampfes gegen die Unvernunft der gesellschaftlichen Verhältnisse anzuerkennen.

Im Rahmen der vorliegenden Untersuchung lexischer Stilelemente werden typische Ausdrucksformen der Menschen des Schauspiels ermittelt, um auf diese Weise ihre innere Verfassung sowie deren dramatische Funktion erkennbar zu machen. Im einzelnen zu unterscheiden sind die Motivkomplexe "Tod und Leben", "Denken und Empfinden", "Schmerz und Freude", "Fürchten und Hoffen", "Haß und Liebe", "Rächen und Vergessen", "Betrug und Treue", "Eltern und Geschwister".

2.4.1 Tod und Leben

Versuchen wir festzustellen, welches Lebensgefühl und Wirklichkeitsbewußtsein die Menschen von Hebbels Schauspiel besitzen, so liegt es nahe, mit einer Untersuchung des Gebrauchs von Wörtern aus dem Sinnbezirk von Tod und Leben zu beginnen.

Die Figuren sind, wie die hohe Belegziffer von Wörtern aus dem Motivkreis des Todes zeigt, von der Vernichtung des Lebens geradezu fasziniert. Ich zähle 74 Belegstellen des Substantivs Tod, die sich wie folgt auf die Figuren des Stücks verteilen:

1 Beleg	-	Judas (23), Joab (202), Zweiter König (3157)
2 Belege	-	Joseph (1171, 1344) Aaron (2928, 2929)
3 Belege	-	Soemus (2098, 2114, 2190)
4 Belege	-	Salome (1514, 2528, 2537, 2943)
5 Belege	-	Sameas (53, 750, 786 [2x], 2058), Alexandra (729, 865, 927, 1978, 3261), Titus (2756, 2975, 3209, 3221, 3243)
22 Belege	-	Herodes (241, 291, 411, 417, 460, 486, 493, 622, 626, 1710, 1735, 1821, 2588, 2617, 2727, 2755, 2880, 2898, 2899, 2914, 3194, 3251)
23 Belege	-	Mariamne (274, 349, 426, 1102, 1243, 1902, 2094, 2124, 2526 [3x], 2530, 2531, 2603, 2839, 2868, 2933, 3039, 3042, 3061, 3069, 3092, 3108)

Überprüft man den Kontext der Belegstellen, so stellt sich heraus, daß die Figuren vergleichsweise selten von tatsächlichen Todesfällen sprechen. Einmal wird "Caesars Tod" (2114), dreimal wird der "Tod" des Aristobolus erwähnt (53, 274, 493). Bis zu ihrem "Tod" (1171) hat vor Jahren eine Frau den jüdischen Staat beherrscht. Um den Tod Mariamnes geht es im letzten Gespräch zwischen Titus und Herodes: "Sie wollte ihren Tod von dir" (3221).

Dagegen beschäftigen sich die Figuren des Stücks, insbesondere die Hauptfiguren, sehr häufig mit dem Tod, der ihnen selbst oder ihren Gegenspielern bevorsteht.

Sameas wünscht dem König einen "Tod, der jedem ander'n Tod / Die Schrecken abborgt" (786 f.). Der Pharisäer weiß, daß Herodes ihn vernichten will: "denn meinen Tod / Befahl er gleich nachher" (2058). Daß er "den Tod wohl tausendfach verdient" (2755) hat, hebt der König später hervor, und Titus ergänzt: "Ich hätte selbst auf seinen Tod gedrungen" (2756).

Als König ist Herodes Herr über Leben und Tod seiner Untertanen. Joab, seinen Gesandten, verpflichtet er unter Androhung der Todesstrafe zu strenger Verschwiegenheit: "Wer stirbt den Tod am Kreuz auch gern" (241). Seinem Stellvertreter läßt er, aus Alexandrien zurückgekehrt, "den Tod" (1735) geben, ohne ihn auch nur anzuhören: "Er hatte / Den Brief, der ihn zum Tod verdammt, in Händen" (1709 f.). Andererseits kann der König sogar einen Verbrecher begnadigen: "so gilt mir das, / Als hättest Du dem Tod die Schuld bezahlt" (290 f.).

Antonius gegenüber ergeht es ihm allerdings nicht anders als jenen Sklaven, die ihren Herren "auf Tod und Leben" (729, 750) pflichtig sind. In der ersten Szene des Stücks erfährt Herodes, daß er bei Antonius "auf Tod und Leben" (202) verklagt ist. Seitdem ist er seines Lebens nicht mehr sicher. Weil er die unberechenbare brutale Gewaltsamkeit des römischen Imperators hinreichend kennt, sucht er sich die eine Gewißheit anzueignen, daß sein Weib ihm allein gehört.

Herodes. G'rad' aus, ich kann's
Nicht tragen, daß sie einem Ander'n jemals -
Das wär' mir bitt'rer, als - Sie ist zwar stolz -
Doch nach dem Tod - Und ein Antonius -
619-622

Tatsächlich wäre dem König "der Tod nicht halb so bitter" (1344), wenn er mit der Gewißheit sterben könnte, daß Mariamne ihm auch im Tode noch erhalten bliebe: "Das wär' freiwill'gen Todes wert" (460). Herodes möchte seines Weibs "im Tode noch sicher" (417) sein und sucht es deshalb zu dem feierlichen Versprechen zu bewegen, ihm "nach dem Tode Gutes (zu) thun" (486) und sich selbst "den Tod" (626) zu geben. Er selbst, dies empfindet Herodes tief, würde sich töten, um den "Tod" der Gattin "nur nicht" erleben zu müssen (411 f.). Daß der

König Mariamnes Liebestod schließlich erzwingen will, ist offensichtlich einem verzweifelten Selbstbehauptungswillen zuzuschreiben: Herodes möchte, wenigstens was Mariamne betrifft, die Pläne des übermächtigen Römers durchkreuzen.

Dieser Motivationszusammenhang ist, wie der Kontext der Belegstellen zeigt, gegen Ende der dramatischen Entwicklung verloren gegangen. Zweimal ist der "Tod" (1821) an Herodes vorübergegangen, da "bewaffnet" er endgültig gegen sein Weib "den Tod" (2617). Die Richter werden gezwungen, Mariamne wie einen Mörder "Zum Tod" zu verdammen (2880). Herodes verlangt "ihren Tod, / Ja, ihren Tod" (2898 f.), weil er annimmt, Marianne habe ihn mit Soemus betrogen. Daß die Königin daran gedacht haben könnte, sich "nach dem Tode" (2588) des Herodes einem anderen Mann hinzugeben, ist dem König unerträglich. Offensichtlich will sich der König am Ende um jeden Preis von der Gegenwart Mariamnes befreien.

Herodes. Ein Weib, das dasteh'n kann,
Wie sie, verdient den Tod, und wär' sie rein
Von jeder Schuld!
2913-15

Herodes bezeugt in den letzten Szenen des Stücks einen Vernichtungswillen, den Zorn und Enttäuschung über den vermeintlichen Verrat der Königin allein nicht verständlich machen. Herodes will die Königin vernichten, er ist geradezu besessen von dem Gedanken, daß das Wirklichkeit geworden ist, was er mit allen erdenklichen Mitteln hat verhindern wollen: daß Mariamne einem andern Mann angehört hat. Deshalb wird alles, was zur Entlastung der Königin vorgebracht wird und sie "vor'm Tode" (2727) schützen könnte, ungeduldig beiseite geschoben ("Ihr Zauber war ihr selbst im Tode treu!" 3194) oder als Lüge diffamiert ("Joseph hat ihn noch im Tode / Belogen, nicht?" 3251 f.).

Daß Mariamne entschlossen ist, "Sich selbst ... / Den Tod zu geben" (3260 f.), um ihrem Gatten "in den Tod zu folgen" (1902), wird wiederholt hervorgehoben: "wenn Dich der Tod von hinnen riefe" (426), "so kommt / Der

Tod in jeglicher Gestalt mir recht" (1242 f.). Aber Mariamne glaubt nicht daran, daß dem König der Tod bestimmt ist.

> Doch, daß Herodes lebt und leben wird,
> Sagt mir mein Herz. Der Tod wirft einen Schatten,
> Und der fällt hier hinein!
> 1101-03

Daß Mariamne seit dem vierten Akt ihren Tod sucht, geschieht nicht etwa, weil sie dem König aus Liebe in den Tod folgen will. Vielmehr <u>will</u> sie sterben: Der König, der "im Tode" ihren Henker machen will (3039), soll sie vernichten,

> Und erst im Tod mich sehen, wie ich bin! -
> 3042

Herodes erscheint der Königin nach seiner überraschenden Rückkehr aus Actium als der leibhafte Tod.

> Mariamne. Der Tod! Der Tod! Der Tod ist unter uns!
> Unangemeldet, wie er immer kommt!
> Salome. Der Tod für Dich! Ja wohl! So fühlst Du's selbst?
> Mein Bruder! (Will Herodes umarmen, er drängt sie zurück.)
> Herodes. Mariamne! (Er nähert sich ihr.)
> Mariamne (weis't ihn mit einer heftigen Gebärde zurück.)
> Zieh' das Schwert!
> Reich' mir den Giftpokal! Du bist der Tod!
> Der Tod umarmt mit Schwert und Gift!
> Herodes (kehrt sich nach Salome um.)
> Was soll das heißen?
> 2526-32

Die Allegorisierung von Mariamnes Ausdruck zeigt an, daß die Königin ihren Gemahl nicht mehr als individuelle Person begreift: "Der Tod kann mein Gemahl nicht länger sein!" (2603), So bitter der Königin der "Tod" ankommt (3092), für ihr Bewußtsein ist der "ew'ge Tod" (3069) dem Leben vorzuziehen. Daß Mariamne über den ihr zugedachten Tod, den "Tod des Opfertiers" (3061) empört ist (2868 f.), vermag diese Entschlossenheit zum Tode nicht zu erklären. Ihr Verhalten vor Gericht zielt geradezu darauf ab, König und Richter gegen sich aufzubringen ("Zog ich, als ich von seinem Tode hörte, / Die Trauerkleider an?" 2839 f.). Die Königin weiß, daß sie durch ihr Schweigen "den Tod / Heraufbeschwören" (3108 f.) muß, und schweigt dennoch. Offensichtlich will die Königin am Ende das erleiden, was sie während der Abwesenheit des Königs ständig hat fürchten müssen.

So willkürlich die Hinrichtung Mariamnes ist, ihr selbst, aber auch dem König erscheint sie als ein lange erwartetes, unausbleibliches, endlich erfolgtes Ereignis. Offensichtlich ist im Bewußtsein der beiden Hauptfiguren ein gleicher, eigentümlicher Schematismus wirksam: Beide Figuren werden dazu getrieben, ihre eigene Vernichtung zu erzwingen, ihr Glück zu zerstören[1].

Für das Adjektiv <u>tot</u> gibt es 8 Belege[2]. Im Kontext des Wortes werden nur zweimal Personen erwähnt, die tatsächlich tot sind, und zwar Joseph ("Er ist tot" 1769) und Antonius ("Er war schon tot" 2563). Um Tod oder Leben des Sameas geht es im Kontext von zwei weiteren Belegstellen ("sprich, und er ist tot" 2133, "wenn er tot ist" 2792). Als die Niederlage des Antonius bekannt wird, werden Vermutungen über den Tod des Königs angestellt: "Er ist so gut, als tot!" (2244), "er mag / Nun tot sein oder leben!" (2260 f.), "Auch sah sie ihn ja noch nicht tot" (2489), "daß ich Dich für tot hielt" (2587). Offensichtlich ist das Leben des Königs nicht weniger gefährdet als das seines entschiedensten Widersachers.

Das Substantiv <u>Todter</u> ist dreiundzwanzigmal belegt[3]. Um den ermordeten Aristobolus geht es im Kontext der ersten Belegstellen des Wortes. Wie Joab berichtet, interessiert sich Antonius für den "Todten" (226). Er besitzt ein Bild des "Todten" (218) und verlangt eine Auskunft darüber, ob Mariamne ihrem getöteten Bruder gleicht.

---

1 Cf. dazu Dieter Gerth, "Die Struktur der reduzierten Individualitat bei Friedrich Hebbel", <u>HJb</u> 1968, S. 40: "Auch das Erstrebte, Erzwungene, gerade noch Erreichte des Todes, die panische Antwort auf die Lücke des Todes hin, die der zum Leben genau entspricht, hat also in der Gewaltsamkeit und Unnatürlichkeit des Todes den genau entsprechenden pantomimischen Ausdruck."

2 <u>tot</u>: 1769, 2133, 2244, 2261, 2489, 2563, 2587, 2792.

3 <u>Todter</u>: 218, 226, 435, 958, 960, 1030, 1039, 1070, 1125, 1200, 1841, 1919, 1937, 2058, 2117, 2326, 2349, 2573, 2781, 2827, 2883, 3188, 3245.

Daß Mariamne dem "Todten" gleicht (960), weiß selbstverständlich Alexandra, und sie zieht daraus den Schluß, daß die Königin "dem Todten" (958) gegenüber zu mehr als der üblichen Trauer verpflichtet ist. Sie behauptet sogar, daß der ermordete Aristobolus ihrer Tochter näher stehe als der König, der seinen Tod veranlaßt hat: "Des Todten Schwester aber warst Du stets / Und wirst es bleiben" (1030 f.). Mariamne widersetzt sich dieser Zuordnung ("Laß den Todten ruh'n!" 1039) und hebt hervor, daß weniger die Ehrsucht des "Todten" (1070) als der Ehrgeiz seiner Mutter sein gewaltsames Ende verursacht hat.

Über die Vorhaltungen Alexandras setzt sich Joseph kurz und bündig hinweg: "Ich bin nicht der, der Todte wecken kann!" (1125). Es liegt in seiner Hand, ob bei der Niederwerfung eines Aufstands "Gefang'ne oder Todte" (1200) gemacht werden. Wenig später zählt er selbst zu den "Todten", denen der König den Mund verschlossen hat (1841). Herodes indessen spürt, wenn er an Aristobolus denkt, daß "sich der Todte / Im Grabe noch zu rächen weiß" (1919 f.) und daß sich seine eigene Macht darauf beschränkt, menschliches Leben zu vernichten.

Herodes. Warum kann der Mensch
Nur tödten, nicht die Todten wieder wecken,
Er sollte beides können, oder keins!
1936-38

Herodes zählt schon "zu den Todten" (2117), als Mariamne ein Fest vorbereiten läßt. Während sich die Diener über die Greuel der Menschenvernichtung unterhalten und Moses Spuren des Kannibalismus entdeckt ("Vermuthlich freßt Ihr Eure Todten auf!" 2326), überlegt Judas, warum wohl in einem Haus getanzt werden soll, "wo man um Todte klagt" (2349). Tatsächlich zeigt sich in den letzten Szenen des Stücks, daß sich für Mariamne "der Reigen / Der Todten" (2826 f.) schon zu Lebzeiten geöffnet hat. Ein "Todter" (2573), der bei Actium gefallene Antonius, hat den König frei gegeben, um ihn erleben zu lassen, wie sich die Erde auftut und "alle Todten" (3245) hervorgehen.

In dieser Situation werden dem Pharisäer Sameas apokalyptische Erfahrungen zuteil. Sameas prophezeit die Geburt eines Kindes, "Das Throne stürzen, Todte wecken, Sterne / Vom Himmel reißen und von Ewigkeit / Zu Ewigkeit die Welt regieren werde" (2781-83). Von diesen Vorstellungen offensichtlich unbeeindruckt, erinnert der Römer Titus daran, daß es "heil'ge Pflicht ist, einen Todten, / Wer er auch immer sein mag, zu bestatten" (3188 f.).

Das Verb tödten ist vierundzwanzigmal belegt[4]. Wie die Untersuchung des Wortgebrauchs zeigt, stellen die Figuren ebensooft Überlegungen über die eigene Vernichtung wie über die Vernichtung anderer an. An 8 Belegstellen des Verbs ist ausdrücklich vom Selbstmord die Rede. In der ersten Szene des Stücks wird ein junges Weib erwähnt, das sich neben der Leiche des Gatten hat "tödten wollen" (22) und deshalb seine eigene Rettung aus dem brennenden Gebäude vereitelt hat. Sameas verurteilt dies Verhalten: "Das ist, als hätte sie sich selbst getödtet" (61). Aber selbst Sameas spielt mit dem Gedanken an Selbstmord: "Wenn ich den Gräuel / Nicht hindern kann, so will ich meine Ohnmacht / Durch Selbstmord strafen" (790-92). Als man ihn später zum Selbstmord zwingen will ("Der hat geschworen, hört' ich, sich zu tödten" 2750) , zeigt es sich, daß Sameas dazu nicht zu bewegen ist, im Gegenteil: "Er singt, anstatt zu schrei'n und nach dem Messer / Zu greifen, das ihm vorgehalten wird" (2768 f.). Herodes dagegen könnte sich selbst "tödten" (411), um Mariamnes Tod nicht erleben zu müssen. Nicht anders denkt die Königin: "Daß ich mit eig'ner Hand mich tödten will, / Wenn er - " (1290 f.), was Alexandra wiederholt bestätigt (1570, 1966). Dennoch quält sich der König mit dem Gedanken an das, was nach seinem Tod geschehen wird, "Wenn sie sich selbst nicht tödtet" (631).

---

4 tödten: 22 , 61 , 142, 355, 357, 411, 470, 609, 630, 631, 1290, 1570, 1618 , 1768, 1937, 1966, 2382, 2750, 2791, 2865, 3041, 3228, 3256, 3309.

Die Sorge, selbst vernichtet zu werden, treibt den König zu einer rücksichtslosen Vernichtung anderer. Den Bruder der Königin hat er "tödten" lassen (355, 2865), weil dieser es selbst "auf's Tödten" (357) angelegt hatte. Seitdem Herodes in der ersten Szene des Stücks den Botenbericht Joabs ("Da sprach er: Wenn ich den da tödten wollte" 142) zur Kenntnis genommen hat, fürchtet er etwas anderes: Antonius müßte ihn "getödtet haben" (1618) , ehe er um Mariamne werben könnte. Joseph muß versprechen, die Königin zu tödten (609, 630, 3256), wenn er hört, daß Herodes nicht zurückkehren wird. Später läßt ihn der König "tödten" (1768, 1937), weil es ihm nicht opportun erscheint, einen Mitwisser zu haben.

Sameas und die Kinder Bethlehems läßt der König "auf der Stelle tödten" (2791, 3309), er tödtet auch Mariamne (3228), ohne zu erkennen, daß Mariamne von ihm getötet sein will.

Mariamne. Du sollst das Weib , das Du erblicktest, tödten
Und erst im Tod mich sehen , wie ich bin!
3040-41

Herodes soll erfahren, was es heißt, sein eigenes Fleisch und Blut zu vernichten. Jahre zuvor hat ihm, wie Judas in Szene IV,4 berichtet, ein Weib, das der König verlassen hat, geschworen, es werde sein Kind, den Sohn des Königs, zu verderben wissen, "So zu verderben, daß er's tödten müsse" (2382).

Dem Motivkreis des Tötens sind zahlreiche Verben zuzurechnen. Je einen Beleg gibt es für die Verben erdrosseln (171), erwürgen (243), enthaupten (574) , ermorden (1775), entleiben (2748), fortschaffen (1920), hängen (2356), niederstechen (2199) , steinigen (1423), zerfleischen (1201) und niederstoßen (1335).

Die Verben morden und schlachten sind jeweils zweimal belegt[5]. Mariamne fürchtet, daß Salome sie eines Tages "morden" könnte (320), und Alexandra spricht von Mördern, die, "Wo möglich, Wasser schöpfen, eh' sie morden - "

---

5 morden: 320, 1025.
schlachten: 2255, 2548.

(1025). Soemus weigert sich, die Königin zu "schlachten" (2255). Herodes hingegen hätte, wie allgemein angenommen wird, sich nicht gescheut, "Den Marc Anton mit eig'ner Hand zu schlachten" (2548).

Ertrinken wird zweimal gebraucht[6], ersticken elfmal[7], allerdings nur dreimal im eigentlichen Sinne des Wortes (212 , 613, 1478). 8 Belege des Verbs zeigen einen metaphorischen Gebrauch. Es geht darum, bestimmte spontane seelische Regungen zu unterdrücken: Empörung, Rachedurst, Neid , Zweifel, Klage, Liebe und Schmerz sollen "erstickt" werden (648, 1081, 1100, 1381, 1580, 1765, 2984). Herodes fürchtet, daß ihn der "Wirbel / Von Haß und Liebe" "erstickt" (2904 f.).

Das Verb sterben ist einunddreißigmal belegt[8]. Zehnmal berichten die Figuren vom Tod anderer. In der Retrospektive von Präteritum und Plusquamperfekt wird das Abscheiden des Gatten der jugendlichen Selbstmörderin ("Ihr Mann war Augenblicks zuvor gestorben" 26), des Hohenpriesters Aristobolus ("Jüngling, der so schmählich starb" 220, "seit ihr Bruder starb" 1923), des Vaters des Artaxerxes ("Er rief die Zahl noch ab und starb!" 2301), Jugurthas ("Kerker, / In dem Jugurtha starb" 401 f.), des Königs ("Wann starb Herodes?" 1272, "Wann er starb?" 1272) und Mariamnes ("Mir starb mein Weib!" 3137, "Sie starb." 3180) erwähnt. Als ein Vorgang, der zwar der Vergangenheit angehört, aber auch für die Gegenwart bedeutsam ist, stellt sich der Tod des Aristobolus dar: "Nun sollt' ich sagen, wie der Hohepriester / Gestorben sei" (203 f.).

Überprüfen wir die Funktion der Präsensformen des Verbs, so stellt sich heraus, daß das Präsens nur einmal ("Jetzt

---

6 ertrinken: 188, 210.

7 ersticken: 212, 613, 648, 1081, 1100, 1381, 1478, 1580, 1765, 2905 , 2984.

8 sterben: 26, 204, 220, 241, 402 , 511, 893, 1087, 1088, 1089, 1179, 1272 (2x) , 1384 , 1387, 1606, 1707, 1809, 1923, 2132, 2301, 2610, 2965 , 2992 , 3064, 3137, 3180, 3185, 3212, 3240, 3241.

im Sterben liegen: 410, 414.

sterb' ich, weil ich sprach" 3240) eine unmittelbare, gegenwärtige Erfahrung zum Ausdruck bringt. Zweimal wird eine eher allgemeingültige Aussage formuliert.

> Wer stirbt den Tod am Kreuz auch gern
> 241
>
> Man stirbt nicht stets in einem Krieg
> 1809

In die Zukunft weisen die Präsensformen des Verbs in folgenden Belegstellen: "Ich sterbe, / Wenn er stirbt" (1087, 1088), "Ihm gleich , wenn sie nur wirklich stirbt!" (1606) Einmal hat das Präsens eine imperativische Funktion: "Dein Gatte stirbt! " (1707) Der Imperativ selbst ist einmal belegt. Alexandra wünscht ihrer Tochter den Tod: "Stirb!" (1089).

Vergleichsweise häufig sind modale Verbgefüge.
<u>sterben wollen</u>. Sameas berichtet von einem Gesinnungsgenossen, der "lieber sterben, als in dieser Welt / ... noch länger leben will" (893 f.). Von Mariamne heißt es am Ende: "Sie wollte sterben, und sie mußte auch!" (3212).
<u>sterben können</u>. Alexandra hat die Gewißheit, daß der Urahn ihres Stamms, Judas Maccabäus, "in keinem Herzen sterben kann" (1179). Daß sie "noch sterben kann" (2992), begreift die Königin vor ihrem Ende kaum.
<u>sterben sollen</u>. Soemus wird den Pharisäer Sameas hinrichten lassen, "wenn er sterben soll" (2132).
<u>zu sterben haben</u>. Titus macht sich Gedanken darüber, wie er "als Mann dereinst zu sterben" hat (2965).
<u>sterben lassen</u>. Niemand kann die Königin zwingen, in dieser Welt weiter zu leben.

> Mariamne. Sterben kann
> Ein Mensch den ander'n lassen ; fortzuleben,
> Zwingt auch der Mächtigste den Schwächsten nicht.
> 3064-66

Daß Titus die Königin hat "sterben lassen" (3185), macht ihm Herodes später zum Vorwurf.
<u>sterben müssen</u>. Soemus weiß, daß er sterben muß, weil er Mariamne den geheimen Auftrag des Königs verraten hat: "Sonst müßt' ich sterben, weil ich sprechen könnte." (3241). In dieser wie in der folgenden Belegstelle ist der Konjunktiv II zur Verdeutlichung eines bloß angenommenen , irrealen Vorgangs gebraucht:

Herodes.

Und wenn ich selbst auf fernem Schlachtfeld fiele:
Man brauchte Dir's durch Boten nicht zu melden,
Du fühltest es sogleich, wie es gescheh'n,
Und stürbest ohne Wunde mit an meiner!
2607-10

Offensichtlich werden im Kontext des Verbs sterben[9] wesentlich häufiger subjektive Vorstellungen als Tatsachen mitgeteilt, ein Beweis mehr dafür, wie eindringlich sich die Figuren den Tod, der ihrem Leben ein Ende setzt, vergegenwärtigen.

Die verbale Wortkette im Sterben liegen ("Als Du vor einem Jahr / Im Sterben lagst" 409 f., "Wenn ich einmal, / Ich selbst, im Sterben läge" 413 f.) braucht in diesem Zusammenhang nur erwähnt zu werden.

Die auffällige Konzentration des Bewußtseins der Figuren auf den Tod bezeugt schließlich das achtzehnmal belegte Substantiv Grab[10].

Wer den König um seine Vorzugsstellung beneidet, tut nach Ansicht Mariamnes gut daran, sich in nächster Nähe des Throns ein Schlachtfeld "mit tausend Gräbern" (1099) vorzustellen. Alexandra hat die Gewißheit, daß Judas Maccabäus "noch vom Grab aus" (1178) seine Enkel schützt. Aristobolus, dessen "Grab" in den ersten Szenen des Stücks wiederholt erwähnt wird (583, 1015, 1033), weiß sich, wie der König eingesteht, "Im Grabe noch zu rächen" (1920).

Es hat den Anschein, daß Herodes, gerade weil er den Tod ständig vor Augen hat, "Jenseits des Grabes , wo das Grauen wohnt, / Noch ein Entzücken finden" möchte (461 f.): "Nach Alexandria - in's Grab - Gleichviel!" (504). Dabei ist es ihm gleichgültig, "Ob ihm sein Weib in's Grab freiwillig folgt" (1604) oder nicht. Den König quält der Gedanke, daß Mariamne auf seinem "Grabe"

---

9 3 Belegstellen für infinite Formen des Verbs: "im Sterben" 511, "Der Sterbende" 1384, 1387.

10 Grab: 461, 504, 583, 722, 1015, 1033, 1099, 1178, 1604, 1920, 1955, 2433, 2467, 3013, 3123, 3124, 3198, 3287.

Hochzeit halten könnte (1955). Diese Sorge findet im vierten Akt eine trügerische Bestätigung. Mariamne feiert ein Freudenfest: "Das über einem Grabe - " (2433). Wie rasend tanzt sie "auf dem Grabe des Gemahls" (2467). Salome geht es darum, daß Mariamne so rasch wie möglich hingerichtet wird: "Das Grab nur hält sie fest, / Denn nur zum Grabe hat er keinen Schlüssel." (3123 f.) Herodes' Eifersucht geht, wie Titus in der Schlußszene feststellt, "selbst über's Grab hinaus" (3198). Dennoch gäbe er alles darum, Mariamne zum Leben zurückzugewinnen.

Herodes. Ja, könnte ich sie dadurch, daß ich selbst,
Lebendig, wie ich bin, in's Grab mich legte,
Erlösen aus dem ihrigen, ich thät's.
3286-88

Auch die Wörter Leben und leben treten vergleichsweise häufig auf ; sie sind an 35 bzw. 15 Stellen belegt[11]. Überprüfen wir den Kontext dieser Wörter, so stellt sich heraus, daß die Figuren an den Tod denken, wenn sie vom Leben sprechen.

Das Spiel der Gedanken mit dem Tod ist im Kontext von 8 der 15 Belegstellen des Verbs leben zu erkennen. Hätte Joseph nicht Alexandra und ihrem Sohn nachgespürt, "So lebte noch, der jetzt im Grabe liegt" (583). Sameas berichtet von einem blinden Verschwörer, der "lieber sterben" als in einer Welt, die Herodes beherrscht, "noch länger leben will" (893 f.). Durch ihr Fest, zu dem Mariamne im vierten Akt einlädt, bricht sie mit Herodes, "er mag / Nun tot sein oder leben" (2260 f.). Das Leben der Königin ist nicht zu retten, als Soemus Herodes mitteilen läßt, niemals habe ein Weib wie Mariamne "gelebt" (2691). Daß der König den eigenmächtig handelnden Diener

---

11 Leben: 202, 348, 585, 608, 729, 738, 750, 1276, 1278, 1356, 1359, 1597, 1598, 1692, 1693, 1818, 1863, 1884, 2390, 2391, 2502, 2936, 2969, 2975, 2989 (2x), 3040, 3060, 3062, 3068, 3097, 3170, 3196, 3297, 3310

leben: 583, 667, 894 , 1101 (2x), 1348, 2261 , 2426, 2427, 2691 , 2704 , 2828, 3076, 3105, 3106

fortleben: 3065.

hätte "leben lassen können" (2704), erscheint als völlig ausgeschlossen. Schon vor ihrem Tod fühlt Mariamne sich nicht mehr den Lebenden zugehörig: Alles, "was lebt und athmet", "erbleicht" ihr (2828). Daß sie nicht länger leben kann, ist der Königin am Ende gewiß.

Mariamne. Kann ich noch leben?
Kann ich mit dem noch leben, der in mir
Nicht einmal Gottes Ebenbild mehr ehrt?
3105-07

Die Gefährdung des menschlichen Lebens ist in 5 Belegstellen des Verbs angedeutet. Herodes geht es darum, daß sein Weib "unter'm Schwert" "lebt" (667). Als alle Welt an den Tod des Königs glaubt, bezeugt Mariamne die Gewißheit, daß Herodes "lebt und leben wird" (1101). Weil sie "noch" lebt (2426), bittet die Königin zu einem Fest: "Soll man sich denn nicht freu'n, daß man noch lebt?" (2427)

Nur zweimal wird das Verb leben ohne erkennbaren Bezug zum Tod gebraucht. Herodes findet den Gedanken unerträglich, Mariamne in einer Welt zurückzulassen, "wo ein Antonius lebt" (1348). "Wir leben aber in der Welt des Scheins!" (3076). Diese Auffassung vertritt Titus in Szene V,6, und Mariamne pflichtet ihm ausdrücklich bei.

Daß die Figuren das Leben im Blickwinkel seiner äußersten Bedrohung, des Todes, zu sehen gewohnt sind und daß sie, die drohende Vernichtung deutlich vor Augen, dazu neigen, das tatsächlich gelebte Leben verächtlich zu machen, zeigt der Wortgebrauch von Leben.

Leben und Tod werden wiederholt in einem Atemzug genannt. Der König ist bei Antonius "auf Tod und Leben" (202) verklagt. In den römischen Arenen kämpfen die Gladiatoren "auf Tod und Leben" (729). In Israel gibt es keine Sklaven, die dem König "auf Tod und Leben pflichtig sind" (750).

Zehnmal wird, wenn vom Leben die Rede ist, auch vom Tod, vom Sterben und vom Töten gesprochen. Seitdem ihr Bruder in den Fluten des Jordans den Tod gefunden hat, denkt Mariamne: "im Tropfen wohnt das Leben , / Doch in der Welle wohnt der bitt're Tod!" (348 f.). Um sich den Besitz des Throns und mit ihm das "Leben" (608) zu sichern, wird Joseph die Königin töten müssen. Gott, dies ist Sameas' Überzeugung, gönnt dem Heiden das "Leben" (738), aber er muß ihm dafür "einen gräßlichen Tribut" (739) bezahlen. Nach ihrer Verurteilung bittet Mariamne den König, einer "Sterbenden" (2934) die letzte Bitte nicht abzuschlagen: "Wenn Du sie gewähr'st , / So sei mein Leben Deinem zugelegt!" (2935 f.). Die Pharisäer lehren, "Im Tode geh' das Leben erst recht an" (2975). Herodes will "im Tode" (3939) Mariamnes Henker machen; er soll ihr Henker werden, "doch im Leben" (3040). Mariamne sucht Titus begreifbar zu machen, "daß es nicht des Lebens wegen war" (3060), wenn sie der Mordanschlag, "der Tod des Opfertiers" (3061), empörte: "Das zeige ich, ich werf' das Leben weg!" (3062). Der Königin ist das Leben so verhaßt, daß sie ihm "den ew'gen Tod" vorzieht.

Mariamne. und wenn's der Zweck des Lebens ist,
Daß man es hassen und den ew'gen Tod
Ihm vorzieh'n lernen soll, so wurde er
In mir erreicht.
3068-71

Herodes dagegen sucht bis zum Ende daran festzuhalten, daß Mariamne ihn wie Soemus und Titus zu täuschen versucht hat.

Herodes. Wie sollt' er
Der Blendenden im Leben wiedersteh'n!
Dich hat sie im Erlöschen noch entflammt!
3195-97

Herodes geht es zuerst und vor allem darum, über das Leben anderer zu verfügen. Der Kontext von zwei Belegstellen des Substantivs Leben läßt dies deutlich erkennen. Um Joseph zum gefügigen Werkzeug seines Willens zu machen, redet er ihm ein, daß Alexandra mit einem gewissen Recht sein "Leben" (585) für das Leben des ermordeten Aristobolus fordern könne. Die Königin läßt er wissen, daß "eine Liebe, die das Leben höher / Als den Geliebten schätzt" (1863 f.), ihm nichts bedeute. Daß das Leben Josephs, aber auch das Leben der Königin bestimmten Zwecken des Herrschers dienstbar gemacht werden sollen, ist offenkundig.

Eine Anzahl weiterer Belegstellen macht auffällig, wie

Mariamne auf diese Übergriffe des Königs reagiert. Sie spürt in der Auseinandersetzung mit Joseph im zweiten Akt, daß ihr "Leben" bedroht ist (1276, 1278). Diese unvermittelte Einsicht stellt ihr gesamtes bisheriges Verständnis der Welt und des Lebens in Frage.

Mariamne.
So war's - Von jetzt erst fängt mein Leben an,
Bis heute träumt ich!
1359-60

Ehe Mariamne die veränderte Situation innerlich verarbeitet hat, kehrt der König aus Alexandrien zurück. Diese Rückkehr gibt ihr "das Leben" wieder (1597 , 1598). Mariamne erinnert den König jetzt daran , daß jeder nur "ein Leben" (1692) hat und daß keiner sich "das Leben" (1693) nehmen lassen will.

Mariamne. Wie Du Dir heut' die Bahn des Lebens zeichnest,
Mußt Du vielleicht sie bis an's Ende wandeln
1884-85

Als die Königin zum zweitenmal von einem geheimen Mordauftrag des Königs Kenntnis erhält, unternimmt sie nichts, um sich "das Leben" zu "sichern" (2390, 2391). Daß ihr "ganzes Leben" (2502) auf die Vernichtung hin angelegt ist, ist zu Mariamnes eigener, tief empfundener Überzeugung geworden. Sich das Leben zu erhalten, erscheint der Königin, die den Tod innerlich längst vorweggenommen hat, nicht einmal mehr wünschenswert.

Mariamne.Ich fühle keinen Schmerz mehr, denn zum Schmerz
Gehört noch Leben, und das Leben ist
In mir erloschen.
2988-90

Die tatsächlich vorhandenen Möglichkeiten einer Rettung werden von Mariamne bewußt ausgeschlagen; sie will nicht mit dem König "um ein Leben" (3097) markten ,

Das durch den Preis, um den ich's kaufen kann,
Für mich den letzten Wert verlieren muß
3098-99

Um Tod und Vernichtung geht es im Kontext von zwei weiteren Belegstellen des Wortes Leben. Titus verehrt den "Heldensinn" der Königin, der sie "vom Leben scheiden" (2969) läßt, als ginge sie in eine bessere Welt. Alle in Bethlehem geborenen Kinder sollen getötet werden: "Es darf nicht eins am Leben bleiben!" (3310).

Nur viermal ist nicht ausdrücklich vom Tod die Rede, wenn vom Leben gesprochen wird, davon einmal in einer formelhaften Wendung ("noch nie im Leben" 1818). Joseph verflucht "die That, die einen Schatten wirft, / Eh' sie in's Leben tritt!" (1355 f.). In der Schlußszene heißt es, daß dem göttlichen Kind "ein Stern in's Leben leuchtet" (3170, 3297).

Daß die Menschen dieses Schauspiels an einem "Verlust an Sein, Verwurzelung, voller Lebensfähigkeit" leiden[12], ist im Kontext dieser Belegstellen klar zu erkennen. "Lebensverarmung", "Verkürzung des Ichs"[13] sind augenscheinlich Resultate einer inneren Einstellung, die das Leben nicht anders als im Hinblick auf seine mögliche Vernichtung zu begreifen vermag. Sameas ist offensichtlich der einzige, der ein anderes Lebensgefühl besitzt; seine Überzeugungen artikulieren sich im Widerspruch zur gesellschaftlichen Praxis der Herrschenden, der Hauptfiguren.

2.4.2 Denken und Empfinden

Es gibt in Hebbels Drama eine sprachliche Ebene der Reflexion und des Räsonnement, an der alle Figuren des Stücks teilhaben. Hier die Aufstellung einiger hoch belegter Verben aus dem Motivkreis des Denkens, bei Zusammenfassung unter Lemmata: wissen (100), glauben (51), denken (41), kennen (20), scheinen (20), meinen (16), zweifeln (12).

Die Verteilung der Wörter auf die einzelnen Figuren läßt nur bedingt Rückschlüsse auf charakterliche Eigenschaften zu. Für die 51 Belege des Verbs glauben ergibt sich folgender Verteilungsschlüssel:

Herodes - 14 Belege (241, 446, 535, 578, 586, 1579, 1919, 1941, 2559, 2720, 2895, 3148, 3274, 3300)

---

12 Gerth, HJb 1968, S. 15.

13 ebd. S. 10.

Mariamne	- 12 Belege (1090, 1275, 1302 , 1609 , 1610, 1851, 2116, 2866, 2979, 3006, 3088, 3101)
Alexandra	- 6 Belege (842, 866, 867 (2x), 950, 2146)
Salome	- 6 Belege (1514, 1546, 1716 , 1764, 2428, 3149)
Titus	- 4 Belege (84, 88, 2976, 3028)
Sameas	- 3 Belege (50, 828, 2064)
Joab	- 3 Belege (134, 209, 2786)
Soemus	- 2 Belege (2084, 2587)
Joseph	- 1 Beleg (629)

Auch die 41 Belege des Verbs <u>denken</u> sind gleichmäßig auf Haupt- und Nebenfiguren verteilt.

Herodes	- 12 Belege (296, 370, 519, 582, 1639, 1678, 1738, 1958, 2553 , 2620 , 2716, 2846)
Mariamne	- 12 Belege (327, 348 , 481, 972, 1326, 1620, 1827, 1892, 2076, 2838, 2847, 2987)
Alexandra	- 6 Belege (699, 700, 743, 903, 1150, 1239)
Salome	- 4 Belege (1369, 2447, 2640, 3131)
Joseph	- 3 Belege (525, 1220, 1343)
Soemus	- 2 Belege (2136, 2249)
übrige	- 2 Belege (895, 2582)

Der Verteilungsschlüssel des hundertmal belegten Verbs <u>wissen</u> läßt dagegen eine gewisse individuelle Differenzierung zu.

Herodes	- 38 Belege (232, 245, 386, 390 (2x), 394, 412 , 413, 454, 487, 489, 491, 560, 590, 1559, 1600, 1608, 1639, 1674, 1711, 1733, 1740, 1781, 1800, 1859, 1920, 1936, 1950, 1951, 1961, 2585, 2598, 2694, 2696, 2723, 2801, 2909, 3143)
Mariamne	- 17 Belege (278, 387, 469, 994, 1044, 1068, 1085, 1226, 1273, 1298, 1316, 1388, 2125, 2148, 2430, 2980, 3019)
Salome	- 10 Belege (1526, 1715, 1753, 2407, 2411, 2412, 2478, 2640, 2676 , 2678)
Alexandra	- 9 Belege (671, 724, 873, 897, 911, 920, 1109, 1157, 2149)
Soemus	- 6 Belege (2084, 2185, 2218, 2220, 2253 [2x])
Judas	- 6 Belege (6, 2352 [2x], 2357, 2375, 2381)
übrige	- 14 Belege (176, 228, 658, 726, 890, 1132, 1202, 1218, 1289, 2042, 2687, 3161, 3263 , 3311)

Es hat den Anschein, daß Herodes, aber auch die Nebenfiguren Soemus und Judas sich vorzüglich an das halten, was sie wissen oder wissen können.

Auch das Verb <u>kennen</u> ist in den Äußerungen des Königs überproportional vertreten.

Herodes - 8 Belege (36, 40, 148, 393, 643 , 656, 2590, 2697)

Mariamne - 4 Belege (273, 481, 1629, 1881)

Alexandra - 2 Belege (716, 862)

übrige - 6 Belege (66, 717, 1141, 2097, 2377, 2742)

Daß er den Pharisäer Sameas <u>kennt</u> (36), hebt der König in Szene I,1 hervor, und er setzt hinzu: "Sameas, / Ich hoffe doch, Du kennst mich auch!" (39 f.) Herodes weiß, daß die Römer sein Volk zu beherrschen verstehen: "Ja, ja, sie kennen uns!" (148) Mariamne <u>kennt</u> den Zauber (393), der ihn an sie knüpft, dies betont der König in Szene I,3. Um ihn für seine Zwecke zu gewinnen, schmeichelt Herodes seinem Schwager Joseph: "Ich kenn' Dich ja!" (643) Er hält ihm vor Augen, daß das Volk seine brutale Gewaltsamkeit bewundern wird, "und mancher / Wird sprechen: Diesen kannt' ich doch nur halb!" (655 f.). Daß er Soemus, von dem er sich am Ende verraten sieht, über Jahre hin "gekannt" (2590) hat, erwähnt Herodes in Szene IV,8. Wenig später unterstellt er, daß Soemus Mariamnes Herz "kennt" (2697). Die Neigung, Erfahrungen bewußt aufzunehmen, ja, sie zu rationalisieren, ist in diesen Äußerungen des Königs nicht zu übersehen.

Das Verb <u>zweifeln</u> wird von Mariamne häufiger gebraucht als von den anderen Figuren.

Mariamne - 6 Belege (324, 2111, 2147, 2170, 3030, 3081)

Herodes - 2 Belege (560, 2803)

Alexandra - 2 Belege (767, 1151)

übrige - 2 Belege (2128, 3231)

Die Untersuchung dieses Wortgebrauchs macht augenfällig, daß Mariamne immer wieder ihre Sicherheit, ihre Gewißheit bezeugt. Ihre Behauptung, sie stehe schon hoch genug in Salomes Schuld, zielt darauf ab, Herodes' Widerspruch zu provozieren: "Du siehst / Mich zweifelnd an?" (323 f.). Soemus' Vermutung, daß Herodes auch im Falle einer drohenden Niederlage des Antonius zu diesem stehen werde, ist für Mariamne Gewißheit: "Wer wagt, zu zweifeln?" (2111) Daß Soemus den Befehl hat, sie zu töten, erscheint der Königin im vierten Akt nicht mehr zweifelhaft: "Zweif'le nicht! Es ist gewiß!" (2147), "Ich darf nicht zweifeln" (2170). Mit einer doppelten Gewißheit geht Mariamne in den Tod: Titus wird sein Versprechen halten ("Ich zweifle nicht!" 3030), Herodes aber wird vergeblich wünschen, sie ins Leben zurückzurufen ("ich zweifle nicht!" 3081). Mariamne bezeugt, wovon sie im Inneren überzeugt ist; das Wissen von Tatbeständen ist für sie offensichtlich weniger bedeutsam.

Bei der Untersuchung des Wortgebrauchs von meinen fällt ins Auge, daß 9 der 16 Belege in Fragesätzen erscheinen und daß gerade die Nebenfiguren darauf bedacht sind, die Meinung ihrer Gesprächspartner zu erforschen.

Mariamne	-	4 Belege (279, 1296, 3090, in einem Fragesatz: 1975)
Herodes	-	2 Belege (1749, in einem Fragesatz: 629)
Alexandra	-	2 Belege (775, in einem Fragesatz: 1225)
Sameas	-	2 Belege (883, in einem Fragesatz: 778)
Joseph	-	2 Belege (549, in einem Fragesatz: 1156)
Soemus	-	2 Belege (in Fragesätzen: 2096, 2207)
Silo	-	2 Belege (in Fragesätzen: 2342 , 2370)

Charakteristisch für die vorsichtige Zurückhaltung einzelner Figuren ist der Wortgebrauch von scheinen.

Herodes	-	6 Belege (16, 249, 286, 1495, 1536, 2731)
Titus	-	5 Belege (84, 2480, 2709, 2969, 3234)
Mariamne	-	3 Belege (301, 1063, 2175)
übrige	-	6 Belege (883, 1107, 1404, 2097, 2334, 2746)

Die Rolle des zurückhaltenden Beobachters, die Herodes sich gelegentlich zu eigen macht, ist für Titus kennzeichnend. Wenn er dem König in Szene I,1 meldet, daß der Diener, der Herodes' Schlafgemach bewacht, nicht stumm ist, "Wie alle Welt zu glauben scheint" (84), gibt er zu erkennen, daß er diesen Mann besser kennt. Im vierten Akt beobachtet Titus die tanzende Königin: "Sie tanzt noch fort! Doch scheint's / Ihr nicht ganz leicht zu sein!" (2480 f.). Titus versucht nicht, Soemus vor dem König zu rechtfertigen, er begnügt sich damit, mögliche Motive seines Handelns anzudeuten.

Titus. Gewiß! Doch wenn er weiter ging, so that er's
Vielleicht, weil Du ihm schon verloren schienst
2708-09

Sehr vorsichtig setzt er der Königin seine Anschauung über ihr schwer verständliches Verhalten auseinander.

Titus. Allein ich muß den Heldensinn verehren,
Der Dich vom Leben scheiden läßt, als schiene
Die schöne Welt Dir auf dem letzten Gang
Nicht einmal mehr des flücht'gen Umblicks wert.
2968-71

Aus der Rolle des distanzierten Beobachters tritt der Römer auch in der Schlußszene nicht heraus: "... und ihm schien's ein Trost, / Daß sich sein Blut mit ihrem mischen würde" (3234 f.).

Die Bereitschaft zu Reflexion und Räsonnement gibt sich im Kontext einiger Substantive zu erkennen: Gedanke (7) und Zweifel (7), Grund (10) und Ursache (1), Zweck (2) und Ziel (4).

Mehr oder weniger faßbare Vorstellungsinhalte werden im Kontext des Worts Gedanke[1] angedeutet. In der Dienerszene IV,3 sieht Moses sich veranlaßt, Artaxerxes zur Ordnung zu rufen: "Nun, Artaxerxes? Wieder in Gedanken?" (2262). Wenig später beobachtet Titus, wie Mariamne beim Tanzen erbleicht, "als ob sie in Gedanken / Was and'res thäte und nur unwillkürlich / Dem Reigen folgte!" (2482 ff.). Daß Aristobolus als Hoherpriester überfordert gewesen sei, gibt Mariamne ihrer Mutter zu bedenken: ihm sei "von selbst ja kein Gedanke" (1056) gekommen. Josephs sonderbares Verhalten erregt in Mariamne einen"Aufruhr nächtlicher Gedanken" (1321). Die Königin begreift, was Joseph ihr verschlüsselt mitzuteilen versucht: daß ihrem Gemahl nichts so bitter sei wie "der Gedanke" (1345, 1347), sie in einer Welt zurückzulassen, in der ein Antonius lebt.

Die Untersuchung des Wortgebrauchs von Zweifel[2] macht

1 Gedanke: 1056, 1321, 1345, 1347, 2262, 2482, 2632.

2 Zweifel: 965, 1380, 2428, 2436, 2725, 2728, 3205.

augenfällig, daß die Figuren bemüht sind, bestehende Zweifel auszuräumen.

Alexandra. Vielleicht blieb Dir ein Zweifel
An seiner Schuld noch. Willst Du den Beweis?
965-66

Mariamne. Wenn noch ein Zweifel übrig blieb, so hat
Die blöde Eifersucht ihn jetzt erstickt! -
1380-81

Als Salome im vierten Akt die tanzende Königin erblickt, gibt es für sie keinen "Zweifel" (2436) mehr an der Schuld Mariamnes. Soemus unterstellt der König im fünften Akt, daß er durch sein Leugnen in der Brust des Herrschers "noch einen letzten Zweifel / Zu wecken" (2725 f.) versucht: "Allein er irrt, dem Zweifel fehlt der Stachel." (2728). Daß es seine Pflicht gewesen wäre, den König zu warnen, sobald ihm nur "der kleinste Zweifel" (3205) an der Schuld Mariamnes gekommen wäre, macht Herodes in der Schlußszene Titus zum Vorwurf.

Im Kontext des Wortes Grund[3] werden wiederholt Vermutungen über die verborgene Motivation des Denkens und Handelns anderer geäußert, so von Herodes ("dies war der Grund, / Warum er's that" 1488 f., "Es gab nur einen Grund!" 2721), von Mariamne ("Du bist kein Tor, / Und wagst gewiß nicht ohne Grund so viel." 2120 f.) und Judas ("Gibt's denn wohl / Noch einen ander'n Grund für solch ein Fest?" 2342 f.). Salome dagegen sucht ihr eigenes Verhalten zu rechtfertigen: "Ich hatte Grund dazu-" (1717). Mariamnes Stolz ist für sie kein "Grund zur Liebe" (2630) gewesen.

Um eine schlüssige Darlegung ihrer Anschauungen bemüht ist offensichtlich Alexandra: 4 der 10 Belegstellen des Substantivs Grund entfallen auf Äußerungen dieser Figur. Alexandra meint allen "Grund" zu haben (944), Mariamne für ein Weib zu halten, das des Trostes bedarf. Ihre Tochter wird den König nicht mehr umarmen und küssen können, "Aus mehr als einem Grund nicht!" (951). Rasch erfaßt Alexandra, daß der Vizekönig im zweiten Akt ihr und

---

3 Grund: 944, 951, 1226, 1488, 1717, 2121, 2242, 2343, 2630, 2721.

Mariamnes Leben bedroht: "Meinst Du noch, / Mein Argwohn habe keinen Grund?" (1225 f.). Als Soemus sich im vierten Akt dem König offen widersetzt, erkennt sie in ihm einen Verbündeten.

Alexandra. Mir gilt
Es gleich, aus welchem Grund: genug , Du tratst
Zu mir herüber!
2241-43

Das fortgesetzte Bemühen der Figuren, überlegt und zielbewußt vorzugehen, deutet auch der Wortgebrauch von Ursache ("Doch hab' ich Ursach', nicht zu oft zu kommen!" 1497), Zweck ("Als hätt' es einen Zweck an sich" 152, "Das war mein Zweck!" 2255) und Ziel ("wer ihr Ziel erreichen will" 1166, "mein Ziel auf krummem Weg erreichen" 1666, "Zu welchem Ziel?" 2158, "an demselben Ziel" 3168) an.

Diese Belegstellen bezeugen den hohen Grad an Bewußtheit, der die Menschen des Stücks auszeichnet[4]. Hebbels Figuren wissen erstaunlich gut über die Welt, aber auch über ihr Inneres Bescheid, was nicht bedeutet, daß sie zu freier Selbstbestimmung fähig wären. Es hat vielmehr den Anschein, daß gerade die Erfahrung der Unverfügbarkeit der Welt und des Lebens diese Menschen dazu drängt, sich unablässig Rechenschaft über ihre Erfahrungen zu geben.

Im Kontext der Wörter das Innere und das Wesen, Herz, Sinn und Seele stellen die Figuren selbst ihre innere Verfassung dar.

Das Innere, Innerste ist fünfmal belegt[5]. Im Kontext der Belegstellen zeigt sich die Neigung der Figuren zur gleichsam psychologischen Analyse. In Szene I,3 sucht der König seiner Gattin verständlich zu machen, was ihn bewegt: "Im Inneren" (407) fühlt er sich an sie,

---

4 Darauf ist in der Forschung wiederholt hingewiesen worden, besonders nachdrücklich bei Marga Bührig, Hebbels dramatischer Stil, Wege zur Dichtung, Bd.XXXV (Frauenfeld 1940) S. 59 , 64, 69, 81.

5 das Innere, Innerste: 407, 1397, 1806, 3035, 3215.

nicht etwa an Gott gebunden. Auffällig ist, daß Mariamne sich im Augenblick der ärgsten Enttäuschung selbst beobachtet: "Keine Regung / Unedler Art befleckt mein Innerstes" (1396 f.). Offensichtlich bringt dies gehobene moralische Selbstgefühl die Königin dazu, die verborgenen Beweggründe ihres Gatten zu erforschen ("ob sich mir / In klarer That sein Innerstes verriet" 1805f.) und zu verurteilen: "im tiefsten Inner'n" (3035) ist er ihrer unwürdig. Titus geht es in der Schlußszene darum, dem König begreifbar zu machen, was Mariamne vor ihrem Tode empfunden haben muß: "Ich habe in ihr Innerstes geschaut." (3215).

Ebenfalls fünfmal belegt ist das Substantiv Wesen[6]. Der Wortgebrauch macht augenfällig, wie schwer dieser Begriff inhaltlich faßbar ist. Herodes ist an "ein Wesen außer sich" (407), an Mariamne, gebunden. Die Königin hält ihn dazu an, ihr selbst, ihrem "Wesen" (481), wie er's kenne, Vertrauen zu schenken. Das gelingt ihm so wenig wie Salome ("Sie gab sich als ein Wesen höh'rer Art" 2631) und Titus ("Ja, Königin, unheimlich ist Dein Thun / Und, ich verhehl's nicht, selbst Dein Wesen mir" 2966 f.): Der Schein hat "das Wesen" (3053) seines Weibs verdunkelt.

Sinn ist sechsmal belegt, fünfmal in der Bedeutung "Bewußtsein, Empfindung": 270, 640, 1077, 1107, 1732, einmal in der Bedeutung "Gefühlsorgan": 2653.

Die drei Belegstellen von Seele brauchen nur registriert zu werden: 735, 1583, 3028.

Die 26 Belege des Substantivs Herz verteilen sich folgendermaßen auf die Personen des Stücks:

Herodes	-	8 Belege (397, 1511, 1802, 1830, 1870, 1922, 2600, 2601)
Mariamne	-	7 Belege (1102, 1621, 1823, 1900, 1914, 1986, 3028)
Alexandra	-	6 Belege (838, 869, 943, 1041, 1179, 1974)
Salome	-	3 Belege (2422, 2652, 3116)
Titus	-	2 Belege (2696, 3054)

6 Wesen: 407, 481, 2631, 2967, 3053.

Der Wortgebrauch Alexandras deutet nicht darauf hin, daß sie durch das Bühnengeschehen im Inneren betroffen ist. Alexandra neigt zu politischem Räsonnement: Sie stellt Überlegungen über die innere Verfassung des Antonius ("in dieses Römers Herzen" 838) an, sie macht sich Gedanken über die Zukunft Israels, die "manchem Herzen" (869) verzweifelt erscheint. Formelhafte Wendungen wie "Komm an mein Herz!" (943) und "er hat was auf dem Herzen" (1974) lassen erkennen, daß Alexandras innere Anteilnahme begrenzt bleibt. Daß sie Aristobolus, den sie "unter'm Herzen" (1041) getragen hat, rächen muß und daß der große Judas Maccabäus "in keinem Herzen" (1179) sterben kann, ist für Alexandra eine sichere Gewißheit.

Salome bittet die Königin im vierten Akt vergeblich darum, ihrer Mutter den Trost zu geben , "nach dem ihr Herz verlangt" (2422). Seitdem ist sie vom Verrat der Königin ganz und gar überzeugt.

Salome. Mein Auge könnte krank sein, doch unmöglich
Ist mit dem Auge krank zugleich das Ohr,
Ja, der Instinkt, das Herz und jegliches
Organ, das meine Sinne unterstützt!
2650-53

Salome beruft sich auf die Stimme ihres Herzens, wenn sie Mariamne verdammt.

Salome. Sie ging! Und dennoch schlägt das Herz mir nicht!
Ein Zeichen mehr, daß sie ihr Los verdient!
3116-17

Was diese Figur immer unzweideutiger als Wahrheit empfindet, erweist sich dennoch als Täuschung.

Herodes äußert sich im Kontext der Belegstellen von Herz ausschließlich über seine und Mariamnes Liebe. Anfangs sorgt sich der König darum, ob Mariamnes "Herz" (397) noch für ihn schlägt. Sein "Herz" (1511) hat Mariamne abzubitten, nicht zu zürnen. Später, im dritten Akt, glaubt er das "Herz" (1802) seines Weibs zu kennen: Mariamnes Äußerungen haben ihm, wie er bitter feststellt, "das Herz / Erleichtert" (1830 f.). Dennoch glaubt er nicht daran, daß er die Erinnerung an Mariamne in seinem "Herzen" (1870) auszulöschen vermag. Herodes spürt, daß Mariamne für ihn verloren ist: Der getötete Aristobolus hat ihr "Herz" (1922) mit hinweggenommen. Am Ende gesteht er dem Römer Titus, daß er sich leichter das "Herz" (2600) aus der Brust als Mariamne "aus dem Herzen" (2601) risse: "Doch ich thu's!" (2601). Offensichtlich erfährt der König die von ihm selbst erzwungene Trennung von Mariamne als einen Akt der Selbstvernichtung.

Auch Mariamne spricht von ihrer Liebe, wenn sie das Substantiv Herz gebraucht. Während der Abwesenheit des Königs ist Mariamne überzeugt davon, daß Herodes lebt und leben wird: Ihr "Herz" (1102) sagt es ihr. Herodes hat keinen Anlaß zu zweifeln, daß er in seines "Weibes Herzen" (1621) den mächtigen Antonius aufwiegt. Was in ihr selbst vor sich geht, als Herodes an ihrer Liebe zu zweifeln beginnt, soll der König auf keinen Fall erfahren: "Halt' an Dich, Herz!" (1823, 1914). Gott soll das "Herz" (1900) ihres verblendeten Gatten lenken: "Mir sagt mein Herz, ich wage Nichts dabei!" (1986). Erst unmittelbar vor ihrer Hinrichtung beteuert sie, sie hätte aufhören müssen, sie selbst zu sein, sie hätte "Herz und Seele" (3028) verlieren müssen, wenn sie ihrem Gatten untreu geworden wäre. Mariamne geht, wie diese Belegstellen zeigen, seit dem vierten Akt einer Auseinandersetzung mit dem König bewußt aus dem Wege. Ihr liegt nichts daran, den König von ihrer Unschuld zu überzeugen, vielmehr will sie das Opfer seiner Gewalttätigkeit sein.

Offensichtlich sieht sich die Königin außerstande, in ihrem Leben das zu verwirklichen, was ihrer Auffassung nach für ihr Selbst konstitutiv ist. Das gelingt ihr nur noch in der kurzen Zeit bis zu ihrer Hinrichtung, in der sie längst nicht mehr die ist, die sie vorher gewesen ist. Auch für Herodes wird das Scheitern seiner Liebe zu einer seine Identität bedrohenden Krise. Der König wütet gegen die, die er liebt, im klaren Bewußtsein dessen, daß er sich damit selbst vernichtet. Diese Krise der Identität macht nicht nur das fortgesetzte Bemühen um Selbstvergewisserung, sondern auch die fieberhafte

Gereiztheit verständlich, die für die Figuren des Stücks charakteristisch ist.

Die starke innere Anteilnahme der Protagonisten wird wiederholt hervorgehoben, besonders auffällig im Kontext des Verbs fühlen, das neunzehnmal belegt ist[7].

"ich fühl's" (467), "daß sie's fühlt" (1317), "Das fühl' ich" (1402), "wenn Du selbst Dich denn ... / ... so nichtig fühlst" (1619 f.), "was ich fühlte" (3030), so äußert sich Mariamne, doch der König spricht und empfindet ganz ähnlich: "Ich fühl' es wohl" (403), "und fühl' es tief" (1534), "Du sollst es ... fühlen" (2578), "Du fühltest es sogleich" (2609). Die starke innere Erregung dieser Figuren bezeugen auch die Nebenfiguren ("die Bestät'gung dessen, was Du fühlst" 1339, "Und die da muß den letzten Kuß des Mannes / ... noch auf ihrer Lippe fühlen" 2486-88), die mit ihnen empfinden: "Ich fühle Deinen Schmerz" (2168), "ich fühlte seinen Wert!" (2231), "D'rum fühl' ich tiefes Mitleid auch mit ihm" (3057).

Einige Belegstellen des Verbs deuten aber auch darauf hin, daß die hohe Empfindsamkeit der Figuren schließlich in stumpfe Fühllosigkeit umschlägt. Was vor sich geht ("O, fühlt' er das" 3093), erfaßt der König am Ende so wenig wie Salome (2528, 2640). Sameas nimmt die Folterungen hin, "als fühlt' er Nichts" (2767), und Mariamne fühlt keinen Schmerz mehr (2988).

Herodes und Mariamne berufen sich, wie der Wortgebrauch des dreimal belegten Substantivs zeigt, wiederholt auf ihr Gefühl[8]. Herodes gibt der Königin am Anfang des dritten Akts recht, auch wenn er sie nicht versteht: "Ich folge ihr, / Denn ihr Gefühl hat recht!" (1511 f.). Mariamne erinnert den König daran, daß "ein Gefühl von Pflicht" (1612) sie in jedem Fall daran hindern würde, dem Werben des Antonius nachzugeben. In der Gerichtsszene setzt der König jedem Versuch einer geordneten Be-

---

7 fühlen: 403, 467, 1317, 1339, 1402, 1534, 1620, 2168, 2231, 2488, 2528, 2578, 2609, 2640, 2767, 2988, 3030, 3057, 3093.

8 Gefühl: 1512, 1612, 2896.

weisaufnahme sein "innerstes Gefühl / Und die Ergründung aller Möglichkeiten" (2896 f.) entgegen und verlangt Mariamnes Tod. Es hat den Anschein, daß die Figuren gerade bei maßgeblichen Entscheidungen ihrem Gefühl folgen; eine kritische Reflexion dieser Entscheidungen wird nicht versucht.

Das Verb empfinden ist viermal belegt[9]. Der Wortgebrauch deutet auf das starke emotionale Engagement Mariamnes ("sprich, was soll das Weib empfinden" 1700, "Da Du's selbst so tief empfindest" 2871), aber auch des Königs ("Du mußt es ja empfinden" 395, "und ich will's die Welt/ Empfinden lassen" 3276 f.) hin.

Die pathetische und hyperbolische Färbung des Ausdrucks[10], besonders augenfällig im Kontext der Adjektive erster und letzter, ganz sowie alle, alles ist ein weiteres Indiz für Erregtheit und Reizbarkeit der Figuren.

Die Adjektive erster, -e, -es und letzter, -e, -es sind zehn- bzw. dreiundzwanzigmal belegt[11].

Im Kontext der dramatischen Rede werden der "erste Kuß" (1284), der "erste Zorn" (1739) und die "erste Wut" (2384) erwähnt. Die Wendung "zum ersten Mal" erscheint dreimal (1529, 2073, 2188). Daß es Sache des Hohenpriesters gewesen wäre, "das erste Wort" (705) gegen Herodes zu sprechen, hebt Sameas hervor. Die Königin gilt Soemus als "das erste Weib" (2230). Alexandra hat ihren

---

9 empfinden: 395, 1700, 2871, 3277.

10 Cf. Marie Luise Gansberg, "Zur Sprache in Hebbels Drama", Hebbel in neuer Sicht, hg. Helmut Kreuzer (Stuttgart 1963) S. 66: "Auch bleibt die pathetische Stillage - die dem Realismus ganz fremd ist - bei Hebbel auf weite Strecken erhalten, sie wird nur durch neue sprachliche Verbindungen und Mischungen modifiziert." Cf. außerdem Rainer Gruenter, Der Prosastil des jungen Hebbel (Köln, Phil. Diss., Masch. 1949) , mit einer Übersicht über die pathetischen und hyperbolischen Ausdrucksformen des jungen Dichters.

11 erster, -e, -es: 705, 1061, 1064, 1284, 1529, 1739, 2073, 2188, 2230, 2384

letzter, -e , -es: 81, 459 (2x), 705, 941, 1190, 1318, 1835, 1836, 2004 , 2106, 2475, 2486, 2496, 2725, 2934, 2949, 2960, 2970, 3014 , 3099, 3264, 3308.

Sohn dazu gebracht, sich für "das erste, einz'ge Haupt von Jerusalem zu halten" (1061). Ohne diesen verhängnisvollen Ehrgeiz wäre er nach Ansicht Mariamnes der "erste Glückliche" (1064) in dieser Welt gewesen.

Dem König erscheint der gemeinsame Tod der Liebenden als eine letzte und höchste Befriedigung: "ich stell' mir das so vor, / Als letzter Hauch zum letzten Hauch zu mischen" (459). Salomes Schmerz um den Gemahl soll Mariamnes "letzte Lust auf Erden" (1318) sein. Herodes will im Gespräch mit Mariamne im dritten Akt nicht um "ein letztes Opfer" (1835) betteln, er erwartet vielmehr, daß sie ihm "eine letzte Pflicht" (1836) erfüllt. Herodes bleibt keine andere Wahl, als dem verabscheuten Antonius "bis zum letzten Augenblick" (2106) beizustehen. Dabei muß er als ein verlorener Mann gelten, wenn es ihm nicht gelingt, "dem Marc Anton vor'm Fall / Den letzten Stoß noch" mitzugeben (2474 f.). Mariamne tanzt, als spüre sie "den letzten Kuß des Mannes" (2484) noch auf ihren Lippen. Herodes vermutet, daß Soemus durch sein Leugnen in der Brust des Königs "noch einen letzten Zweifel / Zu wecken" (2725 f.) sucht. Für Aaron, Mariamnes Richter, ist das Urteil, das die Königin zum Tod verdammt, entsetzlich: "Es ist die letzte Maccabäerin!" (2949). Mariamne selbst spricht davon, daß man "den Sterbenden die letzte Bitte / Nicht abzuschlagen" (2934 f.) pflegt, daß der "letzte Kämm'rer" (2960) ihr das Bett macht und daß sie vielleicht "den letzten Trost" (3014) entbehren muß. Mariamne haßt das Leben,

> ein Leben,
> Das durch den Preis, um den ich's kaufen kann,
> Für mich den letzten Wert verlieren muß.
> 3097-99

Dem Römer Titus, der schon Soemus "auf dem letzten Gang" (2970) begleitet hat, fällt am Ende die Aufgabe zu, den König von Mariamnes "letztem Wort" (3264) in Kenntnis zu setzen.

Für ganz gibt es sieben Belegstellen, für alle , alles zehn[12].

---

12 ganz: 1167, 1550, 1690, 2330, 2502, 2513 (2x)
alle, alles: 1551, 1652, 1760, 204[illegible], 2162, 2266, 2522, 2897, 3245, 3134.

Ein ehrfurchtgebietendes Beispiel muß man, dies erläutert Joseph, "ganz befolgen, nicht nur halb" (1167). Herodes hat das Gefühl, "Als wär' die Welt von Spinnen rein, / Und alle nisteten in meinem Hause" (1550 f.). Den geheimen Mordauftrag des Königs muß "das ganze menschliche Geschlecht" (1690) verdammen. Cleopatra hat einen Ring, "Kostbarer als das ganze Königreich" (2330), verschleudert. Ihr "ganzes Leben" (2502) hat Mariamne im Traum gesehen. Sie ist empört, daß Liebe und Glück dem König nichts mehr bedeuten: "Daß er's so ganz vergaß! So ganz!" (2513)

Herodes hat sein "Alles" (1652) aufs Spiel gesetzt. Dem Vizekönig hat er "ein Geheimnis anvertraut, / An dem mein Alles hing" (1759 f.). Den Richtern setzt er sein "innerstes Gefühl / Und die Ergründung aller Möglichkeiten" (2896 f.) entgegen. Am Ende glaubt er für Augenblicke, daß sich die Erde auftut und "alle Todten" (3245) hervorgehen. Herodes ist, wie die Hyperbolik dieser Äußerungen zeigt, ein exzentrischer Charakter[13]. Aber auch Mariamnes Ausdrucksweise ist hyperbolisch. Den Dienern befiehlt sie, "alle Blumen" (2162) abzupflücken, die noch nicht verwelkt sind. Als hätte sie "Schon längst aus allen Adern still geblutet" (2522), so bleich findet sie sich in ihrem Traum vor.

Das Pathos der Figuren zeigt sich vorzüglich im Kontext der Konparativ- bzw. Superlativbildungen des Adjektivs <u>hoch</u>. Für "hoch" gibt es acht Belege[14].

Eine "Liebe, die das Leben höher / Als den Geliebten schätzt" (1863 f.), ist nach Ansicht des Königs nichts wert. Dem Volk des Herrn ist "für die Zeit der höchsten Not" (2039) ein Messias verheißen: "Die höchste Not brach ein!" (2040). Soemus hat sich jahrelang bewußt un-

---

13 Auf die Verdeutlichung dieses Tatbestands angelegt ist die Interpretation von Rainer Gruenter, "Hebbel. 'Herodes und Mariamne'", <u>Das deutsche Drama vom Barock bis zur Gegenwart: Interpretationen</u>, hg. Benno von Wiese, Bd. II (Düsseldorf 1958) S. 123 - 140.

14 <u>hoch</u>: 731, 1863, 2039, 2040, 2226, 2631, 2818, 3164.

tergeordnet: "Ich sah den Höher'n immer schon in ihm" (2226). Salome verabscheut die Königin, weil sie sich als "ein Wesen höh'rer Art" (2631) gegeben hat. Daß sie vor das königliche Gericht gestellt wird, bedeutet Mariamne im Schlußakt nicht mehr viel: "Ich sehe / Ein höh'res hier!" (2818)

Auch im Kontext des Adjektivs <u>tief</u>, das zehnmal belegt ist[15], ist eine emphatische Ausdruckshaltung erkennbar. Herodes fühlt es "tief" (1534), wie viel er, glücklich aus Alexandrien zurückgekehrt, der Königin schuldig ist. Daß Mariamne sich "im tiefsten" (1588) verwandelt hat, spürt er sogleich. Durch den Mordauftrag ihres Gatten ist Mariamne "so tief" (1699) gekränkt, daß sie in der Tat eine andere geworden ist. Alexandra begreift ihr Kind nicht mehr: Daß Mariamne nach dem erneuten Aufbruch des Königs in "tiefste Trauer" (1969) verfällt, ist ihr unerklärlich.

Judas verabscheut den König, "Wie tief er sich auch vor ihm bückt" (2358). "Im tiefsten Schmerz" (2802) erscheinen die Richter vor dem König. Auch in der Gerichtsszene macht Mariamne keine Anstrengung, ihre Unschuld zu beteuern: "Da Du's selbst so tief empfindest, / Was sich für mich geziemt, ... / D'rum scheid' ich mich auf ewig von Dir ab!" (2871 f., 2875). Herodes ist das eigene Weib fremd geworden: "im tiefsten Inneren" (3035) trägt er ihr verzerrtes Bild. Titus fühlt deshalb "tiefes Mitleid auch mit ihm" (3057). Der König sucht sich der Einsicht, Mariamne in verhängnisvoller Weise verkannt zu haben, bis zum Ende zu verschließen; in den Worten des Römers glaubt er etwas zu erkennen, "Das viel zu tief ist" (3201), um nicht mehr als Mitgefühl für die Ermordete zu sein.

Das Adjektiv <u>groß</u> ist an 15 Stellen belegt[16]. Als Attribut hat das Wort zumeist eine verstärkende Funktion. Wenn Alexandra den "großen Tag" (755), Herodes den "gro-

---

15 <u>tief</u>: 212, 1588, 1699, 1969, 2358, 2802, 2871, 3035, 3057, 3201.

16 <u>groß</u>: 709, 737, 755, 1003, 1176, 1405, 1515, 1783, 1792 , 1856, 1862 , 1987, 2114, 2235, 2823.

ßen Kampf" (1783), Soemus die "große Schlächterei nach Caesars Tod" (2114) erwähnen, ist dies offenkundig. Auf diese Weise werden in anderem Zusammenhang Mut, Stolz und Scham als Eigenschaften herausgestellt. Alexandra macht es den Pharisäern zum Vorwurf, daß sie im rechten Augenblick den "schlichten Mut der Pflicht" (708) hätten beweisen müssen; in diesem Falle "würde jetzt kein größ'rer nötig sein" (709). Wenn Mariamne rücksichtslos die Interessen ihrer Familie wahrgenommen hätte, hätte ihre Mutter sie "mit Stolz", "Mit größerem als jetzt, ich leugn' es nicht" (1003), ihr Kind genannt. Daß Mariamne es vorzieht, dem König aus dem Weg zu gehen, ist, dies behauptet Salome, der Scham zuzuschreiben, der "Scham" (1514), an den Tod des Gatten geglaubt zu haben, der "größeren, kaum Witwe mehr zu sein" (1515). Salome hat der Königin "die größte Wohlthat" (1405) erzeigt, indem sie ihr zur Einsicht in die tatsächlichen Verhältnisse verholfen hat.

groß kann so viel wie "edel" oder "berühmt" bedeuten. Herodes wird von einem Boten "Großer König" (1792) genannt. Alexandra erwähnt den Ahnherrn ihres Stamms, "den großen Judas" (1176). Auch Mariamne bezieht sich in ihrer Rede vor dem königlichen Gericht auf "die großen Ahnen" (2823) ihres Stamms.

An 5 Stellen ist "groß" prädikativ gebraucht. Sameas rühmt die Allmacht Gottes: "Herr, Du bist groß!" (737), "Der Herr ist groß!" (1987) Mariamnes Liebe sei nicht "groß genug" (1856) gewesen, ihm alles zu verzeihen. Herodes stellt dies fest und zieht daraus den Schluß, daß die Bürgschaft ihrer Liebe "Nicht größer" (1862) sein könne als ihre Liebe selbst. Soemus hingegen hebt hervor, daß "So groß" (2235) keiner sei, daß er ihn als Werkzeug gebrauchen dürfe.

Weniger auffällig als die gesteigerte Emphatik der Figuren, aber auch ihr fortgesetztes Räsonnement sind gewisse Hinweise auf parapsychische Erscheinungen[17].

---

17 Cf. J. Sadger, "Über das Unbewußte und die Träume bei Hebbel", Imago 2 (1913) S. 336 - 356.

Die 73 Belege des Verbs <u>sehen</u> verteilen sich wie folgt auf die Figuren des Stücks:

Mariamne	-	20 Belege (1022, 1075, 1406, 1407, 1620, 1803, 1807, 1911, 2443, 2491, 2502, 2515, 2524, 2817, 2821, 2824, 2961, 3042, 3077, 3102)
Herodes	-	18 Belege (14, 48, 64, 247, 278 , 445, 545, 635, 1471, 1500, 1[illegible]40, 1911 , 1939, 1947, 2682, 2913, 3237, 3306)
Alexandra	-	9 Belege (751, 897, 1115, 1175, 1213, 1970, 1977, 2089, 2452)
Titus	-	5 Belege (90, 1209, 2468, 2469, 2489)
Joseph	-	4 Belege (528, 657, 1205, 1354)
Salome	-	4 Belege (1383, 1513, 2409, 2439)
Sameas	-	4 Belege (50, 741, 887, 2037)
Soemus	-	3 Belege (1429, 2226, 2248)
übrige	-	6 Belege (194, 230, 2294, 2315, 3128, 3165)

In den Reden von Titus und Soemus, Sameas und Salome wird "sehen" ausschließlich im Sinne der visuellen Wahrnehmung gebraucht. Dies gilt, jeweils mit einer Ausnahme, auch für die Belegstellen in Äußerungen Josephs und Alexandras. Joseph hat für Augenblicke das Bild des getöteten Aristobolus vor Augen.

Joseph. <u>Für sich.</u>
Wie hab' ich mich verstrickt! Zwar that ich Nichts,
Als was ich mußte! Doch mich packt ein Grauen,
Daß er - ich seh' den Aristobolus.
1352-54

Daß eine Makkabäerin sich mit ihren Feinden hat aussöhnen können, hält Alexandra für ausgeschlossen: "Sie sah im Traum wohl nie / Den Ahnherrn ihres Stamms, den großen Judas, / Sonst hätt' sie wahrlich keinen Feind gescheut" (1175 ff.).

Auch in Herodes' Äußerungen ist sehen vorwiegend im eigentlichen Sinne gebraucht. Was Herodes vor Augen hat , ist physisch greifbar vorhanden, z.B.:

Ich sah, als alles schon in Flammen stand,
Ein junges Weib durch's Fenster eines Hauses
14-15

Weswegen kommst Du? Niemals sah ich Dich
Bis jetzt in diesen Mauern.
48-49

Sei gegrüßt!
Du selbst bist schuld, daß ich Dich jetzt erst sah!
63-64

Besorge das! Ich muß den Kopf noch seh'n,
Ich will ihn meiner Schwiegermutter schicken!
247-248

Zweimal hat das Verb die Wortbedeutung "erkennen". Am Schluß des dritten Akts entschließt sich Herodes, den mutmaßlichen Verrat Josephs und Mariamnes zu überprüfen: "Wir werden sehen! / Denn prüfen muß ich sie!" (1947). Als Titus in Szene V,8 berichtet, daß Soemus noch vor seiner Hinrichtung Mariamnes Schuldlosigkeit beteuert hat, entgegnet Herodes: "Ha! Siehst Du?" (3237). Nur einmal, in Herodes' Monolog in Szene III,6, ist ein visionäres Erlebnis bezeugt: Herodes sieht den getöteten Joseph vor sich.

Der rächt sich auch! Er kommt nicht! Dennoch seh' ich
Ihn vor mir! "Du befiehlst?" - Es ist unmöglich!
1939-40

Häufiger als bei den anderen Figuren ist sehen in den Äußerungen Mariamnes belegt. Die eigentliche Wortbedeutung des Verbs ist aber eindeutig nur an 6 Stellen nachweisbar (1022, 1075, 1911, 2443, 2961, 3102). Fünfmal hat das Verb die Wortbedeutung "erkennen" (1620, 1803, 1807, 3042, 3077). Im Kontext der übrigen Belegstellen gibt sich ein nach innen gerichtetes, die konkrete Gegenwart überspringendes Bewußtsein zu erkennen. Verglichen mit den Erfahrungen, die sie im Inneren bewegen, erscheint der Königin das, was sie greifbar vor Augen hat, als recht belanglos: "ich, die ich blind war, sehe jetzt, / Ich sehe hell" (1406 f.). Wie sie sich in Szene IV,7 im Spiegel erblickt, so hat sie sich "schon im Traum geseh'n" (2491). Im Traum "sah" (2502) sie ihr ganzes Leben, "sah" (2515) sie, wie sie sich vom Kind zur Jungfrau und Gattin verwandelte, bis sie sich als Gerippe vorfand: "und das will ich nicht seh'n!" (2524). Die Realität ist für die Königin am Ende eigentümlich unwirklich geworden. Zwar erkennt sie das Gericht noch, das sie verurteilen wird, aber sie <u>sieht</u> (2817) ein höheres vor sich. Ihr Auge "sieht" (2821) die Richter "kaum", denn hinter ihnen erkennt sie Geister, die sie stumm und ernst betrachten: "Drei Nächte sah ich sie bereits im Traum" (2824).

Die Wörter Traum und träumen sind zehn- bzw. fünfmal belegt[18], und zwar vergleichsweise häufig im Kontext von Äußerungen Mariamnes. Dabei fällt auf, daß Mariamne keinen Traum erwähnt, solange sie davon überzeugt ist, daß Herodes sie liebt. Erst seitdem sie aufgehört hat, vom Glück zu träumen ("Von jetzt erst fängt mein Leben an, / Bis heute träumt' ich!" 1359 f.), beginnt sie, ihre Träume zu beachten. Es hat den Anschein, daß die Königin, seitdem sie den Mordauftrag Herodes' kennt, ihre Identität eher im Traum als in der Tagesrealität zu fassen vermag. Mariamne ist ihrer Sache völlig gewiß, seitdem sie weiß, daß ihr tatsächliches Verhalten einer im Traum ergriffenen Rollenwirklichkeit entspricht.

Mariamne erblickt bei einer plötzlichen Wendung ihr Bild im Spiegel.
Ha!
Alexandra. Was hast Du denn?
Mariamne. So hab' ich mich ja schon im Traum geseh'n! -
Das also war's, was mich vorhin nicht ruh'n ließ,
Bis der verlorene Rubin sich fand,
Der jetzt auf meiner Brust so düster glimmt:
Das Bild hätt' eine Lücke ohne ihn! -
Auf dieses folgt das letzte bald!
Alexandra. Komm zu Dir!
2490-97

Über Mariamnes Schicksal ist, folgt man ihrem eigenen Selbstverständnis, im Traum entschieden worden. Ihr tatsächliches Erleben stellt sich für sie als eine notwendige Verwirklichung ihres Traumerlebens dar: "Ist es denn / Nicht seltsam, wenn ein Traum in's Leben tritt?" (2516 f.). Die Königin hat sich vor dem Gericht der großen Ahnen ihres Stamms zu verantworten: "drei Tage sah ich sie bereits im Traum, / Nun kommen sie bei Tage auch" (2824 f.). Dieses Totengericht aber hat schon längst auf Mariamnes Tod entschieden. In ihrem Traum nimmt die Königin ihre eigene Vernichtung vorweg. Offensichtlich ist der Tod für sie eine Wunscherfüllung.

---

18 Traum: 85, 86, 734, 1175, 1721, 1890, 2415, 2491, 2517, 2824

träumen: 1117, 1360, 1372, 2266, 2413.

Als illusionäre Wunscherfüllungen sind die Träume der Nebenfiguren zu begreifen. In der ersten Szene des Stücks berichtet Titus, im "Traum" (85, 86) habe der Stumme, der das Schlafgemach des Königs bewache, zu murmeln begonnen und den verflucht, den er zu beschützen habe. Artaxerxes, der persische Diener, träumt (2266) alle Nächte, er habe sein altes Amt noch zu versehen. Sameas, der Pharisäer, erlebt in seinen "Träumen" (734) die physische Vernichtung seiner Feinde. Alexandra hat "im Traum" (1175) den Ahnherrn ihres Stamms, den großen Judas, vor Augen.

Daß Salome von den Heldentaten ihres Gatten "träumen" (1117) möchte, unterstellt Mariamne. Salome selbst vermutet, daß Mariamne die Mutter des Königs am liebsten tot sähe.

Salome. Du hast vielleicht geträumt, sie sei begraben,
Sonst hätt'st Du ihr die Kunde nicht verhehlt,
Allein Dein Traum hat Dich getäuscht
2413-15

Nachts verraten ihr die "Träume" (1721) ihres Gatten, wie sehr die Königin ihn beschäftigt.

Salome. Bei Nacht
Träumt er von Dir, nennt ängstlich Deinen Namen,
Fährt aus dem Schlummer auf -
1371-73

Herodes wird von seinen Träumen geradezu heimgesucht.

Herodes.
Denn ich, was will ich denn? Doch nur ein Mittel,
Womit ich böse Träume scheuchen kann!
1889-90

Das Traumerleben des Königs deutet darauf hin, daß Herodes vor eine Aufgabe gestellt ist, deren Lösung im Traum offensichtlich ebensowenig gelingt wie in der Tagesrealität.

Herodes will seine Träume und visionären Eingebungen nicht wahr haben. Mariamne dagegen identifiziert sich, seitdem sie den Mordauftrag des Königs kennt, mit der Rolle, die ihr in Traum und Vision zugeschrieben ist, einer Rolle, die unabänderlich in die Vernichtung weist. Denken und Empfinden beider Figuren sind von unkontrollierten inneren Erfahrungen, von Ängsten und destruktiven Wunschvorstellungen, abhängig.

2.4.3 Schmerz und Freude

Die Menschen des Schauspiels können sich nie unbeschwert freuen. Im Kontext der Wörter Lust, Scherz und Entzücken[1] ist dies unschwer zu erkennen. Ihre Freude wirkt gekünstelt ("Nimm den Scherz nicht krumm!" 1503), oder aber sie weist auf durchlebtes Grauen zurück. Die Königin will Salome treffen, Salomes Schmerz soll ihre "letzte Lust auf Erden" (1318) sein. Herodes hofft, "Jenseits des Grabes , wo das Grauen wohnt, / Noch ein Entzücken (zu) finden" (461 f.).

Für sich freuen gibt es sieben Belege[2]. Im Kontext dieser Belegstellen zeigen sich Haß und Beklemmung der Figuren. Sameas hat sich das mörderische Treiben in den römischen Arenen nicht einmal im Traum vorgestellt, "doch freut's mich in der Seele" (735). Aus Alexandrien zurückgekehrt, hat Herodes über die Klage seiner Schwester zu entscheiden: "Ich freute mich! Verstehst Du das? Und nun - - " (1560). Als er zum zweiten Male abberufen wird, glaubt er zu erkennen, wie sein Weib "sich freut" (1799). Diese Freude ist jedoch der Verzweiflung verwandt: "Soll man sich denn nicht freu'n, daß man noch lebt?" (2427) Beim Beginn des in Szene V ,5 vorgeführten Prozesses kann auch der König seine Beklemmung nicht verbergen.

> Euch wird es freu'n,
> Wenn Ihr die Königin, die - Er stockt.
> Schenkt mir das!
> Euch wird es freu'n, wenn Ihr sie nicht verdammen,
> Wenn Ihr, anstatt nach Golgatha hinaus ,
> Zurück mir in das Haus sie schicken dürft
> 2805-09

Die Beklemmung der Figuren zeigt sich auch im Kontext der Verben erheitern, erleichtern und erfreuen[3]. Als Herodes

---

1 Scherz: 1503 Lust: 1318
Entzücken: 462.

2 sich freuen: 735, 746, 1560, 1799, 2427, 2805, 2807.

3 erheitern: 1808
erleichtern: 1831
erfreuen: 1969.

beobachtet, wie sich das Angesicht seines Weibs "erheitert" (1808), findet er seine düsteren Ahnungen bestätigt. In Szene III,6 begreift der König nicht, was ihm Mariamne mitteilen will, doch er behauptet, daß sie ihm das Herz "Erleichtert" (1831) hat. Alexandra bemerkt den Trotz ihrer Tochter, der den König empören muß, wie er sie erfreut (1969).

Der Wortgebrauch von spaßen und triumphieren[4] deutet eine ähnliche Disposition an. Es gibt keinen Anlaß zu spaßen ("Spaße nicht!" 2375) oder zu triumphieren ("Du triumphierst zu früh!" 1238). Als Alexandra am Ende ihren Sohn gerächt sieht, hält ihr Herodes die Frage entgegen: "Du triumphierst? Du glaubst, ich werde jetzt / Zusammenbrechen?" (3273 f.)

Die Wörter Trost und trösten finden sich sieben- bzw. zweimal[5]. Trost im Sinne der konventionellen Wortbedeutung ("Tröst' Deinen Gärtner!" 2388) ist für das innere Erleben der Hauptfiguren belanglos. Mariamne hat keinen "Trost" (2422, 2423) für die Mutter des Königs, und sie braucht keinen "Trost" (1090) , jedenfalls nicht den Trost ihrer eigenen Mutter.

Alexandra. Du suchst den Trost, wo er zu finden ist!
Komm an mein Herz!
Mariamne. Den Trost?
Alexandra. Brauchst Du ihn nicht?
942-943

Trost hat für die Figuren des Stücks die Bedeutung einer letzten verzweifelten Befriedigung. Daß ein Mensch ihr "Bild doch rein und unbefleckt" bewahren wird, ist Mariamnes letzte Genugtuung, ihr "letzter Trost" (3013). Dem schuldlos verurteilten Soemus bleibt der "Trost" (3234), daß sich sein Blut mit dem Blut der Königin mischen wird, "Wenn auch nur auf dem Block durch Henkers Hand" (3236). Herodes läßt bei seiner Abreise nach Alexandrien den geheimen Mordbefehl zurück.

---

4 spaßen: 2375 triumphieren: 1238, 3273.

5 Trost: 942, 943, 1090, 2422, 2423, 3013, 3234
trösten: 669, 2388.

Das wird mich spornen,
Zu thun, was ich noch nie gethan; zu dulden,
Was ich noch nie geduldet, und mich trösten,
Wenn es umsonst geschieht!
667-670

Im Kontext des Verbs "trösten" ist eine Genugtuung angedeutet, wie sie nur die Verzweiflung hervorbringen kann.

Das Substantiv Leid ist einmal im Kontext einer Äußerung Mariamnes belegt: "Du hast viel Leid mir zugefügt" (2922). Das Verb leiden ist zweimal belegt. Titus berichtet dem König in der Schlußszene, daß Mariamne "so viel gelitten und verzieh'n" (3213) habe, "Als sie zu leiden, zu verzeih'n" (3214) vermochte.
Das Substantiv Schmerz ist vierzehnmal belegt[6], davon achtmal in Äußerungen Mariamnes.

"In tiefstem Schmerz" (2802) erscheinen die Richter vor dem König, in dessen Äußerungen das Wort Schmerz nicht ein einziges Mal belegt ist. Salome, seine Schwester, hingegen scheut nicht die Vorstellung, daß jeder Tag ihrem Kind "so viel Schmerzen" (2646) bringen könnte , als er Minuten, ja, Sekunden hat.

In der Eingangsszene wird eine junge Frau erwähnt, die "in ihrem Schmerz" (25) über den Tod des Gemahls verrückt geworden ist. Auch Mariamne könnte in ihrem "Schmerz" (427) zum Dolche greifen, aber sie lehnt es ab, sich zu diesem Akt der Selbstvernichtung regelrecht zu verpflichten.

Man stellt auf Thaten keinen Schuldschein aus,
Viel weniger auf Schmerzen und auf Opfer.
465-466

Als Mariamne im zweiten Akt die mörderischen Absichten Josephs durchschaut, droht sie, sich an seinem Weib zu rächen: "ihr Schmerz um Dich / Soll meine letzte Lust auf Erden sein!" (1317). Nach der Entdeckung des königlichen Mordauftrags ist sie selbst schmerzerfüllt (vgl. 1685, 2168). Leben bedeutet für die Königin jetzt Schmerz empfinden.

---

6 Schmerz: 25, 427, 466, 1317, 1685, 2168, 2392, 2646, 2772, 2802, 2983, 2988 (2x), 3091.

Das Leben! Freilich! Das muß man sich sichern!
Der Schmerz hat keinen Stachel ohne das!
2391-92

Am Ende ist sie nicht einmal mit Caesar zu vergleichen, der, wie Titus es darstellt, "zu stolz, um seinen Schmerz zu zeigen, / Und doch nicht stark genug, ihn zu ersticken" (2983 f.), sich fallend das Angesicht verhüllt hat. Mariamne empfindet keinen Schmerz mehr.

Ich fühle keinen Schmerz mehr, denn zum Schmerz
Gehört noch Leben, und das Leben ist
In mir erloschen
2988-90

Was sie, die lebend Tote, in den Tod treibt, ist kein Trotz: Der "Schmerz" (3091) ihrer unschuldigen Kinder hätte sie sonst von diesem letzten Entschluß abgebracht. In ihrem Schmerz ist Mariamne vielmehr dazu geführt worden, ihren eigenen Tod innerlich vorwegzunehmen. Die endgültige Vernichtung erscheint der Königin am Ende nicht nur wünschenswert, sondern auch notwendig.

Anders als die Königin, die gegen Ende schmerzunempfindlich geworden ist, empfindet Sameas die Schmerzen (2772), die ihm bei der Folterung zugefügt werden, aber er ist davon nicht zu beeindrucken.

Joab. Er singt den Psalm, den die drei Männer einst
Im feur'gen Ofen sangen, er erhebt
Bei jedem neuen Schmerz die Stimme lauter
Und, wenn er einhält, prophezeit er gar!
2770-73

Das gegen Ende der dramatischen Verwicklung deutlich formulierte Todesverlangen der Makkabäerin und die Erlösungshoffnung des Pharisäers sind disparate Reaktionen auf die gleiche geschichtlich-gesellschaftliche Situation; sie sind offensichtlich durch die unterschiedliche politisch-gesellschaftliche Orientierung dieser Figuren bedingt.

2.4.4 Fürchten und Hoffen

Das Verb hoffen ist zwölfmal belegt[1], davon neunmal in Äußerungen des Königs.

Daß Sameas seine Herrschaft gefährden könnte, erwartet Herodes nicht mehr: "Ich hoffe doch, Du kennst mich auch!" (40). Zutiefst beunruhigt ist er hingegen durch die Aussicht, daß Mariamne nach seinem Tode einem anderen Mann gehören könnte.

> Mariamne,
> Darf ich dies hoffen, oder muß ich fürchten,
> Daß Du - Antonius hat nach Dir gefragt!
> 463-465

Herodes geht es darum, sich die Gewißheit von Mariamnes Liebe und Treue anzueignen, dies um so mehr, als Mariamne ihm den erwarteten Schwur nicht leistet.

> Du hältst das Wort zurück,
> Das schlichte Wort, wo ich auf einen Schwur
> Von Dir gehofft: worauf noch soll ich bau'n?
> 476-478

Daß Mariamne sich seinen Vorstellungen entsprechend verhalten wird , kann der König wenig später zuversichtlich erwarten: "Sie ließ mich hoffen, daß sie selbst den Tod / Sich geben würde, wenn ich - - " (626 f.). Herodes ist jedoch so beunruhigt, daß er sich mit dieser Versicherung nicht zufrieden geben kann. Offensichtlich fühlt er sich seiner Gattin nur sicher, wenn er sie überwachen läßt.

Dennoch lebt der König, wie die Untersuchung des Wortgebrauchs weiter zeigt, in der Erwartung der schlimmsten aller Möglichkeiten. Seiner Gattin unterstellt er schon im dritten Akt die schändlichsten Absichten.

> Aber hoffe nicht
> Zu viel! Man stirbt nicht stets in einem Krieg,
> Aus manchem kehrt' ich schon zurück!
> 1808-10

Offene Situationen sind dem König unerträglich geworden. Was er jetzt noch hofft, sucht er im gleichen Augenblick zu erzwingen.

---

1 hoffen: 40, 464, 478, 626 , 821, 1170, 1808, 1835, 1837, 1838, 2403, 2724.

doch hoff' ich,
Daß Du mir die letzte Pflicht erfüllst,
Ich hoffe das nicht meinetwegen bloß,
Ich hoff' es Deinetwegen noch viel mehr.
1835-38

Im Schlußakt ist nur noch von der Hoffnung eines anderen die Rede. Soemus "hofft" (2724), dies vermutet Herodes, den König durch sein Leugnen von seinem Entschluß abzubringen. Herodes sorgt dafür, daß diese Hoffnung vereitelt wird.

Charakteristische Reaktionen anderer Figuren sind im Kontext der übrigen drei Belegstellen des Verbs angedeutet. Sameas hält nicht viel von Alexandras undurchsichtigem Intrigenspiel: "Was hast Du von Antonius zu hoffen?" (821). Joseph gäbe viel darum, wenn er von Mariamne nichts "zu fürchten, nur zu hoffen" (1170) hätte. Mariamne schließlich gibt sich befriedigt darüber, daß auch Salome zu ihrem Fest erschienen ist: "Das hätt' ich kaum gehofft!" (2403).

Die beiden Belegstellen des Substantivs Hoffnung[2] verdeutlichen die innere Verfassung des Königs. In Szene I,3 ermutigt Mariamne ihren Gatten, ihr "mit Hoffnung und Vertrau'n" (482) zu begegnen. Für den König ist dieser Bescheid unbefriedigend, hat ihn doch die "Hoffnung" (531) verlassen, "daß was Gutes kommen kann" (532).

Das Verb vertrauen ist fünfmal belegt[3]. Zweimal hat es die Wortbedeutung "anvertrauen": 1975, 2993. Im Kontext der übrigen Belegstellen ist eine Vertrauenskrise angedeutet. Herodes verspricht, er werde Joseph dem Antonius als den einzigen empfehlen, "Dem er vertrauen darf" (645). Seit Herodes den Bruder der Königin hat umbringen lassen, kann er ihr "nicht mehr vertrau'n" (474): "D'rum kann ich ihr nicht mehr vertrau'n, wie sonst!" (1928).

---

2 Hoffnung: 482, 531.

3 vertrauen: 474, 645, 1928, 1975, 2993,
trauen: 2864
anvertrauen: 1759.

Das Substantiv Vertrauen erscheint an drei Stellen[4], davon einmal in formelhafter Verwendung: "Im Vertrau'n denn!" (2371). Mariamne verlangt von ihrem Gatten "Hoffnung und Vertrau'n" (482), muß aber sehr bald erkennen, daß sie "auf Vertrau'n" (1851) kein Recht hat.

Die Wörter Wunsch und wünschen sind acht- bzw. fünfmal belegt[5].

Bei der Untersuchung des Wortgebrauchs fällt die Häufigkeit destruktiver Zielvorstellungen ins Auge. Sameas möchte die Spiele sehen, bei denen sich römische Gladiatoren im Kampf gegeneinander und mit wilden Tieren zerfleischen. Dieser "Wunsch" (741), dies versichert Alexandra, soll ihm erfüllt werden. Es gibt viele, die dem König "das Schlimme wünschen" (2348). Alexandra erkennt an der heftigen Reaktion des Pharisäers, "Wie sehr man's wünscht" (898), daß Herodes in Alexandrien den Tod findet. Sie selbst hofft, daß sie es "nicht vergebens wünscht" (901).

Joseph. Du sprichst, als wünschtest Du -
Alexandra. Ob uns're Wünsche
Zusammengehen , ob nicht, was kümmert's Dich?
1153-54

Daß Soemus sicher nicht der "Wunsch" (1435), den König mit einer angenehmen Nachricht zu erfreuen, nach Jerusalem geführt hat, ist für Herodes eine Selbstverständlichkeit. Seiner Gattin unterstellt er schon im dritten Akt eine schändliche Absicht.

Herodes. aber dennoch
Ist's möglich, daß Dein Wunsch sich nicht erfüllt,
Und daß der Tod an mir vorübergeht!
Mariamne. Mein Wunsch! Doch wohl! Mein Wunsch! So ist es gut!
1819-22

Nicht ohne erkennbare Vorbehalte wünscht Titus in Szene IV,8 dem König Glück, als dieser nach dem Tode des Antonius als Vertrauensmann des Octavian nach Jerusalem zurückkehrt: "Ich - wünsch' Dir Glück!" (2546). Ihren

4 Vertrauen: 482, 1851, 2371.

5 Wunsch: 741, 1153 , 1435, 1820, 1822 (2x), 3001, 3156
wünschen: 898, 901, 1153, 2348, 2546.

letzten "Wunsch" (3001) hält Mariamne am Ende ausdrücklich zurück.

Von den destruktiven, bestenfalls indifferenten Zielvorstellungen der Menschen des Schauspiels deutlich abgehoben ist das Vorhaben der drei heiligen Könige: Sie hat der "Wunsch" (3156) herbeigeführt, dem König aller Könige ins Angesicht zu schauen.

Das Verb <u>fürchten</u> ist zweiundzwanzigmal belegt, <u>befürchten</u> erscheint einmal. Für das Substantiv <u>Furcht</u> gibt es vier Belege[6]. Im Kontext der Belegstellen sind durchweg Unsicherheit oder Angst ausgedrückt. Eine Ausnahme macht nur die Wendung "Ich fürchte sehr" (331, 1887), die eher formelhaft geprägt ist.

Herodes muß dem Antonius bis zum letzten Augenblick gehorchen, obgleich er <u>fürchtet</u> (2107), daß der Römer fallen wird. Ihm selbst ist durchaus bewußt, daß man ihm nur gehorcht, weil man ihn "fürchtet" (518). Wie sich das Verhältnis von Herrscher und Beherrschten in der Sicht des Beherrschten darstellt, zeigt folgende Äußerung des Hohenpriesters Sameas:

> Du hast vielleicht geglaubt,
> Daß ich Dich fürchte! Ich fürcht' Dich nicht!
> Auch jetzt nicht, wo Dich mancher fürchten lernte,
> Der Dich bisher, ich meine, bis zum Tode
> Des Aristobolus, nicht fürchtete!
> 50-54

Es gehört offensichtlich persönlicher Mut, ja, Selbstüberwindung dazu, den Herrscher nicht zu fürchten.

Daß sein Leben nicht durch das Volk oder die Makkabäerin, wie er <u>fürchtet</u> (1196, 1170), sondern durch den König bedroht ist, erfaßt Joseph nicht: "Ich habe Nichts zu fürchten!" (1296). Wie Joseph läßt sich später auch Soemus von der irrigen Erwartung leiten, daß mit der Herrschaft des Königs nicht mehr zu rechnen sei: "Fürchte keinen Kampf mehr, / Er ist so gut als tot!" (2243 f.).

---

6 <u>fürchten</u>: 51 (2x), 52, 54, 331, 353, 464, 518, 1068, 1170, 1242, 1296, 1624, 1664, 1887, 1952, 1954 (2x), 2107, 2243, 2855, 3246

<u>befürchten</u>: 1196

<u>Furcht</u>: 1519 (2x), 2862, 2872.

Mariamne kennt Herodes' rücksichtslose Gewaltbereitschaft , sie fürchtet (1068) trotz gegenteiliger Beteuerungen (vgl. 353), daß der König die Ermordung ihres Bruders angeordnet hat; es gibt aber keinen Hinweis darauf, daß sie den König selbst fürchtet. Solange sie Herodes' geheimen Mordbefehl nicht kennt , sieht sie in ihm ihren machtvollen Beschützer: "Denn wenn Herodes wiederkehrt , so bleibt / Mir Nichts zu fürchten" (1241 f.). Aber auch nach der Entdeckung der mörderischen Absichten des Königs zeigt Mariamne keine "Furcht" (1519). Sie erkennt vielmehr in der "Furcht" (2862 , 2872) des Königs die verborgene Triebkraft seiner Handlungen.

Mariamne. was berechtigt Dich,
Mich so gering zu achten, daß Du fürchtest,
Ich wiese selbst den Mörder nicht zurück?
1623-25

Mariamne begreift, daß dem König jedes Mittel recht ist , sie seiner uneingeschränkten Kontrolle zu unterwerfen, weil er fürchtet, sie an den mächtigen Römer zu verlieren.

Daß der König tatsächlich in der Sorge lebt, sein Weib an den Römer zu verlieren, und daß sein brutaler Mordauftrag durch diese Sorge motiviert ist, deutet sich schon im ersten Akt an.

Herodes. Mariamne,
Darf ich dies hoffen, oder muß ich fürchten,
Daß Du - Antonius hat nach Dir gefragt!
463-465

Als Herodes den Mordauftrag ein zweites Mal erteilt, hat sich der Anlaß , nicht aber die Motivation seines Tuns verändert.

Herodes. Denn, nun sie's weiß ,
Nun muß ich von ihrer Rache fürchten,
Was ich von ihrer Wankelmütigkeit
Vielleicht mit Unrecht fürchtete, muß fürchten,
Daß sie auf meinem Grabe Hochzeit hält.
1951-55

Offensichtlich lauert hinter der Furcht vor diesem oder jenem Verhalten der Königin die Angst vor dem unberechenbaren anderen Wesen. Die Angst des Königs vereitelt jede angemessene Realitätsprüfung. Was Ahnung und Vorgefühl ihn "fürchten" (2855) lassen, hat für den König in der Gerichtsszene eine größere Beweiskraft als Argumente oder Indizien. Allein die physische Vernichtung des unbegriffenen anderen Wesens wird als befreiende , von Ungewißheit erlösende Tat empfunden, bis das ganze Ausmaß der Täuschung erkennbar wird. Herodes hat, wie Alexandra am Ende bitter feststellt, nichts mehr zu fürchten: "Fürchte Nichts! / Es gibt schon eine, welche d'runten bleibt!" (3246 f.).

Das Adjektiv fürchterlich ist an sieben Stellen belegt[7]. Wiederholt fühlt sich Herodes "fürchterlich" (1748 , 1751) betrogen. Als "fürchterlich" empfindet er den Schwur seiner Schwester (2648), den unbeugsamen Stolz der Königin (2940), die Einsicht, Mariamne durch ein Fehlurteil verloren zu haben (3262). Der "fürchterlichste Fluch" (95) gilt dem König ; Titus bezeugt dies in Szene I,1. In der Schlußszene bemerkt der Römer, daß ihm ein "noch viel fürchterlicheres Geschäft" (3181) als Mariamnes Henker aufgetragen ist: Er muß dem König begreifbar machen, daß Mariamne unschuldig gewesen ist.

Die Wörter Angst und ängstlich erscheinen zweimal, ängstigen und bangen einmal[8].

Herodes' Mutter "bangt um ihren Sohn" (2419), Joseph kommt nicht einmal nachts zur Ruhe: "ängstlich" (1372) nennt er den Namen der Königin. Auch der König ist "ängstlich" (2385); es "ängstigt" (1669) ihn, daß er Entscheidungen treffen könnte, die nicht wiedergutzumachen sind. Um so unbegreiflicher erscheint ihm Mariamnes innere Sicherheit: "So klein die Angst?" (470). Titus vermutet, daß die Königin "wohl nicht ohne Angst" (2485) die Trennung von Herodes vollzogen hat.

Ähnliche innere Erfahrungen sind im Kontext von graus und Grauen[9] angedeutet.

---

7 fürchterlich: 95, 1748, 1751, 2648, 2940, 3181, 3262.

8 Angst: 470, 2485
ängstlich: 1372, 2385 ängstigen: 1669
bangen: 2419.

9 graus: 1706
Grauen: 461, 1353, 3050.

Salome hat erfahren , daß Joseph zur Hinrichtung abgeführt wird: "nun hör' ich grause Dinge flüstern - " (1706). Herodes möchte sich auch im Tode noch behaupten.

> das hieße,
> Jenseits des Grabes, wo das Grauen wohnt,
> Noch ein Entzücken finden.
> 460-462

Joseph packt, während er mit Mariamne verhandelt, "ein Grauen" (1353). Nur "Mit Grau'n" (3050) hat Titus die tanzende Königin beobachten können.

Auch mit den Wörtern Entsetzen, entsetzt und entsetzlich[10] ist die innere Verfassung der Figuren gekennzeichnet. Der Anblick von Wasser erfüllt die Königin "mit Entsetzen" (346), seit sie ihren Bruder verloren hat. Mit "Entsetzen" (1326) erinnert sich Mariamne an ein dunkles Wort des Königs. Daß Mariamne seinen Mordauftrag kennt, ist dem König "entsetzlich" (1604). Aaron sieht sich als Richter in einer ausweglosen Lage: "Mir ist das entsetzlich! / Es ist die letzte Maccabäerin!" (2948 f.). Der eigene Bruder ist Salome unbegreiflich geworden: "Entsetzlicher, was sinnst Du?" (1702). Titus ist beim Anblick der tanzenden Königin "entsetzt" (2669).

Zweimal wird gräßlich gebraucht[11]. Als "einen gräßlichen Tribut" (739) bezeichnet Sameas die Selbstzerfleischung der römischen Gladiatoren. Für Mariamne ist die Ermordung ihres Bruders ein "gräßliches Ereignis" (1013).

schrecklich erscheint dreimal[12], davon zweimal in Äußerungen Mariamnes. Der Königin wäre es "schrecklich" (302), wenn sie gezwungen würde, die Ermordung ihres Bruders als notwendig und unvermeidlich zu betrachten. Später erhält sie die Gewißheit "des Schrecklichsten, /

10 Entsetzen: 346, 1326
entsetzlich: 1604, 1702, 2948
entsetzt: 2669.

11 gräßlich: 739, 1013.

12 schrecklich: 302, 1330, 2665.

Des Maßlos-Ungeheuersten" (1330 f.). Für Salome ist die Königin seit der Festesnacht kein Mensch mehr, sondern ein Dämon, dessen "schreckliche Gestalt" (2665) ihr Entsetzen einflößt.

Das Verb schrecken findet sich fünfmal[13] und hat die Wortbedeutung "in Schrecken versetzen". Die Belegstellen von erschrecken, Schreck und Schrecken brauchen in diesem Zusammenhang nur registriert zu werden[14].

Das innere Erleben der Figuren ist ähnlich, weil sie in derselben Welt leben und gleichen Erfahrungen ausgesetzt sind. Die individuelle Besonderheit der beiden Hauptfiguren ist im Wortgebrauch von zittern, erzittern und beben einerseits, von Schauder, schaudern und zurückschaudern andererseits faßbar.

zittern ist neunmal belegt, für erzittern und beben gibt es je eine Belegstelle[15].

Herodes begreift die Zuversicht nicht, die Mariamne beim Abschied in Szene I,3 zeigt.

Herodes. Die Liebe zittert!
Sie zittert selbst in einer Heldenbrust!
Mariamne.
Die meine zittert nicht!
Herodes. Du zitterst nicht!
471-473

Mariamnes Gelassenheit bringt den König, der "sonst vor jedem Fieber bebte, / Wenn's auch nur ihre Kammerfrau befiel" (2615 f.), vollends aus der Fassung. Er sucht sich dadurch zu beruhigen, daß er Mariamne "unter's Schwert" stellt. Joseph wird mit dem Mordauftrag betraut, weil er vor der Königin zu "zittern" (520) hat. Daß Herodes sich in der Gerichtsszene beschwörend an die Richter wendet, daß sie "auch vor dem Äußersten / Nicht mutlos zittern, wenn es nötig ist" (2811 f.), bezeugt nicht nur die kaum verhüllte Aggressivität , sondern auch die Angst des Königs.

---

13 schrecken: 109, 919, 1091, 1288, 1762.

14 Schrecken: 787 Schreck: 1513
erschrecken: 2798.

15 zittern: 471, 472, 473, 520, 2166, 2167, 2811, 2862
erzittern: 1300 beben: 2615.

Daß Mariamne auch in Augenblicken höchster Erregung dem Vizekönig gewachsen ist, ist offenkundig.

> Ich halte meinen Schwur,
> Doch eher nicht, bis ich an Dir mich rächte,
> Bis ich an Dir, erzitt're, so mich rächte,
> Wie er mich rächen würde!
> 1298-1301

Aber auch dem König ist sie überlegen. Sie kennt seine innere Verfassung und vermag seine Reaktionen vorauszuberechnen: "Herodes , zitt're jetzt! / Und wenn Du niemals noch gezittert hast!" (2166 f.) - "Du zittertest vor dem, / Was Du verdienst!" (2862 f.).

Trotz dieser Überlegenheit ist, wie der Wortgebrauch von <u>Schauder</u>, <u>schaudern</u> und <u>zurückschauern</u>[16] zeigt, auch Mariamne nicht frei von Angstgefühlen.

Von der Notwendigkeit, der Unvermeidbarkeit des Mordes an ihrem Bruder hat sich Mariamne überzeugen müssen , "wie man auch schaudert" (1642). Das Wasser, in dem Aristobolus den Tod gefunden hat, flößt der Königin "Schauder" (346) ein. Sie hätte sich nicht dafür eingesetzt, Josephs Leben zu retten: "Dennoch schaud're ich, / Daß mir nicht einmal Zeit blieb, es zu thun!" (1776 f.). Mariamne glaubt nicht daran, daß der König tot ist; dennoch "schaudert's" ihr (2119). Ein "Schauder" (2523) packt sie im Traum, als sie sich in einem leblosen Gerippe wiedererkennt. Die Königin will nicht mehr leben, seitdem sie zum zweiten Male Herodes' Mordbefehl entdeckt hat, müßte sie doch vor jedem, der ihr nahte, "schaudern" (3084), weil er ihr dritter Henker sein könnte.

Im Kontext sämtlicher Belegstellen ist der gleiche innere Vorgang angedeutet: das unwillkürliche angsterfüllte Zurückweichen des Lebenden angesichts einer tödlichen Bedrohung. Weil Cleopatra sich vor dem Tod fürchtete , konnte sie "ein Schwert / Nicht einmal seh'n und schau-

---

16 <u>schaudern</u>: 654 , 963, 1642, 1776, 2119, 2462, 2661, 2668, 3051, 3084

<u>zurückschauern</u>: 2089

<u>Schauder</u>: 346, 2523, 2738.

derte vor seinem / Zurück" (2088 ff.). Herodes empfiehlt dem Vizekönig ein rücksichtsloses Vorgehen: Das Volk wird "schaudern, / Wenn es Dein blut'ges Schwert erblickt" (654 f.). Nach Auffassung Alexandras hätte Mariamne durch eine geringfügige Veränderung ihrer Gesichtszüge den König an den toten Aristobolus gemahnen können: "Er hätt' sich schaudernd von Dir abgewandt." (963). Tatsächlich berührt auch Herodes ein "Schauder" (2738), als er den Entschluß faßt, Mariamne zu vernichten.

Titus und Salome wenden sich im vierten Akt von der Königin ab, als wäre sie kein Wesen aus Fleisch und Blut: "Mir schauderte vor ihr" (2661, cf. 2668). Der Tanz der Königin erinnert den Römer an die Mordtat Judiths: "Es schaudert mir vor diesen Weibern doch!" (2462). Das Verhalten der Königin erfüllt ihn am Ende "mit schaudernder Bewunderung" (3051). Ein solcher Wortgebrauch läßt vermuten, daß Mariamne sich im Bewußtsein der fortgesetzten tödlichen Bedrohung ihres Daseins derart verändert hat, daß sie ihren Partnern nicht mehr als sie selbst, nicht einmal mehr als ein lebendiger Mensch erscheint. Offensichtlich ist Mariamne vor ihrem Tode ein nicht weniger deformierter Mensch als Herodes, aus dem die soziale Wirklichkeit ein Zerrbild aus Angst und Aggressionen geformt hat.

2.4.5 Haß und Liebe

Keine Gefühlsregung der Figuren ist so stark beachtet worden wie ihre Liebe, galt doch das Werk seit Zieglers Interpretation als "Tragödie der Liebe" schlechthin. Im Rahmen dieser Untersuchung der lexischen Stilelemente zeigt sich jedoch, daß die Liebe der Figuren zusammen mit anderen Einstellungen, die nicht weniger charakteristisch sind, ein Syndrom bildet: die deformierte Persönlichkeit.

Die Wörter lieben und Liebe sind an 25 bzw. 20 Stellen belegt[1] und wie folgt auf die Figuren des Stücks verteilt:

	lieben	Liebe	
Herodes	9	14	Belege
Mariamne	6	3	"
Salome	4	2	"
Alexandra	1	1	Beleg
Joseph	2	-	Belege
übrige	3	-	"

Häufiger als die übrigen Figuren stellt der König Überlegungen über die Liebe an. Daß ihm die Galiläer "etwas Liebe, / Nein, eigennützige Anhänglichkeit" (106 f.) entgegenbringen, bemerkt er beiläufig. An der Liebe Mariamnes dagegen zweifelt Herodes am Anfang der dramatischen Verwicklungen keineswegs. Im Gespräch mit der Königin in Szene I,3 geht er davon aus, daß Mariamne "aus schuld'ger Liebe zum Gemahl" (372) den Mord an ihrem Bruder verzeihen wird, ja, daß sie bereit sein wird, "aus Liebe" (455) zu sterben. Als jedoch deutlich wird, daß Mariamne gar nicht daran denkt, "ein Uebermaß von Liebe, / Wie dieses wäre" (420 f.), hinzunehmen, viel weniger zu verzeihen, beginnt Herodes an der Liebe seines Weibs zu zweifeln.

---

1 lieben: 334 , 355, 499, 500, 590, 940, 1236, 1310 (2x), 1340, 1341, 1414, 1717, 1724, 1729 , 1917, 1918 (2x), 2064 , 2104, 2357, 2605 , 2612 , 2644 ,2671

Liebe: 106, 372, 420, 455, 468, 471, 970, 1173, 1765, 1833, 1834, 1856, 1857, 1861, 1862, 1863, 1931 , 2630 , 2905 , 3010.

Und doch! Spricht so ein Weib in dem Moment,
Wo sie den, den sie liebt, und wenigstens
Doch lieben soll - -
498-500

Besonders zahlreich sind die Belegstellen von lieben und Liebe im dritten Akt, wo Herodes versucht, sein Verhalten Mariamne gegenüber zu rechtfertigen.

Mag ich an Deiner Menschheit
Gefrevelt haben, das erkenn' ich klar,
An Deiner Liebe frevelte ich nicht!
D'rum bettle ich denn auch bei Deiner Liebe
Nicht um ein letztes Opfer mehr ...
1831-35

Jetzt werden die Leistungen der Liebe gegeneinander aufgerechnet.

Wär' Deine Liebe groß genug gewesen,
Mir alles zu verzeih'n, was ich aus Liebe
Gethan, ich hätt' Dich niemals so gefragt!
Jetzt, da ich weiß, wie klein sie ist, jetzt muß
Die Frage wiederholen, denn die Bürgschaft, /ich
Die Deine Liebe mir gewährt, kann doch
Nicht größer sein, wie Deine Liebe selbst,
Und eine Liebe, die das Leben höher
Als den Geliebten schätzt, ist mir ein Nichts!
1856-64

Schließlich setzt sich in Herodes die Überzeugung durch, daß sein Verhalten, auch wenn es moralisch verwerflich gewesen ist, die Nichtigkeit von Mariamnes Liebe hervorgekehrt hat.

Wahr ist's, ich ging zu weit. Das sagte ich
Mir unterwegs schon selbst. Doch wahr nicht minder,
Wenn sie mich liebte, würde sie's verzeih'n!
Wenn sie mich liebte! Hat sie mich geliebt?
Ich glaub' es. aber jetzt -
1915-19

Fortan hat der König für das Verhalten Mariamnes keine Sicherheiten mehr: "Die Bürgschaft, die in ihrer Liebe lag, / Ist weggefallen" (1931 f.). Aber auch das Glück der Vergangenheit ist für das Bewußtsein des Königs durch die Wirklichkeit von Mariamnes vermeintlichem Verrat widerlegt.

Ha! Ha! Zu der hab' ich einmal gesprochen:
Zwei Menschen, die sich lieben, wie sie sollen,
Können einander gar nicht überleben,
2604-06

Titus, verlach' mich nicht! So ist's! So ist's!
Allein die Menschen lieben sich nicht so!
2611-12

Seitdem ist Herodes geradezu besessen von dem Gedanken, sich "aus dem Wirbel / Von Haß und Liebe" zu "erretten", ehe er ihn "erstickt" (2904 f.).

Offensichtlich gerät der König in eine Krise, in der jede verläßliche Orientierung verloren zu gehen droht. Titus erscheint ihm am Ende gerade deshalb vertrauenswürdig , weil er "keinen liebt" (2671) und keinen haßt.

Es fällt ins Auge, daß auch Mariamne Titus zu ihrem letzten Vertrauten macht, den Mann, der "Parteilos , ohne Liebe, ohne Haß" (3010) die politische Szene in Jerusalem beobachtet. Dies ist um so auffälliger, als Mariamne vorher unzweideutig zu erkennen gegeben hat, daß sie sich den großen leidenschaftlichen Individuen verbunden fühlt.

> Wozu einen Zepter,
> Wenn nicht, um Haß und Liebe zu befried'gen?
> 1172-73

Daß ihr königlicher Gemahl sie liebt (334, 355, 1236), ist für Mariamne trotz des Brudermords gewiß.

> Daß Herodes mich
> Mehr liebt, wie ich mich selber lieben kann,
> Wird keiner, wird nicht einmal Salome,
> Dein tück'sches Weib, bezweifeln.
> 1309-12

Daß diese Auffassung irrig ist, begreift Mariamne erst, als Herodes von ihr Opfer verlangt,

> Wie die Verzweiflung zwar, ich fühl's, sie bringen,
> Doch nie die Liebe sie verlangen kann!
> 467-468

Mariamne spürt die Pervertierung der Liebe des Königs in eine blindwütige, lebenzerstörende Energie, aber sie setzt ihr keinen Widerstand entgegen: "Ich liebe mich nicht mehr genug dazu!" (1414).

Für die Menschen des Stücks ist es kennzeichnend , daß sie sich nicht lieben, wie der Wortgebrauch von Liebe und lieben in den Äußerungen der Nebenfiguren erkennen läßt. Salome kann die Makkabäerin nicht "lieben" (1729).

War der Stolz,
Womit sie mir und Deiner Mutter immer
Begegnete, war er ein Grund zur Liebe?
2628-30

Von ihr, aber auch von Joseph, ihrem Gemahl, fühlt sich Salome schmählich hintergangen: "Daß er sie liebte, / War offenbar ... Doch folgt aus diesem Allen / Noch nicht, daß sie ihn wieder lieben mußte" (1717 f., 1723 f.). Die Vermutung, daß Mariamne den Vizekönig, Salomes Gemahl, nicht geliebt haben kann, daß sie ihm vielmehr schamlos ihre Liebe vorgegaukelt hat, bestärkt Salome in der Überzeugung, daß auch ihr Bruder ein Opfer dieser Verführungskünste geworden ist. Salome setzt alles, sogar das Wohl ihres Kindes - "Ich liebe es ja wohl?" (2644) - daran, die "Liebe" ihres Bruders zu "ersticken" (1765).

Alexandra erscheint die Liebe ihrer Tochter geradezu anstößig: "Du gehst noch in den Ketten einer Liebe, / Die niemals ruhmvoll war - " (970 f.). Sie vermutet, daß die Königin ihren Gemahl seit der Ermordung ihres Bruders zugleich "haßt und liebt" (940). Auch Sameas will die Königin veranlassen, sich von Herodes loszusagen: "Du kannst / Ihn dadurch strafen, denn er liebt Dich sehr!" (2064). Judas liebt (2357) den König so wenig, wie dieser den Antonius liebt (2104).

Daß die Zuwendung zum anderen in der Welt dieses Schauspiels eher haßerfüllt als liebevoll ist, zeigt auch der Wortgebrauch von Haß und hassen[2].

Der König liebt den Antonius nicht: "Ich hasse ihn weit eher" (2105). Mariamne ist "so schön, daß jedes Weib sie haßt" (221). Salome hat die Königin stets "gehaßt" (1727, 1729, 2436). Sie wird sie "doppelt hassen" (1313), solange Herodes sein Weib liebt. Alexandra haßt (3262) ihre Tochter, weil sie sich aus Liebe zu ihrem Gemahl hat töten wollen.

---

2 Haß: 891 , 1173, 1188, 1586, 2620, 2905, 3010, 3016.
hassen: 221, 940, 1313, 1727, 1729, 2105, 2436, 2671, 3069, 3262.

Sameas berichtet von einem blinden Verschwörer, der "so von Haß und Grimm erfüllt" (891) ist, daß er zu jeder Verzweiflungstat bereit ist. Joseph spürt, wie ihm in den Gesprächen mit der Königin und ihrer Mutter "eine Welt von Haß" (1188) entgegenstarrt. Auch aus dem Munde Salomes spricht "der Haß allein" (2620). Mariamne gehört mit Sicherheit nicht zu jenen Menschen, die "für einen echten Haß" (1586) zu schwach sind (cf. 940, 1173). Der Haß der Königin richtet sich am Ende gegen das Leben selbst: Sie haßt (3069) das Leben. Um sich "aus dem Wirbel / Von Haß und Liebe" (2904 f.) zu erretten, verfolgt der König die Makkabäerin mit einem "Haß" (3016), der ihn auch vor dem ärgsten Verbrechen nicht zurückschrecken läßt.

Diese destruktive Gefühlsdisposition entspricht einer überindividuell wirksamen Tendenz: einem Vernichtungswillen, der sich auch um den Preis der Selbstzerstörung gegen das Leben richtet. Daß eine solche innere Einstellung durch die gesellschaftlichen Verhältnisse bedingt ist, ist im Kontext der Wörter Freund und Feind unschwer zu erkennen. Für diese Wörter gibt es 15 bzw. 10 Belegstellen[3].

Es ist nicht damit zu rechnen, daß Octavian die "Freunde des Antonius" (2099) schonen wird. Ihre Verbündeten im Kampf gegen den König nennt Alexandra "Freunde" (1253, 1255). Der König nennt Joseph seinen "vertrauten Freund" (567), was ihn nicht daran hindert, ihn berechnend dem sichern Tod auszuliefern. Ähnlich ergeht es Soemus, der ebenfalls als "Freund" (1982, 2180) des Königs gilt. Herodes läßt ihn beseitigen, weil er zu einem gefährlichen Feind werden könnte.

Herodes. Ja, wär' er ein Gering'rer, als er ist,
Und hätt' er nicht in Rom die vielen Freunde,
So wollt' ich's glauben, aber jetzt -
2718-20

---

3 Freund: 567, 1253, 1255, 1470, 1982, 2099, 2180, 2204, 2460 , 2551, 2564, 2570, 2572, 2573, 2719.

Feind: 260, 362, 798, 837, 1169, 1177, 1585, 1657, 1795, 2459.

Nach Ansicht Mariamnes ist Herodes zur Freundschaft gar nicht fähig: "er ist ein Freund, wie er ein Gatte ist." (2204). Es ist zweifellos politische Berechnung, wenn Herodes sich in aller Öffentlichkeit als "Freund" (1470) des Antonius bezeichnet, wenn er auch nach dessen Tod noch vor Octavian als "Freund" des Antonius auftritt.

Herodes. Nun that ihm
Der Freund nicht weiter not, und ich begab
Mich zum Octavian
2563-65

Herodes gibt Octavian zu bedenken, welchen Wert er als Verbündeter besitzt.

Herodes. Erwäge nun, welch ein Freund ich war,
Nicht, wessen Freund; der Todte gab mich frei,
Ich kann jetzt, wenn Du willst, der Deine sein!
2572-74

Mit Sicherheit hätte er dem Sieger des "Freundes Kopf" (2551) gebracht, wäre dies möglich und opportun gewesen.

Daß bei diesem Verständnis der Freundschaft die Gefühlswerte der Empfindsamkeit eine höchst untergeordnete Rolle spielen, ist offenkundig: Freunde sind im Drama Hebbels Verbündete im Kampf um die politische Macht.

Von Feindschaft im Sinne der Gegnerschaft im Kriege ist nur an zwei Stellen die Rede. Herodes sieht sich in der Lage des Soldaten, der in der Schlacht gezwungen wird, die Standarte "Entschlossen von sich in's Gewühl der Feinde" (1657) zu schleudern. Antonius gibt ihm den Auftrag, die aufständischen Araber daran zu hindern, sich "dem Feind" (1795) anzuschließen.

Vornehmlich im Sinne innenpolitischer Gegnerschaft wird das Wort Feind an den anderen Stellen gebraucht. Aristobolus mußte beseitigt werden, weil er sich "zur Waffe / In Feindes Händen" (361 f.) hat machen lassen. Alexandra will sich mit den Pharisäern verbinden, "um den Feind zu stürzen" (798). Offensichtlich wird der innenpolitische Machtkampf nicht weniger rücksichtslos geführt als die kriegerische Auseinandersetzung. Herodes hat es sich deshalb längst zum Grundsatz gemacht, sich "gegen jeden Feind mit seiner Waffe" (260) zur Wehr zu setzen. Die Zeiten, da ein Herrscher sich bei seinem Regierungsantritt mit allen seinen "Feinden" (1169) ausgesöhnt hat, gehören, so erscheint es jedenfalls den Figuren in Szene II,4, unwiderruflich der Vergangenheit an. Zu fragen ist lediglich, in welcher Form sich die Feindschaft äußert. Es gibt

> Seelen jammervoller Art,
> Die, wie sie eben Antlitz oder Rücken
> Des Feindes seh'n, verzeih'n und wieder grollen.
> 1583-85

Andere sehen sich geradezu verpflichtet, dem Feind mit allen offenen und versteckten Mitteln entgegenzuarbeiten.

> Alexandra. Sie sah im Traum wohl nie
> Den Ahnherrn ihres Stamms, den großen Judas,
> Sonst hätt' sie wahrlich keinen Feind gescheut.
> 1175-77

Sicher ist für Titus, daß die "Feinde des Herodes" (2459) mit seinen "Freunden" (2460) nicht werden büßen müssen, wenn der König zur Abdankung gezwungen wird.

Die Feindschaft der anderen ist die elementare Erfahrung von Hebbels dramatischen Figuren. Offensichtlich sind sie darauf vorbereitet , in jedem anderen den Feind zu sehen, den sie notfalls vernichten müssen, um sich selbst zu behaupten.

2.4.6 Rächen und Vergessen

Das Verb vergessen ist neunzehnmal belegt[1], davon achtmal in Äußerungen Mariamnes.

Die ersten beiden Belegstellen des Verbs finden sich in Szene I,1: Herodes gibt zu erkennen, daß er die Widrigkeiten des politischen Kampfes vergessen will ("der Mann und König hat vergessen / Was Du gethan" 43 f.), während er sich der Ergebenheit seiner Soldaten gern erinnert ("Mein eigenes Gesicht vergeß' ich eher, / Als das des Mannes , der mir treu gedient!" (68 f.). Ein vertrauensvolles, partnerschaftliches Verhältnis ist, dies bezeugt an anderer Stelle Mariamne, nur denkbar, wenn belastende Erfahrungen, Ansprüche oder Erwartungen zurückgestellt, "vergessen" werden.

> Ich zog es vor, dem Mann ein Weib zu sein,
> Dem Du mich zugeführt, und über ihn
> Die Maccabäerin so zu vergessen ,
> Wie er den König über mich vergaß.
> 1004-07

Auch nach der Entdeckung des königlichen Mordbefehls noch zeigt sich Mariamne bereit, das Geschehene zu vergessen.

> lass' ihn anders denn
> Jetzt handeln, so vergess' ich, was gescheh'n,
> Vergess' es so, als hätte er im Fieber
> Mit seinem Schwert mir einen Todesstreich
> Versetzt und mich genesend selbst verbunden.
> 1906-10

Zu dieser großzügigen Nachsicht sind Salome, Sameas und Alexandra um so weniger bereit, als ihnen nichts so erwünscht ist, wie den König und die Makkabäerin gegeneinander aufzuhetzen. Salome macht es der Königin zum Vorwurf, daß sie Herodes' Mutter "vergessen" (2412) habe. Mariamnes Verrat sucht sie ihrem Bruder so eindringlich wie möglich vor Augen zu führen.

---

1 vergessen: 43, 68, 331 , 553, 797, 882, 1006, 1007, 1027 , 1308, 1907, 1908, 2029, 2213, 2233, 2412, 2513, 2598, 2674.

Nein, niemals werd' ich diesen Tanz vergessen,
Bei dem sie nach dem Takte der Musik
Den Boden trat, als wüßte sie's gewiß,
Daß Du darunter lagst!
2674-77

Salome hat Mariamnes Tod einmal vergeblich erhofft; daß sie das nicht "vergaß" (331), vermutet die Königin wohl nicht zu Unrecht. Es hilft nichts, wenn sie von Alexandra und Sameas Schonung und Respekt verlangt ("Mutter, vergiß nicht!" 1027; "Vergiß Dich nicht!" 2029): Mariamne muß die Haßtiraden dieser Figuren anhören. Alexandra und Sameas wünschen den bewaffneten Konflikt, sie denken nicht daran, ihre Enttäuschungen zu "vergessen".

Alexandra.
Wohl! Nur vergiß nicht: Wenn der eig'ne Arm
Nicht stark genug ist, um den Feind zu stürzen,
So muß man einen fremden nicht verschmäh'n!
797-799

Sameas.
Es wird sich zeigen, daß wir Pharisäer
Die Schmach, die wir erlitten , nicht vergaßen.
881-882

Jahrelang hat sich Soemus dem König untergeordnet, weil es ihm im Umgang mit diesem nicht schwer geworden ist, zu "vergessen" (2213), daß der junge Herodes seinesgleichen gewesen ist. Dieser bereitwilligen Unterordnung sind indessen Grenzen gesetzt, über die sich Herodes rücksichtslos hinweggesetzt hat.

Alexandra. Du bist doch auch ein Mann!
Soemus. Daß ich das nicht
Vergessen habe, das beweis' ich jetzt!
2232-33

Herodes gelingt es immer weniger zu "vergessen" (553), was ihn im Inneren belastet. Um so belangloser werden für ihn die berechtigten Ansprüche seiner Untertanen. Aber auch Mariamne ist erkennbar seit dem vierten Akt außerstande, das ihr zugefügte Leid zu vergessen. Joseph hat ihr in Szene II,5 ein Versprechen abgenommen , das die Königin offensichtlich beherzigt.

Joseph. Ich halte Dich beim Wort! Du rächst
Dich so, ganz so, wie er Dich rächen würde!
Das hast Du mir gelobt! Vergiß es nicht!
1306-08

Um eine Auflösung der Mißverständnisse, um eine gegenseitige Verständigung geht es Mariamne am Ende so wenig wie Herodes. Es bleibt bei gegenseitiger Beschuldigung und Verdächtigung. Mariamne macht es ihrem Gatten zum Vorwurf, daß er den Augenblick im Blumengarten , das erste gemeinsame Liebesglück, vergessen hat: "Ha, er sei verflucht, / Daß er's so ganz vergaß! So ganz!" (2512 f.). Für Herodes ist der Umstand , daß sein Weib offensichtlich "noch nicht vergessen" (2598), was es ihm bedeutet hat, nichts anderes als ein Indiz ihres Verrats.

Das Vergessen von Unrecht, Leid und Enttäuschung erscheint in diesem Drama als eine Voraussetzung verträglichen Miteinanderlebens, die von den Nebenfiguren gar nicht, von den beiden Hauptfiguren immer weniger erfüllt wird.

Der gleiche Tatbestand, ins Moralische gewendet, ist im Kontext des Verbs <u>verzeihen</u> zu erkennen. Das Verb ist zwanzigmal belegt und wie folgt auf die Personen des Stücks verteilt:

Herodes	-	6 Belege: 421, 1564 , 1585, 1601 , 1857, 1917
Mariamne	-	6 Belege: 316, 1018, 1403, 1901, 2924, 3032
Titus	-	3 Belege: 2758, 3213, 3214
Alexandra	-	2 Belege: 949, 1120
Soemus	-	2 Belege: 2071, 2246
Joab	-	1 Beleg: 208

Die formelhafte Verwendung des Verbs soll nur registriert werden: "verzeihst Du's" (208), "Verzeih'" (949), "Du verzeihst?" (1601), "Verzeiht!" (2071)

Auf die Schwierigkeit, ja, die Unmöglichkeit, Verzeihung zu erlangen, wird beiläufig wiederholt hingewiesen. Titus ist fest davon überzeugt, daß vieles, was "überall verziehen werden" (2758) kann, in Israel streng bestraft werden muß. Octavian, der neue römische Machthaber, ist bekannt dafür, daß er nicht so großmütig "verzeiht" (2246) wie Antonius. Alexandra hat es Joseph nie <u>verziehen</u> (1120), daß er einmal ihren Sohn in seinem Versteck aufgespürt hat.

Mariamne macht ihr Verhalten nicht von politischen Zweckmäßigkeitserwägungen abhängig.

Herodes. Nie gehörtest Du
Zu jenen Seelen jammervoller Art,
Die, wie sie eben Antlitz oder Rücken
Des Feindes seh'n, verzeih'n und wieder grollen
1582-85

Sie verzeiht (316) dem Edelstein, daß seine Leuchtkraft mit der eines Sterns nicht zu vergleichen ist, wie Herodes der Erde verziehen hat (1564), die ihm einst bei einem Erdstoß einen Becher Wein verschüttet hat. Herodes geht davon aus, daß Mariamne das "Uebermaß von Liebe", das er ihr entgegenbringt, wie eine Naturgewalt hinnehmen, verzeihen (421) muß. Mariamne verzeiht (1901) ihm den Brudermord, sie verzeiht (2924) ihrer Mutter, die sich nie um ihr Glück gekümmert hat, sie verzeiht dem König den ersten Mordversuch (3032, cf. 1403). Daß Herodes sie ein zweites Mal insgeheim dem Henker ausliefert, geht über ihr seelisches Fassungsvermögen.

Titus. Sie hat so viel gelitten und verzieh'n,
Als sie zu leiden, zu verzeih'n vermogte
3213-14

Mariamnes Liebesfähigkeit ist erschöpft. Wenn sie den König am Ende noch lieben würde, könnte sie ihm verzeihen (1857, 1917). Aber sie ist innerlich wie ausgebrannt, und eine "verzeihende Souveränität" ist ihr nicht mehr möglich[2]. Ihr Lebenswille ist gebrochen , ihre Vitalität geschwächt, als destruktive Bestrebungen ihr Verhalten zu bestimmen beginnen.

Im Kontext der Rache-Wörter ist dieser Zusammenhang deutlich zu erkennen. Für rächen und Rache gibt es 17 bzw. 10 Belege; die Komposita Rachedurst und rachsüchtig sind je einmal belegt[3].

---

2 Gerth, HJb 1968, S. 34.

3 rächen: 227, 1042 , 1043 (2x), 1044, 1081, 1236, 1299, 1300, 1301, 1306, 1307, 1565, 1920, 1939 , 3244, 3273

Rache: 926, 927, 928, 954 , 1952 , 2191 , 2733 , 2858, 3058, 3229

rachsüchtig: 1315

Rachedurst: 1080.

Daß Aristobolus "gerächt" (227) werden soll, hat man dem Boten des Königs in Alexandrien angedeutet. Die Mutter des Ermordeten, Alexandra , setzt alles daran, daß ihr Sohn tatsächlich gerächt wird.

> Um Rache setzt' ich alles ein,
> Und Rache würde mir im Tode noch,
> Rache an ihm, der's thäte, und an Dir,
> Die es geschehen ließe
> 926-29

> Ich trug ihn unter'm Herzen, und ich muß
> Ihn rächen, da ich ihn nicht wecken kann,
> Daß er sich selber räche!
> 1041-43

Alexandra bemüht sich, die Königin für ihre Pläne zu gewinnen. Mariamne soll dem "blut'gen Schatten" ihres Bruders "Das schwesterliche Opfer einer Rache" (953) nicht versagen. Dies Bemühen bleibt, so scheint es zunächst, ohne Erfolg: "Räch' ihn denn, / Doch räch' ihn an Dir selbst!" (1043 f.) Mariamne weist ihre Mutter darauf hin, daß ein Teil der Verantwortung für den frühen Tod des Aristobolus ihr selbst zufalle: Sie habe ihrem Sohn die Rolle des präsumtiven Thronfolgers aufgenötigt, eine Rolle, der er auf keinen Fall gewachsen gewesen sei. Ob Alexandra ihre Pläne oder ihren Sohn rächen will (1081), ihr "Rachedurst" (1080) erscheint der Königin in jedem Falle verfehlt.

Als Mariamne in Szene II,5 spürt, daß Joseph ihr nach dem Leben trachtet, ist sie überzeugt, daß kein anderer als Salome ihm "den Mordgedanken / Rachsüchtig eingegeben" (1314 f.) haben kann. An ihr will sie sich rächen: "Ich spreche zu Herodes: / Wie Du mich rächst an ihr, so liebst Du mich!" (1235 f.), Mariamne ist in diesen Augenblicken entschlossen auch Joseph zu vernichten.

> Ich halte meinen Schwur,
> Doch eher nicht, bis ich an Dir mich rächte,
> Bis ich an Dir, erzitt're, so mich rächte,
> Wie er mich rächen würde!
> 1298-1301

Darauf erhält die Königin durch Joseph einen ersten Hinweis darauf, daß es Herodes selbst ist, der ihr nach dem Leben trachtet.

> Ich halte Dich beim Wort! Du rächst
> Dich so, ganz so, wie er Dich rächen würde!
> 1306-07

In den späteren Äußerungen Mariamnes kommen Rache-Wörter nicht mehr vor. Dies bedeutet indessen nicht, daß Mariamne von ihrem Vorsatz, sich an dem zu rächen , der ihr Leben bedroht, gänzlich abgekommen ist. Als Titus ihr in Szene V,6 zu bedenken gibt, daß ihre "Rache" (3058) zu streng sei, erwidert die Königin: "Auf meine eig'nen Kosten nehm' ich sie!" (3059). Offensichtlich will sich Mariamne an ihrem Gemahl rächen, indem sie ihn dazu zwingt, sie zu töten.

Als Salome in Szene III ,1 die Königin in aller Öffentlichkeit des Ehebruchs bezichtigt , warnt sie der König, daß er sich an ihr "rächen" (1565) könnte. Im Schlußmonolog von Szene III,6 geht Herodes dem Gedanken nach, daß Mariamne seit der Ermordung des Aristobolus sich ihm entfremdet hat: "Wie sich der Todte / Im Grabe noch zu rächen weiß!" (1919 f.). Als hätten die Toten sich gegen ihn verschworen, hat Herodes kaum noch Hoffnung, sich mit Mariamne zu verständigen, seitdem Joseph tot ist: "Der rächt sich auch!" (1939). Daß Mariamne sich für den Mordanschlag rächen wird, scheint ihm gewiß:

> Denn, nun sie's weiß,
> Nun muß ich das von ihrer Rache fürchten,
> Was ich von ihrer Wankelmütigkeit
> Vielleicht mit Unrecht fürchtete
> 1951-54

Um so entschlossener betreibt er selbst das Werk der Rache, als er nach seiner Rückkehr aus Actium die Bestätigung dessen vor Augen hat, was er bei seinem Aufbruch gefürchtet hat.

> Ha! Wär' sie je gewesen, was sie schien:
> Sie hätte so sich nicht verwandeln können,
> Und Rache nehm' ich an der Heuchlerin!
> 2731-33

Daß ihm ein "Rest" an Kraft "noch für die Rache" (2858) erhalten geblieben ist, das demonstriert der König seiner Gattin in der Gerichtsszene, als er ihre Verurteilung ertrotzt. Dennoch spürt Herodes die verborgene Absicht der Königin, als Titus ihm von seinem letzten Gespräch mit Mariamne Bericht erstattet. "So sprach sie. Doch sie sprach aus Rache so." (3229) Die Tote zwingt den König zu der Einsicht, daß sie, aber auch Soemus und Joseph schuldlos hingerichtet worden sind.

Herodes *ausbrechend*.
Joseph! Rächt sich der auch!
3244

Jetzt endlich sieht Alexandra ihren Sohn gerächt: "Ha, Aristobolus! / Du bist gerächt, mein Sohn, und ich in Dir!" (3272 f.) Mariamne, die noch im zweiten Akt die Rachsucht ihrer Mutter verurteilt hat, besorgt am Ende das Werk der Rache besser, als es Alexandra je vermocht hätte.

Mariamnes Rache fehlt jedes sittliche Pathos[4], sie bleibt vielmehr, wie Gerth formulierte, "in den Kreis der Selbstverkrampfung mit gebannt"[5]. Ebensowenig entspringt sie einer leidenschaftlichen Aufwallung: Mariamne, selbst das Opfer von Aggressionen, will dem König durch ihr sorgfältig kalkuliertes Verhalten Leid zufügen.

---

4 Dies unterstellt zuletzt Gisela Bischke, "Die Problematik des Rachemotivs im Drama Friedrich Hebbels", *HJb* 1965, S. 71.

5 Gerth, *HJb* 1968, S. 36.

2.4.7 Betrug und Treue

Die Figuren des Stücks bezichtigen sich fortgesetzt des Betrugs und des Verrats, der Heuchelei und der Verstellung.

Betrug ist einmal, betrügen zwölfmal belegt[1]. Schon in der ersten Szene des Stücks wird durch Titus ein "Betrug" (77) aufgedeckt. Am Ende wird Mariamne vor Gericht gestellt, weil sie angeblich ihren König und Gemahl "Betrogen" (2836) hat. Daß er "fürchterlich betrogen" (1748) sei, behauptet der König zuerst im dritten Akt, als er erfährt, daß Joseph den geheimen Tötungsbefehl preisgegeben hat. Daß sein Weib ihn "betrogen" hat (1930, 2852 , 2917) , wird mehr und mehr zu einer fixen Idee des Königs, und Salome bestärkt ihn in dieser abwegigen Auffassung: "Wenn mein Gatte / Dich fürchterlich betrog, so that sie's auch" (1750 f.). Vergeblich beteuert Mariamne ihre Unschuld: "Betrogen? Wie? Unmöglich!" (2836, cf. 2842, 2851 , 3020).

Fühlt sich der König von Mariamne betrogen, so sieht er sich von seinen besten Vertrauten verraten. Das Verb verraten ist zehnmal belegt, davon fünfmal in Äußerungen des Königs. Das Substantiv Verräter findet sich zweimal[2].

Seinem Schwager Joseph hat Herodes ein Geheimnis anvertraut, an dem sein Alles hängt, "und dies Geheimnis / Hat er verraten" (1760 f.): "Vielleicht verriet er's, / Weil er mich für verloren hielt" (1944 f.). Als Herodes dem Soemus das gleiche Geheimnis anvertraut, denkt er daran , daß auch dieser ihn verraten könnte: "Verrät er micht, / So zahlt sie einen Preis, der - " (1962 f.).

---

1 Betrug: 77
betrügen: 510, 1748, 1751, 1930, 2536, 2836 (2x) , 2842, 2851, 2852, 2917 , 3020.

2 verraten: 1630 , 1721 , 1761 , 1807, 1823, 1944, 1962, 1997, 2585, 2700
Verräter: 2171 (2x).

Was Herodes befürchtet, ja, erwartet hat, trifft ein: Auch Soemus hat ihn verraten (2585, 2700).

Daß Joseph ihr das Geheimnis verraten (1630) hat, erwähnt Mariamne beiläufig. Die Königin verachtet den "Verräter" (2171): "Verrätern / Kann ich nicht danken, noch sie um mich dulden" (2171 f.). Ihr geht es darum festzustellen, ob sich ihr "In klarer That sein Innerstes verriet" (1807).

Wer sich betrogen und verraten fühlt, neigt dazu, andere der Heuchelei und Lüge zu bezichtigen. Je zwei Belege gibt es für heucheln (616, 2197), Heuchler (2179, 2733) und heuchlerisch (2187, 2464). Von "Lug und Trug" ist einmal die Rede (2345) , dreimal ist lügen (1707, 1894, 2027), zweimal belügen gebraucht (1512, 3252).

Die Synonyme Maske und Larve sind zwei- bzw. achtmal belegt[3].

Daß Herodes die "Larve" (2056) weggeworfen, die "Maske" (3258) fallen gelassen hat , wird zweimal erwähnt. Häufiger als der König wird Mariamne mit Masken und Larven in Verbindung gebracht. Als Salome am Anfang des dritten Akts gegen die Königin Klage erhebt, beteuert Herodes , daß Mariamne jede "Larve" (1535) tragen könne, die ihr geeignet erscheine, sie, die Schwester des Königs, zu täuschen. Wenig später vermag der König selbst nicht zu entscheiden, ob er "das widerwärtigste / Gesicht der Unschuld, ob die frechste Larve / Der Sünd" (2902 ff.) vor sich habe. Daß Mariamne "bis heute eine Maske" (2456) getragen habe, vermutet Alexandra, als sie ihre Tochter im vierten Akt beim Tanz beobachtet. Dagegen beteuert Mariamne, daß auf ihrem Fest eine "Larve" (3043) getanzt habe; eine "Larve" (3044) sei vor Gericht gestanden; "für eine Larve" (3045) werde das Beil geschliffen , doch es treffe sie selbst. In der Tat ist die Königin als "Larve" (3226) vor Herodes hin-

---

3 Maske: 2456, 3258
Larve: 1535, 2056, 2903 , 3043 , 3044 , 3045, 3226 (2x).

getreten: Die "Larve" (3226) hat den König reizen sollen, mit dem Schwert nach ihr zu stoßen.

Herodes wittert allenthalben Betrug und Verrat. Er sucht sich dagegen zu sichern und ist am Ende doch furchtbar getäuscht. Mariamne dagegen täuscht die anderen so geschickt, daß nicht mehr zu erkennen ist , was Maske und was Wirklichkeit ist.

Mit Eigenschaftsbezeichnungen wie Mut , Trotz, Stolz und Treue ist Mariamnes innere Verfassung gar nicht oder nur bedingt hinreichend bestimmt.

Das Substantiv Mut ist zehnmal belegt[4]. Einmal wird Antonius' "trunk'ner Mut" (166) erwähnt; im Kontext der übrigen Belegstellen bedeutet das Wort "Tapferkeit, Unverzagtheit, Zuversicht".

Alexandra macht es den Pharisäern zum Vorwurf, im entscheidenden Augenblick nicht den "schlichten Mut der Pflicht" (708) bewiesen zu haben. Verächtlich spricht sie von ihrem Vater, dem "ersten Hohenpriester ohne Mut" (981). Ihr fällt es schwer, Kleopatras Selbstmord zu begreifen: "Hätte die / Den Mut gehabt?" (2087 f.).

Herodes geht es im ersten Akt darum, seinen Schwager Joseph zur unerschrockenen Tat zu zwingen, ihn "durch Feigheit in den Mut" (522) zu hetzen. Er selbst wirkt dabei keineswegs zuversichtlich.

Joseph. Wenn Du den Mut verlierst -
529

Wohl überlegt sind Herodes' Äußerungen in Szene III,3 ("Ich würde nicht den Mut zur Antwort haben" 1648). Um so bedeutsamer ist sein Eingeständnis, daß das Ziel, das ihm in Alexandrien vor Augen gestanden hat, "schon nicht mehr dem Mut, / Nur der Verzweiflung noch erreichbar" (1660 f.) gewesen ist.

Titus rühmt am Ende den "Mut" (2972) der Königin, doch diese entgegnet: "Es ist kein Mut!" (2973) "Mut" ist offensichtlich nicht das Wort, das Mariamne geeignet er-

---

4 Mut: 166, 522, 529 , 708, 981, 1648, 1660, 2088, 2972, 2973.

scheint, die innere Triebkraft ihres Handelns zu bezeichnen.

Um den Widerstand, den die Unterworfenen den Mächtigen leisten, geht es im Kontext der Wörter <u>Trotz</u>, <u>trotzen</u> und <u>trotzig</u>[5].

Mit "off'nem Trotz" (102) begegnen die Pharisäer dem König. Dabei gilt jeder als todeswürdig, der dem König "offen trotzt" (766). Alexandra gäbe viel darum, wenn sie ihre politischen Gegner aus dem Wege räumen könnte, bis keiner ihr mehr "trotzte" (998).

Sameas' Verstocktheit macht seinen Henker rasend: "ergrimmt ob seinem Trotz" (2763), den er für Hohn nimmt, bringt er ihm Wunden bei. Ähnlich reagiert der König auf den "Trotz" (2597) Mariamnes. Alexandra beobachtet an ihrer Tochter einen "Trotz" (1967), der Herodes empören muß; sie warnt sie noch in der Gerichtsszene, "nicht zu trotzig" (2833) zu sein. Tatsächlich empfindet der König den "Trotz" Mariamnes als eine unerträgliche Herausforderung: Herodes spürt, daß ihm die wahre Motivation von Mariamnes Handeln verborgen bleibt.

Herodes. Ich will den Kelch des Ekels
Nicht leeren, den der Trotz mir beut, ich will
Nicht Tag für Tag mich mit dem Rätsel quälen,
Ob solch ein Trotz das widerwärtigste
Gesicht der Unschuld, ob die frechste Larve
Der Sünde ist.
2899-2904

Mariamne selbst hebt in ihren letzten Äußerungen wiederholt hervor, daß nicht der "Trotz" ihrem Denken und Handeln die Richtung vorschreibt.

Mariamne.
Wenn Nichts, als Trotz mich triebe, wie er meint,
Der Schmerz der Unschuld hätt' den Trotz gebrochen.
3090-91

Mariamne. Ist es in Deinen Augen noch der Trotz,
Der mir den Mund verschloß?
3104-05

5 <u>Trotz</u>: 102, 1967 , 2597, 2763, 2900, 2902 , 3090 , 3091, 3104
<u>trotzen</u>: 766, 998
<u>trotzig</u>: 2833.

Mariamnes Entschluß, aus dem Leben zu gehen, hat eine andere Motivation.

Das Substantiv <u>Stolz</u> ist siebenmal, das Adjektiv <u>stolz</u> dreimal belegt[6].

Daß es im Leben des Königs Augenblicke gegeben hat, an die er sich "mit Stolz erinnern mag" (687), gesteht selbst Alexandra. Tatsächlich ist es ihm, wie er selbst erwähnt, nicht leicht gefallen, vor Antonius seinen "Stolz zu zähmen" (1670). Zum Entsetzen des Sameas hat er sich mit "stolzem Hohn" (2041) als den langersehnten Messias bezeichnet.

Alexandra hätte Mariamne "mit Stolz" (1002) ihr Kind genannt , wenn sie "in stiller Nacht die Katzenthat / Der Judith" (1000 f.) wiederholt hätte. Mariamnes gehobenes Selbstbewußtsein gründet in der Gewißheit, daß ein "Rest von Stolz" (1612) ihr die Kraft vermitteln würde, einer Werbung des Antonius zu widerstehen.

Herodes weiß, daß die Königin "zu stolz" (1866) ist, um zu schwören, daß kein anderer sie geküßt hat; er hat die Gewißheit, daß in ihrem "Stolz, wenn nicht in ihrer Liebe, die Bürgschaft ihrer Treue liegt.

Mariamne. und wird ein Stolz,
Der es verschmäht, sich zu verteidigen,
Es nicht noch mehr verschmäh'n,sich zu beflecken?
1933-35

Für Salome ist Mariamnes "Stolz" (2628) noch nie ein "Grund zur Liebe" (2630) gewesen. Titus vergleicht die zum Tode bereite Königin mit dem sterbenden Caesar , der "zu stolz, um seinen Schmerz zu zeigen, / Und doch nicht stark genug, ihn zu ersticken" (2983 f.), sich fallend das Angesicht verhüllt hat. Mariamnes Verhalten nach ihrer Verurteilung ist für ihn von einer geradezu historischen Monumentalität, was die Königin selbst ausdrücklich in Abrede stellt: "Es ist nicht, wie Du denkst!" (2987).

---

6 <u>Stolz</u>: 687, 1002 , 1612, 1670, 1933 (2x), 2628
<u>stolz</u>: 1866, 2041, 2983.

Das Adjektiv <u>treu</u> ist elfmal belegt[7] und hat die Wortbedeutung "zuverlässig, verläßlich".

In diesem Sinne wird das Tote Meer als "ein treuer Spiegel" (2049) des jüdischen Volkes bezeichnet, heißt es von Antonius, daß er sich "treu" (169) an das hält, was er versprochen hat. Die Vertrauten des Königs haben dafür zu sorgen, daß alle Befehle "treu vollzogen" (1637) werden. Die meisten, die dem König dienen, sind allerdings da "treu" (1426), wo es den eigenen Vorteil zu sichern gilt.

Im Kontext weiterer Belegstellen ist die sittliche Qualität der Verläßlichkeit und Zuverlässigkeit angedeutet. Herodes beteuert am Anfang, daß er sein eigenes Gesicht eher vergessen würde "Als das des Mannes, der mir treu gedient" (69). Daß Soemus "treu" (1958) denkt, hat er dem König vielfach bewiesen. Er ist in der Tat "Sein treu'ster Diener" (2183) gewesen, bis ihm Herodes die Ermordung der Königin aufgetragen hat. Seitdem fühlt er sich Mariamne verpflichtet, begreift er sich als Mariamnes "treu'ster Diener" (2077). Soemus ist seinen Wertvorstellungen und damit sich selbst treu geblieben, als er dem König die Treue aufkündigt.

Mariamnes innere Einstellung ist keineswegs so eindeutig wie die Soemus'. Sicher ist lediglich, daß die Königin ihre ehelichen Pflichten ernstgenommen hat.

Mariamne. Ich war ihm treu,
Wie er sich selbst. Was schmäh' ich mich? Viel treuer,
Er ist ja längst ein and'rer, als er war.
3021-23

Daß sie ihrem Gatten trotz des wiederholten Mordauftrags die Treue bewahrt hat, vermittelt ihr das Bewußtsein moralischer Überlegenheit, das von Selbstgerechtigkeit nicht frei ist. Herodes ist in der Tat im Schlußakt längst nicht mehr der, der er vorher gewesen ist. Es fragt sich nur, ob die bis zum Ende bewahrte Treue Mariamnes mehr ist als eine Fassade, hinter der eine tiefgreifende Identi-

---

7 <u>treu</u>: 69, 169, 1426 , 1637 , 1958, 2049, 2077, 2183, 3021, 3022, 3194.

tätskrise verborgen ist. Offensichtlich spielt Mariamne seit dem vierten Akt mit der Maske des moralisch verworfenen Weibs, weil sie zu Unrecht verdächtigt und verurteilt sein will; aber sie verschafft sich auch durch das Gespräch mit Titus die Gewißheit, daß ihre moralische Integrität nach ihrem Tode wiederhergestellt wird. Von unkontrollierten destruktiven und aggressiven Bestrebungen beherrscht, braucht Mariamne das Bewußtsein ihrer moralischen Integrität: Ohne dies wäre sie sich selbst nicht weniger entfremdet als Herodes[8].

---

8 Cf. die Charakteristik der Hauptfiguren bei Gruenter, Das deutsche Drama, Bd. II, S. 123 - 140, sowie die Deutung der Rhodope bei Bert Nagel, "Die Tragik des Menschen in Hebbels Dichtungen. Zum Verständnis der Tragödie 'Gyges und sein Ring'", HJb 1962, S. 21: "Im Zeichen unanfechtbarer Rechtmäßigkeit erleben wir so den grauenvollen Akt seelischer Selbstverstümmelung einer an sich höchst feinfühligen, mimosenhaft zarten Frau durch ideologisch strenge Gewissenhaftigkeit. Was hier zutage tritt, ist die unheimliche, zugleich konstruktive und destruktive Macht der Ideologien, die Werte setzen, aber eben dadurch andere (mögliche) Werte zerstören oder ausklammern."

2.4.8 Eltern und Geschwister

Den beiden Hauptfiguren gelingt es immer weniger, ihre eigenen Vorstellungen zu verwirklichen, wie vor allem ihre Beziehungen zu Eltern und Geschwistern zeigen.

Vater ist nur viermal belegt[1], Mutter dagegen einundzwanzigmal[2].

Artaxerxes, Herodes' persischer Diener, bezeichnet seinen "Vater" (2298) als einen Helden. Alexandra hingegen, die traditionsbewußte Makkabäerin, spricht im Tone höchster Verachtung von ihrem Vater:

> – pfui , ich sprech' ja, wie mein Vater!
> Ich nicht, mein feiger Vater schloß den Bund.
> 976

Offensichtlich ist Alexandras Vater trotz aller Vorsicht und Kompromißbereitschaft politisch gescheitert. Die Zeiten, da die "Väter" (2014) dem Volke in der Wüste den Weg gewiesen haben, sind endgültig vorüber.

Mariamnes Vater und der Vater des Königs werden nicht einmal genannt. Um so bedeutsamer ist für beide Figuren die Beziehung zur Mutter. Alexandra wird achtmal als Mutter Mariamnes bezeichnet: 388 , 509, 1026, 1506, 1925, 2795, 2833, 2962. Mutter und Tochter leben in einem Hause, und dennoch gehen beide ihre eigenen Wege. Bezeichnend dafür ist folgende Äußerung der Königin in ihrem Gespräch mit Titus in Szene V,6:

> Du staunst, ich seh' es, daß ich dieses Wort
> An Dich, und nicht an meine Mutter richte,
> Allein sie steht mir fern und ist mir fremd.
> 2961-63

Herodes hat "zwischen ihr und ihrer Mutter" (1925) niemals die "kleinste Spur von Aehnlichkeit" herausgefunden. Seit dem Tode des Aristobolus ist das allerdings anders geworden: "Heut' glich sie ihr in mehr als einem Zug" (1927). Offensichtlich wird der Königin durch

---

1 Vater: 917, 976 , 2298, 2014.

2 Mutter: 290, 388, 509, 1026, 1506, 1925 , 2368 , 2378, 2418, 2423, 2538, 2629, 2679, 2684, 2795, 2833, 2911, 2942 , 2962 , 3119, 3281.

den Mord an ihrem Bruder eine Rolle aufgedrängt, die sie, ohne daß sie darum weiß, ihrer Mutter ähnlich macht.

Die Mutter des Königs wird neunmal erwähnt, zuerst in Szene IV,6, als Mariamne sich in aller Öffentlichkeit von Herodes lossagt. Es ist Salome, die die Königin daran erinnert, daß Herodes "noch eine Mutter" hat (2418), die um ihren Sohn bangt und in der Sorge um sein Wohlergehen sich abhärmt. Doch Mariamne hat "für seine Mutter keinen Trost" (2423). Als Herodes in Szene IV,8 zurückkehrt, berichtet Salome ihrem Bruder, sein Weib habe über seinen Tod gejubelt, während seine "Mutter" (2538) vor Schmerz ihr Gewand zerrissen habe. Später erwähnt sie, daß der unnahbare Stolz der Makkabäerin für sie, Salome, und für die "Mutter" des Königs (2629) nie "ein Grund zur Liebe" (2630) gewesen sei. Mariamnes Verrat müsse auch ihn, den König, empören, der ihr zuliebe "Mutter, Schwester, / Und was nicht" (2679 f.) geopfert habe. Daß er seinem Weib tatsächlich "die Schwester / Und fast die Mutter auch geopfert" hat (2683 f.), ist für den König im fünften Akt ein Anlaß mehr , sich von der Gegenwart Mariamnes zu befreien. Dennoch zögert er in Szene V,5, die Vollstreckung des Todesurteils anzuordnen. Da "tritt" seine Schwester an ihn "heran" (Szenenanweisung S. 345), um ihn mit dem Hinweis darauf, daß er seiner Mutter das Leben erhalten könne, wenn er es seiner Gattin nehme , zur entscheidenden Tat zu bewegen.

> O thu' es! Deine Mutter
> Ist krank bis auf den Tod! Sie wird gesund,
> Wenn sie das noch erlebt!
>
> 2942-44

Nach der Hinrichtung Mariamnes hat Salome die Genugtuung, daß sie den Bruder, ihre "Mutter" den Sohn wiederhat (3119). Herodes aber erkennt am Ende, daß er betrogen ist: Was er verloren hat, können ihm Mutter und Schwester nicht ersetzen. Drohend kündigt er an, daß er sich so verändern könne, daß seine "eig'ne Mutter" (3281) werde schwören müssen, er sei ihr Sohn nicht.

Daß sich die Figuren mehr und mehr von Vorstellungen ihrer Kindheit und Jugend leiten lassen, zeigt auch die Kontextanalyse der Wörter Bruder und Schwester, die zweiundzwanzig- bzw. zehnmal belegt sind[3].

Herodes' persischer Diener Artaxerxes träumt in Jerusalem von seinem Leben am Hofe des Satrapen, wo er zusammen mit "Vater" (2298) und "Bruder" (2287) Uhr gewesen ist: "Ich und mein Bruder, alle waren Uhren" (2300). Artaxerxes gäbe viel darum, wenn er auch in Herodes' Burg in Jerusalem Uhr sein könnte; er wird sich des Wiederholungszwanges, der sein Denken und Handeln in fataler Weise beeinträchtigt, nicht bewußt. Aber auch im Verhalten der Hauptfiguren machen sich Wiederholungszwänge bemerkbar. Die Königin weiß, daß Salome sich nichts sehnlicher wünscht als den Tod der Nebenbuhlerin ("Doch hast Du eine Schwester, Salome -" 319), die ihr "das Herz des Bruders" (1366) abgewandt hat. Salome hofft, daß Herodes seiner Gattin das Vertrauen entziehen wird: "Auch das sollst Du mir büßen, / Wenn nur mein Bruder wiederkehrt!" (1408 f.). Empört muß sie noch am Anfang des dritten Akts feststellen, wie wenig ihrem Bruder "die Schwester gilt, /Wenn's um die Maccabäerin sich handelt" (1526 f.). Ihr "Bruder" (1629) scheut sich nicht , ihren Gatten beseitigen zu lassen: "Gib Dich zufrieden, Schwester!/ Dein Gatte hat mich fürchterlich betrogen -" (1747 f.). Seitdem ist Salome zutiefst davon überzeugt, daß die Königin nicht länger geschont werden darf: "Wenn Du mich, / Die Schwester, nicht, wie meinen Gatten tödtest, / So wird Dir das mißlingen!" (1767/69) Salome versteht es, ihrem Bruder einzureden, daß er der Gattin zuliebe "Mutter, Schwester / Und was nicht" (2679 f.) geopfert habe.

---

3 Bruder: 219, 274 , 347, 355, 400, 475, 492, 952, 1015, 1234, 1366, 1409, 1629, 1688, 1690, 1923, 2287, 2300, 2685, 2865, 3118.

Schwester: 319, 355, 371, 1030, 1526, 1747, 1768, 2679, 2683, 2864.

Herodes. Und die hat recht! Ich habe ihr die Schwester
Und fast die Mutter auch geopfert: wögen
Die nicht den Bruder auf, den sie verlor?
2683-85

Als Mariamne hingerichtet ist, glaubt Salome, "endlich" ihren "Bruder" wiederzuhaben (3118).

Die Spuren einer infantilen Regression sind im Verhalten Salomes, aber auch des Königs unverkennbar. In der vagen Hoffnung jenseits der unbegriffenen Realität im vertrauten Kreis der Familie Sicherheit und Selbstbestätigung zu finden, reproduzieren beide Figuren die Gefühlssituation der Kindheit. Dabei kann die eheliche Verbindung des Königs mit der Makkabäerin nicht anders als störend empfunden werden.

Aber auch Mariamne wird dazu gedrängt, ihre innere Bindung an den Gemahl abzustreifen. Sie wiederholt das Schicksal ihres Bruders, des getöteten Aristobolus , das sich als eine Präfiguration von Mariamnes Geschick zu erkennen gibt.

Daß Aristobolus ein Doppelgänger der Königin ist, ist durch die außergewöhnliche Ähnlichkeit der Geschwister bezeugt. Antonius hat dem Boten des Königs in Alexandrien eine einzige belangvolle Frage gestellt: "Gleicht Mariamne denn auch ihrem Bruder?" (219). Mariamne gleicht dem toten Bruder so sehr, daß ein bloßes Wenden ihres Mundes und ein stilles Kreuzen ihrer Arme ausreichen würden, wenn sie sich in den geschminkten Leichnam ihres Bruders verwandeln wollte (vgl. 835, 960-963). Alexandra, die Mutter der beiden, verlangt, daß Mariamne "den blut'gen Schatten" ihres "Bruders" (952) rächt: Sie sei "des Todten Schwester" (1037) und werde es bleiben, während sie sich von ihrem Gatten jederzeit trennen könne.

Herodes hat Mariamnes Bruder töten lassen, weil es dieser "Bruder selbst auf's Tödten" (357) angelegt hatte. Daß die "Schwester" (371) diesen Mord niemals gutheißen wird, daß sie ihn nicht verzeihen kann, wird dem König immer deutlicher bewußt.

Herodes. Auch weiß ich's,
Daß sie mit ihrem Bruder kurz vorher,
Eh' er im Bad den Tod fand, sich entzweit
Und dann die Unversöhnliche gespielt ,
Ja, obendrein, als er schon Leiche war,
Noch ein Geschenk von ihm erhalten hat,
Das er beim Gang in's Bad für sie gekauft.
491-97

Die Bindung der Geschwister ist so eng gewesen, daß Herodes mit dem Bruder zugleich die Schwester getroffen hat: "Denn seltsam hat sie, seit ihr Bruder starb, / Sich gegen mich verändert" (1923 f.).

Mariamne ist, wie ihre eigenen Äußerungen zeigen, über ihres "Bruders jähem Tod" (274) erschüttert.

Mariamne. Es kam zu schnell, vom Tisch in's Bad, vom Bad
In's Grab, ein Bruder, ja, mir schwindelte!
1014-15

Der Anblick des Wassers ist für die Königin entsetzlich, "Seit es den Bruder mir verschlungen hat" (347). Durch den Mord an Aristobolus ist das Verhältnis von Herodes und Mariamne einer kaum erträglichen Belastung ausgesetzt: "Die Schwester lieben und den Bruder tödten, / Wie wär' das zu vereinen?" (355 f.). Mariamne spürt schon im ersten Akt, daß der König ihr nicht mehr vertrauen kann, seit er ihr "den Bruder" (475) genommen hat. Später ist diese Sorge zur Gewißheit geworden.

Mariamne.
Du kannst der Schwester nicht mehr trau'n, seit Du
Den Bruder tödtetest
2864-65

Die Königin hat unwiderlegbare Beweise dafür, daß Herodes ihr nach dem Leben trachtet, seitdem er ihr "durch heimlich-stillen Mord den Bruder" (1688) geraubt hat. Gegen Ende der dramatischen Verwicklung ist sie der Auffassung, daß Herodes gar nicht anders handeln kann und daß sie sterben muß , wie ihr Bruder gestorben ist.

Die im Kontext dieser Belegstellen erkennbare Fixierung der Figuren auf bestimmte, vorgegebene Rollen verdeutlicht ein Doppeltes.

1. Denken und Handeln der Figuren sind weitgehend fremdbestimmt. Der Wiederholungszwang hat eine Reduktion des tatsächlich vorhandenen Entscheidungsspielraums zur Folge. Daß das fatale Ende der Figuren eher zufällig als notwendig und unvermeidlich erscheint, liegt in der Konsequenz der Rollendisposition , die tatsächlich vorhandene Möglichkeiten einer anderen , besseren Lösung ausschließt.

2. Die Fremdbestimmtheit ihres Daseins wird von den Figuren nicht als Verhängnis empfunden. Im Gegenteil, im Nachvollzug vorgegebener Rollen realisieren sie eigene, uneingestandene destruktive und aggressive Bestrebungen, Reflexe einer barbarisch entstellten sozialen Wirklichkeit.

2.5 Die Verständigung der Figuren

Hebbels Figuren sind deformierte, leidende Menschen, die keinen vernünftigen, realistischen Ausweg aus ihren Schwierigkeiten wissen. Die realen historischen und gesellschaftlichen Ursachen dieses Übels sind auch für den Leser oder Zuschauer nur verschlüsselt zu erkennen, zielt doch die gesamte Darstellung darauf ab, die "Entfremdung" der Figuren als unaufhebbar, als ein schicksalhaftes , tragisches Verhängnis zu vergegenwärtigen. Die zwischenmenschlichen Beziehungen gewinnen dabei bedrückende, z.T. sogar pathologische Züge, wie eine Untersuchung der scheinbar unvollständigen oder unstimmigen Gespräche, die in Hebbels Drama vorgeführt werden, unschwer erkennen läßt. Zweifellos gibt es eine Beziehung zwischen diesem Kommunikationsentwurf und den realen Nöten jener bürgerlichen Mittelschichten, denen Hebbel sich zugehörig gefühlt hat, deren ökonomische Existenz und deren sozialer Status durch die Entwicklung des Industriekapitalismus, die sich in den vierziger Jahren des 19. Jahrhunderts bereits deutlich abzeichnete, bedroht wurden und die angsterfüllt dem Ruin und der Proletarisierung entgegensahen. Ein optimistisches Bild zwischenmenschlicher Beziehungen konnte unter diesen gesellschaftlichen Voraussetzungen nicht zustande kommen.

Im folgenden soll die Inkongruenz von Rede und Gegenrede, auf die die Hebbelforschung der letzten Jahrzehnte wiederholt aufmerksam gemacht hat, im einzelnen belegt und auf ihre dramatische Funktion hin untersucht werden. Dabei wird sich auch erweisen, unter welchen Bedingungen eine Verständigung der Figuren überhaupt noch möglich ist.

Die Tendenz zur Monologisierung des dramatischen Dialogs ist in den à parte gesprochenen Äußerungen der Figuren besonders augenfällig. Die Szenenanweisung "für sich" findet sich neunundzwanzigmal[1], davon acht-

1 Der Nebentext "für sich" findet sich vor den Versen 2, 10, 28 , 82, 122, 231, 245, 249, 299 , 335, 425, 938, 1020, 1184, 1262, 1263, 1265, 1306, 1352, 1510, 1600, 1602, 1617, 1775, 1778, 1800, 2128, 2774, 3311.

mal in der Audienzszene I,1. Es hat den Anschein, daß die Verständigung in dieser Szene nur so lange gelingt, als sich die Äußerungen der Figuren in den durch das gesellschaftliche Zusammenleben vorgezeichneten Bahnen bewegen. Wenn die Figuren das aussprechen, was sie im Inneren bewegt, wird ihre Rede monologisch. Die Feststellung Joabs, es sei "das Wichtigste" "zu erfahren, / Ob unser Kopf noch fest sitzt oder nicht" (2-4), und die Bemerkung des Hauptmanns Judas, daß der König "verkleidet durch die Gassen" (11) Jerusalems schleiche, können nicht offen geäußert werden, weil Herodes sie als eine unzulässige Kritik seiner Herrschaft deuten könnte. Aber auch der König trachtet danach, seine maßgeblichen Überlegungen vor seinen Untergebenen zu verbergen; die Sorgen um den Bestand seiner Ehe (28 f., 231-233) und die Sicherung seiner Herrschaft (82 f., 122 f., 245 f. , 249) sucht Herodes vor der Öffentlichkeit geheimzuhalten. Offensichtlich sind Herrscher und Beherrschte in gleicher Weise genötigt, die Konventionen des Gesprächs zu beachten.

Auch die übrigen Belegstellen bezeugen immer dann ein Mißlingen der Verständigung, wenn die Figuren einander ihre Hoffnungen und Befürchtungen mitzuteilen trachten. Was Mariamne am meisten bedrückt, die durch Herodes veranlaßte Ermordung ihres Bruders , bleibt in ihrem Gespräch mit dem König in Szene I,3 ausgespart.

Mariamne (für sich.)
O, daß er nicht die blut'gen Hände hätte!
Ich sag' ihm Nichts! Denn, was er auch gethan,
Spricht er davon, so scheint es wohl gethan,
Und schrecklich wär' es doch, wenn er mich zwänge,
Den Brudermord zu finden, wie das and're,
Notwendig, unvermeidlich, wohl gethan!
299-304

Umgekehrt wagt es Herodes nicht, seiner Gattin einzugestehen, wie sehr er sich immer noch seiner Schwester verbunden fühlt.

Herodes (für sich).
Es fehlt nur noch, daß meine linke Hand
Sich gegen meine rechte kehrt!
335-336

Offensichtlich sind die beiden Hauptfiguren von Anfang an bemüht, ihre inneren Regungen voreinander zu verbergen. Mariamne läßt ihren Gatten wissen, daß sie ihn mit ihrem letzten Wort verfluchen würde, wenn er sie zwänge, ihr in den Tod zu folgen; sie verbirgt ihm , daß sie in diesem Fall aus freien Stücken "zum Dolche greifen könnte" (427).

Alexandra will in Szene II,3 ihrer Tochter selbstverständlich nicht mitteilen, wie gern sie sie von Herodes abzöge, um mit ihr nach Rom zu fliehen (938-940). Mariamne hingegen bezeugt in diesem Gespräch eine weitgehende Interessenlosigkeit an den Mitteilungen Alexandras. Das , was die Königin innerlich bewegt, ihren Abscheu vor der geheuchelten Trauer des Mörders, spricht sie "halb für sich" aus (Szenenanweisung, S. 248).

> Auch hätt' ich's nicht gethan,
> Wär' er in Trauerkleidern nicht gekommen!
> Rot, dunkelrot hätt' ich ihn sehen können,
> Doch -
>
> 1020-23

In Szene II,4 fällt Joseph, dem Vizekönig, die Aufgabe zu, die Gewaltsamkeit von Herodes' Herrschaft zu leugnen (1125) und die Gefahr zu verharmlosen, die sich für den König aus seiner Abhängigkeit von Antonius ergibt (1129 ff.). Solange sich die Figuren in ihrem Gespräch auf diese Mitteilungen des Vizekönigs beziehen, gelingt ihre Verständigung. Sobald sie aber uneingeschränkt dem Gedanken nachgehen, daß der König nicht aus Alexandrien zurückkehren könnte, zerfällt der Dialog in eine Anzahl von Äußerungen , die nicht mehr aufeinander bezogen sind. Ohne auf die Gesprächspartner zu achten, deuten Mariamne und Alexandra ihre geheimen Erwartungen an (1157 ff., 1172 ff., 1175 ff.). Joseph gewinnt die Gewißheit, daß er beide vernichten muß (1184-1193).

Die Figuren können sich ohne Schwierigkeiten verständigen, solange die Unterhaltung durch pragmatische Zwecke bestimmt ist. Das Gespräch Titus' und Soemus' in Szene II,5 klärt die Verfahrensfragen bei der militärischen Niederwerfung des Aufstandes in Jerusalem (1196 ff.). Mariamne und ihre Mutter begreifen sofort, daß Joseph ihnen die römische Wache entzogen hat (1214 ff.), daß er ihnen verbietet, die Burg zu verlassen (1244 ff.) und daß Alexandra selbst auf der Zinne der Burg von einem Beauftragten des Vizekönigs bewacht werden soll (1263 ff.). Daß Alexandra nichts unversucht lassen will, den Wächter zu bestechen, muß sie selbstverständlich "für sich" behalten (1263 f.). Aber auch Joseph hütet sich davor, der Königin mitzuteilen, was er in diesem, wie ihm scheint, entscheidenden Augenblick empfindet (1262, 1265-71). Dennoch gelingt es der Königin, sein Spiel zu durchschauen (vgl. 1306 !). Joseph und Mariamne haben sich seitdem nichts mehr mitzuteilen.

Joseph. Mariamne! -
(Für sich.)
Wie hab' ich mich verstrickt! Zwar that ich Nichts,
Als was ich mußte! Doch mich packt ein Grauen,
Daß er - ich seh' den Aristobolus,
Verflucht die That, die einen Schatten wirft,
Eh' sie in's Leben tritt!
Mariamne. So war das mehr,
Als eine tolle Blase des Gehirns ,
Wie sie zuweilen aufsteigt und zerplatzt,
So war's - Von jetzt erst fängt mein Leben an,
Bis heute träumt' ich!
1351-60

Joseph und Mariamne sind so sehr mit sich selbst beschäftigt, daß sie auf die Fragen Salomes, die in Szene II,6 hinzutritt, nicht eingehen können. Die Äußerungen der Königin bleiben Salome völlig unverständlich ("Ich bin für Dich nicht da , wie's scheint" 1404), aber auch Joseph gelingt es nicht, seiner Gemahlin den Grund für seine Anwesenheit in den Gemächern der Königin verständlich zu machen (1381 f.).

Wie sehr dem König in Szene III,1 daran gelegen ist, den gesellschaftlichen Schein zu wahren, bezeugt sein Hinweis darauf, daß Antonius ihn in Alexandrien freundschaftlich empfangen habe und daß er mitteilen lasse, der Tod des Aristobolus dürfe auf keinen Fall dem König zur Last gelegt werden (1465 ff.). Daß sich Mariamne nicht zu seiner Begrüßung eingefunden hat, beunruhigt ihn, aber der König weiß diese Unruhe sorgfältig zu verbergen.

Herodes (für sich). Willst Du ihr zürnen
Statt abzubitten, Herz?
1510-11

Was Salome gegen die Königin vorbringt, stellt deshalb einen schweren Verstoß gegen die gesellschaftliche Übereinkunft dar.

Salome. Sie ging aus Furcht!
Herodes. Aus Furcht? - Sieh um Dich her ,
Wir sind hier nicht allein!
1519-20

Vor dem versammelten Hofstaat bekennt sich Herodes ausdrücklich zu seiner Gemahlin (1534 ff.).

Als Mariamne jedoch in Szene III ,2 Herodes' Äußerungen unbeachtet läßt, solange sich diese in den durch die Konventionen des Gesprächs vorgezeichneten Bahnen bewegen (1575 ff., 1582 ff.) , und als sie andeutet, daß sie Herodes' geheimen Tötungsbefehl kennt und eine offene Aussprache wünscht ("Du wirst nicht leugnen, daß Du mich verstehst!" 1599), besteht Herodes' erste Reaktion darin, die versammelte Hofgesellschaft zu veranlassen, sich zurückzuziehen.

Herodes (für sich).
Kann sie's denn wissen? (zu Mariamne)
Komm!
(da Mariamne nicht folgt)
Laßt uns allein!
(zu Alexandra)
Du wirst verzeih'n!
Alexandra.
Gewiß!
(ab.Alle anderen folgen ihr.)
1600-01

Die Entdeckung, daß Mariamne von seinem geheimen Mordbefehl Kenntnis hat, wird für den König zu einer Katastrophenerfahrung.

Herodes. (Für sich.) Das wär'
Entsetzlich! Nimmer löscht' ich's in ihr aus!
1602-03

Herodes kann sich nicht dazu entschließen, auf die kritischen Äußerungen der Königin einzugehen. Denn während diese sich empört über den Kleinmut des Königs und die Mißachtung ihrer Person äußert (1609 ff., 1617 ff.) , beschäftigt Herodes sich ausschließlich mit der Frage, wie sein ausgeklügeltes System von Sicherungen zusammenbrechen konnte.

Herodes. Sie weiß es!
Mariamne. - - - - - -
Herodes (Für sich.) Doch wie? Doch wie?
Mariamne. - - - - - -
Herodes (ausbrechend.) Um welchen Preis erfuhrst
Du dies Geheimniß? Wohlfeil war es nicht!
Mir stand ein Kopf zum Pfand!
1608, 1617, 1626-28

Die Königin ist nicht bereit, darauf zu antworten: "O Salome , / Du kanntest Deinen Bruder!" (1628 f.) Den einzigen Zeugen, der zu einer Klärung der allseitigen Mißverständnisse beitragen könnte, Joseph , läßt der König hinrichten. Daß es dem König darum geht, mit den Mitteln brutaler Gewaltsamkeit gerade das Gewaltsame seiner Herrschaft zu verdecken, verdeutlichen die à parte gesprochenen Äußerungen der beiden Hauptfiguren am Ende von Szene III, 5.

Mariamne (Für sich.)
Für den, der mich ermorden wollte, hätt' ich
Wohl nicht gebeten! Dennoch schaud're ich,
Daß mir nicht einmal Zeit blieb, es zu thun!
Herodes (Für sich.)
Er mußte doch daran! Im nächsten Krieg
Hätt' er den Platz des Urias bekommen!
Dennoch reut mich diese Eile jetzt!
1775-80

Herodes bringt es auch im letzten Akt nicht über sich, die Rolle des Gehorsam erheischenden Herrschers abzustreifen((Für sich.) "So sind sie! Ja! - Und wird sie anders sein?" 2774). Wie in der Audienzszene I,1 sieht sich Joab in der Schlußszene V,8 genötigt, mit seinen wahren Ansichten zurückzuhalten (3311 f.), weil der König sie als eine unzulässige Kritik seiner Gewaltherrschaft betrachten könnte.

Wiederholt wird durch die Szenenanweisung kenntlich gemacht, daß es den Figuren nicht gelingt, auf bestimmte Äußerungen ihrer Partner einzugehen. Dies Versagen der Sprache bezeichnet ebenfalls eine Kommunikationskrise.

In Szene I,3 weiß Mariamne nicht, was sie dem König entgegnen soll, als dieser darauf hinweist, daß Mariamnes Mutter ihn bei Antonius verklagt hat.

Mariamne (will reden.)
Herodes. Gleichwohl! Ich werd's erfahren
389

Joseph "macht eine Bewegung" (Szenenanweisung, S. 230), als er den Mordbefehl des Königs entgegennimmt. Als Herodes in Szene III,2 wissen will, um welchen Preis Mariamne von dem geheimen Tötungsbefehl Kenntnis erhalten hat, "wendet" sich die Königin wortlos von ihm ab (Szenenanweisung, S. 279). Wie wenig der Königin daran gelegen ist , Herodes die geheimen Regungen ihres Gefühls verständlich zu machen, zeigt sich in Szene III,6.

Herodes (zu Mariamne.) Dein Angesicht
Hat sich erheitert! Aber hoffe nicht
Zu viel! Man stirbt nicht stets in einem Krieg,
Aus manchem kehrt' ich schon zurück.
Mariamne (will reden, unterbricht sich aber.)
Nein! Nein!
1807-11

Mariamnes Scheu, ihr Empfinden in Worte zu fassen, wird von Herodes als das unausgestandene Eingeständnis einer verborgenen Schuld gedeutet.

Die Figuren können sich offensichtlich nur so lange verständigen, als sich ihre Äußerungen im Rahmen des gesellschaftlich Gebotenen, der Unterordnung der Beherrschten unter den Willen der Herrschenden, halten. Soemus hätte in Szene IV,8 allen Anlaß aufzubegehren, als der König seine Verhaftung anordnet, aber er "bleibt stehen, wo er steht, und antwortet nicht" (Szenenanweisung, S. 328).

In der Gerichtsszene V,5 ist es das Sprechen selbst, das den Abgrund zwischen den Figuren immer mehr vertieft und eine Verständigung unmöglich macht. Herodes bricht "in ein wildes Gelächter" aus (Szenenanweisung, S. 341), als Mariamne ihre Unschuld beteuert. Als Herodes die Königin auffordert, ein Schuldbekenntnis abzulegen, "schweigt" sie (Szenenanweisung, S. 342). Dem Plädoyer des Königs widerspricht Mariamne nicht: Sie "macht eine Bewegung" (Szenenanweisung, S. 343), die unbeachtet bleibt. Das endgültige Scheitern der Verständigung wird in dieser Szene pantomimisch angedeutet.

Herodes (zu Alexandra.) Sprachst Du nicht was?
Alexandra. Nein!
Herodes (sieht Mariamne lange an.)
Mariamne (bleibt stumm.)
Herodes. Stirb!
2944-45

Es hat den Anschein, daß die Tötung des rätselhaften Gesprächsgegners Herodes als der einzig angemessene Ausweg erscheint, die Qual unauflöslicher Mißverständnisse aufzuheben. Daß er Mariamne hat hinrichten lassen, faßt er am Ende als ein schicksalhaftes Geschehen auf. Herodes "bedeckt sich das Gesicht" (Szenenanweisung, S. 358), als Joab die Nachricht vom Vollzug des Todesurteils überbringt. Daß Mariamne schuldlos gewesen ist, hält er zunächst für ausgeschlossen.

Herodes. Nein, Titus, nein!
Titus (will sprechen.)
Herodes (tritt dicht vor ihn hin.)Denn, wäre das, so hättest
Du sie nicht sterben lassen.
3184-85

Herodes "macht eine Bewegung" (Szenenanweisung, S. 360), als Titus davon spricht, daß die Königin ihren Tod gesucht hat. "Die Stimme versagt ihm" (Szenenanweisung, S. 363), als er sich schließlich außerstande sieht, die Äußerungen Titus' zu widerlegen. Um so entschiedener hebt er jetzt die schicksalhafte Fatalität des gesamten Geschehens hervor (3267 ff.). Die sozialen Bedingungen der Herrschaft, die eine uneingeschränkte Unterordnung der Beherrschten unter den Willen der Herrschenden erzwingen und eine Kommunikation gerade der individuell bedeutsamen Erfahrungen oder Erwartungen vereiteln, werden auf diese Weise nicht etwa in Frage gestellt, sondern gerechtfertigt.

Daß die Kommunikation der Figuren unter bestimmten Bedingungen gestört ist, zeigt sich auch im Kontext der Wörter schweigen, Schweigen, verschweigen, stumm und verstummen[2].

2 schweigen: 193, 305, 403 (2x), 704 , 1079 , 1280, 1336, 1538 , 1682, 1865, 1892, 1941 , 2277 (2x), 2585, 2597, 2820, 2870, 2924, 2999 , 3108, 3252
Schweigen: 2909, 3110
verschweigen: 2995
stumm: 83, 1730, 1855 , 2016 , 2832, 2894
verstummen: 39, 1078.

Mariamne ist in Szene I,3 außerstande, dem König mitzuteilen, was sie empfindet.

Herodes. Du schweigst?
305

Die Konventionen des Gesprächs bestimmen die Königin dazu, wider besseres Wissen zu behaupten, daß der König unmöglich die "Schwester lieben und den Bruder tödten" (355) könne. Damit ist Herodes die Chance gegeben, der Königin an einem hypothetischen Modell - "Wir sprechen hier vom Möglichen" - die Beweggründe für sein mörderisches Tun mitzuteilen (357 ff.). Die Möglichkeit der Verständigung des Königspaares gründet in der Annahme, daß der König nicht morde, daß er also am Tode des Aristobolus schuldlos sei. Als Herodes die stillschweigend vorausgesetzte Bindung an die Konventionen des Gesprächs preisgibt und seiner Gattin die schwer greifbaren Regungen seines Inneren verständlich zu machen sucht (392 ff.) , wird das Einverständnis des Königspaares gestört.

Herodes.
Du schweigst? O,schweige nicht! Ich fühl' es wohl,
Daß dies Bekenntnis keinem König ziemt!
403-04

Der Umstand, daß gerade das uneingeschränkte "Bekenntnis" (404) des Königs eine Verständigung mit Mariamne unmöglich macht, deutet darauf hin,daß den Figuren die Kommunikation dessen, was sie im Inneren bewegt, verwehrt ist.

Daß Joseph im zweiten Akt Herodes' geheimen Tötungsbefehl vor der Königin zu verbergen trachtet, versteht sich von selbst. Der Vizekönig bemüht sich verzweifelt , in seinem Gespräch mit Mariamne an einem durch die Konvention festgelegten Bild von Herodes' Herrschaft festzuhalten.

Mariamne. Du schweigst!
1280

Mariamne. Schweig' denn auf ewig, oder sprich sogleich!
1336

Daß es als unzulässig gilt, sich im Gespräch über bestimmte soziale Konventionen hinwegzusetzen, bestätigt eine Äußerung Salomes in Szene III,1.

Salome.
Dann - Ja, dann muß ich schweigen! Wozu spräch' ich!
Denn , was ich Dir auch sagen mögte , immer
Wär' Deine Antwort fertig: Mummerei!
1538-40

Mariamne wirkt im dritten Akt so verschlossen - es heißt wiederholt, daß sie "stumm" bleibt (1730, 1855) oder schweigt (1865, 1892) -, weil das, was sie denkt und empfindet, unkonventionell ist. Eine gegenseitige Verständigung kann allem Anschein nach nur zustande kommen, wenn die berechtigten Zweifel an der Gerechtigkeit der öffentlichen Ordnung unterdrückt werden. Herodes zeigt keine Neigung, sich mit den Vorwürfen seiner Schwester, deren Gatten er hat hinrichten lassen, auseinanderzusetzen: "Schweig' mir, Salome! / Wie es auch kam, so kam es nicht!" (1941 f.) Artaxerxes' Bericht über die Exzesse am Hofe des persischen Satrapen wird durch Moses, Herodes' pflichteifrigen Diener, unterbrochen: "Schweig'! Schweig'!" (2277)

Daß die Herrschaft des Königs eine Kritik ihrer durch die gesellschaftliche Übereinkunft verhüllten Gewaltsamkeit ausschließt, veranschaulicht die Gesprächssituation bei der Verhaftung Soemus' und Mariamnes in Szene IV,8. Beide Personen , die aus unterschiedlichen Gründen nicht bereit sind, sich bedingungslos den Weisungen des Herrschers zu unterwerfen, erhalten keine Gelegenheit, ihre widersätzlichen Ansichten vor dem König zu vertreten.

Herodes (zu Soemus.)
Verrietst Du mich? Du schweigst? Ich weiß genug!
O! O! Hinweg mit ihm!
2585-86

Herodes (zu Mariamne.)
Du schweigst? Du hüllst Dich noch in Deinen / Trotz?
Ich weiß warum!
2597-98

Auch in der Gerichtsszene V,5 kommt es zu keinem Rededuell. Herodes schweigt (2870), als Mariamne ihn daran erinnert, daß er zweimal den Henker hinter sie gestellt hat. Umgekehrt ist Mariamne nicht bereit, sich mit den

Tiraden des Königs - "Sprecht Ihr! Ich weiß, das Schweigen ist an mir! / Doch sprecht! Sprecht!" (2909 f.) - auseinanderzusetzen ; sie veranlaßt sogar ihre Mutter zu *schweigen* (2924).

Ihr Gespräch mit Titus in Szene V,6 begreift die Königin als eine letzte Möglichkeit, einem anderen Menschen anzuvertrauen, wie unerträglich ihr das Leben geworden ist.

Mariamne. Kann ich noch leben?
Kann ich mit dem noch leben, der in mir
Nicht einmal Gottes Ebenbild mehr ehrt?
Und,wenn ich dadurch, daß ich schwieg, den Tod
Heraufbeschwören und ihn waffnen konnte,
Sollt' ich mein Schweigen brechen?
3105-10

Das begrenzte Einverständnis, das sich zwischen Titus und Mariamne in dieser Szene entwickelt, kommt nur dadurch zustande, daß Titus strenge Verschwiegenheit gelobt.

Mariamne. Doch erst gelobe mir als Mann und Römer,
Daß Du's verschweigst, bis ich hinunter bin.
2994-95

Mariamne sorgt dafür , daß das , was sie dem Römer mitzuteilen hat, verborgen bleibt und, jedenfalls solange sie lebt, nicht als Herrschaftskritik wirksam werden kann: Titus soll später selbst entscheiden, ob er reden oder "schweigen" (2999) wird.

Diese Belege veranschaulichen, daß es den Figuren nur ausnahmsweise gelingt, eine Verständigung zu erzielen, die sich nicht streng in den Grenzen des durch die gesellschaftliche Übereinkunft Gebotenen hielte. Sie deuten darauf hin, in welchem Maße das Leben der Menschen dieses Schauspiels von Geboten und Verboten, die die Unterordnung der Beherrschten unter den Willen der Herrschenden erzwingen , bestimmt ist.

Daß in den Äußerungen der Figuren das Sprechen selbst vergleichsweise häufig thematisiert ist, ist gerade im Hinblick auf die hier erörterte Kommunikationsproblematik von Bedeutung. Die Verben *sprechen* und *sagen* sind mit 65 und 54 Belegen am stärksten vertreten[3]. <u>hören</u> erscheint sechsundzwanzigmal[4]. Weitere Belegziffern: <u>fragen</u> (15), <u>verstehen</u> (11), <u>nennen</u> (10), <u>reden</u> (9), <u>erzählen</u> (8), <u>rufen</u> (8)[5]. Die Häufigkeit von Wörtern aus dem Sinnbezirk des Sprechens erklärt sich durch die besonderen Bedingungen des Miteinander-Redens in diesem Drama, wie die folgenden Einzelbeobachtungen erweisen.

Die erschwerte Verständigung dürfte die Ursache dafür sein, daß sich die Figuren wiederholt dazu auffordern, zu sprechen oder zuzuhören. Fünfzehnmal ist der Imperativ von sprechen belegt: 226, 801, 903, 1088, 1209, 1336, 1700, 1730, 2133, 2843, 2861 (2x) , 2909 , 2910 (2x),
Imperativ von sagen: 634, 1049, 1800,
Imperativ von hören: 505, 1289, 1714, 1853, 2434, 2638.

Auffallend häufig geht es in den Äußerungen der Figuren darum, was sie selbst oder andere einmal gesprochen, gesagt, gehört oder gerufen haben. Das Bemühen

---

3 <u>sprechen</u>: 1, 85, 115, 117, 142, 161, 193, 201 , 215 , 226, 228, 252, 301, 360, 365, 370, 444, 561, 656, 702, 801, 903, 917, 1088, 1153, 1189 , 1209, 1309, 1323, 1336, 1393, 1492, 1538, 1684 , 1700, 1707, 1728, 1730 , 2011, 2012 , 2023 , 2052, 2103, 2133 , 2147 , 2216, 2490, 2567, 2575 , 2593, 2604, 2843, 2861 (2x), 2892 (2x), 2909,2910 (2x), 2915, 3008, 3193, 3240, 3241

<u>sagen</u>: 203, 222, 244 , 300, 315, 374, 432, 436, 634 , 701 , 744, 980, 991 (2x), 1049, 1097, 1111 , 1284, 1285, 1286, 1333, 1337, 1349 (2x), 1350, 1528, 1539 , 1741, 1764, 1800, 1915, 1981, 1986, 2002, 2003, 2021, 2035, 2333, 2375, 2447 , 2640, 2642, 2678, 2744, 2844, 3033, 3048, 3080 (2x), 3096, 3160, 3183, 3263, 3304.

4 <u>hören</u>: 222, 505, 524, 609, 1222 , 1276, 1289, 1333, 1411, 1412, 1485, 1522 , 1706, 1714, 1736, 1773, 1853, 2005, 2425, 2434, 2638, 2750 , 2785, 2839, 2979, 3153.

5 <u>fragen</u>: 243, 244, 392, 464, 1036, 1081, 1278, 1629, 1632, 1743, 1854, 1999, 2342 , 2411 , 3030

<u>verstehen</u>: 378, 607 , 832, 1089 , 1260 , 1560 , 1705, 1891, 2383, 3103 1599

<u>nennen</u>: 264 , 1002, 1372, 1602, 1663, 1756 , 1758, 2660, 2752 , 2919

<u>reden</u>: 79, 240, 305 , 1078 , 1079, 1493, 2400, 2819, 2999

<u>erzählen</u>: 28, 204, 236, 665, 861, 2283, 2335, 2635

<u>rufen</u>: 77, 214, 224, 385 , 2037, 2072, 2523 , 3081.

um eine Rekonstruktion früherer Gespräche ist im Kontext folgender Belegstellen erkennbar:
sprechen (Präteritum oder Perfekt): 85, 115, 117, 142, 161, 193, 215, 228, 306, 702, 1728, 2011, 2052, 2103, 2216, 2490, 2567, 2575, 2604, 2892, 3240
sagen (Präteritum oder Perfekt): 222, 744, 991, 1349, 1350, 1764, 1915, 2002, 2003, 2035, 2333, 2640, 3080 (2x)
hören (Präteritum oder Perfekt): 222, 1773, 2425, 2750, 2839, 2979
rufen (Präteritum oder Perfekt): 214, 224, 2037, 2523.
Verständlich wird die fortgesetzte Rückwendung der Figuren durch ihre schwer erträgliche Gesprächssituation. Gerade weil sich die Figuren im Gespräch fremd bleiben, versuchen sie, in der Wiederholung bedeutsamer Äußerungen für sie Wesentliches aufzuspüren.

Die Häufigkeit modaler Verbgefüge zeigt an, daß die Figuren genötigt sind, während des Gesprächs die Modalitäten der Kommunikation zu bedenken.

sprechen wollen: 201, 252
sprechen werden: 656, 2593, 2892
sprechen können: 3241
sagen sollen: 203
sagen dürfen: 315, 436
sagen müssen: 374, 2678, 3033, 3048, 3183
sagen mögen: 1539
sagen können: 1981, 2642, 3096
sagen wollen: 2447
reden werden: 240, 2819
reden sollen: 305, 1078
reden wollen: 2999
fragen können: 244, 1036, 2342
fragen wollen: 1081, 1632
rufen lassen: 77, 385
rufen lassen wollen: 2072
erzählen wollen: 28
erzählen sollen: 665
verstehen werden: 378
verstehen wollen: 1891

Hier zeigt sich ein Moment der Reflexion, das seinen Ursprung offensichtlich in den Schwierigkeiten der Kommunikation hat. Weil in der Welt dieses Schauspiels eine spontane Verständigung nicht zustande kommen kann, reflektieren die Figuren, während sie sprechen, über die Bedingungen für die Möglichkeiten des Miteinander-Sprechens. Da aber den Figuren die Kommunikation ihrer Hoffnungen und Befürchtungen verwehrt ist, entfällt für sie trotz ihres offenkundigen Hangs zum Räsonnement die Möglichkeit, ihre Überzeugungen, die mehr und mehr den Charakter von Wahnvorstellungen annehmen, kritisch zu überprüfen.

T E I L   II

3. Literarhistorische Studien zur gesellschaftlichen Funktion und Klassenbedingtheit der Rezeption von Hebbels *Herodes und Mariamne* in Deutschland

3.1 Rezeptionsprobleme

Die Wirkungsgeschichte von Hebbels Drama gehört nicht zu den bevorzugten Gegenständen der literarhistorischen Forschung. Dies Desinteresse der Hebbelforschung an ihrer eigenen Geschichte scheint auf den ersten Blick das Urteil Klaus Zieglers zu bestätigen, daß die"bisherige", d.h. vor 1938 erschienene Literatur über das dichterische Werk Hebbels trotz ihres großen Umfangs "weithin ein für die moderne Literaturwissenschaft sonst ganz unerhörtes Maß innerer Gleichförmigkeit und Eintönigkeit" aufweise[1]. Ziegler führt diesen Umstand darauf zurück, daß die Hebbelforschung ihre Ansicht über das Wesen der Dichtung Hebbels weniger aus dieser Dichtung selbst als aus Hebbels Reflexionen über sie gewonnen habe. "Und eben dieses gemeinsame Zurückgehen der meisten Hebbel-Forscher auf den überall und ewig einen und gleichen Ursprung ihrer Anschauungen und Urteile, eben Hebbels theoretische Reflexionen, begründet die weitgehende Einförmigkeit und Eintönigkeit der bisherigen Hebbel-Literatur"[2]. Unter den Händen der Forschung sei Hebbels Dramatik zu einem "Katalog fachphilosophischer Terminologien", zu einem "Museum schulphilosophischer Dogmatik" erstarrt[3]. Daß die "ältere" Hebbelforschung für das Verständnis der literarischen Produktionen Hebbels nicht viel hergibt, gehört seitdem zum festen Bestand der Lehrmeinungen über Hebbel. So hebt Benno von Wiese, der wohl neben Ziegler einflußreichste Hebbelkritiker der letzten Jahrzehnte, ausdrücklich hervor, daß seine Deutung der Hebbelschen Auffassung des Tragischen "unabhängig von älteren Arbeiten" entstanden sei[4]. Der Hinweis von Kurt May, daß

---

1 Mensch und Welt in der Tragödie Friedrich Hebbels, Neue Forschungen, 32 (Berlin 1938) S. 7.

2 ebd.

3 ebd., S. 12.

4 "Das Tragische in Friedrich Hebbels Welt- und Kunstanschauung", DuV 41 (1941)S.1, Anm. 1. - Wieder abgedruckt in Die deutsche Tragödie von Lessing bis Hebbel , Bd. II (Hamburg 1948) S. 496, Anm. 21.

gerade aus der Distanz die "ältere" Forschung für das "neue" Werkverständnis fruchtbar werden könne und daß man am Wandel des Hebbelbildes den Wandel "unserer Wissenschaft von deutscher Dichtung" studieren könne[5], ist lange Zeit unbeachtet geblieben.

Den besten Überblick über die Hebbelrezeption in Deutschland bieten noch immer die beiden Dissertationen von Diebold und Leisegang. Die Rezeption von Hebbels literarischem Werk durch die Zeitgenossen ist der Gegenstand der Dissertation von Edmund Diebold (Referent: Franz Zinkernagel)[6]. Das Buch bietet eine Übersicht über alle wichtigeren Besprechungen von Hebbels Werken, soweit sie "in größeren Zeitschriften und Jahrbüchern", in selbständigen Veröffentlichungen und in den literarischen Beilagen der Augsburger Allgemeinen Zeitung und der Wiener Zeitung erschienen sind. Dem Verfasser geht es darum, "das geistige Bild Hebbels herauszuschälen, wie es sich in der zeitgenössischen Kritik widerspiegelt"[7]. Diebolds Dissertation ist ein sorgfältiges Referat zeitgenössischer Beurteilungen von Hebbels Werken, das noch heute am besten über die Hebbelkritik bis 1863 informiert. Mit dem bloßen Referieren von Meinungen über Hebbel hat sich Diebold nicht begnügt, er hat vielmehr den Versuch gemacht, die Besonderheiten der Hebbelkritiken dadurch zu erklären, daß er ihre Verfasser verschiedenen literarischen oder weltanschaulichen Gruppen zuordnet. Er unterscheidet "Hegelianer", Vertreter des "Jungen Deutschland", "Radikale", Anhänger der "historisch-nationalen Richtung" und der "rationalistisch-realistischen Richtung", "Katholisch-Klerikale", Angehörige des "Wiener Kreises" und die "intimen Freunde und Biographen". Diese Zuordnung ist nicht selten willkürlich ; so werden

---

5 "Friedrich Hebbels opus metaphysicum 'Genoveva'", Euphorion 45 (1950) S. 337.

6 Friedrich Hebbel und die zeitgenössische Beurteilung seines Schaffens, Hebbel=Forschungen, Nr. XVII (Berlin 1928).

7 ebd., S. I, II.

Gutzkow und Laube noch in den fünfziger und sechziger Jahren als "Jungdeutsche", Dingelstedt und Gottschall als "Radikale" hingestellt, während Gervinus und Treitschke nebeneinander als Vertreter der "historisch-nationalen Richtung" aufgeführt sind. Aber auch in Fällen, wo die Zuordnung der Kritiker zu bestimmten literarischen oder weltanschaulichen Gruppen zutreffend ist, ist dadurch für die Erklärung der Besonderheiten der Hebbelkritiken wenig gewonnen. So ist beispielsweise die erstaunliche Ähnlichkeit der Hebbelkritik Hettners, der als "Hegelianer" bezeichnet wird, und des "Realisten" Schmidt in den fünfziger Jahren nicht erklärt, wie überhaupt Diebolds Darstellung das unverkennbar schwindende Interesse der literarischen Kritik an Hebbels Produktionen seit etwa 1850 unbeachtet läßt. Es liegt nahe, dafür politische und gesellschaftliche, aber auch ökonomische Gründe anzuführen. Die fünfziger Jahre sind bekanntlich eine Periode unvergleichlichen wirtschaftlichen Aufschwungs gewesen[8], die sich nach der Konjunkturkrise der Jahre 1857/59 in den sechziger und zu Beginn der siebziger Jahre fortgesetzt hat, jetzt allerdings unter veränderten politisch-gesellschaftlichen Bedingungen: Im Zuge der forcierten Industrialisierung wird die Klasse der Industriearbeiter zuerst zu einem gesellschaftlichen , dann, nach dem Scheitern der liberalen Arbeiterpolitik und der Konstituierung der Arbeiterbewegung als einer selbständigen politischen Organisation, zu einem politischen Problem für das feudal-kapitalistische Kondominium in Deutschland und Österreich[9]. Diese sozioökonomischen und politischen Faktoren haben das politische und gesellschaftliche Bewußtsein der Industriearbeiter, aber auch der bürgerlichen Schichten nachhaltig be-

8 Cf. Ernst Engelberg, Deutschland von 1849 - 1871, Lehrbuch der deutschen Geschichte, 8. Beitrag (Berlin, 3. Aufl. 1972) S. 36 ff.

9 Cf. ebd., S. 163 ff.

einflußt[10]; sie müssen deshalb auch bei der Untersuchung der Hebbelkritiken berücksichtigt werden. Gerade dies geschieht in Diebolds Arbeit nicht.

Die Hebbelrezeption seit dem Tode des Dichters im Jahre 1863 ist der Gegenstand der Untersuchung Willy Leisegangs[11]. Die Arbeit geht auf viele, heute kaum mehr beachtete Hebbelstudien ein, aber ihr fehlt die philologische Genauigkeit, die Diebolds Dissertation auszeichnet. Leisegangs Arbeit läßt eine Anzahl bedeutender Hebbelstudien gänzlich unberücksichtigt: die Untersuchungen Waetzolds, Dosenheimers, Meyer-Benfeys, Hallmanns, Sommerfelds, Schultze-Jahdes werden nicht einmal erwähnt. Zudem wird der Inhalt der einzelnen Hebbelstudien häufig in unzulässiger Weise verkürzt wiedergegeben. Leisegangs Studie zielt darauf ab, verschiedene Perioden "in der Erlebniswertung der Hebbelschen Dramatik"[12] herauszuarbeiten. Die erste Periode reicht nach Ansicht des Verfassers von 1840, dem Erscheinungsjahr der _Judith_, bis 1863, dem Todesjahr des Dichters; auf sie geht der Verfasser nicht näher ein. Die zweite Periode , "eine Zeit radikaler Hebbelfeindschaft"[13], beginne 1863 und ende erst in den neunziger Jahren. In dieser Zeit hätten nur die _Nibelungen_ Respekt und Anerkennung erlangen können. Es folgten in der dritten Periode "die Jahre einer glänzenden Apotheose des Dichters"[14], die zu einer Wiederentdekkung des "_Judith_-_Gyges_-Komplex" geführt habe. 1906 beginne die Hebbelbegeisterung abzuflauen, formiere sich

---

10 Cf. Heinrich August Winkler, _Preußischer Liberalismus und deutscher Nationalstaat: Studien zur Geschichte der deutschen Fortschrittspartei 1861 - 1866_ (Tübingen 1964).

11 _Das Drama Friedrich Hebbels in der Auffassung der Nachwelt_ (Kiel, Phil. Diss. 1928). - Der Verfasser hat die Ergebnisse seiner Untersuchung in dem Aufsatz "Hebbels Nachleben in der Gegenwart", _ZdB_ 5 (1929) S. 161 - 166 zusammengefaßt.

12 _ZdB_ 5 (1929) S. 162.

13 Leisegang, _Das Drama Friedrich Hebbels_, S. 3.

14 _ZdB_ 5 (1929) S. 162.

eine Gruppe von Hebbelgegnern wie Eulenberg und Schlaf, und wenige Jahre später, nachdem Walzel und Bab ihre abgewogenen Hebbelstudien veröffentlicht hätten, setze sich mit dem Expressionismus eine literarische Bewegung durch, die allenfalls einzelnen Hebbelschen Werken, etwa der Judith, günstig gewesen sei. "Einen weiteren Stoß" hat Leisegangs Darstellung zufolge dem "Hebbelbild" die "Revolution von 1918" versetzt: "Ein verändertes Geschlecht ist auf den Plan getreten, das Hebbelscher Probleme müde zu sein scheint."[15] Diese "kurzlebigen Zeiten" aber würden "vergehen und anderen Platz machen". Hebbels Werk könne in Ruhe die Zeit abwarten , "wo es einer neuen Generation wiederum Führer und Erzieher sein kann und will"[16].

Wenn Leisegang die Revolution für das schwindende Interesse der zwanziger Jahre am literarischen Werk Hebbels verantwortlich macht, weicht er in auffälliger Weise von dem Grundsatz ab, darauf zu verzichten, "äußerliche Zeiterscheinungen - wie es heute beliebte Methode ist - in den Werdeprozeß des Hebbelschen Werkes mithineinspielen zu lassen"[17]. So erklärt er die "Hebbelfeindschaft" seit 1863 mit dem Hinweis darauf, daß nach dem Tode des Dichters der "suggestiv bannende Einfluß und Eindruck" seiner Persönlichkeit auf Freunde und Bekannte aufgehört habe[18]. Die "Hebbelrenaissance" der neunziger Jahre aber sei das Werk "einzelner schöpferischer Männer", "die das Hebbelbild mit ihrer eigenfarbigen Persönlichkeit durchtränken, um es weiter und größer neu entstehen zu lassen"[19]. Jetzt erst werden - so Leisegang - die Figuren und Vorgänge von Hebbels Bühnenstücken als das erkannt, was sie sind: "außerordentliche Menschen im Königspurpur, deren tragisches Verhängnis, fern von Raum und

---

15 Leisegang, Das Drama Friedrich Hebbels, S. 68.

16 ebd., S. 90, 91.

17 ebd., S. 90.

18 ebd., S. 4 f.

19 ebd., S. 56.

Zeit, mit der Geburt unlöslich in sie hineingelegt, Verhängnisse, die Jahrtausendprobleme darstellen, die noch am jüngsten Tag schmerzvoll an den Toren der Unendlichkeit pochen werden"[20]. Ob Leisegangs Hebbelverständnis Walzels Hebbelstudien mehr verpflichtet ist als Bertrams Nietzsche-Buch, ist nicht eindeutig zu entscheiden[21]. Eindeutig ist seine Ablehnung der sozialistischen und liberalen Hebbelkritiker wie Mehring und Kerr; diese gelten ihm als "im tiefsten hebbelfremd"[22].

Daß Hebbel in diesen Ausführungen Leisegangs als Kronzeuge gegen demokratische Theorie und Praxis fungiert, ist nicht zu übersehen. Leisegangs Dissertation ist offensichtlich eins der vielen Dokumente des antidemokratischen Denkens bürgerlicher Schichten in der Weimarer Republik[23]. Erklärlich wird die antidemokratische Akzentuierung dieses Hebbelbildes durch die besondere politische und sozioökonomische Stellung seiner Trägerschichten in der sogenannten Stabilisierungsphase der Weimarer Republik[24]. Eine Neubearbeitung von Leisegangs Thema würde deshalb nicht nur die offenkundigen literarhistorischen Mängel der Arbeit zu beseitigen haben, sondern müßte auch versuchen, Leisegangs Periodisierung der Hebbelrezeption historisch-sozial aufzuarbeiten. Hier soll nur daran erinnert werden, daß der Aufschwung der Arbeiterbewegung seit der Weltwirtschaftskrise von 1857/59, die Gründung selbständiger proletarischer Organisationen sowie das Erlebnis der Pariser Kommune die seit 1848 offenkundigen reaktionären Tendenzen im deutschen Bürgertum verstärkt haben[25] und daß schließlich der Börsenkrach

---

20 Leisegang, Das Drama Friedrich Hebbels, S. 55.

21 ebd. , S. 78 ff. (Walzel), S. 12, 23, 38, 55 (Bertram).

22 ebd., S. 97.

23 Cf. Kurt Sontheimer, Antidemokratisches Denken in der Weimarer Republik: Die politischen Ideen des deutschen Nationalismus zwischen 1918 und 1933 (München 1962).

24 Cf. Wolfgang Ruge, Weimar: Republik auf Zeit (Berlin 1969) S. 167 ff.

25 Cf. Engelberg, Deutschland von 1849 - 1871, sowie Winfried Schröder, "Die Pariser Kommune und die

von 1873 "sozusagen das Signal für den äußeren und inneren Verfall der liberalen Bewegung gab, für das Erlahmen ihrer ökonomischen, politischen und ideologischen Anziehungs- und Stoßkraft, für die Verengung ihrer gesellschaftlichen Basis und für die ebenso unerwartete wie tiefgehende Verschärfung des Klassenkampfes"[26]. Die langwierigen, erst in den neunziger Jahren überwundenen Wachstumsstörungen der deutschen Wirtschaft, die als Große Depression in die Geschichte eingegangen sind[27], haben tiefgreifende politische und gesellschaftliche Konsequenzen gehabt. Eine ihrer wichtigsten Folgeerscheinungen ist die zunehmende Anfälligkeit der bürgerlichen Schichten für "irrationales und neurotisches Denken" gewesen[28]. In der imperialistischen Periode bis zum ersten Weltkrieg hat diese Tendenz sich klar erkennbar durchgesetzt[29]. Die von bürgerlichen Schichten getragene "Hebbelrenaissance" muß in diesem geschichtlich-gesellschaftlichen Zusammenhang untersucht werden.

Es hat fast vierzig Jahre gedauert, bis der nächste Beitrag zur Hebbelrezeption veröffentlicht worden ist. Warren R. Maurer hat 1967 den Versuch gemacht, "das naturalistische Urteil über Hebbel" und damit verbunden den Anteil der Naturalisten an der in den neunziger Jahren offenkundigen Hebbelrenaissance zu untersuchen[30]. Als Materialsammlung ist Maurers Aufsatz zweifellos wertvoll. Er vermittelt eine Vorstellung davon, wie die Gebrüder Hart, wie Conrad und Bleibtreu, Hillebrand und Mauerhof, Brahm und Berg Hebbels litera-

---

Veränderungen im ideologischen Überbau der bürgerlichen Gesellschaftsordnung", Deutsche Zeitschrift für Philosophie 19 (1971) S. 964 - 984.

26 Hans Rosenberg, Große Depression und Bismarckzeit: Wirtschaftsablauf, Gesellschaft und Politik in Mitteleuropa (Berlin 1967) S. 63.

27 Cf. ebd., S. 22 ff. ; Hans-Ulrich Wehler, Bismarck und der deutsche Imperialismus (Köln 1969) S. 61 ff.

28 Rosenberg, Große Depression, S. 67.

29 Cf. Fritz Klein, Deutschland von 1897/98 bis 1917, Lehrbuch der deutschen Geschichte, Beitrag E (Berlin, 3. Aufl. 1972) S. 395 ff.

30 "Hebbel im Urteil der Naturalisten", HJb 1967, S. 107.

risches Werk beurteilt haben. Abschließend werden die "Verdienste" der einzelnen Naturalisten "um Hebbel" sorgfältig gegeneinander abgewogen und mit den entsprechenden Leistungen Kuhs und Bambergs sowie "nichtnaturalistischer Gelehrter" wie Wilhelm Scherer, Max Martersteig, Arthur Eloesser und - "trotz manch unerfreulicher Übertreibung" - Adolf Bartels verglichen[31]. Maurer referiert die Meinungen der Naturalisten über den Dichter und das gesamte Werk, ohne Ursachen und Funktion dieser Meinungen näher zu untersuchen. Die soziale Problematik des Naturalismus, die schon 1896 einen Parteitag der SPD beschäftigt[32] und die Franz Mehring in mehreren Artikeln analysiert hat, ist dem Verfasser nicht geläufig. Hebbel ist für ihn "nichts wenn nicht religiös-metaphysischer Dichter"[33]. Aus diesen Voraussetzungen erklärt sich Maurers Urteil , daß Hebbel in seiner "Tendenzlosigkeit" und "politischen Interessenlosigkeit" den "weit mehr revolutionär gesinnten Naturalisten" direkt reaktionär habe vorkommen müssen[34]. Zutreffend ist dagegen der Hinweis darauf, daß die Anerkennung Ibsens in den literarisch interessierten Kreisen Deutschlands der Wiederentdekkung Hebbels den Weg bereitet hat[35]. Wie sich die Impulse, die von Ibsens Dramatik ausgingen, bei der Rezeption des Hebbelschen Werkes ausgewirkt haben, ist nach wie vor ungeklärt.

Wolfgang Wittkowski hat den bislang einzigen Versuch einer kritischen Bestandsaufnahme der Hebbelrezeption seit der faschistischen Ära vorgelegt[36]. Wittkowski betont, daß die Geschichte der deutschen Tragödie von

---

31 "Hebbel im Urteil der Naturalisten", <u>HJb</u> 1967, S.134f.

32 Cf. Ursula Münchow, "Naturalismus und Proletariat", <u>WB</u> 10 (1964) S. 599 - 617.

33 <u>HJb</u> 1967, S. 114.

34 ebd., S. 113.

35 ebd. , S. 131 ff.

36 <u>Der junge Hebbel: Zur Entstehung und zum Wesen der Tragödie Hebbels</u>, Quellen und Forschungen zur Sprach- und Kulturgeschichte der germanischen Völker, N.F. 29 (Berlin 1969) S. 3 - 38. - Cf. Joachim Müller (Rez.), <u>Germanistik</u> 10 (1969) S. 631 f., und Walter Dietze (Rez.), <u>DLZ</u> 92 (1971) S.42-44.

den maßgeblichen Hebbelkritikern der letzten Jahrzehnte, von Fricke, Ziegler und von Wiese, unter dem Aspekt der "Säkularisierung" gesehen wird. Diese Gelehrten begreifen die neuere Geistesgeschichte als "Aushöhlung und Zersetzung der christlichen Glaubenstraditionen". Die Tragödie des 19. Jahrhunderts wird von ihnen als Ergebnis und Ausdrucksform des Nihilismus , "des modernen Abfalls von Gott", begriffen[37]. Dieser geistesgeschichtliche Rahmen soll Inhalt und Werte der Tragödie Hebbels erklären. Ihre Werte seien solche des christlichen Idealismus. Ihr Inhalt sei , daß jene Werte nicht verwirklicht, sondern nur ersehnt würden und daß die Vergeblichkeit des Sehnens zu tragischer Verzweiflung führe[38]. Im Zuge einer immanenten Kritik dieses Untersuchungsansatzes stellt Wittkowski heraus, daß die Erwartungen, von denen Hebbels Figuren angeblich ausgingen, so "hochgespannt" seien und auf so paradoxe Weise verwirklicht werden sollten, daß sie "nicht positiv im Hier und Jetzt erfüllbar" seien[39]. Wenn aber jene Erwartungen "überspannt, unwahr, illusionär" seien, dann sei die Verzweiflung über diese Desillusionierung "schwerlich frei von Torheit, Überspanntheit, von Würdelosigkeit"[40]. Ein "unwahres und würdeloses Phantasiegebilde" wäre, wenn Fricke, Ziegler und von Wiese Recht behielten, demnach das "letzte Positivum", das der "moderne" Geist hervorgebracht hätte und mit dem er sich noch heute auseinandersetzte[41]. Nach Ansicht Wittkowskis deutet sich im Hebbelverständnis dieser Gelehrten eine "Ratlosigkeit dem nachidealistischen Denken gegenüber" an[42], deren sozialgeschichtliche Ursachen von Wittkowski allerdings nicht reflektiert werden. Dieser hebt hervor, daß die

---

37 Wittkowski, Der junge Hebbel, S. 4.

38 ebd., S. 5.

39 ebd., S. 10.

40 ebd., S. 11.

41 ebd., S. 12.

42 ebd., S. 13.

oben genannten Gelehrten Hebbel gleichsam als Zeitgenossen behandeln[43] - zur Erklärung dieses Bankrotts der historischen Hebbelforschung wird auf Einflüsse der Existenzphilosophie und -theologie hingewiesen, deren geschichtlich-gesellschaftliche Funktion aber unberücksichtig bleibt[44]. Wittkowski polemisiert mit Recht gegen den Subjektivismus dieser Hebbelforschung, der sich einerseits im weitgehenden Verzicht auf nachprüfbare Ergebnisse, andererseits in der vehement vorgetragenen Behauptung der Inkommensurabilität von Hebbels ästhetischer Theorie und Praxis, von Dichter und Denker offenbart[45]. Aber er macht sich keine Gedanken über Ursachen und Funktion dieses Subjektivismus. Ihm stellt er ein "anthropologisch-ethisches Verfahren" gegenüber, das wiederum von den sozioökonomischen und politischen Voraussetzungen der Entstehung und Wirkung der Hebbelschen Produktionen absieht[46].

Die Arbeiten von Diebold, Leisegang, Maurer und Wittkowski lassen erkennen, daß für eine Rezeptionsforschung, die die verschiedenen Hebbelbilder als Ausdruck bestimmter geschichtlich-gesellschaftlicher Erfahrungen und Absichten begreift, noch viel zu tun ist. Daraus ergeben sich beim Versuch, die Rezeption auch nur eines Hebbelschen Werkes zu untersuchen, nicht unerhebliche Schwierigkeiten.

Wer sich mit der Wirkungsgeschichte von Hebbels literarischem Werk auseinandersetzen will, muß immer noch auf z.T. schwer erreichbare Erstveröffentlichungen der Hebbelkritiken zurückgreifen. Wütschkes Auswahl zeitgenössischer Rezensionen[47] ist die einzige Textsammlung zur Wirkungsgeschichte des literarischen Wer-

---

43 Wittkowski, _Der junge Hebbel_, S. 13.

44 Cf. ebd., S. 14 ff.

45 ebd., S. 18 ff.

46 Cf. ebd., S. 26.

47 _Hebbel in der zeitgenössischen Kritik_, Deutsche Literaturdenkmäler, Nr. 143 (Berlin 1910).

kes Hebbels überhaupt. Für wissenschaftliche Zwecke kann diese Auswahl "nur einen sehr bedingten Wert haben"[48], da die Textauswahl kein vollständiges Bild vermittelt. Die Dokumentensammlung Paul Bornsteins, des "wohl größten Hebbel-Kenners, den es bisher gegeben hat"[49], schließt "alle Kritiken hebbelscher Dichtung, alle ästhetischen Werturteile, soweit sie nicht Teil oder Gegenstand überlieferten Gesprächs"[50] mit dem Dichter bildeten, ausdrücklich aus.

Wütschkes Bibliographie der Veröffentlichungen bis 1910[51] fehlt, wie Paul Kisch schon 1912 nachgewiesen hat, "nicht mehr und nicht weniger als jeder wissenschaftliche Ernst, jede Gründlichkeit der Forschung"[52]. Dennoch ist sie bislang durch keine bessere Bibliographie ersetzt worden. Noch auffälliger ist der Umstand , daß trotz intensiver Beschäftigung mit Person und Werk des Dichters die späteren Veröffentlichungen mehr als vier Jahrzehnte lang bibliographisch nur bruchstückhaft erfaßt worden sind[53]. Erst 1953/54 sind mit der Veröffentlichung von Peter Michelsens "Beitrag zu einer Hebbel-Bibliographie"[54] erste bibliographische Voraussetzungen für die wissenschaftliche Auseinandersetzung mit der Hebbelrezeption geschaffen worden. Durch die 1973 erschienene Bibliographie U. Henry Gerlachs[55] sind die bibliographischen Arbeiten Michelsens und anderer überholt. Das Buch ist als Fortsetzung von Wütschkes Bibliographie konzipiert und übernimmt im wesentlichen deren Gliederung, die hi-

---

48 Paul Kisch (Rez.), Euphorion 19 (1912) 459.

49 Peter Michelsen , "Für Forscher", Euphorion 59 (1965) S. 412.

50 Friedrich Hebbels Persönlichkeit: Gespräche, Urteile, Erinnerungen, Bd. I (Berlin 1924) S. XX.

51 Hebbelbibliographie: Ein Versuch, Veröffentlichungen der deutschen bibliographischen Gesellschaft, Bd. 6 (Berlin 1910).

52 Euphorion 19 (1912) S. 446.

53 Cf. W. Jokisch, "Bausteine zu einer Hebbelbibliographie 1919 bis 1930" , Archiv für das Studium der neueren Sprachen und Literaturen 163 (1933) S.34-41.

54 HJb 1953, 111-133; 1954, 93-122; 1955, 113-141; 1956, 131-143.

55 U. Henry Gerlach, Hebbel-Bibliographie 1910 - 1970 (Heidelberg 1973).

storische Fragestellungen unberücksichtigt läßt. An dieser Arbeit ist im einzelnen zu bemängeln, daß längst nicht alle Hebbelausgaben berücksichtigt sind, wie eine Durchsicht von Christian Gottlob Kaysers Vollständigem Bücher-Lexicon und dem Deutschen Bücherverzeichnis ergibt. Wenn auch die Sammeltätigkeit Gerlachs auf dem Gebiet der Sekundärliteratur als höchst verdienstvoll anerkannt werden muß, so ist zu bemängeln, daß gerade wichtige Veröffentlichungen übersehen worden sind, u.a. Alfred Kerrs Das neue Drama (Berlin 1905), Julius Babs Das Drama der Liebe (Berlin 1924) und Georg Lukács Deutsche Realisten des 19. Jahrhunderts (Bern 1951). Inkonsequent ist Gerlach bei der Berücksichtigung von Literaturgeschichten; einige wenige führt er auf , die meisten bleiben unerwähnt.

Wenn wie in dieser Arbeit vorausgesetzt wird, daß geschichtlich-gesellschaftliche Faktoren einen maßgeblichen Einfluß auf die Rezeption literarischer Werke haben und diese erst recht verständlich machen, so liegt es nahe, die Hebbelrezeption der liberalen Ära von der der imperialistischen und diese von der der Periode antagonistischer Gesellschaftssysteme in Deutschland nach dem Zweiten Weltkrieg zu unterscheiden. Innerhalb dieser Perioden der Geschichte sind verschiedene, durch die politische und sozioökonomische Entwicklung bedingte Phasen anzusetzen. Die unterschiedlichen Richtungen der Hebbelrezeption in jeder dieser Phasen sollen im folgenden vornehmlich in ihren Hauptvertretern vorgestellt werden.

3.2 Die Rezeption in der liberalen Ära

3.2.1 Die literaturgesellschaftlichen Voraussetzungen

Die Daten zur Wirkungsgeschichte von *Herodes und Mariamne* sind bis zu der in den neunziger Jahren des 19. Jahrhunderts offenkundigen Hebbelrenaissance leicht rekonstruierbar. Das Stück ist am 19. April 1849 am Wiener Burgtheater zum erstenmal aufgeführt worden. Diese Aufführung ist "ein nicht zu beschönigendes Fiasko"[1] gewesen, weitere Aufführungen hat es zu Lebzeiten Hebbels nicht gegeben[2]. Ein Vorabdruck des 1. Akts ist 1849 in den *Jahrbüchern für dramatische Kunst und Literatur* erschienen, den Erstdruck hat Anfang 1850 der Verlag von Carl Gerold in Wien herausgebracht. Eine Neuauflage des Werkes ist 1865 im ersten Band der von Emil Kuh besorgten Gesamtausgabe bei Hoffmann und Campe[3] erfolgt. Die Aufführung des Stücks im Königlichen Schauspielhaus in Berlin am 26. und 28. September 1874 ist "ein jämmerlicher Mißerfolg" gewesen[4]. Die nächste Textausgabe ist erst 1891 zustande gekommen, diesmal im dritten Band der ebenfalls bei Hoffmann und Campe erschienenen Gesamtausgabe von Hermann Krumm[5].

---

1 Eduard Hanslick, zit. nach Paul Bornstein, *Friedrich Hebbels Persönlichkeit: Gespräche , Urteile, Erinnerungen*, Bd. 1 (Berlin 1924) S. 239 - Bornstein, *Hebbels Persönlichkeit*, Bd. 1, S. 556, verweist darauf, daß Hebbel das Drama nicht zurückgezogen, sondern auf seine Wiederaufnahme gedrungen hat, allerdings ohne Erfolg. - Cf. Marie Louise Hiller, *Friedrich Hebbels 'Herodes und Mariamne' auf der Bühne 1849-1925*. Hebbel=Forschungen, Nr. XX (Berlin 1930) S. 30 ff.

2 Cf. die Belege bei Hiller, S. 18.

3 *Friedrich Hebbel's sämtliche Werke*, hg. Emil Kuh, Bd. I (Hamburg 1865).

4 Hiller, S. 18; weitere Einzelheiten zur Berliner Aufführung ebd., S. 57 ff.

5 *Friedrich Hebbel's sämmtliche Werke*, 12 Bde , hg. Hermann Krumm, Bd. III (Hamburg 1891).

Es fragt sich, unter welchen literaturgesellschaftlichen Voraussetzungen Hebbels Drama in der liberalen Ära rezipiert worden ist. In der beispiellosen Hochkonjunktur , die Deutschland seit Anfang der fünfziger Jahre bis 1873 erlebte und die nur durch die Überproduktionskrise der Jahre 1857 bis 1859 unterbrochen wurde, drang die maschinelle Produktionsweise, die sich den überkommenen Produktionsformen des Handwerks und der Manufaktur auf die Dauer weit überlegen erwies, in die meisten Industriezweige ein. Das Schwergewicht der industriellen Produktion verlagerte sich von der Textil-auf die Montanindustrie. Zur gleichen Zeit wurden die letzten Reste des Feudalismus auf dem Lande beseitigt, und zwar in einer Art und Weise , die gerade die Kleinbauern zu Schuldnern der Großgrundbesitzer machte und häufig zur Landflucht trieb. Die fundamentalen Interessengegensätze zwischen Kapitalistenklasse und feudal-bürokratischem Regime einerseits und dem zahlenmäßig sich ständig vergrößernden Proletariat andererseits, die seit der Wirtschaftskrise der Jahre 1857/59 und der Gründung selbständiger proletarischer Organisationen in den sechziger Jahren nicht mehr zu übersehen waren, konnten unter dem bonapartistischen Regime Bismarcks nicht ausgeglichen werden; sie verschärften sich vielmehr infolge der 1873 einsetzenden Großen Depression im industriellen Bereich, die endgültig erst in den neunziger Jahren überwunden werden konnte, und infolge der die soziale Existenz der Junker bedrohenden Agrarkrise seit 1878.

Die geringe Breitenwirkung von Hebbels Produktionen hat schon die zeitgenössische Kritik festgestellt. Julian Schmidt hat am Anfang der fünfziger Jahre, als sich die Grenzboten noch mit Hebbel auseinandersetzten, darauf hingewiesen, daß Hebbels Produktionen in den literarisch kompetenten Kreisen nur "Unwille und Geringschätzung" erregten. "Eigentlich nehmen nur , mit Ausnahme halbreifer Weiber und ähnlicher Sphären der Gesellschaft, diejenigen Kreise fortdauernden Antheil an ihm, die sich specifisch mit der Literatur beschäftigen (...)"[6] Rudolf Gottschall hob 1870 hervor, daß "in vielen ernsten und hochstrebenden Kreisen" Hebbel als großer Dichter gelte, während er "dem gebildeten, sich für Literatur interessierenden Publikum ganzer Städte" eine unbekannte Größe sei[7]. Ähnlich urteilte Robert Prutz in seinem Nekrolog: Hebbel sei ein großer Dichter gewesen, der für das "größere Publikum" so gut wie nicht vorhanden gewesen sei[8]. Hebbel ist in der Tat trotz der Anerkennung, die die Nibelungen in den letzten Lebensjahren des Dichters in großbürgerlich-feudalen Kreisen gefunden haben, für die breite Masse des Theaterpublikums so wenig wie für die deutsche Leserschaft überhaupt ein Begriff gewesen.

Die Ursachen dafür sind im Funktionswandel von Theater und Literatur in den fünfziger und sechziger Jahren des 19. Jahrhunderts begründet[9]. Im Vormärz hat sich die deutsche bürgerliche Öffentlichkeit um das Theater gruppiert. Hier ist der einzige Ort gewesen, wo der "begrenzte" Untertanenverstand sich durch Beifall oder Zischen hat aussprechen können. Dabei ist der Besuch des Theaters keineswegs auf das gebildete Bürgertum, namentlich auf das höhere Beamtentum, beschränkt gewesen. Gerade für Angehörige des unbemittelten Kleinbürgertums ist das Theater häufig eine wichtige Bildungsstätte gewesen[10]. Seit den fünfziger Jahren

---

6 Rez. zu Julia, Grenzboten 10 (1851) 1. Sem. 1. Bd., S. 493-504; hier zitiert nach Wütschke, Hebbel in der zeitgenössischen Kritik, S. 102.

7 Literarische Charakterköpfe, Erster Theil (Leipzig 1870) S. 267.

8 "Friedrich Hebbel", Deutsches Museum 14 (1864) S. 71.

9 Cf. die zeitgenössischen Aufsätze von Hermann Marggraf, "Bühnenpoesie und Bühnenkritik", Blätter für literarische Unterhaltung, 1855, S. 70-74 , "Der Verfall des deutschen Dramas", Deutsche Jahrbücher für Politik und Literatur 3 (1862) S. 389-410, "Vom deutschen Theater", Unterhaltungen am häuslichen Herd, IV. Folge, 1. Bd. 1863, S. 357-358.

10 Cf. Robert F. Arnold, Das moderne Drama (Straßburg, 2. Aufl. 1912) S. 3, Rolf Engelsing, "Dienstbotenlektüre im 18. und 19. Jahrhundert in Deutschland" , International Review of Social History 13 (1968) S. 425 ff.

diente das Theater nur mehr der "Unterhaltung": "vielen Zuschauern, hat man gesagt, ersetzt das Schauspiel eine Whistpartie."[11] Dabei hat sich das Angebot an Theater- oder theaterähnlichen öffentlichen Veranstaltungen erheblich erweitert. Neben den überkommenen Theatern und Opernhäusern befriedigten Sommer-, Varieté- und Operettentheater die Unterhaltungsbedürfnisse der städtischen Bevölkerung. Den literarischen Anspruch des hohen Dramas erhielten jetzt nur noch die Hoftheater aufrecht, doch auch diese fanden sich zur Übernahme von Unterhaltungsstücken, den sogenannten "Sittenstücken" der Dumas, Sardou, Augier, Feuillet und ihrer deutschen Nachahmer, bereit, die von der maßgeblichen Kritik nahezu einhellig akzeptiert wurden[12].

War die hohe Literatur im Vormärz im wesentlichen eine Sache der "Salons", der "exclusiven Kreise"[13] gewesen, die sich in ihren Lesekabinetten unschwer über literarische Neuerscheinungen orientieren konnten[14], so ging der Einfluß dieser Zirkel, soweit sie überhaupt bestehen blieben, in den fünfziger Jahren ganz zurück. Dem entspricht ein auffälliger Rückgang in der Bedeutung der für einen anspruchsvollen Leserkreis bestimmten literarischen Zeitschriften wie der Blätter für literarische Unterhaltung, der Deutschen Monatsschrift für Politik, Wissenschaft, Kunst und Leben, der Jahrbücher für dramatische Kunst und Literatur, Europa, der Grenzboten, dem Deutschen Museum und den Unterhaltungen am häuslichen Herd, die sich mit wenigen Ausnahmen nicht mehr lange halten konnten, weil sie bei einer Auflagenhöhe von 500 bis 1000 Exemplaren[15] ihren Verlegern keinen Gewinn mehr abwarfen. Er-

11 Unterhaltungen am häuslichen Herd, IV. Folge, 1.Bd., 1863, S. 357.

12 Cf. Arnold, Das moderne Drama, S. 51.

13 Robert Prutz, Die deutsche Literatur der Gegenwart 1848 bis 1858, Bd. I (Leipzig 1859) S. 55.

14 Cf. Frolinde Balser, Die Anfänge der Erwachsenenbildung in Deutschland in der ersten Hälfte des 19. Jahrhunderts (Stuttgart 1959) S. 63 ff.

15 Cf. Joachim Kirchner, Das deutsche Zeitschriftenwesen: Seine Geschichte und seine Probleme, Teil II (Wiesbaden 1962) S. 137 ff., 220 ff.

folgreicher waren die Verleger beim Vertrieb von Unterhaltungszeitschriften wie der Gartenlaube, Über Land und Meer und Daheim , die sich anders als die oben erwähnten Zeitschriften mit literarischen Erscheinungen wie Hebbel nicht mehr auseinandersetzten. Zur Verdeutlichung der Größenordnung, in der das Zeitschriftengeschäft seit dem Ende der fünfziger Jahre abgewikkelt wurde, sei erwähnt, daß die Gartenlaube schon 1860 in 86000 Exemplaren, 1875 in 400 000 Exemplaren an den Mann gebracht wurde[16].

Diese Entwicklung vollzog sich vor dem Hintergrund eines sich immer schärfer ausprägenden Bildungsdualismus', den schon Friedrich Paulsen beschrieben hat: "Das Bürgertum, das vor hundert Jahren gegen die Privilegierten die Fahne der Freiheit und Gleichheit erhob, hat inzwischen einen Frontwechsel vollzogen. Mit dem alten Adel zu einer im wesentlichen einheitlichen Klasse verschmolzen, der Klasse der 'Gebildeten und Besitzenden', ist es nun bestrebt, sich der von unten nachdrängenden Massen zu erwehren. An allen Punkten ist dieses Streben sichtbar, in der Politik, in der Gesellschaft, und so in der Schule."[17] Waren die höheren Schulen am Anfang des 19. Jahrhunderts Gesamtschulen für die Mehrheit der städtischen Bevölkerung, die einen über Generationen sich erstreckenden sozialen Aufstieg ermöglichten, so war am Ende des Jahrhunderts die Distanz zwischen der Bevölkerungsmehrheit und dem höheren Schulsystem kaum noch zu überwinden[18]. Die

---

16 Ernst Drahn, Geschichte des deutschen Buch-und Zeitschriftenhandels (Berlin 1914) S. 25 f.
Cf. Friedrich Winterscheid , Deutsche Unterhaltungsliteratur der Jahre 1850-1860: Die geistesgeschichtlichen Grundlagen der unterhaltenden Literatur an der Schwelle des Industriezeitalters, Abhandlungen zur Kunst-, Musik- und Literaturwissenschaft, Bd. 65 (Bonn 1970) S. 115 ff.

17 Geschichte des gelehrten Unterrichts auf den deutschen Schulen und Universitäten, Bd. II (Leipzig, 2. Aufl. 1897) S. 681.

18 Cf. Detlef Müller, "Sozialstruktur und Schulsystem", Zur soziologischen Theorie und Analyse des 19. Jahrhunderts, hg. Walter Rüegg und Otto Neuloh (Göttingen 1971) S. 213-233.

Schulpolitik der deutschen Staaten hat den Dualismus von "volkstümlicher" und "höherer" Bildung systematisch gefördert, wie ein Vergleich der Stielschen Regulative von 1854 und des Schulaufsichtsgesetzes von 1872 einerseits und der Schulverfassungen und Lehrpläne für die Gymnasien andererseits unschwer erkennen läßt. In der Periode der Industrialisierung konnten auch die "ungebildeten , arbeitenden" Klassen nicht ohne eine gewisse Elementarbildung bleiben. Die "volkstümliche" Bildung vermittelte die für die Arbeit in der Industrie unabdingbaren Kenntnisse im Lesen, Schreiben und Rechnen und zielte im übrigen darauf ab, die Kinder zu gehorsamen, strenggläubigen und königstreuen Untertanen zu erziehen[19]. Diesen Erziehungszielen entsprachen Auswahl und Behandlung der Lesestücke in der Volksschule - mit der Folge , daß weiten Kreisen der deutschen Bevölkerung jede literarische Bildung vorenthalten wurde[20]. In den Gymnasien hingegen, den Schulen von "Besitz und Bildung", wo nach wie vor die alten Sprachen dominierten[21], war nach einer "Einführung in die classische Literatur des Mittelalters (Nibelungen, Gudrun)" in Sekunda eine"Uebersicht über die Literaturgeschichte von Luther bis zur Gegenwart" in Prima vorgeschrieben, dabei die "Lectüre von Proben aus den wichtigsten Schriftstellern, namentlich Luther, Herder, Lessing,Klopstock, Göthe mit Besprechung des Gehalts und der Kunstform" sowie die "Lectüre von Abhandlungen wie Lessings Laokoon, Schiller über naive und sentimentale [sic!] Dichtungsart u.a., zur Uebung im Verfolgen des Gedankenganges und in der Auffassung eines weiteren Zusammenhanges"[22]. Auch die maß-

---

19 Cf. Karl-Heinz Günther u.a., Geschichte der Erziehung (Berlin, 11. Aufl. 1973) S. 353 ff., und Eugen Lemberg, "Die höhere Schule in der Gesellschaft", Das Studienseminar 6 (1961) S. 50 ff.

20 Cf. Hermann Helmers, Geschichte des deutschen Lesebuchs in Grundzügen (Stuttgart 1970) S. 104 ff., und Der Literaturunterricht, hg. Dietrich Boueke, Quellen zur Unterrichtslehre, Bd. 14 (Weinheim 1971) S. 4 ff.

21 Cf. die Stundentafeln in Verordnungen und Gesetze für die höheren Schulen in Preußen, hg. L[udwig] Wiese, Bd. I (Berlin 1867) S. 33, 41.

22 ebd., S. 56. - Cf. die Übersicht über den Lektüre-

geblichen Didaktiker des Deutschunterrichts waren der Auffassung, daß die nachklassische Literatur aus der Schule auszuschließen sei; ausgenommen davon waren lediglich einige klassizistische Produktionen sowie - seit den sechziger Jahren - pratriotische Kriegsdichtungen[23]. Durch die Lektüre solcher Texte sollte den Schülern über "den realistischen Kreis der nahen Wirklichkeit" hinaus ein "Blick in eine idealere Welt" eröffnet werden[24]. Die Widerspiegelung sozioökonomischer und politischer Probleme in der Literatur wurde nicht zur Kenntnis genommen. Auf die Rezeption eines nachklassischen Autors wie Hebbel waren somit weder die breiten Schichten der Bevölkerung noch auch die eigentlichen Bildungsschichten durch die Schule vorbereitet. Auf den Universitäten hat die zeitgenössische Literatur nach dem Ausweis der Vorlesungsverzeichnisse noch bis zum Ende der fünfziger Jahre Beachtung gefunden[25]; danach ist sie für die literarhistorische Forschung über drei Jahrzehnte hinweg uninteressant gewesen.

Neben der profitorientierten Unterhaltungsliteratur und -dramatik und der klassizistisch bzw. nationalistisch ausgerichteten Literatur und Dramatik, die durch die öffentlichen Bildungsanstalten verbreitet wurden, gingen der Borromäusverein im Rahmen der katholischen Kirche und die Arbeiterbildungsvereine eigene Wege. Dem Borromäusverein, nach seinem Selbstverständnis ei-

---

kanon deutscher Gymnasien in der zweiten Hälfte des 19. Jahrhunderts bei Adolf Matthias, Geschichte des deutschen Unterrichts, Handbuch des deutschen Unterrichts an höheren Schulen, Bd. I, Teil I (München 1907) S. 385 ff., sowie Hans-Georg Herrlitz, Der Lektüre-Kanon des Deutschunterrichts im Gymnasium (Heidelberg 1964) S. 100 ff.

23 Cf. insbesondere die Ausführungen von Hiecke, v. Raumer und Laas in Der Literaturunterricht, hg. Peter-Martin Roeder, Zur Geschichte und Kritik des Lesebuchs der höheren Schule, Marburger Pädagogische Studien, Bd. 2 (Weinheim/Bergstraße 1961) S. 112 ff.

24 Verordnungen und Gesetze für die höheren Schulen in Preußen, Bd. I, S. 97.

25 Über die deutsche Literatur der Gegenwart lasen in Halle Prutz (SS 1850, WS 1850/51, SS 1851, WS 1852/53, SS 1853, WS 1854/55, WS 1856/57), in Berlin

ne "Organisation für den Vertrieb guter Bücher"[26], ging es vor allem um die Verteidigung tradierter Positionen der katholischen Kirche, die in der sich entwickelnden Industriegesellschaft in Frage gestellt wurden. Neben Gebets- und Erbauungsschriften und populärwissenschaftlichen Werken wurde deshalb eine spezifisch katholische Literatur verbreitet, deren bedeutendster Exponent der "Spätromantiker" Redwitz gewesen ist. Über den Borromäusverein konnten die angesprochenen kleinbürgerlichen und bäuerlichen Leser weder die klassische deutsche Literatur noch die bedeutendere zeitgenössische Literatur kennenlernen[27]. Die sich seit der Weltwirtschaftskrise von 1857/59 selbständig organisierende Arbeiterbewegung dagegen brachte seit den sechziger Jahren ein eigenes Arbeitertheater hervor. Unter dem Schutz des Vereinsrechts, unter Ausschluß der Herrschenden und ihres Publikums wurden in den großen Industriezentren Agitationsstücke, Wahlkampfschwänke, Revuen, Festspiele und Lebende Bilder, auch Mehrakter, insbesondere Streikdramen, aufgeführt, die wegen ihres Ideengehalts auf jeder öffentlichen Bühne verboten worden wären[28]. In diesen von Arbeitern für Arbeiter geschriebenen Stükken spielte die dramatische Tradition des Bürgertums keine Rolle.

Diese literaturgesellchaftlichen Voraussetzungen lassen erkennen, warum Hebbels literarisches Werk in dieser Phase der deutschen Geschichte, sieht man von den ersten Jahren nach dem Scheitern der Revolution von 1848/49 ab, kaum ein Publikum finden konnte.

Köpke (SS 1851, WS 1852/53, WS 1854/55, WS 1856/57, WS 1858/59), in Breslau Pfeiffer (SS 1859, SS 1861), in Göttingen Bohtz (SS 1855), in Erlangen von Raumer (SS 1856, SS 1858).

26 Wilhelm Spael, Das Buch im Geisteskampf: 100 Jahre Borromäusverein (Bonn 1950) S. 105.

27 Cf. ebd., S. 125.

28 Cf. Ursula Münchow, "Zur Entstehung und Entwicklung des frühen deutschen Arbeitertheaters", WB 16 (1970) H. 8, S. 144 f., und Friedrich Knilli, Ursula Münchow, Frühes deutsches Arbeitertheater: Eine Dokumentation (München 1970).

3.2.2 Die erste Phase (1849 - 1859)

Für die Kritiker von Hebbels Herodes und Mariamne, die sich in literarischen Zeitschriften und in Literaturgeschichten mit ihm und dem Stück auseinandergesetzt haben, sowie für deren Leser sind die Revolution von 1848/49 und ihr Scheitern sowie der industrielle Aufschwung seit dem Anfang der fünfziger Jahre die bestimmenden politisch-gesellschaftlichen Erfahrungen gewesen. So unterschiedlich, wie diese Erfahrungen verarbeitet worden sind, so unterschiedlich ist auch die Aneignung des Hebbelschen Werkes durch die verschiedenen Kritiker gewesen. Insgesamt lassen sich drei verschiedene Richtungen der Rezeption unterscheiden, und zwar die kleinbürgerlich-demokratische, die liberale und die konservative.

3.2.2.1 Die kleinbürgerlich-demokratische Richtung

In der ohne Verfasserangabe in Kolatscheks Deutscher Monatsschrift für Politik, Wissenschaft, Kunst und Leben veröffentlichten Rezension des Stücks[1] machten sich die kleinbürgerlich-demokratischen Überzeugungen geltend, die Kolatscheks Zeitschriften auch sonst propagiert haben[2]. Dem Verfasser ging es darum zu zeigen, wie Mariamnes intransigentes Beharren auf "freier

1 Bd. III, 1850 , S. 292-309.
Diebold, Hebbel und die zeitgenössische Beurteilung seines Schaffens, S. 284, nennt Emil Palleske als den Verfasser dieses Aufsatzes. Dafür gibt es aber keine Belege. In Palleskes "Briefen über 'Das moderne Drama, ästhetische Untersuchungen von Hermann Hettner'", Blätter für literarische Unterhaltung 1852, Nr. 9, 193, heißt es: "Friedrich Hebbel sah ich zu meinem Befremden in 'Herodes und Mariamne' einer Oede und Gequältheit des Ausdrucks anheimfallen, gegen welche die einzelnen lebendigen Schönheiten des Werkes ohnmächtig ankämpfen." - Emil Kuh, Friedrich Hebbel: Eine Charakteristik (Wien 1854) S. 94, bezeichnet Kuno Fischer als den mutmaßlichen Verfasser des Aufsatzes.

2 Cf. Hans Rosenberg, Die nationalpolitische Publizistik Deutschlands vom Eintritt der neuen Ära in Preußen bis zum Ausbruch des deutschen Krieges: Eine kritische Bibliographie, Bd. 1 (München 1935) S. 85f.

Selbstbestimmung" einen Konflikt heraufbeschwört, der den Herrscher als furchtbaren Tyrannen zu erkennen gibt. Weiter ging der Verfasser davon aus, daß das "ungeheure Bild einer fürchterlichen Epoche", das Hebbels Drama entwerfe, ein Abbild der Gegenwart sei. Unmißverständlich wies er auf die Auflösung der überkommenen feudalen Ordnung, das Ringen feudaler und kapitalistischer Interessen und die rudimentären Anfänge der sozialistischen Bewegung hin. Aber wie die Tyrannei überwunden, die Freiheit begründet werden könne, blieb unklar.

Im einzelnen wurde ausgeführt, daß Hebbel "der eigentliche Dichter der Epoche" sei[3]. Den Stoff des Dramas habe Hebbel wie vor ihm Calderon und Massinger "aus dem jüdischen Geschichtsschreiber Josephus" übernommen. Hebbel halte sich eng an diese Vorlage, von der er sich nur entferne, um die Motive der handelnden Figuren sorgfältiger zu begründen. Der Gang der Handlung sei "wie der Weg einer Lawine"; dagegen Einwendungen zu machen, gehe nicht an, da die Charaktere "nicht bloß psychologisch", sondern auch "streng historisch" seien und "ihren Erklärungsgrund" in der Zeit, der sie angehörten, fänden. Diese Zeit aber sei "eine furchtbare" gewesen; entscheidend sei , daß sie "im Hauptpunkt der unserigen" gleiche: "das Fundament der damaligen Gesellschaft war überall gelockert und Nichts stand mehr fest"[4]. Der Verfasser vermutet, daß Hebbel "eben wegen dieser Verwandtschaft mit unseren eigensten Zuständen dieß ungeheure Bild einer fürchterlichen Epoche vorgeführt" habe[5]. In Hebbels Drama werde der unversöhnliche Kampf zweier Weltzustände, des "grobmaterialistisch-römischen" und des "spitzfindig=spiritualistisch=jüdischen", vorgeführt, in dem sich ein dritter Welt-

---

3 Deutsche Monatsschrift für Politik, Wissenschaft, Kunst und Leben, Bd. III, 1850, S. 292.

4 ebd. S. 293.

zustand,"der christliche", Bahn breche; dieser trete "in den kümmerlichsten Anfängen, in noch kümmerlicheren wie jetzt z.B. der so hart geschmähte Socialismus" hervor. Es sei bezeichnend, daß diese neue Ära in der "Gestalt eines hilflosen Kindes, dem die Mächtigen der Erde sich beugen", angedeutet sei[6].

Zugleich mit dieser "alle Völker umfassenden Krisis der Menschheit", die ein Spiegelbild jener Krise sei, die den Völkern in der Gegenwart zu schaffen mache , wickle sich, "in jedem Stadium von ihr bedingt", eine erschütternde psychologische Tragödie ab[7]. Der Verfasser versuchte im folgenden, die Modifikationen im Verhalten der Protagonisten und ihres Verhältnisses zueinander zu erläutern. Mit der Ermordung des Aristobulus werde "der tragische, alle Versöhnung ausschließende Konflikt" gesetzt: "der Todte wandelt durch das ganze Stück und tritt Herodes überall viel fürchterlicher, wie der Lebendige gethan hätte, in den Weg"[8]. Nichts sei natürlicher, als daß Herodes sich gerade in dem Moment, als Antonius ihn zur Rechenschaft ziehe, der unendlichen Liebe seiner Gemahlin zu versichern suche, aber auch nichts natürlicher, als daß sie, die den Brudermord in sich zu überwinden habe, hinter seinen Wünschen und Erwartungen zurückbleibe. Daraus gehe jener furchtbare Entschluß des Königs hervor, mit dem dieser nicht nur sein Weib, sondern auch sich selbst der Vernichtung preisgebe[9]. In der äußeren Wiederkehr derselben Situation , die doch innerlich eine ganz andere sei, gipfele das ganze Drama. Herodes, der Schuldige, verliere den Schwerpunkt ganz und gar und falle von Übereilung in Übereilung, während Mariamne unnahbar dastehe; ihr Pathos fordere "die Theilnahme des ganzen Menschengeschlechts" heraus[10]: "Nur dadurch, daß sie im Nebel stehenbleibt, kann sie zu der Erfah-

---

5 Deutsche Monatsschrift für Politik, Wissenschaft, Kunst und Leben, Bd. III, 1850, S. 294.

6 ebd.

7 ebd.

8 ebd.

9 ebd. 300.

10 ebd. 304.

rung gelangen, ob Herodes im Stande ist, in ihr die Menschheit, welcher die freie Selbstbestimmung nicht geraubt werden darf, zu achten; es gibt nur einen Weg zu diesem Ziel."[11] Mariamne sei seelisch vernichtet, als sie durch Soemus, "einer der köstlichsten Gestalten unserer gesammten dramatischen Literatur", von Herodes' zweitem Tötungsbefehl Kenntnis erhält[12]. Der ganze Kampf, den die Königin mit Herodes führe, bestehe darin , daß er das in ihr anerkennen und ehren lernen solle, was die Person vom Ding unterscheide. Gerade dies gelinge dem König nicht, und in dem Augenblick , da Mariamne zu dieser Überzeugung gelange, habe ihr Leben ein Ende. Daß sie den, der sie innerlich vernichtet habe , zwinge, sie auch äußerlich zu vernichten, drüfte eine Form der Rache sein, die gerade der Liebe am nächsten liege[13]. Herodes aber werde zu der Erkenntnis geführt, daß er verloren habe, was das Leben lebenswert mache. Auch die Krone, deretwegen er den Aristobolus getötet und die Saat gesät habe, die so schrecklich aufgegangen sei, sitze nicht mehr fest auf seinem Haupt: "eine unsichtbare Hand greift danach"[14].

Hebbels Drama sei so "zeitgemäß" wie kaum ein anderes. Abgesehen von der schon erwähnten "Aehnlichkeit der hier geschilderten und unserer eigenen Zustände im Großen und Ganzen", veranschauliche Hebbels Tragödie "in allen Gestalten und auf allen Stufen" den Kampf "der Menschenwürde mit der Tyrannei". Dies sei der Kampf, der "bis auf den gegenwärtigen Tag" geführt werde[15].

Hermann Hettner, nach dem Urteil Robert Riemanns "kein heroischer, sondern ein vorsichtiger Kämpfer" für De-

---

11 Deutsche Monatsschrift für Politik, Wissenschaft, Kunst und Leben, Bd. III, 1850 , S. 305.

12 ebd., 306.

13 ebd., 308.

14 ebd., 309.

15 ebd.

mokratie und soziale Gerechtigkeit[16], der sich 1848 nicht politisch betätigt und den badischen Aufstand mißbilligt hat, hat 1851 ein vernichtendes Urteil über das "wüste Treiben des Dichters" gefällt, der mit Ausnahme von Judith, Maria Magdalena und Schnock "Nichts als lauter Ungeheuerlichkeiten" hervorgebracht habe.

Wenn irgendwo , so könne man an Hebbel "die Pathologie unserer Zeit" studieren. Hebbel sei eine "reiche, ursprüngliche Dichternatur, durch falsche Geniesucht zu carikirter Maßlosigkeit, ja zu fratzenhafter Häßlichkeit aufgestachelt", eine Erscheinung, die man "tragikomisch" nennen könne[17]. Die außerordentliche Schärfe dieser Kritik ist um so bemerkenswerter, als Hettner auch nach dem Scheitern der Revolution aus seinen demokratischen Überzeugungen kein Hehl gemacht hat. In dem Buch Das moderne Drama: Ästhetische Untersuchungen (Braunschweig 1852), das unter maßgeblicher Mitwirkung Gottfried Kellers entstanden ist, wandte sich Hettner polemisch gegen jene "kurzsichtigen Thoren", die den zeitgenössischen Dichter schmähten und dabei eine "höfische Theaterpolizei" duldeten, die den Dichtern alle Lebensluft abschneide, die über den "Verfall der Kunst und Poesie" klagten und doch alle systematisch verfolgten und vernichteten, denen "eine freie und gesunde Staatsentwicklung", die die "Lebensbedingung aller gesunden Kunst" sei, wahrhaft am Herzen liege[18]. Hettners Literaturkritik ging von der Annahme aus, daß die zeitgenössische Literatur "durch und durch in politischen und socialen Tendenzen" wurzele[19], und weil jetzt und in nächster Zukunft "fast mehr noch als die politischen Kämpfe die socialen Fragen" die

16 Robert Riemann (Rez.), "Hermann Hettner, Schriften zur Literatur, Berlin 1959", WB 6 (1960) S. 360.

17 "Hebbel und die Tragikomödie", Blätter für literarische Unterhaltung 1851, S. 7 f.

18 Hettner, Das moderne Drama, S. 10.

19 ebd., S. 9.

deutsche Öffentlichkeit beschäftigen würden, darum werde auch die "kommende Dramatik" weit mehr "sociale als politische Kämpfe" darstellen[20]. Die moderne Literatur müsse sich mit den "Kämpfen unserer inneren Charakterentwicklung" , den "Geheimnissen des in seinen innersten Grundlagen tief erschütterten Familienlebens", dem "vulkanisch unterhölten Boden unserer socialen Zustände" befassen[21]. Für die historische Tragödie gelte, daß nur solche Stoffe zur dramatischen Behandlung geeignet seien, die "in innigster Wahlverwandtschaft zu den Stimmungen und Bedürfnissen des gegenwärtigen Bewußtseins" ständen[22]. In diesem Zusammenhang wurde - allerdings mit kritischer Akzentuierung - auch Herodes und Mariamne erwähnt. Hebbel habe aus altjüdischen Gestalten wie Judith und Mariamne "allermodernste Georg Sand'sche Frauengestalten" herausgearbeitet. Dies sei "unkünstlerische Willkür", obgleich nicht zu leugnen sei, daß Hebbel "den einmal eingeschlagenen Grundton mit genialster Folgerichtigkeit" festhalte[23]. Daß Hebbels Stück in Ansatz und Durchführung zeitgemäß, weil der Problemlage der Gegenwart entsprechend sei, wurde damit ausdrücklich anerkannt. An anderer Stelle wurde die "sichere Rundung" des Stücks, die an Shakespeare gemahnende "Ruhe und Würde der Darstellung" gerühmt[24].

Hettner hat das in Herodes und Mariamne offenkundige Bemühen, den Anschluß an die klassische Bühnentradition zu finden, uneingeschränkt begrüßt. Daß Hebbel dennoch der "große Wurf" nicht gelungen ist, führte Hettner auf die Zeitumstände zurück. Der Dichter, dem

---

20 Hettner, Das moderne Drama, S. 78.

21 ebd., S. 82. - 22) ebd. S. 48 f.

23 ebd., S. 58. - Cf die inhaltlich ähnlichen Ausführungen über Herodes und Mariamne in einem Brief an Gottfried Keller vom 21.6.1850 in Gottfried Keller, Gesammelte Briefe in vier Bänden, hg. Carl Helbling (Bern 1950/54) Bd. I, S. 327 f.

24 Hettner, Das moderne Drama, S. 135, S. 133 f.

dieser große Wurf gelingen solle, dürfe nicht mehr "mitten in der Revolution" stehen wie die zeitgenössischen Autoren; "im Vollgenusse sicheren Glückes" müsse er "mit freudiger Rührung auf diese schreckensreichen Weltstürme" zurückblieben[25]. Große Dichtung war dieser Auffassung zufolge erst nach gelungener Revolution möglich. Hettner meinte, daß diese Dichtung der Zukunft nicht anders als die Shakespeares sein werde[26]. Am Muster der großen Tragödien Shakespeares wurde folglich auch Hebbels Stück gemessen. Hebbels Dichtung war nach Ansicht Hettners, gerade weil sie durch und durch zeitgemäß war, mit den Schlacken der unvollendeten Revolution behaftet. Weil Hettner davon ausging, daß das Drama der Zukunft ein neues klassisches Drama sein werde, kritisierte er an Hebbels Stück die Verstöße gegen die klassischen Stilregeln.

Hettners Hebbelkritik beruhte wie sein kritischer Ansatz zu Beginn der fünfziger Jahre überhaupt[27] auf der problematischen Prämisse, daß ein großes Drama in Deutschland erst nach dem Siege der Revolution möglich sein werde. Diese Prämisse vereitelte eine genauere historisch-gesellschaftliche Untersuchung von Hebbels Stück. So wurde der Realitätsbezug des Hebbelschen Werkes zwar behauptet, aber nicht nachgewiesen. Die Prämisse war auch inhaltlich fragwürdig. Hettner besaß offensichtlich keine klaren politisch-gesellschaftlichen Vorstellungen von der Revolution, die er zum Angelpunkt seiner dramatischen Theorie machte. Nur so wurde seine Erwartung verständlich, daß aus der Revolution politisch-gesellschaftliche Verhältnisse hervorgehen würden, die denen im elisabethanischen England vergleichbar seien. Wenn er Shakespeares drama-

---

25 Hettner, Das moderne Drama, S. 53.

26 ebd., S. 15.

27 Cf. Helmut Widhammer, Realismus und klassizistische Tradition: Zur Theorie der Literatur in Deutschland 1848 - 1860, Studien zur deutschen Literatur, Bd. 34 (Tübingen 1972) S. 129 ff.

tisches Werk als "das absolute Muster"[28] für das historische Drama hinstellt, sah er darüber hinweg, daß Shakespeares Werk nur unter ganz bestimmten und unwiederholbaren historischen Bedingungen hat entstehen können. Hettners Klassizismus war mit den realistischen Ansätzen seiner Dramentheorie nicht zu vereinbaren; er war Ausdruck der politisch-gesellschaftlichen Unsicherheit des Verfassers, der für die Verwirklichung seiner demokratischen Intentionen keinen gangbaren Weg erblickt hat.

Ähnlich wie Hettner ist Robert Prutz der Auffassung gewesen, daß die vormärzlichen Literaturprodukte nicht allein vom ästhetischen , sondern vom allgemeinen politischen und sozialen Standpunkt zu beurteilen seien[29]. Die Literatur der vierziger Jahre sei "Oppositionsliteratur durch und durch" gewesen[30], und wenn ein Drama, das aus handelnden Charakteren, charakteristischen Handlungen bestehen solle, "zur bloßen Folie eines psychologischen Zerrbildes, zum bloßen Experiment für ein krankhaft übertriebenes Gelüste des Poeten" degradiert werde, so sei dies zwar ein Fehler des Dichters, dem aber doch etwas anderes und Größeres zugrunde liege als bloß die mangelnde Einsicht oder die Laune des einzelnen Dichters: "nämlich die Gebrechen der Gegenwart selbst"[31]. Der Mangel an "gediegenen und kräftigen Charakteren in der Wirklichkeit" erkläre die "überschwenglichen und fratzenhaften Charaktere in den Werken unserer jüngsten Dramatiker". Erst wenn das Leben die richtigen Männer zeuge, würden auch die Dichter das "richtige Maß" finden für die Schöpfungen ihrer Phantasie, und "ein in sich selbst befriedigtes, harmonisches und glückliches Zeitalter" werde sich "widerspiegeln in einer neuen vollkommenen

---

28 Hettner, Das moderne Drama, S. 15.

29 Neue Schriften: Zur deutschen Literatur- und Kulturgeschichte, Bd. 2 (Halle 1854) S. 207 f.

30 ebd., S. 208.

31 ebd., S. 217.

und klassischen Dichtung"[32]. Nicht anders als Hettner hat Prutz die Auffassung vertreten, daß es in Zeiten "revolutionärer Gärung" und "krankhaften, ungewissen Inhalts" ein vollendetes Kunstwerk nicht geben könne, "und wir sind sogar ernstlich gesonnen, unsere gegenwärtige Zeit für eine solche kranke , in sich zerspaltene und darum auch der reinen poetischen Darstellung unfähige Zeit zu erklären"[33]. Hebbel war für Prutz "ein großes dramatisches Talent, vielleicht das größte, das wir in diesem Augenblick besitzen". Aber er habe dieses "mit verhängnisvoller Beharrlichkeit" in den Dienst einer "falschen Theorie" gestellt: Hebbels Muse sei nicht "die Schönheit", sondern umgekehrt "das Häßliche und Widerwärtige, das Abgeschmackte und Fratzenhafte", und das lasse sich nirgendwo weniger ertragen als auf der Bühne[34].

Hebbels literarische Werke waren für Prutz Produkte einer Zeit, die es zu überwinden galt. Es war deshalb nur konsequent, wenn er sich diesen Werken gegenüber ebenso kritisch verhielt wie gegenüber der Zeit, die sie hervorgebracht hatte. Aber offensichtlich wußte er die Zeit ebensowenig zu deuten wie die Werke, die ihr Gepräge trugen. Prutz wußte um den Widerspiegelungscharakter der Literatur, er wußte, daß die Literatur der vierziger Jahre als ein Mittel des politischen und gesellschaftlichen Kampfes eingesetzt worden ist. Aber er war eigentümlich gehemmt, wenn es darum ging, mit diesen Einsichten bei der Deutung der literarischen Produktionen ernst zu machen. Statt dessen orientierte er sich am Modell der Dramen Schillers, Ifflands und Kotzebues, wies er den Dramatikern der Gegenwart die Aufgabe zu, dem "Geheimniß der Technik" nachzuspüren, um damit den Dichtern "jener künftigen

---

32 Neue Schriften: Zur deutschen Literatur- und Kulturgeschichte, Bd. 2 (Halle 1854) S. 219.

33 Die deutsche Literatur der Gegenwart 1848 bis 1858. Bd. 1 (Leipzig 1859) S. 26.

34 Die deutsche Literatur der Gegenwart 1848 bis 1858. Bd. 2 (Leipzig 1859) S. 276 f.

glücklicheren Epoche" vorzuarbeiten[35]. Der Literaturhistoriker Prutz hat offensichtlich vor der Aufgabe versagt, aus einer Untersuchung der für die Gegenwart repräsentativen literarischen Werke die Bedingungen für die Möglichkeit einer glücklicheren Zukunft zu erschließen.

3.2.2.2 Die liberale Richtung

Mit dem Scheitern der bürgerlich-demokratischen Revolution von 1848/49 begann jener bis zur Reichsgründung andauernde Prozeß, in dem das Bürgertum aus dem Stadium des revolutionär verändernden Eingreifens in das Ganze der feudalgesellschaftlichen Institutionen dazu überging, die seiner eigenen kapitalistischen Entwicklung entsprechenden gesellschaftlichen Beziehungen im Kompromiß mit der regierenden Adelsklasse zu institutionalisieren - ein Prozeß , in dem sich die Funktion der bürgerlichen Literaturkritik mehr und mehr von der Kritik zur Apologie der politisch-gesellschaftlichen Verhältnisse verschob. Der auf den Kompromiß mit der Adelsklasse abzielenden Praxis der Bourgeoisie haben sich nur wenige Literaturkritiker widersetzt, und auch diese haben sich wie Hettner und Prutz schließlich auf die Verteidigung liberaler Positionen beschränkt. Bei den liberalen Kritikern setzte der Prozeß der Anpassung schon früher ein und vollzog sich in zwei deutlich voneinander abgehobenen Stufen, wie die Rezeption von Hebbels Herodes und Mariamne erkennen läßt.

Heinrich Theodor Rötscher veröffentlichte seine Kritik von Hebbels Drama zu einer Zeit, als sich die Niederlage der demokratisch-liberalen Bewegung erst abzu-

---

35 Neue Schriften, Bd. 2, S. 213 f.

zeichnen begann[1]. Rötscher betonte , daß die Tragödie , die "in der Zeit der furchtbarsten europäischen Kämpfe entstanden" sei, keiner Zeitstimmung nachgegeben habe und keinem parteipolitischen Credo huldige[2], ja, daß Hebbel anders als in seinen früheren Werken in Herodes und Mariamne davon abgesehen habe , "die socialen Konflikte" zur "Angel seiner Poesie" zu machen[3]. Der tragische Konflikt in Herodes und Mariamne sei anderer Art. In äußerst differenzierter Weise werde der Prozeß der wechselseitigen Vernichtung außerordentlicher Naturen dargestellt, die in Liebe verbunden seien. Das "Gefühl und das Bewußtsein menschlicher Würde und Hoheit" reagiere in diesem Stück "gegen die Zumuthung, zu einem Mittel herabgesetzt und der Selbstsucht, wenn auch einer reichen mächtigen Persönlichkeit, geopfert zu werden". Dabei sei es von besonderem künstlerischen Wert, daß auch Mariamne und Soemus "trotz ihrer Reinheit, trotz der Tiefe", aus welcher die "Unendlichkeit des Menschenwerthes und der Menschenwürde" bei ihnen sich geltend mache, doch auch nicht ohne Schuld seien. Erwäge man, daß in einer so zart besaiteten Natur wie Mariamne des Bruders Tod eine tiefe Verstimmung gegen Herodes habe hervorbringen müssen, die sie aber durch ihre Liebe besiege, so erscheine ihre Zurückhaltung im Moment des Scheidens zwar natürlich, aber für eine Persönlichkeit wie Herodes doch erschütternd. Ein "voller Laut des Herzens" hätte ihm die volle Gewißheit ihrer Neigung geben können , aber er habe schon den "tödlichen Punkt" berührt, der sie in sich zurückgedrängt und ihr "jene so furchtbare Kälte" verliehen habe, wodurch der Zweifel in seiner Seele aufgestiegen sei. Soemus aber nehme den Auftrag

---

1 Jahrbücher für dramatische Kunst und Literatur , 1849, S. 247 - 249; hier zitiert nach WS XIII, S. 163 - 165. - Rötscher hat dem Dichter seine Interpretation des Stücks schon am 1. November 1848 brieflich mitgeteilt; cf. Friedrich Hebbels Briefwechsel mit Freunden und berühmten Zeitgenossen, hg. Felix Bamberg, Bd. II (Berlin 1892) S. 307 - 310.

2 WS XIII, S. 164 f.

3 ebd., S. 163.

an und habe nicht den vollen, unumwundenen Mut, sich gleich solcher Zumutung "mit edler stolzer Männlichkeit" entgegenzustellen. Er müsse erst durch die Heuchelei hindurch zum vollen Selbstgefühl gelangen[4]. Es sei das"Gefühl der freien Subjektivität, welche sich ihres unendlichen Werths und ihres unendlichen Rechts" bewußt sei, das im Untergange triumphiere, indem es sich durch einen freiwilligen Untergang für die Herabsetzung räche, die es erfahren habe. "In diesem Rückschlag, welchen die Selbstsucht einer großartigen Persönlichkeit (Herodes), die auch das geliebteste Wesen wie ein nur für sie existierendes Ding behandelt, durch Mariamne erfährt, in der tragischen Ironie, daß Herodes, welcher der Gattin , Mariamne, die Gränze ihres Lebens vorzeichnet und so das innerste Heiligthum ihrer freien menschlichen Würde verletzt, selbst zu einem Mittel herabgesetzt wird, um durch die Vernichtung der Mariamne sich selbst zu strafen, liegt zugleich auch die versöhnende Kraft dieser Tragödie , wodurch Hebbel entschieden über seine früheren Tragödien hinausgegangen ist."[5]

Dieser "allgemeine, tiefgefaßte menschliche Konflikt", den Rötscher als die "Seele" des Werks bezeichnete, werde in "eine großartige historische Beziehung" gebracht. Der dramatische Vorgang ereigne sich an der "Gränzscheide zweier Welten, der untergehenden alten und der werdenden, aber noch erst ganz im Keime existirenden neuen Welt". Herodes' "fieberhafte Spannung" werde durch die prekäre Situation des jüdischen Staates , der nur noch durch seine bedeutende Persönlichkeit zusammengehalten werde, "durch seine ganze Stellung über dem Abgrunde" erklärlich. Im Entscheidungskampf zwischen Antonius und Octavian und in der "Geburt des Kindes, von dem ein neuer Geist über die Welt ausgeht", werde die Zeitenwende sinnfällig gemacht[6].

---

4 Friedrich Hebbels Briefwechsel, Bd. II, S. 309.

5 WS XIII, S. 164.

6 ebd.

Rötscher ging es offensichtlich darum, die Achtung des "unendlichen Werths" und des "unendlichen Rechts" der "freien Subjektivität" zu propagieren, ohne bei den in Staat und Gesellschaft Herrschenden Anstoß zu erregen. Aus diesem Grunde wurden die konkreten gesellschaftlichen Bezüge des Dramas von Rötscher geleugnet, wurde behauptet, daß die Behandlung eines "allgemeinen, tiefgefaßten, menschlichen Konflikts" künstlerisch wertvoller sei als die dramatische Widerspiegelung sozialer Konflikte der Gegenwart. Wichtiger als der Realismus der Darstellung war für Rötscher deshalb die "Kunst der Motivierung", der er mit viel Einfühlungsvermögen gerecht zu werden versuchte.

Die konkreten gesellschaftlichen Bezüge von Hebbels Drama, die Rötschers Interpretation leugnete, wurden von Felix Bamberg, der sein Urteil über Herodes und Mariamne in einem Brief an den Dichter vom 12. Mai 1850 in wenigen Sätzen zusammengefaßt hat[7], ausgeklammert. Bamberg schrieb zwar, in Hebbels Drama sei "im Ganzen das Brechen eines Weltzustandes" dargestellt, der, gemessen an den "heidnischen Gestalten", die in der Artaxerxes-Szene lebendig würden, "schon mildere Elemente" in sich trage, aber er gab keine Antwort darauf , warum Hebbel gerade dieses Thema gewählt hat. Bamberg wies darauf hin, daß Hebbel es verstanden habe, "die Unschuld in der Schuld" darzustellen; er beschrieb dieses Phänomen, ohne es zu analysieren. Herodes habe Grund gehabt, den Aristobolus beiseite zu schaffen, und doch sei dies tragische Schuld, die sich auf der Stelle an ihm so räche , daß er nicht mehr an Mariamnes Liebe glauben könne. Dazu kämen seine eigene glühende Leidenschaft, die Schönheit Mariamnes und im Hintergrund der wollüstige Antonius , dem Herodes die Hochzeit mit Mariamne verwehren wolle. Dennoch würde Herodes nicht zu dem barbarischen Entschluß gekommen sein, seine Gattin unter das Henkerbeil zu stellen, wenn

7 Friedrich Hebbels Briefwechsel, Bd. I, S. 327 f.

er nicht wie ein Soldat die Standarte unter die Feinde hätte werfen wollen , um seines Sieges desto sicherer zu sein. Die "Doppel-That" des Herodes und die Art und Weise, wie Mariamne ihn prüfe, hielt Bamberg für bewundernswerte künstlerische Einfälle. Die Vorwürfe, die Mariamne im dritten Akt gegen den König erhebe, gehörten zu dem Größten, was Hebbel überhaupt gedichtet habe. Das Schicksal des Herodes sei "rein ironisch": das Gegenteil von dem, was er habe erreichen wollen, geschehe. Bewundernswert wie "der Hintergrund" sei an diesem Stück "die Aussicht": die drei Könige, die "wie sprechende Wachsfiguren" wirkten, Sameas und die Schlußszene eröffneten "die Fernsicht auf das Christentum".

Als Hebbels vollendetstes Werk wurde <u>Herodes und Mariamne</u> 1850 in der Damen-Zeitschrift <u>Iris</u> vorgestellt[8]. In diesem Stück sei nicht "die Krisis eines einzelnen Volkes" dargestellt, sondern "eine allgemeine Krisis der Menschheit", und trotz des Himmel und Erde zugleich umspannenden Rahmens habe die "Physiognomik der Charaktere" an ihrer Shakespeareschen Schärfe und Geschlossenheit nicht das Mindeste eingebüßt. Herodes, Titus, Soemus und Sameas seien imponierende Gestalten. Eine "himmlische Glorie" umfließe Mariamne, die lieber in den Tod gehe, als daß sie sich als Ding behandeln lasse. Ein "Stubenmädchen" werde es freilich nicht begreifen, wie eine Königin sich hinrichten lassen könne, die nur ein einziges Wort zu sprechen brauchte , um sich zu retten, denn ein "Stubenmädchen" wisse nichts davon, daß dies einzige Wort für alle Ewigkeit mit der "Menschenwürde" bezahlt werden müßte. Es existiere in der ganzen deutschen Literatur keine Tragödie, die sich zu einer so schwindelerregenden, fast extremartig erscheinenden Höhe erhebe und sich doch so auf die unbedingteste Notwendigkeit gründe. "Es scheint, als ob die Personen, die wir auf den äußersten Zacken schroffer Felsenspitzen erblicken, nur wieder herab zu

---

8 "Hebbel's neueste Schöpfungen" , <u>Iris</u> 2 (1850) Bd. 4, S. 175 - 176.

klettern brauchten, aber wenn wir sie näher sehen, so gibt es keinen Weg, und die Eumeniden mit ihren Schlangenhaaren peitschen sie so lange vorwärts, bis sie in den Abgrund stürzen."[9]

Der Verfasser zitierte die Einleitung der in der Deutschen Monatsschrift Kolatscheks erschienenen Hebbelstudie, ohne sich deren politisch-gesellschaftliche Schlußfolgerungen zu eigen zu machen. Er betonte vielmehr die Unausweichlichkeit des an die griechische Tragödie erinnernden tragischen Vorgangs. Die aktuelle Problematik des Stücks reduzierte sich für ihn auf die Emanzipationsforderung Mariamnes - mit der bezeichnenden Einschränkung, daß diese von einem "Stubenmädchen" nicht begriffen werden könnte. Für die Frauen der bürgerlichen Oberschicht wurde somit der Kampf um die "Menschenwürde" der Frau nicht als Sache der arbeitenden, sondern der durch Besitz und Bildung ausgezeichneten Frau hingestellt.

Die klassizistische Wende der bürgerlichen Literaturkritik, die unter dem Eindruck des außerordentlichen wirtschaftlichen Aufschwungs seit Anfang der fünfziger Jahre zustande gekommen ist , machte sich bei der Rezeption von Hebbels Drama zuerst in den Literaturgeschichten da Fonsecas und Barthels bemerkbar.

Wollheim da Fonseca hat seine Literaturgeschichte Friedrich Hebbel "freundschaftlichst zugeeignet"[10]. In einem offenen Brief an den Dichter schrieb da Fonseca, je größer Hebbels angeborenes Talent sei, desto schärfer und eifriger werde er "die dem Idealen feindliche Tendenz", die sich immer mehr und deutlicher in Hebbels Dramen kundgebe, angreifen. Hebbel suche die dramatische Muse "gewaltsam in die Wirren des alltäglichen Lebens hinabzureißen", indem er dieses "mit allen seinen vielen Schäden und Verkehrtheiten, mit seiner unerquicklichen und unschönen Prosa" auf die Bühne ziehe. Er , da Fonseca, dagegen halte die Bühne für

---

9 "Hebbel's neueste Schöpfungen", Iris 2 (1850), Bd.4, S. 175.

10 Geschichte der deutschen Literatur, Schubert's Omnibus f. Wissenschaft und Bildung, 34. Lieferung (Hamburg 1850).

den "Tempel des Reinen und Schönen", in dessen Mauern alles, was das Leben "Gemeines, Häßliches und Kleinliches" habe, verhallen müsse[11]. Hebbel galt da Fonseca als der "talentvollste und gefährlichste Feind aller Poesie"[12], weil er in seinen Stücken Probleme des Alltags aufgreift.

Karl Barthel nannte Hebbel in seiner Literaturgeschichte "eins der bedeutendsten Dichtertalente der jungen Generation, reich an schöpferischer Phantasie, an tiefem und starkem Gefühl", der insbesondere als Dramatiker "eine so eminente Gabe zur Gestaltung und consequenten Durchführung der Charaktere und eine Kraft der Sprache" zeige, wie sie bisher kaum geahnt worden sei[13]. Aber so groß diese seine unbestreitbaren Vorzüge seien, um so gefährlicher seien auch die Irrwege, auf die er geraten sei und auf denen er, wenn er nicht von ihnen abweiche, "geradezu alle Poesie vernichten" werde. Kein Dichter der Gegenwart werde nämlich so von der "Sucht nach dem Ungeheuerlichen und Absonderlichen" beherrscht, bei keinem finde man eine solche "Freude an häßlichen, widerwärtigen Stoffen, eine so bis zum Cynismus forcirte Härte und solch eine Krankhaftigkeit des sittlichen Empfindens" wie bei Hebbel[14]. Dies gelte auch für Herodes und Mariamne, einem "an Blut, an Schande und Mord reichem Stück"[15].

In dem Aufsatz "Friedrich Hebbel und die Tragikomödie" in der Zeitschrift Europa (1851, S. 225 - 230) entwickelte Gustav Kühne in einer Antikritik zur Hebbelkritik Hettners am Beispiel von Herodes und Mariamne sein Verständnis des Hebbelschen Werkes[16], das sich "in den Schreckgestalten des Häßlichen" gefalle und "in der Nachtseite des Dämonischen die tiefsten Probleme der Poesie" finde; dennoch seien selbst "gescheiter-

---

11 Geschichte der deutschen Literatur, Schubert's Omnibus für Wissenschaft und Bildung, 34. Lieferung (Hamburg 1850), S. I, II.

12 ebd., S. 165.

13 Die deutsche Nationalliteratur der Neuzeit (Braunschweig 1850, 51858) S. 421.

14 ebd.

15 ebd., S. 422.

16 Hier zitiert nach Wütschke, Hebbel in der zeitgenössischen Kritik, S. 145 - 156.

te Wagnisse" wichtiger und interessanter "als die Spießbürgerlichkeit hausbackener Kritik sich träumt"[17].

Der in der Eingangsszene erwähnte Vorgang, daß ein Weib nach dem Tode des Gatten den eigenen Tod in den Flammen ertrotzt habe, sei, da ohne jede Motivierung und Entwicklung , eine Ungeheuerlichkeit. Daß der Dichter einen "in Gräueln aller Art sinnlos verworrenen Weltzustand" voraussetze, sei gleichfalls verfehlt, da die "Willenslust" des Zuschauers "zur Aufnahme des Ungewöhnlichen und Ungeheuern" über Gebühr in Anspruch genommen werde[18]. "In 'Herodes und Mariamne' umgibt uns in der ganzen geschichtlichen Weltstellung und im nächsten Lebenskreise des Helden ein Spinngewebe, an welchem jeder Faden wie aus Eisen gewebt erscheint, dergestalt, daß keine Hand es zerreißt und die Stirn , die sich daran wagt, blutig zurückgeschmettert wird. Und wer heißt den Dichter dies Gewebe ziehen?"[19] Kühne machte dafür die "Genialität" eines Blicks verantwortlich, der "in der einfach ebenmäßigen Natur nur schlaffe Gemeinheit" sehe und deshalb "dem Dämon des Bösen einen vollständigen Freibrief" gebe, "die Welt mit Gräueln zu überhäufen, wenn diese Gräuel nur keck die Alltäglichkeit durchbrechen"[20]. Kühne bescheinigte Hebbels Stück eine "Größe der Kombination", die in dem "Mißkennen der menschlichen Grenzen" ihre ganze Wirksamkeit einbüße[21]. Dies werde am Beispiel des Figurenentwurfs verdeutlicht. Hebbels Mariamne liebe und hasse "in einem Athemzuge". Es sei "dieselbe Katzentigernatur der Judith", die den, dem sie sich hingebe, erwürge. Aber dieses an sich erschütternde Moment werde in Herodes und Mariamne wiederholt aufgenommen, wodurch es zur "Unnatur", zur "Lüge" werde[22]. Mariamnes Stolz empöre sich vor der Sklaverei, die Herodes' tyrannische Willkür fordere,

17 Hebbel in der zeitgenössischen Kritik, S. 147.
18 ebd., S. 152.
19 ebd.
20 ebd.
21 ebd., S. 153.
22 ebd.

und sie gebe zweimal absichtlich dem Argwohn Spielraum, sie sei ihm heimlich untreu geworden. Sie vergifte ihn dadurch "in abstracto , aber eben so sicher und systematisch"[23]. Der Zuschauer verliere den Glauben, daß er "menschliche Wesen" vor sich habe. Hebbels "diabolisirter Marionettengestalt" könne man am Ende den Appell an "Natur" und "Menschlichkeit" nicht abnehmen , nachdem zuvor "alles im Stücke aus dem Bereich menschlicher Empfindung hinausgedrängt" worden sei[24]. Ähnlich verfehlt sei die Disposition der zweiten Hauptfigur, des Herodes. Der "Blödsinn" rase "in seinem verthierten Blute", und der Dichter lasse ihn zweimal Verbrecher sein, "wo schon das erste Mal für die Klügelei der Hölle eine tragische Buße erfolgen müßte"[25]. Wenn Hebbel schließlich "über die wahnwitzig gewordene Welt seiner Dichtung den Stern des allerbarmenden Heils aufgehen" lasse, so sei dies zwar ein "bewundernswerter Griff und Gedanke", aber die "Sühne der Tragödie" werde dadurch nicht in den dramatischen Vorgang einbezogen[26].

Kühne gestand freimütig, daß ihm die "gemeine Empirie eines Eugen Sue" gerechtfertigter erscheine als jede "speculative Höhe halsbrecherischer Metaphysik"[27]. Die Einwände, die er in seiner Besprechung von <u>Herodes und Mariamne</u> vorbringt, lassen erkennen, daß für seine Beurteilung des Stücks dessen entschiedener Mangel an "gemeiner Empirie" ausschlaggebend gewesen ist. Herodes und Mariamne waren für ihn keine menschlichen Wesen, sondern "Kobolde" , "diabolisirte Marionettengestalten"[28]. Diesen Figuren fehle gerade das "Menschliche, diese einzige Gerechtsame und Beglaubigung für uns"[29].

---

23 Wütschke, <u>Hebbel in der zeitgenössischen Kritik</u>, S. 154.

24 ebd.

25 ebd., S. 155.

26 ebd., S. 155 f.

27 ebd., S. 152 f.

28 ebd., S. 1954.

29 ebd.

Die antike "Gorgo mit ihrem Schlangenhaupt" sei ein Kind gegen das "Molochsantlitz", das dem Zuschauer aus der Hebbelschen Dichtung entgegenstarre[30]. Die in ein "Chaos" sich auflösende Welt des Schauspiels vereitele jede ästhetische Befriedigung[31]. Kühne rühmte Hebbels "Reichthum ... an erfinderischer Gedankenkraft"[32] , doch er tadelte das Werk als das Produkt eines exzentrischen Gemüts.

Kühnes Kritik des Dramas reflektierte bestimmte politisch-gesellschaftliche Verhaltensmuster großbürgerlich liberaler Kreise. Die Unerbittlichkeit gesellschaftlicher Kämpfe, die Hebbels Schauspiel vorführt, ist dem liberalen Kritiker unrealistisch erschienen in einer Zeit, als die Gegensätze zwischen Bourgeoisie und Adel ihren antagonistischen Charakter verloren, während der antagonistische Gegensatz zwischen Bourgeoisie und Arbeiterklasse bis zur Wirtschaftskrise von 1857/59 kaum zur Geltung gekommen ist. Kühne hat die seelische Deformation der Figuren erkannt , aber er lehnte es ab, in ihr etwas anderes zu sehen als die widrige Ausgeburt einer überspannten Phantasie.

Die gleiche Tendenz der Beurteilung des Hebbelschen Werkes trat in der Darstellung J. Schenckels[33] hervor, wo es heißt , "bei allem Unerquicklichen, Absonderlichen, Unnatürlichen" in Hebbels Dichtungen dränge sich das Gefühl auf, daß es sich um eine dichterische Kraft handle , von welcher bei anderer Richtung das Größte und Schönste zu erwarten wäre[34]. In einem ohne Verfasserangabe in Gutzkows Unterhaltungen am häuslichen Herd publizierten Aufsatz[35] wurde tadelnd

---

30 Wütschke, Hebbel in der zeitgenössischen Kritik, S. 153.

31 ebd., S. 156.

32 ebd.

33 Deutsche Dichterhalle des neunzehnten Jahrhunderts, Bd. III (Mainz, 2. Aufl. 1856) S. 237 f.

34 ebd., S. 238.

35 "Friedrich Hebbel", Unterhaltungen am häuslichen Herd, N.F. 1 (1856) S. 189-191. - Diebold, Friedrich Hebbel und die zeitgenössische Beurteilung seines Schaffens , S. 289, bezeichnet Gutzkow als den Verfasser des Artikels.

darauf hingewiesen, daß sich Hebbels "Gelüst an dem ewig grauenhaften Dunkeln der Menschennatur" in jeder seiner Produktionen offenbare. Natürlich wirke dies abstoßend, auch wenn die geniale Gestaltungskraft des Dichters anerkannt werden müsse[36]. Zum Erfolg würde Hebbel nur dann kommen, "wenn er sich entschließen könnte, mit jener Welt, in der er lebt, zu brechen"[37]. "Wenn unser Dichter die Kraft gewinnen könnte, seine ganze bisherige Begriffs- und Anschauungsweise aufzugeben! Wenn er sich überwinden könnte, Gut und Böse in altem, jahrtausendjährig feststehenden Sinne zu nehmen! Wenn er der Sonne nur oder den Sternen folgte, nicht dem trügerischen Zwielicht des Mondes, der auf Busch und Baum, auf Haus und Markt, auf die Gebilde der Kunst und Phantasie so trüglich beirrende Schatten wirft! Wenn er Helden erfaßte, die ebenso handeln wie sie reden und, wenn sie zu leiden haben, leiden für etwas, das uns mit wahrem und Alle mit gleichem Mitleid erfüllt!"[38]

Ähnlich urteilte August Henneberger über Hebbels Drama , wenn er die "Tiefe der Ideen" , den "Glanz der Poesie", die "Wucht des dramatischen Interesse's" rühmte, ästhetische Qualitäten, welche "das Seltsame, Gezwungene, Bizarre" von Hebbels Werk überdeckten[39]. Nach Ansicht Hennebergers würde Hebbel die Kunst "in richtigerem Lichte" sehen, wenn er die Welt "in weniger schwarzem Licht" erblicken würde[40].

Julian Schmidts Rezension des Stücks in den Grenzboten[41] begann mit der lapidaren Feststellung, ein "sittlicher Gedanke" sei in den im Drama vorgeführten "Intriguen und Abenteuern" nicht erkennbar, ebensowenig

---

36 "Friedrich Hebbel" , Unterhaltungen am häuslichen Herd, N.F. 1 (1856) S. 190.

37 ebd. , 191.

38 ebd., S. 190 f.

39 Das deutsche Drama der Gegenwart (Greifswald 1853) S. 81.

40 ebd.

41 "Herodes und Mariamne", Grenzboten 9 (1850), II. Sem., II. Bd., S. 953-958.

sei an eine Motivierung des dramatischen Vorgangs durch eine "Charakteristik der Zeit" gedacht[42]. Es folgte eine Inhaltsangabe des Stücks , an die sich einige kritische Anmerkungen anschlossen. Schmidt kritisierte die Manier, den individuellen Schicksalen durch das symbolische Hineinspielen eines bekannten welthistorischen Moments ein größeres Relief zu geben. In Herodes und Mariamne rufe das Erscheinen der heiligen drei Könige mitten in einer Handlung, die nach ganz anderem als biblischem Maßstab gemessen werden müsse, "einen lächerlichen Eindruck" hervor. Aus demselben Grunde habe sich der Dichter verführen lassen, den Pharisäer, der vorher ganz richtig als ein "fanatischer Narr" geschildert worden sei , plötzlich in einen "wunderthuenden Märtyrer" zu verwandeln[43]. Dagegen sei die "Energie", mit der trotz der übertriebenen Zahl von Nebenfiguren und Nebengeschichten" die dramatische Handlung entwickelt werde, zu loben. Das "Gesetz der Steigerung" sei im ganzen beachtet , obgleich "einige theatralische Ungeschicklichkeiten" unterlaufen seien; so mache die Wiederholung der Tat "einen schlechten Eindruck"[44]. Noch mißlicher sei "die gekniffene, frostige Sprache der Reflexion", die schon beim Lesen des Stücks die größten Schwierigkeiten bereite. Hebbel operiere mit "raffinirten Empfindungen", die auf der Bühne nicht darstellbar seien. Der römische Hauptmann Titus ersetze als unbeteiligter Beobachter und guter Jurist den griechischen Chor. Eine solche Person sei in der modernen Tragödie, wo sich das "Recht" innerhalb der individuellen Konflikte dialektisch entwickeln solle, an sich nicht zu billigen. Im Werke Hebbels jedoch, "bei dem Geschraubten seiner Ansprüche, dem Subtilen seiner Reflexionen und dem Wechsel in seinen Stimmungen", sei eine unbefangene Person, in der "der gesunde Men-

---

42 "Herodes und Mariamne", Grenzboten 9 (1850), II. Sem., II. Bd. , 954.

43 ebd. , 956 f.

44 ebd., 957.

schenverstand und das Rechtsgefühl der humanen Bildung" seinen Ausdruck finde, durchaus angebracht[45]. Schmidt stellte zusammenfassend fest, daß "überall tiefgehende Intentionen" zu bemerken seien, daß man aber zu keiner "Totalanschauung" komme[46].

In seiner Literaturgeschichte hat Schmidt diese Kritik nur geringfügig modifiziert, aber er hat sie in den größeren Zusammenhang seines Hebbelbildes eingefügt. Sowohl Herodes als auch Mariamne seien in jedem Augenblick "gleichzeitig eiskalt und siedend heiß": "Sie reflectiren mit einer beleidigenden Altklugheit und handeln wie die Kinder."[47] Hebbels poetische Kraft reiche nicht aus, um die wirkliche Liebe darzustellen; sie erscheine im Drama selbst nur als Haß, Argwohn und Verzweiflung. Als Dauerzustand aber sei eine solche "Verirrung der Liebe" unnatürlich und langweilig. Was dem Stück an "Innigkeit" abgehe, suche Hebbel durch eine "phantastische Gluth" zu ersetzen, die niemanden überzeuge. Das "psychologische Mikroskop" werde in diesem Stück so häufig angewendet, daß man über den vielen Einzelheiten, die gezeigt würden, das Ganze aus den Augen verliere. Aus den "spitzfindigsten, raffinirtesten Sticheleien" gehe zuletzt "die ganz gewöhnliche sentimentale Phrase" hervor[48].

Diese für Hebbels dramatische Produktion fatale Konsequenz ergab sich, wie Schmidt in einem anderen Grenzboten-Aufsatz[49] schrieb, aus dem Umstand, daß Hebbels literarisches Werk nicht oder wenigstens nicht ausschließlich "aus einer natürlichen Freude am Schaffen, sondern aus einer bewußten Reaction gegen eine verkehrte Richtung der Zeit" entstanden sei. Diese "Reaction",

---

45 "Herodes und Mariamne", Grenzboten 9 (1850), II. Sem., II. Bd., 957 f.

46 ebd., 957.

47 Geschichte der deutschen Literatur im 19. Jahrhundert, Bd. III (Leipzig, 3. Aufl. 1856) S. 168.

48 ebd.

49 "Friedrich Hebbel", Grenzboten 9 (1850), II. Sem., II. Bd. , 721-733; hier zitiert nach Wütschke, Hebbel in der zeitgenössischen Kritik, S. 75-94.

die wie alle Absicht, die man herausfühle, verstimmen müsse, treibe den Dichter, der "in seiner Seele kein Maaß" finde, "über die Grenzen der Kunst, der Schöpfung, der Wahrheit hinaus"[50]. In der dritten Auflage der Geschichte der deutschen Literatur im 19. Jahrhundert wurde dieser Gedanke weiter ausgeführt, wenn es hieß, es komme Hebbel darauf an, "einen Sumpf fauler Verhältnisse"[51], eine "Welt des Todes"[52], darzustellen. Hebbel sei nur insoweit "Realist", als er "das Schlechte" mit großer Breite und Ausführlichkeit aufzeige; sein Idealismus beschränke sich darauf, "eine jenseitige Welt symbolisch in dieses Reich der Nacht"hineinscheinen zu lassen. Dabei habe er selbst "keinen Glauben", seine Ideale seien unklar, seine Begriffe von Recht und Unrecht wirr; die Welt, die er vorführe, sei deshalb "noch mehr von Gott verlassen, noch leerer an Freude, Liebe und Glauben"[53].

Der "ächte Realismus" ging nach Ansicht Schmidts mit dem "ächten Idealismus" Hand in Hand[54]. Das helle Auge eines "ächten Dichters" finde "Ordnung und Harmonie", wo einer"verwilderte Natur" die "scheußlichsten Teufelsfratzen" entgegengrinsten[55]. In der Rezension des Stücks von 1850 wurde beiläufig ausgeführt, bei einem Tyrannen wie Herodes seien Sprünge in der Leidenschaft und ein gewisses Raffinement in Liebe und Haß zu begreifen, doch es frage sich , ob das Drama, das doch "die allgemeine menschliche Natur" darstellen solle, das Recht habe, Tyrannen zu seinem Gegenstand zu machen[56]. In der dritten Auflage von Schmidts Literaturgeschichte heißt es, Hebbels Probleme, häufig genug "jene anonymen, individuellen Krankheitsgeschichten", gehörten nicht ins Drama[57], wie überhaupt jede "bloße

50 Wütschke, Hebbel in der zeitgenössischen Kritik, S. 79.
51 Schmidt, Geschichte der deutschen Literatur im 19. Jahrhundert, S. 138.
52 ebd., S. 197.
53 ebd., S. 139.
54 ebd., S. 196.
55 ebd., S. 139.
56 Grenzboten 9 (1850), II. Sem., II. Bd., 954 f.
57 Schmidt, Geschichte der deutschen Literatur im 19. Jahrhundert, S. 141.

Copie des Wirklichen" häßlich sei , weil sie"den inneren Zusammenhang" zerreiße, auf dessen Verdeutlichung alles ankomme[58].

Schmidt kritisierte vom Standpunkt des liberalen Klassizismus aus Hebbels "Skeptizismus"[59]. Hebbels Dilemma bestehe darin, daß ihm die Zustände "verkehrt, verwildert, ja halb wahnsinnig" schienen und daß er trotzdem "conservativ" sei[60]. Aus Hebbels "pathologischen" Studien lasse sich kaum ein allgemeiner Satz ableiten; sie enthielten "Lebensregeln für Menschen, die etwa mit zwei Köpfen geboren" werden sollten, für Verhältnisse, die nur "in der Phantasie der Casuisten" existierten[61]. Schmidt tadelte , daß Hebbel nicht den Mut und die Kraft besitze, "ein höheres Leben" zu zeigen[62]. Er warf ihm das Fehlen einer überzeugenden, in die Zukunft weisenden Perspektive vor. Die kritischen Aspekte seines Welt- und Menschenbildes müßten gemildert, ja, zurückgenommen werden, damit "ächte Dichtung" möglich werde.

In der Literaturkritik Schmidts ist der undialektische Fortschrittsglauben der durch außerordentliche wirtschaftliche Erfolge beflügelten Kapitalistenklasse greifbar: "Der Glaube der vergangenen Zeit war: das Ideal sei der Wirklichkeit Feind und hebe sie auf; unser Glaube dagegen ist, daß die Idee sich in der Wirklichkeit realisirt, und diesen Glauben halten wir für das Prinzip der Zukunft."[63] Hebbels Drama ist für Schmidt nicht zuletzt deshalb zu einem Ärgernis geworden, weil in ihm keinerlei Fortschrittszuversicht

58 Schmidt, Geschichte der deutschen Literatur im 19. Jahrhundert, S. 197.

59 ebd., S. 139. - Cf. Widhammer, Realismus und klassizistische Tradition, S. 42 ff.

60 Schmidt , Geschichte der deutschen Literatur im 19. Jahrhundert, S. 140.

61 ebd., S. 142.

62 ebd. ,S. 197.

63 "Die europäische Literatur in ihrem gegenwärtigen Standpunkt", Bilder aus dem Geistigen Leben unserer Zeit (Leipzig 1870) S. 34. - Der Aufsatz ist zuerst 1858 veröffentlicht worden.

erkennbar ist. Der Fortschrittsglauben der bürgerlichen Klassen mußte aber vom realen Elend breiter Schichten der Bevölkerung in Stadt und Land absehen; daher das Unbehagen Schmidts und der anderen liberalen Kritiker seit Beginn des großen wirtschaftlichen Aufschwungs gerade an den kritischen Elementen von Hebbels Welt- und Figurenentwurf und ihr Postulat einer harmonischen optimistischen Weltsicht in der Kunst.

3.2.2.3 Die konservative Richtung

In den fünfziger Jahren begann der Siegeszug der Literaturgeschichte Vilmars[1], "eines der schlimmsten religiösen und politischen Reactionäre", "der mit merkwürdiger Geschicklichkeit eine harmlose Maske vorzunehmen und ein sehr wirksames christlich-germanisches Agitationsmittel zu schaffen wußte"[2]. Vilmar hat sich mit der zeitgenössischen Literatur nicht befaßt. Im Vorwort zur vierten Auflage hieß es , gerade "in den letzten, schweren Zeiten" habe es sich erwiesen, daß "der Beruf des deutschen Volkes" in der Zukunft kein anderer sein werde, als er seit fast zwei Jahrtausenden gewesen sei: "ein Hüter zu sein unter den Völkern für Zucht und Sitte, für Gerechtigkeit und für Hingebung, für Dichtung und Wißenschaft in ihrer stillen Innerlichkeit und für den Glauben der christlichen Kirche in seiner weltüberwindenden Herrlichkeit"[3]. Zur Verdeutlichung der "wahrhaften Erlebnisse des deutschen Volkes" aber sei die zeitgenössische Literatur wenig geeignet[4]. In diesem Sinne wurde im Vorwort zur 8. Auflage ausgeführt, die Darstellung habe sich wie bisher von den "poetischen Tageserzeugnissen"

---

1 Geschichte der deutschen National-Literatur (Marburg ^{4}1851 , ^{8}1859).

2 Wilhelm Scherer, Kleine Schriften zur altdeutschen Philologie, hg. Konrad Burdach, Bd. 1 (Berlin 1893) S. 673.

3 Vilmar, Geschichte, ^{4}1851, S. V f.

4 ebd., S. V.

entfernt halten müssen, da sie sich nicht darauf richten könne, "ohne sich selbst zu zerstören"[5].

In Vilmars vielgelesener Literaturgeschichte, die einer Auseinandersetzung mit der zeitgenössischen Literatur aus dem Wege ging, spielten religiöse und moralische Motive eine große Rolle. Dies war auch der Fall bei einigen Kritiken von Hebbels Herodes und Mariamne, die ihrer Tendenz nach als antidemokratisch und antiliberal bezeichnet werden können.

Die Besprechungen, die Hebbels Stück nach seiner Uraufführung am 19. April 1849 durch die Wiener Presse erfahren hat, fielen in die Zeit der siegreichen Konterrevolution, in der die reaktionäre Wiener Presse Hebbels publizistische Tätigkeit im Revolutionsjahr und seine frühere Verbindung zu Siegmund Engländer aufs schärfste verurteilte[6]. In den meisten dieser vom Militärregime lizensierten Blätter wurde wie im Zuschauer[7] der Auftritt der heiligen drei Könige auf der Bühne als ein unglaublicher Mißgriff getadelt. Es wurde eine Theaterzensur gefordert, die dafür zu sorgen habe, daß nicht länger "von der Bühne herab der Same der schlechten Gesinnung in die Herzen des Volkes gestreut" werde[8]. Ohne eine Theaterzensur werde "das Volk in kürzester Zeit so demoralisiert, daß es in fünfzig Jahren nicht auf einen guten Weg gebracht werden" könne[9]. Weiter hieß es, der entscheidende Mangel des Stücks sei keineswegs im Übermaß an "Phantasie und sogenannter Genialität", auch nicht in der "Sucht nach Neuem und Frappanten" begründet, sondern im Fehlen eines "ordentlichen, bildenden Sinnes, echter Genialität". Hebbel beherrsche die Materie nicht, er werde von ihr beherrscht; er bilde nicht Gestalten und Gruppen, er umkleide und bemale sie nur

---

5 Vilmar, Geschichte, [8]1959, S. VIII.

6 Cf. Hirth, S. 150.

7 1849, Nr. 94, 751 ff.; hier zitiert nach Hirth, Friedrich Hebbels Korrespondenz, S. 156-158.

8 ebd., S. 157.

9 ebd.

"mit lebhaften , glänzenden Farben". Hebbel sei nicht mehr als ein "geistreicher , phantastisch-mystischer Ausmaler", von dem das Publikum nichts Wesentliches zu erwarten habe[10]. Daß in dieser Kritik der Auftritt der heiligen drei Könige nicht etwa als dramatisch fragwürdig, sondern als schlechterdings anstößig bezeichnet wurde, erklärte sich aus dem Bestreben der siegreichen Konterrevolution, den Komplex der christlich-religiösen Vorstellungen, einen wesentlichen Integrationsfaktor der Donaumonarchie, nicht zu einem Gegenstand von theatralischen Veranstaltungen werden zu lassen.

Für die politischen Machthaber in Wien aber ist Hebbels Drama recht uninteressant gewesen. So konnte die durchaus konservative Wiener Zeitung am 28. April 1849 eine überaus freundliche Kritik des Dramas veröffentlichen[11] , in der der Auftritt der drei Könige als ein positives versöhnendes Element gewürdigt wurde: "Nicht blos darin, daß Mariamne nach unserer Ueberzeugung schuldlos sein muß, daß Herodes in sich zusammenbricht, sondern in den Gestalten der drei Weisen aus dem Morgenland liegt die versöhnende Idee des Stückes."[12] Diese Auffassung hat auch Wilhelm Gärtner in seiner Besprechung des Stücks in dem Wiener philosophischen Jahrbuch Lydia[13] vertreten, wo schon Hebbels Stoffwahl als ein Verdienst bezeichnet wird. Hebbel habe sich eine Welt vorgenommen , die "aus den Fugen gegangen" sei[14]. Die "von Philologen und Philosophen gepriesene klassische Zeit des reinen Menschenthums, der Humanität und Menschenseligkeit"[15] sei in Wirklichkeit eine Periode der Sklaverei , der Lepra, Pest, Lustseuche und Erdbeben gewesen. Als Herodes in Rom durch die Machthaber des römischen Weltreichs in

10 Hirth, Friedrich Hebbels Korrespondenz, S. 158.

11 Wiener Zeitung, Jg. 1849, Bd. II , Nr. 101 vom 28. April, Beilage.

12 ebd.

13 "Ueber Friedrich Hebbel's Herodes und Mariamne", Lydia: Philosophisches Jahrbuch 2 (1851), II. Abt., 192 - 243.

14 ebd., S. 193.

15 ebd. ,S. 194.

sein Amt eingeführt worden sei, hätten "die Kundigen, die Besseren des auserwählten Volks" den Entschluß zum Widerstand gefaßt[16]. Unter den Frommen aber sei die Messiaserwartung so lebendig gewesen wie nie zuvor. Es seien schließlich Zeichen und Wunder geschehen - "solche Zeit war die Zeit des Heilandes!"[17]

Mit der Bühnenbearbeitung dieser bei Flavius Josephus überlieferten monströsen Vorgänge, die in der Weltgeschichte einzig seien, habe sich Hebbel gerade zu der Zeit befaßt, als "1848 die Anarchie durch die Straßen Wien's tobte, als man den Neubau des Staates mit Barrikaden begann"[18]. Hebbel habe sich bei der Zeichnung der Figuren und der Handlungsführung streng an seine Vorlage gehalten. Die Charaktere des Stücks, "den des Pharisäers Sameas ausgenommen"[19], seien dieselben wie die der Geschichte. Eine jede Figur sei "aus ihrem eigenen, specifischen Metalle - mit ihrem Schwerpunkt in sich"[20]. Herodes sei der "typischste , vollendetste Ausdruck der alten Joch=Welt"[21], Mariamne "eine mit Wehe überbürdete, unglückselige Frau und Königin"[22]. Im Bewußtsein der einzelnen Figuren erfahre "die Zeit selbst ihr Spiegelbild"[23]. Hebbel habe "die Zersetzung, die Heilandsbedürftigkeit der Zeit Herodes des 'Großen' mit Meisterschaft" gemalt[24]. Deshalb habe er nicht darauf verzichten können, das "Himmlische und Heilige" in die Tragödie hereinzuziehen[25]: "Man könnte eben so gut dem Tempel seine Glorie, seine Kuppel nehmen, als dieser Tragödie ihre heil. drei Könige"[26]. Indem die heiligen drei Könige in "den Horizont der Tragödie" einträten, verlängerten sich "die

16 Lydia: 2 (1851), II. Abt., S. 196.
17 ebd., S. 197.
18 ebd., S. 205.
19 ebd., S. 203.
20 ebd. ,S. 210 f.
21 ebd., S. 198.
22 ebd., S. 199.
23 ebd., S. 220.
24 ebd., S. 223.
25 ebd., S. 240.
26 ebd., S. 241.

Radien der Handlung", "bis sie an den Himmel hinauf, in den Strahl des Stern's, der die Könige führt, hineinreichen"[27]. Mit den Figuren des Stücks sei es in ähnlicher Weise "verbündet", "wie einst die Götter (allerdings aber selber wieder zwieträchtig) Ilium oder den Achaiern Bündner waren"[28]. In Hebbels Schauspiel finde der "Rapport" "zwischen dem menschlichen Anringen und jener höheren Macht, ohne welche keine Tragödie denkbar" sei, seine Darstellung[29]. Für den Zuschauer werde der "Dualismus zwischen allem Werdenden, Strebekräftigen und zwischen jener höhern im Siege bleibenden Ordnungsmacht" erkennbar, "und Dulder und Heros gelangten eben nur in der Jüngerschaft dieses Höhern und Höchsten zu den Taborhöhen ihres Siegs und ihrer eigenen Mitverklärung"[30].

Gärtner polemisierte gegen die zeitgenössische Literatur , der es einzig und allein um die Befreiung der Menschen gehe, die, darin der Philosophie von "Hegel, Feuerbach, Ruge , Bauer etc." verpflichtet, davon ausgehe, "daß wir göttlichen Standes seyen, daß unser Herzschlag der Herzschlag der Natur , daß wir uns selbst erlösen, zu Göttern machen müssen; daß es kein Heiligeres gibt als: Mensch zu seyn"[31]. In Hebbels Drama dagegen sei es gelungen, "jene ewige Ordnerin" in den dramatischen Vorgang einzubeziehen , und zwar "eben nur als Fremde, ganz Andere, als Gast aus der Höhe - als Gast, der aber thut , als wäre er hier, unter Menschen, zu Hause, als wäre er Herr und König wie Keiner"[32].

Herodes sei so angelegt, daß ihm "sein Gericht werden" müsse[33]. Darauf deuteten Sameas' Prophezeiungen sowie

---

27 Lydia 2 (1851) , II Abt., S. 224.

28 ebd.

29 ebd., S. 225.

30 ebd. ,S. 226.

31 ebd., S. 227 f.

32 ebd., S. 228.

33 ebd., S. 230.

die Ankunft der Könige und der Stern hin. Wirklich gehe ein Gericht in Szene; Mariamne werde der Prozeß gemacht, aber Herodes sei am Ende "der Gerichtete, der Vernichtete"[34]. Mariamnes Schmerz lohe "wie eine Feuersäule aus der Burg Zion in die Nacht hinaus"; in ihr habe "das alte Weh seine Spitze" erreicht: "Dieser Schmerz und das neue Heil mußten sich begegnen, die züngelnde Feuersäule mußte sich zum Stern hinüber neigen, sich vor ihm bücken und sinken und versinken"[35]. Leider habe Hebbel davon abgesehen, den "Sieg des Kindes" als einen Sieg Mariamnes kenntlich zu machen. "Wenn die Könige eingetreten wären , da Mariamne noch vor Gericht stand, oder nach dem Gerichte, da Mariamne da stund, - wenn sie die Frage und Kunde der Königin gehört, vielleicht auch den Stern mitangesehen hätte, in seinen Strahl getreten wäre, wenn sie den drei Königen, einen um den andern, in's Auge geschaut, und dann den Blick auf Herodes zurückgewandt und verglichen hätte, - wenn der Geist der drei Weisen und Könige sie erfaßt, gehoben und getragen hätte, - wäre da der Sieg des Kindes, der Sieg der Welt nicht auch ihr Sieg, also der Sieg der Tragödie gewesen?"[36] Statt dessen gehe Mariamne ohne den Glauben ihrer Ahnen, ohne die Hoffnung auf eine Auferstehung in den Tod. Mariamne sei, "anstatt die mißhandelte , gesammte Menschheit zu repräsentiren", "eben nur die idealisirte Weiblichkeit"[37]. Der "Rapport von der Erde zum Himmel hin, der da neben Herodes und gegen ihn sich herauswächst", sei in Hebbels Drama nicht zur vollen Durchführung gebracht[38]. Im übrigen sei die Sprache des Stücks von großartiger Prägnanz[39] , sei die Intention des Verfassers, "die moderne Tragödie mit der antiken zu versöhnen, zu vereinigen", durchaus verwirklicht[40].

---

34 Lydia 2 (1851), II. Abt., S. 231.
35 ebd., S. 232.
36 ebd. ,S. 232 f.
37 ebd., S. 234.
38 ebd.
39 ebd. ,S. 235 f.
40 ebd. ,S. 237.

Welchen Bezug diese Vorstellungen zur geschichtlichen Realität des Jahres 1848 haben, wurde nicht näher ausgeführt. Die Revolution erschien in Gärtners Ausführungen unter dem Aspekt der "Anarchie", der "Barrikaden". Hebbel habe sich bei der Produktion von Herodes und Mariamne gleichsam über den "Barrikadenstaub" erhoben[41]. In seine Darstellung der Heilsbedürftigkeit einer geschichtlichen Epoche sei das Heil selbst miteinbezogen; allein dadurch werde ihr "die Höhe und Verklärung" des großen Kunstwerks zuteil[42]. Gärtner definierte "das Seyn und Walten dort oben", das sich in Hebbels Drama geltend mache, als "Weltordnung", als "ein eigenes, souveränes Lebensreich", das "über alles zufällige Entwicklungsleben hinausliegt"[43]. Hebbels Stück war in der Deutung Gärtners ein Mysterienspiel, dessen universale , kosmische Dimension die politisch-gesellschaftlichen Tageskämpfe als relativ belanglos erscheinen ließ.

Hier ist daran zu erinnern, daß Gärtner in Wien kaum eine angemessene Vorstellung von den grundlegenden politisch-gesellschaftlichen und ökonomischen Veränderungen infolge des Übergangs zur industriekapitalistischen Produktion hat gewinnen können. Die Fabrikanten Wiens, die sich im März 1848 zusammen mit den Arbeitern und den Studenten gegen das System Metternichs erhoben hatten, produzierten fast ausschließlich Luxusartikel für den Bedarf der reichen aristokratischen Hofhaltungen und der großbürgerlichen Haushalte der Börsen-Bourgeoisie der großen Monarchie[44]. Seit der Revolution, der Flucht der Aristokratie und des Hofes und infolge der Kämpfe um die nationale Unabhängigkeit in verschiedenen Gebieten der Monarchie geriet diese Produktion naturgemäß

41 Lydia 2 (1851), II. Abt., S. 205.
42 ebd., S. 241.
43 ebd., S. 225 f.
44 Cf. Friedrich Engels, "Revolution und Konterrevolution in Deutschland", Marx/Engels, Deutsche Geschichte im 19. Jahrhundert, hg. Iring Fetscher (Frankfurt 1969) S. 108.

ins Stocken. Absatzschwierigkeiten und Massenarbeitslosigkeit verschärften die sozialen Spannungen in Wien, ohne daß für die Wiener bürgerliche Intelligenz ein anderer Ausweg aus der Krise erkennbar gewesen wäre als der einer Wiederherstellung der vorübergehend in Frage gestellten feudal-bürokratischen Ordnung. Gärtners Interpretation reflektierte diesen Verzicht des österreichischen Bürgertums auf eine aktive Umgestaltung der Verhältnisse und dokumentierte das Bewußtsein seiner politisch-gesellschaftlichen Machtlosigkeit. Statt auf die realen politisch-gesellschaftlichen Kämpfe, die in der Welt von Hebbels Schauspiel stets gegenwärtig sind und die auch die eschatologischen Vorstellungen der Figuren hervorbringen, einzugehen, ging es Gärtner darum zu zeigen, daß es gelungen sei, "jene höhere im Siege bleibende Ordnungsmacht" in den Kreis des Dramas einzubeziehen[45]. Das Walten dieser höheren Macht aber entzieht sich jeder menschlichen Kontrolle.

Ähnliche Züge wies die Kritik des Dramas auf, die Emil Kuh 1854 veröffentlicht hat[46]. In ausdrücklichem Gegensatz zu Hebbels liberalen Kritikern hob er hervor, daß die Zeit keineswegs "gesund" sei und daß die Kunst deshalb ein "Bild der kranken Zeit" entwerfen müsse[47]. Hebbels Dramen seien "Produkte der Zeit", in ihnen spiegele sich "die gährende Welt mit ihren nach Antwort lechzenden Fragen, mit ihren ungelösten Räthseln, mit ihren furchtbaren Schmerzen" ab[48]. Dabei wähle Hebbel zumeist solche Stoffe, die "zwischen zwei Welten" lägen, d.h. in denen "das Mark einer scheidenden Welt" zusammenströme, das schon von den Elementen einer aufsteigenden aufgelöst" werde[49]. Daraus resultiere "die Ungeheuerlichkeit vieler seiner

45 Lydia 2 (1851), II. Abt., S. 226.

46 Friedrich Hebbel: Eine Charakteristik (Wien 1854).

47 ebd., S. 16.

48 ebd., S. 15.

49 ebd., S. 17.

Gestalten", "das ungestüme Ineinanderwirbeln der widersprechendsten Empfindungen, das Maßlose der Unsittlichkeit auf der einen, das Anschwellen sittlicher Größe auf der anderen Seite"[50]. In Hebbels Stücken reife "die Saat für's jüngste Gericht"[51]. Das sogenannte "Allgemein=Menschliche" dürfe man in Hebbels Dramen nicht suchen , denn dieses habe aufgehört, in der Zeit herrschend zu sein, und könne deshalb auch nicht dargestellt werden[52]. Anders als die Helden Shakespeares trügen die Figuren Hebbels ihr Schicksal nicht in ihrer Brust, es werde vielmehr "einer unsichtbaren, übersinnlichen Macht" ein bestimmender Einfluß eingeräumt[53]. Kuh nannte diese letztlich entscheidende Größe das "Weltmysterium"[54].

In Herodes und Mariamne werde das Judentum "in seiner Auflösung" gezeigt; Herodes sei bereits ein "halber Römer", Mariamne eine "halbe Christin"[55]. Herodes könne an die "Existenz des Ewigen und Heiligen" in seinem Weibe nicht glauben, da sie seinen Erfahrungen widerspreche[56]. Mariamne, die, "das reine Menschenthum verteidigend", dem Tode entgegeneile[57], sei "die erste Bürgerin der mit Siegesmacht hereinbrechenden neuen Welt", während Soemus, der wie sie seine "Menschenwürde" empfinde und alles an die Behauptung derselben setze, dabei aber zum Verräter werde, "der letzte Repräsentant" der in Trümmer zerfallenden alten Welt sei[58]. Wie in den anderen Stücken Hebbels erscheine "das Allerheiligste und Allerschönste" nur für einen Augenblick und trete sogleich wieder "in die Nacht des Weltmysteriums" zurück, "aber nicht ohne den goldnen Duft der Verklärung zurückzulassen"[59].

---

50 Friedrich Hebbel: Eine Charakteristik, S. 17.
51 ebd.
52 ebd., S. 17 f.
53 ebd., S. 23 f.
54 ebd. ,S. 24.
55 ebd., S. 32.
56 ebd., S. 18.
57 ebd., S. 23.
58 ebd., S. 30.
59 ebd., S. 28.

Das Erscheinen der heiligen drei Könige verdeutliche "die Wiedergeburt der Welt"; es werde klar, daß "der reine Geist" von ihr Besitz nehme[60].

Kuh unternahm keinen Versuch , den sozioökonomischen und politischen Ursachen der epochalen Krise, die er selbst empfand und deren Niederschlag er in Hebbels literarischem Werk registrierte , aufzuspüren. Daß die Menschen ihre gesellschaftlichen Beziehungen vernünftig regeln und die Krise der Zeit durch eigene Anstrengungen überwinden könnten , erschien in seiner Darstellung ausgeschlossen. In Kuhs Rückgriff auf das unbegreifliche "Weltmysterium" dokumentierte sich das Bewußtsein politisch-gesellschaftlicher Ohnmacht, das für die bürgerliche Intelligenz Österreichs in diesen Jahren allem Anschein nach charakteristisch gewesen ist.

Im Unterschied zu Gärtner und Kuh kritisierte der Rezensent der Blätter für literarische Unterhaltung Lüdemann in seinen Ausführungen über Herodes und Mariamne[61] gewisse Mängel der dramatischen "Technik": Die Charaktere litten an Übertreibung, die Fabel sei mehr als gut verwickelt, hin und wieder planlos. Die Sprache sei zu künstlich, gesucht und voll absichtlicher Antithesen, außerdem durch Überspringen von Mittelgliedern des Gedankens oft schwer verständlich. Aber auch er sah gerade in der heilsgeschichtlichen Auflösung des dramatischen Konflikts das sittlich und ästhetisch Bedeutsame, das "Schöne" der Vorführung. Hebbel habe "zu viel tragisches Material" zusammengetragen, seine Personen mit zu viel Glut und Leidenschaft ausgestattet, in den Ausdruck zu viel Pathos gelegt und eine zu zahlreiche Gesellschaft leidenschaftlicher Charaktere in einem Stück versammelt. Das Schauspiel sei dennoch "schön" , weil es einen "Sumpf leidenschaftlicher Größen" zeige, die "in dem einen Gefühl der Demuth" untergingen. Es sei, als wenn

---

60 Friedrich Hebbel: Eine Charakteristik, S. 28.

61 1850, Nr. 283, 1129-30.

der "Geist der Ruhe und des milden Empfindens" mit dem "gottgesandten Kinde" in die "Welt der leidenschaftlichen Aufregung, der Tugend ganz entfremdet", zurückkehre.

Die politisch-gesellschaftliche Problematik von Hebbels Drama, die Lüdemanns Kritik völlig vernachlässigte, stand im Mittelpunkt der Kritiken von Gottschall und Cholevius, in denen das gesteigerte Selbstbewußtsein konservativ gesinnter bürgerlicher Kreise zum Ausdruck kam.

Rudolf Gottschalls Literaturgeschichte[62] interpretierte Herodes und Mariamne als eine "Tragödie der ehelichen Treue": Der Gatte liebe die Gattin so, daß er, einer Gefahr entgegenziehend, nicht von ihr überlebt zu werden wünsche. Er gebe daher einem Vertrauten den Befehl, sie umzubringen, wenn die Nachricht seines Todes eintreffe. Dieser "höchste Akt der Brutalität und egoistischen Leidenschaft" werde in Hebbels Drama als eine "gewaltsame Konsequenz der ehelichen Treue" dargestellt[63]. Die Tragödie sei reich an feinen und charakteristischen Zügen; sie habe eine tiefe psychologische Motivierung, eine Konsequenz der dramatischen Kombination, die an die Konsequenz eines guten Schachspielers erinnere, der seinen Plan mit Ausdauer verfolge, die entscheidenden Züge aufs sorgfältigste durch andere vorbereite und dabei keine Figur ungedeckt stehen lasse; sie sei "frei von cynischen Auswüchsen, grellen Wendungen, in einem durchaus sauberen dramatischen Stile" gehalten - und dennoch mache sie einen "befremdenden Eindruck" und lasse überaus kalt, wie auch die Aufführung in Wien bewiesen habe. Wie es beim "Dramatiker des Problems" immer der Fall sei, würden nicht "allgemein menschliche Zustände" vorgeführt, sondern "Ausnahme=Motive und =Situationen", zu deren Verständnis sich der Zuschauer mühsam

62 Die deutsche Nationalliteratur in der ersten Hälfte des 19. Jahrhunderts, Bd. 2 (Breslau 1855).

63 ebd., S. 355.

durcharbeiten müsse und die nicht nachempfunden werden könnten[64]. Das "Abnorme einer ungewöhnlichen Leidenschaft" verlange auch im Ausdruck ein wilderes Feuer, eine dämonische Kraft, und selbst das Exzentrische sei hier ein geringerer Fehler als "das Kalte, Berechnete, Nüchterne"[65]. Hinzu komme, daß Hebbel sich in dieser Tragödie veranlaßt gefühlt habe, den historischen Hintergrund, die Zerrüttung des römischen Reiches, den Kampf zwischen Antonius und Oktavian, den Aufgang des Christentums, zu zeichnen, obwohl dieser Hintergrund mit dem dramatischen Problem in keinem tieferen Zusammenhang stehe , sondern nur äußerliche Handhaben für den Gang der Begebenheiten hergebe. Daß Herodes, innerlich gebrochen, als er die Unschuld der hingemordeten Gattin erfahre , durch den Besuch der Könige aus dem Morgenlande auch für seine äußere Herrschaft, für seine Krone Gefahren wittere und in dieser Stimmung den Bethlehemitischen Kindermord befehle, sei zwar ein bezeichnender Charakterzug , aber am Ende einer Tragödie verlange man keinen neuen Charakterzug, sondern "den ideellen Abschluß"[66].

Hebbels Tragödie richte sich in ihrer letzten Konsequenz gegen das Institut der Ehe. Hier wie anderswo lasse der Dichter "das Recht des Lebens reagiren gegen festgewordene Abstractionen", die nach seiner Ansicht wie inkarnierte fixe Ideen die Welt beherrschten. Er schreibe "die objektive Tragödie der Welt", deren "Versöhnung" in die "Zukunft" hinausweise: "auf bessere Institutionen, auf reformierende (sic!) Organisationen". Wer diese für überflüssig halte, auf den würden die Hebbelschen Tragödien einen traurigen oder gar keinen tragischen Eindruck machen und nur als "grelle, aus der nackten Wirklichkeit aufgegriffene Kompositionen" gelten können. Das Geheimnis der Hebbelschen Tragik bestehe darin, daß sie die Gegenwart

---

64 Die deutsche Nationalliteratur in der ersten Hälfte des 19. Jahrhunderts, Bd. 2, S. 356.

65 ebd.

66 ebd., S. 357.

ad absurdum führe; seine ganze dramatische Dialektik beruhe auf dieser Argumentation. Hebbel sei "der größte sittliche Revolutionair von allen deutschen Poeten"; aber er verberge "diesen moralischen Jacobinismus" unter der kunstvollen Plastik des Tragikers und habe sich sogar eine eigene ästhetische Theorie zurechtgelegt, um seinen "dramatischen Pessimismus" zu rechtfertigen. Seine Dramen seien "eine Analyse, eine Kritik der Gegenwart". Das "Aufbauen der Zukunft" überlasse er indes, wie billig, dem "Entwicklungsprozesse der Geschichte", in der er seine eigenen Tragödien als "gährenden Sauerteig" hineinwerfe[67].

Für Gottschall verstand es sich von selbst , daß die bürgerliche Ordnung und mit ihr das Institut der Ehe verteidigt werden müssen. Als "Dramatiker des Problems"[68], als "dramatischer Proudhon"[69] hat sich Hebbel für ihn politisch-gesellschaftlich, aber auch ästhetisch disqualifiziert. Hebbel könne nie ein "Liebling des Volkes" werden. Denn das "Volk" werde stets die Mühe scheuen, sich in Probleme zu vertiefen, eine Mühe, die ihm der Dichter auch nicht abverlangen dürfe. Eine Dichtung solle "allgemein menschliche Saiten" berühren, sie solle durch die "unmittelbare Macht der Begeisterung" wirken. Hebbel sei "ein großer dramatischer Denker". Um "ein großer dramatischer Dichter" zu sein, fehle ihm wenig, aber dies Wenige sei viel: "das Maß und der Zauber der Schönheit"[70]. Hebbels dramatische Kompositionen seien bei "unleugbar genialer Kraft des Ausdrucks und der Gestaltung" mißlungen , weil sie "aus der nackten Wirklichkeit" aufgegriffen seien[71].

---

67 Die deutsche Nationalliteratur in der ersten Hälfte des 19. Jahrhunderts, Bd. 2, S. 358.

68 ebd., S. 351.

69 ebd., S. 358.

70 ebd., S. 352.

71 ebd., S. 350 , 358. - In allen wesentlichen Zügen von Gottschall abhängig sind die Ausführungen über Hebbel bei Friedrich Wernick, Handbuch der Geschichte der deutschen Nationalliteratur (Gotha 1857) S. 1045 f.

Gottschall verurteilte die revolutionären Tendenzen von Hebbels Drama, Carl Leo Cholevius ging es darum, die Nichtswürdigkeit von Hebbels ästhetischer Theorie und Praxis zu erweisen. Cholevius schrieb, Herodes und Mariamne habe in klarem Gegensatz zu den Absichtserklärungen Hebbels mit den "Zeitinteressen" gar nichts zu schaffen und zeige nur "ein Paar Sonderlinge", die miteinander im Eigensinn wetteiferten. Zwar bewege sich auch hier die Handlung um Schuld und Strafe, aber man wisse nicht, was von beiden wunderlicher sei[72]. Herodes' Schuld sei "groß genug für einen civilisirten Menschen"; wenn aber "ein Wilder", der in seiner heroischen Selbstvergötterung jeden, der ihm im Wege stehe , wie eine Fliege totschlage und sonst von moralischem Zartgefühl auch nicht die leiseste Spur zeige, auf den Einfall komme, zweimal einen Vertrauten zu beauftragen, sein Weib zu töten , wenn es ihn doch überleben wolle, so werde ihm das niemand als Verbrechen anrechnen; im Gegenteil, der Leser müsse sich davor hüten, daß ihm der Charakter des Königs wegen jenes Befehles nicht in einem günstigeren Lichte erscheine, da "Mannesstolz und Liebe, hier zwar unklare, aber doch höhere menschliche Gefühle", die Ursache seiner Eifersucht seien. Mariamne räche sich dadurch, daß sie ein großes Fest gebe, als Herodes totgesagt werde. Dafür lasse sie sich von Herodes vor Gericht stellen und zum Tode verdammen. Der König erfahre später, daß sie unschuldig gestorben sei, daß sie ihn mit jenem Fest nur habe reizen wollen , sie umzubringen und "sich ohne Ursache einer so erhabenen und heißgeliebten Frau zu berauben". Auf eine "solche Mischung der übertriebensten Zartheit und Rohheit" sei wohl selten ein Dichter verfallen. Damit nicht genug, beklage Herodes zwar seinen Verlust, an Reue sei aber bei einem solchen "titanischen Wilden" nicht zu denken. Die "erste Probe dieser Seelenstärke" sei der Befehl zum Kindermorde in Bethlehem. Zwar werde

---

72 Geschichte der deutschen Poesie nach ihren antiken Elementen , 2. Teil (Leipzig 1856) S. 575.

auf den Sieg des neuen Königs der Juden angespielt, aber die Geburt Christi habe mit "jener Ehestandsgeschichte" nichts zu tun, und so schließe das Drama mit der "Verherrlichung des Ungeheuers"[73].

Vergleiche man Hebbels dramatische Grundsätze mit dem, was seine Dramen darböten, so finde man wohl Gründe genug zu der Annahme, daß Hebbel bei seinen Dichtungen "gar nicht von Plänen der Weltverbesserung ausgegangen" sei, daß sein "System" vielmehr nur ein nachträglicher Versuch sei, die Dramen zu rechtfertigen[74]. Hebbel habe eine große Virtuosität im Ausmalen von "Räuberhöhlen", und damit man seine Themen für zeitgemäß halte, möchte er dem Publikum einreden, daß "die Welt nichts als eine Räuberhöhle" sei[75]. Die "neuen ethischen Probleme", von denen Hebbels ästhetische Schriften handelten, seien "nur ein Deckmantel für die verdorbenen Ideale", für das "Wohlgefallen an Verbrechen und Gräueln"[76]. Hebbels Dramen seien "vergiftete Träume", sie bildeten "in ihrer Friedlosigkeit und zum Glücke auch in ihrer Unwahrheit" den vollendetsten Gegensatz zu der antiken Tragödie. Es könne kein Fortschritt darin liegen, daß man den Leser "des Sinnes für den Werth und die Schönheit der höheren Lebensgüter, der Kraft zum Handeln, des frohen Strebens nach einem edelen Ziele, der Zuversicht zu einem mit Liebe und Weisheit geordneten Weltganzen, der Zuversicht zu unserer eigenen sittlichen Natur berauben" wolle[77]. Die Tragödie müsse vielmehr darauf gerichtet sein, dem Leser oder Zuschauer zum Bewußtsein zu bringen, "daß die Handlungen und die Geschichte der Einzelnen wie der Völker von der Gottheit selbst gerichtet und geordnet werden, daß nicht der Geist der Menschen allein die Geschichte der Menschheit macht, son-

73 Geschichte der deutschen Poesie nach ihren antiken Elementen, 2. Teil, S. 576.
74 ebd., S. 577.
75 ebd., S. 579.
76 ebd., S. 577.
77 ebd., S. 580.

dern nur einen und kaum den besseren Theil derselben"[78].

Cholevius verschwieg nicht, daß Hebbel in den Vorworten zu Maria Magdalene und zu Julia "sociale Schreckbilder", u.a. den "Pauperismus", zu Gegenständen der dramatischen Kunst erklärt hat[79]. Ihm ging es aber vor allem um den Nachweis , daß Hebbels Stücke nicht etwa "eine moralische oder sociale Tendenz", die man immerhin noch als zeitgemäß auffassen könnte[80], sondern ganz allgemein "die Entartung der Sitten" und die "zunehmende Unklarheit des sittlichen Bewußtseins"[81] zum Ausdruck brächten. Gestalten wie Holofernes und Herodes versänken völlig "in die thierische Natur"; alle Zurechnung höre hier auf, und man müsse sich "mit Ekel" von ihnen abwenden. Selbst "das Edle" , welches Hebbel darstellen wolle, mache "keinen reinen, erhebenden Eindruck"[82]. Nach Ansicht von Cholevius gab es "kein wirksameres Mittel, vor der Demokratie einen Abscheu zu erzeugen", als Hebbels Dramen, die nach dem Willen des Dichters dazu hätten beitragen sollen , die Demokratie in Deutschland zu etablieren[83].

---

78 Geschichte der deutschen Poesie nach ihren antiken Elementen, 2. Teil , S. 582.

79 ebd. , S. 572.

80 ebd., S. 578.

81 ebd. , S. 578.

82 ebd., S. 579.

83 ebd. ,S. 547.

3.2.3 Die zweite Phase (1860 - 1885)

In den siebziger Jahren, einer Zeit "fast gespenstischen Stillstands" auf dem Gebiet der dramatischen Produktion[1], suchte die Münchener Generalintendanz in einem Preisausschreiben, das ausdrücklich zur Förderung der dramatischen Kunst in Deutschland bestimmt war, eine auszeichnungswürdige Tragödie, deren Stoff der deutschen Geschichte zu entnehnen war, die jedoch "ungelöste Tagesfragen des religiösen und politischen Parteikampfes zu vermeiden" hatte[2]. Solche Zumutungen der Kulturbürokratie hat die literarische Kritik in Deutschland bis zum Auftreten der Naturalisten in den achtziger Jahren keineswegs zurückgewiesen. So nachdrücklich die organisierte Arbeiterbewegung auf den Klassencharakter des bürgerlichen Kulturbetriebs hinwies, die bürgerliche Literaturkritik dachte, von wenigen Ausnahmen abgesehen, nicht daran , das bürgerlich-feudale Klassenkompromiß, das seit dem Erstarken der Arbeiterbewegung mehr und mehr den Charakter einer Notgemeinschaft zum Schutz von "Besitz und Bildung" angenommen hatte, in Frage zu stellen. Für die Kritiker der sechziger und siebziger Jahre waren Vormärz und Revolution längst Geschichte geworden, und diejenigen unter ihnen, die sich noch mit Hebbels Produktionen beschäftigten, mußten sich fragen , was diese dramatischen Entwürfe für die Gegenwart bedeuten konnten.

3.2.3.1 Die kleinbürgerlich-demokratische Richtung

Die einzige Hebbelkritik dieser Zeit, deren Tendenz man als kleinbürgerlich-demokratisch bezeichnen kann,

1 Cf. Helmut Schanze, "Theorie des Dramas im 'Bürgerlichen Realismus'", Deutsche Dramentheorien: Beiträge zu einer historischen Poetik des Dramas in Deutschland, Bd. II (Frankfurt 1971) S. 374.

2 Berthold Litzmann, Das deutsche Drama in den literarischen Bewegungen der Gegenwart (Hamburg, 3.Aufl. 1896) S. 30.

ist in der Schweiz entstanden, einem Land, in dem sich trotz mancherlei Rückschlägen die bürgerliche Revolution siegreich behauptet hat. J. J. Honegger ordnete Hebbels literarische Produktionen dem Jungen Deutschland zu, das er als den "deutschen Pendant zur französischen Romanschriftstellerei" charakterisierte, "von gleicher Tendenz, selten von gleicher Kraft"[3]. Das Hauptverdienst des Jungen Deutschland bestand nach Ansicht Honeggers in dem "versuchten Verknüpfen des idealen und realen Lebens", in dem "unermüdlichen Hinweisen auf die zuständlichen Borniertheiten und Erbärmlichkeiten", in dem "Setzen der Notwendigkeit einer Erhebung im politischen Leben"[4]. Die literarischen Produktionen des Jungen Deutschland seien "keine Zeitbilder" wie die gleichzeitig entstandenen französischen und englischen Gesellschaftsromane, aber "ein schwacher Kern" weise doch auf "die Kämpfe des zweiten bis vierten Jahrzehnts" hin[5]. Generell seien eine "verworrene Zeitauffassung und verschrobene Charaktere"[6] sowie "demokratische Tendenzen mit aristokratischen Sympathien"[7] festzustellen.

Hebbel sei durchaus "Reflexionsdichter": bei ihm sei der "Wahnwitz" reflektierter als bei Grabbe. Honegger konstatierte "ueberschwengliche Absichten, unsinnig überspannte Anschauungen von dem Berufe der modernen Poesie", er stellte daneben Leistungen fest, die weit hinter diesen Zielen zurückblieben. Hebbels dramatische Figuren seien "barocke Originale, zugedrechselte Charaktere", häufig genug zeichne er "bis zum Unsinn oder Wahnsinn disparate Seelenbilder", gebe er "Variationen auf abstract gedachte Charaktere", denen er erst das Leben ankünstele. Nicht weniger verworren sei die Handlungsführung in Hebbels Dramen, in denen im Grunde

---

3 <u>Literatur und Cultur des Neunzehnten Jahrhunderts</u> (Leipzig 1865) S. 224.

4 ebd.

5 ebd., S. 226.

6 ebd., S. 225.

7 ebd., S. 228.

der "Zufall" walte und "Entwicklung" so wenig wie "wirkliches Leben" anzutreffen sei. Hebbel rüste seine Figuren mit "unmotivirt gehäuften Schrecken und Gräueln" aus, er führe ein Leben nur mit seinen Visionen, so daß seine einsamen Gedanken mit großer Kraft der Phantasie "abenteuerliche, unheimliche, abscheuliche Gestalten" bildeten. Undenkbar gräuliche Zustände würden mit "spiritualistischem Raffinement" ausgeführt. Hebbels Produktionen seien darauf gerichtet, die Welt ironisch in Frage zu stellen, doch werde nur "ein universeller Schwindel" vermittelt, der den "erbärmlichsten Cynismus" genauso wie "idealistische Wahngebilde" zulasse. Hebbels literarische Produktionen fixierten wie die Grabbes und Büchners, "in ihre wahnwitzigen Kreise gebannt", ein "widerspruchsvolles Moment ohne alle Entwicklung". Hebbels dramatische Kunst laufe letztlich auf "starkgeistige Phrasenhaftigkeit, diabolische Grübelei, raffinirte Subtilität und absolute Zwecklosigkeit" hinaus[8].

Es fragt sich, wie dies Verdikt eines Literaturwissenschaftlers zu erklären ist, dessen gesamte Darstellung von einem "Standpunkte, der absolut im Interesse der freiesten Entwickelung genommen ist", ausging[9]. Offensichtlich sah Honegger einen entscheidenden Mangel von Hebbels Dichtungen darin, daß in ihnen kein politisch-gesellschaftliches Ideal entworfen, keine künftige Wirklichkeit vorweggenommen ist. Honegger kritisiert, daß Hebbel, statt einen Ausweg aus der Krise zu zeigen oder wenigstens erhoffen zu lassen, in ein "sinnloses Symbolisiren und Universalisiren" ausweiche[10]. Die politische Konsequenz, die Honegger in Hebbels Dramen angelegt sah, daß der morbide Zustand der Gesellschaft hingenommen werden müsse, war für den überzeugten Liberalen unannehmbar, dies um so mehr, als er in seiner eigenen Zeit, und zwar nicht

---

8 J. J. Honegger, Literatur und Cultur des Neunzehnten Jahrhunderts, S. 232 f.

9 ebd., S. 5.

10 ebd., S. 233.

zuletzt in der sich organisierenden Arbeiterschaft, Kräfte der Reform und des Fortschritts am Werke sah[11]. Honegger nahm weiter an dem Figurenentwurf von Hebbels Dramen Anstoß. Daß in Hebbels Stücken leidenschaftlich ringende Menschen nach Art der Shakespeareschen Helden nicht vorkommen, daß nach den Möglichkeiten des einzelnen zu optimaler individueller Ausbildung seiner Humanität nicht einmal gesucht wird, wurde als Fehler gerügt. Mit der Frage, ob in der ausweglosen Welt von Hebbels Schauspielen menschliche Selbstverwirklichung überhaupt gezeigt werden kann, setzte sich Honegger nicht auseinander. Wenn er statt dessen in apodiktischer Form für das Drama Personen, die im Vollbesitz ihrer menschlichen Kräfte sind, forderte, machte sich die Überzeugung geltend, daß die Krise durch Initiative und Leistung des einzelnen überwunden werden konnte. Honegger war es nicht um die Überwindung, sondern die Reform der kapitalistischen Gesellschaft zu tun[12]. Dabei setzte er voraus, daß die allgemeine Entwicklungstendenz auf eine "Erhöhung der Productionsfähigkeit und dadurch der Wohlfahrt mittelst des praktisch gewordenen Grundsatzes der Freiheit" abzielte[13].

---

11 J. J. Honegger, Literatur und Cultur des Neunzehnten Jahrhunderts, S. 9 ff.

12 ebd., S. 27.

13 ebd., S. 21.

3.2.3.2 Die liberale Richtung

In den Gründerjahren des neuen Deutschen Reiches, in denen sich die gewerkschaftlich organisierten Streiks häuften und die Sozialdemokratie ihre politische Agitation über das ganze Reich ausdehnte, hat es weder eine sozialistische noch eine kleinbürgerlich-demokratische Hebbelkritik gegeben. Auch die liberale Richtung verlor deutlich an Einfluß. Julian Schmidt , der rührigste Vertreter der liberalen Literaturkritik in den fünfziger Jahren, mußte 1859 aus der Redaktion der Grenzboten ausscheiden. Zwar erlebte seine Geschichte der deutschen Literatur im 19. Jahrhundert 1860 noch die vierte und 1866 die fünfte Auflage, aber dann dauerte es zwanzig Jahre, bis die Neufassung dieser Literaturgeschichte erscheinen konnte[1]. Von der Hebbelkritik Schmidts abhängig war die Literaturgeschichte von Robert Koenig[2].

Bezeichnend für das schwindende Interesse der liberalen Kritik an den Zusammenhängen von Literatur und Gesellschaft war die Hebbelkritik Robert Prutz' aus dem Jahre 1864[3]. Dort hieß es, Hebbels Produktionen litten an einer außerordentlichen "Einförmigkeit des Grundgedankens" , genau betrachtet sei es nur "ein einziger Gedanke, eine einzige Anschauung", die durch alle Dramen hindurchgehe: Das sei der "Gedanke des Widerspruchs", in welchem "Idee und Wirklichkeit" miteinander ständen, der Gedanke, daß die Welt, wie sie sei, "nicht des Daseins werth" sei und daß daher auch der Dichter nichts anderes mit ihr tun könne, "als sie hohnlachend in Scherben zu schlagen". Hebbel sei der "Dichter der absoluten Häßlichkeit"; mit lächelnder Schadenfreude suche er überall "die krankhaften Stellen im Organismus nicht nur der bestehenden bürgerlichen Gesellschaft, sondern auch der menschlichen

---

1 Geschichte der Deutschen Litteratur von Leibniz bis auf unsere Zeit, Bd. 5 (Berlin 1886).

2 Deutsche Literaturgeschichte (Bielefeld, 7. Aufl. 1879), S. 607.

3 "Friedrich Hebbel" , Deutsches Museum 14 (1864) S. 67-73.

Natur selber" auf[4]. Prutz hob hervor, daß der Dichter auf keinen Fall "in feiger Schönthuerei" die Schäden, an denen die Zeit kranke , geflissentlich zudecken dürfe[5] ; dennoch müsse gefordert werden, daß der Dichter so fest durchdrungen sei von dem "Glauben an die fortschreitende Macht und darum auch an den endlichen Sieg des Guten und Schönen", daß er darin durch keine noch so widrigen Erfahrungen zu erschüttern sei; weiter sei zu fordern, daß der Dichter das Talent besitze, uns diesen Sieg auch bereits ahnen zu lassen, wo das gewöhnliche Auge nichts sehe als Tod und Untergang[6]. Damit sei "der Widerspruch, das Disharmonische, Krankhafte, Ungesunde, mit einem Wort das Häßliche" nicht aus den Grenzen der Kunst verwiesen, aber es werde, indem es "in seiner fortwährenden dialektischen Auflösung" gezeigt werde, zu einem "bloßen Moment des Schönen selbst" herabgesetzt, das gerade an ihm "seine verklärende und befreiende Macht" doppelt bewähre[7]. Bei Hebbel hingegen gelte das Häßliche nicht bloß als eine "vorübergehende Verdunkelung der Schönheit", vielmehr gewinne es "eine eigene selbständige Existenz", werde ein "Götzenbild von Häßlichkeit" geformt[8].

Für diesen entscheidenden ästhetischen Mangel wurden nicht mehr wie in den früheren Veröffentlichungen Prutz'[9] die Ungunst der Zeit, die Unzulänglichkeiten des politischen und gesellschaftlichen Lebens in Deutschland verantwortlich gemacht, sondern einzig und allein die "Unzulänglichkeiten des Talents" des Dichters[10]. Prutz behauptete 1864, Hebbel habe "den

---

4 Deutsches Museum 14, S. 68.

5 ebd.

6 ebd., S. 69.

7 ebd.

8 ebd.

9 Cf. Neue Schriften: Zur deutschen Literatur- und Kulturgeschichte, 2 Bde. (Halle 1854) , und Die deutsche Literatur der Gegenwart 1848 bis 1858, 2 Bde. (Leipzig 1859).

10 Deutsches Museum 14 (1864), S. 71.

Mangel an Schönheitsgefühl", an dem er selber gelitten und dessen er nicht Herr zu werden vermocht habe, in die ihn umgebende Welt übertragen: "das Glas , durch das er sah, war trübe, und so erschien die ganze Welt ihm trübe gefärbt; die Nerven, mit denen er fühlte, waren verstimmt, und so war denn nun die ganze Welt voll Verstimmung und Widerspruch"[11]. Daß Hebbel als "Reformator des Dramas, ja noch mehr der Poesie überhaupt und schließlich der bürgerlichen Gesellschaft selbst" aufgetreten sei, führte Prutz auf "Mängel und Verkehrtheiten" des Bildungsweges des Autodidakten zurück. Tatsächlich sei Hebbels "neue Theorie des Dramas" so wenig wie seine "neue Philosophie der Gesellschaft" ernst zu nehmen[12]. Hebbel sei keineswegs "ein Dichter der Zukunft" gewesen, er sei vielmehr als ein "Ausläufer der Romantik , ein letzter Nachklang ihrer Sturm- und Drangperiode" zu betrachten[13].

Prutz hielt daran fest, daß die gegenwärtigen politischen und gesellschaftlichen Verhältnisse überwunden werden müßten, aber anders als in seinen Veröffentlichungen der vierziger und fünfziger Jahre sprach er der Literatur keine aktive gesellschaftsverändernde Funktion, sondern nur eine "verklärende und befreiende Macht" zu. Die politisch-gesellschaftliche Resignation des Verfassers, der 1859 seine Professur in Halle aufgeben mußte, machte sich somit offensichtlich auch in seiner Literaturtheorie geltend.

Daß Hebbels literarische Werke als Produkte unkünstlerischer Gesinnung, seine theoretischen Entwürfe als schlechthin unsinnig abzulehnen seien , ergab sich auch aus einem zeitgenössischen biographischen Lexikon, das Hebbel als "Matador" der "Poesie des Häßlichen" kennzeichnete[14]. Ein "Sumpf fauler Verhältnisse" erfülle in den meisten seiner Stücke die Atmo-

---

11 Deutsches Museum 14 (1864), S. 70.

12 ebd. ,S. 71.

13 ebd., S. 72.

14 Männer der Zeit: Biographisches Lexikon der Gegenwart, Erste Serie (Leipzig 1862) S. 434.

phäre, während doch die Kunst eben die Aufgabe habe, "uns auf die reine Höhe idealer Zustände und in die gesunde Luft wahrer Sittlichkeit zu führen". Hebbels Kunst fliehe den "Bereich des sittlich und künstlerisch Schönen" und glaube ihre Aufgabe erst in jenem "Zwischenreiche des Psychologisch-Pathologischen" zu finden, wo "das Licht der Vernunft" erlösche und "die Dämonen des Wahnsinns mit Blitzen das Dunkel der Gemüthswelt" erhellten. Seine Dichtung umfasse die "Nachtseite der menschlichen Natur", und fast jedes seiner Stücke habe "etwas von der tragoedia infernalis" an sich. "Der Grundfehler bleibt bei ihm der, daß sein Wesen der Harmonie entbehrt, und wunderbar genug zwei gemeinhin getrennte Mächte, eine unbändige Naturkraft und ein grillenhafter Verstand, in seiner Dichtung einen Bund geschlossen haben, aus dem nothwendig ästhetische Mißgeburten hervorgehen mußten"[15]. Hebbel würde Bedeutendes leisten können, wenn "seine Vorliebe für das Bizarre und Paradoxe" einem "innerlich friedvolleren Zustande des Schaffens" Raum gäbe, in dem sein dichterisches Gemüt sich weniger von der "zersetzenden Dialektik seines Verstandes" beeindrukken ließe, und wenn er aufhören wollte, "abnorme Erscheinungen des Seelenlebens und künstlich verschlungene, unlösbare Probleme des Geistes und Herzens" zum Gegenstand der Poesie zu machen , die doch "einzig von dem singen und sagen" solle, was "allgemein menschlich und verständlich" sei[16].

Wie Prutz sah der Verfasser dieses Artikels von einer genaueren Betrachtung des Zusammenhangs zwischen literarischer Produktion und sozialer Realität ab. Die Besonderheiten des Werks wurden vielmehr auf das "Wesen" des Dichters zurückgeführt, und diesem wurde ein Übermaß an Reflexion nachgesagt. Wenn aber die "zersetzende Dialektik" des "Verstandes" des Produzenten

---

15 Männer der Zeit: Biographisches Lexikon der Gegenwart, Erste Serie (Leipzig 1862) S. 436.

16 ebd.

für seine ästhetischen Mißgriffe verantwortlich gemacht wurde, machte sich die Überzeugung geltend, daß gerade intellektuelle Kühnheit und Stringenz die Produktion großer Kunst vereiteln. Auch Heinrich Laube kritisierte nicht nur die Mängel in der dramatischen Technik bei Hebbel, sondern auch jenen Überschuß an Reflexion, der der künstlerischen Produktion abträglich sei. Hebbels Stücke seien "zusammengedacht", sie seien von einem "begabten, dichtenden Denker" niedergeschrieben, aber nicht von einem Dichter, der Künstler sei[17]. Deshalb fehle Hebbels Produktionen "das Wohlthuende, das Versöhnende, das Tröstende, das Erhebende"[18]. Laube ging es nicht darum, das Überwuchern der Reflexion in den literarischen Werken Hebbels auf seine Funktion hin zu untersuchen oder seine Ursachen aufzuspüren, es sollte vielmehr diese auffällige Eigenart der Hebbelschen Produktionen als unpoetisch denunziert werden. Dieselbe Absicht verfolgten die Literaturgeschichten von Johannes Scherr[19] und Alfred Klaar[20]. In der Darstellung Klaars hieß es, Hebbels dramatische Charaktere ruhten nicht in sich, sondern suchten hinter sich zu kommen und verflüchtigten "den schönen Duft der Unmittelbarkeit", der auf den "naiven Regungen der Persönlichkeit" liege, durch die "chemischen Untersuchungen ihres eigenen Wesens". Der Drang, hinter dem menschlichen Problem ein zweites außermenschliches zu suchen und auf die Beine zu bringen, führe endlich auch zum "Mystischen", zum "Dunkel-Verworrenen", das bei Hebbel in wunderlichem Kontraste neben dem "Überdeutlichen und Scharfmotivierten" stehe.

---

17 <u>Das Burgtheater: Ein Beitrag zur Deutschen Theatergeschichte</u> (Leipzig 1868) S. 263.

18 ebd., S. 264.

19 <u>Allgemeine Geschichte der Literatur: Ein Handbuch</u>, Bd. II (Stuttgart, 6. Aufl. 1880) S. 313 f.

20 <u>Geschichte des modernen Dramas in Umrissen</u> (Leipzig 1883) S. 146, und <u>Das moderne Drama, dargestellt in seinen Richtungen und Hauptvertretern</u>, 1. Abt. (Leipzig 1883) S. 143.

Karl Hillebrand , der das Hebbelkapitel der dritten Auflage von Joseph Hillebrands Literaturgeschichte verfaßt hat, griff bei seiner Deutung von Herodes und Mariamne einerseits auf Rötschers Interpretation zurück, wenn er die gelungene Verknüpfung geschichtlicher und individueller Vorgänge, das dramatisch wirkungsvolle Gegeneinander von "tyrannischer Gewalt" und "beleidigter Menschenwürde" hervorhob[21]. Andererseits begegne man gerade in diesem Stück mehrfach jenen Fehlern, die für alle Hebbelschen Produktionen charakteristisch seien. Die "Originalität" arte in "Bizarrerie" aus, die "Konsequenz" werde gewalttätig, die "Energie" treibe sich bis zur äußersten "Härte", die "natürliche Notwendigkeit" weiche der "Willkür, besonders in der Motivierung", welche "ohne psychologische und empirische Wahrheit" sich in allzu gesuchter Begründung gefalle[22].

Ähnlich ging G. R. Röpe vor, der die neunte Auflage von Karl Barthels Literaturgeschichte bearbeitet hat. In seiner Darstellung folgte der Kennzeichnung des Stücks im Sinne Rötschers unter Berufung auf einen dichtungstheoretischen Grundsatz Gottschalls, wonach ein "Grundgedanke von durchgreifender menschlicher Wahrheit" nie "in abnormen Verhältnissen und durch abnorme Charaktere" in angemessener Form dargestellt werden kann, folgendes ästhetisches Werturteil: Ein "absonderlicher Ausnahmefall" wie der in Herodes und Mariamne behandelte kann keine Sympathien erwecken[23].

Karl Gutzkow hat in seiner polemisch-kritischen Entgegnung auf Kuhs Hebbelbiographie hervorgehoben, daß er in Kuhs Darstellung "drei Dinge" nur unzureichend berücksichtigt finde: "Erstens: Sein (Hebbels) in allem ignobel gewesener, bäurischer Emporkömmlings= und

---

21 Die Deutsche Nationalliteratur im XVIII. und XIX. Jahrhundert, hg. K. Hillebrand, Bd. III (Gotha , 3. Aufl. 1875) S. 462.

22 ebd., S. 461.

23 Karl Barthel's Vorlesungen über die deutsche Nationallitteratur der Neuzeit, hg. G. R. Röpe (Gütersloh, 9. Aufl. 1879) S. 867 f.

Bettel=Sinn (...). Zweitens: Die Nichtbeziehung seiner Muse auf irgend eines der großen Güter, nach denen damals die deutsche Nation zu streben hatte , seine vollständige Gleichgültigkeit für das Leben seiner Zeit, für die Welt, für die ich selbst lebte und glühte. Drittens: Die systematische Bildung einer exclusiven Gemeinde, die eine falsche, aus dem überspannt aufgefaßten Lehrbuche oder geradezu aus den Fingern gezogene Aestetik zur maßgebenden für die Beurtheilung Anderer m achen wollte und in der That zur Qual ihres Lebens gemacht hat."[24] Damit waren drei für das literarhistorische Verständnis des Hebbelschen Werkes wesentliche Fragen aufgeworfen: die Frage nach der Verknüpfung von literarischem Werk und dichterischer Persönlichkeit, die Frage nach den politisch-sozialen Bezügen des literarischen Werks und schließlich die Frage nach den gesellschaftlichen Funktionen von Hebbels Ästhetik. Diese Fragen sind von Gutzkow so wenig wie von den anderen liberalen Kritikern hinreichend beantwortet worden. Gutzkow ging es darum, Hebbel moralisch zu vernichten, wenn er den "Mangel an edler Männlichkeit" tadelte, der sich durch Hebbels ganzes Leben gezogen habe[25] , den "Mangel an Hingebung für die großen Fragen der Zeit"[26] sowie die "Herzenskälte", den "nackten Egoismus" bei allem , was Hebbel geschrieben habe[27]. Es ist bezeichnend, daß der liberale Kritiker diese politisch-gesellschaftlich relevanten Feststellungen offensichtlich im Bewußtsein moralischer Überlegenheit getroffen hat und daß ihre sozialgeschichtliche Auswertung unterblieb.

---

24 Dionysius Longinus oder: Ueber den ästhetischen Schwulst in der neueren deutschen Literatur (Stuttgart, 2. Aufl. 1878) S. 35.

25 ebd.

26 ebd., S. 37.

27 ebd., S. 38. - Von gleicher Tendenz sind die Rezensionen des Kuhschen Werkes im Literarischen Centralblatt, 1877, Sp. 1578 , in der Zeitschrift Im neuen Reich 7 (1877) 217 - 225, und bei Bauernfeld, Aus der Mappe des alten Fabulisten (Wien 1879) S. 265-266.

3.2.3.3 Die konservative Richtung

Die Literaturgeschichte Vilmars, die nach dem Urteil des Herausgebers der 13. und 14. Auflage "den Gebildeten in Deutschland die Herrlichkeit der vaterländischen Poesie zu klarer Anschauung" gebracht hat[1], hat zweifellos die größte Breitenwirkung unter allen literarhistorischen Veröffentlichungen der sechziger und siebziger Jahre gehabt. Die gegenüber der neunten Auflage von 1862 nur wenig veränderte zwölfte Auflage von 1868 ist nach dem Tode des Verfassers von den Herausgebern der späteren Auflagen, zuletzt von K. Goedeke in der einundzwanzigsten Auflage, konserviert und nur im Anmerkungsapparat ergänzt worden. Erst die von Adolf Stern besorgte zweiundzwanzigste Auflage von 1886 informierte auch über die Literatur nach Goethes Tod.
Die Literaturgeschichte Vilmars hätte sich nicht so glänzend behaupten können, wenn sie nicht den literarischen Erwartungen breiter Schichten des Bürgertums entgegengekommen wäre , die zu einer Auseinandersetzung mit politischen und gesellschaftlichen Problemen der Gegenwart und ihrer Widerspiegelung in der Literatur nicht bereit gewesen sind. Von diesem Desinteresse zeugen auch die knappen Hinweise auf Hebbels literarisches Werk in den Literaturgeschichten von Wolfgang Menzel[2], A. Droese[3], G. Brugier[4], Franz Hirsch[5] und

---

1 A.F.C. Vilmar, Geschichte der deutschen National-Literatur , Bd. I (Marburg 1871) S. VII f.
Cf. Scherer, Kleine Schriften zur altdeutschen Philologie, Bd. 1, S. 673: "Der Litterarhistoriker, welcher die Auffassung der gebildeten Masse beherrscht, heißt nicht Gervinus, sondern - Vilmar."

2 Deutsche Dichtung von der ältesten bis auf die neueste Zeit, Bd. III (Stuttgart 1859, 2. unveränderte Aufl. 1875) S. 432 f.

3 Einführung in die Deutsche Literatur von ihren ersten Anfängen bis zur Gegenwart: Biographien und Proben (Langensalza 1868) S. 313.

4 Geschichte der deutschen National-Literatur (Freiburg, 5. Aufl. 1878) S. 561.

5 Geschichte der Deutschen Litteratur von ihren Anfängen bis auf die neueste Zeit, Bd. III (Leipzig o.J.) S. 595.

Otto von Leixner[6]. Die Darstellung von Wilhelm Scherers Geschichte der Deutschen Literatur (Berlin 1883) reicht nur bis zur Goethezeit.

Die Hebbelkapitel der späteren Auflagen von Rudolf Gottschalls Literaturgeschichte[7] sind gegenüber der ersten Auflage im wesentlichen unverändert. Gottschall hat in weiteren Veröffentlichungen[8] an seinem Verständnis der Hebbelschen Dramatik festgehalten. Für Otto Glogau, der sich ausdrücklich auf die Hebbelkritik Gottschalls berief[9], stand außer Frage, daß Hebbels Produktionen gerade ihrer sozialreformerischen bzw. sozialistischen Tendenzen wegen als Dichtungen nicht ernsthaft in Frage kommen könnten[10]. Hebbel habe weder das "Wesen der Kunst und Dramatik" im allgemeinen noch"das der Tragik und Komik" im besonderen begriffen. Dazu habe ihm "die reine Freude am Leben und an der Poesie , die Ehrfurcht vor der Idee sowie die Unterordnung unter dieselbe" gefehlt. Statt dessen habe er "vergällte Bitterkeit , dämonische Neugier, Kaprice und Willkür, maßlose Ueberhebung" gezeigt[11]. Holofernes, Golo und Herodes seien keine tragischen Helden, sondern "tragische Gaukler und Narren, Prahler und Lumpe"; Judith und Mariamne seien "tragische Närrinnen"[12]. Die tragische Schuld sei "nie eine gemeine und raffinirt=verzwickte", sondern eine "noch in ihrer Verirrung große und bewundernswerthe". "Wahnwitzige Despoten" wie Holofernes und Herodes dagegen gehörten "in's Narrenhaus oder an den Galgen" , aber"nicht

---

6 Unser Jahrhundert: Ein Gesamtbild der wichtigsten Erscheinungen auf dem Gebiete der Geschichte, Kunst, Wissenschaft und Industrie, Bd. II (Stuttgart 1883) S. 199, 518.

7 Die deutsche Nationalliteratur des 19. Jahrhunderts, 4 Bde. (Breslau, 3. Aufl. 1872, 5. Aufl. 1881).

8 "Friedrich Hebbel. Eine literarische Charakteristik, Unsere Zeit 2 (1865) 21 - 47, und Literarische Charakterköpfe, Erster Theil (Leipzig 1870) S. 264-331.

9 "Friedrich Hebbel", Deutsche Jahrbücher für Politik und Literatur 11 (1864) S. 223.

10 ebd. , S. 226.

11 ebd., S. 235.

12 ebd.

vor das tragische Forum", dessen "Erhabenheit und Heiligkeit" sie schändeten[13]. Der tragische Prozeß erfordere endlich "die Sühnung , Versöhnung und Verklärung der Helden"; alle drei Momente fehlten den Hebbelschen Dramen gänzlich: "sie enden alle mit einer schrillen Dissonanz, mit einem klaffenden Widerspruch; ihre sogenannten Helden bleiben trutzig in sich bestehen, oder sie verröcheln, wie sie gelebt , ruchlos und ohne Sühne; alle Greuel sind umsonst geschehen, alle Opfer vergebens gefallen, die ganze Handlung ist nur eine zwecklose Schlägerei"[14].

Ihrem Schwerpunkt nach variierten alle Dramen Hebbels "soziale Themata", genau genommen nur ein einziges, nämlich die Stellung des Weibs in der Gesellschaft. Aber auch dies geschehe "von einem einseitigen, befangenen, weil tendenziösen und kapriziösen Standpunkte" aus[15]. Hebbel habe es nie begriffen, daß "der letzte und höchste Zweck der Kunst sie selber" sei. Er betrachte sie vielmehr "als ein Mittel zur Darstellung gewisser sozialistischer Bestrebungen"[16]. Deshalb entbehrten alle Hebbelschen Dramen "einer großen kräftigen, schuldigen und doch reinen Leidenschaft" und böten statt dessen "grüblerische Verstandesoperationen"[17]. Hebbel sei nämlich überzeugt, daß die wirkliche Welt "ebenso wüst und verfault, ebenso unsittlich und verrückt" wie"die von ihm in seinen Dramen ausgeheckte" sei. Hebbel wolle seine dramatische Welt als einen "Spiegel" angesehen wissen, in dem sich "die arge Zeit" erkennen solle, um vor ihrem Schattenbilde zurückzuschaudern und umzukehren. Der Dramatiker Hebbel fasse demnach seine Mission ganz unmittelbar als

---

13 Deutsche Jahrbücher für Politik und Literatur 11, S. 235.

14 ebd.

15 ebd., S. 226.

16 ebd.

17 ebd., S. 223.

"die eines Buße predigenden Propheten und Reformators" auf[18]. Nur für den "Gebildeten", der die Entwicklung der neuesten Literatur und die Geschichte der sozialen Kämpfe der jüngsten Zeit kenne, hätten Hebbels Stücke noch "einen gewissen Reiz"[19]. Tatsächlich bildeten diese Stücke im Rahmen der deutschen Literaturgeschichte "nur Ein vorübergehendes Moment"[20].

Diese politische Akzentuierung der Kritik trat in den relativ ausführlichen Besprechungen, die Fontane, Frenzel und Kuh Hebbels Herodes und Mariamne gewidmet haben, deutlich zurück.

Fontanes Kritik, die aus Anlaß der Berliner Aufführung des Stücks am 26. September 1874 zuerst in der Vossischen Zeitung veröffentlicht worden ist[21], macht einen zwiespältigen Eindruck. Sie beginnt mit der Feststellung, daß Hebbels Stück bei allem Respekt vor der "außerordentlichen Begabung des Dichters" doch nur "tiefe Abneigung" einflößen könne[22]. Am Ende seiner Ausführungen hob Fontane hervor, daß sich das "Talent des Dichters", der "nahezu ein Genie" gewesen sei , nirgends verleugne. An Hebbels Stück sei "nichts Kleines", man erkenne "die superiore Natur" des Verfassers. Dennoch sei das Ganze "eine Schönheit, die kränkelt, und mal leiser, mal deutlicher den Zug der Verzerrung trägt"[23].

Fontane ging offensichtlich unter dem Einfluß der klassizistischen Dramentheorien Freytags und Gottschalls[24] davon aus, daß "das Kulturhistorische" als solches,

---

18 Deutsche Jahrbücher für Politik und Literatur 11, S. 223.

19 ebd., S. 217.

20 ebd.

21 Hier zitiert nach Theodor Fontane, Sämtliche Werke: Aufsätze, Kritiken, Erinnerungen, Bd. 2, Theaterkritiken (Darmstadt 1969) S. 192-196.

22 ebd., S. 192.

23 ebd., S. 195.

24 Gustav Freytag, Die Technik des Dramas (Leipzig 1863) ; Rudolf Gottschall , Poetik: Die Dichtkunst und ihre Technik (Breslau 1858).

wenn es mehr als Hintergrund sein, mehr als Lokaltöne geben wolle, "für das Drama absolut unverwendbar" sei ; es gehöre in den Roman. Im Drama solle uns das, was geschehe, "zu menschlich-herzlicher Teilnahme stimmen". Wir müßten, damit dies möglich werde, der Empfindungsweise derer folgen können, die uns zur "Teilnahme an ihrem Geschick" einlüden. Dies sei den beiden Hauptgestalten gegenüber unmöglich. Wegen der geringen Bedeutung, die dem "kultur-historischen Element für das Drama" zukomme, würde es dann noch bei diesem Befund bleiben, wenn "die entsprechende Aufgabe: ein Verfall- und Schreckensbild aus der Wendezeit der heidnischen und christlichen Welt zu geben", wirklich und glücklich gelöst worden wäre[25]. Aber diese Aufgabe sei nicht gelöst, wahrscheinlich nicht einmal gestellt worden.

Fontane ging, nachdem er den historisch-gesellschaftlichen Zusammenhang, in dem sich der dramatische Vorgang abspielt, als belanglos gekennzeichnet hat, daran , die "Empfindungs-Zwiespältigkeit" der beiden Hauptfiguren zu kritisieren. Was uns in Hebbels Stück als Herodes und Mariamne entgegentrete, seien "Träger von Anschauungen", die Hebbel von "zwei Formen der Liebe", von der "unechten egoistisch-tyrannischen" und von der "echten, selbstlos-heroischen" gehabt habe , denen er "zwei Königskleider" umgehängt und ihnen die Zettel angeheftet habe: "Herodes und Mariamne". So sehe man vier Stunden lang ein Liebespaar sich und andere quälen, was weder modern noch antik sei, es sei vielmehr nur geschaffen , um der Welt zu zeigen, wie Hebbel sich die Liebe denke[26]. Hebbels Herodes fehle gerade das, was mit dem geschichtlichen Herodes einigermaßen aussöhnen könnte: "die wirkliche, auf

25 Fontane, S. 196: "So würde es sich empfehlen, in der Ankündigung der drei Könige aus dem Morgenlande, wie in der ganzen Szene überhaupt, einige Änderungen eintreten zu lassen. Feierliches soll nicht komisch wirken."

26 ebd. , S. 193.

Kraft und Gesundheit ruhende Leidenschaft". Hier handle es sich um "den Grundmangel des Stückes", der "aus der Natur des Dichters" hervorgegangen sei[27]. Mariamne lasse "keine Empfindung in unserem Herzen" für sich aufkommen, weil sie sich ziemlich von Anfang an zu einer hochherzigen und opferbereiten Liebe bekenne, für die kein Motiv ausfindig zu machen sei[28]. Hebbel habe es unterlassen, Herodes und Mariamne auch nur in einer einzigen Szene "im Vollbesitz einer leidenschaftlichen, glücklichen und in ihrem Glück menschlich-schön motivierten Liebe" zu zeigen. Eine solche Szene wäre die notwendige Voraussetzung für alles Folgende gewesen, insbesondere den Kampf , der sich im Herzen Mariamnes vollziehe[29]. Fontanes Ausführungen lassen erkennen,daß er die Darstellung der eigentümlich gebrochenen Leidenschaft, der Deformation der Charaktere, die auf Einwirkungen des "kultur-historischen Elements" zurückzuführen ist, zwar nicht im Drama, aber im Roman für durchaus angebracht gehalten hat. Fontanes Kritik gab sich somit als ein gattungspoetischer Vorbehalt zu erkennen.

Die Kritik des Dramas von Karl Frenzel ist gleichfalls aus Anlaß der Berliner Aufführung des Stücks entstanden[30]. Sie begnügte sich im wesentlichen damit, Mängel in der Exposition, der Handlungsführung und der Figurengestaltung aufzuweisen. Das Drama wurde als Eifersuchtstragödie verstanden und mit Calderons Eifersucht das größte Scheusal und Shakespeares Othello verglichen. Indem Hebbel sich seiner besonderen Begabung nach ganz auf die "psychologische Seite des Vorgangs" konzentriert und "alle romantischen und sagenhaften Zuthaten" daraus entfernt habe, werde er "in

---

27 Fontane, S. 194.

28 ebd., S. 195.

29 ebd., S. 194.

30 Berliner Dramaturgie , Bd. 1 (Erfurt o.J.) S. 378 - 389.

Bezug auf den historischen Hintergrund der Begebenheit dürftig und trocken, in Hinsicht auf ihre Innerlichkeit kalt und gesucht"[31]. Die "geschichtlichen Verhältnisse" waren nach Ansicht Frenzels nicht breit genug dargelegt; insbesondere durch die Einführung des Aristobolus hätte dem seelischen Konflikt zwischen Herodes und Mariamne die reale Grundlage gegeben werden können. Da dies nicht geschehen sei , schwebe "für den ungelehrten Zuschauer das Ganze in der Luft"[32]. Schon im ersten Akt stießen die "beiden gleich heftigen und starrsinnigen Charaktere" ohne "Aussicht auf Entwickelung oder gar Versöhnung" zusammen: "sie, kalt und verschlossen, bitter in ihrer Rede, herb in ihren Empfindungen, ohne jede Spur der Zärtlichkeit und Hingabe, die einen wirksamen Gegensatz zu der unbändigen Leidenschaft des Herodes bilden könnte ; er, mißtrauisch,hinterhältig , tyrannisch, echter Ritterlichkeit und Größe", wie sie uns mit Calderons Herodes und Shakespeares Othello versöhne, bar[33]. Im Grunde sei das Trauerspiel "nur ein fünfter Akt", der "bei der Starrheit und unliebenswürdigkeit der Figuren wohl Schrecken, aber kein Mitleid" errege[34].

Im einzelnen wurde bemängelt, daß Hebbel sich durchaus falsche Vorstellungen vom "orientalischen Weibe" mache. Seine Mariamne stehe auf dem "Standpunkt der modernen, dem Gatten gleichberechtigten Frau" ; nicht wenig habe sie von der "'unverstandenen Frau' des französischen Romans"[35]. Herodes' "orientalische Despotenart" überzeuge genauso wenig, weil Hebbels "Sophistik" den Tyrannen zur "grotesken Unnatur" steigere[36]. Zwischen diesen Figuren werde nun "inmit-

---

31 Berliner Dramaturgie, Bd. 1, S. 382.
32 ebd. , S. 383.
33 ebd.,
34 ebd., S. 384.
35 ebd. , S. 385.
36 ebd., S. 387.

ten des Todesgrauens" ein "wunderliches Komödienspiel" inszeniert[37]: "die gegenseitige Prüfungskomödie, das Gericht mit den sechs Richtern, die zu Allem ja sagen, haben für mein Empfinden einen komischen Zug"[38]. Als störend empfinde der Zuschauer die Einfügung der drei Könige aus dem Morgenlande. Die "Verknüpfung der Mythe mit dem Wirrsal wilder Leidenschaften, mit modernster Sophistik und Zergliederung des menschlichen Herzens" störe die Harmonie. Beim besten Willen, "die Würde der Kunst" zu wahren, könne man doch den Spöttern nicht grollen, die zu lachen anfingen. "Heilige Dinge" gehörten nicht auf die Bühne; die drei Könige aus dem Morgenland hätten mit einem Hebbelschen Herodes nichts zu schaffen, insbesondere da das Stück nach ihrem Fortziehen keineswegs schließe und der Zuschauer nicht "mit dem Ausblick in eine bessere, idealere Welt entlassen" werde[39]. Am Ende atme man erleichtert auf; stundenlang habe man "etwas wie eine geistige Tortur" erlitten, die um so empfindlicher wirke, da ein "bedeutender Dichter", ein "unerbittlicher Dialektiker" sie uns erdulden lasse. An "Zügen von Größe, Strenge, von ergreifender Tragik" fehle es nicht, dafür aber "an jedem milderen Licht, an jeder sanften Regung des Herzens"[40].

In dieser Kritik von Herodes und Mariamne blieb jeder Bezug auf historisch-gesellschaftliche Konstellationen ausgespart. Doch hat Frenzel in einem allgemeinen Überblick über Hebbels literarisches Schaffen 1864 hervorgehoben, daß all denen, welche "diese 'beste' Welt" optimistisch betrachteten, die Poesie Hebbels "wie eine schroffe Dissonanz" erscheinen werde[41]. Demgegenüber sei Hebbels "herbe und düstere Weltanschau-

---

37 Berliner Dramaturgie, Bd. 1, S. 385.

38 ebd., S. 388.

39 ebd., S. 386.

40 ebd., S. 387.

41 "Friedrich Hebbel", Unterhaltungen am häuslichen Herd 4 (1864), Bd. 2, S. 16.

ung" , die manches mit der Schopenhauers gemein habe[42], jenen verständlich, die den Glauben an eine fortschrittliche Gesellschaftsentwicklung verloren hätten. 1864, nach dem Sieg der Reaktion im preußischen Verfassungskonflikt, brachte Frenzel der Hebbelschen "Sehnsucht nach dem Weltuntergang, der Götterdämmerung" ein gewisses Verständnis entgegen[43]; 1874, nach den militärischen Siegen Preußen-Deutschlands und dem Aufstand der Pariser Kommune, wurden solche Erwägungen offensichtlich verdrängt.

Die 1877 veröffentlichte Biographie Emil Kuhs hat umfangreiches Material zur Entstehungsgeschichte des Schauspiels zutage gefördert. In dem Kapitel "Stürmische Jahre"[44] berichtete Kuh über die politischen, gesellschaftlichen und literarischen Verhältnisse im Wien jener Zeit sowie über Hebbels politisch-soziales Verhalten in den ersten Jahren seines Aufenthalts in Wien. Kuh behauptete zwar, daß der Gegenstand von Herodes und Mariamne"keinen Kontrast ... zu der den Dichter umgebenden Szenerie" bilde[45], aber er versuchte nicht, seine Kenntnis der Entstehungsgeschichte für die Interpretation des Stücks auszuwerten.

Kuh referierte den Ablauf des dramatischen Geschehens und stellte dabei heraus, daß der erste Akt "die Furchtbarkeit der Entschlüsse" zeige, die "einer edel angelegten, aber schrankenlos begehrlichen und vereinsamten Herrschernatur" entsprängen, während der zweite Akt "das großartige und schöne Innere eines nicht minder leidenschaftlichen und nicht minder vereinsamten Weibes" bloßlege[46]. Während sich bis zum Ende des zweiten Akts der "Eindruck unausgeglichener Konflikte" verstärke, so faßten im dritten Akt

---

42 Unterhaltungen am häuslichen Herd 4 (1864), Bd.2, S. 16.

43 ebd., S. 15.

44 Biographie Friedrich Hebbels, Bd. II (Wien, 2.unveränderte Aufl. 1907) S. 227-279.

45 ebd., S. 243.

46 ebd., S. 245 f.

und in der ersten Hälfte des vierten Akts "die Kämpfenden und Leidenden" selbst ihr Verhältnis zueinander mit der "Schwere der Erwägung" auf. In der dramatischen Handlung trete jetzt jeder Gefühlsüberschwang zurück, an die Stelle der "Stimmungstiefe" der Hauptcharaktere trete eine "versengende Gedankenhitze"[47]. Die"beiden leidenschaftlichen und entzweiten Naturen" mäßen sich aneinander, und zwar in Übereinstimmung mit der Charakterart einer jeden, aber trotz aller pathetischer Akzente auf solche Weise, daß unser Anteil "aus einem das Gemüt bewegenden und bezwingenden in einen psychologisch beobachtenden" übergehe. Die "blank ausgespielten Gründe und Gegengründe" kühlten die "poetische Sinnlichkeit" ab, auch wenn ihre Eindringlichkeit nicht zu bestreiten sei. Herodes wie Mariamne könnten das tragische Motiv gleichsam beim Namen nennen, und dies müsse im Drama "wie der trockene Ostwind" wirken, unter dem die Blumen verwelkten. Mariamne überschaue "in ihrem stolz gelassenen Ausdrukke tief verletzten Menschentums" allzu besonnen die Lage, während Herodes "seiner dialektischen Rechtfertigung ungeachtet" den "an sein Naturell Gefesselten" überzeugend darstelle[48]. Auch Kuh kritisierte die "Wiederholung der nämlichen Situation": Statt der "tragischen Besiegelung eines Naturakts" sehe der Leser oder Zuschauer "ein Experiment" vor sich ; nicht sein "Gefühl", sondern sein "Geist" werde angesprochen. Dazu geselle sich der Übelstand, daß sich die "geschichtlichen Faktoren des Stücks" jetzt stärker vordrängten als früher, aber "doch nur als Reflexe" zur Motivierung und Färbung der "rein menschlichen Handlung" verwendet würden[49]. So "machtvoll sinnlich", wie die Tragödie begonnen habe, ende sie auch in der zweiten Hälfte des vierten und im fünften Akt.

---

47 Biographie Friedrich Hebbels, Bd. II, S. 248.

48 ebd. , S. 250.

49 ebd. , S. 248 f.

Kuh deutete den tragischen Vorgang als ein unabwendbares ,schicksalhaftes Verhängnis. Die "Wurzel" der Katastrophe liege außerhalb des Stücks. Hebbels Schauspiel erinnere insofern an die antike Tragödie , deren "Schuld= und Bußform" Hebbel schon in seinen Hamburger Aufsätzen der christlichen übergeordnet habe[50]. Fragen nach der gesellschaftlichen Relevanz dieser dramatischen Konzeption stellte Kuh nicht. Auffällig ist aber, daß Kuh in deutlichem Gegensatz zu seiner eigenen Hebbelkritik aus dem Jahre 1854[51] auf die heilsgeschichtlichen Aspekte von Hebbels Schauspiel nicht einging und Hebbels Produktion an den Normen der klasischen bürgerlichen Dramatik maß. Er verglich Herodes und Mariamne mit Julius Caesar und Wallenstein und rühmte Hebbels Stück, soweit es den Produktionen Shakespeares und Schillers entspricht; die Abweichungen, besonders in der Personengestaltung , dagegen tadelte er als künstlerische Fehlleistungen. So bemängelte er, daß Hebbel in Herodes und Mariamne "der Verschmelzungsprozeß der historischen und der psychologischen Elemente" nicht so wie Schiller im Wallenstein gelungen sei[52]. Offensichtlich ist die kaptialistische Entwicklung Österreichs in den siebziger Jahren soweit vorangeschritten, daß für die literarisch interessierten bürgerlichen Schichten Österreichs eine Deutung des Stücks als Mysterienspiel nicht mehr in Frage gekommen ist.

Einen Neuansatz der konservativen Hebbelrezeption markierte der Essay Heinrich von Treitschkes, der seit 1860 wiederholt aufgelegt worden ist[53]. Treitsch-

---

50 Biographie Friedrich Hebbels , Bd. II, S. 253.

51 Kuh, Friedrich Hebbel, S. 28. - Cf. den in der Tendenz ähnlichen, 1866 in der Wiener Zeitung veröffentlichten Hebbelessay in Emil Kuh's kritische und literarhistorische Aufsätze (1863-1876), hg. Alfred Schaer (Wien 1910) S. 235-245.

52 Biographie Friedrich Hebbels, Bd.II, S. 254.

53 "Friedrich Hebbel", Preußische Jahrbücher, 1860, 552 ff.; hier zitiert nach Historische und politische Aufsätze, Bd. I (Leipzig, 5. Aufl. 1886) S. 458 - 483.

ke ging es vor allem darum, Hebbels literarisches Werk von dem seiner Zeitgenossen abzusetzen. Treitschke betonte, man solle endlich damit aufhören, Hebbel mit Grabbe zu vergleichen. Grabbe sei "das Kind einer sinkenden Epoche" gewesen, während Hebbel als "der Sohn einer aufstrebenden Zeit" erscheine[54]. Hebbel sei eine "starke nordische Natur", in seinem Werk bekunde sich ein "Zug rauher reckenhafter Kraft", freilich auch die "nervöse Sinnlichkeit des modernen Paris, die zersetzende glaubenslose Reflexion der jungdeutschen Literatur"[55]. Aber der "friedlose Sinn", der aus Hebbels frühen Produktionen spreche, sei "nicht die blasirte Ironie der Romantiker, nicht die zuchtlose Frivolität, der buhlerische Weltschmerz der Jungdeutschen", sondern "der tiefe und wahre Schmerz eines starken Geistes", der erst "nach harten Kämpfen" die "Versöhnung" habe finden können. Treitschke rühmte die "hochpoetischen Gestalten" der Nibelungen, die nicht mehr "von der Blässe des Gedankens" "angekränkelt" seien wie die "unfertigen Dichtungen" der ersten Schaffensperiode[56]. Als deren Hauptmangel bezeichnete Treitschke das Überwuchern der Reflexion: Die "helle Selbsterkenntnis", die Hebbel seinen Charakteren leihe, überschreite zuweilen die Grenzen der "poetischen Wahrheit"[57]. Dies führe in Herodes und Mariamne, einem "Werk des kalten Verstandes", dazu, daß den Menschen des Stücks "Ursprünglichkeit und Freiheit" ganz und gar abgehe[58]. Treitschke betonte, daß Hebbel die Beziehung der Geschlechter "tiefsinnig und mit starkem Gefühle" zu gestalten verstehe, doch bemängelte er, daß zuweilen auch "die häßliche Ueberfeinerung moderner Sinnlichkeit" in seine Produktionen hineinspiele[59]. Günstig beurteilte Treitschke

---

54 Historische und politische Aufsätze, Bd. I, S. 463.
55 ebd., S. 462.
56 ebd., S. 468.
57 ebd. , S. 464.
58 ebd., S. 472.
59 ebd., S. 464.

Hebbels "Anschauung der Geschichte": er sehe in ihr nicht wie Shakespeare "die ewig gleiche sittliche Weltordnung", die sich immer wieder herstelle, wenn die Leidenschaft des Menschen sie auf Augenblicke gestört habe[60]. Hebbel fasse vielmehr die Geschichte als ein "ewiges Werden" auf; er liebe es, den "Zusammenstoß zweier Culturwelten" zu schildern, doch stelle er "die neue Welt", die aus der "zerfallenden alten Ordnung" sich erhebe, nicht leibhaft vor uns hin, sie werde lediglich durch einen "symbolischen Zug" angedeutet[61]. Wenn am Ende von Herodes und Mariamne plötzlich die heiligen drei Könige auftauchten, könne der Zuschauer oder Leser, nurweil er "historische Schulbildung" besitze, erraten, daß sie den "Anbruch der christlichen Gesittung" vorstellen sollten. Treitschke hielt "solche Symbolik , solchen Mysticismus", der stark an Calderon erinnere, für eine "Verirrung überfeinen Verstandes", die mit der "ausschweifendsten Phantastik des Innersten" verwandt sei[62].

Die Situation der dramatischen Kunst war nach Ansicht Treitschkes in Deutschland durch das Fehlen eines "nationalen Stils", eines "festen Gebiets dramatischer Stoffe", der "Sicherheit der Technik" gekennzeichnet[63]. Das schwerste Hindernis , das die Gegenwart dem dramatischen Dichter in den Weg werfe, sei die "Gährung, die Unsicherheit unserer sittlichen Begriffe"[64]. Treitschke fiel es nicht ein, nach den Ursachen dieser Schwierigkeiten zu fragen; er forderte vielmehr, daß der moderne Dichter das "Edle und Große dieser durchaus von der Politik, der Volkswirtschaft , der Wissenschaft beherrschten Welt" begeistert empfinden, ihr Leben miterleben und "dennoch das Schöne, nichts als das Schöne" schaffen dürfe[65].

---

60 Historische und politische Aufsätze, Bd. I, S.464.
61 ebd., S. 465.
62 ebd.
63 ebd., S. 460.
64 ebd., S. 461.
65 ebd.

Was Hebbel auszeichne, sei "jene vornehme Selbstgewißheit, welche jedes unmittelbar tendenziöse Einwirken der Poesie auf die Gegenwart" verschmähe und sich des "freudigen Glaubens" tröste, daß der "Gehalt der Dichtung ein ewiger" sei und seiner Stunde harren könne[66]. Im einzelnen freilich wurde die in Hebbels Stücken unverkennbare "düstere Denkweise"[67], die "politische Rathlosigkeit des Dichters" gerügt: Gerade "die schönste und herrlichste Erscheinung unserer Tage, recht eigentlich die Signatur der neuen Zeit , das Emporwachsen unseres Volkes zum staatlichen Leben" , sei dem "verdüsterten Auge" des Dichters verborgen geblieben[68]. Ausschlaggebend für die hohe Wertschätzung Hebbels durch Treitschke war offensichtlich weniger das literarische Werk - die <u>Nibelungen</u> wurden in einem einzigen Satz rühmend erwähnt - als die künstlerische Persönlichkeit Hebbels. Hebbel wurde zum genialen Einzelgänger stilisiert, und zwar in betontem Gegensatz zur "Meute gesinnungstüchtiger Zeitgenossen"[69], zur "schamlosen Frechheit der Halbwelt" auf der einen, zur "unleugbar steifen, gezwungenen Form unserer guten Gesellschaft" auf der anderen Seite[70]. Hebbel habe groß von seiner Kunst gedacht, ihr "mit rastlosem, fruchtbarem Fleiße, mit Andacht und Sammlung" gelebt, "treu seinem Ausspruch: 'leben heißt tief einsam sein'". Mit dieser bewundernswerten Haltung habe Hebbel ein Werk geschaffen, das, ungeachtet nicht unerheblicher Mängel , seinen "Ruhm" begründe[71].

Es ist auffällig, daß in dieser Darstellung die auch von Treitschke registrierte politisch-gesellschaftliche Ratlosigkeit weniger ins Gewicht fiel als die Demonstration "rauher reckenhafter Kraft", die Entschlossenheit, allen Widerständen zum Trotz ein be-

66 <u>Historische und politische Aufsätze</u>, Bd.I, S. 462.
67 ebd., S. 465.
68 ebd., S. 466.
69 ebd., S. 458.
70 ebd., S. 461.
71 ebd., S. 462.

deutendes Werk zustande zu bringen. Angesichts der 1873 einsetzenden , langwierigen industriekapitalistischen Wachstumsstörungen und der chronischen strukturellen Agrarkrise[72], angesichts der wachsenden politisch-gesellschaftlichen Bedeutung der Arbeiterbewegung lassen sich die Ausführungen Treitschkes als ein Versuch der Selbstverständigung der politisch und gesellschaftlich maßgeblichen Kreise des Deutschen Reiches verstehen. Diesen Kreisen ging es darum, ihre politische und sozioökonomische Machtstellung durch eine dezisionistische Politik zu behaupten. Demgegenüber trat die Untersuchung der Ursachen der Krise deutlich zurück, und es wurde dem Klassenfeind, der Arbeiterschaft und ihren 1878 verbotenen politischen Organisationen, überlassen , den Gegenentwurf zur politisch-gesellschaftlichen Realität zu leisten.

---

72 Cf. Wehler, Bismarck und der deutsche Imperialismus, S. 61 ff.

3.3 Die Rezeption in der Wilhelminischen Ära

3.3.1 Die literaturgesellschaftlichen Voraussetzungen

Die Veröffentlichung der Tagebücher in den Jahren 1885 und 1887 bezeichnete, wie schon früh erkannt worden ist, einen Wendepunkt in der Wirkungsgeschichte Hebbels[1]. Die Tagebücher, zum erstenmal in Kuhs Biographie systematisch ausgewertet, wurden von Gutzkow 1878 noch als gänzlich belanglos hingestellt. "Ein solcher Charakter schreibt Tagebücher! Was kann ein Egoist der deutschen Nation zu sagen haben? Maßgebendes, Tiefes, Weises? Nein, Klagelieder der Eitelkeit, die hier und da widerhallen mögen!"[2] Fontane dagegen schrieb am 17. 12. 1884, daß ihn die Lektüre von Hebbels Tagebüchern "auß höchste" interessiert habe, obgleich ihm "der Mann im höchsten Grade unsympathisch" sei. Seine "Natur" widerstehe ihm, seine Art sich auszudrücken sei "geschraubt, geziert", aber "die geistige Potenz und daneben der echte Künstlerernst" seien so groß, daß er ihn "liebe und bewundere trotz seiner Unausstehlichkeit"[3]. Tatsächlich ist die Ausgabe der Tagebücher in zahlreichen Zeitschriften und Zeitungen überwiegend wohlwollend rezensiert worden[4]. Jetzt wurde hervorgehoben, daß es in jedem Falle lohnend sei, Hebbel zu studieren, möge man sich nun "von Hebbels Individualität als Dichter wie als Mensch abgestoßen oder angezogen fühlen"[5].

---

1 Friedrich Hebbels Tagebücher, hg. Felix Bamberg, 2 Bde (Berlin 1885 und 1887). - Cf. Adolf Bartels, "Der Sieg Hebbels", Deutsche Monatsschrift für das gesamte Leben der Gegenwart 3 (1902/03) 74, und Alfred Neumann, "Hebbel als Schulklassiker", ZdU 18 (1904) 433.

2 Gutzkow, Dionysius Longinus, S. 37 f.

3 Fontane, Sämtliche Werke: Aufsätze, Kritiken, Erinnerungen, Bd. 1, S. 810.

4 Cf. das Verzeichnis der Rezensionen bei Wütschke, Hebbel-Bibliographie, S. 73, sowie die Zusammenstellung von Presseurteilen zum ersten Band der Tagebuchausgabe in Friedrich Hebbels Tagebücher, Bd.2, S. I - V.

5 Berthold Litzmann (Rez.), DLZ 6 (1885) 1041.

Im Anschluß an die Tagebücher und Briefe[6] fanden die literarischen Produktionen Hebbels den Weg in die deutsche Öffentlichkeit zurück. Hier zunächst ein Überblick über die Situation auf dem Literaturmarkt. Daß Hoffmann und Campe sich entschlossen, kurz vor Ablauf der gesetzlichen Schutzfrist im Jahre 1893 eine Neuauflage der letzten Gesamtausgabe zu veranstalten[7], war zweifellos auf die gesteigerte Nachfrage zurückzuführen; die Kuhsche Ausgabe war zuletzt nur noch antiquarisch zu einem "hohen Preis" erhältlich gewesen[8]. Die Ausgaben, die die Verlage von A. Warschauer[9], O. Hendel[10], M. Hesse[11], Th. Knaur Nachf.[12], Hoffmann und Campe[13] und wiederum M. Hesse[14] seit 1894 in rascher Folge auf den Markt brachten, fußten im wesentlichen auf der Ausgabe von 1891[15].

---

6 *Friedrich Hebbels Briefwechsel mit Freunden und berühmten Zeitgenossen,* hg. Felix Bamberg, 2 Bde (Berlin 1890 und 1892).

7 *Friedrich Hebbel's Sämmtliche Werke*, Mit Einleitung und Anmerkungen hg. von Emil Kuh, neu hg. von Hermann Krumm (Hamburg 1891).

8 R. M. Werner (Rez.), *DLZ* 13 (1892) 916.

9 *Friedrich Hebbel's Werke*, Neu durchgesehene Ausgabe, 8 Teile in 2 Bdn (Berlin 1894); *Friedrich Hebbel's Werke,* Neu durchgesehene Ausgabe, Auswahl in 1 Bde (Berlin 1894).

10 *Friedrich Hebbel's Werke*, Auswahl in 1 Bde, Mit einem Vorwort von Oskar Linke (Halle 1894).

11 *Friedrich Hebbel's sämtliche Werke in 12 Bdn,* Mit Einleitung und Anmerkungen von Emil Kuh, neu hg. von Hermann Krumm, Mit einer biographischen Einleitung von Adolf Stern (Leipzig 1898).

12 *Friedrich Hebbel* , *Sämtliche Werke in 12 Bdn,* Nebst Auszügen aus den Tagebüchern und einer Auswahl von Briefen des Dichters, hg. Adolf Stern (Berlin 1902).

13 *Friedrich Hebbel*, *Sämtliche Werke in 12 Bdn*, Mit einer biographischen Einleitung von Adolf Stern (Hamburg 1899).

14 *Friedrich Hebbel*, *Sämtliche Werke in 12 Bdn,* Mit Einleitung und Anmerkungen von Emil Kuh, Neu hg. von Hermann Krumm (Leipzig 1900).

15 Cf. Hermann Krumm (Rez.), *ZfdPh* 33 (1901) S. 257.

Dies gilt auch für die zahlreichen, z.T. ausgesprochen preisgünstigen Einzelausgaben[16]. Herodes und Mariamne ist schon 1894 als Nr. 3188 in Reclams Universal-Bibliothek erschienen; 1902 ist das Schauspiel als Nr. 307/308 der Allgemeinen National=Bibliothek veröffentlicht worden.

Im Jahre 1899 hat das Bibliographische Institut eine Ausgabe vorgelegt, die zum erstenmal auf die Originalausgaben zurückgriff, ohne allerdings konsequent die Äußerlichkeiten des Druckes sowie die Eigenarten der Interpunktion und die Orthographie beizubehalten[17]. Diese Ausgabe ist wie alle früheren Editionen durch die von Richard Maria Werner besorgte historisch-kritische Ausgabe der Werke , Tagebücher und Briefe überholt worden, die der Verlag von B. Behr in Berlin seit 1901 herausgebracht hat. Den geschäftlichen Erfolg dieser anspruchsvollen und kostspieligen Edition verdeutlicht die Tatsache, daß in kurzer Zeit eine zweite unveränderte Ausgabe der Werke und eine dritte unveränderte Ausgabe der Tagebücher zur Subskription gestellt werden konnten und daß 1913 eine aufwendige Säkular-Ausgabe erscheinen konnte. Mit Gesamt- bzw. Auswahlausgaben suchten in den nächsten Jahren die Deutsche Verlags=Anstalt[18], J. G. Cotta Nachf.[19], M. Hesse[20], Hesse u. Becker[21], das Bibliographische Institut[22], Ph.

---

16 Cf. die bibliographischen Nachweise bei Christian Gottlob Kayser, Vollständiges Bücher=Lexicon, Bd. 27, S. 176, 697, 792; Bd. 29, S. 727; Bd. 30, S. 257; Bd. 31, S. 807 f.; Bd. 32, S. 267.

17 Hebbels Werke, hg. Karl Zeiß, Kritisch durchgesehene und erläuterte Ausgabe, 4 Bde (Leipzig 1899). - Cf. R.M. Werner (Rez.), DLZ 20 (1899), 1121 ; K. Böhrig (Rez.), Euphorion 8 (1901) 179 f.; O. Walzel (Rez.), Nord und Süd 93 (1900) 132 f.

18 Friedrich Hebbel, Sämtliche Werke, hg. Adolf Bartels (Stuttgart 1904).

19 Friedrich Hebbel , Ausgewählte Werke in 6 Bdn, hg. Richard Specht (Stuttgart 1903 und 1904).

20 Friedrich Hebbel, Meisterdramen, 5 Teile in 1 Bde, Mit Einleitungen und Anmerkungen von Richard Maria Werner (Leipzig 1905).

21 Friedrich Hebbel, Meisterdramen, 6 Teile in 1 Bde, Mit Einleitungen u. Anmerkungen von Richard Maria Werner u. Max Koch (Leipzig 1907); Friedrich Hebbel, Sämtliche Werke, hg. Hermann Krumm, 14 Bde (Leipzig 1913).

22 Friedrich Hebbel, Werke , Im Verein mit Fritz Enß und Carl Schaefer hg. von Franz Zinkernagel, Kri-

Reclam jun.[23], der Hansa-Verlag[24], der Verlag der Tempel[25], Das Deutsche Verlagshaus Bong[26] und der Buchverlag für das Deutsche Haus[27] am Hebbelgeschäft teilzunehmen. Diese sowie die in großer Zahl veröffentlichten Einzelausgaben[28] haben sich in der Regel eng an Werners historisch-kritische Ausgabe angeschlossen. Herodes und Mariamne ist 1902 als 95. Lieferung in "Velhagen u. Klasing's Sammlung deutscher Schulausgaben", 1905 als Nr. 1919 der "Bibliothek der Gesamtliteratur", 1907 als Nr. 53 der Reihe "Die Meisterwerke der deutschen Bühne", 1909 als Nr. 63 der "Deutschen Schulausgaben" sowie 1914 als 59. Bändchen der Reihe "Neuere Dichter für die studirende Jugend" erschienen.

Hebbel ist nach Angaben des Buchhandels "von denjenigen nachklassischen deutschen Dichters, deren Leben abgeschlossen vorliegt", am Anfang des 20. Jahrhunderts "der gelesenste" gewesen[29]. Seit den neunziger Jahren gehörten Hebbels Stücke zum Repertoire der deutschsprachigen Bühnen. Eine Neuinszenierung von Herodes und Mariamne ist allerdings erst 1899 zustande gekommen , und zwar im Königlichen Schauspielhaus in Berlin. In den folgenden Jahren ist das Stück, das außerordentliche

---

tisch durchgesehene u. erläuterte Ausgabe, 4 Bde (Leipzig 1913).

23 Friedrich Hebbel, Werke in 4 Bdn, nebst zwei Ergänzungs-Bdn, hg. Friedrich Brandes ,Reclams Klassiker=Ausgabe (Leipzig 1912 u. 1913).

24 Friedrich Hebbel Werke, Neue illustrierte Ausgabe in 2 Bdn, hg. Egbert Schmitz (Hamburg o.J.).

25 Friedrich Hebbel, Dramatische Werke in 4 Bdn, hg. Reinhard Buchwald, Julius Zeitler, Moritz Heimann u. Julius Bab (Leipzig 1915).

26 Hebbels Werke in zehn Teilen, hg. mit Einleitungen und Anmerkungen versehen von Theodor Poppe, Goldene Klassiker-Bibliothek (Berlin o.J. [1913]).

27 Hebbel's Werke, Meisterwerke deutscher Klassiker, eingeleitet von Robert Petsch (Berlin 1910).

28 Cf. die bibliographischen Nachweise bei Kayser , Vollständiges Bücher=Lexicon, Bd. 33 , S. 224 , Bd. 34, S. 686, 956; Bd. 35, S. 924; Bd. 36, S.782 ; Deutsches Bücherverzeichnis, Bd. 1 , S. 555 , 1088; Bd. 4, 1099 f.

29 Neumann, ZdU 18 (1904) 434.

Inszenierungsschwierigkeiten bereitet und überhaupt nur mit vorzüglichen Darstellern gewagt werden kann, von einer Anzahl bedeutender Bühnen aufgeführt worden, ohne jemals hohe Aufführungsziffern zu erzielen[30].

Seit der Jahrhundertwende ist Hebbels Name in den Vorlesungsverzeichnissen deutscher Universitäten nachweisbar. Hier das Ergebnis einer Durchsicht der Vorlesungsverzeichnisse einiger deutscher Hochschulen:

<u>Bonn</u>

SS 1906 Litzmann, Hebbels Dramenfragmente
SS 1908 Litzmann , Hebbels Tagebücher
SS 1910 Litzmann, Hebbels Dramenfragmente
WS 1917/18 Litzmann, Deutsches Drama von Schiller bis auf Hebbels Tod

<u>Breslau</u>

WS 1909/10 Koch, Hebbels dramatischer Nachlaß
WS 1913/14 Koch, Hebbels dramatischer Nachlaß

<u>Frankfurt</u>

SS 1918 Petersen, Hebbels Dramen

<u>Freiburg</u>

WS 1906/07 Woerner, Hebbel
SS 1907 Woerner, Hebbel (Fortsetzung)
WS 1910/11 Witkop , Die dramatischen Fragmente Schillers und Hebbels
SS 1913 Witkop, Hebbel
WS 1914/15 Witkop, Schillers und Hebbels dramatische Fragmente
SS 1915 Witkop , Kleist, Hebbel, Richard Wagner
SS 1916 Witkop, Hebbel und Grillparzer
SS 1917 Witkop, Kleist, Hebbel, Richard Wagner
WS 1917/18 Witkop, Kleist ,Hebbel, Richard Wagner
SS 1918 Witkop, Kleist, Hebbel, Richard Wagner

<u>Göttingen</u>

WS 1914/15 Weißenfels, Friedrich Hebbel und Otto Ludwig

<u>Greifswald</u>

WS 1902/03 Reifferscheid, Ausgewählte Dramen Hebbels

<u>Halle</u>

WS 1910/11 Jahn, Unabhängige Dichter aus der Zeit des jungen Deutschland: Grillparzer, Hebbel, Otto Ludwig

---

30 Cf. die ausführliche Darstellung bei Marie Louise Hiller, <u>Friedrich Hebbels 'Herodes und Mariamne' auf der Bühne 1849 - 1925</u>, Hebbel=Forschungen, Nr. XX (Berlin 1930) S. 18 ff.

WS 1914/15 Jahn , Unabhängige Dichter aus der Zeit des jungen Deutschland: Grillparzer, Hebbel, Otto Ludwig
WS 1917/18 Unger, Hebbels Leben , Dichten und Denken

Kiel

WS 1910/11 Wolff, Übungen zur Geschichte der neueren deutschen Sprache und Literatur: Hebbel
SS 1913 Wolff, Hebbels dramatische Fragmente

Zur gleichen Zeit wurde Hebbel auch für die Gymnasien interessant. 1897/98 setzten sich Heinrich Gloel[31] und Gerhard Heine[32] in Lyons Zeitschrift für den deutschen Unterricht für die Behandlung Hebbelscher Werke in den Oberklassen der Gymnasien ein. Wenig später erschienen die ersten Schulprogramme über Hebbel, u.a. die Arbeiten von Alfred Neumann[33], Karl Böhrig[34] und Andreas Aliskiewicz[35]. 1904 veröffentlichte Alfred Neumann in Lyons Zeitschrift einen Aufsatz über "Hebbel als Schulklassiker"[36], und Otto Lyon selbst bekannte ein Jahr später, daß er sich "in vierjährigem langem inneren Kampfe für Hebbel entschieden" habe: "Die Aufführung von Herodes und Mariamne bedeutete für mich ein ästhetisches Reinigungsbad."[37] Weitere für den Schulgebrauch bestimmte Auseinandersetzungen mit dem literarischen Werk Hebbels folgten , so die von Wilhelm Stein[38], Ludwig Gurlitt[39], Emil Kreisler[40], Hermann Stodte[41]

---

31 "Die nachgoethische Litteratur in den oberen Klassen", ZdU 11 (1897) 30.
32 "Zur Einführung in die nachklassische Litteratur", ZdU 12 (1898) 762-767.
33 Aus Friedrich Hebbels Werdezeit, Progr.Zittau (Zittau 1899).
34 Die Probleme der Hebbelschen Tragödien (Leipzig, Phil. Diss. 1899) ; Progr. Rathenow (Rathenow 1900).
35 Friedrich Hebbels ästhetische Ansichten, Progr. Brody (Brody 1900).
36 ZdU 18 (1904) 431-459.
37 "Eine Hebbellektüre für Schule und Haus", ZdU 19 (1905) 5.
38 Friedrich Hebbel, Erläuterungen neuerer Dramatiker (Habelschwerdt 1905).
39 "Hebbels Bedeutung als Erzieher", Deutsche Monatsschrift für das gesamte Leben der Gegenwart 8 (1905) 675-682.
40 "Hebbels Frauengestalten", Zweiunddreißigster Jahresbericht der k. k. Franz Joseph-Realschule in Wien (Wien 1907) S. 3-13.
41 Friedrich Hebbels Drama aus der Weltanschauung und den Hinweisen des Dichters erläutert (Stuttgart 1908)

Heinrich Deckelmann[42] und Rudolf Lehmann[43]. Über "Hebbel in der Schule" referierte Hermann Klammer auf dem 5. Rheinischen Philologentag zu Köln am 24. April 1911[44], und Heinrich Meyer-Benfey sprach auf der Marburger Philologen-Versammlung am 30. September 1913 über "Hebbels 'Agnes Bernauer'"[45].

Hebbel galt am Ausgang der Wilhelminischen Ära in den Kreisen der deutschen Gymnasialpädagogen als einer "der deutschen Geistesheroen"[46]. Während die preußischen Lehrpläne von 1891 und 1901 und der erste Lehrplanentwurf der _Zeitschrift für den deutschen Unterricht_ von 1896[47] Hebbel noch nicht berücksichtigten, setzte sich ein weiterer, von Walther Hofstaetter verfaßter Lehrplanentwurf dieser Zeitschrift 1912 für die Behandlung Hebbelscher Dramen in der Oberstufe der Gymnasien ein[48]. In demselben Jahre nahm das Königreich Württemberg Hebbels _Herodes und Mariamne_, _Agnes Bernauer_ und die _Nibelungen_ in den Lektürekanon der Gymnasien auf[49].

---

42 _Friedrich Hebbel's 'Herodes und Mariamne', durch des Dichters eigene Aussprüche erläutert_, Wissenschaftliche Beilage zum Jahresbericht des Königlichen Gymnasiums in Bonn (Bonn 1909).

43 _Der Deutsche Unterricht: Eine Methodik_ (Berlin, 3. Aufl. 1909) S. 345 ff.

44 _Preußische Jahrbücher_ 146 (1911) 93 - 106.

45 _GRM_ 11 (1923) 75 - 86.

46 Adolf Sellmann, "Friedrich Hebbel und Klaus Groth", _ZdU_ 24 (1910) 511.

47 Curt Hentschel, Theodor Matthias, Otto Lyon, "Entwurf eines Lehrplans für den deutschen Unterricht im Realgymnasium", _ZdU_ 10 (1896) 700-706.

48 "Kämpfe und Ziele", _ZdU_ 26 (1912) 37 f.

49 Cf. Ludwig Spiro, "Der deutsche Unterricht im Lehrplan für die höheren Knabenschulen Württembergs", _ZdU_ 27 (1913) 712. - 1914 wurde Hebbel auch in die Lehrpläne für die höheren Mädchenschulen Württembergs aufgenommen; cf. Ludwig Spiro, "Aus dem neuen Lehrplan für die Mädchenrealschulen in Württemberg", _ZdU_ 28 (1914) 776.

Ein Blick auf die Sozialgeschichte dieser Jahre verdeutlicht, daß die "Hebbelrenaissance" gerade in der Periode des Übergangs vom Kapitalismus der freien Konkurrenz zum Kapitalismus der Monopole stattfand. Der fortschreitende Prozeß der Konzentration der Produktion und des Kapitals mündete bekanntlich in Deutschland wie in den anderen kapitalistischen Staaten gegen Ende des 19. Jahrhunderts in die Entstehung von Industrie- und Bankmonopolen ein. Die Herausbildung des Monopolkapitalismus hatte starke Veränderungen in Gesellschaft und Politik zur Folge. Die Verschmelzung des Bankkapitals mit dem Industriekapital stärkte die Macht der finanzkräftigen Bourgeoisie, die zunächst die großen Aktiengesellschaften und Kartelle kontrollierte und schließlich immer mehr das gesamte Wirtschaftsleben bestimmte, in Deutschland im Kompromiß mit den agrarischen Interessen der preußisch-deutschen Junker. Die unvermeidliche Verflechtung der Monopole mit den staatlichen Gewalten führte in den internationalen Beziehungen zu einem erbitterten Ringen um Rohstoffquellen und Absatzmärkte, zu einer Aufteilung der Welt in ökonomische Einflußsphären, die von den neuen Industriestaaten, insbesondere dem Deutschen Reich, immer wieder in Frage gestellt wurde.

Daß sich innenpolitisch die Lage des mittleren und Kleinbürgertums unter dem Druck der Monopole verschlechterte, liegt auf der Hand. Zahlreiche Angehörige dieser Klassen verloren ihre ökonomische Selbständigkeit oder behaupteten sie nur zum Schein , indem sie als Auftragnehmer der Monopole fungierten und diesen vielfach in allen Fragen unbedingte Gefolgschaft leisteten. Daß mit den ökonomischen Prämissen die soziale Struktur der bürgerlichen Familie in Frage gestellt wurde, zeigt der Umstand, daß gerade in diesen Jahren die Frage der Emanzipation der Frau virulent wurde und daß sich eine Jugendbewegung etablierte, die, so konfus ihre Zielvorstellungen auch häufig waren, unmißverständlich gegen die Generation der Väter gerichtet war.

Andererseits begünstigte die Konzentration großer Arbeitermassen in der monopolisierten Industrie die Organisierung und die Entwicklung des Klassenbewußtseins der Arbeiter. Der Klassengegensatz zwischen dem Proletariat und der Bourgeoisie erfuhr unter den Bedingungen des Monopolkapitalismus eine weitere Zuspitzung, insbesondere seitdem die kaiserliche Regierung 1897/98 zur forcierten militärischen Aufrüstung übergegangen war und die erheblich gesteigerten Rüstungskosten der arbeitenden Bevölkerung aufgebürdet hatte. Dabei blieb die Arbeiterbewegung trotz nicht unerheblicher Erfolge in den zumeist erbittert geführten Arbeitskämpfen und trotz ihres wachsenden Massenanhangs von jeder Einflußnahme auf die großen Entscheidungen der Politik des Deutschen Reiches ausgeschlossen. Unter diesen Umständen praktizierte die Sozialdemokratie bei allem verbalen Radikalismus eine weitgehend revisionistische Politik zugunsten der Tagesinteressen der Werktätigen, ohne daß ein realistisches Konzept für die Bewältigung der zentralen Probleme der Friedenssicherung und des Kampfes für die demokratischen Rechte des Volkes erarbeitet und organisatorisch abgesichert worden wäre.

Diese Tatsachen sind erwiesen; es gilt jedoch auch ihre komplexen kulturellen und ideologischen Begleiterscheinungen mitzuberücksichtigen, ohne die die Besonderheiten der Hebbelrezeption in der Wilhelminischen Ära nicht verstanden werden können.

Bekanntlich war der Schulbetrieb im Wilhelminischen Deutschland so organisiert, daß Literatur und Kunst "eine Domäne der Bourgeoisie" bleiben mußten , daß die "schroffste Trennung der Menschen in zwei Lager bestand: hier die Besitzenden , welche sich wie alles andere auch die Kunst ad usum delphini, für ihren Privatgebrauch zurechtgerückt hatten und engherzig die anderen, die große Mehrzahl, völlig ausschlossen, dort die Ausgestoßenen, das Proletariat, deren Leben ein ödes, hoffnungsarmes Ringen um den notdürftigsten Lebensunterhalt war, weit entfernt von allem , was dies

Dasein erst des Kampfes wert macht, kunstfremd weil kunstfern."[50] Durch "die erbärmlichen, jeder Kultur Hohn sprechenden Volksschulen" einerseits und durch "die privilegierten, wohlgepflegten Hochschulen der Bourgeoisie" andererseits wurden "jene gewaltigen Gegensätze in der Bildung" geschaffen, die die Nation spalteten[51]. Nicht weniger bezeichnend für die Kulturpolitik der Wilhelminischen Ära war indessen der Umstand, daß Industrielle wie Krupp und zahlreiche Angehörige liberaler Organisationen, die in den staatlichen und kommunalen Körperschaften Verteidiger der privilegierten Schule, also der Klassenbildung, waren, gleichzeitig Förderer der "tendenzlosen" Volksbildungsbewegung waren bzw. in ihr arbeiteten und daß die Staatsregierungen und die Kommunen diese Bestrebungen förderten. Die "Gesellschaft zur Verbreitung von Volksbildung", die in Deutschland die bedeutendste Trägerin dieser Bewegung war , war bereits 1871 gegründet worden, aber erst um die Jahrhundertwende begann sie damit , durch eine intensivierte Bibliotheksarbeit "einen veredelnden Einfluß auf die niederen Volksschichten" auszuüben[52]. Diese angeblich parteilosen Volksbildner sahen ihre Hauptaufgabe darin, "der wahrhaften Bildung aller Bevölkerungsklassen zu dienen"[53]. Sie waren in ihrer Mehrzahl überzeugt, daß eine Volksbibliothek gar nichts Besseres tun könne, "als die Meisterwerke der Litteratur - und sie ist doch wahrlich reich genug an sol-

---

50 Emil Reich, Die bürgerliche Kunst und die besitzlosen Volksklassen (Leipzig, 2. Aufl. 1894) S. 172 f. Cf. die geschichtliche Darstellung in Geschichte der Erziehung , hg. Karl-Heinz Günther u.a., S. 407 ff.

51 Franz Petrich, "Ein Beitrag zum Bildungsproblem", Der Bibliothekar 5 (1913) 597.

52 A. Graesel, "Zur Einführung" , Blätter für Volksbibliotheken und Lesehallen 3 (1902) 38.

53 Ernst Schultze, "Ueber die Auswahl des Bücherstoffes für Volksbibliotheken", Blätter für Volksbibliotheken und Lesehallen 3 (1902) 38.

chen - so oft als möglich einzustellen , schlechte Bücher aber gar nicht, auch nicht in einem einzigen Exemplare"[54]. Sozialwissenschaft, Volkswirtschaft und Politik, die die elementaren Lebensfragen der überwiegenden Mehrheit der Bevölkerung berührten, fehlten fast gänzlich, oder aber das Feld beherrschten einige nationalliberale Autoren. Die wissenschaftliche sozialistische Literatur, die Schriften über die Gewerkschaftsbewegung und die damit in Verbindung stehenden Fragen fehlten ganz. Die ausgesprochen sozialistische Belletristik, die allerdings überhaupt erst in bescheidenem Umfang vorhanden war, fehlte ebenfalls. Dagegen war die bürgerliche und vorbürgerliche Literatur in der Regel zahlreich und mit ihren besten Werken vertreten[55]. Das literarische Werk Hebbels, das 1890 noch nicht zur Anschaffung empfohlen wurde[56], dürfte seit der Jahrhundertwende in den meisten Volksbibliotheken vorhanden gewesen sein[57]. Wie häufig es von den Benutzern dieser Bibliotheken - in der Regel waren dies Angehörige des mittleren und Kleinbürgertums und Jugendliche - ausgeliehen und gelesen worden ist, ist nicht mehr nachprüfbar. In der Kruppschen Bücherhalle in Essen waren jedenfalls vor dem Ersten Weltkrieg die Werke Hauptmanns, Hebbels und Ibsens "dauernd im Verkehr"[58], und auch in anderen Volksbibliotheken scheint Hebbel seine Leser gefunden zu haben[59].

In der Wilhelminischen Ära konnte auch der Borromäusverein seine volksbildnerische Tätigkeit erheblich aus-

---

54 Blätter für Volksbibliotheken und Lesehallen 3 (1902) 40.

55 Cf. Franz Petrich, "Die 'Bildungsarbeit' des Kapitalismus", Der Bibliothekar 5 (1913) 621 - 622.

56 Cf. den Musterkatalog für Haus-, Vereins-, Volks- und Schulbibliotheken, Nebst einer Anleitung zur Errichtung und Verwaltung von Bibliotheken, hg. von der Gesellschaft für Verbreitung von Volksbildung zu Berlin (Hannover, 6. Aufl. o.J.[1890]).

57 Cf. Anton E. Schönbach, Über Lesen und Bildung: Umschau und Ratschläge (Graz ,6. Aufl. 1900) S. 361, und Ernst Schultze , "Musterverzeichnis von Büchern der schönen Literatur für Volksbibliotheken" , Blätter für Volksbibliotheken und Lesehallen 5 (1904) 145; 6 (1905) 5 f.

58 Paul Ladewig , Politik der Bücherei (Leipzig 1912) S. 401.

59 Cf. G. Fritz, "Die meistgelesenen Bücher und die

dehnen[60]. Mit Hilfe der kirchlichen Organisation wurde es möglich, vor allem in Westdeutschland auch in den entlegensten Dörfchen Zweigbibliotheken des Borromäusvereins zu unterhalten. In der Perspektive eines liberalen Volksbibliothekars war allerdings die Literaturauswahl, die der Verein für die katholische Bevölkerung vornahm, "ein geradezu trostloses Zeichen gewollter geistiger Inferiorität"[61]. Auch nach dem Auftreten Karl Muths und der Gründung des Hochland[62] konzentrierte sich der neue "Musterkatalog" des Borromäusvereins[63] in der Auswahl der "Schönen Literatur" auf Autoren von spezifisch katholischer Richtung, denen fast ausnahmslos eine hervorragende Bedeutung zugesprochen wurde. "Nichtkatholische" Autoren wie Raabe, Mörike, Kleist, Tolstoi, Dickens, Gotthelf, Freytag, Schiller und Goethe waren mit "einwandfreien" Werken vertreten, z.T. freilich mit solchen, die für ihre literarische Persönlichkeit wenig oder gar nichts bedeuten. Die in den bürgerlichen und proletarischen Bibliotheken vielbenutzten Werke von Zola, Gerstäcker und Verne fehlten völlig, ebenso Ibsen und Hebbel. Der "Musterkatalog" ist von der katholischen Presse warm empfohlen worden[64]; 1918 erschien er in vierter Auflage. Er ist aber auch in katholischen Kreisen nicht unumstritten gewesen[65].

Die Sozialdemokratie stand vor der außerordentlich schwierigen Aufgabe, "die in bürgerlichem, staats-

---

volkstümlichen Bibliotheken", Blätter für Volksbibliotheken und Lesehallen 6 (1905) 79.

60 Cf. die Zahlenangaben bei Spael, Das Buch im Geisteskampf, S. 372.

61 G. Fritz, "Ein 'Musterkatalog' für volkstümliche Bibliotheken", Blätter für Volksbibliotheken und Lesehallen 9 (1908) 2.

62 Cf. Spael, Das Buch im Geisteskampf, S. 136 f.

63 Musterkatalog für volkstümliche Bibliotheken, zusammengestellt von Hermann Herz, Sonderdruck der Nr. 9/10 der Bücherwelt (Köln 1907).

64 Spael, Das Buch im Geisteskampf, S. 188.

65 ebd., S. 224 ff.

und religionstreuem Sinne erzogene Arbeiterklasse mit einem neuen Geist, einer neuen Weltanschauung zu erfüllen"[66]. Zu diesem Zweck wurden u.a. sozialistische Arbeiterbibliotheken gegründet, deren Tätigkeit seit 1909 in der Monatsschrift Der Bibliothekar analysiert und diskutiert wurde. Auch diese Bibliotheken erreichten beachtliche Ausleihziffern, aber nur relativ wenige Arbeiter benutzten sie[67]. Hier wurden neben Schriften zu Politik, Ökonomie und Gesellschaft Werke der gehobenen Unterhaltungs- und Jugendliteratur angeboten , die bei den Lesern am beliebtesten waren, vor allem aber auch die Werke der deutschen klassischen Literatur. Eine zahlenmäßig bedeutende Leserschaft hat Hebbel unter den Benutzern dieser Bibliotheken wahrscheinlich nicht gehabt ; seine Produktionen sind nur einmal in einem Bibliotheksbericht erwähnt[68]. In welchem Umfang Hebbels Werk zum Bestand der Arbeiterbibliotheken gehört hat, ist nicht mehr festzustellen. Immerhin hat Franz Mehring die Anschaffung von Hebbelausgaben empfohlen[69].

Wenn die sozialistische Bildungsarbeit etwas anderes zu vollbringen hatte , als "in den Fussstapfen der bürgerlichen Ideologie zu marschieren", wenn es ihre Aufgabe war, dem Proletariat das zu geben, was es weder in der staatlichen Schule noch anderswo vermittelt bekommen konnte, nämlich ein proletarisches Klassenbewußtsein, so hat sie, wie spätestens am Anfang des imperialistischen Krieges deutlich wurde, diese Aufgabe, wenn überhaupt, so doch nur sehr unvollkommen erfüllt[70]. Tatsächlich war die Parteiführung im Zuge der - bei al-

---

66 Franz Petrich , "Der Weltkrieg und die proletarische Bildungsarbeit" , Der Bibliothekar 9 (1917) 1061.

67 Cf. Georg Fülberth, Proletarische Partei und bürgerliche Literatur: Auseinandersetzungen in der deutschen Sozialdemokratie der II. Internationale über Möglichkeiten und Grenzen einer sozialistischen Literaturpolitik , collection alternative , Bd. 4 (Neuwied 1972) S. 110 ff.

68 Der Bibliothekar 3 (1911) 271.

69 "Eine Klassikerbibliothek für Arbeiter", Die neue Zeit 26 (1908), Bd. 2, 43.

70 Petrich, Der Bibliothekar 9 (1917) 1062.

lem rhetorischen Radikalismus - von ihr praktizierten revisionistischen Politik an einer Lösung dieser Aufgabe gar nicht interessiert, wie insbesondere ihre Zurückhaltung den Arbeitertheatern gegenüber erwies[71]. Zwar wurden auch noch in den Jahren vor dem Ersten Weltkrieg Wahlkampfschwänke und Streikdramen aufgeführt, die die Tradition des revolutionären Anfangs fortsetzten, aber die meisten der Theaterstücke, die jetzt in den Arbeitervereinen aufgeführt wurden , hatten den proletarischen Klassenstandpunkt aufgegeben[72]. Die vielbeachteten Freien Volksbühnen in Berlin, die auf die Zusammenarbeit mit der bürgerlichen Kulturindustrie angewiesen waren, konnten überhaupt kein spezifisches Repertoire entwickeln[73]. Sie wurden, wie ein zeitgenössischer bürgerlicher Kritiker miliziös schrieb, zu einem "ebenso löblichen wie politisch-sozial harmlosen Unternehmen" ; "Das ursprüngliche Ziel, die Revolutionierung der Kunst, und die Revolutionierung des Volkes durch die Kunst hat sich, wie so vieles andere, als eitel Schwarmgeisterspuk erwiesen."[74] Die Leistungen sozialdemokratischer Kulturpolitik erschöpften sich hier wie anderswo offensichtlich darin, einen relativ kleinen Teil der organisierten Arbeiterschaft an die bürgerliche Literatur und Kunst heranzuführen, ohne daß eine kritische Distanzierung erfolgt wäre.

Literatur und Kunst der Wilhelminischen Zeit blieben, auch wenn man die Erfolge der Volksbildungsbestrebungen nicht für belanglos hält, im wesentlichen eine An-

---

71 Münchow , _WB_ 16 (1970), H. 8, 156.

72 ebd., 155 ff.

73 Cf. Fülberth , _Proletarische Partei und bürgerliche Literatur_, S. 106 ff.

74 E. W. Trojan, "Volksbühne und Freie Bühne: Aufgaben, Ziele und Grenzen der Volksbühnenbewegung", _Bühne und Welt_ 16 (1913/14), Bd. 1, 106 f.

gelegenheit derer, die die höheren Lehranstalten besucht hatten, was nahezu ausschließlich Angehörigen der politisch-sozialen Oberschicht vorbehalten war[75]. Zwar wurden die alten Sprachen, deren Studium die Absolventen der Gymnasien von der übrigen Bevölkerung absetzte ,nach wie vor besonders intensiv gepflegt, aber sie bildeten nicht mehr die "Basis"[76], den "ideellen Mittelpunkt"[77] der gymnasialen Bildung. Diesen bildete nunmehr der Deutschunterricht, und zwar insbesondere der Literaturunterricht. Für Otto Lyon, den ersten Herausgeber der Zeitschrift für den deutschen Unterricht, war der Deutschunterricht an den Gymnasien "ein Hauptmittel zur Förderung des Deutschtums überhaupt, sowie der deutschen Sprache und Litteratur insbesondere"[78]. Lyons Zeitschrift kämpfte gegen die "zersetzenden Bestrebungen" der Zeit[79] und für die "Wiedererweckung deutscher Art und Sitte", die "Erneuerung und Wiedergeburt unseres Volkes", die "Verjüngung der Menschheit durch den germanischen Geist": "Wenn wir in unserer Zeit, wo der nüchterne Verstand seinen Triumphwagen durch die Länder zieht, das alte deutsche Fehlen, das reine, tiefe Gemüt unseres Volkes, die sinnige Betrachtung des Lebens und der Dinge wieder in ihre Rechte einzusetzen vermöchten, so wäre das ein Sieg im inneren, geistigen Leben, der dem politischen Siege von 1870 würdig an die Seite treten würde. Die Lösung der sozialen Frage läge in diesem Siege eingeschlossen."[80] Diesen didaktischen

---

75 Cf. Geschichte der Erziehung, hg. Karl-Heinz Günther u.a. , S. 416.

76 "Die Schulkonferenz von 1890: Aus der Eröffnungsrede des Kaisers", Giese, Quellen zur deutschen Schulgeschichte seit 1800, S. 197.

77 Lehmann, Der Deutsche Unterricht, S. XV.

78 "Plan der Zeitschrift", ZdU 1 (1887) 11.

79 Otto Lyon,"Die Einheit des deutschen Unterrichts an der Universität und in der Schule", Festschrift zum siebzigsten Geburtstage Rudolf Hildebrands, hg. Otto Lyon, 3. Ergänzungsheft der ZdU (Leipzig 1894) S. 358.

80 ebd. , S. 360.

Vorstellungen entsprechend, hat Heinrich Gloel seinem Plädoyer für die nachklassische Literatur einen "index librorum prohibitorum" vorangestellt[81], der im wesentlichen unverändert bis zum Ende der Wilhelminischen Ära in Geltung geblieben ist. Danach war der Jugend "alles Sinnliche, Leichtfertige, in sittlicher oder religiöser Beziehung Anstößige wie viele Schriften von Heinrich Heine und viele Romane und Novellen von Karl Gutzkow , Paul Heyse und Wilhelm Jensen" fernzuhalten; auch manches von Gottfried Keller galt als "bedenklich"[82]. Fernzuhalten war "all das Widerwärtige und Häßliche, das mit der getreuen Schilderung der sozialen und sittlichen Verkommenheit unserer Zeit zusammenhängt, wie sie bei den Naturalisten beliebt ist, während die Poesie doch über das Alltägliche erheben, von dem Druck des Daseins freimachen und verklären soll"[83]. Aus dem Unterricht "verbannt" werden mußte weiter alles, "was keinen rein poetischen Zweck hat, tendenzvoll voreingenommen, aufreizend und parteiisch ist, so die politischen Gedichte von Prutz und Herwegh" , aber "auch manche gut gemeinte, aber des poetischen Wertes entbehrende patriotische Dichtungen"[84].

Die Kunsterziehungsbewegung[85] hat sich auf den gymnasialen Literaturunterricht vor allem in der Form ausgewirkt, daß die rationale Verarbeitung ästhetischer Eindrücke abgewertet wurden[86]. An ihre Stelle

---

81 ZdU 11 (1897) 26.

82 ebd., 25.

83 ebd.

84 ebd. - Die Behandlung der Naturalisten war noch im Jahre 1917 wegen der "einseitig pessimistischen Betrachtungsweise unserer gegenwärtigen Gesellschaftsordnung" verpönt; cf. Gustav Soyter, "Die soziale Anklageliteratur in der Schule", ZdU 31 (1917) 239 , und Otto Brauer, "Zur Behandlung der 'sozialen Anklageliteratur' in der Schule", ZdU 32 (1932) 297-301 , wo zum erstenmal eine didaktische Untersuchung der *Weber* versucht wurde.

85 Cf. Roeder, *Zur Geschichte und Kritik des Lesebuchs der höheren Schule*, S. 139 ff.

86 Cf. Lehmann, *Der Deutsche Unterricht*, S. VII ff.

sollte ein unmittelbares Kunsterlebnis treten, von dem man behauptete, daß es zu einer "starken Lebensbereicherung" führen werde[87]. Damit war insbesondere seit dem Beginn des Ersten Weltkriegs einer nationalistisch-völkischen Indoktrination Tür und Tor geöffnet[88].

"Erst die Woge der modernen Kunst trug Hebbels Werke wieder empor (...)"[89]. Die "Literaturrevolution" der achtziger und neunziger Jahre hatte sich mit der Rezeption der Werke Zolas, Dostojewskis und Ibsens vorbereitet[90]. Ihren Durchbruch erzielte sie in der sensationellen Aufführung von Ibsens Gespenster(n) am 9. Januar 1887 im Berliner Residenztheater, ihren Höhepunkt erreichte sie mit der ersten, nichtöffentlichen Aufführung von Hauptmanns Weber am 26. Februar 1893. Die relativ kurzlebigen Erfolge der Naturalisten konnten die Machtverhältnisse in Staat und Gesellschaft nicht verändern , sofern dies überhaupt beabsichtigt war[91] , aber sie gaben den Anstoß zu einer fortgesetzten kritischen Auseinandersetzung mit Politik, Kultur und Gesellschaft , die, auch wenn sie die sozioökonomische und politische Struktur des Deutschen Reiches nur selten grundsätzlich in Frage stellte, den

---

87 Karl Carstens, "Nach welcher Seite verlangt die Behandlung der Lektüre im deutschen Unterricht eine Erweiterung der Universitätsstudien des Lehrers?" ZdU 29 (1915) 202.

88 Cf. J.G. Sprengel, "Deutsch", Die deutsche höhere Schule nach dem Weltkriege: Beiträge zur Frage der Weiterentwicklung des höheren Schulwesens , hg. J. Norrenberg (Leipzig 1916) S. 80-104, und Kurt Kunze , "Was heißt völkische Erziehung", ZdU 30 (1916) 387-392. - Cf. die Literaturberichte von Walther Hofstaetter, "Einer deutschen Bildung entgegen!" ZdU 30 (1916) 371-386; "Der Deutschunterricht als Weg zur nationalen Erziehung", ZdU 30 (1916) 560-567; "Der deutsche Unterricht der Zukunft", ZdU 31 (1917), 572-576; "Der deutsche Unterricht", ZdU 32 (1918) 185 -189.

89 Lyon, ZdU 19 (1905) 3.

90 Cf. die detaillierten Angaben bei Arnold, Das moderne Drama, S. 148 ff., und Alfred Kerr, Das neue Drama, Bd. 1 (Berlin 1917) S. 46 ff.

91 Cf. Ursula Münchow, "Naturalismus und Proletariat", WB 10 (1964) 599-617, und Gerhard Schulz , "Zur Theorie des Dramas im deutschen Naturalismus",

wilhelminischen Obrigkeiten keineswegs genehm war. "Kein Wunder also, daß sich die Beziehungen zwischen wilhelminischer Staatsführung und literarischer Moderne weithin darstellten in Prozessen , in Verboten, in Protesten, in Zensurakten, in gegenseitigen öffentlichen Entrüstungen."[92] Mit der Freien Bühne (später Neue Deutsche Rundschau) , der Zukunft, der Jugend und dem Simplizissimus entstanden ausgezeichnet redigierte, progressive bürgerliche Zeitschriften, die den etablierten Publikationsorganen nicht ohne Erfolg den Rang streitig zu machen versuchten[93]. Diese Erfolge der progressiven bürgerlichen Gruppen riefen die Reaktion auf den Plan, die sich angesichts des Bankrotts der offiziellen Kulturpolitik um eine Neuformulierung ihrer politischen und gesellschaftlichen Ideologien bemühten[94]. Dabei nahmen sowohl progressive als auch reaktionäre bürgerliche Gruppen Hebbel für sich - freilich mit unterschiedlichen Zielsetzungen - in Anspruch. Nicht zuletzt dieser Umstand dürfte für den "Sieg Hebbels" in der Wilhelminischen Ära ausschlaggebend gewesen sein.

Deutsche Dramentheorien: Beiträge zu einer historischen Poetik des Dramas in Deutschland, hg. Reinhold Grimm, Bd. 2 (Frankfurt 1971) S. 394-428.

92 Hans Schwerte, "Deutsche Literatur im Wilhelminischen Zeitalter", Wirkendes Wort 14 (1964) 257.

93 Cf. Arnold, Das moderne Drama , S. 173 ff.

94 Cf. Schwerte, Wirkendes Wort 14 (1964) 265 ff. , und Jost Hermand, "Depravierter Idealismus, Dramentheorien um die Jahrhundertwende" , Deutsche Dramentheorien, Bd. 2, S. 429-450.

3.3.2 Die bürgerliche Rezeption

Die Eigenarten der wilhelminischen Literaturgesellschaft machen die Besonderheiten ihrer literarischen Urteilsbildung verständlich. Dabei gab es , wie ein zeitgenössischer Kritiker feststellte, in Deutschland "keine hohe kritische Instanz", deren Urteil über einen Kreis, über eine Clique, über einen gewissen Bezirk hinausgegangen wäre[1]. Die führenden Kritiker waren vielmehr "Stilvirtuosen, Parteistrategen , Dogmatiker engster Individualität", deren Einfluß vom Umfang des Zirkels, des Klüngels oder der gesellschaftlichen Gruppen abhing, deren Sprachrohr sie bildeten[2]. Bei allen individuellen und Richtungsunterschieden waren die Kritiker aber, von ganz wenigen Ausnahmen abgesehen , Angehörige der bürgerlichen Klasse, und zwar in der Mehrzahl der akademisch gebildeten, gehobenen Schichten, deren Selbstverständnis auch in ihrer Rezeption von Hebbels Herodes und Mariamne erkennbar ist.

---

1 Rudolf Lothar, "Eine neue Literaturgeschichte" , LE 5 (1902) 77.

2 ebd.

3.3.2.1 Die traditionelle konservative Richtung

Mit dem Beginn der imperialistischen Periode ging der Einfluß der konservativen Kritik der sechziger und siebziger Jahre deutlich zurück. Rudolf Gottschall , dessen Literaturgeschichte zuletzt 1901 veröffentlicht worden ist[1], wurde nur noch selten zitiert , so in einer Besprechung des Gastspiels des Dresdener Hoftheaters in der Düsseldorfer Zeitung vom 20. 4. 1905. Dort hieß es, Herodes und Mariamne sei unter den Händen Hebbels zu einer "physiologischen", einer "problematischen Tragödie" geworden , in der der Dichter sich selbst und den Zuschauer martere und die beide gleichermaßen unbefriedigt lasse. In diesem Stück behandle Hebbel das "im brutalen Mittelalter" oft verwendete Thema der "brutalisierten Gattenliebe". Dabei wate er in Blut, ohne "das Kalkulierte, Ausgeklügelte und Unmögliche des ganzen gekünstelten, schachspielmäßigen und undramatischen Aufbaues" einen Augenblick vergessen zu machen. Das Drama zeige, daß Hebbel außerstande sei , "aus der vollen Kraft heraus um der heiligen Kunst willen" zu dichten, daß er vielmehr sein "Pfund" dazu benutze, um "zu grübeln und zu spintisieren". Da er mit seiner Dichtung eine "Tendenz" verfolge, da er eine Lust daran finde, an dem, was "krank an der Menschheit" sei, mit dem "Seziermesser" "herumzuwühlen" , verfehle er das große Ziel der Bühne: "die Menschheit fortzureißen, zu erschüttern und zu erheben".

Ähnliche Ansichten waren in mehreren Literaturgeschichten zu Beginn der neunziger Jahre verbreitet worden. In der Darstellung von Paul Heinze und Rudolf Goette wurde ausgeführt, die Handlung von Herodes und Mariamne sei mit so kühler Berechnung entwickelt, die Figuren seien trotz aller Leidenschaftlichkeit in ihrem Reden und Handeln so abgezirkelt , daß sie eine tiefere Teilnahme nicht erwecken könnten[2]. Darüber hinaus müs-

---

1 Die deutsche Nationalliteratur des 19. Jahrhunderts, 4 Bde (Breslau 1901).

2 Geschichte der deutschen Literatur von Goethes Tod bis zur Gegenwart (Dresden 1890) S. 426.

se dem Dichter vorgeworfen werden, daß seine Auffassung des tragischen Konfliktes "den freien Kampf sittlicher Mächte" ausschließe[3]. Gustav Karpeles bemängelte den "entsetzlichen Pessimismus", der, aus trüben Lebenserfahrungen hervorgegangen, Hebbels dramatisches Werk vergiftet habe[4]. Auch in Herodes und Mariamne machten sich die "Reflexion", die "Selbstquälerei", das "beständige Grübeln über gewisse Probleme" geltend, die sich wie Mehltau auf sein dichterisches Empfinden gelegt hätten[5]. Otto von Leixner betonte offensichtlich unter dem Einfluß Gottschalls den kraftgenialischen Zug des Hebbelschen Schauspiels[6].

Die Grundgedanken der Kritik Fontanes wurden ein einziges Mal wiedergegeben, und zwar in einer Besprechung des Stücks im Hamburger Fremdenblatt am 6. 3. 1913.

Am erfolgreichsten wurde die Tradition der älteren konservativen Kritik in Heinrich Bulthaupts Dramaturgie des Schauspiels fortgeführt, deren dritter Band bis 1911 neun Auflagen erreicht hat. In Bulthaupts Darstellung stand die Frage nach der theatralischen Effektivität des Stücks obenan. Die geringe Bühnenwirksamkeit von Hebbels Herodes und Mariamne erklärte sich seiner Ansicht nach in erster Linie aus dem "Drum und Dran historischer und politischer Motive", die den "rein psychologischen Kern" des dramatischen Vorgangs unkenntlich machten[7]. Daß Hebbels Figuren sich nie so gäben, wie sie seien, daß sie unablässig ängstlich bemüht seien, "sich in jeder Minute selbst zu erklären", sei ein weiterer Mangel des Stücks[8]. Da-

---

3 Geschichte der deutschen Literatur von Goethes Tod bis zur Gegenwart, S. 423.

4 Allgemeine Geschichte der Litteratur von ihren Anfängen bis auf die Gegenwart, Bd. 2 (Berlin 1891) S. 658.

5 ebd., S. 658 f.

6 Geschichte der Deutschen Literatur (Leipzig, 2.Aufl. 1893) S. 984 f.

7 Dramaturgie des Schauspiels, Bd. 3 (Oldenburg, 4. Aufl. 1894) S. 145.

8 ebd., S. 148; cf. auch den Hinweis Bulthaupts auf die Hebbelkritik Otto Ludwigs, ebd., S. 105.

zu komme Hebbels "Freude am Mißverständnis", die dem Stück den Charakter einer "Komödie der Irrungen mit tragischem Ausgang" gebe[9]. Die Sprache sei "in ihrer Geschraubtheit" im Theater ungemein schwer verständlich[10]. Als geradezu fatal aber erweise sich die Neigung des Dichters, "in die reale Welt seines Dramas mythische Elemente hineinzutragen", die einen "Glauben" verlangten , den der Dichter selbst durch "die unerbittliche Schärfe und Härte seiner Darstellung" verscheucht habe. Herodes und Mariamne lebten in so entschieden nüchterner Luft , daß der Zuschauer "nur die Achseln zucken" könne, wenn der Bote des Königs melde , der Pharisäer Sameas prophezeie unter Martern, daß die jungfräuliche Mutter aus dem Stamme Davids ein Kind gebäre, das "Throne stürzen, Todte erwecken, Sterne vom Himmel reißen und von Ewigkeit zu Ewigkeit die Welt regieren werde". Beträten nun aber gar die heiligen drei Könige aus dem Morgenlande mit ihrem Gold, ihrem Weihrauch und ihren Myrrhen "zu kurzem Besuch" die Bühne, dann sei es "mit dem Glauben völlig vorbei", und man könne es erleben, daß wie 1874 in Berlin die Spottlust der Hörer die ehrwürdigen Alten mit lautem Gelächter empfange. Das "Mystische" sei in Hebbels Drama "ein fremder Tropfen", und was den Stoff aus dem Engen und Individuellen in die erhabenen Regionen emporheben solle , in denen die großen Epochen der Weltgeschichte geboren würden, das degradiere ihn im Gegenteil zum "lächerlichen Puppenspiel": "denn Nichts, im Mindesten Nichts verbindet Herodes' und Mariamnes Geschick mit dem Messias der Juden und dem Menschenerlöser"[11].

Bulthaupt verlangte vom Drama die "sinnliche Gluth und Virtuosität" der Darstellung[12] , die Vermittlung eines starken Gefühlserlebnisses. Als einen Faktor von poli-

---

9 Dramaturgie des Schauspiels, Bd. 3, S. 146 f.

10 ebd., S. 148.

11 ebd., S. 149 f.

12 ebd., S. 147.

tisch-gesellschaftlicher Relevanz konnte und wollte er Hebbels Stück nicht verstehen. Das gleiche darf von Friedrich Kirchner vermutet werden, dessen Ausführungen über Herodes und Mariamne bis ins einzelne mit der Kritik Bulthaupts übereinstimmte[13]. Carl Busse bezeichnete Herodes und Mariamne in Anlehnung an eine Formulierung Bulthaupts als "die tragisch gefaßte Komödie der Irrungen"[14]. Hebbels Menschen seien nach einem Urteil Otto Ludwigs "Tag und Nacht in ihrer vollen Wappenzier und auf der Jagd nach den eigenen charakteristischen Zügen"[15]. Sie belauerten sich selbst, für nichts anderes hätten sie Augen. Nur daraus erkläre sich "vieles Dunkle , Unklare, Mystische", nur deshalb seien sie keiner Entfaltung fähig. Hebbels Kunst habe "im letzten Grunde etwas Gespenstisches", was Busse auf die besondere Veranlagung des Dichters zurückführte. Hebbel sei "eine Art poetischer Maulwurf", ein "'dunkler' Dichter", der so weit in die Tiefen gehe , daß man den Himmel nicht mehr sehen könne. "Die Luft, in der er athmet, ist nicht frei und nicht frisch ; sie legt sich einem beklemmend auf die Brust, und wenn das Grubenlicht flackert , stehn neben den Gestalten große unheimliche Schatten an der Wand, als ob die Gestalten ein Doppelsein hätten, als ob neben ihnen immer noch andere da wären."[16] In seinen Dramen gebe Hebbel "schließlich doch nur Selbstbilder, nicht Weltbilder". Mit vielen Dichtern, auch vielen jungdeutschen, teile er "die Schiefe des Gesichtswinkels". Er habe im höchsten Sinne eine "falsche Perspektive". Auch ihm habe schließlich "ein innerer spiritus rector" gefehlt, weil ihm, "dem übertriebenen Individualisten und Egoisten", die Liebe zur , die Hingabe an die Allgemeinheit abgegangen sei. So werde verständlich, daß Hebbel versage, wenn er die Liebe darstellen wolle.

---

13 Die Deutsche Nationalliteratur des Neunzehnten Jahrhunderts (Kassel, 3. Aufl. 1903) S. 627 f.

14 Geschichte der Deutschen Dichtung (Berlin 1901)

15 ebd., S. 100.

16 ebd., S. 101 f.

Nicht Liebe, sondern Sinnlichkeit schildere er meisterhaft , "und zwar immer die krankhaften, ausgetiftelten Probleme". Wie ihrem Dichter fehle den Figuren "das eingeborene sittliche Gefühl"[17].

Mehr oder weniger modifiziert , hat sich diese Auslegung von Hebbels Drama seit der Jahrhundertwende offensichtlich nur noch im Bereich von Schule und Hochschule gehalten. Die Vorbehalte, die die vorimperialistische konservative Kritik dem Hebbelschen Drama gegenüber geltend gemacht hat, hat vermutlich als einer der Letzten der Literaturdidaktiker Rudolf Lehmann zusammengefaßt. Unter Berufung auf Otto Ludwigs Urteil schrieb Lehmann , daß bei Hebbel "reflektierendes Grübeln" nur allzu oft "die ursprüngliche Anschauung, das unmittelbare Erlebnis" ersetze[18]. Hebbel habe eine Vorliebe für "das Absonderliche"; es seien weniger "die großen allgemeinen Züge der menschlichen Natur", die ihn anzögen, als "das Problematische, ja das Pathologische im Seelenleben und besonders im Verhältnis der beiden Geschlechter zueinander"[19]. Es fehle Hebbel endlich "der Sinn für Harmonie und damit die Tragik in jenem höchsten Sinne des Wortes, 'welche den Menschen erhebt, wenn sie den Menschen zermalmt'"[20] Seine Tragödienschlüsse seien fast alle unbefriedigend , sie hinterließen "eine Dissonanz", und vergebens suche er "das menschlich Peinliche" durch eine allgemeine ideelle Beziehung zu überwinden[21]. Herodes und Mariamne müsse der "eigentümlich verzwickten Psychologie" wegen von der Jugend ferngehalten werden[22].

An Bulthaupts Bewertung von Hebbels Herodes und Mariamne knüpfte auch Marcus Landau an, der im übrigen ausführlich auf die Quelle aller Mariamne-Dramen, die

17 Geschichte der Deutschen Dichtung, S. 101 f.
18 Der Deutsche Unterricht, S. 346.
19 ebd.
20 ebd.
21 ebd.
22 ebd., S. 347.

Berichte des Flavius Josephus in seiner Geschichte des jüdischen Krieges und in der etwas später geschriebenen Jüdischen Archäologie , einging und sogar einen quellenkritischen Kommentar gab und der einen umfassenden Überblick über die Bearbeitungen des Stücks in der europäischen Literatur seit der Renaissance vermittelte[23]. Damit war die ältere Arbeit von Carl von Reinhardstoettner[24], die sich ein ähnliches Ziel gesteckt hatte, überholt. Auf die Bemerkung Landaus, daß die zweimalige Erteilung des Befehls, so undramatisch sie auch sein möge , historisch richtig, da durch die Quelle verbürgt, sei, ging Franz Skutsch in einem kleinen Beitrag ein[25]. Skutsch führte mit Hilfe einer Quellenanalyse den Nachweis, daß der historische Herodes den Tötungsbefehl nur einmal erteilt habe, und bemerkte abschließend , daß die Wiederholung in Hebbels Drama so wenig geschichtlich wie ästhetisch zu rechtfertigen sei.

Im Gegensatz zu Landau und Skutsch, die Hebbels Stück zum Anlaß nahmen, stoffgeschichtliche bzw. quellenkritische Kenntnisse auszubreiten, ging es Richard M. Meyer, dem Berliner Literarhistoriker, um eine Kritik des Hebbelschen Werkes. Meyer bemängelte die unpsychologische Einseitigkeit der Figuren des Stücks. Alle Figuren seien ganz auf einen Ton gestellt, "Alexandra, Mariamnes Mutter, nichts als herrschsüchtige Intrigue, Titus, der Römer ,nichts als tadellose Korrektheit, Mariamne selbst nichts als empfindlicher Stolz"[26]. Dies zwinge Hebbel, "die äußere Notwendigkeit" in ei-

---

23 "Die Dramen von Herodes und Mariamne", Zeitschrift für vergleichende Literaturgeschichte, N.F.,8 (1895) 175-212 , 279-317; 9 (1896) 185-223.

24 "Über cinige dramatische Bearbeitungen von Herodes und Mariamne", Aufsätze und Abhandlungen vornehmlich zur Literaturgeschichte (Berlin 1887) S. 40-70.

25 "Zu Hebbels Herodes und Mariamne", Zeitschrift für vergleichende Literaturgeschichte, N.F., 10 (1896) 94 f.

26 Die deutsche Litteratur des Neunzehnten Jahrhunderts (Berlin 1900) S. 296.

nem verwickelten Netz von Intriguen und Zufällen zu geben. Trotz der Gebrechlichkeit aller Verhältnisse, die vor allem in der "Unzuverlässigkeit der Obrigkeiten" sinnfällig werde, trotz der Willkür des Trinkers Antonius, die ausgezeichnet geschildert sei, und des Sieges seines Feindes Octavian "könnte Herodes glücklicher Gatte der Mariamne bleiben, wenn sie nichts erführe"[27]. Außerdem sei die "Maschinerie", die den zweimaligen Verrat des zweimaligen Gebotes bewirke, viel zu kompliziert. Die "Unsicherheit der Handlung" spiegele sich in der Sprache wider: In "harten , ungelenken Versen" träten "entsetzlich prosaische Wendungen" auf[28]. Der Schluß mit seiner "gewaltsamen Einführung von Christi Geburt und dem Mord der unschuldigen Kinder" sei "groß gedacht", wirke aber äußerlich aufgesetzt[29].

In einer Reihe von Dissertationen wurden Einzelprobleme von Hebbels Drama abgehandelt. Walter Grack sah seine Aufgabe darin, die Eigenarten der Hebbelschen Stoffbearbeitung, "die Vorzüge und Schwächen derselben" , klarzulegen sowie ihr Verhältnis zu anderen Bearbeitungen des Stoffs und der Quelle zu beleuchten[30]. Die Quelle selbst, die Erzählungen des Flavius Josephus in der Geschichte des jüdischen Krieges (I, 22) sowie in den Jüdischen Altertümern (XV, 2-7) wurde einleitend ausführlich referiert[31]. Grack betonte , daß Hebbel dem Bericht des Flavius Josephus möglichst genau gefolgt sei, jedoch nur , was "den äußeren Rahmen und die äußeren Vorgänge" anbetreffe.

---

27 Die deutsche Litteratur des Neunzehnten Jahrhunderts, S. 296.

28 ebd.

29 ebd. - In der im übrigen vielfach veränderten Neuauflage der Literaturgeschichte von 1912 hat Meyer seine Kritik von Herodes und Mariamne unverändert vorgetragen; cf. Die Deutsche Literatur des Neunzehnten Jahrhunderts, Volksausgabe (Berlin 1912) S. 243 f.

30 Studien über die dramatische Behandlung der Geschichte von Herodes und Mariamne (Königsberg, Phil. Diss. 1901) S. 131.

31 ebd., S. 8-17.

Hebbel habe wahrscheinlich auch "eine Reihe anderer Mariamne-Dramen" gekannt, mit Sicherheit Massingers Duke of Milan. Die innere Problematik des Stoffs habe Hebbel bedeutend erweitert und vertieft[32]. Grack erschien es allerdings zweifelhaft, ob Hebbel "berechtigt oder vielmehr gezwungen" gewesen sei, "dem historischen Moment ein so großes Gewicht beizulegen". Die ganze Tragödie sei doch schließlich "in dem Charakter des Königs" begründet, aus ihm allein leite sich die Katastrophe ab[33]. Um so schwerwiegender seien die Mängel, die Hebbel bei der Zeichnung des Charakters des Königs unterlaufen seien. "Ein Mann, der wie Herodes bald als fürchterlicher Tyrann, bald als Wahnsinniger , bald als eingebildeter Verliebter handelt und nur in den wenigsten Augenblicken beweist, daß er Verstand und Vernunft besitzt, gehört nach unseren Anschauungen vor den Richter, oder er bedarf des Arztes, aber er eignet sich nicht zum Helden der Tragödie."[34] Dagegen sei Mariamne eine der edelsten Frauengestalten, die Hebbel überhaupt geschaffen habe. "Wie herrlich und groß steht sie ihrem Gatten gegenüber da! Frei von Stolz, ist sie empört über die ungerechte Forderung, die das Innerste ihrer Seele beleidigt."[35] Grack sprach Mariamne eine ausgesprochen "christliche Gesinnung" zu[36]. Das "Ruhige, Feste, Gottergebene ihres Charakters" zeige sich eben darin, daß sie dem Schicksal freien Lauf lasse und sich ihm "trotz der an sie herantretenden Versuchungen" füge[37]. Allerdings: Mariamnes tragisches Ende sei auch in ihrem Charakter begründet. "Wäre sie vollständig frei von allem Trotz gewesen, hätte sie es verstanden, sich den Launen des Gatten anzupassen , so wäre alles Unheil abgewendet worden."[38] Nicht die Veränderung der Gesellschaft mit

---

32 Studien über die dramatische Behandlung der Geschichte von Herodes und Mariamne , S. 87.

33 ebd., S. 79.

34 ebd., S. 93.

35 ebd., S. 89.

36 ebd.

37 ebd., S. 90.

38 ebd., S. 93.

dem Ziel ihrer Humanisierung, sondern die Sicherung der individuellen bürgerlichen Existenz erschien somit als vordringliches gesellschaftliches Ziel.

Karl Böhrig suchte die Frage zu beantworten, ob bzw. inwieweit Hebbel als ein Vorläufer der "modernen Bewegung" zu betrachten sei[39]. Dabei stellte er heraus, daß Hebbel in Herodes und Mariamne "einen großen psychologischen Entwicklungs- und Umwandlungsprozeß" habe darstellen wollen. Er habe zeigen wollen, wie eine zum Herrschen geschaffene Natur, getrieben durch den Dämon der Eifersucht und Liebesleidenschaft, immer tiefer in Schuld und Blut gerate , bis sich schließlich der Herrscher in einen unmenschlichen Tyrannen verwandle[40]. Man müsse zugestehen, daß Hebbel in diesem Stück die tragische Kette Glied für Glied fest aneinander gefügt habe. Mit strenger Konsequenz sei alles aus der gegebenen Voraussetzung abgeleitet und durchgeführt. Dennoch könne die Tragödie als Ganzes nicht ergreifen; ihr fehle "der Sturm und das Feuer der Leidenschaft"[41]. Bei Herodes trete die geschlechtliche Leidenschaft mit einem Raffinement und zugleich einer Brutalität hervor, wie das in der Natur eines orientalischen Despoten begründet sei. Er wolle über das geliebte Weib wie über einen Gegenstand verfügen und es mit sich ins Grab reißen. In der Behandlung dieses Gegenstandes zeige Hebbel eine gewisse Verwandtschaft mit "unseren Modernen", bei denen nicht selten eine Vorliebe dafür bestehe, die Liebesleidenschaft nach ihrer perversen Seite darzustellen. Aber bei Hebbel sei "diese perverse Leidenschaft" in ihrer jähen, heißen, krankhaften Natur nicht zur anschaulichen Darstellung gebracht. Unser Verstand verfolge prüfend die einzelnen Entwicklungsstufen, und wenn Herodes am

---

39 Die Probleme der Hebbelschen Tragödien (Leipzig, Phil.Diss. 1899), Beilage zum Jahresbericht des Realgymnasiums zu Rathenow , Progr.-Nr. 86 (Rathenow 1900) S. 8.

40 ebd., S. 50.

41 ebd., S. 54.

Schluß den grauenvollen Blutbefehl gebe und ein unmenschlicher Tyrann geworden sei, nähmen wir das wie "ein erschütterndes Finale" auf[42]. Durch die straffe Konzentration, welche nur die Hauptmomente hervorhebe, werde die Natur verkürzt und "eine gefährliche Kälte" erzeugt. Ebenso werde uns auch Mariamnes Natur nicht menschlich aufgeschlossen. Sie trage während des ganzen Stücks dieselbe unveränderliche, starre Maske; sie zeige sich nur als das herb und stolz verschlossene Weib. Nirgends breche das Gefühl ihrer Liebe auf[43].

Den Hauptmangel von Hebbels Stück sah Böhrig offensichtlich in der eigentümlich gehemmten Darstellung menchlicher Leidenschaften. Darüber hinaus bemängelte er , daß es dem Dichter nicht gelungen sei , "den ungeheuren historischen Vorgang, die beginnende große Umwälzung, das Brechen eines Weltzustandes in dem dargestellten Einzelgeschick zum Ausdruck zu bringen"[44]. Der große Kampf zwischen Antonius und Octavian sei "rein äußerlich" mit der Behandlung des Stückes verknüpft, und das Erscheinen der drei Könige am Schluß sei nicht mehr als "ein historisches Anhängsel"[45]. Mit diesen Ausführungen war die Frage, ob bzw. inwieweit Hebbel als Vorläufer Ibsens und anderer "moderner" Autoren anzusehen sei, allerdings nur unzureichend beantwortet.

Herbert Koch schrieb im Hinblick auf Herodes und Mariamne, Hebbel habe die historischen Ereignisse und Personen des Stücks aus seinen eigenen, ungeheuer komplizierten Erfahrungen heraus interpretiert[46]. Statt "letzter Ideen und Resultate der Weltgeschichte" würden dem Zuschauer deshalb Hebbelsche Menschen vorge-

42 Die Probleme der Hebbelschen Tragödien, S. 53.

43 ebd.

44 ebd.

45 ebd.

46 Ueber das Verhältnis von Drama und Geschichte bei Friedrich Hebbel (Leipzig, Phil. Diss., München 1904) S. 60.

führt, die sich andauernd beobachteten und nicht anders als bewußt handeln könnten[47].

Wilhelm Alberts, der die Eigenart der Hebbelschen Produktionen von der Shakespeares abzugrenzen suchte[48], wies darauf hin, daß Herodes' rasende Eifersucht auf dem Boden der Reflexion erwachse. Gerade dadurch, daß Herodes sich mit großer Findigkeit die Verdachtsgründe für die Untreue seiner Gemahlin herbeitrage und sich selbst in eine Reflexionskrankheit immer weiter hineinjage, unterscheide er sich von Othello. Dieser werde durch Jago in die Leidenschaft hineingetrieben, Herodes treibe sich selbst hinein[49]. An anderer Stelle warf Alberts die Frage auf , ob es "wirklich unmöglich, sittlich unmöglich" gewesen wäre, Herodes durch ein rettendes Wort aus seiner Verblendung zu befreien. Mariamne offenbare wie Rhodope "ein allzu zartes Sittlichkeitsgefühl" ; wie diese könne sie nicht verzeihen. Es entstehe der Eindruck, daß die übertriebene Neigung zur Reflexion ein gesundes sittliches Gefühl in eine allzu große Empfindlichkeit verwandelt habe[50].

Alberts führte den Unterschied zwischen Shakespeares und Hebbels Produktionen auf den Unterschied der "Zeiten" zurück. Shakespeare habe "eine gesunde Epoche voll jugendlicher, aufstrebender Kraft" erlebt, die Zeit, als "der Geist der Renaissance" ins Land gezogen sei und das menschliche Bewußtsein begonnen habe, sich immer mehr aus den "engen Schranken des mittelalterlichen Dogmas" loszuringen. Ein "Hauch der Freiheit" wehe durch diese Zeit; die Menschen sähen "voller Erwartung in die Zukunft"[51]. Hebbel habe "eine andere Zeit" erlebt, "nicht stark, nicht gesund und lebensvoll"[52].

47 Ueber das Verhältnis von Drama und Geschichte bei Friedrich Hebbel , S. 61.

48 Hebbels Stellung zu Shakespeare, Forschungen zur neueren Literaturgeschichte, Bd. 33 (Berlin 1908).

49 ebd. , S. 60.

50 ebd., S. 62 f.

51 ebd., S. 36 f.

52 ebd., S. 37.

Alberts schrieb zwar, Hebbel habe oft und heftig über das "grämliche, greisenhafte Gesicht", die "Blut- und Nervenlosigkeit des gegenwärtigen Geschlechts", den "unerträglichen Jammer der öffentlichen Zustände" geklagt, aber er machte nicht einmal den Versuch , die politisch-gesellschaftlichen Verhältnisse, auf die sich diese Kritik Hebbels bezog und die Alberts' Ausführungen zufolge Hebbels Produktionen erst verständlich machen, in die Betrachtung einzubeziehen. Statt dessen begnügte er sich mit dem Hinweis, daß Hebbels einflußreicher Zeitgenosse Hegel die Auffassung vertreten habe, die Kunst habe ihren Höhepunkt überschritten , sie sei bereits "nach der Seite ihrer höchsten Bestimmung ein Vergangenes" und werde schließlich ganz verschwinden. Hebbel habe alle Kraft daran gesetzt, die Kunst und vor allem das Drama gegen die Angriffe der Hegelschen Schule zu verteidigen. Die Existenzberechtigung des Dramas aber habe er nur dadurch erweisen können, daß er ihm dieselbe Aufgabe zugewiesen habe wie der Philosophie , nämlich die, die "Kulturentwicklung" weiterzutreiben[53]. Dadurch, daß Hebbel lebendige Charaktere in dramatischer Handlung vorführen und gleichzeitig bestimmte Ideen verkörpern wolle, entstehe "ein gewisses Dilemma". In Hebbels Charakteren liege "eine eigentümliche Mischung von Gefühlswärme und Verstandeskälte". Sie seien der leidenschaftlichen Empfindungen fähig und könnten ihr auch in ergreifenden Tönen Ausdruck geben, aber zugleich seien sie mit einer seltsamen Klarheit und Schärfe des Intellekts ausgestattet. Sie handelten weniger nach Instinkten und im Drange der Leidenschaft als aus kühlen, reiflichen Überlegungen. Neben "Reden von der größten, gefühlten Kraft und charakteristischen Wahrheit" träten solche von verstandesmäßiger epigrammatischer Fassung[54]. In ihrem "Hang zur Reflexion" entfernten sich die Charaktere

---

53 Hebbels Stellung zu Shakespeare, S. 37 f.

54 ebd., S. 38 f.

Hebbels weit von denen Shakespeares. Die Reflexion, die sich in Hebbels Drama äußere, zeichne sich durch Tiefe , Kraft und Eigenart aus, aber sie trete auch oft in Widerspruch zum "Natürlichen", und es entstehe der "Eindruck des Gesuchten, Seltsamen, Krankhaften"[55]. Daß Hebbels Drama sich "so abweichend von der bisherigen Form und namentlich von der Shakespeares" gestaltet hat, war nach Ansicht Alberts' auf "jenen Angriff Hegels" zurückzuführen[56]. Die Hegelsche Philosophie, deren sozialgeschichtliche Implikationen Alberts überhaupt nicht beachtete, wurde damit auch für die Mängel von Hebbels dramatischen Produktionen verantwortlich gemacht.

Die bei Hermann Paul angefertigte Dissertation von Wolrad Rube beschränkte sich ausschließlich auf die Betrachtung der metrischen Eigenarten des Dramas. Rube bewies, daß Hebbel ein sicheres Gefühl für die metrische Form des Blankversdramas gehabt hat. Abweichungen von der Hebungszahl und Silbensumme des Blankverses sind außerordentlich selten. Unter den 3313 Versen von Herodes und Mariamne finden sich nur 11 unregelmäßige, darunter eine Dipodie (2205), vier sechshebige Jamben (343 , 524 , 1012 , 2852) und sechs vierhebige Jamben (185, 670, 1091, 2283, 2525, 3313). Am Schluß einer Szene oder eines Aktes kennzeichnen die Abweichungen vom Blankversschema eine Unterbrechung oder eine Verzögerung des Handlungsablaufs[57]. Rube kam zu dem Ergebnis, daß Hebbel mit der Reinheit seiner Verse selbst Goethe übertrifft, der in der Natürlichen Tochter die vollendetsten und reinsten Jamben der klasischen Zeit geschrieben hat[58].

Im Vergleich zu Goethe und dem späten Schiller hat Hebbel seine Verse allerdings stark aufgelöst. Dort

---

55 Hebbels Stellung zu Shakespeare , S. 56.

56 ebd., S. 38.

57 Der fünffüßige Jambus bei Hebbel: Ein Beitrag zur Geschichte des Metrums (Heidelberg, Phil. Diss., München 1910) S. 10 f.

58 ebd., S. 15.

füllen Rede und Gegenrede nach Art der antiken Stichomythie je einen ganzen Vers, bei Hebbel wird der Vers fast ebenso regelmäßig an jeder möglichen Stelle auseinandergerissen[59]. In Herodes und Mariamne sind 10,14 % aller Verse auf zwei Personen, 1,47 % auf drei Personen aufgeteilt. In Torquato Tasso liegt dagegen der Anteil der Verse, die auf zwei Personen aufgeteilt sind, bei 0,6 %[60]. Bei dreifacher Zergliederung eines Verses hat Hebbel mit dem Versende einen deutlichen syntaktischen Einschnitt verbunden. Sonst werden Verse, in denen Satz- und Versschluß zusammenfallen, häufig gemieden. Nach den Berechnungen Rubes findet sich die halbe Brechung in 16,04 %, die ganze Brechung in 21,35 % aller Verse von Herodes und Mariamne[61]. Durch die versetzte Betonung wird der gleichförmige jambische Rhythmus gelegentlich unterbrochen. Am Versanfang ist die versetzte Betonung in Herodes und Mariamne in 3,48 % aller Verse nachweisbar. Im Versinnern tritt sie nur in 0,93 % der Verse auf[62]. Hebbel bezeugt eine gewisse Vorliebe für den männlichen Versschluß ; er erscheint in 64,84 % aller Verse[63]. Auf den Reim hat Hebbel in Herodes und Mariamne verzichtet[64].

Der Einfluß des Metrums auf die Form des Wortes ist vorzüglich in Wortverkürzungen zu erkennen. Der Hiatus wird nach Möglichkeit gemieden, Elisionen, Synkopen und Synäresen treten ungemein häufig auf[65]. Einwirkungen des Metrums auf den Satzbau sind ausschließlich im Versinneren zu beobachten[66]. Auffällig sind insbesondere die Abweichungen von der normalen Endstellung des verbum finitum im Gliedsatz[67]. Abweichend von der

59 Der fünffüßige Jambus bei Hebbel: Ein Beitrag zur Geschichte des Metrums, S. 15.
60 ebd., S. 16.
61 ebd., S. 21.
62 ebd., S. 27.
63 ebd., S. 33.
64 ebd., S. 36.
65 cf. die Belege ebd., S. 45 ff.
66 ebd., S. 52 ff.
67 ebd., S. 58.

üblichen Satzstellung, bilden zusammengesetzte Verbformen keinen Aussagerahmen[68]. Als Mittel der Versfüllung können der Dativus ethicus und die Wiederholung pronominaler Satzglieder gedeutet werden[69].

Rube verzichtete nicht nur auf eine Wertung, sondern auch auf eine Sinndeutung von Hebbels Drama. Dieser Verzicht ergab sich augenscheinlich aus der Schwierigkeit, angesichts der Vielfalt konkurrierender ästhetischer Standards in der bürgerlichen Literaturgesellschaft der wilhelminischen Zeit wissenschaftlich begründete Werturteile zu fällen bzw. Sinndeutungen zu versuchen.

Diese Schwierigkeit bezeugte auch die bei Erich Schmidt angefertigte Dissertation von Heinrich Deiters , in der ausgeführt wurde, Hebbels dichterische Sprache sei aus rhetorischer Wortfülle und epigrammatischen Wendungen zu gleichen Teilen zusammengesetzt, starke "realistische Ansätze" ständen unvermittelt dazwischen[70]. Im einzelnen bot Deiters Belege für die zahlreichen Parallelismen, Antithesen und Epigramme in Hebbels dramatischem Gesamtwerk auf[71]. Relativ häufig seien gerade in Herodes und Mariamne Inversionen und Partizipialkonstruktionen, für die Deiters den Einfluß von Kleists Sprache annahm[72]. Auffällig seien weiter ein paar bemerkenswerte Komposita, in Herodes und Mariamne "heidenkeck" (770), "Vollgehalt" (1622), "Jungfrau-Mutter" (2779) und "Flammen-Wagen" (2786), sowie verbale Simplicia , die statt der üblichen Komposita verwendet werden[73]. In scharfem Gegensatz zu der rhetorischen Stiltendenz stehe die starke Vorliebe Hebbels für hypotaktische Satzkonstruktionen. An die Stelle

---

68 Der fünffüßige Jambus bei Hebbel, S. 59.
69 ebd. , S. 80 ff.
70 Stilistische Studien zu Hebbels Tragödien (Berlin, Phil. Diss. 1911) S. 158.
71 ebd., S. 20 ff.
72 ebd. , S.40.
73 ebd., S. 52.

des raschen Tempos trete "ein Zaudern, Abschweifen, Einbohren", das der Syntax einen völlig veränderten Charakter gebe[74]. Darüber hinaus brauche Hebbel auch jene formelhaften Wendungen, mit denen die Umgangssprache so verschwenderisch umgehe. Auffällig reich an solchen Wendungen sei Herodes und Mariamne, und hier störten sie empfindlich. Keins von allen Stücken falle so oft "in die schiere Prosa" hinunter. Herodes sage mitten in einer Rede der Leidenschaft: "ich stell' mir das so vor" (458), nach einem hochdramatischen Schluß: "Das steht nun fest!" (514) und gleich darauf, überlegend: "Da stößt ein böser Punct mir auf" (516). Mariamne werfe den Dolch weg mit den Worten: "Das war verkehrt!" (2152) Solche "Abstürze aus dem Realismus hinunter in die Plattheit" fänden sich auch bei Kleist[75]. Durch diese "realistische" Komponente von Hebbels Stil würden auch die rhetorisch - stilisierenden Figuren charakteristisch abgetönt, ja, ihnen würde sogar "eine ausgesprochen realistische Wendung" gegeben[76].

Deiters' Arbeit zielte darauf ab, stilistische Zusammenhänge zwischen Hebbel und Kleist nachzuweisen. Wesentliche Züge von Hebbels dramatischer Sprache seien dem dramatischen Stil Kleists nachgebildet[77]. So wird auch Deiters' Urteil verständlich, daß Hebbel kein "kühner Neuschöpfer wie Goethe und Kleist" gewesen sei. Deiters setzte erläuternd hinzu, daß dem Niederdeutschen die deutsche Hochsprache ein "fremdes Idiom" gewesen sei, das er sich, aus proletarischen Verhältnissen aufsteigend, mit aller Energie angeeignet habe[78]. Ob auch das weitergehende Urteil Deiters', daß Hebbel kein "souveräner Meister der Sprache" gewesen sei, der "ihre Bande gelöst, ihre geheimen Möglich-

74 Stilistische Studien zu Hebbels Tragödien, S. 53.

75 ebd., S. 73.

76 ebd., S. 17.

77 ebd., S. 16-19.

78 ebd., S. 9.

keiten verwirklicht" hätte[79], zutreffend war, blieb unklar, weil Deiters die Funktion der einzelnen Stilzüge im literarischen Werk und dessen gesellschaftliche Vermittlung gänzlich außer acht ließ.

Die Hochschulgermanistik blieb , wenn sie von den Positionen des literaturwissenschaftlichen Positivismus ausging, auf die Beschreibung einzelner Stilzüge und das Registrieren von Einflüssen fixiert. Der innere Zusammenhang der einzelnen Stilelemente sowie die gesellschaftlichen Implikationen des literarischen Kunstwerks entzogen sich der Erkenntnis.

---

79 Stilistische Studien zu Hebbels Tragödien, S 9.

3.3.2.2 Die progressive Richtung

Den progressiven Kritikern des Wilhelminischen Deutschland waren die Hebbelkritiken kleinbürgerlich-demokratischer Provenienz aus den vierziger und fünfziger Jahren des neunzehnten Jahrhunderts allem Anschein nach nicht mehr bekannt. Auch die liberale Kritik dieser Zeit wurde wenig beachtet. Die Grundgedanken der Hebbelkritik Julian Schmidts sind deshalb nur einmal zur Geltung gekommen, und zwar in einem Aufsatz der Friedrich Naumann nahestehenden Wochenschrift Die Zeit[1]. Auf die Kritik Rötschers, die durch den Abdruck in Werners historisch-kritischer Ausgabe[2] leichter zugänglich geworden war, beriefen sich Hugo Tlustek[3] und Hermann Stodte[4].

Die Dramen Ibsens lieferten der progressiven Hebbelkritik den Schlüssel zum Verständnis der Hebbelschen Produktionen. Leo Berg hat wahrscheinlich als erster auf eine geradezu frappante und staunenswerte Verwandtschaft zwischen Hebbel und Ibsen hingewiesen. Ibsen sei "ein Hebbel redivivus in vollkommener Gestalt", er sei gleichsam "seine Erfüllung"[5]. In Hebbels Stücken sei bereits die "Gesellschaft von heute" thematisiert[6]. Sie zeigten die "Absurdität der modernen Welt", und zwar einerseits im Hinblick auf die "unsinnige Vertheilung der Güter" und andererseits im Hinblick auf die "Stützen der Gesellschaft", die, um "das wacklig gewordene soziale Gebäude" aufrecht zu erhalten, überall aufgerichtet seien bzw. sich selbst

1 Max Brie, "Ein unpopulärer Klassiker" , Die Zeit: Nationalsoziale Wochenschrift 2 (1903),Bd.2, 532-534.

2 WS XIII, S. 163-165.

3 Hunger und Liebe in ihrem Einfluß auf Friedrich Hebbels dichterische Entwicklung (Wollstein 1913) S. 42.

4 Friedrich Hebbels Drama aus der Weltanschauung und den Hinweisen des Dichters erläutert (Stuttgart 1908) S. 34 ff.

5 "Hebbel und Ibsen", Die Gegenwart 37 (1890) 212.

6 ebd. , 213.

aufgerichtet hätten , die aber "sei's aus Schwäche, sei's aus Feigheit oder Kurzsichtigkeit", sei's weil die Last des einsinkenden Gebäudes zu gewaltig auf sie niederdrücke, kurz, die, eben um die Gesellschaft zu stützen, selbst "die gesetzwidrigsten Handlungen" begingen und so gerade das ausübten, das zu verhüten sie eingesetzt seien[7]. Berg hat damit Hebbel als Kritiker der "modernen Culturwelt" entdeckt[8].

Daß Hebbel als Kritiker der bürgerlichen Gesellschaft für ein breiteres Publikum interessant geworden ist, ist ohne die krisenhafte Zuspitzung der gesellschaftlichen Verhältnisse seit dem Eintritt Deutschlands in die imperialistische Phase des Kapitalismus nicht zu verstehen. Dabei fällt ins Auge , daß die Anhänger einer mehr oder weniger entschiedenen sozialkritischen Akzentuierung der Hebbelkritik überwiegend unabhängige Publizisten gewesen sind, unter ihnen so bedeutende Kritiker wie Alfred Kerr und Julius Hart. Die Hochschulgermanistik war in der progressiven Richtung der wilhelminischen Hebbelkritik unterrepräsentiert (Georg Witkowski , Arthur Kutscher, Heinrich Meyer-Benfey), was angesichts der Personalpolitik der wilhelminischen Hochschulen nicht verwunderlich ist[9].

In den ersten Stellungnahmen zur Aufführung des Schauspiels am Königlichen Schauspielhaus 1899 in Berlin wurden die starke theatralische Wirkung des Stücks und die Aktualität seiner Problematik hervorgehoben. Erich Schlaikjer schrieb, die Aufführung beweise, daß die Gestalten des angeblich "spitzfindigen" Hebbel eine monumentale Macht besäßen, die in der deutschen Literatur ihresgleichen suche, und daß der angeblich "alles zersetzende Grübler" eine geschlossene Kraft

7 Die Gegenwart 37 (1890), S. 214.

8 ebd.

9 Cf. den Erfahrungsbericht von Heinrich Meyer-Benfey , Hebbels Agnes Bernauer (Weimar 1931) S. V-XV.

der Sprache habe, die gelegentlich "wie ein Blitz" ins Parkett schlage. Herodes und Mariamne sei kein historisches Drama ; sein Inhalt sei vielmehr "psychologischer Natur , und zwar so , daß es kaum in irgend einer Weise historisch bedingt" sei[10]. Schlaikjer stellte heraus, daß Mariamne "bis zum letzten Athemzuge" Herodes' Weib sein wolle, "aber seine Sache nicht", während Herodes als "Politiker und Staatsmann" gar nicht anders als mißtrauisch habe handeln können[11].

Als ein "psychologisches Meisterstück grübelnden Scharfsinns" charakterisierte Heinrich Stümcke das Schauspiel, das weder "als dramatische Geschichtsklitterung frei nach Josephus noch als orientalisches Palast- und Intriguenstück" aufgefaßt werden dürfe. Ebenso verfehlt sei die Deutung des Werkes als Tragödie der Eifersucht und der daraus folgende Vergleich mit spanischen Herodes-Dramen und Othello. Es komme vielmehr darauf an zu erkennen, daß Mariamne "als Ichwesen mit schärfsten und feinsten Instinkten" fühle[12]. Stümcke wies auf die Ähnlichkeit der Problematik in Ibsens Nora ausdrücklich hin[13].

Auch Max Lorenz wollte keine "alle Tiefen erschöpfende Darstellung" geben, sondern nur auf das "im Hinblick auf unsere Tage und unsere Seelen" besonders Beachtenswerte aufmerksam machen[14]. In Herodes und Mariamne sei die "Dialektik der Despotie" thematisiert. Jede Gewalttat des Despoten stärke die Gewaltherrschaft und rufe zugleich , da der Haß der Vergewaltigten weiter schwele, die sie schwächenden Tendenzen in verstärktem Maße hervor[15]. Das Stück zeige, daß die

---

10 Erich Schlaikjer , "Herodes und Mariamne", Die Hilfe 5 (1899), Nr. 20, 9.

11 ebd.,10.

12 Heinrich Stümcke, "Von den Berliner Theatern", Bühne und Welt 1 (1899) 709.

13 ebd., 708.

14 Die Litteratur am Jahrhundert=Ende (Stuttgart 1900) S. 120.

15 ebd. , S. 120 f.

freie Entscheidung über das eigene Leben zu den unantastbaren Menschenrechten gehöre. Mariamne würde wie Ibsens Frau vom Meer den Tod wählen unter "Freiheit und Verantwortung", aber sie könne sich nicht damit abfinden, daß Herodes despotisch über ihr Leben bestimme[16]. Hebbels Drama demonstriere darüber hinaus die Unmöglichkeit, daß sich zwei Menschen jemals wirklich verstehen könnten, daß auch Liebende einander fremd blieben[17].

Hermann Krumm schrieb , Herodes und Mariamne, "ebenso ausgezeichnet durch die Weite der geschichtlichen Perspektive wie die psychologische Tiefe der Entwicklung", sei vielleicht das konsequenteste, in seiner überwältigenden Wirkung großartigste Werk, das Hebbel geschaffen habe. Vor dem gewaltigen Hintergrund des Zusammenbruchs der heidnischen, insbesondere orientalischen Welt zur Zeit des erwachenden Christentums hebe sich die finstere Ehetragödie im Hause des Herodes ab. "Auf dampfenden vulkanischen Boden stehend, von Feinden rings umlauert", umklammere er mit um so eifersüchtigerer Liebe sein Weib, die stolze Makkabäerin, als "das einzig Feste in dem chaotischen Wirbel"[18]. Man habe dies Drama die Tragödie des Stolzes, auch wohl die des Mißtrauens genannt, da die innerlich so nahe verwandten und fest miteinander verknüpften Menschen sich gegenseitig vernichteten, sobald sie aufgehört hätten, einander zu verstehen. Richtiger dürfte es wohl sein zu sagen, daß hier, längst vor Ibsens Nora, die ein ähnliches Thema behandle, "das Recht des Weibes", das als "Persönlichkeit", nicht als "Sache" gelten wolle , "auf freie Selbstbestimmung" in einem tragischen Bilde dargestellt werde, gegen das Ibsens Stück schwächlich und eng erscheine.

---

16 Die Litteratur am Jahrhundert=Ende , S. 122.

17 ebd., S. 124 f.

18 Friedrich Hebbels sämtliche Werke in zwölf Bänden, hg. Hermann Krumm, Bd. 1 (Leipzig o.J. [1900]) S. XLVII.

Mit seiner "unergründlich tiefen Charakteristik", seiner "machtvollen historischen Auffassung", einem "Reichtum an genialen Naturlauten", seiner scharf pointierten, aber von verhaltener Leidenschaft bebenden, echt realistischen Sprache gehöre das Werk zu den wenigen großen Tragödien der deutschen Literatur[19].

Ähnlich äußerte sich Karl Zeiß in seiner Hebbelausgabe. Das Stück artikuliere den "Protest des zum Bewußtsein seiner Persönlichkeit erwachten Weibes" gegenüber jener "Männerwillkür", die mit dem Weib nur spielen wolle, in ihm nur eine Sache erblicke[20]. Der Gang der stark konzentrierten Handlung sei, abgesehen von der Wiederholung des Befehls, unanfechtbar ; er sei von einer "wahrhaft eisernen Konsequenz" und zeuge von einer glänzenden Beherrschung der dramatischen Technik[21].

Wenn die Kritik Hebbel als einen anderen Ibsen, Herodes und Mariamne als eine andere Nora auffaßte , mußte sie wie Sigismund Friedmann[22] die ästhetische Kompetenz Hebbels bezweifeln, da bestimmte Eigenarten seines Dramas unverständlich blieben. Friedmann konnte nicht begreifen, welchen Zusammenhang die Eifersucht des Herodes und der Tod seiner Gattin mit dem Eintritt des Messias in die Welt habe. Das Psychologische und das Historische seien zwei Momente, die nebeneinander ständen, ohne aufeinander einzuwirken, und dadurch dem Drama die Einheitlichkeit nähmen. Zudem mache "die so rücksichtslos analysierende Art Hebbels, die Schärfe in der Beobachtung der menschlichen Leidenschaft", jenes "Dämmerlicht" unmöglich, das zur Darstellung von Wundern notwendig sei. "Die so klare psychologische

---

19 Friedrich Hebbels sämtliche Werke in zwölf Bänden , hg. Hermann Krumm, Bd. 1, S. XLVIII.

20 Hebbels Werke, hg. Karl Zeiß, 4.Bd. (Leipzig o.J. [1899]) S. 206.

21 ebd., S. 208.

22 Das deutsche Drama des neunzehnten Jahrhunderts in seinen Hauptvertretern, Bd. 1 (Leipzig 1902) S. 163-176.

Analyse Hebbels ist wie ein zudringlicher Lichtstrahl, der in den Halbschatten der Grotte hineindringt, in der man die heiligen Mysterien darstellt, und zerstört die Illusion."[23] Friedmann betonte, daß Mariamne von demselben "schmerzensreichen Erstaunen" vernichtet werde wie Ibsens Nora. "Nora ist als Puppe angesehen, Mariamne als Sache , und das ist es, was beide vernichtet: die Verkennung ihrer Persönlichkeit."[24]

Vor den gleichen Schwierigkeiten wie Friedmann stand Paul Bornstein, dessen Interpretationen von Herodes und Mariamne[25] die biographischen Darstellungen Kuhs und Werners auszuwerten versuchten[26] , aber im Gegensatz zu diesen die "Knechtung der Persönlichkeit" als das beherrschende Thema von Hebbels dichterischem Schaffen bezeichneten[27]. Danach wechselten die Nuancen, die Mißhandlung verändere sich vom "brutal Geschlechtlichen" allmählich ins "rein Geistige" - die Sache bleibe die gleiche[28]. Daß "die Sünde wider die Persönlichkeit" vor allem in der "Brutalisierung des Weibes zur Sache" Gestalt gewinne, erkläre sich aus dem innersten und persönlichsten Erleben des Dichters[29]. Es sei "Selbstanklage", wenn im Drama Hebbels alle Frauen vom Manne irgendwie erlitten, was Elise Lensing erlitten habe, daß alle Männer am Weibe die Schuld begingen, die Hebbel begangen habe[30]. Auch Bornstein interpretierte Mariamne als eine andere Nora[31], auch er sah in dem Stück eine Kampfansage für die Emanzipation der Frau, für ihre Persönlichkeitsrechte sowie für das Recht eines jeden Menschen auf freie Entfaltung seiner Individualität. Bornstein ließ sich an diesem

---

23 Das deutsche Drama des neunzehnten Jahrhunderts in seinen Hauptvertretern, Bd. 1, S. 173.

24 ebd., S. 174 f.

25 Hebbels 'Herodes und Mariamne': Ein Vortrag (Hamburg 1904), und "Friedrich Hebbel", Jugend 1913, Bd. 1, 334 f.

26 Dies betont R.M. Werner (Rez.), DLZ 25 (1904) 1305 f.

27 Bornstein, Jugend 1913, Bd. 1, 334.

28 ebd.

29 Bornstein, S. 9.

30 Jugend 1913, Bd. 1, 334.

31 Bornstein, S. 11, 34, 43.

liberalen Verständnis des Stücks weder durch die "pantragische" Auslegung von Hebbels Drama[32] noch durch bestimmte Eigenarten des Schauspiels, die sich nicht zwanglos in sein Konzept einfügten, irre machen. Für seine Interpretation ergaben sich daraus nicht unerhebliche Schwierigkeiten. So hatte er für die fortschreitende Vereinsamung seiner Figuren[33], für die "bis zur Siedehitze gesteigerte Glut, nicht der Leidenschaft, sondern der Gedanken"[34], keine plausible dramatisch funktionale Erklärung; beide Erscheinungen wurden auf Hebbels Individualität zurückgeführt, deren geschichtlich-gesellschaftliche Bedingtheit aber nicht in Bornsteins Blickfeld war[35]. Zwar erkannte er ausdrücklich an, daß die "Stürme des tollen Jahres" einen entschiedenen Widerhall in Hebbels Drama gefunden hätten, wie überhaupt der "Parallelismus der Geschehnisse" auf der Hand liege: "Hier wie dort eine Epoche weltgeschichtlicher Krisen, da der Zeitgeist bis dahin gültige Formen und Werte im ewigen Riesenkessel einschmilzt, um in brodelnd gährendem Durcheinander neue an die Oberfläche zu treiben."[36] Aber Bornstein begriff diese geschichtlich-gesellschaftlichen Zusammenhänge doch nur als "Hintergrund", von dem die zwischen Herodes und Mariamne sich abspielende Tragödie des Mißtrauens und der Eifersucht auf der einen, tödlich verletzten Stolzes und jäher Enttäuschung auf der anderen Seite sich abhebe[37]. Bornstein erwog nicht, daß in der individuellen Eigenart der Figuren und ihrer Beziehungen die gesamtgesellschaftliche Konfliktsituation der Jahre 1847/48 - wie immer modifiziert - widergespiegelt sein könnte. Vollends unverständlich waren ihm die eschatologischen Aspekte des Stücks[38]. Einen Zusammenhang zwischen dem

32 Jugend 1913, Bd. 1, 334.
33 Bornstein, S. 29 f.
34 ebd., S. 28.
35 ebd., S. 10, 14.
36 ebd., S. 7.
37 ebd., S. 17.
38 ebd., S. 16.

Erscheinen der drei Könige und dem menschlich-psychologischen Vorgang konnte er nicht erkennen[39].

Auch Georg Witkowski erinnerte in seinen Ausführungen über Hebbels Herodes und Mariamne an das "Puppenheim" Ibsens. Hier wie dort werde "die schlummernde, traumhaft das Leben als ein Gegebenes hinnehmende Seele einer Frau" aufgeweckt zu selbständigem Leben - hier wie dort glaube der Mann an seinem Weib einen Besitz zu haben, mit dem er nach Belieben schalten dürfe, und müsse seinen Irrtum aufs schwerste büßen. In beiden Dramen werde das "Recht der Frau auf Achtung ihrer Eigentümlichkeit" beansprucht und siege am Schlusse[40]. Im einzelnen wurde ausgeführt, daß Herodes, den das Schicksal an die Stelle der historischen Entwicklung gestellt habe, wo die heidnisch-jüdische und die aufdämmernde christliche Welt gleichzeitig sichtbar seien , in der Gattin, entsprechend der alten, untergehenden Auffassung, nur das kostbare Besitztum sehe ; sie aber liebe ihn mit einer andern, ihm unverständlichen neuen Liebe, die in der Hingabe ihr Glück suche. Daraus entspringe der Konflikt dieses tiefsinnigen Dramas, und er werde verstärkt durch die allgemeinen Zustände und die besonderen des von Rom abhängigen jüdischen Vierfürsten , in dem das Blut seiner großen Vorfahren, fieberhaft erregt, stürme, und auf dem der Fluch der alten egoistischen Moral und der inneren Einsamkeit, die ihr entspringe, laste. Mariamne werde enthauptet, aber das, was in ihr gewesen sei, lebe fort, und als Herodes unmittelbar danach den bethlehemitischen Kindermord befehle , um den Messias dieser neuen Welt zu vernichten , könne sein blindes Wüten ihren Sieg nicht aufhalten[41].

---

39 Bornstein, S. 41.

40 Das deutsche Drama des neunzehnten Jahrhunderts, Aus Natur und Geisteswelt, 51. Bdch. (Berlin, 4. Aufl. 1913) S. 60. Die erste Auflage dieses Buches erschien 1904, die zweite 1906 , die dritte 1909.

41 ebd., S. 58.

Witkowski betonte, daß Hebbel die "tiefen Schäden der Zeit" gesehen, in sich die "Fieberschauer" gefühlt habe, die die "verseuchte Gesellschaft" durchschütterten, "die Konflikte, die Widersprüche des Daseins", für die es keine Lösung gebe, und daß er in seinen Stücken überall , "auch im Bilde der Vergangenheit", die Gegenwart und ihre Kämpfe widerspiegele und zugleich "von einem hohen Standpunkte aus das innere Wesen der Zeit" durchleuchte[42]. In Herodes und Mariamne allerdings trete die in Maria Magdalene, in Julia und im Trauerspiel in Sicilien offenkundige gesellschaftskritische Intention deutlich zurück. Hier sei ein "Wendepunkt der Geschichte" gewählt, wo die Gegensätze in Gestalt zweier Zeitalter und ihrer Weltanschauungen in stärkstem Anprall zusammenstießen[43]; dies sei der geschichtliche Augenblick, wo sich der Anspruch des Individuums auf freie Selbstbestimmung geltend mache[44]. Daß die politisch-gesellschaftlichen Konflikte der Jahre 1847/48 in Herodes und Mariamne eine Rolle spielen könnten, wurde nicht erwogen - anders in Maria Magdalene, wo sich nach Ansicht Witkowskis den tiefer Sehenden die Ursachen der Umwälzungen, welche die Gesellschaft seit den vierziger Jahren des neunzehnten Jahrhunderts erfahren hat, enthüllen, "nur daß hier noch nicht der Einfluß sichtbar wird, den bald darauf die neuen, durch die Entwicklung der Industrie entstehenden sozialen Mächte gewannen"[45]. Witkowski schrieb, das "neue bürgerliche Drama" müsse den Kampf des Bürgertums mit den "nach Gleichberechtigung verlangenden organisierten Arbeitermassen" schildern[46]; mit der Frage, ob bzw. wie dies bereits in Herodes und Mariamne geschehen sei, setzte sich Witkowski nicht auseinander.

---

42 Das deutsche Drama des neunzehnten Jahrhunderts, S. 46 f.

43 ebd., S. 57.

44 ebd., S. 54 , 66. cf. auch Georg Witkowski, Die Entwicklung der deutschen Literatur seit 1830 (Leipzig 1912) S. 38.

45 Das deutsche Drama des neunzehnten Jahrhunderts, S. 55.

46 ebd.

Die sozialgeschichtlichen Voraussetzungen des Hebbelschen Kunstschaffens, die in der Darstellung Witkowskis immerhin angedeutet waren, traten bei den meisten progressiven Interpreten von Hebbels Drama zugunsten einer Aktualisierung des Stücks im Sinne des Nora-Problems zurück.

Daß Hebbel die "moderne Tragödie", für welche die "Versündigung an der eigenen oder fremden Persönlichkeit die typische Schuld" sei, lange vor Ibsen geschaffen habe, hob Alfred Freiherr von Berger hervor[47]. Als der König in Herodes und Mariamne sein Verbrechen wiederhole, nehme Mariamne "raffinierte Rache" an ihm. Nicht die Bedrohung ihres Lebens verüble sie ihm , sondern "wie die Nora Ibsens" die "ungeheuerliche Versündigung an ihrer Persönlichkeit und Menschenwürde", die darin liege, daß er über sein Weib wie über eine seelenlose Sache verfügt habe. "Welch verzerrtes Bild meines Wesens, so reflektiert sie, muß Herodes, mein Gatte, in sich tragen, daß er mich für fähig halten kann, mich dem Mörder meines Gatten hinzugeben."[48] Mariamne könne ein Verhältnis, in dem derartiges möglich sei , nicht mehr als Ehe empfinden. In ihrer "Empörung" beschließe sie, Herodes zu ihrem Henker zu machen[49]. "Versteinert, herb und hart bis zur Grausamkeit" begegne sie dem heimkehrenden, aus drohender Lebensgefahr wie durch ein Wunder geretteten Gemahl. "Starr und stumm" lasse sie Schande und Tod über sich ergehen. Seit sie von dem Manne, den sie so geliebt habe , daß sie ihm freiwillig in den Tod zu folgen entschlossen gewesen sei , des Ehebruchs für fähig gehalten worden sei, fühle sie sich kaum mehr als lebendig. Ihre Einbildung übertrage die erlittene "moralische Vernichtung" in die "Empfindung

---

47 Meine Hamburgische Dramaturgie (Wien 1910) S. 211.

48 ebd., S. 208.

49 ebd., S. 208 f.

physischen Gestorbenseins"[50]. Ein ähnliches "Gefühl des physischen Todseins" durchdringe in Ibsens Wenn wir Tote erwachen Irene, an welcher Rubek ähnlich gesündigt habe wie Herodes an Mariamne, freilich unter ganz anderen äußeren Formen. Nur einem, dem Römer Titus, enthülle Mariamne des Geheimnis ihres rätselhaften Betragens, dann schreite sie "königlich gelassen in das ersehnte Nichts"[51].

Berger betonte, daß selten ein Dichter die "unheimliche Sünde wider die menschliche Persönlichkeit", von der Herodes und Mariamne eine erschütternde tragische Darstellung gebe, so voll wie Hebbel erlebt habe[52]. Hebbel sei "ihr Opfer" und "ihr Begeher" gewesen. Um "das Dasein zu fristen" , habe er "sein innerstes Selbst als Ware" preisgeben müssen. Andererseits habe er die "dämonische Notwendigkeit" gekannt, gerade die Menschen, die ihm nahe gekommen seien, Freunde und Frauen, "wie tote, fühllose Sachen zu verbrauchen und wegzuwerfen"[53]. So habe er seelische Vorgänge und Zusammenhänge aufgespürt , die "erst jetzt" vorwiegend durch norwegischen Einfluß verständlich, ja populär zu werden begonnen hätten[54].

In der Tat wurden diese Zusammenhänge von vielen Kritikern erkannt und hervorgehoben. Wie Berger haben , geht man von den Beständen des Zeitungsarchivs des Hebbel-Museums in Wesselburen aus, die meisten Kritiker der deutschen Tageszeitungen Hebbels Stück aufgefaßt. Hier eine Zusammenstellung dieser Zeitungsartikel.

- "Erstes Gesamt=Gastspiel von Mitgliedern des Königl. Hoftheaters zu Dresden: 'Herodes und Mariamne', eine Tragödie in fünf Akten von Friedrich Hebbel". Düsseldorfer General-Anzeiger. Düsseldorf, 21.4.1905.

---

50 Meine Hamburgische Dramaturgie , S. 209.

51 ebd., S. 209 f.

52 ebd., S. 210 f.

53 ebd., S. 211.

54 ebd.

- "Stadttheater". Zeitung, Freiburg, 25. 1. 1912.
- "Hebbel und die moderne Frau". Münchener Neueste Nachrichten. München, 28. 2. 1912.
- "Deutsches Schauspielhaus. Die Hebbelwoche. VI. Herodes und Mariamne". Neue Hamburger Zeitung Hamburg, 22. 3. 1912.
- "Herodes und Mariamne". Neueste Nachrichten. Dresden, 10. 6. 1912.
- "Theater und Musik". Norddeutsche Allgemeine Zeitung. Berlin, 4. 10. 1912.
- "Theater und Musik. Theater in der Königsgrätzerstraße". Deutsche Zeitung. Berlin, 4. 10. 1912.
- "Ueber Hebbel und die Frauen". Kölnische Volks-Zeitung. Köln, 12. 12. 1912.
- "Hebbel und die Frau". Tageblatt. Köln, 18. 12. 1912.
- "Ueber Hebbel und die Frauen". Courier. Hildesheim, 24. 12. 1912.
- "Hebbel und die Frau". General-Anzeiger. Bonn, 7. 3. 1913.
- Fritz Budde. "Die Frau im Drama Hebbels". Kölnische Volks-Zeitung. Köln, 20. 3. 1913.
- Elisabeth Hancke. "Die Frauenfrage in der Dichtung". Reichsbote. Berlin, 20. 4. 1913.
- Gerhard Hellmers. "Bremer Stadttheater. Hebbelfeier. Herodes und Mariamne". Nachrichten. Bremen, 20. 3. 1914.

Von gleicher Tendenz waren die Zeitschriftenartikel von O. Wentorf[55], Emil Kreisler[56], Karl Strecker[57], Hermann Stodte[58], Walter Turszinski[59], Ernst Edgar Reimardes[60]

---

55 "'Herodes und Mariamne' und 'Monna Vanna'", Die Gegenwart 32 (1903), Bd. 63, 279 ff.

56 "Hebbels Frauengestalten", Der neue Weg 1913, 651 ff. - Cf. auch Emil Kreisler, "Hebbels Frauengestalten", Zweiunddreißigster Jahresbericht der k.k. Franz Joseph-Realschule in Wien (Wien 1907) S. 3.

57 "Hebbel als Dramatiker", Eckart 7 (1912/13), 368 ff., und "Friedrich Hebbel", Monatshefte für deutsche Sprache und Pädagogik 14 (1913) 121.

58 "Hebbel und Ibsen", Eckart 7 (1912/13) 436 ff.

59 "Von den Berliner Theatern 1912/13, Bühne und Welt 15 (1913), 1. Halbjahr, 76 ff.

60 "Friedrich Hebbel (1813 - 1913)", Die Hamburger Woche 8 (1913), Nr. 10, 6.

und Adolf Teutenberg[61] sowie die literaturgeschichtliche Darstellung Alfred Bieses[62]. Die Schrift von Otto Spieß war ein von besonderer Bewunderung für _Herodes und Mariamne_ getragener Interlinearkommentar[63]. Spieß wandte sich ausdrücklich an den "naiven Leser und Hörer", nicht an "gelehrte Literarhistoriker". Er stellte heraus, daß die "herodianische Weltberechnung" an den unberechenbaren Zufällen der Politik und an dem Stolz eines aufrechten Mannes scheitere. Als Despot habe sich Herodes an die Auffassung gewöhnt, daß jeder seiner Diener seine Befehle zu vollziehen habe, "sklavisch, maschinenmäßig, ohne Urteil, ohne sittliche Kritik"[64].

Hilde Engel-Mitscherlich, die Hebbel in "feierlich ekstatischer Darstellung" für die zeitgenössische bürgerliche Frauenbewegung reklamierte[65], charakterisierte Mariamne als ein "Edelgeschöpf", das "die großen geistigen Mächte des Daseins" in sich verschließe. Ihr Geschick gründe tief in der "innersten Seele". Es sei das "Geschick des hochstehenden Weibes" , das mit all seinen "geistigen und körperlichen Lebensgewalten" nie die "mißratenen Instinkte des ungezügelten Mannes" aufzuhalten, geschweige zu veredeln vermöge[66]. In Hebbels Stück träten sich zwei Welten gegenüber: Begier herrsche in der einen, Liebe weihe die andere[67]. Mariamne sei die "liebeerfüllte Geberin, aber aus freiem Willen und eigener Verantwortung": "Herrin über sich selbst , Herrin über ihr Leben wie über ihren Tod". Sie sei, was der "volle, warme , geistige Frauenmensch" sein könne, sein müsse. In ihr ruhe "der echte Frauenwert": "Eine Natur

---

61 "Hebbels Frauengestalten", _Über Land und Meer_ 1913, 652 ff.

62 _Deutsche Literaturgeschichte_, Bd. 3 , Von Hebbel bis zur Gegenwart (München, 5.Aufl. 1913) S. 54 f.

63 _Hebbels Herodes und Mariamne: Versuch einer Erläuterung zwischen den Zeilen für Schauspieler und Hebbel-Verehrer_ (Halle 1913).

64 ebd., S. 145.

65 Karl Zeiß (Rez.) , "Hilde Engel-Mitscherlich, Hebbel als Dichter der Frau (Dresden 1909)", _LE_ 12 (1909/10) 96.

66 Engel-Mitscherlich, S. 52.

67 ebd. , S. 55.

hat in sich vollendet, was viele vereinzelt in sich tragen."[68] Ein mühsam erworbenes, "lichtklares Ichbewußtsein" habe diese Figur "allem dumpfen Triebleben und seiner schweren Tyrannei" entrückt. In ihr stehe über dem Weibe der "richtende, rechtende Mensch". Sie lasse sich nicht treiben, sie treibe selbst, sie lasse sich nicht an ein Schicksal schmieden, sie schmiede es selbst[69]. Hebbels Leistung bestand dieser Auffassung zufolge darin , daß er mit Stücken wie Herodes und Mariamne "das Menschenwertbewußtsein in der Frau" gerettet habe[70]. Engel-Mitscherlich und ihre Genossinnen feierten Hebbel als einen Vorkämpfer für die Emanzipation der Frau[71].

Heinrich Meyer-Benfey schrieb in einem Artikel, der am 18. 3. 1913 im Hamburger Fremdenblatt veröffentlicht worden ist[72], Hebbel betrete in Herodes und Mariamne zum ersten Male den Boden der beglaubigten Geschichte , doch der eigentliche Inhalt sei "ein zeitloses oder, wenn man will, ein echt modernes Problem: das Recht des Individuums auf Achtung seiner freien Selbstbestimmung"[73]. Nur auf künstliche, wenig einleuchtende Weise habe Hebbel dies Problem durch Aufnahme legendärer Bestandteile mit einem weltgeschichtlichen Wendepunkt in Beziehung zu setzen versucht. Von dieser Episode abgesehen, sei der Bau des Dramas zwar eigenartig, aber durchaus einheitlich und organisch, und die psychologische Darstellung selbst sei über alles Lob erhaben[74]. In der "Tiefe seiner Psychologie" und in der "Höhe der

---

68 Engel-Mitscherlich, S. 56.

69 ebd., S. 51.

70 ebd., S. 5.

71 Cf. Sophie von Harbou, "Hebbel als Dichter der Frau", Die Frauenbewegung 15 (1909) 172, und Carry Brachvogel, Hebbel und die moderne Frau (München 1912) S. 33 ff.

72 Hier zitiert nach "Friedrich Hebbel", Welt der Dichtung, hg. Fritz Collatz (Hamburg 1962) S. 137 f.

73 ebd., S. 137.

74 ebd.

sittlichen Gesinnung" sei Hebbel modern wie alle großen Dichter des 19. Jahrhunderts. Wie die Dichtungen Kleists und Schillers zeichne Hebbels Produktionen eine später nicht wieder erreichte "Größe des Wurfes , die Weite und Wucht der dichterischen Grundanschauungen, die erhabene Stilisierung" aus[75]. Für gänzlich unzeitgemäß und ästhetisch wie politisch gleich fragwürdig hielt Meyer-Benfey dagegen Hebbels metaphysische Spekulationen, die sich vor allem in den Tagebüchern fänden[76].

Mit diesen metaphysischen Spekulationen mußte sich die progressive Hebbelkritik spätestens seit der Veröffentlichung von Arno Scheunerts "Pantragismus"-Studie[77] auseinandersetzen. Anna Schapire-Neurath, die in _Herodes und Mariamne_ den Kampf um die "Menschenrechte" thematisiert sah[78], bemühte sich um den Nachweis, daß Hebbel seine metaphysischen Konstruktionen aufgebaut habe, als die idealistische Philosophie in Deutschland unumstritten gegolten habe, und daß er diese Konstruktionen wieder abgetragen habe , als die Glanzzeit dieser Philosophie vorüber gewesen sei[79]. Schapire-Neurath ging davon aus, daß Hebbels Werke "von diesen Reflexionen unberührt" geblieben seien, gleichgültig, ob der Dichter "metaphysischen oder empirisch-psychologischen Gedankengängen" nachgegangen sei[80]. Die Beurteilung seiner Werke bleibe deshalb unabhängig davon, wie man sich zu dem philosophierenden Hebbel stelle[81].

---

75 _Welt der Dichtung_, hg. Fritz Collatz, S. 138.

76 ebd.

77 _Der Pantragismus als System der Weltanschauung und Ästhetik Friedrich Hebbels_ (Hamburg 1903).

78 _Friedrich Hebbel_, Aus Natur und Geisteswelt, 238. Bdch. (Leipzig 1909) S. 65.

79 ebd., S. 103, und "Zu Hebbels Anschauungen über Kunst und künstlerisches Schaffen", _Archiv für Philosophie, 2. Abt., Archiv für systematische Philosophie_ 13 (1907) 267.

80 Schapire-Neurath, _Friedrich Hebbel_, S. 103.

81 ebd.

Für die Kritikerin stand außer Frage, daß Hebbels Kunsttheorie und Weltanschauung nur noch für den Historiker von Interesse seien, während die Werke Bestand hätten[82].

In Herodes und Mariamne registrierte Schapire-Neurath "Entgleisungen der Sprache und Technik"[83]. Die Sprache bleibe "schwunglos und flach", die Jamben stolperten namentlich in den letzten drei Akten über ganze Reihen von Flickwörtern. In Herodes und Mariamne sei die gewöhnliche Ausdrucksweise rhythmisch angeordnet, und nicht einmal dort, wo die Situation eine gewaltige Sprache fordere, finde der Dichter Worte, die entsprechende Vorstellung in uns zu wecken[84]. Die Selbstgespräche seien für die Entwicklung des dramatischen Vorgangs unerheblich[85]. Dennoch seien Menschen und Geschehnisse von einer erschütternden und gleichzeitig notwendigen Tragik[86]. Gerade die Wiederholung der gleichen Situation verdeutliche die Problematik dieser "großen Tragödie der Persönlichkeit"[87]. Mariamne sei nicht nur das beleidigte Weib, sie sei der beleidigte Mensch, wie auch Soemus der beleidigte Mensch sei. Nur sei ihre Tragik noch größer, denn sie sei geliebt worden und habe geliebt; sie sei dort am schwersten getroffen , wo sie sich am unverletzlichsten geglaubt habe. Der König, der sie in den Tod treibe, sei kein Tyrann, wie es ein Nero gewesen sei. Rings im Lande von Feinden umgeben, letztlich von den Launen eines Wüstlings abhängig, taumele er zu Taten, die er selbst "vor seinem edleren Ich" nicht mehr verantworten könne[88]. Jetzt erst werde er "zum blutdürstigen Tyrannen", der sein Volk höhnend geißeln und morden werde[89]. Habe Mariamne aber dies einmal erkannt, so könne sie nicht mehr neben ihm le-

---

82 Schapire-Neurath, Friedrich Hebbel, S. 133.
83 ebd., S. 61.
84 ebd., S. 59 f.
85 ebd., S. 61.
86 ebd.
87 ebd., S. 65.
88 ebd., S. 64.
89 ebd., S. 65.

ben, nicht Trotz verschließe ihr den Mund, der Tod werde ihr vielmehr zur Notwendigkeit. "Ein großer Mensch wird aus dem Leben gestoßen, weil er sich nicht entschließen konnte, weniger als Mensch zu sein."[90] Aber ein solcher Mensch sei in jeder Kulturepoche möglich; so gut der Gegensatz zwischen Juden und Römern zur Charakteristik der Figuren ausgenutzt sei, den Hinweis auf das kommende Christentum brauche man nicht. "Nach der großen dramatischen Eindringlichkeit der ganzen fünf Akte wirken die drei Könige überflüssig. Sie decken uns den blutdürstigen Herodes auf, wie er nach Mariamnes Tod sein wird, zur Erklärung des Stückes tragen sie nichts bei."[91]

Mit diesem Interpretationsansatz konnte Schapire-Neurath die zeitgeschichtlichen Bezüge von Hebbels Stück nicht in den Griff bekommen[92]. Dabei hat sie mit ihren Ausführungen zu Hebbels sozialpolitischen Anschauungen einem geschichtlich-gesellschaftlichen Verständnis der Hebbelschen Produktionen einschließlich seiner metaphysischen Spekulationen durchaus vorgearbeitet. Schapire-Neurath wies nach, daß Hebbel zeitlebens über einen "naiven Malthusianismus" nicht hinausgekommen sei ; in ihm finde er "eine genügende und gleichzeitig hoffnungslose Erklärung der sozialen Verhältnisse"[93]. Dadurch sei er von einem platten Fortschrittsoptimismus bewahrt geblieben, aber er habe auch keine neuen sozialen Organisationsformen gesucht; gerade in seiner Wiener Zeit habe er den Gedanken an eine neue Organisation der Arbeit und damit zusammenhängende soziale Strukturveränderungen entschieden abgelehnt. So sei ihm die gesellschaftliche Ordnung, in der er gelebt habe, zu einem "unumstößlichen Faktum", "die empirische Welt mit ihren sozialen Tatsachen zu einem unwandelbar Gegebenen geworden[94]. Die Frage, ob bzw. wie

---

90 Schapire-Neurath, Friedrich Hebbel, S. 65.
91 ebd.
92 ebd., S. 132 f.
93 ebd., S. 127.
94 ebd. , S. 130 f.

diese Anschauungen in Hebbels Drama ihren Niederschlag gefunden haben, ließ das Buch von Schapire-Neurath unbeantwortet.

Von der hohen Achtung, die Hebbels Schauspiel bei der progressiven Kritik genoß, zeugten auch die kritischen Einwände , die gegen das Stück vorgebracht wurden. Johannes Schlaf polemisierte zwar gegen den "hofbühnenfähigen" Hebbel[95], aber er erkannte das Problem, das Hebbel sich in Herodes und Mariamne gestellt habe, ausdrücklich als zeitgemäß an. Es interessiere ihn "der Konflikt einer verfeinerten Weiblichkeit mit einer brutalen, starr gewordenen , rückständig gebliebenen Mannheit", anders ausgedrückt: "der Konflikt eines neuen Weibes mit dem bisherigen Manne"[96]. Mit dieser sicherlich "sehr wichtigen Problemstellung" sei in der Geschichte des deutschen Dramas ein "recht bedeutsamer Vorschritt" erreicht worden, der bis zu einem gewissen Grade das Interesse rechtfertige, das man dem Stück zur Zeit entgegenbringe[97]. Am Beispiel von Herodes und Mariamne versuchte dann allerdings Schlaf zu zeigen, daß Hebbel "in der psychologischen und dramatischen Durchführung dieses hochwichtigen Problems versagt" habe[98].

In einem von hoher Achtung vor Hebbels künstlerischer Leistung getragenen Artikel der Badischen Presse[99] wurde hervorgehoben, daß "irgendwo auch in seinem Besten ein Riß" sei, der "klaffend offen" stehe und "nichts von Ausgleich wissen" wolle. Es sei "das modernste Empfinden des Persönlichkeitswertes", das Hebbel in Herodes und Mariamne in die orientalische Frau lege, die in Nora, Hedda Gabler und der Frau vom Meer

---

95 "Das Idol Hebbel", Nord und Süd 129 (1909) 223.

96 ebd.

97 ebd., 224.

98 ebd.

99 "Großh.Hoftheater zu Karlsruhe: Herodes und Mariamne", Badische Presse, Karlsruhe, 8. 4. 1913.

ihre Geschwister sehe. "Und die Empörung ihres Frauengemütes muß deshalb für uns Kinder unserer Zeit etwas ungemein Bezwingendes haben gegenüber dem aufs Höchste gesteigerten Egoismus der Manneslìebe, der diese innere Freiheit und Persönlichkeit des Weibes nicht erkennt."[100] Dennoch könne man Mariamne nicht lieben, die für sich von Herodes alles Verständnis verlange, aber ihn selbst in dem "Uebermaß und der rasenden Verstiegenheit seiner Liebe", die sich auch im Tod nicht von ihm trennen könne, nicht verstehe. Mariamne führe eine Rache aus, die nicht frei sei "von einer fast bösartigen Schadenfreude und Genugtuung"[101].

Die Nähe Hebbels zu Ibsen betonte auch Arthur Kutscher[102]. Kritik sei der Grundzug im Wesen beider , und diese müsse den Künstler notwendig auf die großen Dissonanzen führen. Sie fühlten das Gute und Schöne und erlebten täglich das Widersprechende. Sie sähen die Wunden ihrer Zeit und wüßten, daß sie daran zugrunde gehen müsse. Sie seien im Innersten davon ergriffen, seien mitbeteiligt am Kampfe, sie gestalteten künstlerisch das Verhältnis des Menschen zu seiner Zeit, den Streit der Gesellschaft und nähmen ihrerseits dazu Stellung[103]. In Hebbels Mariamne stecke "alles Gefühl von Freiheit und eigener Verantwortung, alles Eigenste der Nora, die Lösung der Frau vom Meer". Die "feine Mißachtung des innersten Menschentums" sei schon bei Hebbel "Mord der Seele". In Herodes und Mariamne sei bereits die "unterirdische Verquickung von Haß und Liebe, die Anziehung des Abstoßenden" vorbereitet[104].

In einer späteren Untersuchung, die dem Vergleich zwischen Hebbel und Grabbe gewidmet war[105], ging Kutscher

100 Badische Presse, Karlsruhe, 8. 4. 1913.

101 ebd.

102 Hebbel als Kritiker des Dramas: Seine Kritik und ihre Bedeutung, Hebbel-Forschungen, Nr. 1 (Berlin 1907, S. 219-225.

103 ebd. , S. 220.

104 ebd. , S. 221 f.

105 Hebbel und Grabbe (München 1913).

auf die Verwendung des Beiseitesprechens in Herodes und Mariamne ein und betonte, daß psychologische Motive Mariamne dazu brächten, daß sie sich verschließe, daß sie verstumme und erstarre. Was bei Grabbe ein interessanter Charakterzug sei, trage bei Hebbel die Tragik der ganzen Dichtung auf der Schulter[106]. Auf die Beeinflussung des Schlusses von Herodes und Mariamne durch den Schluß der Hermannsschlacht Grabbes sei gelegentlich hingewiesen worden. Grabbe habe den Hinweis auf die heiligen drei Könige seinem Drama als einen Schmuck angehängt, Hebbel dagegen arbeite diese Idee als "Gegensatz und Ausblick" in seine Tragödie von den zwei Menschen Herodes und Mariamne hinein. Er zeige, wie eine alte Zeit sich "innerlich abgelebt" habe und eine neue heraufkommen müsse. Herodes repräsentiere die alte Zeit; Mariamne und Soemus fielen ihm zum Opfer, weil sie das Wesen der neuen in sich trügen; die Verkörperung der jungen Zeit sei das Christuskind[107]. Gewiß sei der Auftritt der drei heiligen Könige nicht "organisch" mit dem dramatischen Vorgang verknüpft, aber "in der Idee" sei diese Lösung durchaus möglich. Hebbel habe übrigens durch die Hinweise auf den Messias in IV,2 und V,4 darauf hingearbeitet[108].

Kutscher machte hierzu die Anmerkung, daß in Herodes und Mariamne "dem Menschlichen nicht Raum und Recht" gegeben, daß die "Freiheit der Persönlichkeit" vergessen und mißachtet werde[109]. Der "Wille " des einzelnen und seine Richtung gälten in Hebbels Drama nichts, "nichts der Kampf um etwas Hohes und Großes"[110]. "Hebbels metaphysische Strenge drückt das Menschliche erbarmungslos herab und verweist tröstend auf die starren Züge des Götzen Idee."[111]

106 Hebbel und Grabbe, S. 90.

107 ebd., S. 91.

108 ebd., S. 92.

109 ebd., S. 140 f.

110 ebd., S. 141

111 ebd., S. 140.

Damit war auf die wenig menschenfreundlichen Züge von Hebbels Poesie hingewiesen, die unmittelbar vor und während des imperialistischen Weltkrieges auch von anderen bürgerlichen Kritikern erkannt worden sind. Paul Friedrich warnte in einer gegen den Hebbelkult seiner Zeit gerichteten Streitschrift[112] davor, Hebbel für mehr als "eine ungeheuer interessante Zeiterscheinung" zu halten, zumal Ibsen Hebbels Intentionen "bis zu ihrer dem modernen Empfinden adäquaten Ausgestaltung" vollendet habe[113]. Friedrich erklärte die Eigenart der Darstellungen des "erotischen Geschlechtsproblems" als eines "sittlichen Problems" in den Dramen Hebbels mit bestimmten sozialpsychologischen Implikationen von Hebbels gesellschaftlichem Aufstieg. Hebbel sei "der Parvenü im großen Stil" gewesen, der sich wie Napoleon alles habe erobern müssen, was er besessen habe. Schritt für Schritt habe er sich selbst aus der "engen Umklammerung durch die Not einer sonnenlosen Kindheit" befreit[114]. Bei seinem Aufstieg aus der "sozialen Misere" sei er, obwohl "stets voll Mißtrauen und Argwohn den Menschen gegenüber", doch auf ihre Hilfe angewiesen gewesen, besonders auf die Hilfe von Frauen[115]. Diese "Liebesabhängigkeit seiner schweren und entbehrungsreichen Jugend" sei das beherrschende Thema seiner Dichtung[116].

Die individuellen Erfahrungen Hebbels machten nach Ansicht Friedrichs die Individualität seiner männlichen Helden verständlich. In seiner Jugend sei Hebbel ganz auf sich selbst konzentriert gewesen, und darüber sei ihm die Welt entglitten[117]. Zeitlebens sei er deshalb auf der "Flucht vor der Zuchthauseinsamkeit mit sich selbst" gewesen. Alle bedeutenden männlichen Figuren

---

112 Der Fall Hebbel: Ein Künstlerproblem (Leipzig 1908); cf. Karl Zeiß (Rez.), LE 12 (1909/10) 103.

113 Friedrich, S. 8.

114 ebd., S. 12.

115 ebd., S. 13.

116 ebd., S. 15.

117 ebd., S. 16, 20.

Hebbels, u.a. Herodes, krankten "an ihrer Einsamkeit wie am Tode"[118] und versuchten deshalb , sich und ihrer "metaphysischen Einsamkeit" zu entfliehen. Sie seien "Selbsthasser". Herodes, "Seine gewaltigste Figur", zweifle durch seinen Zweifel an sich selbst an Mariamne und beschwöre dadurch das tragische Geschehen herauf[119].

Daß Hebbels Frauen "das Letzte, Weiche, das Anmutige bei aller ihrer oft allzu prononzierten Keuschheit" fehle , daß sie "starr wie Marmorstatuen" wirkten[120], erklärte Friedrich gleichfalls mit den besonderen Erfahrungen des aus dürftigsten Verhältnissen zu Ruhm und leidlichem Wohlstand aufgestiegenen Kleinbürgers, der in seiner Wiener Zeit nicht über den Bürger hinaus, sondern "in den Philister hinein" gekommen sei[121]. Das "Mysterium der Liebe als Erlösung" sei ihm fremd geblieben[122].

Hebbels Ethik sei "dumpf und sonnenlos"[123], Ausdruck eines Lebensgefühls, dem das Schicksal als das "unerbittliche Verhängnis" erscheine, dem er selbst "rebellisch und trotzig" sein bißchen Glück abgerungen habe[124]. "Dumpf, bleiern, lastend" liege das Leben auf seinen Menschen, sie nähmen es wie ein Verhängnis, dem sie ihr ganzes individuelles Wollen vergebens entgegenstemmten. Seine Charaktere ließen keine Möglichkeiten zu , keine wenn auch getäuschten Hoffnungen. Für ihn gebe es nur die "Erlösung durch den Untergang des Individuums"[125]. Friedrich ging es darum zu zeigen, wie wenig ein derartiger Welt- und Figurenentwurf bei aller Ehrlichkeit und oft gewaltigen Gedankengröße Führer "in unseren verworrenen Tagen" zu sein verdiene[126].

---

118 Friedrich, S. 33.
119 ebd., S. 17.
120 ebd., S. 33.
121 ebd. , S.24.
122 ebd., S. 17.
123 ebd.
124 ebd., S. 18.
125 ebd., S 30.
126 ebd., S. 9.

Zu einer ähnlichen Einschätzung des Hebbelschen Werkes hat sich während des Ersten Weltkrieges auch Alfred Kerr bekannt. In einer aus Anlaß der Berliner Aufführung von Herodes und Mariamne 1899 entstandenen Kritik verglich er Hebbel ausdrücklich mit Ibsen[127]. Die Ethik Hebbels sei eine Vorläuferin der Ibsenschen Ethik. Ibsens Nora lehre, daß der Mensch keine Sache sei. Hebbels Mariamne werde als Ding, seine Rhodope als Spielzeug behandelt. "Da treten sie auf, mißbrauchte Geschöpfe: das ist die Entwürdigung der Menschlichkeit im Weib! Hier liegt ein innerer Zwang zum Nichtmehrzusammenleben!" Mariamne und Rhodope gingen nicht aus dem Haus wie Nora, aber sie gingen "aus dem Haus der alten Seele". Keiner dürfe über Sie verfügen. "Das kann man tun, erleiden kann man's nicht" - dies "große Grundwort" berge alle "unterschätzte Würde", alles "Gefühl von Freiheit und eigener Verantwortung" , "alles Eigenste der Nora". Nur liege in Herodes' "übermenschlicher Liebe" zu dem Weib "so ein Urgewaltiges", wie es kein Werk Ibsens wieder enthüllt habe[128].

In der "gierigen und hinaus über den Tod selbstischen Liebe" des Herodes zu Mariamne ruhe ein sehr merkwürdiges Gefühl: "Eifersucht auf die Zukunft"[129]. In einer Seelenstimmung, aus der Indiens Scheiterhaufen emporgewachsen seien, gebe Herodes den Mordbefehl[130]. Dies "Mißachten des Menschentums" entfremde ihm die geliebte Frau. Mit einer Kraft, die "ins Mythische" gehe, erfasse er das Liebesgefühl: "Die Liebe dieses Mannes zu diesem Weib mit allen grinsenden Schatten, mit allem peinvollen Haß, mit aller Qual, mit aller innigen Grausamkeit, mit aller Verzweiflung sehnsüchtigen Mißtrauens, mit aller küssenden Wut, mit aller nagenden Wonne, mit aller untrennbaren Gemeinschaft und aller ewigen Fremdheit , mit allem zerrissenen Glück und

---

127 Das neue Drame (Berlin 1905) S. 121 ff.

128 ebd. , S. 122.

129 ebd. , S. 119.

130 ebd. ,S. 119 f.

allem seligen Elend". Hier zeige sich ein Liebesgefühl, das vor Liebe unfähig sei, sich genug zu tun, das grüblerisch ausluge, ein gesteigertes Bewußtsein des Geliebtwerdens herbeizuführen, das eine Gewißheit möchte, die über das Tatsächliche hinausgehe. "Die moderne Psychiatrie würde den Herodes als Neurastheniker bezeichnen."[131]

Man sehe sich der "tragischen Nervosität" eines Helden gegenüber, der jeden Nadelstich aus seiner Umgebung fühle, der sich von "Tod und Trotz", von "Schlangenlist und Mördergier" umlauert wisse, "von Verrat und schicksalsvollem Despotismus". Herodes lebe in einer Welt, wo das Menschentum mit Füßen getreten werde, wo Menschen die Dienste von Uhren verrichten müßten, wo "das Raubtier Rom" das Blut der Erde aufsauge, wo sich der letzte "löwenhafte" Judenkönig "mit aller verbissenen schlauen Erniedrigung des stolzen Herzens" noch gerade halten könne. Herodes liebe in dieser Welt ein Einziges: ein Weib, diese Mariamne. An allen Gefühlen Sterblicher zweifelnd , zweifle der König auch an seinem Weibe. Die Rede dieses Mannes sei schwer zu kennzeichnen , vereinige sie doch "die letzte stolze Größe mit dem letzten Nichtsgefühl eines Urmenschen"[132].

In der Liebe dieser beiden Menschen liege die "verborgenste Lyrik". Ihr "inneres Auge" schweife in "Polargefilde". Beide verlören sich "in graue Fernen" ; sie fürchteten, daß ihr Glück "untersinken" müsse "in Weltflut". Beide verlören sich "in menschlicher Furcht vor dem 'Gesetz der Umwandlung'". Diese Eifersucht auf die Zukunft umschließe alles übrige[133].

Der Zusammenhang von Kerrs Ausführungen über Herodes und Mariamne war nicht ohne weiteres einsichtig , ging es dem Theaterkritiker doch in erster Linie darum, dem Theaterbesucher Denkanstöße zur selbständigen Aneignung

---

131 Das neue Drama, S. 120.

132 ebd.

133 ebd., S. 120 f.

des Werkes zu geben. Nachdrücklich ordnete er den in Hebbels Drama behandelten Fall dem "psychoethischen" Gebiet zu, dem "Gebiet der feinen seelischen Verletzungen", wie überhaupt die Tragödien bei Hebbel "aus so einem feinen Gefühl beleidigter Menschlichkeit" erwüchsen[134]. Um Freiheit, Eigenverantwortung und Achtung vor der Würde des Menschen gehe es in Hebbels Drama auf jeden Fall[135], aber diese "psychoethische" Problematik sei in eigentümlicher Weise mit der Problematik der Liebe verknüpft. Wenn Kerr hervorhob, daß Hebbel wie kein anderer vor ihm das Ineinander von Haß und Liebe dargestellt habe, daß Herodes , gerade weil er Mariamne leidenschaftlich liebe, ihr Menschenrecht mißachten müsse, deutete er auf die Unabwendbarkeit, die Schicksalhaftigkeit des tragischen Konflikts hin. Dabei war Kerr weit davon entfernt, Herodes' seelische Verfassung zu beschönigen, der König wurde vielmehr als Psychopath bezeichnet; zudem verwies Kerr auf die gesellschaftlichen Ursachen der abartigen seelischen Verfassung des Königs. Dennoch zielte das Stück nach Ansicht Kerrs nicht darauf ab, die gesellschaftlichen Verhältnisse für das Unglück der beiden Hauptfiguren verantwortlich zu machen. Beim Versuch, das von Hebbel Intendierte zu verdeutlichen, wurde Kerrs Diktion unvermittelt poetisch: "Dunkel strahlendes Gold. Wildes, Grauses, Ungeheuerliches hängt daran aus den Bergwerkstiefen, von dannen es kommt. Die verborgenste Lyrik lebt in der Liebe dieser Zwei."[136] Auch die nachfolgenden Sätze waren alles andere als diskursiv, aber sie ließen erkennen, daß Kerr in der "Ahnung" des unabwendbaren Untergangs , in der "Furcht" vor dem "Gesetz der Umwandlung" die beherrschenden Züge jener "Eifersucht auf die Zukunft" sah, in der sich die Figuren selbst verlören[137]. In der Vergegenwärtigung solcher melancholischen Grundstimmung sah Kerr 1899 offensichtlich

---

134 Das neue Drama, S. 231.
135 ebd., S. 122.
136 ebd. ,S. 120.
137 ebd. ,S. 121.

die Leistung des Stücks. Hierin lag seiner Ansicht nach seine Modernität, seine Nähe zu den Produktionen d'Annuncios und Schnitzlers, die in diesem Zusammenhang zitiert wurden[138].

Kerr hat das Stück später nicht anders gedeutet[139], aber er hat es, wie Hebbels Produktionen überhaupt, anders gewertet. Jetzt wurde der Unterschied zwischen Hebbel und Ibsen deutlicher herausgestellt. Ibsen sei ein Gestaltenschöpfer und Ethiker , Hebbel sei auch ein Gestaltenschöpfer, doch "für Heutige kein Ethiker mehr". Hebbel sage: "Ihr möget vielleicht fragen - aber ihr habt zu gehorchen." Ibsen sage: "Ihr müßt zwar leider gehorchen - aber ihr sollt fragen; ihr sollt wenigstens fragen!" Hebbel sehe in seinen ethischen Lehren die Menschheit fast wie eine "unmündige Familie" an, die unter der "Vormundschaft eines mystischen Großvaters" stehe. Wenn ein Familienmitglied freche Antworten gebe oder freche Fragen stelle,scheine sich Hebbel zu freuen, daß es bestraft werde. "Er will scheinbar, daß die Züchtigung hingenommen wird - für das Heraustreten aus der Reihe. Doch begünstigt er das Heraustreten innerlich."[140] Auch in Hebbel stecke "etwas vom Empörer Prometheus", der offen die Faust schütteln möchte, doch er werde "von der unfreien Zeit und vom Blute des Vaters umwürgt". "Hebbel hat etwas von einem verprügelten Prometheus."[141] In Hebbels nicht ganz aufrichtiger Weltanschauung lebe eine Logik, die für die Gegenwart sinnlos geworden sei. "Er legt ein Torpedo unter die Arche - doch er mahnt zugleich wegen der schrecklichen Folgen ab."[142] Es bleibe "etwas Zwiespältiges, ja Unaufrichtiges" im tiefsten Grund seiner Seele , so gewiß er durch sein ganzes Leben dennoch ein "Wahrheitsförderer" gewesen sei[143]. Seine Haltung

---

138 Das neue Drama, S. 120.

139 Gesammelte Schriften , Die Welt des Schauspiels, Bd. 1 (Berlin 1917) S. 181 ff.

140 Ges. Schriften, Bd. 3, S. 364.

141 ebd., S. 365.

142 ebd., S. 366.

143 ebd.

dem gesellschaftlichen Fortschritt gegenüber sei durchaus ambivalent. Sobald Hebbel einen "revolutionären Menschen" vor sich sehe, schreie er: "Wehe, Wehe!", während etwas in ihm schreie: "Bravo, bravo!"[144] Als "Psychopoet" sei Hebbel mit Benjamin Constant, Stendhal und Dostojewski in eine Linie zu stellen[145], aber der "aufsässige Glaube an Besserungsmöglichkeiten in der Talentwelt" gehe ihm durchaus ab[146]. Hebbel empfinde vielmehr "ein verborgenes Glück über das Unglück auf der Welt" und gleichzeitig eine "Wonne" über das , was er als "Frevel" mißbillige[147].

Diese Ambivalenz des "unfreien Aufwieglers" machte nach Ansicht Kerrs eine kritische Distanzierung vom Werk Hebbels erforderlich. Hebbels Dichtungen seien "unsterblich", seine Lehren, auch die in den Dichtungen enthaltenen Lehren, "unmöglich"[148].

1915 forderte auch Julius Hart zu einer kritischen Distanzierung von Hebbels Drama auf[149]. Hebbel vollziehe in jedem seiner Dramen "das große Harakiri" und führe uns das Schauspiel vor Augen, wie er allein an der Welt sterbe, wie er sie sehe. "Diese Welt Hebbels , erbaut auf der absoluten Tragik des Weltgrundes, die Tragödienwelt aller Tragödienwelten, ist gerade nur so beschaffen, daß man einzig und allein an ihr sterben kann und mag." Kein Wunder, wenn sich das Publikum immer wieder von Hebbel abgestoßen fühle. Es wittere in ihm "etwas wie den Herodes", der es nicht lassen könne , "unsere Seele unter das Henkerschwert zu stellen", oder "den Torquemada=Idealisten , der uns mit blutgeröteten Händen durch den Scheiterhaufen zur Seligkeit" führen wolle. Die "höchste Wollust der Kreatur" bestehe nun ein-

---

144 Ges. Schriften, Bd. 3, S. 365.
145 ebd., S. 367.
146 ebd., S. 369.
147 ebd., S. 366.
148 ebd.
149 "Herodes und Mariamne", Der Tag, Berlin, 13. 1. 1915.

mal nicht darin, "sich gerade nur zerschmettern zu lassen".

Gegen die Dreikönigsszene hatte Hart nichts einzuwenden. Sie schien ihm dazu bestimmt, einen "Ausblick" "auf eine grüne Erde voller Höhen und Licht, paradiesischen Erglühens" zu eröffnen, um gerade dadurch um so eindringlicher "eine Menschheit im Gefängnis" fühlen zu lassen, deren Tragödien sich zwischen "unübersteiglichen Denk= und Erkenntnismauern" abspielten. Die heiligen drei Könige sollten von einer "Macht" reden, die "wohl noch immer am besten imstande" sei, "uns von dem Druck und der Qual des absolut tragischen Hebbelschen Weltgesetzes zu befreien".

Mariamne war für Hart ein "Gebilde aus Schein und Wirklichkeit, aus reinen Gedanken und inbrünstiger Schmerzgewalt konstruiert": "unter einer Hekla=Eis= und Frostdecke höchster Vernunft und Intelligenz, klügsten und schärfsten Sprechens, kühler und klarer Darlegung der Hebbelschen Gedanken und Ideen alle verborgenen Feuer und Zuckungen der Leidenschaft, heißer Fieber , aufgepeitschter Nerven. Nur ein Bündel von Fleisch, Blut und bloßgelegten Nerven , ein Wesen der höchsten Empfindlichkeit, der sensitivsten Verletzlichkeiten, - nur Leiden und Schmerz in wunden, kranken Augen und im schmalen, blassen Gesicht. Und nur ein statuarisches Wesen , eine gleitende Schemen= und Schattengestalt, völlig unnahbar, unempfindbar und unberührbar, eine Genoveva, unfähig zu leiden, aus platonischen Ideen= und Nirwanawelten stammend, - ein Begriff nur und eine Abstraktion, kein Erden= und Menschenkind."

Die Hebbelschen Männer, "aus gröberem Stoff , aus Sinnlichkeiten gebacken", gingen daran zugrunde, daß sie "eine Ehe mit Himmels= und Gottweibern" eingegangen seien: "Das Weib die Ratio, der Mann das Geschlecht." Aber auch in der Anlage des Herodes gebe es "unterirdische Keller", die nun einmal für Hebbel "die wichtigsten Bestandteile seiner dramatischen Gebäude" seien und wo sich "die eigentlichen Maschinen" befänden, welche die Schicksale bestimmten und lenkten. Die Menschen dieses Dichters seien alle aus der "Drachensaat des Kadmus" hervorgegangen, "harte, wilde Vernunftgeister", die "seltsamerweise" ihren höchsten Ehrgeiz darin setzten, "wie die anorganische Natur, starr wie Fels und Eisen zu sein".

In dem Zusammenwirken der Hebbelschen Männer und Frauen konstituiere sich die "Hebbelsche Erinnyenwelt", eine Welt unentrinnbarer Tragik: "Aus allen Rebenstöcken weiß sie doch einen Mordtrank zu gewinnen, und die Hebbel=Kinder sind gerade so geartet, daß ihre Götter, ihre Religionen, ihre Ehren und ihre Ideale vor allem anderen fähig sind, ihnen die seidene Schnur in die Hand zu spielen, an der man sich aufhängt."

Die Eigenarten des Hebbelschen Welt- und Figurenentwurfs waren in diesem Zeitungsartikel mit kaum überbietbarer stilistischer Brillanz beschrieben - erklärt waren sie damit nicht.

3.3.2.3 Die konservative religiöse Richtung

Die Wendung zur Religion war bei der Rezeption von Hebbels Drama zuerst in Adolf Sterns Literaturgeschichte erkennbar, die, zunächst als Ergänzung zur 22. Auflage von Vilmars Literaturgeschichte konzipiert, zweifellos zu den erfolgreichsten literaturgeschichtlichen Darstellungen der Wilhelminischen Ära gehört hat[1]. Bei allen Unterschieden in der Einschätzung der "nachgoethischen deutschen Literatur" wußte sich Stern mit Vilmar "eins in der nationalen Gesinnung, eins in einer abernsten, dem Flachen, Rohen und Verbildeten gleich abgewandten Auffassung von den Aufgaben der Literatur , eins in der Empfänglichkeit , der das Schöne und Edle in verschiedenen Gestalten, ja in der schlichtesten Hülle, die Seele löst und ein reines Gemüt erweckt"[2]. Stern polemisierte gegen jede Art von "Tendenzpoesie", als deren verwerflichsten Vertreter er Heine nannte[3], und pries "das naive und unmittelbare Talent" des echten Dichters und sein "Gefühl für den wahren Kern der Poesie, ihre nächsten und ihre höchsten Aufgaben"[4]. Hebbel war nach Ansicht Sterns der Prototyp dieses echten Dichters; ihm schrieb er "ein tiefes Bewußtsein von den ursprünglichen und reinen Aufgaben der Poesie, jene unbewußte Frömmigkeit des Gemütes, die von dem Wehen des Göttlichen im Innersten ergriffen" werde, zu[5]. Weit entfernt von jeder "Welt= und Zeitvergötterung" habe Hebbel in der Gegenwart "die Zeit eines stummen Weltgerichtes" erblickt[6].

---

1 A.F.C.Vilmar, Geschichte der deutschen Nationalliteratur (Marburg, 22. Aufl. 1886; 25. Aufl. 1901, 27. Aufl. 1910); Adolf Stern , Die Deutsche Nationalliteratur vom Tode Goethes bis zur Gegenwart (Marburg 1886; 4 Aufl. 1901 ; 6. Aufl. 1910).

2 "Vorwort zur zweiundzwanzigsten Auflage", Vilmar, Geschichte der deutschen Nationalliteratur (27. Aufl.) S. X.

3 Die Deutsche Nationalliteratur (1886) S. 8.

4 ebd., S. 53.

5 ebd., S. 68 f.

6 ebd., S. 69.

Herodes und Mariamne war für Stern 1886 das "furchtbare Spiegelbild einer sittlich entarteten Zeit, in welcher mit dem Glauben des Menschen an eine höhere Macht auch der Glaube des Menschen an den Menschen geschwunden ist"[7] Die für dieses Werk wie für alle literarischen Produktionen Hebbels charakteristische "Mischung einer starken glühenden Phantasie mit einem kalten, herben, skeptischen Gedankenleben"[8] führte Stern auf nicht näher bestimmte widrige Zeitumstände zurück. Die "Zeit" habe die poetische Begabung Hebbels, die auf Wahrheit gestellt sei, "in die dunkelsten Tiefen des irdischen Lebens" gelockt, sein Gemüt "mit der Not und den Härten des Alltags= belastet und schmerzlich das "eingeborene Schönheitsgefühl" bedrückt[9]. Die "Zeit" habe Hebbel, der von der "tiefsten Ehrfurcht für ein Ewiges, Unerforschliches" erfüllt gewesen sei, den Glauben an Gott genommen und damit die "Widersprüche und Schmerzen des Daseins" um so tiefer empfinden lassen[10]. Stern behauptete, daß Hebbels Religiosität, seine "Bescheidung" angesichts der "letzten und höchsten Lenkung aller Welten", angesichts des "Unerforschlichen"[11] die unentbehrliche Voraussetzung seines Kunstschaffens gewesen sei.

Da die geschichtlich-gesellschaftlichen Inhalte von Sterns Begriff der "Zeit" nicht einmal ansatzweise bestimmt wurden, blieben in seiner Darstellung die politisch-gesellschaftlichen Implikationen von Hebbels Dramatik gänzlich außer Betracht. Die Vernachlässigung der funktionalen Zusammenhänge von Literatur und Gesell-

---

7 Die Deutsche Nationalliteratur (1886) S. 71.

8 Geschichte der Weltliteratur in übersichtlicher Darstellung (Stuttgart 1888) S. 751.

9 Die Deutsche Nationalliteratur, S. 73.

10 ebd., S. 69.

11 "Friedrich Hebbels Briefwechsel", Grenzboten 52,2 (1893) 259.

schaft war aber die entscheidende Voraussetzung für Sterns Deutung des Hebbelschen Werkes, die einen religiös verbrämten politisch-gesellschaftlichen Irrationalismus propagierte.

Sterns letzte und ausführlichste Besprechung von Herodes und Mariamne ist aus Anlaß der Dresdener Aufführung des Stücks 1903 entstanden[12]. Stern charakterisierte darin das Schauspiel als "ein dichterisches Werk voll herber Unerbittlichkeit, voll tiefen Blickes in die letzten, dunkelsten Abgründe des Menschenlebens und der Menschenseele"[13]. In der Darstellung dieses "gewaltigen Kampfes" sei Hebbel "dicht bis an die Grenze des Möglichen, des menschlich Begreiflichen" gegangen, doch überschritten habe er sie nirgends, und die "Erhabenheit der Durchführung, die edle Strenge der Linien" söhnten mit der "furchtbaren Konsequenz der Anlage und des Verlaufs" aus[14]. Daß es wesentlich die besten Eigenschaften des Helden und der Heldin seien, die , treibend und getrieben, den König und die Königin einander entfremdeten und zur gegenseitigen Vernichtung führten, daß die beiden großen Menschen, die sich so gern vertrauten, sich, wie sie "nun einmal" geworden seien und wie die Welt, die sie umgebe, "einmal" geschaffen sei, nicht mehr vertrauen könnten , das wirke am erschütterndsten und reiche tiefer als der wuchtige Ernst des blutigen Konflikts und die Größe des Stils[15]. Diese größten, wirksamsten Vorzüge der Tragödie hätten längst über einzelne Sprödheiten, Dunkelheiten, über den Mangel, daß wir in keiner Szene Herodes und Mariamne so sähen, wie sie einmal miteinander gewesen seien, ehe sich "die Rinde" um beider innerstes Gefühl gelegt habe, hinweghelfen müssen. Die Forderung Mariamnes, daß Herodes seinen Dämon überwinden müsse, eine Forderung, hinter der immer noch ihre Liebe zu

12 Zwölf Jahre Dresdner Schauspielkritik , hg. Christian Gaehde (Dresden 1909) S. 351-358.

13 ebd., S. 357 f.

14 ebd.

15 ebd., S. 358.

dem furchtbaren Manne sich rege , die Unfähigkeit des Herodes, das Leben in der Seele seines Weibes zu verstehen, enthülle den Abgrund , der sich zwischen zwei Menschen auftun könne, einen Abgrund, der mit jedem mißverstandenen Worte tiefer werde[16].

Es liegt auf der Hand, daß diese Interpretation der Intention von Hebbels Drama , dem Zuschauer oder Leser die Schicksalhaftigkeit, die Unvermeidbarkeit des tragischen Vorgangs vor Augen zu führen, durchaus gerecht wurde, daß sie aber davon absah, nach den sozialgeschichtlichen Ursachen dieser Intention zu fragen oder ihre gesellschaftliche Funktion zu überprüfen. Da Stern einer historischen Relativierung des Hebbelschen Kunstschaffens aus dem Wege ging, konnte er eine kritische Distanzierung vermeiden.

Dies gilt auch für Richard Maria Werner, dessen historisch-kritische Ausgabe der Werke, Tagebücher und Briefe von der Literaturwissenschaft einhellig als Leistung von monumentalem Rang anerkannt wurde[17] und die bis heute, sieht man von Bornsteins unvollendet gebliebener Hebbelausgabe ab, durch keine bessere Ausgabe ersetzt worden ist. Werner schrieb 1899, alle wirklich bedeutenden Dramatiker seiner Zeit, allen voran Ibsen und Björnson, zeigten "mit genialer Furchtbarkeit" das "Zugrundegehen unserer Welt"[18]. Auch Hebbel habe "den Finger an die Wunden seiner Zeit und jeder Zeit"gelegt, doch habe er noch zu jener Dichtergeneration gehört, die den Leser oder Zuschauer nicht bloß in das "Nichts der

---

16 Zwölf Jahre Dresdner Schauspielkritik , hg. Gaehde , S. 358.

17 Cf. O. Walzel, Göttingische gelehrte Anzeigen 167 (1905) 772-798; H. Krumm, ZfdPh 33 (1901) 256-262; 36 (1904) 244-249 ; 37 (1905) 561-570; Literarisches Centralblatt 53 (1902) 842 f.; 54 (1903) 457-459; 55 (1904) 555f.; A. von Weilen, DLZ 22 (1901) 1500-1502; 23 (1902) 1505-1506; 25 (1904) 790-792; R. Petsch , Literaturblatt für germanistische und romanistische Philologie 22 (1901) 276-279 ; 23 (1902) 110-112; 24 (1903) 235-239; K. Zeiß, Euphorion 14 (1907) 404-411 ; R. Meyer, Archiv f.d.Studium der neueren Sprachen und Literaturen 108 (1902) 186-188; B. Golz, Studien zur vergleichenden Literaturgeschichte 2 (1902) 371-382; 4 (1904) 493-511.

18 "Friedrich Hebbel als Dramatiker", Bühne und Welt 1 (1904) 178.

Verzweiflung" stoße , sondern aus all dem Gräuel "die Ahnung einer neuen besseren Zeit" erblühen lasse[19]. Im Hinblick auf Herodes und Mariamne stellte Werner fest , hier werde kein anderes Problem als in Ibsens Nora behandelt, "nur bewältigt und poetisch durchgeführt"[20]. In diesem Schauspiel sähen wir das zugrunde gehende Judentum , das erliegende Heidentum der Römer und der Orientalen, leuchtend aber glänze der Stern, der die Weisen aus dem Morgenlande nach Bethlehem führe, "aus einer Welt voll Finsternis". Ein "Zeitalter des Egoismus" gehe unter, ein Zeitalter, das in den Menschen nur Sachen erblicke , und es entstehe die "Welt der Liebe" , die alle "mit gleicher Innigkeit" erfasse und so "im historischen Rückblick" aufweise, wie neues Leben sich aus den Ruinen entfalte[21].

In seinen späteren Ausführungen über Herodes und Mariamne hat Werner detaillierte Informationen zur Entstehungsgeschichte des Stücks gegeben[22]. Familien- und Staatshandlung, Menschliches und Historisches seien unlösbar miteinander verknüpft, wie es der großen historischen Tragödie entspreche, die "den Geist der Geschichte" wiedergeben wolle[23]. Die Tragödie , die sich zwischen Herodes und Mariamne abspiele, sei nur ein "Symbol des welthistorischen Prozesses". In ihrer Menschheit seien nicht nur Mariamne und Soemus, es seien alle Menschen beleidigt. Die "Verhältnisse" schüfen "Masken und Larven" , keiner ahne, was im anderen vorgehe. Jeder stehe für sich allein , oder er werde in seinem Wesen mißbraucht[24]. Klarer als in den früheren Dramen Hebbels zeige sich das "Zusammenbrechen eines Weltzustandes",

---

19 Bühne und Welt 1 (1899) 11.; cf. die ähnliche Formulierung bei Richard Maria Werner , "Hebbel und Goethe", Goethe-Jahrbuch 25 (1904) 178.

20 Bühne und Welt 1 (1899) 16.

21 ebd., 17.

22 W II, S. XXXVII - XXXIX; Richard Maria Werner, Hebbel, Ein Lebensbild (Berlin 1905) S. 268-276.

23 W II, S. XL; ähnlich Werner, Hebbel, S. 276.

24 W II ,S. XLII f.; ähnlich Werner , Hebbel, S. 281.

aber der neue Zustand tauche "in scharfen Umrissen" auf[25]. Das Christentum mit seiner "vollständig anderen Bewertung des Individuums" erscheine als die Zukunft, wenn auch die Gegenwart untergehe[26]. Daß die beiden Hauptfiguren im 3. Akt einsam nebeneinander stünden, auch wenn sie miteinander sprächen, vermerkte Werner als einen künstlerischen Mangel[27]. Auch die "stoische Ruhe", die Mariamne in ihrem letzten Gespräch mit Titus bewahre, die "furchtbare Fassung", mit der sie ihren Schmerz in sich verschließe, konnten Werner nicht zufriedenstellen, wirkten sie doch "niederdrückend" und erfüllten den Leser oder Zuschauer "mit quälendem Gefühl"[28].

Daß Hebbels Drama auf die Vermittlung solch deprimierender Eindrücke hin angelegt sei, wollte Werner auf keinen Fall gelten lassen. Er behauptete, daß Hebbels' "Reife" in _Herodes und Mariamne_ "keineswegs vollendet" sei, daß sich in diesem Stück noch ein "Rest der früheren Gebundenheit" bemerkbar mache[29]. Die Grundkonzeption des Stücks, die Ablösung einer unmenschlichen Welt durch ein neues Zeitalter der Menschlichkeit, sei indessen klar erkennbar. Im Gegensatz zu den Stücken Ibsens, die einzig und allein die Widerwärtigkeiten der Wirklichkeit darstellten, mache _Herodes und Mariamne_ einen gleichsam "naturgemäßen Fortschritt" sinnfällig[30]. Der unmißverständliche Beleg dafür war nach Ansicht Werners die Dreikönigsszene[31]. Auf die politisch-soziale Realität übertragen, lief diese Auffassung darauf hinaus, daß jedes sozialkritische Engagement, jede reformerische oder revolutionäre Anstrengung vergeblich und deshalb überflüssig sei, da sich

25 Werner, _Hebbel_, S. 276.
26 W II, S. XLIII.
27 Werner, _Hebbel_, S. 280; cf. die schärfere Formulierung der Kritik in W II, S. XLII.
28 W II, S. XLIII.
29 Werner , _Hebbel_, S. 280.
30 ebd. , S. 282.
31 W II, S. XLIII.

ja jeder Fortschritt letztlich kraft höherer Gewalt durchsetze.

Für Werner war die Frage, wie es um Hebbels Religion stehe , gleichsam die "Kardinalfrage"[32]. Joachim Frenkel, ein Schüler Werners, hat sie in seiner Dissertation zu beantworten versucht und darin eine Interpretation von <u>Herodes und Mariamne</u> vorgelegt , die zweifellos Werners Vorstellungen entsprochen hat[33]. Für Hebbel sei das Drama ein "Spiegelbild der Weltzustände", die sich gegenseitig zu gewissen Zeitpunkten ablösen müßten. Mit dem Bruch einer Weltordnung trete eine ganz neue, anders geartete, freilich durch die vorangegangene Epoche bedingte auf den Plan. Die Familientragödie am Hofe des "freisinnigen" Königs Herodes falle in den Wendepunkt zweier Zeitalter, wo die müde, im Stadium der Auflösung befindliche Welt sich zur Ruhe lege, um einer neuen, auf ihren Trümmern sich aufbauenden zu weichen[34]. Frenkel ging es darum zu zeigen, daß das Auftreten der heiligen drei Könige nicht , wie einige Kritiker meinten, bloß ein historisches Anhängsel, sondern organisch mit dem Ganzen verwachsen sei und nur die Bestätigung des Volksglaubens bilde, der sich durch Sameas ausspreche[35]. Die Ereignisse zeitigten die "Sehnsucht nach einem Idealreiche" und ebneten ihm zugleich den Weg[36].

Hebbels Stück sollte nach Ansicht Frenkels die Auffassung bestärken, daß in einer weltgeschichtlichen Krise die Kräfte zur Überwindung der Krise bereits angelegt sind, ja, es sollte dem Leser oder Zuschauer bereits "das Vorgefühl der bevorstehenden Regeneration" vermitteln[37]. Für Frenkel verstand es sich auf Grund seiner Studien zum Religionsproblem bei Hebbel von

---

32 R. M. Werner, <u>DLZ</u> 27 (1906) 3057.

33 <u>Friedrich Hebbels Verhältnis zur Religion</u>, Hebbel-Forschungen, Nr. 2 (Berlin 1907) S. 53-60.

34 ebd., S. 54.

35 ebd., S. 58.

36 ebd., S. 59.

37 ebd., S. 60.

selbst, daß die Wendung zum Besseren sich nicht infolge eines unerklärlichen Eingriffs einer höheren göttlichen Gewalt vollziehe, daß sie sich vielmehr "immanent" gleichsam hinter dem Rücken der Beteiligten vollziehe[38]. Er hielt aber daran fest, daß dieser Fortschritt letztlich in Gott , dem "immanenten Grund alles Seins" , begründet sei[39]. Für ihn wie für Werner ergab sich daraus die Konsequenz, daß jede revolutionäre Neuerung von Übel sei. Dem "königlichen Reformator" , der es wie Kandaules wage, "am alten Bau zu rütteln" , der das "Althergebrachte mit einem Schlage nach freiem Ermessen abtun zu können" glaube, trat Frenkel mit unverhohlener Skepsis gegenüber[40]. Dabei ging er davon aus, daß gerade die "aufgeklärten Tendenzen" des Königs das Volk mit "Besorgnis und Mißtrauen" erfüllten und daß seine "freisinnigen Bestrebungen" allein genügten, um die Kluft zwischen Herrscher und Untertanen zu vergrößern[41].

Frenkel suchte damit offensichtlich den Eindruck zu erwecken, daß das Volk an Reformen überhaupt nicht interessiert sei. Die Reformbestrebungen wurden vielmehr auf das politische Machtstreben einzelner zurückgeführt , das diese früher oder später in einen Gegensatz zum Volk bringen müsse.

Max Koch, ein Positivist wie Richard Maria Werner , legte wie dieser in seinen Ausführungen über _Herodes und Mariamne_[42] großen Wert auf die Entstehungsgeschichte des Stücks. Dabei hob er u.a. hervor , daß die bedeutsamste Veränderung, die Hebbel an dem überlieferten Stoffe vorgenommen habe, die Konzeption der Mariamne

---

38 _Friedrich Hebbels Verhältnis zur Religion_, S. 49 f.

39 ebd., S. 50.

40 ebd., S. 55 ; cf. Werner, _Hebbel_ , S. 282.

41 Frenkel, S. 50.

42 _Friedrich Hebbel_, _Herodes und Mariamne_, Mit Einleitung und Anmerkungen von Max Koch , Die Meisterwerke der deutschen Bühne , hg. G. Witkowski, Nr. 53 (Leipzig o.J. [1907]); gleicher Text in _Friedrich Hebbels Meisterdramen_, Sechs Teile in einem Bande, Mit Einleitung und Anmerkungen von Richard Maria Werner und Max Koch (Leipzig o.J. [1907]).

betreffe. Die Königin in Hebbels Drama liebe Herodes nicht weniger, als er sie liebe[43], aber sie fühle sich durch den Gatten "in ihrer Menschenwürde beleidigt, zum bloßen Ding herabgewürdigt"[44]. Koch erinnerte weiter daran, daß Herodes und Mariamne die erste in Wien entstandene Tragödie gewesen ist. Christine Enghaus habe ihrem Gatten zwar nicht Krone und Erbschaft zur Mitgift gebracht wie die Makkabäerin Mariamne dem Emporkömmling Herodes. Aber sie habe "dem von äußerster Not bedrängten, nur durch eigene Kraftanstrengungen aus der Tiefe sich emporarbeitenden Hebbel" doch mit ihrer Hand eine bessere gesellschaftliche Stellung gegeben und ihm die "Mittel zu sorgenfreiem Leben" gewährt. Es hätten sich daraus in den ersten Ehejahren Verhältnisse ergeben, die geeignet gewesen seien, "des Mannes ungerechtfertigtes Mißtrauen zu wecken". In den nach Berichten von Augenzeugen "maßlos heftigen Temperamentsausbrüchen zwischen den Gatten" habe Hebbel - "in glücklichem Gegensatz zu seinem tragischen Helden" - das ihm entgegentretende "liebende und geliebte Weib" als "gleichberechtigte Persönlichkeit" anerkennen gelernt und sie damit dauernd für sich gewonnen[45].

Hebbels Dichtergröße und künstlerische Schöpfertat bestehe darin, daß er "zufällig Persönliches mit allgemeinen Problemen und ihrem geschichtlichen Hintergrunde" organisch zu vereinigen gewußt habe. Mariamne, die in sich genug vom ungezügelten Selbstgefühl der Makkabäerin habe, die genug Herrschersinn besitze, um die Staatsnotwendigkeit des Mordes an ihrem Bruder zu begreifen und zu verzeihen, fühle sich von Herodes als "Mensch und Weib" wie Soemus als "Mann und Freund" gekränkt. Sie verlange auch für das Weib, das dem liebenden Herodes das kostbarste, aber doch nur eben eines seiner Besitztümer sei, "das Recht der Persönlich-

---

43 Friedrich Hebbel, Herodes und Mariamne, S. VIII.

44 ebd., S. X f.

45 ebd., S. XI.

keit". Sie könne und wolle, darin Ibsens Frau vom Meere ähnlich , nur handeln mit dem Gefühl "eigener freier Verantwortlichkeit". Wie Hebbel als Dramatiker überhaupt an Ibsen erinnere, so liege es nahe, Mariamne und Nora miteinander zu vergleichen. Wie Nora das "Wunderbare" erwarte, so hoffe Mariamne, daß Herodes den Dämon überwinde und sie dem Erprobten den Kranz reichen dürfe[46]. Freilich stelle Hebbel alle Einzelheiten in den "gewaltigen Zusammenhang der Menschheitsentwicklung", während der grübelnde Norweger die sozialen Probleme innerhalb der engen bürgerlichen Verhältnisse seines abgelegenen Heimatlandes zergliedere[47].

Durch das ganze Drama werde der Gegensatz zwischen römischer Weltherrschaft und jüdischer Absonderung betont, wobei weite geschichtliche Ausblicke eröffnet würden. So sei auch die Dienerszene im vierten Akt nicht etwa in der Absicht komischer Wirkung eingeschoben. Der gleich seinem Vater und seinen Brüdern vom Satrapen als Uhr gebrauchte persische Sklave fühle sich gar nicht mehr als Mensch, sondern nur als Sache. "So tief ist die Menschheit , die sich in Mariamne aufbäumt , erniedrigt." Der Römer sehe gleichgültig ohne Liebe und Haß auf die "brodelnde Hölle der unterworfenen Völker" ; in verknöcherter Tradition seien Kraft und Fähigkeit des sich auserwählt dünkenden Volkes erstarrt. Doch solle Mariamnes Tod auf keinen Fall "den Untergang des nach Selbständigkeit ringenden Menschentums" bezeichnen[48]. Der ganzen Menschheit bleibe die Hoffnung auf einen "neuen Friedensfürsten", der in Mariamnes Todesstunde durch die drei Könige aus dem Morgenlande angekündigt werde[49].

Koch , in jüngeren Jahren selbst ein programmatischer Verfechter der "Literaturrevolution"[50] , hat sich als

---

46 Friedrich Hebbel , Herodes und Mariamne, S. XII.
47 ebd., S. XII f.
48 ebd., S. XIII.
49 ebd., S. XIV.
50 Cf. Arnold, Das moderne Drama, S. 174.

Universitätsprofessor gehütet, sich zu Ibsen zu bekennen. Auch da, wo er in seinen Hebbelstudien das Werk Ibsens zum Vergleich heranzog, suchte er offensichtlich den Eindruck zu vermeiden, daß dieses unverkennbar gesellschaftskritische Werk einen Maßstab für die Bewertung der Hebbelschen Produktionen abgeben könne. So schrieb er, daß die "ausgeklügelte Rache", die Mariamne auf Kosten des eigenen Lebens an dem zugleich geliebten und verabscheuten Gemahl nehme , als ein nicht ganz natürliches, ausgeklügeltes Verhalten "in Ibsens Art" zu tadeln sei[51]. Einen ähnlichen Vorbehalt äußerte er in seiner Literaturgeschichte[52]. Daß Koch sich Werners religiöse Auslegung der Dreikönigsszene zu eigen machte, dokumentierte seinen politisch-sozialen Konformismus.

Diesen Konformismus läßt auch die "Stilbetrachtung" Albert Malte Wagners erkennen[53]. Im Hinblick auf die Funktion der Episoden führte Wagner aus, durch Artaxerxes verdeutliche Hebbel das Bild einer Epoche, in der die Persönlichkeit gar nichts gelte und in der ein Todesurteil, wie es Herodes fälle, zu den selbstverständlichsten Dingen gehöre[54]. Die heiligen drei Könige dagegen verkündeten eine neue Zeit, die die alte ablöse, das Christentum , das dafür eintrete , daß die Menschen zu sich selbst fänden[55]. Das Beiseitesprechen sollte nach Ansicht Wagners darauf hinweisen, daß "inmitten der asiatischen Despotie", die von dem Persönlichkeitswert des Menschen noch nichts wisse, eine "Natur" lebe, die nicht als Sache , sondern als Individualität gewertet werden wolle, die somit "das Nahen einer künftigen, im Entstehen begriffenen Kulturepoche" verkünde[56]. Ein ähnliches Resultat leitete Wagner aus den sen-

---

51 Friedrich Hebbel, Herodes und Mariamne , S. XVIII.

52 Friedrich Vogt u. Max Koch, Geschichte der Deutschen Literatur von den ältesten Zeiten bis zur Gegenwart, Bd. 2 (Leipzig, 3. Aufl. 1910) S. 494. - Cf. Geschichte der deutschen Literatur, Sammlung Göschen (Leipzig, 7.Aufl. 1911) S. 267.

53 Cf. Das Drama Friedrich Hebbels: Eine Stilbetrachtung zur Kenntnis des Dichters und seiner Kunst, Beiträge zur Ästhetik XIII (Hamburg 1911) bes. S. 33.

54 ebd., S. 54.

55 ebd.

56 ebd., S. 358 f.

tentiösen Reden Mariamnes ab[57]. In den Entschlußmonologen des Königs sah er den Kampf des "besseren Ich" gegen das "andere, stärkere Ich" abgebildet[58]: "indem Herodes in Mariamne nur eine Sache sieht, mit der er nach seinen Wünschen schalten kann, vergeht er sich gegen die Idee , die eines jeden Menschen besondere Natur beschirmt."[59] Wagners Ausführungen über die rhetorische Ausdrucksweise der Figuren[60], die Überredungsszenen[61] , die Gesprächssituation[62] , das monologische Gepräge des Dialogs[63], Hyperbeln und prosaische Wendungen[64] geben für das Verständnis von Herodes und Mariamne nichts her.

Das geschichtliche Verständnis von Hebbels Drama wurde durch Wagners "Stilstudie" nicht gefördert; sie war insofern bemerkenswert, als zum erstenmal in der Geschichte der Hebbelrezeption "der ästhetiker hier nicht allein" auftrat, "sondern in begleitung des 'religiösen Gemüts'"[65].

Heinrich Steves vertrat in seiner Greifswalder Dissertation die Auffassung, in Herodes und Mariamne werde der "Egoismus des Heidentums" von dem "christlichen Altruismus" besiegt[66]. Das Christentum mit seiner neuen Bewertung des Individuums werde dem Zuschauer als "die schönere Zukunft" vor Augen gestellt[67].

O. Trübe behauptete , Hebbel halte als ein "echter Dichter" fest an dem "Hort des Ewigen"[68]. Herodes und Mariamne sei Beleg für Hebbels "kraftvollen Idealismus"[69], seine "tiefreligiöse Gesinnung", sein "starkes Gottvertrauen"[70]. In diesem Stück führe uns der Dichter auf

57 Das Drama Friedrich Hebbels, S. 404 f.
58 ebd., S. 242.
59 ebd., S. 243.
60 ebd. ,S. 44 f.
61 ebd., S. 65 ff.
62 ebd. ,S. 322 f.
63 ebd., S. 346 f.
64 ebd., S. 387 ff.
65 Franz Zinkernagel (Rez.) ZfdPh 44 (1912) 244.
66 Fr.Hebbels Verhältnis zu den politischen und sozialen Fragen (Greifswald,Phil. Diss.1909) S. 66.
67 ebd.
68 "Hebbel und Nietzsche" , Der Geisteskampf der Gegenwart 1912, 28.
69 ebd. , 22.
70 ebd., 26.

den Boden, aus welchem das Christentum hervorgewachsen sei. Es sei "eine in völliger sittlicher Zersetzung begriffene Welt", in welcher die eheliche Tragödie zwischen dem mißtrauischen König und seiner Gemahlin spiele. Zwei Zeiten kämpften miteinander, "eine todgeweihte und eine lebens- und segenskräftige", die in die Zukunft weise, "die Herrenmoral des Herodes", die auf ererbtes Recht sich stütze , und "die neue, fast schon messianische Weltanschauung der Mariamne", die auf "Innerlichkeit und Würde des Menschentums" hinziele. Indem Herodes in Mariamne das Weib nicht mehr achte, indem sein Mißtrauen in das Zentrum des eigenen Hauses greife, beginne er das Werk der Vernichtung. Mariamne werde enthauptet, aber das , was in ihr gewesen sei , lebe fort, und als Herodes unmittelbar danach den bethlehemitischen Kindermord befehle, um den Messias der neuen Welt zu vernichten, könne sein blindes Wüten ihren Sieg nicht mehr aufhalten. Aus den Trümmern der zerschlagenen Welt werde eine neue entstehen. An Herodes' Stelle werde ein König treten, ein "König voller Menschenliebe und Glauben an die Menschheit"[71].

Auch Hermann Klammer ging davon aus, daß Hebbels gesamte Schriftstellerei von dem "Gefühle der Religion" "durchtränkt" sei[72]. In den Dramen bleibe die "Gottheit" allerdings "mehr etwas Unausgesprochenes", sie weile im Hintergrunde, nur ihre "Silhouette" sei im Denken , Handeln und Leiden der Menschen erkennbar[73]. In Herodes und Mariamne werde der Zerfall der weltbeherrschenden römischen Republik vorgeführt. Die "Weisen" aus dem Morgenlande suchten den neugeborenen König der Juden. Habe Herodes sein Weib zur Sache herabgesetzt, so daß er "trotz innigster Liebe" mit ihrem Leben spiele , so leuchte mit der neuen Entwick-

---

71 Der Geisteskampf der Gegenwart 1912 , S. 24 ; ähnlich "Hebbel ein Vorläufer Nietzsches?" Konservative Monatsschrift 68 (1910/11) 607.

72 "Hebbel in der Schule", Preußische Jahrbücher 146 (1911) 99.

73 ebd.

lungsstufe der Menschheit "der unendliche, selbständige Wert der Menschenseele" auf. Das "Reich der wahren Liebe" beginne[74].

Klammers Ausführungen ließen ungeklärt, wie dies "Reich der wahren Liebe" vorzustellen sei und welche politisch-gesellschaftlichen Konsequenzen aus ihm abzuleiten seien. Es war wohl auch kein Zufall, daß er unmittelbar vor und während des imperialistischen Krieges den Wert der "Menschenseele" betonte und vom Wert des einzelnen Menschenlebens keine hohe Auffassung hatte: "das Individuum muß verzichten, untergehen, wenn das Ganze bestehen soll."[75]

---

74 Preußische Jahrbücher 146 (1911), S. 105; ähnlich: "Hebbels Stellung zur Religion", Neue Jahrbücher für das klassische Altertum, Geschichte und deutsche Literatur 16 (1916) 221 f.

75 Preußische Jahrbücher 146 (1911) 105.

3.3.2.4 Die völkische Richtung

Die völkische Hebbelkritik war Bestandteil einer Literaturkritik, die in bewußtem Gegensatz zu den herrschenden Tendenzen in Literatur und Gesellschaft die Geltung einer vermeintlich klassisch-idealistischen Ästhetik verfocht. Ihre Vertreter waren Anhänger des gegen Ende der neunziger Jahre entstandenen Programms der "Heimatkunst".

Ähnlich wie Adolf Stern, an dessen Literaturgeschichtsschreibung sich die völkische Hebbelkritik anschloß, betonte J. Collin, Hebbel habe nicht "Zeitdichter" sein und "Tagesfragen" in der Poesie behandeln mögen[1]. Er bringe deshalb "nicht das Bild der Gegenwart", sondern das "Bild der Welt", und zwar vornehmlich in "Zeiten großer Menschheitskrisen", zur Darstellung[2]. Dabei zeige sich, daß "in seinen Dramen wie in der wirklichen Welt" ein "geschlossener, festgefügter Organismus" herrsche[3]. In Hebbels Stücken sei deutlich die Mahnung vernehmbar, "die Grenzen der Menschheit nicht zu überschreiten, den Willen zu zähmen, die göttliche Ordnung - offenbare sie sich nun als Sitten- oder Staatsgesetz , als Recht des Menschen oder Gottes - nicht zu durchbrechen"[4]. Collin ließ keinen Zweifel daran , daß die "göttliche Ordnung", auf deren Vergegenwärtigung Hebbels Bühnenstücke angeblich angelegt waren, einen eindeutig repressiven und autoritären Inhalt hatte: Hebbel wurde als der "größte Feind" der "Emanzipation aus der Schule der Sand" und des "hohlen Demokratismus der Zeit" bezeichnet[5].

Herodes und Mariamne wurde in Collins Darstellung mit wenigen Sätzen charakterisiert. Herodes spiele in sei-

---

1 "Die Weltanschauung der Romantik und Friedrich Hebbel", Grenzboten 53, 1 (1894) 150.

2 ebd., 151.

3 ebd., 257.

4 ebd.

5 ebd.

ner Vermessenheit die Rolle der Vorsehung und vergehe sich an dem Grundrecht des Menschen. Dafür werde er von Gott durch den Verlust des Liebsten bestraft. Am Ende werfe die neue Zeit ihr Licht in die trostlose Nacht der untergehenden Zeit, die sie vergebens im Keim zu ersticken trachte[6].

Adolf Bartels, der bedeutendste Repräsentant der völkischen Hebbelkritik und zugleich einer der Wortführer der Heimatkunstbewegung, übernahm in seinen ersten Ausführungen über Herodes und Mariamne die Formulierungen Collins[7], die er mit der Bemerkung ergänzte, die Tragödie enthalte die "Darstellung eines echt menschlichen ewigen Verhältnisses", das zweier Menschen, die sich liebten und doch nicht zusammenkämen, weil der Liebe das Vertrauen fehle[8]. Bartels' Übersicht über die zeitgenössische Literatur, die um die Jahrhundertwende zahlreiche Auflagen erlebte[9], brachte lediglich eine stilistisch überarbeitete Fassung dieser Ausführungen. Auch seine Literaturgeschichte enthielt keine neuen Gesichtspunkte[10]. Später stellte Bartels Herodes und Mariamne in die Nähe von Ibsens Nora[11] und charakterisierte das Stück als "typische Ehetragödie"[12], aber er verglich es auch mit Geschichtsdramen "allergrößten Stils", mit Shakespeares Julius Caesar und Antonius und Cleopatra[13]. Unmittelbar vor dem imperialistischen

---

6 Grenzboten 53, 1 (1894) 253.

7 Cf. "Friedrich Hebbel und Otto Ludwig", Grenzboten 54, 3 (1895) 380.

8 ebd.

9 Die Deutsche Dichtung der Gegenwart: Die Alten und die Jungen (Leipzig 1898; ^{2}1898; ^{4}1901; ^{8}1910; ^{9}1918).

10 Cf. Geschichte der deutschen Litteratur in zwei Bänden, Bd. 2 (Leipzig 1902) S. 502 f. - Das Kapitel über Hebbel ist abgedruckt in der Zeitschrift Der Kunstwart 15, 2 (1902) 516-523.

11 Cf. "Friedrich Hebbel", Velhagen u. Klasings Monatshefte 21 (1906/07) 626.

12 "Der Sieg Hebbels", Deutsche Monatsschrift für das gesamte Leben der Gegenwart 3 (1902/03) 212.

13 Velhagen u. Klasings Monatshefte 21 (1906/07) 625.

Weltkrieg riet Bartes jedem, der das Hebbelsche Werk voll erfassen wolle, neben der dithmarsischen Chronik "das Isländerbuch des Bonus oder ein ähnliches Werk" zur Hand zu nehmen. Da finde er "Männer und Weiber der stolzen und wilden Art", die im Grunde auch in dem Dichter gewesen sei ; da finde er "das germanische Grundwesen", aus dem die schweren Konflikte und Probleme erwüchsen , die das Werk dieses Dichters erfüllten[14]. Ein geradezu zwingender Hinweis darauf , daß zur Erklärung der Hebbelschen Schöpfungen sein "germanisches Rassetum" heranzuziehen sei , sei durch die Nähe Hebbels zu Ibsen gegeben; in beiden stecke "das Spezifisch-Nordgermanische"[15]. In einem anderen Aufsatz aus dem Jahre 1913 schrieb Bartels allerdings , man könne Herodes und Mariamne "geradezu als Vorbereitung auf das Studium des Neuen Testaments empfehlen"[16].

Bartels' Hebbelkritik lavierte fortgesetzt zwischen ideologischen Manifestationen und davon weitgehend unabhängigen Geschmacksurteilen. Diese Sprunghaftigkeit der Argumentation[17] wurde durch die Ausbreitung einer immensen Fülle an Einzelinformationen überdeckt[18]. Seine Darstellung zielte darauf ab, seine überwiegend kleinbürgerlichen Leser[19] im Sinne eines völkischen Nationalismus für den Kampf gegen Dekadenz , Judentum, Liberalismus und Sozialismus zu gewinnen[20]. Im Sinne dieser politisch-sozialen Wirkungsabsicht wird Bartels'

---

14 "Friedrich Hebbel und die Nachwelt", Westermanns illustrierte deutsche Monats-Hefte 114 (1913) 50.

15 ebd.

16 Hier zitiert nach Deutsches Schrifttum , Bd. II (Weimar 1918) S. 100.

17 Cf. Rudolph Lothar, "Eine neue Litteraturgeschichte", LE 5 (1902) 77-83.

18 Cf. Christian Friedrich Hebbel, Reclams Dichterbiographien, Bd. 3 (Leipzig 1899), und Handbuch zur Geschichte der deutschen Literatur (Leipzig, 2.Aufl. 1909) S. 593-602.

19 Cf. Lothar , LE 5 (1902) 77.

20 Cf. Deutsche Literatur: Einsichten und Ansichten (Leipzig 1907) und Der Literarhistoriker und die Gegenwart (Leipzig 1910).

Versuch, Hebbel zu einem Vertreter "entschiedenen, schon aggressiven Deutschtums"[21] zu stilisieren, verständlich. Bartels unterließ es in keiner seiner Veröffentlichungen, darauf hinzuweisen, daß Hebbel , der gebürtige Dithmarscher, "ein entschiedener Nationaler und selbst rassestolz" gewesen sei[22] und daß "sein Dithmarschertum" die Gestalten seiner Dichtung geprägt und ihnen eine "individuelle Färbung" gegeben habe, in die "Größe und Besonderheit", aber auch Grenzen des niederdeutschen Stammes eingegangen seien[23]. Daß Hebbels Menschen "des Gedankens Spuren auf der Stirn" trügen und es liebten, wie der Dichter selbst ihren "inneren Prozessen" nachzugehen, ihrer bewußt zu werden , ohne daß dadurch freilich "der elementare Untergrund ihres Wesens, die Gewalt ihrer Leidenschaft" berührt würde[24], dies Merkmal Hebbelscher Personengestaltung war nach Ansicht Bartels' auf das "Erbe des stolzen, starken, harten, trotzigen Volkstums der Dithmarscher" zurückzuführen[25]. Auf Kräfte des Volkstums führte Bartels auch die "dichterische Weltanschauung Hebbels" zurück, die wiederum seine Auffassung des Tragischen bedinge. Er betonte, daß es noch niemand vermocht habe, Hebbels diesbezüglichen Ansichten allseitig und klar darzustellen[26], führte aber aus, daß Hebbel als "nordischer Dichter" "den metaphysischen Tiefblick" besessen habe, der "die Grundverhältnisse menschlicher Natur und menschlichen Geschicks" erkenne und "bis zur Weltwurzel" hinabstrebe[27]. In Hebbels Dramen wirke sich dies so aus, daß unlösbare Konflikte vorgeführt würden , daß die einander bekämpfenden Mächte beide im Recht wie im Unrecht seien und daß es eine "Versöhnung im hergebrachten Sinne" bei Hebbel nicht gebe[28]. Wor-

---

21 Deutsche Monatsschrift für das gesamte Leben der Gegenwart 3 (1902/03) 216f.

22 ebd. 217.

23 Geschichte der deutschen Litteratur, 2.Bd., S. 508.

24 ebd. , S. 502.

25 ebd., S. 497.

26 ebd., S. 501.

27 ebd. ,S. 498.

28 ebd., S. 500 ; ähnlich "Die Deutsche Dichtung der Gegenwart, 2. Aufl., S. 24, und Deutsche Monatsschrift für das gesamte Leben der Gegenwart 3 (1902/03) 74.

auf Hebbels Produktionen angelegt waren, was sie verdeutlichen sollten, wurde mit formelhaften Wendungen - "Selbstkorrektur der Welt", "Notwendigkeit" - angedeutet. Bartels hat sich in keiner seiner Veröffentlichungen darauf eingelassen, diese Formeln inhaltlich zu präzisieren; sie waren, wie Bartels' Ausführungen über Herodes und Mariamne zeigten, auch für seine Deutung der einzelnen Werke ohne Belang. Wichtig war ihm nur die Feststellung, daß Hebbel nicht etwa "Anklage= und moderne Sackgassenstücke" geschrieben habe[29].

Wie Der Kunstwart Hebbels Werke verstanden wissen wollte , zeigte ein Aufsatz Leopold Webers[30], in dem die Gleichsetzung der dramatischen Produktionen Ibsens und Hebbels ausdrücklich abgelehnt wurde. Im Grunde hätten "der sozialreformerisch moralisierende Rationalismus und die symbolistischen Altersirrfahrten des interessanten, aber engen Norwegers" mit den "gewaltigen, tiefsinnigen Lebensdeutungen des Deutschen" nicht viel gemein[31]. Hebbel habe "durch das soziale Zeitkleid des Menschen hindurch", wie eindringlich dieses meist auch dargestellt sei, "vor allem das Naturwesen in seinem Zusammenhange mit ewigen und unendlichen Mächten" vor Augen[32]. Hebbel sei ein "bohrender Tiefsinn" eigen , der frage, was die Dinge "im tiefsten Grunde für unser Sein und Werden" bedeuteten[33]. Die Menschen erschienen Hebbel weniger als beseelte Körper denn als "Seelen in körperlicher Verhüllung"[34], das stärkere Betonen der "inneren Wesenheiten" schwäche bei aller hohen Gestaltungskraft seiner Kunst die naive Realität seiner

---

29 Deutsche Monatsschrift 3 (1902/03) 77; cf. Geschichte der deutschen Literatur , 2. Bd., S. 500.

30 "Zur Hebbel-Propaganda", Der Kunstwart 16, 2 (1903) 7-10.

31 ebd., 7.

32 ebd.

33 ebd.

34 ebd.

Körperwelt[35]. Weber sah darin eine Folge jenes "nordisch=germanischen Tiefsinns", als dessen gewaltigster Vertreter in seinen Tagebüchern wie in seinen Kunstwerken Hebbel ganz einzig dastehe[36].

Auch Bruno Golz behauptete, daß Hebbels Dichtung "aus der Sfäre des Sogenannten Realismus oder Naturalismus" hinauf zu einer "weit in die Weite und tief in die Tiefe Ausblick gewährenden Höhe" führe[37]. Hebbels Dichtungen seien "elementare Werke eines allerdings ganz eigenwüchsigen Geistes"[38], der als "Bismarckprophet" und Künder des "dritten Reiches" gewürdigt werden müsse[39].

Ähnlich argumentierte Friedrich Fürle , der in Herodes und Mariamne eine "wirkliche , starke Leidenschaftsgestaltung" beobachtete, wie sie bei Schiller nicht anzutreffen sei[40]. Herodes sei ein Mann mit einem "grüblerischen und doch auch wieder elementaren, fast brutalen Empfinden"[41]. Mariamne sei gleichfalls eine "elementare Persönlichkeit", die wie Herodes "durch sich untergehen" müsse[42]. Hebbels Frauen kennzeichne überhaupt "eine tief im Elementaren wurzelnde innere Gebundenheit", aus der ihre "erdige Leidenschaft" herauswachse[43]. Durch die "innere Notwendigkeit", unter der alle Gestalten Hebbels handelten, bekämen sie gelegentlich "einen Zug ins Ausgeklügelte" ; sie erschienen mathematisch berechnet, und das mache sie uns "fremd, seltsam"[44]. Es sei aber sicher, daß diese scheinbare Berechnung nicht ein Mangel an poetischer Kraft

35 Der Kunstwart 16,2 (1903) S. 8.
36 ebd.
37 "Friedrich Hebbel", Studien zur vergleichenden Literaturgeschichte 3 (1903) 257.
38 ebd., 267.
39 ebd., 284.
40 "Schiller und Hebbel" , Grenzboten 69,3 (1910) 424.
41 ebd.
42 ebd.
43 ebd.
44 ebd.

des Dichters, sondern nur "eine Folge seiner elementaren Natur" sei, die den Menschen "unter die Folgerichtigkeit eines elementaren Triebes" stelle[45]. "Denn der Mensch ist im Grunde seines Wesens etwas Gegebenes und nichts Zufälliges, und wenn es dieses Gegebene fordert , so wird er in dieser Welt des Kampfes zur tragischen Persönlichkeit."[46] Zusammenfassend schrieb Fürle, Hebbels Werke erinnerten zuweilen an "die Runen in den nordischen Felsen", die die "Schatten der Jahrtausende" nicht hätten verdunkeln können[47].

Theobald Bieder hob hervor, so oft man Ibsens Nora mit Hebbels Mariamne verglichen habe, sei man zu dem Ergebnis gelangt, daß Hebbels Frauengestalt einen "höheren Grad des Menschentums" veranschauliche als Nora und daß somit auch die "psychologischen Verknüpfungen" in eine "noch höhere Sphäre" hinüberleiteten, als dies bei Ibsen der Fall sei[48]. Diese in Hebbels Drama gegenwärtige "höhere Sphäre" repräsentierten nach Ansicht Bieders jene Geister, die der Königin im Traum erschienen und sie "stumm und ernst" betrachteten. Sie seien die "Repräsentanten unbedingter Gerechtigkeit", und Mariamnes Blick dringe durch das Chaos zufälliger Erscheinungen bis zum "Weltfundament"[49]. Die allem Menschlichen zugrunde liegende "Idee" sei heilig und unantastbar , neben ihr erschienen zufälliges Glück und Unglück als "Größen sekundären Ranges"[50].

Bieder wollte damit offensichtlich zum Ausdruck bringen, daß für Hebbel die "äußeren Lebensumstände" nur "Nebenwerte" gewesen seien[51] und wohl auch vom Zuschauer oder

---

45 Grenzboten 69,3 (1910) 424.

46 ebd.

47 ebd. , 425.

48 "Friedrich Hebbels Aufnahme in Deutschland 1863-1913", Bühne und Welt 16 (1914) 1. Halbjahr, 251.

49 Friedrich Hebbel (Leipzig 1906) S. 16; "Hebbel-Studien", Allgemeiner Beobachter 2 (1913) 318; "Friedrich Hebbel", Hammer 2 (1903) 457.

50 Friedrich Hebbel, S. 16.

51 ebd., S. 6.

Leser des Hebbelschen Werkes als solche aufgenommen werden sollten. Deshalb gehe es in Herodes und Mariamne auch nicht um die Emanzipation der Frau ,sondern um die "Erhebung des Weibes aus einer Sklavenstellung in die Sphäre reinen Menschentums", um "das Erkennen der weiblichen Psyche als eigene Welt feiner Empfindungen"[52]. Bieders Ausführungen zielten darauf ab, seinen Lesern klarzumachen , daß die Berührung mit jener "höheren Sphäre" unvergleichlich mehr bedeute als jedes Engagement für die Emanzipation der Frau.

---

52 Friedrich Hebbel, S. 19.

3.3.2.5 Die an Nietzsche orientierte Richtung

Wie von Ibsen gingen auch von Nietzsche Impulse zur Beschäftigung mit dem literarischen Werk Hebbels aus. Die an Nietzsche orientierte Hebbelkritik hatte allerdings bei weitem nicht die Breitenwirkung der progressiven Hebbelkritik und konnte allem Anschein nach auch an den Universitäten und Schulen nicht Fuß fassen, was nicht allein auf die äußerst scharfe Zurückweisung der Hebbel-Nietzsche-Analogie durch den geachtetsten Hebbelforscher der Zeit[1] zurückzuführen sein dürfte. Es hat vielmehr den Anschein, daß die radikalen Konsequenzen dieser Analogie nicht geeignet waren, über bestimmte Zirkel des Großbürgertums hinaus die Zustimmung der bürgerlichen Öffentlichkeit zu finden.

Samuel Lublinski begriff _Herodes und Mariamne_ trotz grundverschiedenen Tons und Stils als "eine organische Fortführung" von _Judith_. Wenn Judith und Holofernes, statt sich wechselseitig zu vernichten, Mann und Weib geworden wären, dann wären sie "unendlich glücklich" geworden und "unendlich elend", und sie hätten sich schließlich doch zugrunde gerichtet[2]. Mit Judith habe Mariamne "das entscheidende Merkmal des jüdischen Nationalcharakters" gemeinsam: "das Überschwengliche"[3]. Wie Judith, die rücksichtslos eingewilligt hätte, des Holofernes Weib zu werden, auch wenn die Stadt Bethulien in Flammen aufgegangen wäre, überlasse sich Mariamne schrankenlos ihrer Liebesleidenschaft. Und aus einem ganz gleichen Motiv wie Judith empöre sich auch Mariamne gegen den Mann ihrer glühenden Leidenschaft und bringe ihm und sich Untergang und Verderben. Dieses Motiv sei nichts anderes als "Individualitätstrotz". "Diese beiden, überlebensgroßen Frauengestal-

---

1 Richard Maria Werner (Rez.), "Ernst Honeffer, Hebbel und das religiöse Problem der Gegenwart (Jena 1907)", _DLZ_ 29 (1908) 2570 f.

2 _Jüdische Charaktere bei Grillparzer, Hebbel und Otto Ludwig_ (Berlin 1899) S. 41.

3 ebd., S. 43.

ten wollen sich dem Geliebten schrankenlos hingeben. Sie sind sein Eigen nach Frauenart, aber mit furchtbarem Ernst betonen sie auch, daß sie nur aus ihrem eigenen, freien Willen sich ihm hingegeben haben."[4] Holofernes respektiere Judith nicht, und so schlage sie ihm das Haupt ab. Herodes respektiere Mariamne nicht, indem er ihr einen Henker bestelle, der sie , wenn er sterbe, in das Grab hinabsenden solle, statt diese Tat ihrem freien Willen zu überlassen. Sofort erhebe sich Mariamne gegen ihn zu einem furchtbaren Kampf auf Leben und Tod, der beide in den Abgrund reiße[5].

Für Herodes sei "die glühende Sehnsucht , das rasende Verlangen nach der Allmacht" charakteristisch[6]. Wie Holofernes habe er die "Anlage zum Gott-Satan", wie dieser sei er "entsetzlich grausam und eifersüchtig auf seine Götterrechte": "Der Gott begehrt eine Göttin , die aber seine Allmacht durchaus nicht, auch nicht im geringsten beschränken darf."[7] Hier zeige sich wiederum "diese Überschwenglichkeit, diese Überfüllung eines sterblichen Gefäßes mit überirdischem Gehalt", die auch in <u>Judith</u> erkennbar sei[8].

Herodes lasse eigentlich nur darum Mariamne zum Tode führen, weil sie ihm wild-leidenschaftlich trotze, weil er aus ihrem Trotz erst Verdacht schöpfe , weil er, "ganz befangen in seinem Allmachtsdünkel und seinem frevelhaften Monotheismus" , es gar nicht fassen könne, daß ihn sein Weib liebe und ihm bis in den Tod treu sei, obgleich es nicht willenlos vor seine Füße sinke und sich nicht zertreten lasse. Mariamne trotze dem König , weil man an ihr "Allerheiligstes", an ihr "freies Mitbestimmungsrecht" gerührt habe - jene Stelle, die beim Weibe , eben weil es sich grenzenlos hin-

---

4 <u>Jüdische Charaktere bei Grillparzer, Hebbel und Otto Ludwig</u>, S. 45.

5 ebd.

6 ebd., S. 48.

7 ebd., S. 52.

8 ebd., S. 51.

gebe , die empfindlichste sei[9]. Die tiefe Trauer, die furchtbare Todesmüdigkeit Mariamnes, nachdem sie sich in der Seelenart ihres Mannes so entsetzlich getäuscht sehe, habe Hebbel anscheinend vor allem gereizt. Dieses Problem bewege "die moderne Welt" ganz außerordentlich, wie zuletzt Ibsens Nora gezeigt habe[10]. Aber der Konflikt, der die Ehe der Makkabäerin zerstöre, entspringe nicht "aus schlichter, rein menschlicher Empfindung" , wie dies in Nora der Fall sei, sondern aus "ungeheuer gestellten Forderungen", die über das höchste Menschenmaß noch weit hinausreichten[11]. Hier handle es sich nicht um "eine gewöhnliche Menschenehe", sondern um die Ehe von zwei Personen, die aneinander und jeder an sich selbst den "Göttermaßstab" legten. Hebbels Drama demonstriere somit eine "Überschwenglichkeit", eine "hochpathetische Empfindung", die an Moses und Jesaias erinnere.

Die Frage, warum Hebbel bei seiner dramatischen Gestaltung eines "Eheproblems der Gegenwart" auf das "jüdische Altertum mit seinem moralischen und sinnlichen Überschwang"[12] zurückgegriffen hat, blieb in Lublinskis erster, vorwiegend beschreibender Darstellung noch unbeantwortet. Sicher war allerdings, daß er die Dreikönigsszene für überflüssig hielt[13]. In einem zweiten Aufsatz erklärte Lublinski die außerordentliche seelische Anspannung von Hebbels Helden mit dem Hinweis darauf, daß für Hebbel der Mensch von Anfang an, bevor er noch irgendein "äußeres Schicksal" erlebe, zu einer "ewigen Tragik" bestimmt sei[14]. Diese "eigentümliche und echt tragische Anschauungsweise" bedinge das hohe Pathos der Darstellung[15].

---

9 Jüdische Charaktere bei Grillparzer, Hebbel und Otto Ludwig, S. 52.

10 ebd., S. 53.

11 ebd., S. 56.

12 ebd., S. 58.

13 ebd., S. 59.

14 "Hebbel und Nietzsche", Der Kunstwart 13 (1900), 2. Hälfte, 432.

15 ebd. , 433.

In diesem zweiten Aufsatz behandelte Lublinski Hebbels Drama vorwiegend unter dem Aspekt des Verhältnisses des großen Einzelnen zur Masse. Zwar habe Hebbel das Wort "Uebermensch" nicht in den Mund genommen, aber er sei durchdrungen gewesen von dem Recht der "großen Individualität" , ihre Kräfte zu entfalten und sich nach den Gesetzen ihrer Natur allseitig auszuwirken. Er habe gewußt, daß ein Held und König wie Herodes andere Daseinsbedingungen gehabt habe als ein Asket wie Sameas oder als ein "Durchschnittsmensch". Nur müsse eine solche Ausnahmenatur ganz naturgemäß Widerstand finden , und so trete dem "Uebermenschen" der "Durchschnittsmensch" entgegen, der Repräsentant der "großen Menge mit ihren Wahrheiten und Lebensbedürfnissen". Beide Teile hätten recht und beständen auf ihrem Recht , so daß sich jener unvermeidliche Konflikt entwickle, der mit furchtbarer Wucht "die immanente Tragik des Lebens" offenbare[16].

Herodes, wenn er einmal auf der Höhe stehe und seinen Dämon für kurze Zeit unter die Füße geworfen habe, erinnere bereits ein wenig an Nietzsches Ideal des Übermenschen , dem jedenfalls Mariamne, sein Weib, vollkommen entspreche[17]. Hebbel habe aber gewußt, daß die große und außerordentliche Menschennatur ganz unter dem Zwang ihres dämonischen Genies stehe und darum eigentlich unverantwortlich auch für ihr "Böses" sei[18] - deshalb behalte gegen Herodes das "Volk" in gewissem Sinne durchaus Recht[19]. In Beziehung auf Held und Volk, auf einzelnen und Masse habe Hebbel wie sonst überall "auf Harmonie, auf Gleichmaß und Gleichberechtigung" geachtet. Er habe freilich gewußt, daß auch hier "das Ebenmaß ein schwankendes" sei und immer erst "aus einem Urgrund tief tragischer und tief notwendiger Kämpfe" herauswachse. Nietzsche habe das nicht wissen wollen, er habe die "Vernichtung oder absolute Wertlosigkeit die-

---

16 Der Kunstwart 13 (1900), 2. Hälfte , 433.

17 ebd., 438.

18 ebd., 439.

19 ebd. ,434.

ser Masse" gewollt, die er gehaßt und nicht als "eine organische Notwendigkeit" begriffen habe[20].

Die Anschauungen Nietzsches waren , wie Lublinski ausführte, Auswirkungen seines "elementaren Gegensatzes zum Sozialismus", dieser "großen Massenbewegung und Massentheorie", die das Seelenleben des einzelnen vollständig aufzusaugen gedroht habe. Lublinski meinte, daß Nietzsches "grimmiger Haß" sehr begreiflich sei, doch diese Zeit sei vorüber. Wenn nicht alle Zeichen trögen, "namentlich nicht die innere Wandlung und Umformung der sozialen Frage", dann beginne die "absolute Feindseligkeit zwischen Mann und Masse"zu schwinden. "Man fühlt, man gehört zusammen."[21] Freilich werde der Kampf weitergehen, aber das schade nichts. "Der höchste Grad von Bildung ist: den Feind begreifen und achten, ja sogar lieben und bewundern, und ihm dennoch , in der Schlacht, das Schwert in die Brust stoßen."[22] In der Zwischenzeit seien Friedensschlüsse möglich, aus denen Stimmungen erwüchsen, gleich weit entfernt von "schlaffem Versöhnungsdusel" wie von "blindwütiger Verbitterung": "human-tragisch-heroische Stimmungen"[23]. In einer Zeit, in der in den politischen Zirkeln des Großbürgertums Staatsstreichspläne als ultima ratio des Kampfes gegen die Sozialdemokratie diskutiert wurden, waren die Überlegungen Lublinskis von unleugbarer politischer Aktualität.

Max Martersteigs Inszenierung des Stücks schuf ein "Blutrauschklima" , sie mache den Zuschauer zum Zeugen eines Vorgangs, der sich jeder "sozialen Eingliederung" widersetzte und "erst in den urwelthaften Dimensionen des Mythos" seinen überirdischen Spielraum fand[24]. Vor dem dargestellten Werk mußte der Zuschauer "das einzelmenschliche, ja kleinliche Erlebnis" vergessen, das es

20 Der Kunstwart 13 (1900), 2. Hälfte, 439.
21 ebd.
22 ebd., 439 f.
23 ebd., 440.
24 "Neues Theater (Herodes und Mariamne)", Volkszeitung, Leipzig, 8. 7. 1912.

hatte entstehen lassen, ebensowenig konnte er "in den Momenten höchster tragischer Aufgipfelung und titanischen Kampfes noch Erinnerungen an irdische Kreaturen von Fleisch und Blut" haben[25]. "Zu einem Zeitpunkt, wo nach menschlichem Ermessen die Hauptgestalten längst durch gegenseitige seelische Tortur und rasende Selbstquälerei vernichtet sein müßten, führen sie dennoch - wie die Geister der Erschlagenen - noch ein kämpfendes Schattenleben im Reiche moralisch antithetischer Begriffe, das wie die rollende Meereswoge ohne Ende zu sein scheint und erst am Horizont unserer sichtbaren Welt seinen Auslauf findet."[26]

In seiner Theatergeschichte schrieb Martersteig, die beiden Hauptfiguren des Stücks seien dramatische Gestalten, die "die 'starre eigenmächtige Ausdehnung des Ich' im tragischen Strudel ihres engeren und weiteren Konflikts" zur gegenseitigen Vernichtung treibe: "der dekadente Herodiat und die letzte Makkabäerin, in der der ganze stolze Individualismus des jahwistischen Judentums noch einmal in den Kampf tritt gegen die feindliche Kultur Groß-Roms, der der Tetrarch in moralischer Halbheit zu erliegen droht." Die "wuchtigen Grundformen" seien allerdings durch die Häufung der Motive zu dicht überwuchert, so daß das Interesse des Betrachters vor eine nicht geringe Arbeit gestellt werde, die viel verschlungenen Knoten zu entwirren. Trotzdem sei die "symbolische Verknüpfung des durch die geschlechtlichen Leidenschaften zur größten 'Ausdehnung' gebrachten Seelischen mit dem Kulturell=Ethischen" hier noch weit überzeugender als in Judith[27].

Martersteig ging davon aus, daß alle Figuren Hebbels "triebhaft" handelten, daß aber die "psycho-physiologische" Motivation ihres Tuns in den frühen Produktio-

---

25 Volkszeitung, Leipzig, 8. 7. 1912.

26 ebd. - Cf. "Herodes und Mariamne", Leipziger Neueste Nachrichten, Leipzig, 8. 7. 1912, wo von den "überlebensgroßen Gestalten" des Stücks die Rede ist.

27 Das deutsche Theater im neunzehnten Jahrhundert: Eine kulturgeschichtliche Darstellung (Leipzig 1904) S. 396.

nen Hebbels offenkundiger sei als in den späteren[28]. Seine Dichtung wolle "das Leben nicht metaphysisch erklären, sondern psychologisch ausdeuten bis an den letzten erkennbaren Grund"[29]. Dabei sei er auf die "Dynamik der Triebe" gestoßen, in der er das "Wesen der Seele" eingeschlossen gesehen habe[30]. Darüber hinaus seien seinem "grübelnden Erkenntnisdrange" allerdings Einsichten zuteil geworden, die, wenn auch nicht empirisch belegt , der "modernen Erfassung des Weltganges" den Weg bereiten könnten[31]. In betontem Gegensatz zu den Dramatikern der Aufklärungsperiode, die die Beschaffenheit der Welt als "unvernünftig", als schlechthin unsittlich angeklagt hätten, verkünde Hebbel in seinen Bühnenstücken, daß die letzten Absichten der "Weltordnung" "von uns innerhalb des engen Horizontes menschlicher Sittlichkeitsbegriffe nicht ausgemessen" werden könnten, daß die "Weltordnung" "nicht Recht gegen Unrecht, Gut gegen Böse" , daß sie immer nur "Kraft gegen Kraft" ausspiele, "damit die stärkere durch ihren Sieg der höheren, der seelisch reicheren Form des Lebens die Bahn frei mache"[32]. In jedem Hebbelschen Drama wiederhole sich der "Kampf zwischen der Beschränkung des endlichen, äußeren Daseins und der unendlichen inneren Anlage des Menschen"[33], ohne daß dabei "politische Heilmittel mit poetischer Parteilichkeit für den leidenden Teil" angepriesen würden[34].

Die Berechtigung des Siegs des Stärkeren im Lebenskampf war damit ausdrücklich anerkannt. Martersteig rühmte Hebbel als einen "Geist von mächtiger konservativer Kraft", der in seiner durch keine Schulmeinungen beeinträchtigten Entwicklung "unwandelbare Gesetze aus der

---

28 Das deutsche Theater im neunzehnten Jahrhundert: Eine kulturgeschichtliche Darstellung, S. 393.

29 ebd.

30 ebd., S. 388.

31 ebd., S. 388, 399.

32 ebd., S. 390.

33 ebd., S. 389.

34 ebd., S. 391.

elementaren Natur" in sich aufgesogen zu haben scheine[35]. Martersteig stellte Hebbel in eine Reihe mit Nietzsche , der diese "Gesetze" allerdings prägnanter formuliert habe[36]. Dem dramatischen Werk Hebbels wurde damit die Tendenz zu einem gewalttätigen Aktivismus reaktionärer Prägung nachgesagt, und zwar keineswegs in kritischer Absicht. Den von Martersteig apostrophierten "elementaren Gesetzen aus der elementaren Natur" entsprachen in der politisch-sozialen Realität des wilhelminischen Deutschland mächtige Bestrebungen, den Bestand der imperialistischen Wirtschafts- und Gesellschaftsverfassung um jeden Preis, auch unter Mißachtung der Kategorien von Recht und Unrecht, Gut und Böse , zu sichern.

An Nietzsche orientierte sich auch Wilhelm von Scholz, der in seinen Ausführungen über Herodes und Mariamne "schwere Bedenken" gegen "Motivation, Verknüpfung und Ausgang" der Tragödie vortrug[37]. Dennoch gehöre das Werk mit zum Schönsten, was Hebbel der Nachwelt hinterlassen habe. Der einzigartige Rang des Stücks beruhe auf der Charakterzeichnung der Königin: "um die Selbstverständlichkeit, die innere Notwendigkeit, dieses völlig reflexionslos aus ihrem Wesen strömende Hinwandeln der Mariamne zu erreichen", habe Hebbel dem Herodes "das Unnatürlichste und gleichzeitig Törichtste" aufbürden müssen, habe er die Handlung "aus den ungenügendsten Motiven, den größten Unwahrscheinlichkeiten" zusammensetzen müssen[38]. Die gesamte Darstellung sei darauf gerichtet, daß die Königin dazu geführt werde, mit "einer nie auch nur durch einen Gedanken getrübten, klaren Keuschheit der Seele" in den "düsteren Grund"des Leben zu sehen[39]. Mit der Vorführung dieses "königlichen Zugrundegehens" sei zugleich das Höchste in der Kunst er-

---

35 Das deutsche Theater im neunzehnten Jahrhundert: Eine kulturgeschichtliche Darstellung, S. 393.

36 ebd., S. 389.

37 Hebbel, Die Dichtung, Bd. XXVIII (Berlin 1905) S. 49.

38 ebd., S. 49 f.

39 ebd. , S.57.

reicht[40], denn die Kunst habe, wie von Scholz mit Hinweis auf ein Hebbelwort ausführte, die "Grundverhältnisse", innerhalb derer alles vereinzelte Dasein entstehe und vergehe, ins Auge zu fassen, und die seien "bei dem beschränkten Gesichtskreis des Menschen grauenhaft"[41].

Von Scholz betonte in einem späteren Aufsatz über Hebbel, daß es dem Dichter in seinen Produktionen gelungen sei, "tiefer hinzuleuchten in die seelische Struktur" und "das Gewebe der Motive deutlicher ans Licht zu holen", so daß man seine feinsten Verästelungen sehe[42]. Dabei würden, wie von Scholz auch in diesem Zusammenhang hervorhob, die grauenhaften "Grundverhältnisse des Daseins" erkennbar , die - ganz und gar ahistorisch - "Geburt und Tod, das Verhältnis der Geschlechter in seiner unendlichen Vielfalt, Sohnschaft und Vaterschaft, Jugend und Alter, Kampf ums Dasein in Vergesellschaftung" umfaßten[43]. Im "Schmerz der Individuation" wurzele nach Nietzsche das Tragische[44] ; Herodes und Mariamne leiste die Vergegenwärtigung dieses Schmerzes.

Das aktivistische und offen reaktionäre Moment der an Nietzsche orientierten Hebbelrezeption trat hier zugunsten der Verdeutlichung einer elitären tragischen Grundstimmung zurück.

---

40 Hebbel, Die Dichtung, Bd. XXVIII, S. 51.

41 ebd., S. 13.

42 "Hebbel", Gedanken zum Drama, Neue Folge (München 1915) S. 194.

43 ebd., S. 200.

44 Hebbel, S. 47.

3.3.2.6 Die metaphysizierende Richtung

Ausgehend von Hebbels Briefen und Tagebuchaufzeichnungen, sowie unter Berücksichtigung der ästhetischen Schriften und der literarischen Produktionen hat Arno Scheunert ein "System" zu entwickeln versucht, das er als den "Pantragismus" Hebbels bezeichnet und als "einseitig auf das Drama zugeschnittene Welt- und Kunstanschauung" begriffen hat[1]. Wenige Jahre nach dem Erscheinen des Scheunertschen Buches wies Paul Zincke nach , daß Scheunerts "tief bohrende metaphysische Forschung" unzureichend belegt sei, daß die Art, wie Scheunert die Tagebücher als Belege für seine Anschauungen auslegte, an "bedenklichen Mißbrauch" grenze und daß seine Auslegung der Werke "willkürlich und durchaus unwissenschaftlich" sei[2]. Daß Scheunerts Buch trotz dieser schwerwiegenden Mängel von einem so rennomierten Literaturwissenschaftler wie Richard M. Meyer als eine "mit philosophischer Gründlichkeit" erarbeitete, "vortreffliche Arbeit" aufgenommen wurde[3] , ist nicht nur bezeichnend für die wissenschaftstheoretische Unsicherheit der wilhelminischen Literaturwissenschaft, sondern deutet auch auf die Durchschlagskraft gewisser Grundüberzeugungen hin, die Scheunert in deutlicher Übereinstimmung mit Johannes Volkelts Ausführungen über die "Metaphysik des Tragischen" entwickelt hat[4].

In Volkelts Ästhetik des Tragischen hieß es, die "Tragik des Weltgrundes" sei zwar nicht streng beweisbar , sie dränge sich aber "dem sinnenden Betrachter" angesichts des "Rätselhaften , Unfaßbaren , Ungeheuerlichen",

---

1 Der Pantragismus als System der Weltanschauung und Ästhetik Friedrich Hebbels (Hamburg 1903) S. 10.

2 "Friedrich Hebbel ein Mystiker?" Euphorion 16 (1909) 152, 164, 156.

3 DLZ 24 (1903) 2420.

4 Johannes Volkelt, Ästhetik des Tragischen (München, 2. umgearbeitete Aufl. 1906) S. 459-475. - Zum Hinweis auf die 1897 erschienene 1. Auflage des Buches cf. Scheunert, Der Pantragismus, S. 2.

das in der Zeit liege, geradezu auf[5]. Vertiefe man sich in die "konkreten, den Menschen fühlbar treffenden Erscheinungsformen des Endlichen" , so müsse sich die Überzeugung "gewaltig" verstärken, daß nur "eine selbst schon zwiespältige, an Bruch und Verkehrung leidende Weltgrundlage" sich in dieser Welt des Endlichen offenbaren könne[6]. Angesichts der "wilden und grausamen Wirklichkeit", in der die Menschen zu leben genötigt seien, "angesichts dieser von Weh und Zerstörung, von Wahn und Trug, von Gier und Lastern erfüllten Welt" könne man sich einen "einfach positiven, rein vernünftigen , gradlinig guten Weltgrund" nicht vorstellen[7]. Andererseits deute schon der Umstand, daß die Welt nicht in "Chaos und Graus" zusammenbreche, sondern in sich Halt habe, als geordnete bestehe und weiterbestehe, darauf hin, daß die "Macht der Vernunft , des Sein=Sollenden, des positiv Wertvollen" als siegend anzusehen sei[8]. Volkelt leitete daraus den Satz ab, das Positive bedürfe des Negativen, das Positive könne sich nur dadurch verwirklichen, daß es sich ewig an seinem Gegensatze belebe und entzünde und ihn überwinde[9].

Es fällt nicht schwer , in diesen metaphysizierenden Grundüberzeugungen einen Reflex politisch-gesellschaftlicher Haltungen von Angehörigen des gehobenen, häufig beamteten Bürgertums des wilhelminischen Deutschland zu erkennen. Viele Angehörige dieser Schichten registrierten offensichtlich betroffen die unaufhaltsame Auflösung der überkommenen bürgerlichen Wirtschafts- und Gesellschaftsordnung im Zuge der imperialistischen Transformation der kapitalistischen Gesellschaft sowie die dadurch bedingten, gewaltige Massen mobilisierenden Klassenkämpfe im eigenen Lande sowie auch die unwägbare Risiken bergenden Rivalitäten der Großmächte auf dem Felde

---

5 Volkelt , Ästhetik des Tragischen, S. 460, 462, 469.

6 ebd., S. 465.

7 ebd., S. 466.

8 ebd., S. 468 f.

9 ebd., S. 469.

der internationalen Politik. Zum Widerstand gegen diese Entwicklung oder gar zur Solidarisierung mit der Arbeiterklasse war man aber in den Kreisen der Hochschulgermanistik nicht bereit.

Von Volkelts Metaphysik des Tragischen beeinflußt waren die Arbeiten vieler jüngerer Hebbelforscher, was Josef Wiehr zu der Frage veranlaßte, ob dieser "Hebbel-Enthusiasmus" ein ganz "gesunder" sei[10]. Julius Goebel schrieb in einer Rezension von Elise Dosenheimers erster Hebbelstudie, in der aus der "Metaphysik" des Dichters nicht nur seine reaktionäre Staatsauffassung, sondern auch sein Antikommunismus abgeleitet wurde[11]: "It is not surprising to find this doctrine revived during the reactionary regime of Metternich, but to assert that the individual who has the temerity to defy this will must inevitably go down in defeat before it, is an absurdity which even the most submissive political philosopher will hesitate to accept."[12] Rudolf Unger führte die Tatsache , daß die Romantik und Hebbel etwa zu gleicher Zeit "eine überraschende Palingenesie" erfuhren, auf ein Interesse der deutschen bürgerlichen Öffentlichkeit am "Fragmentarischen, Rätselvollen, subjektiver Auffassung, Wertung und Weiterführung willig Zugänglichen"[13], letztlich auf die "Sehnsucht nach metaphysischer Enträtselung des Weltgeheimnisses"[14] zurück. Die These des Franzosen Tibal, daß die Bedeutung des Hebbelschen Dramas in erster Linie in dem sozialkritischen Moment beruhe, lehnte Unger entschieden ab[15].

---

10 The Journal of English and Germanic Philology 13 (1914) 313.

11 Friedrich Hebbels Auffassung vom Staat und sein Trauerspiel 'Agnes Bernauer', Untersuchungen zur neueren Sprach- und Literaturgeschichte, N.F. , Heft 13 (Leipzig 1912) S. 88, 96, 113 f.

12 The Journal of English and Germanic Philology 13 (1914) 143.

13 "Neuere Hebbelforschungen", LE 15 (1912/13) 41 f.

14 "Aus der gegenwärtigen Hebbelforschung", LE 16 (1913/14) 1483.

15 ebd., 1482.

Unter den Stellungnahmen zu Herodes und Mariamne, die von Vertretern der metaphysizierenden Richtung vorliegen, sind insbesondere zwei Dissertationen zu nennen , die beide bei Volkelt angenommen worden sind.

Carl Pfeffers erklärtes Ziel war es, die an Ibsen orientierte progressive Hebbelkritik zu widerlegen[16]. Er versuchte durch eine Untersuchung der seelischen Verfassung der Figuren von Hebbels Dramen zu beweisen , daß ein zeitlos spekulatives "tragisches Weltbild" das eigentliche Grundmuster der dramatischen Vorgänge abgebe. Pfeffer rechnete Herodes und Mariamne zu den Werken von Hebbels erster Schaffensperiode, deren Menschen vor allem durch "eine fast krankhafte Veranlagung zu grüblerischer Reflexion" gekennzeichnet seien, die sich zwar auch mit der sie umgebenden Welt beschäftige , häufiger aber, und in weit höherem Grade , mit der eigenen Persönlichkeit. In ständiger "Selbstbespiegelung" beobachteten sie alle Vorgänge ihres Innenlebens. Immer wieder würden sie dazu gedrängt, nach den "feinsten Wurzeln ihres Wesens und Erlebens", nach der "innersten Ursache und Berechtigung ihres Verhaltens" zu suchen[17]. Solange als irgend möglich suchten diese Menschen ihr Tun zu rechtfertigen , und dieses Rechtfertigungsvermögen sei bei ihrer hohen Intelligenz ungewöhnlich groß. So fürchte sich Mariamne geradezu vor den Worten ihres Gatten, weil er immer recht habe, wenn er spreche[18]. Andererseits besäßen Hebbels Figuren ein ausgeprägtes Pflichtbewußtsein, das sich gegen sie selbst ,häufiger noch gegen die anderen kehre[19]. Komme es dennoch zu einer Übertretung von Sitte und Gesetz, so werde regelmäßig der Versuch unternommen, "wenigstens noch den Schein zu wahren"[20].

---

16 Die Psychologie der Charaktere in Hebbels Tragödie (Leipzig, Phil. Diss. 1907) S. 118 ff.

17 ebd., S. 5.

18 ebd., S. 11.

19 ebd., S. 12.

20 ebd., S. 18.

Die Hebbelschen Menschen zeigten weiter eine "bemerkenswerte Abhängigkeit von Ahnungen und Träumen sowie eine ausgesprochene Neigung zu Aberglauben und Fatalismus"[21]. Bei dem selbstkritischen Durchforschen des eigenen Inneren ließen sie offensichtlich keine Möglichkeit, die ihr Erleben bestimmt haben oder die eigenen Entscheidungen beeinflußt haben könnte, aus dem Auge. Gelegentlich sei auch das Bestreben unverkennbar, "anderen Kräften" die Entscheidung zu überlassen[22]. Dies "reflektierende Sichbeeinflussenlassen von Ahnungen und Träumen" habe zweierlei zur Folge. Einerseits treffe kein Ereignis diese Menschen ganz unerwartet. Herodes werde deshalb bei seiner Rückkehr durch Mariamnes eigentümliches Benehmen kaum überrascht und Mariamne selbst könne nur, weil sie im Traum ihr Geschick schon vorausgesehen hat, ihren Gatten in der wahnwitzigen Tanzszene, "den Tod im Herzen und das Gesicht zur gräßlichsten Lüge verzerrt", mit so eisiger Ruhe täuschen[23]. Andererseits treibe eine "innere Gewißheit des Kommenden" die Menschen oft in einen "tollkühnen Fatalismus". Schließlich liege in dem oft zu beobachtenden widerstandslosen Verzicht auf eigenes Glück auch ein stark fatalistischer Zug[24]. Von Willensfreiheit könne bei Menschen, die in so hohem Maße von den verschiedensten und einander widerstreitenden Mächten beherrscht würden, keine Rede sein[25]. Dagegen nähmen sie oft Gelegenheit, ihr Verhalten mit den Einflüssen ihrer Umgebung zu entschuldigen oder bis in ihre Jugenderinnerungen zurückzugehen, um schon dort die Anlage ihrer Eigentümlichkeiten bestätigt zu finden[26].

Den Hebbelschen Männern fehle durchaus eine harmonische Ausgeglichenheit in ihrem Wollen und Tun. Aus Eitelkeit und dem Bedürfnis , vor anderen die eigene Schwäche zu verbergen, erkläre sich ihr eigensinniges Festhalten an

---

21 Die Psychologie der Charaktere in Hebbels Tragödie, S. 19.
22 ebd., S. 20.
23 ebd., S. 21 f.
24 ebd., S. 22.
25 ebd. ,S. 22 f.
26 ebd., S. 24.

irrigen Behauptungen, das hartnäckige Beharren bei widersinnigem, sie selbst zerstörenden Handeln[27]. Sie seien egoistisch und häufig krankhaft eifersüchtig. Herodes' Eifersucht mache nicht einmal vor dem Tode Halt. Sie hätten "wenig Achtung vor der Menschenwürde der Frau"; eine "übermäßige Sinnlichkeit" dränge sie zum Weibe. Dabei sei jede leidenschaftliche Steigerung durch Reflexion und Selbstkontrolle gebrochen[28]; ihre Eifersucht sei vielmehr "tief in ihrem unsicheren, gegen sich und andere argwöhnischen Wesen begründet"[29]. Auffällig sei darüber hinaus bei den meisten männlichen Figuren "eine große Anhänglichkeit, ein Bedürfnis, Treue zu wahren , ein konservatives Festhalten an Empfindungen"[30].

Männlicher als Hebbels Männer seien Hebbels Frauen, aber auch sie seien, vom Geist der Reflexion erfüllt , in den unseligen Widerstreit mit sich selbst geraten, der "ihre Lebensfrische" schädige und "ihre schlichte Weiblichkeit" bedrohe. Die Ehre sei das oberste Gesetz ihres Wesens. Ihr ausgeprägtes Bewußtsein von Recht und Sitte mache sie empfindsam und leicht verletzt. Da sie zumeist "wenig sinnlicher Natur" seien, würden sie nicht durch eine leidenschaftliche Liebe zu dem Manne geführt, sondern "durch Achtung, durch eine starke Sehnsucht nach Kraft und Heldenhaftigkeit"[31]. Wie sie sich mit ihrem Geschlecht solidarisch fühlten und eine Beleidigung ihrer Ehre nicht nur individuell, sondern als eine prinzipielle Verletzung empfänden, so sei ihnen diese Kränkung auch nicht so sehr die Verletzung eines persönlichen Gefühls, sondern ein "Vergehen gegen die Menschenwürde" überhaupt, auf die sie als Frauen denselben Anspruch erhöben wie die Männer. So erscheine Mariamne geradezu als "Vorkämpferin alles hohen Menschenrechts"[32]. Durch die "unerbittliche

---

27 <u>Die Psychologie der Charaktere in Hebbels Tragödie</u> , S. 41.

28 ebd., S. 43.

29 ebd., S. 46.

30 ebd. , S.47.

31 ebd., S. 49 f.

32 ebd., S. 51 f.

Strenge in diesem Kampfe um ihre Idealforderungen" bekämen Hebbels Frauengestalten "etwas Schroffes". Sie erschienen als unerbittliche Richterinnen gegenüber der eigenen und der ihnen zugefügten Schuld. Nirgends zeige sich eine egoistische Rachsucht , stets fühlten sie sich als "Werkzeug" einer "höheren richtenden Macht"[33]. Als Mariamne einsehen müsse, daß sie dem Gatten nur ein Ding sei , daß er "den Gedanken der Menschheit" in ihr nicht achte und damit zugleich ihr ganzes Geschlecht entwürdige, fühle sie ihr Dasein zerbrochen. Jetzt trage sie das Leben nur noch, "um es zu verlieren"[34].

Bei solcher Disposition der Charaktere könne ein ersprießliches Verhältnis der Geschlechter nicht aufkommen. Nicht absichtlich, nicht aus schlechten, unedlen Eigenschaften kränkten sie sich ; sie seien "aus ihrer innerlich ringenden, unfreien Natur" dazu verurteilt, einander zu kränken , und litten darunter. In allen menschlichen Verhältnissen zeige sich dieses "tiefe, unüberbrückbare Mißverstehen"[35].

Mit dem Nachweis dieser weitgehend zutreffenden psychologischen Details konnte und wollte Pfeffer sich nicht zufriedengeben. Im zweiten Teil versuchte er deshalb, das Material auszuwerten. Einziges Bezugssystem war dabei das von Scheunert entwickelte "tragische Weltbild" Hebbels. Was durch die Untersuchung hätte bewiesen werden müssen, wurde nunmehr vorausgesetzt: Für Hebbel sei es die Aufgabe der Tragödie gewesen, "die durch die Schuld des Individuums beleidigte Idee in ihrer Reinheit wiederherzustellen; das Göttliche, das alles bezwingende Zentrum im Weltorganismus", demgegenüber "alle eigenwillige Vereinzelung ein Frevel" sei, "sich behaupten zu lassen; den Widerspruch zwischen Idee und Erscheinung aufzulösen , die reine Idee siegreich heraufzufüh-

---

33 Die Psychologie der Charaktere in Hebbels Tragödie, S. 52 f.

34 ebd., S. 53.

35 ebd., S. 60 f.

ren und damit einen Einblick in die transzendente Sphäre zu eröffnen"[36].

Im Sinne Volkelts und Scheunerts behauptete Pfeffer, die "Schuld", die "Versündigung an der Idee" , sei mit dem Leben selbst gegeben und für den Menschen unumgänglich. Die Personen des Dramas seien "symbolisch die Träger dieser Schuld"[37]. Aber es gelang Pfeffer nicht, diese Behauptungen an dem von ihm selbst erarbeiteten Material zu belegen[38]. Möglicherweise hat das Scheitern dieses ersten Versuchs, in den dramatischen Werken Hebbels die Grundzüge des Volkelt-Scheunertschen "tragischen Weltbildes" nachzuweisen, Volkelt dazu veranlaßt, Hebbels Dramatik unter anderer Fragestellung noch einmal untersuchen zu lassen.

Hans Schmidt stellte in seiner bei Volkelt eingereichten Dissertation die These auf, daß die Tragödie Hebbels "durchaus unter der Herrschaft des steigernden Stils" stehe[39]. Er begründete diese These mit dem Hinweis auf die enge Verwandtschaft von Hebbels Ansichten und denen der spekulativen Ästhetiker , Schellings zumal, die die Vermutung nahelege, daß auch in bezug auf den steigernden Stil eine Übereinstimmung bestehe, handle es sich doch beim potenzierenden Stil besonders darum, den "metaphysischen Untergrund des Lebens" herauszuarbeiten[40]. Die ganze Kunstphilosophie Hebbels, die Scheunert systematisch dargestellt habe , dränge ja geradezu nach dem potenzierenden Stile hin. Nur indem der Dichter seinen tragischen Charakteren den Stempel der Maßlosigkeit und Überhebung aufpräge, könne er "das ewige, unabänderliche Walten" der "sittlichen Idee" vergegenwärtigen. So fordere z.B. die "sittliche Idee", den Menschen nie zum Ding zu machen. Sowohl Holofernes als auch Herodes überhöben sich dieser Forderung und

---

36 Die Psychologie der Charaktere in Hebbels Tragödie, S. 93.

37 ebd.

38 ebd., S. 95 ff.

39 Der steigernde Stil in der Tragödie Friedrich Hebbels (Leipzig, Phil.Diss. 1910) S. 12 f.

40 ebd., S. 13.

würden deshalb von ihrem Schicksal ereilt. Bei beiden liege die Maßlosigkeit in dem Tyrannischen, Despotischen ihres Wesens. "Ich möchte sagen; Hebbels Gestalten erheben sich vor uns auf dem Kothurn der tragischen Idee."[41] Doch nicht allein aus Hebbels ästhetischen Theorien, sondern auch aus seiner ganzen dichterischen Individualität heraus ergebe sich für seine Kunst das Streben nach dem potenzierenden Stile. Habe Hebbel schon "das alltägliche Leben" leicht mit "steigerndem Blick" angesehen, wieviel mehr ,wenn ihn das Schaffensfieber ergriffen habe![42]

Bei dem Versuch, die These seiner Untersuchung zu beweisen, ging Schmidt relativ häufig und ausführlich auf Herodes und Mariamne ein. Zunächst registrierte er die Steigerung des Charakters des Herodes ins "Ehern-Heldenhafte". Egoismus, der sich anderen gegenüber bis zum schrankenlosen Despotismus steigere , sei ein Grundzug seines Wesens. Sein Charakter wie die Lage, in die ihn sein Schicksal gestellt hätten, bedingten die eine besonders hervortretende Seite seiner Leidenschaft: das finstere Mißtrauen, das ihn beherrsche und das alles warme Leben in ihm erkalten lasse. Dieses Mißtrauen verdamme Herodes zur Einsamkeit mit sich selbst, die Herodes in reichlichen Monologen und Beiseite-Reden zu gesteigertem Ausdruck bringe. Aber nichts könne des Königs Mut beugen, solange er um seine Krone und Mariamne kämpfe. Er schwelge geradezu in der Vorstellung aller Hindernisse, die er überwinden müsse, als ob er aus ihnen neue Heldenkraft saugen müsse[43].

Weiter beschrieb Schmidt die Steigerung von Herodes' Charakter ins "Wollüstige". Nur einer "ins Phantastisch-Grauenvolle potenzierten Wollust" sei ein Blutbefehl wie der in Szene I,5 möglich, nur sie vermöge sich die Hingabe der Geliebten an einen anderen bis zum Entsetzen lebhaft vorzustellen und in dem Triumph über die Ver-

---

41 Der steigernde Stil in der Tragödie Friedrich Hebbels, S. 14.

42 ebd.

43 ebd., S. 22 f.

hinderung dieser Möglichkeit im voraus zu schwelgen. Bei der Wiederholung des Blutbefehls spreche Herodes die Befürchtung aus, daß Mariamne auf seinem Grabe "Hochzeit" halten könne. Gerade diese "maßlose Eifersucht seiner Wollust bedinge mit sein tragisches Geschick, indem sie ihm die Tatsachen verschoben und verzerrt zeige und ihn damit zu neuer Überhebung reize[44].

Bei beiden Hauptfiguren sei eine "starke Potenzierung ins Phantastische" festzustellen, kämpften doch zwei "tief erotisch angelegte Naturen" den Kampf um ihre Liebe ; kein Wunder, wenn in diesem Kampfe auch ihre Phantasie zu Angriff und Abwehr eingreife. Herodes' blutiger Entschluß trage das "Gepräge einer phantastisch-wollüstig-grauenvollen Liebe". Auf Herodes' Aktion folge Mariamnes Reaktion, "noch gewaltiger ins Phantastische gesteigert als jene". Den Höhepunkt dieser phantastischen Steigerung bilde die Szene vor dem Spiegel mit der Erzählung des Lebenstraumes. Der Tanz der Mariamne habe nur dann Sinn und Zweck, wenn Herodes' Rückkehr sicher sei. Dies sei objektiv keineswegs der Fall. Subjektiv, "aus dem tiefsten Innern Mariamnes verstanden" , müsse der König aber kommen, damit er, sie richtend, sein eigener Richter werde. Herodes' Rückkehr stelle das schreckliche, aber sinngemäße Ende der Traumerzählung dar[45].

Für die Steigerung der Figuren "ins Reflektierende, Grüblerische, verstandesmäßig Zersetzende" seien die Belege in <u>Herodes und Mariamne</u> überaus zahlreich[46]. In diesem "Intriguenstück" diene die Sprache vor allem dazu, "die Gedanken zu verbergen". Auf die Einsamkeit der Figuren weise auch das relativ häufige Auftreten des Beiseitesprechens und des Monologs hin[47].

Ins Symbolische gesteigert sei die Artaxerxes-Episode

---

44 <u>Der steigernde Stil in der Tragödie Friedrich Hebbels</u>, S. 29 f.

45 ebd., S. 41 f.

46 ebd., S. 42.

47 ebd., S. 45 f.

im vierten Akt. Artaxerxes sei das historische Symbol der absterbenden asiatischen Kulturwelt, aber er sei auch der "bewußt hingestellte Gegensatz zu Mariamne", die sich auch von Herodes nicht zum Ding machen lasse. Gelegentlich lasse Hebbel das tragische Motiv direkt aussprechen, so in den Versen "Ich war ihm nur ein Ding und weiter Nichts!", "Du bist, wie ich, in Deinem Heiligsten / Gekränkt, wie ich, zum Ding herabgesetzt!" und "So groß ist keiner , daß er mich als Werkzeug gebrauchen darf." Es frage sich, ob die dadurch erreichte Steigerung ins Symbolische "rein künstlerisch" wirke oder ob nicht an die Stelle des "gefühlssatten Schauens ein erkältendes Verhältnis" trete. Die Dreikönigsszene kennzeichnete Schmidt als eine "zu gewaltsame Potenzierung ins Symbolische"[48]. Das Auftreten der heiligen drei Könige impliziere auch eine Steigerung des dramatischen Vorgangs ins Wunderbare. Der Zuschauer oder Leser sträube sich schon gegen die Symbolik der Szene , noch mehr aber gegen ihre "Einkleidung in ein Wunderbares", das in seiner Äußerlichkeit ja nicht einmal das Wesentliche des Christentums darstelle. Die Welt von Hebbels Tragödie bedürfe des "transzendenten Fingerzeigs" durchaus nicht[49]. Herodes und Mariamne sei schließlich "ein Musterbeispiel für die Steigerung ins Geheimnisvolle", was ja diesem "intriguenreichen Werke, dieser Tragödie einsamer Menschen" ganz gemäß sei. Schmidt wies auf eine Anzahl "geheimnisvoller Andeutungen" hin, die das später zu Entwickelnde "nur wie im Dämmerlicht einer bangen Ahnung" zeigten[50].

Diese Einzelbeobachtungen zu Herodes und Mariamne zusammenfassend, schrieb Schmidt, Herodes sei das Individuum, das sich in seinem maßlosen Despotismus gegen das "Weltgesetz" empöre und dessen "Walten" verfehle. Bei ihm sei der Wille zum Leben der Wille zur Macht geworden, der ihn treibe, alles bis ins Innerste hinein

---

48 Der steigernde Stil in der Tragödie Friedrich Hebbels, S. 49-51.

49 ebd., S. 52 f.

50 ebd., S. 57 f.

ohne Widerspruch zu besitzen. So entfließe diesem hochgesteigerten Leidenschaftswillen der Drang nach Wollust, der sich in seiner Gier in die phantastischsten Entschlüsse und Taten umsetze. Andererseits müsse ihn dieser Herrscherwille, der auf anderer Kosten befriedigt werde, gegen alles Menschliche mißtrauisch machen. Dieses Mißtrauen und die Einsamkeit seines Charakters und seiner Lage zwängen ihn zur Reflexion, zum Durchgrübeln und zum Verbergen seines Innern. Was er denke, müsse Geheimnis bleiben; nur geheimnisvolle Andeutungen vergönne sich deshalb seine Rede. Schließlich müsse dieser geheimnisvolle Willensmensch sich in dem liebsten Menschen grauenhaft vernichten: "er fällt,weil er sich überhob." Zwei beobachtete Typen der Potenzierung seien allerdings psychologisch nicht abzuleiten: das Symbolische und das Wunderbare. Das Symbolische füge sich, sehe man von der Dreikönigsszene ab, zwanglos in dies Ganze hinein. Die Steigerung ins Wunderbare hingegen sei eindeutig fehl am Platze[51].

Schmidts typologische Stilbeschreibung von Hebbels Drama basierte auf der Annahme, daß Kunst "nicht Nachahmung der Natur", sondern "Umbildung der Wirklichkeit" sei[52]. Es ist auffällig, daß Schmidt seinen Begriff der Wirklichkeit kaum mit Inhalt füllte. Als das Wirkliche bezeichnete er das nicht näher bestimmte "alltägliche Leben" , den Bereich der "Tatsachen"[53] ,dagegen wurden geschichtliche oder gesellschaftliche Zusammenhänge nicht angedeutet. Hebbels Dramen sollten über diesen Bereich des bloß Faktischen hinausweisen auf das "ewige , unabänderliche Walten" der von A. Scheunert und J. Krumm beschriebenen "tragischen Idee"[54]. Aber diese reduzierte sich in Schmidts Interpretation von Herodes und Mariamne zu der "sittlichen Idee", den Menschen nie zum Ding zu

---

51 Der steigernde Stil in der Tragödie Friedrich Hebbels, S. 61 f.

52 ebd., S. 8, 12.

53 ebd., S. 14 f., 63.

54 ebd., S. 14.

machen[55]. Damit war offensichtlich auch der zweite Versuch gescheitert, in einem dramatischen Werk Hebbels den "metaphysischen Untergrund des Lebens[56] erkennbar zu machen. Vor allem aber war auch die Frage nach den geschichtlich-gesellschaftlichen Ursachen und Funktionen des "steigernden Stils" unbeantwortet geblieben. Eine Auseinandersetzung mit dieser Frage hätte ein genaueres Studium der geschichtlich-gesellschaftlichen Voraussetzungen von Hebbels Kunstschaffen erfordert, aber gerade dazu waren Volkelt selbst und seine Schüler nicht bereit.

Bei einer weniger gründlichen Auseinandersetzung mit dem Text von Herodes und Mariamne war es vergleichsweise einfach, an die Pantragismus-These Scheunerts anzuknüpfen. Dies zeigte die Darstellung Johannes Krumms, für den der Pantragismus die "umfassende Formel für eine Umwandlung des Denkens", die auf fast allen Gebieten in der Auffassung des Lebens und seiner Formen in und nach der Zeit Hebbels sich vollzogen habe. Er bestehe in der "klaren theoretischen Erkenntnis und der ernsten praktischen Überzeugung" , daß den Lebenserscheinungen und dem Leben selbst "ein immanenter und allgemeiner Widerspruch"zugrunde liege, der dessen "Selbstzerstörung" mit Notwendigkeit bedinge[57]. Der "Schritt vorwärts von der Erkenntnis des tragischen Einzelfalles zu der Erkenntnis des tragischen Lebensgesetzes" sei erst "in unserer Zeit" getan worden, und Hebbel sei der Künstler, der zuerst das Leben unter diesem Gesichtspunkt klar geschaut und deutlich gestaltet habe[58]. Während Shakespeare "das Recht im Unrecht, die Unschuld in der Schuld" darstelle, demonstriere Hebbel in seinen Dramen die "Schuld in der Unschuld"[59]. So müsse man, um Herodes und Mariamne

---

55 Der steigernde Stil in der Tragödie Friedrich Hebbels, S. 14.

56 ebd., S. 13.

57 Die Tragödie Hebbels: Ihre Stellung und Bedeutung in der Entwicklung des Dramas, Hebbel-Forschungen , Nr. 3 (Berlin 1908) S. 67.

58 ebd., S. 68.

59 ebd., S. 46.

ganz zu verstehen, erkennen, daß beide Hauptfiguren "ganz in ihrem Rechte" seien[60]. Versetzten wir uns "ganz in die Lage, die Natur des Herodes" , so würden wir trotz allen Grauens mit ihm empfinden, ihm recht geben , "die ganze grause Entwicklung vom großen König und edlen Menschen zum hohlen Tyrannen und blutbespritzten Ungeheuer als eine notwendige begreifen", deren Ende durch den Anfang gegeben sei. Ebenso sei es mit Mariamne[61]. Wir erschreckten in beiden Fällen über die "dämonische Größe der Leidenschaft, noch mehr vielleicht über die unmenschliche Härte des Stolzes und Trotzes", aber wir kämen an keinem Punkte dazu, die Menschen ganz zu verurteilen, wir seien vielmehr geneigt, ihnen recht zu geben[62].

Indem Krumm Herodes und Mariamne als reine "Unschuldstragödie" auslegte[63], gelang es ihm zu zeigen, daß die unmenschlichen Vorgänge, die in Hebbels Drama vorgeführt werden, letztlich notwendig und unvermeidlich , weil im "tragischen Lebensgesetz" begründet seien.

Franz Zinkernagel interpretierte in seinem ersten Hebbelbuch die Weltanschauung des Dichters ganz im Sinne von Volkelts Ästhetik[64]. Der Schuldbegriff, die Loslösung des individuellen Willens vom Universum als eine Art Geburtssünde, die Zermalmung des einzelnen durch die Notwendigkeit, die Identifikation der Notwendigkeit mit der Sittlichkeit, endlich die sühnende und versöhnende Bedeutung des Untergangs für das rebellische Individuum - all dies erinnert an die Ästhetik des Tragischen. Es folge eine im einzelnen ungleichwertige Vorführung der dramatischen Produktion, die sich auf der Basis dieser Weltanschauung aufbaute.

Danach soll Herodes und Mariamne dem Zuschauer oder Leser begreifbar machen, "aus welcher inneren Notwendig-

---

60 Die Tragödie Hebbels: Ihre Stellung und Bedeutung in der Entwicklung des Dramas, S. 44.

61 ebd. , S. 45.

62 ebd., S. 46.

63 ebd., S. 46 , 113, 114.

64 Cf. die Besprechung von Scheunerts Pantragismus-These: Die Grundlagen der Hebbelschen Tragödie (Berlin 1904) S. XXI - XXVI.

keit heraus die alte Zeit die neue aus sich heraus gebiert, wie die alten überlieferten morschen Weltzustände zusammenbrechen, um das Evangelium der Liebe, das die drei heiligen Könige vorahnend verkünden , aus sich erstehen zu lassen"[65]. Zinkernagel ging es um die Verdeutlichung dieser "inneren Notwendigkeit". Der dramatische Vorgang sei streng psychologisch motiviert[66]; ein Vergleich mit der Quelle des Dichters zeige, daß Hebbel "neue Glieder, neue Räder" eingefügt habe, "um das gesamte psychologische Uhrwerk vollkommen zu machen"[67]. Dadurch entstehe der von Hebbel beabsichtigte Eindruck "unendlicher Bedingtheit" menschlichen Tun und Lassens[68]. Die "Tragödie des Menschenlebens" schlechthin trete uns in dem Schicksal der beiden unglücklichen Hauptfiguren entgegen: "zwei Menschen, die an den Grenzen und Schranken ihrer eigenen Menschheit zugrunde gehen"[69]. Die Grundzüge der Hebbelschen Weltanschauung erkenne man "wie in einem Spiegelbilde" in diesem Werke wieder[70].

In einer späteren Arbeit hob Zinkernagel hervor, Hebbel feiere nicht mehr wie Goethe den "Einzelwillen auf Kosten des Weltwillens", sondern umgekehrt "den Weltwillen auf Kosten des Einzelwillens"[71]. Hebbel zwinge uns anzuerkennen, daß immer und überall der "Weltwille" über den "Einzelwillen" triumphiere[72]. Der Grundzug seiner Dramatik, "Ergebenheit in die Erbarmungslosigkeit des Weltgeschehens", sei zugleich künstlerischer Ausdruck allerpersönlichster "Lebensstimmung". Der von Hebbel geschaffene "neue Dramentypus" sei "in des Dichters Psyche begründet", in jenen "trüben Stimmungsmomenten", von denen uns Tagebücher und Briefe das erschütterndste Zeugnis gäben, hätten den Dichter doch "Hunger und Not, Entbehrung und Sorge" bis ins reife Mannesalter be-

---

65 Die Grundlagen der Hebbelschen Tragödie, S. 156.
66 ebd., S. 158.
67 ebd., S. 153.
68 ebd., S. 152.
69 ebd., S. 156.
70 ebd., S. 152.
71 Goethe und Hebbel: Eine Antithese (Tübingen 1911) S. 42.
72 ebd., S. 30.

gleitet[73]. Auch wenn Hebbel sich gegen Hegel zur Wehr gesetzt habe, habe der Hebbelsche Dramentyp den Hegelschen Schematismus: Weltwille, Thesis; Einzelwille, Antithesis; Resultat des tragischen Verlaufes, Synthesis in sich aufgenommen[74]. So schon in Maria Magdalene , deutlicher noch in Herodes und Mariamne und den späteren Dramen. Herodes und Mariamne verkörpere wirklich den "Geist des Hegelianismus". Von Anfang an orientiere Hebbel den "ganzen Bau der Dichtung" an diesem einen Gesichtspunkt. Die Synthese als das Ergebnis des tragischen Verlaufs werde zum Mittelpunkt[75]. Dennoch sei es falsch, in dieser "Hineinarbeitung des Hegelschen Schematismus in die Tragödie" das wesentlichste Charakteristikum der Hebbelschen Tragödie zu sehen. Im Grunde sei es dem Dichter um alles andere eher zu tun gewesen als um den tröstenden Nachweis, daß der Einzelwille im Weltgeschehen nicht restlos eliminiert werde, daß er, auch wenn vom Weltganzen in die Antithese gedrängt, sich in der Synthesis doch schließlich wiederfinde. Die Weltanschauung, in der Hebbels Kunst begründet liege, sei "finsterer, unerbittlicher"[76]. Auch Herodes und Mariamne zeige eben jenes deprimierende "Größenverhältnis von Weltwillen und Einzelwillen", das für Judith charakteristisch sei[77]. Diese Dramenkunst sei aus einer "Lebensstimmung" hervorgewachsen, die die "Schranken des menschlichen Willens" resigniert anerkenne. Hebbel sei der erste gewesen, der dies neue Lebensgefühl für "eine neue moderne Kunst" fruchtbar gemacht habe. Seine Bühnenkunst sei "Ausdruck des modernen Zeitbewußtseins", dem "die Gebundenheit aller individuellen Lebensbetätigung" sich immer furchtbarer offenbare[78]. Der Literaturhistoriker wisse allerdings, daß auch Hebbels Kunst "ein historisch gegebenes" sei, so ausgeprägt er auch in ihr "unser modernes Denken

---

73 Goethe und Hebbel:Eine Antithese, S. 31.

74 ebd., S. 33.

75 ebd., S. 34.

76 ebd., S. 35.

77 ebd.

78 ebd., S. 40.

und Empfinden" wiederfinde[79]. Zinkernagel selbst aber überprüfte die geschichtlich-gesellschaftlichen Voraussetzungen von Hebbels tragischer "Lebensstimmung" ebensowenig wie die gesellschaftlichen Ursachen für das Wiederaufleben ähnlicher Stimmungen im wilhelminischen Deutschland.

Robert Petsch gestand, daß er erst auf dem Umwege über Ibsen "seinen deutschen Vorgänger" würdigen gelernt habe[80]. In der Tat ließ Petschs Einleitung zur Schulausgabe des Stücks in der Sammlung von Velhagen u. Klasing[81] den Einfluß der progressiven Richtung der Hebbelkritik erkennen. Herodes habe "in etwas äußerlicher, barbarischer Weise" Reformen durchzusetzen versucht, die einen unerbittlichen politischen Kampf entfesselt hätten, in dessen Verlauf Herodes mehr und mehr die Fähigkeit verloren habe, "eine fremde Individualität, eine Menschenseele in ihren berechtigten Eigentümlichkeiten" zu verstehen[82]. Ein Verbrechen bringe das andere hervor. Rücksichtslos werde Mariamnes "weibliches Empfinden" verletzt, werde Soemus' "Ehrgefühl" mit Füßen getreten. Mariamne indessen , die fühle, daß ihre Seele längst in ihr "erstorben" sei, lasse den ungerechten Richterspruch über sich ergehen und gehe "mutig" in den Tod[83]. Petsch hat sich allerdings auch unter dem Einfluß Ibsens nicht dazu bereitfinden können anzuerkennen, daß in Hebbels Drama die Stellung der Frau in der Gesellschaft thematisiert sei und die Emanzipation der Frau gefordert werde ; er begnügte sich vielmehr mit der Feststellung, daß der Herrscher so gut wie jeder andere Mensch die Pflicht habe, "das Empfindungsleben seiner Mitmenschen sorgfältig zu schonen"[84].

Der Deutungsversuch, den Petsch im Jahre 1909 vorlegte, gab sich wesentlich anspruchsvoller. Jetzt hieß es, Herodes wolle, "gleichsam ein Beauftragter des Weltgei-

79 Goethe und Hebbel: Eine Antithese , S. 43.
80 "Zur Einführung in das Studium Friedrich Hebbels", GRM 1 (1909) 20.
81 Friedrich Hebbel, Herodes und Mariamne, für den Schulgebrauch hg. v. Robert Petsch, Velhagen u. Klasings Sammlung deutscher Schulausgaben , 95. Lieferung (Bielefeld 1902).
82 ebd., XIV , XVI.
83 ebd., S. XVI.
84 ebd., S. XIII f.

stes", das jüdische Volk aus seiner eigensinnigen Isolierung erlösen; aber im Barbarentum auferzogeh , verkenne er "die schönste Frucht der neuen Kultur , die Hochschätzung des Individualismus"; nicht wie eine "Persönlichkeit", sondern wie eine "köstliche Sache" beurteile er die eigene Gattin, die aus der von ihm verdrängten Herrscherfamilie stamme. Angriffe der Gegner zwängen ihn zur Ermordung ihres Bruders, die "vor dem Staatswohl" sehr gerechtfertigt, "vor dem Sittengesetz" aber verwerflich sei und das ruhige Vertrauensverhältnis der Gatten störe. Von nun an stelle Herodes erst aus Ungeschicklichkeit und Unsicherheit, dann aus gemeinem Mißtrauen die eigene Gattin auf harte Proben und beleidige den eigenen Freund, indem er ihn zum Vollstrecker seines gewaltsamen Willens ernenne. Da verrate ihn der Freund, und das Weib wende sich mit Entsetzen von ihm ab; alles Reine fliehe ihn, und er ende als Barbar mit dem Befehl des bethlehemitischen Kindermords. Aber auch Mariamne gehe durch eigene "Schuld" (in Hebbels Sinne!) zugrunde, wenn sie die "Erfüllung der höchsten Forderung" von einem barbarischen Despoten "mit romantischen Neuerungsgelüsten" erzwingen wolle. Die "gehaltene Vornehmheit" des Römers Titus indessen, "die persönliche, sittliche Würde" der Mariamne und "die Fähigkeit zur Entsagung und zur rein geistigen Herrschaft", worauf die Geburt Christi am Ende des Dramas hinweise, das alles stelle einen "Fortschritt für die Zukunft" in Aussicht[85].

Diese Deutung des Stücks ergab sich aus "Grundanschauungen"[86], die Petsch zuvor im Anschluß an Arbeiten von Scheunert, Zinkernagel, Johannes Krumm und Kutscher entwickelt hatte. Das "Thema der Hebbelschen Tragödie" sei nicht durch das systematische Studium irgendeines Philosophen gegeben, aber es liege in einer Linie mit der deutschen spekulativen Philosophie seiner Zeit und knüpfe an Gedankengänge und Vorstellungen, die seit der mittelalterlichen Mystik durch die pantheistische Literatur

---

85 GRM 1 (1909) 31 f.

86 .ebd., 29.

immer wieder aufgefrischt worden und in der ersten Hälfte des 19. Jahrhunderts bekannter gewesen seien , als heute gewöhnlich angenommen werde[87]. Auf die eine oder andere Weise müsse Hebbel mit solchen Gedankengängen bekannt geworden sein, so daß Schellingsche Anregungen bei ihm auf einen fruchtbaren Boden gefallen seien[88]. Hebbel sehe in der Arbeit des dramatischen Dichters selber eine höhere Notwendigkeit, eine unentbehrliche "Mitwirkung an der Selbstoffenbarung der Gottheit", indem der Dichter gerade an den großen Wendepunkten der Weltgeschichte auftrete, um die Zeitgenossen über die gegenwärtige Lage und die nächstliegenden Aufgaben in künstlerischer Form zu unterrichten[89]. Dabei sei nicht an politisch-gesellschaftliche Aufklärung bzw. Agitation gedacht, sondern an die Vergegenwärtigung der im Sinne der spekulativen Philosophie angenommenen Verknüpfung von Individuum und Weltganzem. Hebbels Drama wolle dem Zuschauer zeigen, daß die Weltgeschichte das große Individuum brauche, damit die Entwicklung nicht aufhöre, und daß sie dies selbe Individuum zermalme, um den "Wunderbau des Ganzen" nicht zu zerstören, der das "Überragen eines einzelnen Bausteines" nicht vertrage[90]. Hebbels tragische Helden zeichneten sich demgemäß durch "kühnes Draufgehen, bis zum völligen Selbstverlust", aus, aber sie spürten schmerzlich "die Grenzen des Individuums innerhalb des Ganzen". Um dieses "transzendentale Element ihres Innenlebens" dem Zuschauer zugänglich zu machen, müsse der Dichter seine Figuren "mitten im heftigen Feuer der Leidenschaft reflektieren und in einer das Menschliche weit übersteigenden Weise an das Weltproblem rühren lassen"[91].

In einem weiteren Aufsatz hob Petsch hervor, daß er- anders als Walzel - auch in den Schlußbildern von Heb-

87 GRM 1 (1909) 26.

88 ebd., 26 f.

89 ebd., 27.

90 ebd., 29.

91 ebd., 28.

bels Meisterdramen nicht eigentlich gelungene Synthesen im Sinne Hegels erkennen könne, "als ergäbe sich aus dem tragischen Ringen eine neue, zeitlich folgende und zeitlich bedingte, wenn auch geschichtlich höhere Form"[92]. Zur Verdeutlichung seiner "pantragistischen" Auffassung der Hebbelschen Produktionen ging Petsch noch einmal auf Herodes und Mariamne ein.

Wie Grillparzers Ottokar, so wollten Herodes und Kandaules die Lebensformen ihrer Völker ändern, ehe die Menschen innerlich in die neue Zeit hineingewachsen, ehe sie selbst für ihre Aufgabe gereift seien; auch die alten Formen seien "Symbole des Ewigen", und wer sie "mutwillig" zersprenge, vergreife sich an ihrem "Geist". So wolle Herodes die "westliche Kultur" in Judäa einführen und verfeinde sich damit das strenge Judentum und die einheimische Herrscherfamilie, der sein Weib entstamme; politische Gründe zwängen ihn zum Mord seines Schwagers, und ein Schatten trete zwischen ihn und sein Weib. Mariamnes große, hingebungsfähige und doch stolze Persönlichkeit stehe der "westlichen Kultur" innerlich viel näher als der König mit seinen "äußerlichen Neuerungen". Barbarisch äußere sich seine Liebe zu ihr. Er mißhandle die Persönlichkeit in seinem Weibe und in dem Freunde, den er als "Werkzeug" seines Mißtrauens zu ihrem Wächter einsetze; er verletze damit "die zartesten Pflichten des Menschen gegen den Menschen", die "Pietät", wie Petsch im Anschluß an Dosenheimer formulierte[93].

Diese Deutung des dramatischen Geschehens legte die Vermutung nahe, daß letztlich die übertriebene Reformbereitschaft des Königs die Ursache allen Unglücks sei. Petsch wies denn auch gerade in diesem Zusammenhang darauf hin, daß Hebbel sich in der Revolutionszeit , "im Herzen fortschrittlich gesinnt", doch mit Abscheu von allen "radikal-kommunistischen und ge-

92 "Richard Wagner, Friedrich Hebbel, Otto Ludwig und das deutsche Drama des 19. Jahrhunderts", ZdU 27 (1913) 326.

93 ebd., 327 f.

schichtslosen Folgerungen und Forderungen" abgewandt habe[94]. Daß es Petsch um eine Aktualisierung dieser Auffassung zu tun war, war unverkennbar: Der Versuch, die "westliche Kultur", nicht etwa die römisch-griechische Kultur in Judäa einzuführen, gebe den Anstoß für die tragische Verwicklung. "Westliche Kultur" aber war für den Deutschen der Wilhelminischen Ära die Kultur der bürgerlichen Demokratien Englands, Frankreichs und der USA. Petsch wünschte offensichtlich keine entscheidenden politisch-gesellschaftlichen Veränderungen in Deutschland. Dennoch wollte er den "Glauben an die Unantastbarkeit der Persönlichkeit" nicht aufgeben, den er gerade im Verhalten Mariamnes realisiert sah[95].

Erich Leick ging im Anschluß an Scheunerts "Pantragismus"-These davon aus, daß im Drama Hebbels das Individuum "ausgelöscht" werde und wieder untersinke in das "metaphysische Substrat", aus dem es hervorgegangen sei[96]. Leick betonte, daß auch in Herodes und Mariamne "das herkömmliche Verhältnis von Schuld und Sühne" fehle, daß die Tragik aus dem "Urgrunde der Persönlichkeit" erwachse, die wie alles menschliche Dasein in "die enge Fessel der Einseitigkeit" geschnürt sei und schon von Geburt an unter dem Zeichen der Tragik stehe[97].

Ähnliche Ansichten vertrat unter ausdrücklichem Hinweis auf Volkelts Ästhetik des Tragischen der Literaturdidaktiker Heinrich Deckelmann[98]. Darüber hinaus hob er den "Parallelismus" zwischen den Zeitereignis-

---

94 ZdU 27 (1913) 328.

95 ebd., 328 f.

96 Hebbels Auffassung des Tragischen, an einigen seiner Dramen erläutert, Beilage zum Jahresbericht des Gymnasiums und der Realschule zu Greifswald (Greifswald 1913) S. 52.

97 ebd., S. 44.

98 Friedrich Hebbels 'Herodes und Mariamne', durch des Dichters eigene Aussprüche erläutert, Wissenschaftliche Beilage zum Jahresbericht des Königlichen Gymnasiums zu Bonn (Bonn 1909) S. 16 ff., bes. S. 18. - Cf. Heinrich Deckelmann, Die Literatur des neunzehnten Jahrhunderts im deutschen

sen um 1848 und den Vorgängen im Drama hervor: "Hier wie dort zerbrechen bis dahin gültige Formen und Werte, und neue steigen empor: vor allem steigt der Persönlichkeitswert."[99] Mariamne wie Soemus seien nur aus dem Glauben und Hoffen des Dichters verständlich, daß die Welt sich nicht durch "die freche Entwickelung einer einseitigen Verstandesbildung", sondern "die reine Entfaltung des ganzen Menschen zu reineren und höheren Formen" durcharbeiten werde[100]. Hebbels Abkehr von der revolutionären Bewegung des Jahres 1848, die "auf dem Wege des Kommunismus und der dissoluten, alles auflösenden Kritik" einen "schrankenlosen Egoismus" habe den Weg bereiten wollen, wurde in diesem Zusammenhang ausdrücklich erwähnt[101]. Nicht irgendwelche Emanzipationsbestrebungen wie bei den "Modernen"[102], sondern die Idee der "Innerlichkeit" bilde den "inneren Schwerpunkt" von Hebbels Dramatik[103]. Diese Idee umfasse "Hoffnung und Vertrauen" sowie die "Menschenwürde", die in "Hoffnung und Vertrauen" wurzele[104].

Auch Ernst August Georgy vertrat in seiner breit ausgeführten Textbeschreibung[105] die Ansicht, daß Herodes und Mariamne die"Tragödie der Innerlichkeit" sei[106]. Zur Innerlichkeit im Sinne Georgys gehörte "alles, was den Menschen zum Menschen gesellt", u.a. "Hoffnung und Vertrauen, Glauben, Hingabe, Geduld und Treue"[107]. Georgy wandte sich ausdrücklich gegen die Ansicht, Herodes und Mariamne behandle "die Idee des

---

Unterricht: Eine Einführung in die Lektüre (Berlin, 2. Aufl. 1914).

99 Deckelmann, Friedrich Hebbels 'Herodes und Mariamne', S. 20.

100 ebd.

101 ebd.

102 ebd., S. 16.

103 ebd., S. 21.

104 ebd.

105 Die Tragödie Friedrich Hebbels nach ihrem Ideengehalt (Leipzig 1904) S. 137-211.

106 ebd., S. 147.

107 ebd.

Rechtes der Selbstbestimmung"[108]. Die "Forderung der Stunde" sei "die Kraft und Wärme der Innerlichkeit", dies um so mehr, da der König ohne sie "seine hervorragendste Staatsaufgabe, Reform seines Volkes und Staates", nicht lösen könne[109]. Im Gang der Handlung würden "Macht und Herrlichkeit der Innerlichkeit" in Mariamne und ihr wahlverwandten Charakteren, ihre Verletzung und Sühnung in Herodes und anderen Charakteren aufgezeigt[110]. Während Mariamne, "die starke und schöne Trägerin der Idee der Innerlichkeit", ihr Haupt auf den Henkerblock lege, erführen wir durch die Geburt des Mannes , welcher in dem "Erneuert Euch", "werdet wiedergeboren" in dem "Geiste der Wahrheit" die Idee der Innerlichkeit in ganz ausgezeichneter Weise als "neues Welt- und Lebensgesetz" aufgepflanzt habe, das "heute noch" seiner letzten Erfüllung harre[111].

Georgy hat sein Hebbelbuch, das 1911 in zweiter Auflage erschienen ist, "dem deutschen Volk" in der Hoffnung übergeben, daß es in einer Zeit, in der "die Gegensätze bis zum Ausbruch auf das heftigste gespannt" seien, wo "ein fast in allen Kreisen der Bevölkerung bohrender Mißmut" bis nahe an den Kern sich einzufressen drohe[112], erzieherisch wirken möge. Georgy empfahl zur Überwindung der sozialen Krise keine demokratischen Reformen und schon gar keinen sozialen Umsturz, sondern die innere Erneuerung jedes einzelnen im Sinne der in _Herodes und Mariamne_ nachgewiesenen Innerlichkeit, ohne daß er in der Lage gewesen wäre, die politischen und sozioökonomischen Voraussetzungen für dieses Erneuerungswerk genauer zu kennzeichnen.

Paul Schulze-Berghof vertrat die Ansicht, daß das, was in den beiden Hauptfiguren von _Herodes und Mariamne_

---

108 _Die Tragödie Friedrich Hebbels nach ihrem Ideengehalt_, S. 176.
109 ebd., S. 176 f.
110 ebd., S. 177.
111 ebd. , S. 195.
112 ebd., S. XI.

zum tragischen Konflikt führe, "die personifizierten Ideen der Tyrannei und Freiheit" seien, "beide natürlich von der Menschheitshöhe des philosophischen Gedankens gesehen"[113]. Der "absolute tyrannische Charakter" sei in seiner Liebe der "Vergewaltiger des anderen Selbst", der "Unterdrücker aller Freiheit", er könne nicht anders handeln, er müsse sich selbst treu bleiben, auch wenn er sich ins eigene Fleisch schneide. Genauso könne Mariamne, in deren Charakter die Idee der sittlichen Freiheit unumschränkt herrsche, durch nichts von ihrer besonderen Wertung und Verurteilung der Tat abgebracht werden[114]. Somit führe "allein der Energiefunke des ethischen Empfindens, des sittlichen Menschheitsbewußtseins" in Herodes und Mariamne zu einer Katastrophe, die zwei Individuen trenne und für immer voneinander reiße, die sinnlich so zu einem Wesen verschmolzen gewesen seien , daß sie beide ehrlich geglaubt hätten, ohne einander nicht leben zu können[115].

Die Art, wie Hebbel in der Peripetie und der Katastrophe die letzten Fasern der Handlung bloßzulegen verstehe , die differenziertesten Regungen der Seele zur Einheit des Charakters zurückzuführen wisse, gebe den Gestalten so viel "plastische Wahrheit", "lichte Klarheit" und "monumentalen Ausdruck", daß man die "Feinheit seiner psychologischen Griffelkunst" nicht genug bewundern könne: "Der Lebenskreis der Innenwelt als Mutternährboden der Menschheit, das eigene seelische Erlebnis, die Ichoffenbarung als letzte und höchste Realität unseres Daseins: das ist das neue feste Land, das Hebbels Genius uns erobert hat."[116]

Auch Schulze-Berghof stellte Hebbel und Ibsen nebeneinander, jedoch nur, um auf gravierende Unterschiede auf-

---

113 Die Kulturmission unserer Dichtkunst: Studien zur Ästhetik und Literatur der Gegenwart (Leipzig 1908) S. 96.

114 ebd.

115 ebd., S. 99.

116 ebd., S. 100.

merksam zu machen. Für Hebbel sei es z.B. in Herodes und Mariamne "innere Tatsache" , daß "auch im Weibe das Menschheitsbewußtsein das Thronende" sei, während Ibsen in Rosmersholm sich und uns die Frage vorlege, ob das Weib über sich hinaus könne, ob seine ursprünglich sexuell bestimmte Natur einer seelischen Veredelung fähig sei. Ibsen bejahe diese Frage zwar, aber doch auf eine ganz andere Art als Hebbel. Dieser setze "a priori ein moralisches Imponderabile im Weibe" voraus, das ihrer Natur "den sittlichen Halt, die Widerstandskraft, die Selbständigkeit des Handelns, die rein menschliche Größe und Würde" gebe[117]. Ibsen wolle "eine neue Kirche, einen neuen Staat , kurz eine neue soziale Gesellschaft". Hebbel dagegen wolle "eine neue Menschheit, ein königliches und priesterliches Geschlecht von 'freien Geistern'". Hebbel öffne uns die Augen für "die Richtung unsers Kulturgewissens und Menschheitsbewußtseins", Ibsen für "die zeitlichen Erscheinungsformen desselben". Wenn Hebbel "den kulturellen Wesenskern des Menschheitsgeistes" dargestellt habe, so sei Ibsen nie über den "Zeitgeist der Epoche" hinausgekommen[118]. Ibsens Stücke waren für Schulze-Berghof "Miniaturbilder""unseres chaotischen Zeitalters". Hebbels Kunst dagegen war ihm "ein immer bleibendes Gleichnis für den ringenden Menschengeist", daß er "das Chaos in sich und um sich" nur organisieren könne durch das Besinnen auf "seine wahrsten seelischen Bedürfnisse, auf sich selbst" , und daß es "die höhere Kraft der sittlichen Natur" sei, die die Kultur und allen Kulturfortschritt trage[119].

Schulze-Berghof setzte sich mit der Frage auseinander, wie im gesellschaftlichen "Chaos" der Gegenwart Kultur bzw. Kulturfortschritt verwirklicht werden könne. Der eindeutig sozialkritischen Lösung Ibsens stellte er als Alternative eine gesinnungsethische Lösung entge-

---

117 Die Kulturmission unserer Dichtkunst, S. 121.

118 ebd., S. 122.

119 ebd. , S.123.

gen, deren Besonderheiten u.a. am Beispiel von Herodes und Mariamne aufgezeigt wurden. Danach bedurfte es keiner kritischen Untersuchung der gesellschaftlichen Antagonismen, die doch das gesellschaftliche Chaos produzierten , und schon gar keiner politisch-gesellschaftlichen Kampforganisation zur Überwindung des gesellschaftlichen Chaos. Es sollte vielmehr die Sache jedes einzelnen sein, das "Chaos in sich und um sich" zu "organisieren".

3.3.2.7 Die geistesgeschichtliche Richtung

Die geschichtlich-gesellschaftliche Bedingtheit von Hebbels Kunstschaffen ignorierte auch die geistesgeschichtliche Richtung der Hebbelrezeption. Ihr erster Vertreter war Wilhelm Waetzoldt, der in seiner bei Dilthey angefertigten Dissertation Hebbels Verhältnis zu Schelling, Solger und Hegel untersuchte[1]. Darin wurde dies Verhältnis als "ein Teil der Psychologie Hebbels, als ein Ausdruck dieser Individualität" begriffen[2] und herausgestellt, daß Hebbels ästhetische Wahrheiten größtenteils "nur Wahrheiten für Hebbel und das auch nicht immer" gewesen seien[3]. Wenn Hebbel im Drama ein "Werkzeug geschichtsphilosophischer Erziehung der Zeitgenossen durch die dichterisch offenbarten weltgeschichtlichen Ideen" gesehen habe[4], so wertete Waetzoldt dies als eine "interessante historische Erscheinung, eine merkwürdige Abzweigung vom Baume der absoluten Philosophie"[5]. Der Kunstphilosophie Hebbels könne man "wohl für Hebbels poetischen Trieb, keineswegs aber für einen dramatischen Dichter unserer Tage" Bedeutung zuerkennen[6].

---

1 Hebbel und die Philosophie seiner Zeit (Gräfenhainichen, Phil. Diss., Berlin 1903).

2 ebd., S. 5.

3 ebd., S. 9.

4 ebd., S. 6.

5 ebd., S. 61.

6 ebd.

Im Unterschied zu den Forschungen Waetzoldts , aber von diesen stark beeinflußt, berücksichtigten die Hebbelstudien Oskar F. Walzels nicht nur die ästhetische Theorie , sondern auch das literarische Werk Hebbels. Am Beispiel von Herodes und Mariamne versuchte Walzel den "tragischen Grundgedanken" Hebbels zu erläutern[7]. Der übergangszeitliche Konflikt des Dramas erwachse aus der "gegensätzlichen Beurteilung des Selbstbestimmungsrechts eines Individuums"[8]. Herodes, noch völlig in den Anschauungen der vorchristlichen Kultur befangen, glaube nur sein gutes Recht auszuüben , wenn er sein geliebtes Weib wie ein willenloses Werkzeug behandle und hinter ihrem Rücken über ihr Leben und ihren Tod entscheide: wenn er selbst falle , so solle auch sein Weib sterben, das er viel zu sehr liebe, um je zuzugeben, daß sie die Gattin eines anderen werde. Die Frau aber, die bereit gewesen wäre, freiwillig ihrem Mann in den Tod zu folgen, ertrage es nicht, daß Herodes ihrer Absicht durch seinen Blutbefehl zuvorkomme. Stünde Mariamne noch auf dem Boden, auf dem Herodes' Anschauungen sich bewegten, sie sähe nur dankbar und demütig in seinem Befehl die eifersüchtige Liebe des Gatten. Doch ein höherer Anspruch auf Selbstbestimmung sei in den Menschen ihrer Zeit erwacht: "die größere Achtung vor dem freien Wollen des Nebenmenschen", die "demnächst" in der Lehre Christi ihren Ausdruck finden solle. Eine Einseitigkeit rufe die andere herauf. Despotische Vergewaltigung des Rechts der Persönlichkeit treibe den Wunsch nach freier Selbstbestimmung auf die Spitze. Mariamne gehe - hebbelisch gesprochen - ebenso ins Maßlose über, wie des Herodes Befehl auf Maßlosigkeit beruhe. Wie Thesis und Antithesis ständen sich die beiden Gatten gegenüber; die dialektisch notwendige Synthesis kündige sich im Drama selbst nur an: das Christentum. Gewiß

---

7 Hebbelprobleme , Untersuchungen zur neueren Sprach- und Literaturgeschichte, N.F., H. 1 (Leipzig 1909) S. 64, Anm.

8 ebd., S. 65.

solle auch Mariamne nicht als Inbegriff der Sittlichkeit erscheinen; doch ihr Untergang diene der kommenden Sittlichkeit der christlichen Lehre. Herodes wiederum sei kein Bösewicht; was er tue, geschehe nur aus Liebe, aus einer Liebe freilich, die von Mariamnes innerster Gesinnung nichts ahne. Mariamnes Stolz und Verschlossenheit erschwere ihm aber auch, je schärfer der Konflikt sich zuspitze , immer mehr den Einblick in ihr Wesen. Der Konflikt sei in dieser Form nur möglich, solange in dem Christentum nicht eine neue höhere Sittlichkeit sich Bahn gebrochen habe. Ähnliche Konflikte aber blieben so lange bestehen, als die Menschheit sich weiterentwickle. Denn "das Weiterschreiten der Menschheit" beruhe in letzter Linie auf dem Widerspruch, der sich zwischen einer absterbenden und einer neuaufkommenden Weltanschauung auftue. Die "hegelischen Grundlinien" leuchteten so durch die Dichtung hindurch uns entgegen[9].

Hebbels Figuren seien "herb und verschlossen, fast unfähig , ihr Leid anderen zu verraten"; ihr Leid verberge sich vielmehr, sobald ein anderer forschend seinen Beobachterblick erhebe[10]. Ohne Monolog und ohne Beiseitesprechen könnten Hebbels Charaktere dem Zuschauer nicht verdeutlicht werden. Die Seelenvorgänge , die den tragischen Konflikt in Herodes und Mariamne bedingten , spielten sich "lediglich innerlich in Mariamne" ab; ließe sie den Gatten erkennen, was in ihr vorgehe, so wäre eine tragische Verkettung undenkbar. Dem Zuschauer jedoch würden diese inneren Vorgänge durch "das a parte" zugänglich[11]. Diese individuelle Eigenart sei aber "nicht die wesentliche Voraussetzung der Tragik"; sie helfe nur, "eine tragische Verkettung von Umständen zu einem unlösbaren Konflikt zu verschärfen"[12]. Hebbelsche Menschen lit-

9 Hebbelprobleme, Untersuchungen zur neueren Sprach- und Literaturgeschichte , N.F., H.1 (Leipzig 1909) S. 65-67.

10 ebd., S. 78.

11 ebd., S. 79.

12 ebd., S. 108.

ten "nicht oder mindestens nicht so sehr" um ihrer eigenen Denkart willen, sondern sie litten , weil die Denkart ihrer Zeit sie leiden mache[13]. Weniger das individuelle Charakterbild als vielmehr die "große kulturhistorische Antithese" interessiere in Herodes und Mariamne: "Unterschätzung des Individuums in vorchristlicher Zeit, höhere Bewertung des einzelnen, bessere Beachtung des Einzelwillens im Christentum"[14]. Die heiligen drei Könige seien "die Zeiger an der Uhr der Weltgeschichte", die Hebbels "historisch-evolutionistisches Drama" nicht entbehren könne[15].

Herodes und Mariamne war für Walzel ein Musterbeispiel dafür, daß die Personen Hebbels an sittlichen Konflikten zugrunde gehen, die,"sub specie aeterni gesehen", in ein Nichts zusammenschrumpfen: "sie sind das Opfer einer zeitlich bedingten Sittlichkeit, deren Ueberwindung aber nicht ihrer Epoche, sondern einer späteren Zukunft angehört"[16]. Eben "dieses zeitlich Bedingte der Ethik", aus dem die Tragik erwachse, entlaste aber die handelnden Figuren. Hier wurzele Hebbels Tendenz, "keine Bösewichter auf der Bühne zu dulden", sondern jedem einen Standpunkt zu gewähren , von dem aus wir ihn begreifen und ihm sein Recht lassen könnten[17]. Die Zeit werde dem Menschen zum Schicksal. Aber indem er untergehe, diene er zugleich einer "höheren Evolutionsstufe menschlicher Entwicklung"[18].

Walzel hat in seinen späteren Veröffentlichungen den Begriff des "Pantragismus" zur Kennzeichnung von Hebbels Weltanschauung aufgegriffen[19], aber nach wie vor ging

---

13 Hebbelprobleme , Untersuchungen zur neueren Sprach- und Literaturgeschichte, N.F., H.1 (Leipzig 1909) S. 109.

14 ebd., S. 111 f.

15 ebd., S. 106.

16 Oskar F. Walzel (Rez.), "Richard Maria Werner, Hebbel, Ein Lebensbild, Berlin 1905)", Göttingische gelehrte Anzeigen 167 (1905) 792.

17 ebd. , 792 f.

18 ebd., 794.

19 "Die deutsche Literatur von Goethes Tod bis zur Gegenwart", Wilhelm Scherer, Geschichte der deutschen Literatur (Berlin, 2. Aufl. 1918) S. 645; Friedrich Hebbel und seine Dramen, Aus Natur und Geisteswelt, 408 Bdch. (Leipzig, 2. Aufl. 1919) S. 58.

er davon aus, daß Hebbels Werke die Hegelsche "List der Vernunft" veranschaulichen sollten[20]. Dies gelte auch für Herodes und Mariamne[21]. Deshalb wandte er sich ausdrücklich gegen eine allzu pessimistische Auslegung der Hebbelschen Tragödien. Zwar lasse das Leid des einzelnen die Welt zunächst "wie eine erbarmungslose Rächerin jedes individuellen Aufschwungs" erscheinen, aber allmählich erkenne man "die innere Notwendigkeit dieses Konfliktes" und gewinne "optimistische Ausblicke auf eine Versöhnung des Weltwillens mit dem Willen der Individuen"[22]. Der tragische Kampf um das Menschenrecht in Herodes und Mariamne war dieser Auffassung zufolge nur ein Vordergrundgeschehen; die Aufführung sollte dem Zuschauer vor allem die Gewißheit vermitteln, daß sich die "wahre sittliche Idee" versöhnend über dem Konflikt erhebe[23].

Aus diesen Überzeugungen ergab sich für Walzel die Konsequenz , daß jede Kritik gesellschaftlicher Mißstände oder Fehlentwicklungen als unerquicklich abzulehnen sei[24]. Nicht ohne aktuellen Bezug wurde Hebbel als ein "Gegner der Sozialdemokratie"[25] charakterisiert. Bei allem Respekt vor der Weltvernunft hielt Walzel den "Vernunftkultus" der französischen Revolution für verhängnisvoll[26] , den "Materialismus" des 19. Jahrhunderts betrachtete er als ein Unglück[27], und er bescheinigte dem internationalen Sozialismus - mit den Worten Rathenaus - "eine geringe schöpferische und bauende Kraft"[28]. An eine kritische Distanzierung von der zeitgenössischen imperialistischen Politik war unter diesen Voraussetzungen nicht zu denken. Während des Weltkrieges pries Walzel an Hebbels Produktionen "eine fri-

---

20 Walzel, S. 57; cf. Scherer , Geschichte der deutschen Literatur, S. 647.

21 Walzel , S. 106-113; Scherer, Geschichte der deutschen Literatur, S. 645-647.

22 Walzel, S. 65.

23 Göttingische gelehrte Anzeigen 167 (1905) 793.

24 Cf. "Friedrich Hebbel 1813-1913", Deutsche Rundschau 154 (1913) 447 ff.

25 Walzel , Hebbel und seine Dramen , S. 54.

26 ebd. , S. 12.

27 ebd. , S. 13.

28 Scherer, Geschichte der deutschen Literatur, S.612.

sche und ungebrochene Freude an deutscher Art und Kunst" sowie das "hochgestimmte Gefühl deutschen Volkstums"[29].

Die Grundgedanken dieses Hebbelbildes sind u.a. von Walzel selbst in den Feuilletons mehrerer Tageszeitungen mitgeteilt worden[30]. Friedrich Brandes schloß sich in seiner Hebbelausgabe der Walzelschen Auffassung der Tragödie Hebbels an[31], ebenso Kurt Küchler und Friedrich Kummer in ihren Ausführungen über Herodes und Mariamne[32].

---

29 Walzel, Hebbel und seine Dramen , S. 139.

30 "Hebbel als Dramatiker", Weser-Zeitung , Bremen, 30. 11. 1911; Alexander Benzion, "Das Hebbelsche Drama und seine Bedeutung für die Gegenwart", Neue Zeitung , Strassburg, 17. 3. 1913; Oskar Walzel, "Das Drama Hebbels", Volkszeitung, Dresden, 19. 3. 1913 ; ders. Text in Chronik , Tübingen, 11. 3. 1913 , Post, Berlin, 16. 3. 1913, Zeitung, Lahr, 19. 3. 1913.

31 Hebbels Werke in vier Bdn, hg. Friedrich Brandes, Bd. 1 (Leipzig o.J.) S. 9.

32 Kurt Küchler, Friedrich Hebbel: Sein Leben und sein Werk (Jena 1910) S. 210 ff.; Friedrich Kummer, Deutsche Literaturgeschichte des neunzehnten Jahrhunderts (Dresden 1909) S. 376 ff.

3.3.2.8 Die psychoanalytische Richtung

Daß "das Physiologische und Psychopathische" von Hebbels Menschen den Schwerpunkt der schauspielerischen Gestaltung bilden müsse, um dem Stück zur vollen theatralischen Wirkung zu verhelfen, ergab sich aus der Aufführungspraxis[1]. Gerade die dialektischen Syllogismen, die bei Hebbel so reichlich vorhanden seien und die den Darsteller, der sie allzu wichtig nehme, allzu buchstäblich auffasse, blutarm mache , gerade sie müßten, wie ein zeitgenössischer Theaterkritiker schrieb, vom Psychologischen aus, vom Gefühlsgrund her aufgefaßt werden , umsomehr als sie oft genug sich im dramatischen Höhepunkt hervordrängten[2]. Zu einer genaueren Erforschung dieses Gefühlsgrundes von Hebbels Figuren ist es indessen in der wilhelminischen Zeit nicht gekommen.

Der erste psychoanalytische Deutungsversuch, den J. Sadger in der von Freud redigierten Zeitschrift Imago veröffentlicht hat, war nicht der Ergebnisse, sondern der Fragen wegen, die er aufwarf und durchweg unbeantwortet ließ, wertvoll. Wenn Sadger hervorhob , daß Dichten für Hebbel "ein unumgängliches Sich-Entäußern, das Abreagieren seines quälenden Ichs, die einzige Möglichkeit , dem Schrecken des Unbewußten zu entfliehen", gewesen sei[3], fragte es sich, welche Erfahrungen diese Qualen des Unbewußten verursacht haben mochten und wie sie sich im literarischen Werk widerspiegelten. Sadger wies weiter darauf hin, daß Hebbel stets zumindest einen, nicht selten mehrere Träume in seine Dramen aufgenommen hat[4]. Er erwähnte u.a. den Traum , den Mariamne vorträgt , als sie sich nach dem Tanz im

---

1 Karl Vogt , "Hebbel und das schauspielerische Problem", Bühne und Welt 16 (1913/14), Bd. 1, 278.

2 ebd.

3 "Über das Unbewußte und die Träume bei Hebbel" , Imago 2 (1913) 343.

4 ebd., 345.

Spiegel erblickt[5]. Daß Hebbel zumindest geahnt hat, daß der Traum eine Wohltat und Wunscherfüllung ist, daß ihm von den Darstellungsmitteln des Traumes und seiner Symbolik einiges vertraut gewesen ist und daß er bereits die sekundäre Bearbeitung und die Traumzensur genau gekannt hat[6], war nach den Ausführungen Sadgers nicht mehr zu bezweifeln. Ungeklärt waren aber nach wie vor Inhalt und Funktion dieser Träume, die in den einzelnen Dramen offensichtlich keine untergeordnete Rolle spielen. Es genügte z.B. nicht, darauf hinzuweisen, daß Christine dem Dichter den Traum erzählt hat, den dieser dann seiner Mariamne in den Mund gelegt hat.

---

5 Imago 2 (1913) 356.
6 ebd., 347.
7 ebd., 356, Anm. 1.

3.3.3 Die proletarische Rezeption

Innerhalb der SPD herrschte "völlige Übereinstimmung" darüber , "daß es ein aufs innigste zu wünschendes Ziel wäre, die deutschen Klassiker zu einem geistigen Gemeingut der Arbeiterklasse zu machen"[1]. Auch wenn die Hauptwerke der klassischen Literatur durch Reclam, Hendel, Hesse und andere bürgerliche Verlagsbuchhandlungen selbst den bescheidenen Mitteln der Arbeiterklasse zugänglich geworden waren, erwies es sich doch als unmöglich , dieses Ziel auch nur annähernd zu erreichen. Dem stand nicht nur die durch die lange Arbeitszeit und die schlechten Bildungsmöglichkeiten bedingte relativ geringe Lesemotivation der Arbeiter entgegen; ein nicht unerhebliches Hindernis bestand darin, daß die "klassische" Literatur von bürgerlichen Schriftstellern für ein bürgerliches Publikum geschrieben worden war und daß sich die historischen Voraussetzungen, unter denen die Klassiker geschrieben hatten , "grundtief" von den historischen Voraussetzungen unterschieden , unter denen die Arbeiter der Wilhelminischen Zeit zu denken und zu leben gewohnt waren[2]. Daraus ergab sich, daß die Auseinandersetzung mit der klassischen Literatur nicht zu den vordringlichen Interessen der proletarischen Bewegung gehörte, zumal diese "nicht das geringste Bedürfnis" hatte , durch die Autorität der Klassiker der bürgerlichen Literatur "geweiht" zu werden[3].

Die in der SPD organisierten Intellektuellen , die sich dennoch um die Rezeption des klassischen bürgerlichen Literaturerbes bemühten, standen vor der schwierigen Aufgabe , Aneignung und Abgrenzung zugleich zu vollziehen[4]. Doch selbst diese Aufgabenstellung war,

---

1 Cf. Franz Mehring, "Eine Klassikerbibliothek für Arbeiter", Die Neue Zeit 26 (1908), Bd. 2, 40.

2 ebd.

3 ebd., 41.

4 Cf. Fülberth, Proletarische Partei und bürgerliche Literatur, bes. S. 114 ff.

wie die Rezeption von Hebbels Herodes und Mariamne erweist, in der SPD nicht unumstritten. Die revisionistischen Sozialistischen Monatshefte veröffentlichten einen Aufsatz von Julius Bab[5], der über eine religiös-spekulative Deutung des Gesamtwerkes nicht hinauskam: Hebbels "Grunderlebnis" sei der "Zusammenstoß des einzelnen Menschen mit dem Weltganzen"[6]. Die Konsequenz der "Hebbelschen Weltidee im Sittlichen" laute: "Halte die Individualität heilig, die eigene wie die fremde, denn in jeder schwillt der 'Keim zu allem Höchsten'"[7]. Mariamne war für Bab eine "Hüterin jenes heiligen Rechts der Individualität", gegen das sich die herrschsüchtige Leidenschaft, der grenzenverachtende Hochmut des Mannes vergehe[8]. Daß einzelne bürgerliche Kritiker sich im Interesse des kulturellen und politisch-sozialen Fortschritts konsequenter von Hebbels Schauspiel abgrenzten als Bab in den Sozialistischen Monatsheften, ist nicht zu verkennen.

Franz Mehring dagegen verfolgte das Ziel , die Arbeiter durch eine eingehende Beschäftigung mit der klassischen Literatur "fähiger und geschickter für den Kampf ihrer Klasse" zu machen[9]. Für diesen Zweck wäre nichts schädlicher gewesen als eine kritiklose Anpassung an"die tendenziöse Geschichtsklitterung der Bourgeoisie"[10]. Mehring schätzte den Dichter Hebbel außerordentlich hoch ein[11]: er bezeichnete ihn als ein dramatisches "Genie", als den alles in allem "größten Dramatiker der deutschen Literatur"[12]. Den politischen Menschen Hebbel dagegen denunzierte er als ausgesprochenen Schwachkopf. Beim

---

5 "Die Bedeutung Friedrich Hebbels", Sozialistische Monatshefte 19, 1 (1913) 287-294.

6 ebd., 291.

7 ebd.

8 ebd., 292.

9 Die Neue Zeit 26 (1908), Bd. 2, 41.

10 ebd., 40.

11 "Literarhistorische Streifzüge", Die Neue Zeit 18 (1899/1900), Bd.1, 634-640 , 667-672 , 699-704 , 794-800; "Friedrich Hebbel", Die Neue Zeit 31 (1912/13), Bd. 1, 913-917. - Beide Aufsätze sind im folgenden zitiert nach Franz Mehring, Aufsätze zur deutschen Literatur von Hebbel bis Schweichel, Gesammelte Schriften, Bd. 11 (Berlin 1961) S.21-54, 551-556.

12 ebd., S. 29, 556.

Studium der Briefe, die Hebbel 1848 aus Wien geschrieben habe, könne man nicht genug über "die unsäglichen Trivialitäten dieses reichen Geistes" erstaunen: "kein ästhetischer Kannegießer, den Hebbel je gezüchtigt hat, war in dem Maße Kannegießer, wie er selbst politischer Kannegießer war."[13] Gewiß habe Hebbel auch über den vormärzlichen Absolutismus räsoniert, wie der "Spießbürger" schließlich über alles räsoniere, aber die Revolution sei ihm doch immer das schlechthin Widerwärtige gewesen, und mit der Gegenrevolution habe er sich "in der behaglichsten Weise"arrrangiert[14]. Man dürfe freilich ebensowenig ins entgegengesetzte Extrem fallen und Hebbel wie einen beliebigen Reaktionär abtun. "Die traurigen Verwüstungen der Gegenrevolution an dem reichen Geiste des Dichters leugnen, heißt die epidemische Wirkung der Cholera bestreiten, weil der Komabazillus nicht mit Augen sichtbar und nicht mit Händen greifbar ist, aber diesen Dichter nun einfach in den allgemeinen Topf der Reaktion werfen, heißt den Adler mit dem Maßstab der Milbe messen."[15] Tatsächlich habe Hebbel die Gegenrevolution so wenig wie die Revolution verstanden[16]. Der "allgemeinste Umriß von Hebbels Leben" genüge schon um zu erkennen, weshalb Hebbel "den zwischen den Geschlechtern anhängigen großen Prozeß" immer wieder zum Gegenstand seines Dichtens gemacht und ihn doch "nie anders als in abnormen oder anormalen Konflikten" darzustellen gewußt habe. Gewiß seien Hebbels Frauen und Männer "keine blassen Gedankenschemen, sondern echte Menschen", denen heißes Blut durch die Adern rolle, und man könne den Prozeß der Geschlechter nicht leicht in höherem Sinne fassen, als dies bei Hebbel geschehe. Aber er verstehe die historischen Phasen dieses Prozesses nicht, und die Art, wie er die Voraussetzungen für seine dra-

---

13 Mehring, Aufsätze zur deutschen Literatur von Hebbel bis Schweichel, Ges. Schriften, Bd. 11, S. 34.

14 ebd., S. 46.

15 ebd., S. 46 f.

16 ebd., S. 47.

matischen Konflikte im Prozeß der Geschlechter schaffe, verrate "eine Absonderlichkeit, Unsicherheit , Willkür des Empfindens", die sich nur aus seinen Lebensschicksalen , aber aus ihnen auch vollständig erkläre[17]. Wie Hebbel die Kämpfe seiner Zeit nur in verzwickten Konflikten zu fassen wisse, so kleide er diese Konflikte in eine mit beliebiger Willkür gewählte "historische Tracht", unbekümmert darum, wie sie ihnen passe , aber im Einklang mit seiner Auffassung, daß die Geschichte "ein buntscheckiger Haufe zweifelhafter Tatsachen" sei[18].

Herodes und Mariamne sei darauf angelegt, den Zusammenbruch der orientalischen Welt bei seiner Berührung mit dem Römertum sowie die Anfänge des Christentums zu vergegenwärtigen. Davon sei manches zu hören, aber nichts zu sehen; die heiligen drei Könige, die Jesu Geburt ankündigten, schneiten "wie vom Himmel" in den fünften Aufzug hinein. Wirklich lebendig sei in dem Stück wieder nur der zwischen den Geschlechtern anhängige Prozeß , und zwar in der Form eines verwickelten modernen Problems. Herodes verletze "das Grundrecht des Menschen in der Frau", indem er seine Gemahlin zweimal für den Fall seines Todes unter das Schwert des Henkers stelle. Der Konflikt selbst sei mit ungeheurer Kunst und Kraft durchgeführt, wenn auch nicht ohne eine spitzfindige Dialektik, die an Hebbels Jugenddramen erinnere. Zudem sinke der dramatische Vorgang nahezu auf eine Haus- und Hofintrige im Palast eines orientalischen Despoten hinab. Eine seltsame Kälte liege über dem Drama, die sich sogar auf die beiden Hauptgestalten erstrecke; von der überwältigenden Liebe , die Herodes und Mariamne verbinde, spüre man nichts oder nichts mehr; sobald sich der Vorhang hebe, ständen sich beide schon mißtrauisch gegenüber , "wie zwei Fechter" , von denen jeder die Sache seines Geschlechts blind und hartnäckig ver-

---

17 Mehring, Aufsätze zur deutschen Literatur von Hebbel bis Schweichel, Ges. Schriften , Bd.11, S. 32.

18 ebd., S. 35.

fechte bis zum unseligen Ende für beide. Eine Lösung des Konflikts kenne der Dichter nicht, in den Tagen des Herodes so wenig wie in seinen eigenen Tagen. Hebbel habe die Anfänge des historischen Prozesses, der den großen zwischen den Geschlechtern anhängigen Prozeß dauernd schlichten werde, nicht erkannt: Von der geschichtlichen Bedeutung jenes heldenmütigen Widerstands, den das Wiener Proletariat den plündernden Kroaten der Gegenrevolution entgegengesetzt habe, habe Hebbel keine Ahnung gehabt[19].

Mehring ist es bei aller Begeisterung für Hebbel nicht gelungen, die ästhetischen Qualitäten des Hebbelschen Kunstschaffens näher zu bezeichnen. Er vertrat die Auffassung, daß der furchtbare Kampf, den Hebbel habe führen müssen , den ganzen Menschen aufgerieben habe: "dadurch steigerte sich seine Kunst auf eine selten erreichte Höhe, während er sonst wie ein Blinder durch das Leben seiner Zeit ging."[20] In Mehrings Ausführungen über Hebbel fehlt jeder Hinweis darauf, worin die Größe von Hebbels Kunst besteht. Mehring konnte offensichtlich die spezifisch ästhetischen Eigenarten von Hebbels Kunst nicht hinreichend erklären. Für verdienstvoll, wenn auch nicht für voll überzeugend hielt er Hebbels Darstellung des Geschlechterkampfes. Im übrigen betonte er Hebbels durch und durch ehrliche "historische Konfusion"[21] , deren Spuren für ihn auch im dramatischen Werk zu erkennen waren: so führte er die Ausweglosigkeit des Konflikts in _Herodes und Mariamne_ auf die politische Ratlosigkeit des Dichters zurück, so betonte er Hebbels Unvermögen, "seine gestaltende Kraft an dem gesellschaftlichen Leben der Zeit zu bewähren"[22]. Wenn er sich dennoch für Hebbel begeisterte und die Anschaffung von Hebbelausgaben empfahl[23], war dafür vermutlich seine Überzeugung aus-

19 Mehring, _Aufsätze zur deutschen Literatur von Hebbel bis Schweichel_, Ges.Schriften, Bd.11 , S. 50.

20 ebd., S. 33.

21 ebd., S. 47.

22 ebd., S. 44.

23 _Die Neue Zeit_ 26 (1908) ,Bd. 2, 43.

schlaggebend , daß das Proletariat, solange es "in diesem heißen Kampfe" stehe, "keine große Kunst aus seinem Schoße gebären" werde[24]. Mehring glaubte nicht daran, daß sich aus dem proletarischen Klassenkampf "ein neues Zeitalter der Kunst" entwickeln könne, so sicher es sei, daß der Sieg des Proletariats "eine neue Weltwende der Kunst" herbeiführen werde[25]. Die literarische Situation der Gegenwart sei dadurch gekennzeichnet, daß die absteigende Bürgerklasse keine große Kunst mehr schaffen könne, während die aufsteigende Arbeiterklasse noch keine große Kunst hervorbringen könne, möge auch in den Tiefen ihrer Seele "eine heiße Sehnsucht nach der Kunst" leben: "Unter den Waffen schweigen die Musen."[26] In dieser Situation hielt Mehring die Beschäftigung mit Hebbel, der an "Größe und Kühnheit des dichterischen Schaffens" alle Dichter der zweiten Jahrhunderthälfte überrage[27], für sinnvoll auch für das Proletariat. Mit dem Verzicht auf die Pflege des proletarischen Literaturerbes und der eindeutigen Überordnung der bürgerlichen Literatur über die auch zu Mehrings Zeiten bereits vorhandene proletarische Literatur begab sich Mehring wider Willen in das Fahrwasser der von ihm sonst scharf kritisierten bürgerlichen "Volkspädagogik"[28].

Als "ein gewaltiges Kunstwerk", als ein Drama, das "bis an die äußersten Grenzen des Darstellbaren im menschlichen Charakter" reiche, wurde Herodes und Mariamne in einer Theaterkritik in der Dresdner Volkszeitung bezeichnet.[29] 1847/48 entstanden, trage die Tragödie "den Stempel der Revolution auf der Stirn", auch wenn Hebbel

---

24 "Kunst und Proletariat" , Die Neue Zeit 15 (1896/97), Bd. I, 129-133; hier zitiert nach Mehring, Aufsätze zur deutschen Literatur von Hebbel bis Schweichel, Ges. Schriften, Bd. 11, S. 139.

25 "Naturalismus und proletarischer Klassenkampf", Die Neue Zeit 17 (1898/99) , Bd. I ; hier zitiert nach dem auszugsweisen Abdruck in Mehring, Aufsätze zur deutschen Literatur von Hebbel bis Schweichel , Ges. Schriften, Bd. 11 , S. 226.

26 ebd., S. 225.

27 ebd., S. 28.

28 ebd., S. 138.

29 "Schauspielhaus. Neu einstudiert: Herodes und Mariamne von Hebbel", Volkszeitung, Dresden, 9.6.1912.

persönlich von der Revolution nichts habe wissen wollen. "Die persönlichen Ansichten eines Künstlers sind viel weniger wichtig als die Bekenntnisse, die er, halb unbewußt , in seine Werke verwebt. In diesem wächst er über sich selbst als Individuum hinaus. Da ist er, ob wissentlich oder nicht, der Herold seiner Zeit, wofern seine Kunst echt ist."

In Herodes und Mariamne rücke Hebbel dem Problem der Ehe zu Leibe, wie es kein Theaterdichter vor ihm gewagt habe. Er rolle, "allerdings noch mit aristokratischem Vorbehalt", die Frauenfrage auf. Eine neue Auffassung des Verhältnisses von Mann und Weib gehöre mit ins "Programm des sozial unterwühlten Bürgertums der Vormärztage", mochte diese nun stärker erotisch gefärbt sein wie bei Heinrich Heine und Richard Wagner oder "mit dem bohrenden Tiefsinn eines Hebbel an der ethischen Wurzel ergriffen" sein. Die sozialpsychologische Ursache dafür liege auf der Hand. Hebbel habe sich an der aufopfernden Gefährtin seiner Hamburger Hungerjahre vergangen und ihr immer und immer wieder genugtun wollen. Deswegen schildere er wieder und wieder "das Weib als Kämpferin für ihre durch die Tyrannei des Mannes gefährdete Ehre".

Ein zweites noch sei typisch für den bürgerlichen Dichter der vierziger Jahre: die Art, wie er sich mit dem Königtum auseinandersetze. Er zeichne in Herodes den Monarchen, in dem der Dämon den Menschen verschlinge, den Herrscher, der, "in eine gährende Zeit hineingeworfen", alles opfere, wenn es gelte, seine Macht zu behaupten, dem selbst die über alles geliebte Gemahlin nur noch wie "ein Ding" erscheine , mit dem er nach Tyrannenart verfahren dürfe. Er morde sie, die nur leben könne, wenn sie als "Persönlichkeit" geachtet werde. "Dieser König Herodes muß sich wie ein Ertrinkender wehren, denn er lebt in einer Zeit , da es scheint, die Welt werde aus ihren Angeln gehoben." Dieser "Weltuntergangsstimmung" zuliebe, die ähnlich bei Wagner und Schopenhauer anzutreffen sei , lasse Hebbel die heiligen drei Könige auftreten auf der Suche nach dem neugeborenen König der Juden, der die Sterne vom Firmament herunterreißen und alle Könige der Welt demütigen solle. Dieser "Weltuntergangsstimmung" opfere er sogar "die Einheit des dramatischen Baues" , denn das Auftreten der heiligen drei Könige falle aus dem "Stil des Ganzen" heraus; man werde an Schillers Vorwurf gegen das ebenfalls von Musik begleitete Traumbild am Schluß von Goethes Egmont erinnert, an das Wort vom "Sprung ins Opernhafte".

Der Kritiker der Dresdner Volkszeitung hat, indem er die Revolutionsproblematik in den Mittelpunkt seiner Betrachtung von Herodes und Mariamne stellte, eine Perspektive gewonnen, aus der er die individuellen Eigenarten von Hebbels Drama sowohl beschreiben als auch kritisieren und bewerten konnte. Seine kurze Charakteristik vermittelte eine Vorstellung davon, warum Hebbel als Angehöriger der bürgerlichen Klasse in der kritischen Phase der vierziger Jahre so brisante Themen wie Ehe und Königtum aufgreifen und mit unerhörter Kühnheit behandeln konnte, ohne indessen das diesen Themen zugrundeliegende Revolutionsproblem lösen zu können. Das unerledigte Revolutionsproblem konnte Hebbels Drama auch für das Proletariat der wilhelminischen Zeit interessant machen.

Otto Wittners posthum veröffentlichte Literaturgeschichte[30] ist in den Jahren 1909 bis 1912 in einer Aufsatzfolge der Furche, einer Beilage der sozialdemokratischen Fränkischen Tagespost, in Nürnberg erschienen. Wittner interpretierte Hebbels Stück nicht anders als die progressive bürgerliche Hebbelkritik. Auch Wittner betonte die "innere Verwandtschaft zwischen Hebbel und Ibsen". Hebbel habe die bürgerliche Gesellschaft in ihrem Werden gesehen, in ihren Kämpfen, die ihre Grenzen noch nicht deutlich sichtbar hätten werden lassen. Ibsen habe sie eine Generation später im Zustand der Vollreife erkannt und gegen ihre Grenzen sei-

---

30 Deutsche Literaturgeschichte vom westfälischen Frieden bis zum Ausbruch des Weltkrieges, 2 Bde (Dresden 1919, 1926).

ne zielsicheren Angriffe gerichtet. So sei das Eheproblem, das einen so großen Teil der Ibsenschen Dramatik erfülle, in Hebbels Herodes und Mariamne ganz ähnlich gestellt. Wie Herodes Mariamne zu einer Sache machen wolle, ihr freies Menschentum nicht anerkenne und so sich selbst um Glück und Liebe betrüge, genau so richte Helmer seine Ehe zugrunde[31]. In Herodes gähre dieselbe Gewaltsamkeit, die Holofernes zum Knecht seiner Sinne mache und Golo zum Verbrechen zwinge. Auch hebe er sich über "die schmerzvoll geliebte Mariamne" empor, bis sie ihm zum Spiel in seinen Händen werde, zum Geschöpf ohne eigenen Willen, ohne eigenes Recht. Und indem er sie so erniedrige, begebe er sich selbst seines besten Wertes. Er sei der geborene Herrscher, vom starken Gefühl seiner Macht getragen, vom Bewußtsein ihrer Zwecke über die kleinen Intrigen und den blinden Fanatismus seiner Umgebung unerreichbar hinausgerückt. Seine übereilte Gewalttat an Mariamne impfe ihm den Zweifel ein an sich selbst, an seinem Herrschertum. In Blut und Schrecken werde er diesen Zweifel zu ersticken trachten, und nun erst werde er der gierige, zwecklos wütende Tyrann, dessen Namen die Geschichte mit bebendem Abscheu verzeichne[32].

Wittner hat es offensichtlich nicht verstanden, Hebbels Schauspiel sozialgeschichtlich zu interpretieren. Dennoch entwickelte er einen sozialgeschichtlichen Interpretationsansatz. So schrieb er, "halb unbewußt" habe in Hebbel ein Gefühl des Gegensatzes zur bürgerlichen Gesellschaft gegärt, unterhalb der er geboren sei und in die er habe hineinwachsen müssen. Denn das Proletariat, dem Hebbel eigentlich durch Abstammung und Schicksal zugehört habe, sei damals noch nicht zum Bewußtsein seiner selbst gelangt. So habe der einzelne keinen Rückhalt an der Klasse ge-

---

31 Deutsche Literaturgeschichte vom westfälischen Frieden bis zum Ausbruch des Weltkrieges, Bd. 2, S.61.

32 ebd., S. 50.

funden. Die Bedeutung dieser Tatsache lasse ein vergleichender Blick etwa auf Maxim Gorki erkennen, der es nicht nötig gehabt habe, sein Schicksal von dem seiner Klasse zu trennen und der in ihrer Ideologie einen Inhalt und einen Horizont für seine Kunst gefunden habe. Von all dem habe zu Hebbels Zeit wohl nicht die Rede sein können. "Der Proletarier, dessen Streben damals auf eine höhere Geistigkeit gerichtet war , mußte notwendig deklassieren." Aber seine ganze Lebenserfahrung , die Schärfe seines Denkens hätten Hebbel gehindert, in seiner befestigten Position innerhalb der bürgerlichen Gesellschaft Ruhe zu finden. Andererseits habe sein Blick doch nicht über die Grenzen der bürgerlichen Gesellschaftsordnung hinauszudringen vermocht. "Er sieht sie wohl, diese Grenzen, aber er hält sie für bestimmt durch Naturgesetz, für unabänderlich."[33]

---

33 Deutsche Literaturgeschichte vom westfälischen Frieden bis zum Ausbruch des Weltkrieges , Bd. 2, S. 44 f.

3.4 Die Rezeption in der Ära der Weimarer Republik

3.4.1 Die literaturgesellschaftlichen Voraussetzungen

Nach dem Ersten Weltkrieg avancierte Hebbel zum Klassiker, wie die Aufnahme seiner Produktionen in die Klassikerreihen der Verlage erkennen läßt. In den Jahren 1923 - 1925 erschienen Neudrucke der Ausgaben von Theodor Poppe[1], Hermann Krumm[2], Friedrich Brandes[3] und Adolf Stern[4]. Neu hinzu kamen Ausgaben von Wilhelm von Scholz[5], Hugo Bieber[6] sowie eine Ausgabe der "Deutschen Bibliothek", die den Herausgeber nicht angab[7]. Auswahleditionen wurden von Hans Wahl[8], Gustav Keyßner[9], Wolfgang Liepe[10] und Robert Petsch[11] herausgegeben. 1926 erschienen Hebbels Werke im Angebot zweier Buchge-

---

1 Friedrich Hebbel, Werke, hg. Theodor Poppe, 8 Teile in 4 Bdn (auch: 10 Teile in 6 Bdn) (Berlin, Deutsches Verlagshaus Bong & Co. 1923).

2 Friedrich Hebbel, Werke, Vollständige Ausgabe in 14 Teilen, hg. Hermann Krumm (Leipzig, Hesse u. Becker 1923); dass., Auswahl in 8 Teilen, hg. Hermann Krumm (Leipzig, Hesse u. Becker 1923) ; dass., Auswahl in 8 Teilen , hg. Hermann Krumm (Leipzig, Hesse u. Becker 1923).

3 Friedrich Hebbel, Werke, In 4 Bdn, nebst 2 Erg.-Bdn, hg. Friedrich Brandes (Leipzig , Reclam 1923/24).

4 Friedrich Hebbel, Sämtliche Werke in 12 Bänden, nebst Auszügen aus den Tagebüchern und einer Auswahl von Briefen des Dichters hg. u. eingeleitet von Adolf Stern (Berlin, Knaur [1925]).

5 Friedrich Hebbel, Werke, In 8 Bdn, hg. Wilhelm von Scholz (Stuttgart, Hädecke 1923).

6 Friedrich Hebbel, Gesammelte Werke, Eingeleitet von Hugo Bieber (Berlin, K. Voegels Verlag 1925).

7 Friedrich Hebbel, Gesammelte Werke in 5 Bdn (Berlin, Deutsche Bibliothek 1924).

8 Friedrich Hebbel, Werke, In Auswahl hg. Hans Wahl , 2 Bde (Leipzig, Weber 1921, 1924).

9 Friedrich Hebbel, Werke, Auswahl in 3 Bdn , hg. Gustav Keyßner (Stuttgart, Deutsche Verlags-Anstalt 1925).

10 Friedrich Hebbel, Werke, Ausgewählt und hg. Wolfgang Liepe (Berlin, Volksbühnen-Verlags- u. Vertriebs-GmbH, 1925).

11 Friedrich Hebbel, Werke, Eingeleitet v. Robert Petsch (Berlin, Oestergaard 1925).

meinschaften[12]. 1926 und 1927 wurden zwar noch weitere Bände der kostspieligen und unvollendet gebliebenen "Säkularausgabe" von Paul Bornstein herausgebracht[13], aber die Aufnahmefähigkeit des deutschen Marktes für Hebbels Produktionen scheint schon vor dem Beginn der großen sozioökonomischen Krise erschöpft gewesen zu sein. Vornehmlich für den Schulgebrauch bestimmt waren die Textausgaben von Herodes und Mariamne, die Hans Knudsen[14], Robert Petsch[15], Scholastica Briel[16] und Friedrich Spanier[17] veröffentlicht haben.

Auf dem Theater erreichte das Schauspiel in den ersten Nachkriegsjahren höhere Aufführungsziffern als je zuvor[18], doch blieb jede Inszenierung nicht nur ein künstlerisches, sondern auch ein geschäftliches Risiko, das nur wenige, aus öffentlichen Mitteln subventionierte Theater vornehmlich der Großstädte auf sich nehmen konnten[19].

---

12 Friedrich Hebbel, Werke, hg. Chr. Christiansen, 2 Bde (Hamburg, Gutenberg-Verlag 1926) ; dass., hg. Edgar Groß (Berlin, Volksverb.d.Bücherfreunde 1926).

13 Friedrich Hebbel, Sämtliche Werke, nebst den Tagebüchern und einer Auswahl der Briefe (Säkularausgabe), hg. Paul Bornstein, Bd. 4,2; 5; 6 München, Georg Müller 1926, 1927).

14 Friedrich Hebbel, Herodes und Mariamne, hg. Hans Knudsen (Leipzig, Freytag 1920).

15 Friedrich Hebbel, Herodes und Mariamne, hg.Robert Petsch [Neue Ausgabe] (Bielefeld, Velhagen u. Klasing 1925).

16 Friedrich Hebbel, Herodes und Mariamne, Mit Einleitung von Scholastica Briel (Saarlouis, Hausen-Verlagsges. [1930]).

17 Friedrich Hebbel , Herodes und Mariamne , Durchges. u.m. Anm. v. Friedrich Spanier, Ferd. Hirts deutsche Sammlung, Lit.Abt., Gruppe 7, Bd. 9 (o.O. [1930]).

18 Cf. Hiller, Friedrich Hebbels 'Herodes und Mariamne'auf der Bühne, S. 20. - Die Bühnengeschichte des Stücks seit 1925 ist bislang nicht erforscht.

19 Cf. die Übersicht über die Aufführungsstädte ebd. , S. 19.

Eine möglicherweise größere Breitenwirkung als die Theateraufführungen des Stücks haben die Funkbearbeitungen gehabt, die der Westdeutsche Rundfunk im April 1929 und die Deutsche Welle in Berlin im Januar 1931 gesendet haben. Daß diese Wirkung nachhaltig war, ist nicht zu vermuten, insbesondere da erheblich gekürzte Fassungen des Stücks gesendet wurden, "mehr als bei dem ohnehin sehr straff geführten Werk im Sinne der Erhaltung des Verständnisses erträglich war"[20]. Dennoch konnte zumindest ein Eindruck von der "grandiosen Dramatik" vermittelt werden[21].

Seit dem Zusammenbruch des Kaiserreiches zählte Hebbel endgültig zu den Schulklassikern: "Es hieße Eulen nach Athen tragen, wollte man, zumal für die Leser dieser Zeitschrift, den Nachweis erbringen, daß der deutsche Unterricht ohne eine eingehende Behandlung der Literatur des 19. Jahrhunderts nicht mehr auskommen kann."[22] Die Lehrpläne der deutschen Staaten forderten, daß "jeder junge Deutsche schon während seiner Schulzeit" neben den vier großen Erzählern Storm, Raabe, Keller und Meyer die "Dramatiker Kleist und Hebbel" kennenlernen solle[23]. Hebbels dramatisches Werk kam allerdings nur für die Schüler der höheren Lehranstalten in Frage. An den Universitäten wurden Vorlesungen und Übungen über Hebbel abgehalten.

---

20 "Aus dem Wochenprogramm des Westdeutschen Rundfunks", Kölnische Volkszeitung, Köln, 2. Morgenausgabe, 23. 4. 1929.

21 Berliner Börsen=Zeitung, Berlin, Abend=Ausgabe, 10. 1. 1931; ähnlich Neue Berliner Zeitung, Das 12-Uhr-Blatt, Berlin, 9. 1. 1931; Berliner Tageblatt, Berlin, Abend-Ausgabe, 9. 1. 1931.

22 Hans Röhl, "Charaktere in der deutschen Dichtung des 19. Jahrhunderts", ZfD 1922, 369.

23 Lehrpläne für die höheren Schulen im Volksstaate Hessen (Darmstadt 1925) S. 43 f. - Cf. Richtlinien für die Lehrpläne der höheren Schulen Preußens, Neue Ausgabe, hg. Hans Richert, Bd. 1 (Berlin, 6. u. 7. Aufl. 1927) S.147, 370; Lehrpläne für die höheren Schulen des Freistaates Oldenburg (Oldenburg 1926); Lehrpläne für die höheren Schulen des Freistaates Braunschweig (Braunschweig 1927) S. 28.

Hier die Belege aus den Vorlesungsverzeichnissen einiger deutscher Hochschulen:

Berlin

SS 1922 Petersen, Kleist und Hebbel
WS 1923/24 Roethe , Kleist, Grillparzer, Hebbel

Bonn

Zwischensemester 1919 Litzmann, Das deutsche Drama von Schiller bis Hebbel
WS 1925/26 Walzel, Hebbel und Otto Ludwig

Breslau

SS 1922 Heckel, Übungen über Friedrich Hebbels lyrische Dichtungen und Epigramme
SS 1924 Heckel, Übungen über Hebbels dramatischen Nachlaß
WS 1925/25 Unger, Das deutsche Drama von der Romantik bis Hebbel
SS 1927 Heckel, Friedrich Hebbels dramatischer Nachlaß

Frankfurt

WS 1920/21 Petersen, Hebbels Dramen
SS 1921 Korff, Von Hebbel bis Nietzsche
SS 1921 Korff, Vorlesung und Besprechung ausgewählter Stücke aus der deutschen Dichtung von Hebbel bis Nietzsche (im Anschluß an die Vorlesung)
SS 1923 Korff, Von Hebbel bis Nietzsche
SS 1923 Schultz , Grillparzer, Hebbel und Otto Ludwig
WS 1925/26 Sommerfeld, Friedrich Hebbel und seine Zeit
WS 1926/27 Sommerfeld, Hebbel
WS 1928/29 Sommerfeld, Friedrich Hebbel und seine Zeit
SS 1931 Schultz, Grillparzer und Hebbel

Freiburg

WS 1918/19 Witkop , Hebbels Dramen
Kriegssemester 1919 Witkop , Kleist, Hebbel, Richard Wagner

Göttingen

SS 1923 Günther Müller, Hebbels Geneoveva
SS 1925 Weißenfels, Friedrich Hebbel
WS 1926/27 Unger, Von Kleist bis Hebbel
SS 1927 Unger, Von Hebbel bis Hauptmann
WS 1927/28 Unger, Hebbel
WS 1932/33 Unger, Hebbel und sein Zeitalter
WS 1932/33 Unger, Interpretation ausgewählter Schriften Hebbels und seines Zeitalters

Greifswald

SS 1925 Markwardt, Das Drama von Hebbel bis zur Gegenwart
SS 1926 Markwardt, Friedrich Hebbel
SS 1926 Markwardt, Hebbel
SS 1930 Magon-Markwardt, Hebbels Dramen
WS 1932/33 Markwardt, Hebbel

Halle

SS 1920 Liepe, Friedrich Hebbel
SS 1920 Liepe, Übungen zur Dramaturgie Hebbels
SS 1923 Liepe, Friedrich Hebbel
SS 1923 Liepe, Übungen zur Dramaturgie und Drama Friedrich Hebbels
WS 1927/28 Wittsack, Dichtungen von Heinrich v. Kleist und Friedrich Hebbel

Kiel

SS 1932 Wolff, Hebbels dramatische Fragmente
WS 1924/25 Wolff, Bühnengeschichte Hebbels
SS 1925 Wolff, Hebbels dramatische Fragmente
WS 1927/28 Wolf, Bühnengeschichte Hebbels

In der Zeit, in der Hebbel endgültig zum Klassiker der deutschen Literatur aufstieg , konnte allerdings von einer relativ einheitlichen Literaturgesellschaft in Deutschland noch weniger die Rede sein als in der Wilhelminischen Ära. Seit dem Sieg des Sozialismus in Rußland stand die proletarische Revolution auch in Deutschland auf der Tagesordnung. Die revolutionäre Massenbewegung erreichte zwar den Sturz der Monarchie und die Beseitigung der Fürstenherrschaft, die Beendigung des Krieges und die Eroberung demokratischer Rechte und Freiheiten, aber die Enteignung der für den Krieg verantwortlichen Kräfte des Junkertums und des Monopolkapitals, die Weiterführung der bürgerlich-demokratischen zur sozialistischen Revolution gelangen nicht. Vielmehr sicherten sich die einstweilen einflußreichsten bürgerlichen Kreise mit Hilfe der sozialdemokratischen Führung ihre Klassenherrschaft in der parlamentarischen Demokratie. Dies geschah nicht nur gegen den Widerstand des revolutionären Flügels der Arbeiterbewegung, sondern auch gegen den Widerstand bourgeoiser und junkerlicher Kräftegruppen, namentlich solcher, die mit den führenden Kreisen des Militärs besonders eng verbunden waren und die bestrebt waren, die Ergebnisse der Revolution rückgängig zu machen und an den imperialistischen Rivalen möglichst rasch Revanche zu üben. Die auf die parlamentarische Demokratie fixierte, reformistische Führung der Sozialdemokratie konnte nicht verhindern, daß diese reaktionären militant antidemokratischen Kräfte zahlreiche wichtige Positionen im Staatsapparat besetzt hielten und daß sie diese Positionen für den Kampf gegen Demokratie und Sozialismus ausnutzten. Die Spaltung der Arbeiterbewegung, die ihre Stoßkraft in den Entscheidungskämpfen der Weimarer Republik entscheidend lähmte, konnte auch in den Jahren der Weltwirtschaftskrise nicht überwunden werden, als die von den reaktionärsten Monopolgruppen systematisch geförderte faschistische Bewegung der Sammlung aller reaktionären Kräfte nach der Macht griff.

Unter diesen politischen Voraussetzungen konnte der Klassencharakter des Schulwesens nicht überwunden werden. Obwohl verfassungsrechtlich sichergestellt war, daß für den Zugang zu den verschiedenen Schularten nicht die wirtschaftliche und gesellschaftliche Stellung der Eltern maßgeblich sein durfte, konnten nur 6,5 Prozent aller Kinder höhere Schulen besuchen, und das waren vornehmlich die Kinder von Angehörigen der Bourgeoisie. Nur 4 Prozent der Schüler aller höheren Lehranstalten waren Arbeiterkinder[24]. Die Erziehungsaufgabe der Volksschule hatte sich seit der Novemberrevolution nur unwesentlich verändert. An die Stelle der Verherrlichung der Monarchie und ihres Herrscherhauses war die Erziehung zur uneingeschränkten Anerkennung des bürgerlich-monopolkapitalistischen Staates getreten[25]. Literarische Bildung wurde, wenn überhaupt in diesen Schulen nur in sehr begrenztem Ausmaße vermittelt[26]. Diese Aufgabe blieb den höheren Schulen der

24 Cf. Geschichte der Erziehung, hg. Karl-Heinz Günther u.a., S. 588 f.

25 ebd., S. 585.

26 Cf. Helmers, Geschichte des deutschen Lesebuches in Grundzügen, S. 203.

Weimarer Republik vorbehalten, und diese waren bei aller Leistungsfähigkeit "in ihrer Gesamtheit ein gefährlicher Hort der Reaktion"[27].

Die Deutschlehrer der höheren Schulen begriffen sich in der Mehrzahl als "Lehrer der Deutschkunde", die ihre Aufgabe darin sahen, die Jugend "immer wieder hinzuführen in das Werden unseres Volkes, unseres Wesens - nicht in einseitig geschichtlicher Betrachtung, sondern stets im Blick auf unsere Zeit, deren Verständnis es gilt"[28]. In einem programmatischen Aufsatz der Zeitschrift für deutsche Bildung hieß es: "Wir sind der Überzeugung , daß unser deutsches Volk trotz allen Krankheitserscheinungen im Kern seines Wesens gesund ist und daß seine Genesung nur von der Heimkehr der deutschen Seele zu sich selbst abhängig ist. Nicht mit gedanklichen Erwägungen können und wollen wir die Zeiten meistern, sondern mit der Besinnung auf das, was ewig ist in allem Wandel deutscher Lebensformen, auf den deutschen Volksgeist."[29] Als "Grundeigenschaften des deutschen Volkes" wurden "das stark subjektive Wollen, die zwangsmäßige aber freiwillige Bindung an ein unpersönliches Gesetz, starkes Gefühlsleben" sowie "die deutsche Vereinigung von Widersprüchen, die Entwicklungsfähigkeit des deutschen Menschen , die deutsche 'Formlosigkeit' und das metaphysische Bedürfnis der Deutschen" genannt[30]. Walther Hofstaetter forderte auf dem 9. Verbandstag des deutschen Philologenverbandes in Heidelberg, daß die Werke des Schrifttums nicht nur als "Einzelerscheinungen" zu betrachten seien, sondern daß sie nach den "ewigen Problemen", mit denen sie sich auseinandersetzten, zusammengefaßt werden sollten[31]. "Ewige Probleme" aber

---

27 Geschichte der Erziehung, hg. Karl-Heinz Günther u.A., S. 586.

28 Walther Hofstaetter, "Zum Geleit", ZdU 33 (1919) 1.

29 Ulrich Peters , "Zum Geleit", ZdB 1 (1925) 4.

30 Walther Hofstaetter, "Von der Seele des deutschen Menschen" , ZfD 1922, 242.

31 "Der Bildungswert der deutschkundlichen Fächer", ZfD 1925, 537.

waren für ihn Probleme der "deutschen Seele", für die das "Gefühl" der jungen Menschen geweckt werden sollte[32].

Die Herausgeber der Zeitschrift für Deutschkunde und der Zeitschrift für deutsche Bildung , der beiden maßgeblichen literaturdidaktischen Zeitschriften, waren überzeugte Anhänger der Deutschkunde , deren Aspekte nicht nur in diesen Zeitschriften, sondern auch in einer Vielzahl literaturdidaktischer Einzeluntersuchungen behandelt worden sind[33]. Die Deutschkunde wurde überdies von maßgeblichen Vertretern der Hochschulgermanistik[34] und nicht zuletzt von der Ministerialbürokratie[35] gefördert. Veröffentlichungen, in denen eine "geschichtliche Betrachtungsweise" für die Behandlung der Literatur im Unterricht gefordert wurde[36] oder die gar soziale oder sozialpsychologische Probleme in den Mittelpunkt ihrer didaktischen Erörterungen stellten[37], blieben Ausnahmen. Der allgemeine Hang zum Irrationalismus und Antiliberalismus, der in der Hochschulgermanistik in einer entschiedenen Frontstellung gegen den Positivismus[38] und einer resoluten Hin-

32 ZfD 1925, 537.

33 Cf. die alljährlich veröffentlichten Buchbesprechungen in der Zeitschrift für Deutschkunde!

34 Cf. Julius Petersen, "Literaturwissenschaft und Deutschkunde", ZfD 1924, 403-415; Emil Ermatinger, "Die deutsche Literaturwissenschaft in der geistigen Bewegung der Gegenwart", ZfD 1925, 241-261; Franz Schultz, "Universität und Schule", ZdB 7 (1931) 311-320.

35 Cf. das "Vorwort" zu den Richtlinien für die Lehrpläne der höheren Schulen Preußens, hg. Hans Richert, S. 17-77 , sowie Johann Georg Sprengel, "Die neue Verfassung der höheren Schulen Preußens" , ZdB 1 (1925) 31-43; cf. außerdem Gotthold Weicker, "Kann die Deutschkunde mit der Neuordnung des höheren Schulwesens in Sachsen zufrieden sein?" ZdB 3 (1927) 398-405.

36 Hans Schwartz, "Vergangenheit und Gegenwart", ZfD 1927, 208.

37 K. Steigleder, "Die Bedeutung der neueren Literatur in dem Unterricht der höheren Schule", ZfD 1931, 638-648. - In einer "Klarstellung" distanzierte sich der Herausgeber von den Ausführungen des Verfassers.

38 Cf. Oskar Benda, Der gegenwärtige Stand der deutschen Literaturwissenschaft (Wien 1928).

wendung zur Metaphysik[39] zum Ausdruck kamen, erklärt sich aus den gesellschaftlichen Erfahrungen der bürgerlichen Intelligenz. Lehrer und Absolventen der höheren Schulen und Hochschulen waren zum großen Teil Angehörige jener beamteten oder kleingewerblichen Mittelschichten, die im Zuge der monopolistischen Entwicklung zunehmend an Einfluß verloren hatten und die zuletzt durch die Inflation weitgehend enteignet worden waren. Die literarische bzw. literaturdidaktische Ideologie dieser Schichten war aber nicht nur ein Reflex der gesellschaftlichen Verhältnisse, sondern ebensosehr ein Mittel zu deren Apologie, zur Verschleierung der tatsächlichen Machtkämpfe und gesellschaftlichen Kräfteverhältnisse im Monopolkapitalismus. Im Konzept der Deutschkunde war nicht nur die Abkehr von den rationalen und humanitären Werten der bürgerlichen Vergangenheit, von Rationalismus, Fortschrittsglauben, Toleranz und Pazifismus beschlossen, in ihm wurde auch die Hinwendung der in ihrer Existenz bedrohten bürgerlichen Mittelschichten zu den Prinzipien der Gewalt, Autorität, Demagogie, zur Herrschaft der Instinkte und des Vitalen vorbereitet.

Neben Schule und Hochschule bemühte sich das Volksbibliothekswesen ungeachtet unterschiedlicher bildungspolitischer Konzeptionen, die im Richtungsstreit der Leipziger und Stettiner Schule zum Ausdruck kamen, um die Verbreitung der klassischen Werke der deutschen Literatur. Hebbels dramatisches Werk ist wahrscheinlich in den meisten Stadtbüchereien vorhanden gewesen; es gibt aber keine Angaben über die Ausleihziffern. Zu den gefragten Autoren hat Hebbel zweifellos nicht gehört[40]. Sicher ist, daß Gedichte und Dramen in ländlichen Gebieten keinen Anklang gefunden haben , weshalb die Bibliothekare keinen Anlaß hatten, den

---

39 H. Epstein, Die Metaphysizierung in der literaturwissenschaftlichen Begriffsbildung (Berlin 1928).

40 Cf. Hans Joachim Homann , "Die meistgelesenen Bücher", LE 25 (1922/23) 129-135.

Bestand nach dieser Seite hin besonders auszubauen[41]. Der Borromäusverein war nach wie vor an einer Verbreitung der Hebbelschen Produktionen nicht interessiert[42]. Ob bzw. inwieweit die der Sozialdemokratie nahestehenden Volkshochschulen, Arbeiterbibliotheken , Volksbühnen und Arbeiterbildungskartelle die Hebbelschen Produktionen berücksichtigt haben, ist nicht bekannt[43]. Um eine vom bürgerlichen Kulturbetrieb unabhängige Arbeiterkultur und -bildung hat sich die Sozialdemokratie, von Ausnahmen wie dem Leipziger Arbeiterbildungsinstitut abgesehen[44], nicht bemüht. Der jungen kommunistischen Partei dagegen fehlten die organisatorischen Voraussetzungen für eine breite Massen erfassende proletarische Kulturbewegung[45]. Die Auseinandersetzung mit dem bürgerlichen Literaturerbe blieb im wesentlichen den Feuilletons der kommunistischen Zeitungen vorbehalten[46]. Die proletarische Literaturgesellschaft, die sich gegen die bürgerliche Klassenjustiz und die gewaltige materielle Übermacht des kapitalistischen Literaturmarktes durchzusetzen hatte, hat sich allem Anschein nach für die Produktionen Hebbels nicht sonderlich interessiert.

Die außerschulischen Volksbildungsbestrebungen konnten trotz der Verkürzung der Arbeitszeit und der Er-

---

41 Cf. Franz Schriewer, Zur Berufskunde der Dorfbücherei, Veröffentlichungen der Bibliothekskurse in der Berliner Stadtbibliothek, Heft 7 (Stettin 1930) S. 27.

42 Cf. Literarischer Ratgeber des Borromäusvereins (Köln, 6. Aufl. 1926).

43 Cf. die Angaben in Arbeiterbewegung und Klassik, Ausstellung im Goethe- und Schillerarchiv der Nationalen Forschungs- und Gedenkstätten der klassischen deutschen Literatur in Weimar 1964-1966 (Weimar 1964) S. 153 ff. - Zur Situation der Arbeiterbibliotheken cf. Robert Horn, "Die Bibliothekskonferenz der Arbeiterbibliotheken vom 3. bis 5. Juli im Schloß Tinz bei Gera (Reuss" , Der Bibliothekar 13 (1921) 1381-1388.

44 Cf. Arbeiterbewegung und Klassik, S. 158 f.

45 ebd., S. 161 ff.

46 Cf. Die Rote Fahne: Kritik, Theorie , Feuilleton 1918-1933, hg. Manfred Brauneck (München 1973).

höhung des allgemeinen Bildungsniveaus in der Weimarer Zeit nur begrenzte Erfolge erzielen, weil die Informations- und Unterhaltungsbedürfnisse breiter Schichten der Bevölkerung in zunehmendem Maße durch neue Medien der Massenkommunikation wie Rundfunk, Film und vielfältige billige Druckerzeugnisse befriedigt wurden. An einer systematischen Pflege des klassischen Literaturerbes war auch den nach kommerziellen Gesichtspunkten arbeitenden neuen Buchgemeinschaften nicht gelegen, die mit Ausnahme des "Bücherkreis" und der "Büchergilde Gutenberg", die beide der Sozialdemokratie nahestanden, ein ausgesprochen reaktionäres Verlagsprogramm hatten[47].

3.4.2 Die bürgerliche Rezeption

Charakteristisch für die bürgerliche Hebbelrezeption der Weimarer Republik war ein weitgehender Verlust der historischen Dimension: Bei der Auseinandersetzung mit Hebbels *Herodes und Mariamne* blieben Entstehungs- und Wirkungsgeschichte fast völlig unbeachtet. Unverkennbar war außerdem das Fortwirken der Traditionen der wilhelminischen Hebbelkritik , wobei allerdings gewisse Modifikationen nicht zu übersehen waren.

---

47 Cf. Hans Rosin, "'Buchgemeinschaft' und Bildungspflege", *Bücherei und Bildungspflege* 6 (1926) 103-113.

3.4.2.1 Die traditionelle konservative Richtung

Die älteren Vertreter dieser Richtung waren ohne erkennbaren Einfluß. Zwar wurden die Literaturgeschichten Carl Busses[1], Gotthold Klees[2] und Richard M. Meyers[3] neu aufgelegt, aber für die Hebbelrezeption sind von diesen Neuauflagen allem Anschein nach keine Impulse ausgegangen. Daß ein Theaterkritiker an Herodes und Mariamne "das fast ausschließliche Wirken eines unheimlich scharfen Verstandes" rügte, für den die Menschen nur "formgewordene Begriffe" seien[4], war durchaus eine Ausnahme. In einer Zeit, in der der literaturwissenschaftliche Positivismus verpönt war, zählte auch der Artikel Paul Bornsteins über frühere Bearbeitungen des Mariamne-Stoffs zu den Ausnahmen[5].

Der Tradition der älteren konservativen Kritik war die Literaturgeschichte von Karl Borinski verbunden. Dort hieß es, Hebbel habe mit einer Reihe von modernen sozialen Tragödien "den Brand von 1848" zu schüren geholfen[6]. Der politische Umschwung nach der Revolution spiegele sich alsbald auch in Hebbels literarischem Werk. Im Gegensatz zur entschieden religionskritischen Tendenz seiner frühen Produktionen schlössen jetzt "streng christliche Ausblicke, wenn auch in nüchtern tatsächlicher Form", seine Dramen. Die "das Nichts heraufbeschwörende Ehe- und Gesellschaftskritik" werde durch Rücksichtnahme auf "allerdings überfein gesponnene Pflichtbegriffe" etwas gemildert, die Tragik der menschlichen Verhältnisse auf

---

1 Das Drama: Vom Realismus bis zur Gegenwart, Aus Natur und Geisteswelt, 290. Bd. (Leipzig, 2.Aufl. 1922).

2 Deutsche Literaturgeschichte, hg. Willy Schulz (Leipzig , 23. Aufl. 1925).

3 Die deutsche Literatur des neunzehnten und zwanzigsten Jahrhunderts, hg. Hugo Bieber (Berlin , 6. Aufl. 1921).

4 "'Herodes und Mariamne' von Hebbel", Münchener Zeitung, München, 8. 7. 1921.

5 "Die geistigen Ahnen von 'Herodes und Mariamne'", Königsberg. Hartungsche Zeitung, Königsberg, 14. 4. 1931.

6 Geschichte der deutschen Literatur von den Anfängen bis zur Gegenwart, 2.Bd. (Stuttgart 1921) S. 366.

das 'einander nicht Verstehen' zurückgeführt. Herodes und Mariamne sei das erste Drama , in dem diese Eigentümlichkeiten hervorträten[7]. Hebbel habe aus seiner Vorlage "eine Schopenhauersche Tragödie des 'notwendigen und unausweichlichen Zwiespalts in der Ehe'" gemacht, die "heute gern frauenrechtlich" aufgefaßt werde: Mann und Weib könnten sich nicht verstehen, weil sie verschiedenartige Wesen mit unterschiedlichen sittlichen Grundsätzen seien[8].

Hebbels literarische Produktionen waren nach dem Urteil Borinskis "Verwesungsdichtung"[9], und der Verfasser warnte "zumal jüngere und ungelehrte Leser", denen an "wahrer Bildung" gelegen sei, vor der "Trug- und Nebelwelt Hebbelscher Logik"[10]. Dabei berief er sich auf Goethe , der Hebbel mit Sicherheit zu den "peinlichen" Naturen gerechnet hätte[11]. Während in Goethes "harmonischer Herzensschau" die pantheistische Naturauffassung aus den dunkelsten und verworrensten Zuständen der Menschenwelt "einen Olymp von Klarheit und Heiterkeit" hervorzaubere, so mache Hebbels "einseitig verstandesgemäß" dumpfe Leugnung der Freiheit und des moralischen Zusammenhangs aus den gleichgültigsten Verhältnissen "Höllen von Geist- und Hoffnungslosigkeit"[12]. In seinen Stücken träten "Götterriesen und Riesengötter" auf, "die Verleugner und Hohnsprecher jeder Menschlichkeit"[13]. Um seine ganze dramatische Welt liege ein "Dunstkreis des Grausens"; sein Dialog sei stellenweise schon "der Vorläufer des Irrenhausgesprächs auf unserer heutigen Bühne"[14].

Borinskis Darstellung, die Hebbels Leben und Werk fortgesetzt am Beispiel Goethes maß, ließ es gerade-

---

7 Geschichte der deutschen Literatur von den Anfängen bis zur Gegenwart, 2. Bd. , S. 367.

8 ebd., S. 368.

9 ebd., S. 364.

10 ebd., S. 371.

11 ebd., S. 358.

12 ebd., S. 363.

13 ebd. ,S. 362.

14 ebd., S. 362 f.

zu als ein Unheil erscheinen, daß Hebbel den Aufstieg aus den dürftigsten Verhältnissen in die Welt der Literatur geschafft hat. Hebbels "proletarische Herkunft" wurde wiederholt erwähnt[15], und es wurde deutlich gemacht, daß Hebbel besser bei seinesgleichen geblieben wäre[16]. Zweifellos waren Borinski gerade die sozialkritischen Aspekte von Hebbels Welt- und Figurenentwurf zuwider, die auch bei "Hebbels Jünger Ibsen" eine Rolle spielten. Borinski unterdrückte nicht die Bemerkung, daß "die alten frommen Protestanten in Deutschland" für Männer vom Schlage Hebbels "sehr kräftige, schlagende Gegenbeweise" zur Hand gehabt hätten[17].

3.4.2.2 Die progressive Richtung

Es hat den Anschein, daß Krieg, Revolution und Kriegsfolgen die Fortentwicklung der progressiven Richtung der bürgerlichen Hebbelkritik, die in der wilhelminischen Ära eine hervorragende Rolle gespielt hatte , eher gehemmt als gefördert haben Unter den Universitätsgermanisten war der Engländer T. M. Campbell der einzige, der in einer Hebbelstudie das Verhältnis Hebbels und Ibsens zur Gesellschaft

---

15 Geschichte der deutschen Literatur von den Anfängen bis zur Gegenwart, 2. Bd., S. 358, 361 , 371.

16 ebd. , S. 365.

17 ebd. , S. 371.

und zum Frauenproblem berührte[1]. Beide Dichter wüßten um die große Macht, die die Gesellschaft auf das Individuum ausübe, und veranschaulichten dichterisch die stets wirksame Gewalt der den Menschen umgebenden moralischen Atmosphäre[2]. Besonders nahe komme Ibsen dem deutschen Dramatiker, wenn er Frauengestalten vorführe, welche die Verletzung ihrer Frauenwürde nicht vertrügen wie Nora, Ellida und Irene. Da fühlten wir uns an Mariamne und Rhodope erinnert, die ersten Frauen im modernen Drama, welche die Verletzung des wahrhaft weiblichen Fühlens an dem rücksichtslosen Gatten rächten[3].

Karl Strecker formulierte einige Grundgedanken der progressiven Hebbelkritik. Der Kern von Hebbels Schauspiel sei "das Unterliegen einer brutal sinnlichen Despotennatur vor der tiefsittlichen Weltanschauung des Weibes"[4]. Die beabsichtigte Erniedrigung der Frau zum Besitz, zum Ding und die damit begangene "Todsünde am heiligen Geist einer höheren Sittlichkeit" führe zur tragischen Katastrophe[5]. Diese Auslegung des Stücks hielt sich allem Anschein nach am längsten in den Kreisen der Theaterkritiker. Daß sich das geschichtliche Drama unter den Händen Hebbels in ein Ehedrama gewandelt habe, in dem lange vor Ibsen "das Recht der Persönlichkeit, insbesondere das freie Selbstbestimmungsrecht der Frau" formuliert worden sei, war die Ansicht eines Königsberger Kritikers[6], und sie wurde , wie die Bestände des Zeitungsarchivs des Hebbelmuseums in Wesselburen vermuten lassen, von

---

1 Hebbel, Ibsen and the Analytic Exposition (Heidelberg 1922)

2 ebd., S. 58 ff.

3 ebd., S. 68. - Cf. T. M. Campbell, "History as costume in Hebbel's dramas" , Modern Language Notes 41 (1926) 489-495.

4 Friedrich Hebbel: Sein Wille, Weg und Werk (Hamburg 1925) S. 234 f.; gleicher Wortlaut in Friedrich Hebbel und seine besten Bühnenwerke, Schneiders Bühnenführer (Berlin o.J.) S. 34.

5 ebd.

6 "Herodes und Mariamne", Königsberg. Hartungsche Zeitung, Königsberg, 18. 4. 1921.

den meisten Theaterkritikern geteilt. Hier eine Zusammenstellung der Kritiken.

- Achim von Winterfeld. "Hebbels 'Herodes und Mariamne'". Pfälzischer Courier. Kaiserslautern , 8. 9. 1926; wieder abgedruckt in Saarbrücker Zeitung. Saarbrücken, 5. 11. 1926, Neue Zeit. Charlottenburg, 7. 11. 1926.
- Oskar Wilda. "Hebbels 'Herodes und Mariamne' im Lobetheater". Breslauer Zeitung. Breslau, 10. 4. 1927.
- Goll. "Weib und Welt". Schlesische Volkszeitung. Breslau , 13. 12. 1928; wieder abgedruckt in Würzburger Generalanzeiger. Würzburg, 14. 12. 1928.
- "Friedrich Hebbel: Herodes und Mariamne". Nordwestdeutsche Zeitung. Bremerhaven, 2. 10. 1930.
- "Zeitenwende und Seele". Frankfurter Oder-Zeitung. Frankfurt a.O. , 20. 11. 1930.
- Oskar Wolfen, "Herodes und Mariamne". Augsburger Postzeitung. Augsburg, 15. 4. 1930.
- Gerhard Hellmers. "Herodes und Mariamne. Von Hebbel". Bremer Nachrichten. Bremen, 26. 9. 1930.
- "Herodes und Mariamne". Generalanzeiger der Stadt Wuppertal. Wuppertal, 12. 2. 1931.
- "Herodes und Mariamne". Bergisch-Märkische Zeitung. Wuppertal, 13. 2. 1931.
- Ernst Jerosch. "Gerda Müller als Mariamne". Ostpreußische Zeitung. Königsberg, 27. 4. 1931.
- Karl Herbert Kühn "Herodes und die Liebe der Mariamne". Königsb. Tagblatt. Königsberg, 27. 4. 1931.

Die Hebbelkapitel der häufig aufgelegten Literaturgeschichten Eduard Engels[7] waren unverändert. Wie Engel orientierte sich auch Hugo Bieber in seinen Ausführungen über Herodes und Mariamne am Konzept der progressiven Hebbelkritik. Mariamne sei zur "Liebestat" entschlossen, aber sie lasse keinen "Schuldschein für Taten" ausstellen. In diesem sittlichen Feingefühl wurzele die Tragik des Stücks: "Die Menschlichkeit wird über den Affekt gestellt."[8] Herodes mache sich der

---

7 Geschichte der Deutschen Literatur des 19. Jahrhunderts und der Gegenwart (Leipzig, 38. Aufl. 1929), Geschichte der Deutschen Literatur von den Anfängen bis in die Gegenwart, 2 Bde (Leipzig , 38. Aufl. 1929).

8 Der Kampf um die Tradition: Die deutsche Dichtung im europäischen Geistesleben 1830-1880, Epochen der deutschen Literatur, hg. Julius Zeitler, Bd. V (Stuttgart 1928). S. 295. - Cf. Friedrich Hebbel. Gesammelte Werke, eingeleitet von Hugo Bieber ,

"Verletzung der Vertrauenssphäre" schuldig, und Mariamne erzwinge den Tod, weil ihr Gatte in ihr die Menschheit gekränkt habe[9]. Allerdings werde "das Gefühl des Menschlichen" durch Hebbels Bedürfnis , seelische Wahrnehmungen und Erlebnisse auf Ideen zurückzuführen, überspitzt und intellektualisiert. "Weil Herodes in Mariamne die Menschheit geschändet hat, bricht sie ihm die Treue, um den Tod zu suchen."[10]

In Hebbels Stück dokumentierte sich nach Ansicht Biebers Hebbels "radikaler Individualismus"[11], bewährte sich jene "aristokratische" Tendenz, die Hebbel, dem "Sohn unterer Volksschichten" und "mühsam Emporsteigenden", von Hause aus eigen gewesen sei[12]. Bieber sprach dem Stück wie Hebbels Produktionen überhaupt "jede direkte Beziehung auf seine Zeit" ab[13]. Auf Hebbels ästhetische Theorie und seine "Weltanschauung" ging er nicht ein. Statt dessen betonte er den Zusammenhang von Werk und Leben[14], allerdings ohne ihn im einzelnen nachzuweisen. So schrieb er, seine Ausführungen über Hebbel zusammenfassend, die Tragik von Hebbels Leben liege in dem Bewußtsein , die Hilfe anderer in Anspruch nehmen zu müssen, um die eigene Existenz zu sichern. Hebbel, "der männliche, unabhängige Geist", der sich trotzig auf sich selbst gestellt habe , sei auf weiblichen Beistand oder die Unterstützung Fremder angewiesen gewesen, wenn er nicht habe verhungern wollen[15]. Bieber begnügte sich in diesem Zusammenhang mit der Feststellung, daß Hebbel diese individuellen Erfahrungen nicht in "politische oder soziale Anklagedichtung" habe austönen lassen. In seinen dramatischen Dichtungen seien lediglich "ein sozialer Hintergrund, unausgesprochene Kulturkritik" spürbar[16].

Bd. 1 (Berlin 1925) S. I-XXXIX. Die Einleitung von Biebers Hebbelausgabe entspricht dem Hebbelkapitel in Biebers Literaturgeschichte.
9 Bieber, Der Kampf um die Tradition, S. 296.
10 ebd., S. 295.
11 ebd., S. 278.
12 ebd. ,S. 282.
13 ebd., S. 299.
14 ebd. ,S. 279.
15 ebd., S. 298 f.
16 ebd., S. 299.

Auf die bei Bieber immerhin angedeutete soziale Problematik von Hebbels Drama ging Waldemar Oehlke nicht ein. Oehlke schrieb im Hinblick auf Herodes und Mariamne, Hebbels sei es darauf angekommen, "innerhalb eines großen Zeitbildes, in dem zwei Kulturen miteinander ringen, ein Eheproblem zu lösen"[17]. Er betonte, daß er, ohne Hebbels "Weltanschauung" anerkennen zu wollen, dies Drama wie Hebbels Kunstschaffen überhaupt für historisch höchst bedeutsam halte. Ohne Hebbel gebe es kein angemessenes Verständnis Ibsens und Hauptmanns, aber auch Goethes und Schillers. Von der "jetzt üblichen Hebbelverhimmelung" rückte er aber deutlich ab, ohne die Gründe dafür klar erkennbar zu geben[18].

Die knappen Bemerkungen Bernhard Diebolds über Herodes und Mariamne richteten sich in erster Linie gegen die Tendenz, Mariamnes Verhalten als geradezu vorbildlich hinzustellen. Mariamne kranke an ihrer "Heroinen-Ehre"[19]; die Notwendigkeit, die Hebbel verdeutlichen wolle , sei konstruiert[20].

Ähnliche Vorbehalte wurden in einer in der Deutschen Rundschau veröffentlichten Theaterkritik geltend gemacht. Die "Tragödie unbedingtester Notwendigkeit" erscheine durchaus nicht mehr so überzeugend notwendig, wie sie Hebbel selbst empfunden habe. Vor der "unerhört sich steigernden Selbstzermarterung der beiden maßlos Liebenden" stehe man unberührt wie vor einer unverständlichen fremdartigen Erscheinung[21]. Solche kritischen Impressionen fanden sich auch in den Feuilletons einiger Tageszeitungen; dafür folgende Belege:

---

17 Die deutsche Literatur seit Goethes Tod und ihre Grundlagen (Halle 1921) S. 417 f.

18 ebd., S. 423. - Cf. Waldemar Oehlke, Geschichte der deutschen Literatur (Bielefeld 1919) S. 341.

19 Anarchie im Drama (Frankfurt 1921) S. 10.

20 ebd., S. 11.

21 "Der klassische und der moderne Mord (Hebbels 'Herodes und Mariamne' und Hasenclevers 'Mord'" , Deutsche Rundschau 207 (1926) 170.

- "Stadttheater Elberfeld: Herodes und Mariamne". Anzeiger für das Wuppertal. Wuppertal, 13. 2. 1931.
- "Landestheater Südostpreußen. 'Herodes und Mariamne' von Friedrich Hebbel". Allensteiner Zeitung. Allenstein, 28. 2. 1931.
- "Herodes und Mariamne. Stadttheater Dortmund". Generalanzeiger f. Dortmund. Dortmund , 18. 2. 1931.

Die Studie von Josef Körner war als "Motivanalyse" konzipiert[22]. Über das Hauptmotiv in Herodes und Mariamne konnte es nach Ansicht Körners keinen Zweifel geben. Es sei die Herabsetzung des Menschen zum Ding, sein Mißbrauch als Werkzeug[23]. In Hebbels Gesamtwerk begegneten sehr häufig Gestalten , die gleich Mariamne und Soemus die Verletzung ihrer Menschenwürde unwillig litten und sie rächten, und nahezu überall werde "das Motiv vom Mißbrauch des Menschen als eines Dings" irgendwie angerührt - ein Beweis dafür, daß es sich dabei um ein Motiv in dem oben bezeichneten Sinne handle[24]. Körner verwies darauf, daß Hebbel, der "in leidvollen Lehr- und Notjahren tausend Demütigungen" habe erfahren müssen sowie "Kränkung und Nichtachtung der eigenen Persönlichkeit", "leidend und handelnd" den gleichen sittlichen Konflikt erfahren habe; es sei also kein Wunder, wenn dieser ihm von selbst zum "Haupt- und Grundthema seines Schaffens" geworden sei[25]. In der bei Flavius Josephus überlieferten Geschichte von Herodes und Mariamne habe er einen Stoff gefunden, der ihm in jedem Sinne gemäß gewesen sei[26].

Das primum agens des tragischen Vorgangs sah Körner, der sich in der Gesamtdeutung des Stücks mit Rötscher einig wußte[27], wie Bamberg in der Tötung des Aristo-

---

22 "Friedrich Hebbels Hauptwerk", Jahrbuch des Freien Deutschen Hochstifts 1928, 234 , Anm. 1.

23 ebd., 186.

24 ebd., 187.

25 ebd., 189.

26 ebd. , 190 f.

27 ebd. , 192 f.

bolus[28]. Mit seinem unaufrichtigen Verhalten anläßlich der Ermordung des Aristobolus habe Herodes die Lüge ins Haus gebracht, und seitdem könne er an Mariamnes Liebe nicht mehr glauben. "Eine Liebe, deren Geschenk er, unreinen Gewissens, nicht mehr zu verdienen fürchtet , will er mit Gewalt an sich reißen."[29] Für das Verständnis von Mariamnes Handeln sei unerläßlich, daß man sich vor Augen halte , wie sie "unrettbar an Herodes gebunden" sei. Mariamne liebe Herodes nach allem Vorgefallenen noch unvermindert. "Zartheit , wortkarge Keuschheit, verhaltene Leidenschaftlichkeit ist Mariamnes Teil , wie das der meisten Hebbelschen Frauengestalten, sie ist keine dämonische Heroine."[30] Wie Genoveva und Rhodope werde Mariamne verkannt und "in ihrem Innersten verletzt" gerade von dem Mann, der am wenigsten solcher "Bosheit" fähig sein dürfte[31]. Denn das Paar habe "einst" "die innigste Seelengemeinschaft" verbunden, die "eine Funktion ihrer sittlichen Ebenbürtigkeit" gewesen sei; "diese wird vernichtet durch allmähliche sittliche Entartung des Herodes wie durch die steigende sittliche Erhöhung von Mariamne"[32].

Körner wies weiter darauf hin, daß in Herodes und Mariamne nahezu jedes Motiv "zwiefach" verwendet sei, ja, daß das ganze Stück von zwei Hauptmotiven getragen sei[33]. So werde nicht nur Mariamne, sondern auch Soemus als Ding mißbraucht. Mariamne werde die Verletzung ihrer Menschenwürde zweimal angetan; beide Male enthülle sich ihr das schauerliche Geheimnis gerade im Augenblick von Herodes' unerwarteter Rückkehr. Zwei Schergen werde sie überantwortet, deren einer, Joseph, "ohne Sinn für Menschenwürde". ihr

---

28 Jahrbuch des Freien Deutschen Hochstifts 1928,193.

29 ebd., 194.

30 ebd., 203.

31 ebd., 227.

32 ebd., 216.

33 ebd., 208.

den Blutbefehl als Beweis von Herodes' übergroßer Liebe rühme, wogegen der andere, "Gesinnungs- und Schicksalsgenosse" , ihre Erniedrigung verstehe und teile. Mariamne und Soemus, den beiden, die ihre "freie Subjektivität" bewahren wollten, stehe Artaxerxes gegenüber, der noch kein Bewußtsein "wahrer Menschenwürde" besitze[34]. Doppelt erscheine auch das Motiv des Freitods aus Liebe. In der Anekdote von der Witwe, die sich aus dem brennenden Hause nicht retten lassen wolle , werde gleich am Anfang auf "die Autonomie der liebenden Frau" hingewiesen - "wider die Heteronomie des die Geliebte zum Opfertier herabwürdigenden Herodes"[35]. Neben dem sittlichen Motiv der "Verletzung und Bewahrung der Menschenwürde" trete "ein politisch-religiöses", das Körner auch "das Motiv der Gesetzesreform" nannte[36]. "Herodes, der spürt , daß die Zeiten sich erfüllet haben, will das alte mosaische Gesetz abschaffen."[37] Während Herodes gegen den erbitterten Widerstand Sameas' und seiner Gesinnungsgenossen hellenistische Reformen durchzusetzen versuche , kündeten am Schluß des Stücks die drei Könige "die geschehene Geburt des Weltenheilands", der erfüllen werde, was Herodes vergebens angestrebt habe, und der zugleich eine Zeit heraufführen werde, die "das Recht des Individuums, die Menschenwürde" für unverletzlich erkläre und so die Idee zum "glorreichen Siege" führe, für die Mariamne als "heiliges Kampfopfer" gefallen sei. Der Schlußakt verschlinge so mit dem "Ausblick auf die Gründung des Christentums" die beiden Hauptmotive der Tragödie zu eindrucksvoller Synthese[38].

---

34 Jahrbuch des Freien Deutschen Hochstifts 1928, 208f.

35 ebd , 209.

36 ebd., 210 f.

37 ebd., 211.

38 ebd. , 212.

Körners Darstellung, die im übrigen auch auf die "ebenmäßige" Anordnung der fünf Akte hinwies[39], vernachlässigte das zweite Hauptmotiv der Tragödie, "das historisch-religiöse", gegenüber dem "privatsittlichen". Während die Entstehung des "privat-sittlichen" Motivs erläutert wurde, blieben die Ursprünge des "historisch-religiösen" Motivs in Hebbels Drama unbeachtet. Aber auch die dramatische Funktion dieses Motivs wurde nicht in ausreichendem Maße berücksichtigt. Die für die Beurteilung des Figurenentwurfs ausschlaggebende Frage, ob bzw. inwieweit die gesellschaftlichen Verhältnisse sich im Denken und Handeln der Figuren widerspiegelten, blieb in Körners Aufsatz unbeantwortet. Außerdem gab sich Körner keine Mühe, die beiden Elemente dieses Motivs, das geschichtliche und das religiöse, in ihrem Verhältnis zueinander genauer zu bestimmen. Beides wäre erforderlich gewesen, um eine differenziertere Analyse der Dreikönigsszene zustande zu bringen. Das politisch-moralische Postulat der Achtung vor der Würde und dem Selbstbestimmungsrecht eines jeden Menschen ließ sich offensichtlich nur unter der Voraussetzung aus Hebbels Drama ableiten, daß seine geschichtlich-gesellschaftlichen Bezüge keiner genauen Untersuchung unterzogen wurden.

Marie Louise Hiller stellte ihrer theaterwissenschaftlichen Untersuchung über Hebbels _Herodes und Mariamne_ eine "literarische Sinndeutung" voran[40]. In Hebbels Drama werde eine "verrottete Welt" dargestellt, eine Zeit, in der der Mensch zum Gebrauchsgegenstand, zur Uhr und zur Pechfackel herabgewürdigt werde, eine Zeit, da er in der Arena als Tier den Tieren gegenübergestellt werde, eine Zeit, da ein uraltes, einst ehrwürdiges Gesetz zur "Ideenverkalkung" geführt habe.

---

39 _Jahrbuch des Freien Deutschen Hochstifts_ 1928, 213-215.

40 _Friedrich Hebbels 'Herodes und Mariamne' auf der Bühne 1848 - 1925_, Hebbel-Forschungen, Nr. XX (Berlin 1930) S. 2.

Es sei eine Epoche , die vom Mißtrauen regiert werde. "Diese Zeit schreit nach einem Heiland, einem Messias."[41] Ihr werfe sich ein einzelner Mensch mit der Behauptung, dieser Messias zu sein, entgegen: Herodes. Er wolle Reformator werden und sei doch nur "ein armer, eben an seine Zeit geketteter Mensch", die er erneuern wolle, ohne neue Mittel zu wissen, mit denen er seine Pläne durchführen könnte. Er achte die Menschen nicht so hoch, daß er ihnen seine Pläne begreiflich zu machen suche, sondern er bediene sich einfach des alten despotischen Mittels, Andersmeinende zu köpfen. Die alte Zeit sterbe an der "Mißachtung des Menschen" , und die neue verlange daher die "Achtung des Menschen". Herodes wolle "Arzt der kranken Welt" sein, ohne ihren Krankheitsherd genau zu kennen oder ein taugliches Mittel dagegen zu besitzen[42].

Mariamne dürfe keineswegs als "Personifizierung des christlichen Prinzips" aufgefaßt werden. Sie zeige vielmehr mancherlei Züge, die ganz altjüdisch-sadduzäisch, ja fast antichristlich seien[43]. So lehne sie als Abkömmling eines sadduzäischen Priestergeschlechtes ausdrücklich und in betontem Gegensatz zu den Pharisäern den "Jenseitsglauben für ihre Person" ab[44]. Mariamne stelle den durch seine verrottete Zeit noch nicht verdorbenen Menschen dar, der, wo er liebe, noch nicht vom Mißtrauen angekränkelt sei. Hebbel habe es brieflich ausgesprochen, daß das Urbild der Mariamne seine Gattin Christine sei. Daraus ergebe sich auch die Problematik des "Persönlichkeits- und Selbstbestimmungsrechts der Frau", die der orientalischen Welt noch nicht geläufig gewesen sei[45]. Nur so würden auch die engen Beziehungen von Hebbels Ma-

---

41 Friedrich Hebbels 'Herodes und Mariamne' auf der Bühne 1848-1925, S. 2.

42 ebd., S. 2 f.

43 ebd., S. 3.

44 ebd. ,S. 4.

45 ebd., S. 4 f.

riamne zu Ibsens Nora verständlich[46].

Bei der Aufführung des Stücks müsse unbedingt der Gegensatz zwischen Idumäern und Makkabäern herausgearbeitet werden[47]. Herodes hätte sich in der Anerkennung der beiderseitigen Größe gefunden; durch ihre Charakterveranlagung, "d.h. durch etwas ihnen Eingeborenes", würden sie getrennt[48]. So seien Alexandra und Mariamne "meilenfern" und doch miteinander "fühlbar verwandt". Beide verlangten "die Anerkennung ihrer Persönlichkeit". Beide hätten eine "Mißachtung" erfahren, für die sich zu rächen sie entschlossen seien[49]. Noch stärker präge sich die Verwandtschaft zwischen Herodes und Salome aus. Beide stammten aus derselben Emporkömmlingsfamilie, aber während Herodes "durch sein Vermögen zum männlichen Handeln" zum wahren König werde, sei Salome kleinlich besorgt, daß man sie nicht für voll nehmen könnte. Aus diesem Gefühl heraus entspringe ihre kleinliche Eifersucht und ihr ewiges Mißtrauen , die sich zu einer Art Verfolgungswahn verdichteten. Ähnliche Reaktionen zeige Herodes, auch wenn er immer die äußere Würde wahre[50]. Am Ende fühle er sich Mutter und Schwester mehr zugehörig als Mariamne, während diese mehr und mehr in ihre familiäre Sphäre zurückgleite[51].

Mit der Gestalt des Artaxerxes werde dem Zuschauer "das Problem des ganzen Stücks förmlich ins Gesicht geschrien: der Mensch, Gottes Ebenbild, ist zum Ding degradiert!"[52] Die Silo-Szene zeige , daß es Mütter gebe, die fähig seien, ihre eigenen Kinder zum "Ding", zur "toten Waffe", zu machen. Darüber hinaus habe diese Szene eine weitere große Bedeutung. Jene fremde Frau, die einmal Herodes' Geliebte gewesen sei, wolle ihn aus Rache zum Mörder an seinem Liebsten werden

---

46 Friedrich Hebbels 'Herodes und Mariamne' auf der Bühne 1848 - 1925, S. 5.

47 ebd., S. 7.

48 ebd., S. 8.

49 ebd., S. 9.

50 ebd.

51 ebd., S. 9f.

52 ebd., S. 10.

lassen. Gerade dies sei auch die Absicht Mariamnes. Freilich müsse man in Betracht ziehen, daß Mariamne sich selbst opfere und jene das Kind. Aber andererseits sei auch zu beachten , daß Herodes vom Tode seiner verlassenen Geliebten kaum wesentlich berührt worden wäre. Letztlich sei durch diese Szene klar bewiesen, wie sehr Mariamne in der Zeit und in der Welt des Hasses verwurzelt sei. Ihr Haß sei nur sublimer , vornehmer, fördere aber im Grunde dieselben "greuelhaften" Ideen zutage[53].

Die heiligen drei Könige brächten "das versöhnende Element" in "die bedrückende Atmosphäre des Dramas". Sie und die Erzählung vom Märtyrertod und den messianischen Weissagungen des Sameas stellten "das mystische Element" des Stückes dar[54]. Die Welt, die in diesem Schauspiel vorgeführt werde, müsse vom Haß befreit werden, "folglich muß ein Weltheiland kommen und geglaubt werden"[55]. Das ändere nichts daran, daß die Dreikönigsszene"die Crux des ganzen Dramas" geworden sei, und zwar des Dramas als Bühnenstück. Das liege daran, daß der Stil schwer zu finden sei , mit dem man "dieses einfach Glauben heischende Wunder" in ein sonst keineswegs naives Stück einzufügen habe[56]. Es sei ganz unmöglich, "dieses Aufdämmern eines Erlösungsgedankens in einer verrotteten Welt" mit den "kompakten Mitteln des Krippenspiels" zur Darstellung zu bringen. "Was als ferner, unendlich zarter Gedanke in dieser verarmten Welt wie ein Morgendämmern auftaucht, muß visionär unkörperlich gebracht werden."[57] Eine genauere begriffliche Bestimmung dessen, was mit der Dreikönigsszene bewirkt wird, hat Hiller offensichtlich nicht geben können.

Daß Hebbel in seinen Dramen immer wieder Übergangszeiten, "Weltwenden", dargestellt habe, sei unzweifelhaft, berechtige aber nicht zu den Schlußfolgerungen ,

53 Friedrich Hebbels 'Herodes und Mariamne' auf der Bühne 1848 - 1925, S. 10 f.

54 ebd., S. 11.

55 ebd., S. 12.

56 ebd.

57 ebd., S. 13.

wie sie Walzel daraus gezogen habe. Hebbel sei es vielmehr stets auf das Einzelindividuum angekommen[58]. Furchtbar vereinsamt und zum Mißtrauen förmlich gezwungen durch seine Stellung als König, sei Herodes "ein Einsamer" in einer "chaotischen Übergangszeit". Übergangszeiten vereinsamten das einzelne Individuum, weil es in ihnen keine ausgetretenen Wege mehr gebe und jeder allein einen neuen Pfad suche, wobei er mehr oder weniger in die Irre gehe. "Hebbel, dieses Zwischenglied zwischen Proletarier und Bürger, inmitten der revolutionären Übergangszeit der achtundvierziger Jahre lebend, hatte dies an sich selbst durchgemacht. Zur Vereinsamung selbst prädestiniert, muß er es mit ansehen, wie neben ihm, durch ihn, auch seine Gattin vereinsamt."[59] Dieser Ansatz zu einer sozialgeschichtlichen Interpretation des Stücks wurde jedoch nicht weiter verfolgt.

Etta Federn, die in ihrer Hebbelbiographie auf die einzelnen Dramen nur kurz einging, führte im Hinblick auf Herodes und Mariamne aus, die Königin sei ein Porträt von Hebbels Gattin und der königliche Zweifler, der "aus Zweifel am eigenen Ich" grausam werde, "der Mann mit den außergewöhnlichen Kräften und Mächten" , der durch seinen Dämon genötigt sei, sein eigenes Leben zu vernichten, sei ein Selbstporträt Hebbels[60]. Herodes habe wie alle Helden Hebbels "den tragisch-herben Zug der inneren Unsicherheit", die trotz aller hohen Stellung im geistigen wie im materiellen Leben sie immer wieder zwinge, sich zu messen und zu vergleichen[61]. Federn sah darin ein Erbe von Hebbels Herkunft. Nicht die "Probleme des proletarischen Lebens" beherrschten sein Werk , sondern

---

58 Friedrich Hebbels 'Herodes und Mariamne' auf der Bühne 1848 - 1925, S. 13 f.

59 Ebd., S. 15.

60 Friedrich Hebbel (München 1920) S. 248 f.

61 ebd., S. 249.

der "proletarische Kampf um das eigene Ich", der "Zweifel an den Rechten und Ansprüchen seiner Persönlichkeit", den ein geborener Aristokrat wie Kleist oder ein Patriziersohn wie Goethe nicht habe kennen können[62].

Hebbels Kindheits- und Jugendgeschichte hat nach Ansicht Federns eine ganz besondere Bedeutung für das Verständnis seines späteren Lebens und Werkes. Hebbels Herkunft aus proletarischen Verhältnissen habe ihn zu einem "sich selbst unbewußten Klassenkämpfer" geprägt[63]. Nicht als ob Hebbel jemals "der revolutionäre Proletarier" gewesen wäre - nirgends in seinem Werke finde sich ein bewußt ausgesprochenes Bekenntnis zum Klassenkampf -, vielmehr habe er in seinem Klassengeschick "eine allgemeingültige menschlich=gesetzmäßige Einrichtung" gesehen, während er "sein persönliches Streben nach Befreiung" als individuelles, seiner Begabung anhaftendes tragisches Los angesehen habe. Der unvoreingenommene Betrachter hingegen, der sich nicht an das Konzept des Pantragismus halte, erkenne unschwer "die Narben" , die der Dichter in jeder Etappe seines geistigen und materiellen Daseinskampfes davongetragen habe, als "charakteristische Merkmale" in seinem Werke wieder, "und wir erklären uns sein Werk aus diesem seinem Kampf"[64].

Dieser sozialgeschichtliche Interpretationsansatz, von der bürgerlichen Literaturkritik sogleich scharf verurteilt[65], ist offensichtlich unter dem Eindruck der revolutionären und konterrevolutionären Vorgänge der Jahre 1918/19 entwickelt worden. Die Verfasserin verwechselte allerdings fortgesetzt Proletariat und Kleinbürgertum. Daß Hebbel in Wesselburen in "proletarischen" Verhältnissen gelebt hat, wird man mit gu-

---

62 Federn, Friedrich Hebbel, S. 249.

63 ebd., S. 7.

64 ebd., S. 8.

65 Cf. Walter Schnyder (Rez.), Die christliche Welt 36 (1922) 924.

ten Gründen bezweifeln können. Daß Hebbel "in seinem Schicksal Proletarier" gewesen sei[66], ist sicherlich falsch, und ebenso verfehlt ist der Versuch Federns, die innere Unsicherheit, mit der sich der aus kleinbürgerlicher Not und Enge aufgestiegene Literat in den gesellschaftlichen Zirkeln von Adel und Großbürgertum bewegt hat, als charakteristisches Merkmal der "Proletarierseele" schlechthin auszugeben[67]. Vermutlich spielten bei dieser Einschätzung Hebbels und des Proletariats politisch-gesellschaftliche Erfahrungen der Verfasserin in den Jahren 1918/19 eine Rolle, und zwar weniger Erfahrungen mit der revolutionären Massenbewegung als mit jenen deutschen Arbeiterführern , die in der Revolution in die administrativen Kommandozentralen vorgedrungen waren.

---

66 Federn, Friedrich Hebbel, S. 239.
67 ebd., S. 250.

3.4.2.3 Die psychoanalytische Richtung

J. Sadger vertrat die These, daß Hebbel nie ein Drama geschaffen habe , "das nicht seine eigenen sexuellen Konflikte aus der ersten Kindheit oder in späterer Auflagerung irgendwie darstellte"[1]. Immer wieder reize "das entwürdigte Weib" den Dichter zur Tragödie. Bald habe es der Mann zur Sache herabgedrückt, was Todesstrafe heische, bald werde eine Königin, "also typisch die Mutter", von ihrem Gatten so tief verletzt, daß sie Rache nehmen müsse, ob sie jetzt Rhodope, Mariamne oder Brunhild heiße. "Der Mann, der also frevelhaft handelt, war selbstredend ursprünglich Hebbels Vater, in späterer Folge der Dichter selber bei den verschiedenen Geliebten vor Christine"[2]. Man wisse, daß viele und ganz besonders neurotische Kinder der schwersten Eifersucht auf ihre Mutter fähig seien. Als durch die Eifersucht Hebbels auf die Vergangenheit seiner Frau die alte Eifersucht auf die Mutter erwacht sei, habe er Herodes und Mariamne geschaffen, ein Stück, dessen männlicher Held kein anderer sei als der Dichter selbst. Daß der König sein Weib nicht weniger als zweimal unter das Schwert stelle, damit es ja nach ihm keinem anderen angehöre, sei ästhetisch gewiß nicht zu halten, aber psychologisch durchaus verständlich: ästhetische Gesichtspunkte bedeuteten wenig, wo Kindeswünsche gebieterisch Erfüllung heischten. Aus diesem Grunde sei auch der bethlehemitische Kindermord "aufgeflickt" worden, der besage, daß Hebbels zwei Jahre jüngerer Bruder Johann umzubringen sei[3].

Daß Hebbel in seinen Stücken beinahe ausschließlich sexuelle Konflikte behandle, daß die Heldinnen fast immer an "Spitzfindigkeiten der Liebe" stürben[4], war

---

1 Friedrich Hebbel: Ein psychoanalytischer Versuch (Wien 1920) S. 268.

2 ebd., S. 269.

3 ebd., S. 269 f.

4 ebd., S. 270.

den Ausführungen Sadgers zufolge auf Hebbels sadistisch-analerotische Konstitution zurückzuführen. Sie habe das Zustandekommen einer Zwangsneurose ermöglicht, die ihn, auch wenn sie ruhe, immer wieder zum Grübeln über geschlechtliche Probleme angeregt habe[5]. Alle Figuren Hebbels hätten "ein Stück vom Untersuchungsrichter", seien sie doch alle "Kinder des zwangsmäßig grübelnden Hebbel", der nicht eher ruhe, bis er die geheimsten seelischen Triebfedern aufgespürt habe. Noch mächtiger entwickelt, ja letztlich bestimmend seien "seine Lust an der Grausamkeit und die aus dieser gewonnene Tatkraft"[6]. Was Hebbel trotz seiner überragenden Größe die Volkstümlichkeit geraubt , aber andererseits auch die Fähigkeit gegeben habe, wider alle Ungunst der äußeren Umstände sich durchzusetzen , "und sei es selbst über die Leiche der besten Freundin hinweg", was sein "Leben und Schaffen" beherrscht habe, das sei "sein übermächtiger Sadismus" gewesen. Dieses "Plus an Grausamkeit", "das am meisten Spezifische an Hebbels Charakter wie an seinem Können", habe vielleicht den Menschen und Dichter gerettet, doch diesem "den höchsten Lorbeer" geraubt, den nur "ein Poet mit voller Beherrschung seiner Triebe" zu erringen vermöge[7].

Nicht nur Hebbels offenkundige Vorliebe für sexuelle Konflikte, sondern auch die destruktive Gefühlsdisposition seiner Figuren und darüber hinaus der "tiefe, große, ungewöhnliche - aber niederdrückende Eindruck" seiner Produktionen wurden somit auf die "sadistisch-anale Konstitution" des Dichters zurückgeführt[8]. Sadger ging es um den Nachweis des neurotischen Grundzugs von Hebbels Wesen; die gesellschaftlichen Ursachen für die Entstehung und Stabilisierung dieser

---

5 Sadger, Friedrich Hebbel: Ein psychoanalytischer Versuch, S. 268, 373.

6 ebd., S. 374.

7 ebd.

8 ebd., S. 373, Anm. 2.

Fehleinstellungen analysierte er dagegen nicht. Dadurch entstand der Eindruck einer durch mehr oder weniger zufällige frühkindliche Erfahrungen bewirkten Fehldisposition. Andererseits fehlten sozialkritische Momente in Sadgers Darstellung durchaus nicht , wie z.B. wenn sie etwa darauf verwies , daß Hebbel ohne seine sadistische Anlage unmöglich zum repräsentativen bürgerlichen Dichter hätte avancieren können.

Eine Auseinandersetzung mit den Thesen Sadgers hat es in der Weimarer Republik nicht gegeben, doch sind wichtige Aspekte seines Psychogramms durch die Studie des Amerikaners Friedrich Zieglschmid[9] bestätigt worden.

---

9 Beiträge zu Friedrich Hebbels Charakterkunde: Ein psychologischer Deutungsversuch, Hebbel-Forschungen, Nr. XXII (Berlin 1932).

3.4.2.4 Die geistesgeschichtliche Richtung

Der geistesgeschichtlichen Richtung der Hebbelrezeption waren die Arbeiten einiger Kritiker zuzurechnen, die sich in der Ablehnung der "Metaphysik", deren Rekonstruktion vielen Hochschulgermanisten als ein vordringliches Ziel erschien[1], einig waren.

Martin Sommerfeld ging offensichtlich unter dem Einfluß der Diltheyschen Strukturpsychologie der Frage nach, ob es nur eine "äußere Angleichung" gewesen sei, wenn Hebbel sich in Wien "auf dem Weg von der Judith zur Iphigenie" geglaubt habe, ob es eine "Selbsttäuschung" gewesen sei, wenn er in seinem künstlerischen Schaffen seit Herodes und Mariamne mit bewußtem Bezug auf Goethe "eine Epoche der harmonischen Kunstübung, der reinen Form" zu erleben geglaubt habe[2]. Sommerfeld, der sich mit Herodes und Mariamne allerdings nicht auseinandersetzte , bejahte generell die Frage; überall sehe man in Hebbels Werk eine "kompromißhafte Lösung", die die "Konvenienz" für das "Gesetz", die "Versöhnung" für die "Erlösung", die "Ausgeglichenheit" für die "Form" nehme[3]. Hier werde "ein alles andere als epigonal Strebender in beispiellosem Ringen fast wider seinen Willen auf einen Weg gedrängt", auf dem er sich nicht habe erfüllen können[4]. Sommerfeld hatte dafür keine geschichtlich-gesellschaftliche Erklärung , wie seine Darstellung überhaupt aus dem Bereich der historischen Forschung hinausführte, indem sie gegen Hebbels Dramatik Goethes Kunstschaffen ausspielte[5].

---

1 Cf. Ermatinger, ZfD 1925, 258 ff.

2 Hebbel und Goethe: Studien zur Geschichte des deutschen Klassizismus im neunzehnten Jahrhundert (Bonn 1923) S. 14.

3 ebd. , S. 273.

4 ebd., S. 274.

5 Cf. Franz Zinkernagel (Rez.), DLZ 45 (1924) 1237; ähnlich Georg Witkowski (Rez.), Zeitschrift für Bücherfreunde 16 (1924) 297 und Fritz Weiss (Rez.), Literaturblatt für germanische und romanische Philologie 48 (1927) 20.

Der Abschnitt über Hebbel in Oskar Walzels Literaturgeschichte von 1919[6] bot im Vergleich zu den früheren Veröffentlichungen des Verfassers keinen gedanklichen Neuansatz. Wie zuvor wurde herausgestellt, daß Hebbel es als "notwendige Voraussetzung aller Höherentwicklung der Menschheit" angesehen habe, "daß der einzelne sich seinem Zeitalter und dessen Vertretern entgegensetze, daß es ein Ärgernis gebe, auch daß er untergehe in diesem Widerstreit"[7]. Hebbel sei überzeugt gewesen, in einer solchen Übergangszeit zu leben. "Wäre er es nicht gewesen, er hätte schwerlich sein System entwicklungsgeschichtlicher Tragik ersonnen und Tragödien geschrieben, in denen ein Vorkämpfer der Zukunft gegen das Abgenutzte und Erledigte auftritt."[8] In einem 1922 veröffentlichten Aufsatz[9] warf Walzel im Anschluß an eine Interpretation von Maria Magdalene die Frage auf, warum Hebbel so rasch das bürgerliche Drama aufgegeben habe, nachdem er es "geadelt" und ihm "eine notwendige gesellschaftlich gedachte Begründung" geschenkt habe[10]. Walzel meinte, daß Hebbels Theorie des Tragischen mit großem, ja vielleicht mit größerem Vorteil an Stoffe der Vergangenheit angewendet werden könne. Solange Hebbels Stücke in der Gegenwart weilten, bleibe es fraglich, ob einst die gute Sache wirklich siegen werde. Dagegen seien die Zukunftshoffnungen, die sich in der Vergangenheit auftäten, tatsächlich erfüllt. Ein schwerer Nachteil bleibe allerdings nicht aus: die gesellschaftlichen Zustände, die den Geschichtsdramen zugrunde lägen, seien so fern, daß viele in ihnen "nur Befremdendes" erblickten und "den Zusammenhang mit

6 Die Deutsche Dichtung seit Goethes Tod (Berlin 1919) S. 115-121.

7 ebd., S. 116.

8 ebd., S. 118.

9 "Das bürgerliche Drama", Vom Geistesleben alter und neuer Zeit (Leipzig 1922) S. 142-231.

10 ebd., S. 214.

der Gegenwart, zugleich aber auch die gesellschaftskritische Absicht und die gesellschaftliche Begründung der Tragik Hebbels" nicht verspürten[11].

Ein einziges Mal hat Walzel den Versuch gemacht, die Literaturproduktion des 19. Jahrhunderts sozialgeschichtlich zu deuten[12]. Die vierziger Jahre seien das Zeitalter der revolutionären politischen Dichter gewesen, von denen allerdings nur wenige wie Freiligrath und Heine geahnt hätten, daß sich "Wichtigeres" vorbereitet habe als "die Entscheidung zwischen absoluter und konstitutioneller Monarchie, zwischen Zensur und Pressefreiheit, zwischen Adelsherrschaft und bürgerlichem Parlamentarismus"[13]. Mit der zunehmenden Industrialisierung habe der Gegensatz zwischen den Ständen, die sich in der Französischen Revolution bekämpft hätten, fortschreitend an Bedeutung verloren neben dem wachsenden Gegensatz zwischen Unternehmertum und Arbeiterschaft[14]. Schon 1847 hätten Marx und Engels das Manifest der Kommunistischen Partei veröffentlicht, allein im Jahre 1848 sei von dem "Gegensatz des bürgerlichen Freisinns und der kommenden Sozialdemokratie" noch nicht viel zu bemerken gewesen. Als aber 1860 Lassalle zur Arbeiterbewegung gestoßen sei, sei "fast das ganze übrige deutsche Schriftstellertum schon wesentlich auf der Seite des bürgerlichen Kapitalismus" gestanden. Man habe sich mit "dem bestehenden Staat" ausgesöhnt. Sogar "ein durchaus umstürzlerisch Veranlagter wie Hebbel" sei ins "Lager der bürgerlichen Parteien" übergegangen und habe für den "bestehenden Staat" gekämpft. Er habe ihn unbedingter bejaht als etwa Heine, der vor dem Kommunismus nicht minder gebangt habe als Hebbel. Heine habe noch von einer künftigen Gesellschaft träumen können, Heb-

---

11 Walzel, "Das bürgerliche Drama", Vom Geistesleben alter und neuer Zeit, S. 215.

12 Die Geistesströmungen des 19. Jahrhunderts, Deutschkundliche Bücherei (Leipzig 1924).

13 ebd. , S. 34.

14 ebd., S. 35 f.

bel dagegen und die Mehrzahl der Dichter dieses Zeitalters hätten "völlig auf eine Neuordnung der Gesellschaft" verzichtet[15].

Walzels sozialgeschichtlichen Kenntnisse waren, wie die Bemerkungen zur Französischen Revolution und zur Revolution von 1848 in Deutschland bewiesen, relativ undifferenziert, und die Vorstellungen, die er von Marxismus und Arbeiterbewegung entwickelte[16], waren reichlich verschwommen, aber Walzel ist der einzige deutsche Literaturprofessor gewesen, der überhaupt, wenn auch nur andeutungsweise, auf den Zusammenhang zwischen Hebbels literarischer Produktion und den realen politisch-gesellschaftlichen Auseinandersetzungen seiner Zeit hingewiesen hat. In Walzels neuer Literaturgeschichte von 1930[17] war dieser sozialgeschichtliche Ansatz wieder aufgegeben. Walzel griff hier auf seine frühere Position zurück, wonach die "Träger der Tragik" in Hebbels Drama untergehen, "nachdem sie vorweggenommen haben, was künftig selbstverständliches Besitztum sein wird"[18]. Kritische Vorbehalte gegenüber Hebbels Produktionen unterdrückte er allerdings nicht. Diese waren allerdings nicht politisch-gesellschaftlich begründet, sondern ästhetisch und dramentechnisch motiviert. Walzel fragte, ob Hebbel "Wertvolleres" als "eine gedanklich überbelastete Buchdramatik" geschaffen habe. Schiller und Kleist bewegten sich viel sicherer auf der Bühne. An die Musik ihrer Sprache reiche Hebbels Vers nicht heran; er sei schwer zu sprechen und stelle an die Schauspieler höhere Ansprüche. Was in Hebbels Menschen vorgehe , werde leicht mißverstanden und gelte vielen als ausgetüftelt. Seine Symbolik verhülle mehr, als daß sie helles Licht auf Dunkles richte[19].

---

15 Die Geistesströmungen des 19. Jahrhunderts, S. 36.

16 ebd., S. 36 f.

17 Deutsche Dichtung von Gottsched bis zur Gegenwart, Bd. II (Wildpark-Potsdam 1930) S. 185-190.

18 ebd., S. 186.

19 ebd. , S.185.

Walzels Interpretation des Dramas mit ihrer Betonung des an Hegel orientierten dialektischen Entwicklungsgedankens wurde von verschiedenen Kritikern aufgegriffen. Werner Mahrholz charakterisierte das Stück als ein "Ideen= und Charakterdrama mit welthistorischem Hintergrund"[20]. Der "Sinn der Tragödie zwischen zwei Menschen" sei "die Schändung der innersten Menschenwürde durch den Zweifel". Der "Sinn der Tragödie in ihrer welthistorischen Dialektik" aber liege darin beschlossen, daß unter Herodes das Christentum in die Welt trete "und eben damit ein neuer Aufruf zur Würde und Reinheit des inneren Menschen"[21]. M. Scholastica Briel charakterisierte Herodes und Mariamne als "eine private Tragödie", die in den "Übergang zweier Epochen" hineingestellt sei[22]. Auch Robert Petsch schloß sich in seiner Auslegung von Herodes und Mariamne der Walzelschen Deutung an[23], obgleich er nach wie vor von einem metaphysischen Schuldbegriff bei Hebbel ausging[24].

Karl Schultze-Jahde schrieb, in Herodes und Mariamne seien die repräsentativen Gestalten in eine Vordergrundshandlung gestellt, während die Hintergrundshandlung die Farben für die Weltwende gebe ; ihre Gestalten verflöchten sich in Abstufungen mit der ersteren. Hier liege auch der Sinn der Szene mit Artaxerxes und den drei Königen, die "polar" seien: "auf der einen Seite Mißachtung des Menschen bis zur Hinabdrückung zur Maschine, auf der anderen zukunftweisender Ausblick in eine neue Zeit; Mariamne eine Art erstes Op-

---

20 "Friedrich Hebbel" , Hebbels Werke, Auswahl in drei Bänden, Bd. 1 (Stuttgart 1925) S. XXII.

21 ebd.

22 Herodes und Mariamne, Tragödie von Fr. Hebbel, Mit Erläuterungen für Schüler höherer Lehranstalten und zum Selbststudium von M. Scholastica Briel, Edelgut dramatischer Literatur, Nr. 6 (Saarlouis o.J. [1930]) S. 22.

23 "Friedrich Hebbel. Ein Wort zur Einführung in seine Dichtung", Hebbel, Eingeleitet von Robert Petsch, Meisterwerke deutscher Klassiker (Berlin 1925) S. 7.

24 ebd., S. 4 f.

fer im Vorkampf"[25]. Daß sich der gesellschaftliche Fortschritt gleichsam hinter dem Rücken der handelnden Figuren durchsetze, wurde hier ähnlich wie in Walzels Hebbelproblemen unterstellt[26].

Die Grundgedanken von Walzels Auslegung des Stücks waren auch in zwei Theaterkritiken[27] sowie in den Literaturgeschichten von Julius Wiegand[28], Paul Fechter[29] und Arthur Eloesser[30] erkennbar. Fritz Elsermann bezog seine offensichtlich von Walzel abhängige Deutung des Hebbelschen Werkes[31] ausdrücklich auf die politisch-gesellschaftliche Situation Ende der zwanziger Jahre in Deutschland. "Die Kenntnis Hebbels führt uns zum Verständnis unserer Zeit, und darin liegt des großen Dichters historische Sendung."[32] Hebbel lehre, "das scheinbare Chaos als Geburtsstätte einer entwickelteren Zukunft" zu sehen. Die "extremsten Richtungen in unserer Politik" erhielten "von Hebbels Gesetzen her" ihre Bedeutung. Hebbel lehre "unsere Zeit" und"die bedeutendsten Politiker" wie Brockdorff-Rantzau und Stresemann zu verstehen und die aus dem Gegensatz von Altem und Neuem sich ergebende "Synthese" zu ahnen. Mit Hebbel dürfe man

---

25 "Franz Weichenmayr, Dramatische Handlung und Aufbau in Hebbels Herodes und Mariamne (Halle 1929)", ZfdPh 55 (1930) 495.

26 Cf. die gleiche Interpretation der Szenen IV,4 und V,8 bei Theodor Geissendoefer, "Die Bedeutung der Episode in Hebbels Dramen", The Journal of English and Germanic Philology 19 (1920) 532 f.

27 "Herodes und Mariamne", Nachrichten für Stadt und Land, Oldenburg, 1.9.1927; "Friedrich Hebbel: 'Herodes und Mariamne'", Königsberger Allg. Zeitung, Königsberg, 27. 4. 1931.

28 Geschichte der deutschen Dichtung (Köln 1922) S. 320 f.

29 Dichtung der Deutschen: Eine Geschichte der Literatur unseres Volkes von den Anfängen bis zur Gegenwart (Berlin 1932) S. 540 f., 547.

30 Die deutsche Literatur vom Barock bis zur Gegenwart, Bd. II (Berlin 1931) S. 280 f.

31 "Das Verhältnis zwischen alter und neuer Zeit in den Dramen Hebbels", Die Mittelschule, 1930, 654 ff.

32 ebd., 656.

deshalb "hoffnungsvoll in die Zukunft unseres Volkes" schauen[33]. Elsermann ging offensichtlich davon aus, daß sich die glücklichere Zukunft gleichsam von selbst einstellen werde, wenn nur die Kämpfe der Gegenwart überstanden seien.

3.4.2.5 Die formalistische Richtung

Die zeitgenössischen Bemühungen um eine textanalytisch konzipierte Dichtungskunde, die alle geschichtlich-gesellschaftlichen Probleme als außerästhetisch ignorierte , fanden in zwei Dissertationen ihren Niederschlag. Ilia Motylews Untersuchung über die 'Verdeckte Handlung' in Hebbels Dramen[1] blieb zumindest im Hinblick auf Herodes und Mariamne ohne greifbare Ergebnisse. Die hier in Frage kommenden Belegstellen wurden zwar sorgfältig registriert, aber lediglich "bühnentechnisch", "bühnenoeconomisch", "dramatisch=oeconomisch" und "ästhetisch" ausgewertet[2]. Dabei kam nicht mehr heraus als die Feststellung, daß Hebbel "dem Anstands= und Sittlichkeitsgefühl des Zuschauers seiner Zeit" Rechnung getragen habe[3] , ohne daß diese offensichtlich auch in Hebbels Drama wirksame gesellschaftliche Kontrolle u.a. bei der Darstellung revolutionärer Vorgänge untersucht wurde.

Die Arbeit von Franz Weichenmayr[4] gehörte zu einer Reihe von Untersuchungen, die Saran veranlaßt hatte, um Begriff und Art der dramatischen Handlung zu präzisieren. In ihrem ersten Teil beschränkte sie sich darauf, Verlauf und Verknüpfung der Handlung möglichst genau festzustellen. Die Methode bestand darin, daß der Fortgang der Handlung Schritt für Schritt verfolgt und diagraphiert wurde; es wurden die einzelnen "Fäden" aufgezeigt, aus denen das "Geflecht" der Handlung entstanden ist[5]. Weichenmayr kam dabei zu dem Ergebnis, daß die Katastrophe "eine Folge des gemeinsamen Ursprungs aller Ereignisse, der Ermordung des Aristo-

---

1 Hebbel-Forschungen , Nr. XVI (Berlin 1927).

2 ebd., S. 45.

3 ebd., S. 62.

4 Dramatische Handlung und Aufbau in Hebbels Herodes und Mariamne (Erlangen , Phil. Diss. 1927); alle Zitate hieraus. - Spätere Veröffentlichung: Bausteine zur Geschichte der deutschen Literatur, hg. Franz Saran, Bd. XXIV (Halle 1929).

5 ebd., S. 7.

bolus", sei[6]. Von einem ausschlaggebenden Widerstreit seelischer Kräfte, der entscheidend die Handlung zu bestimmen vermöchte, dürfe weder bei Herodes noch bei Mariamne gesprochen werden. Mit der Ermordung des Aristobolus sei das Mißtrauen in Herodes geweckt. Es herrsche durch die ganze Handlung vor ; selbst die Leidenschaft , als Steigerung seiner Liebe, erwachse aus diesem Mißtrauen , das erst mit dem Tode Mariamnes endgültig abschließe. Bei Mariamne spiele wohl "die Gefühlswelle" herein , aber auch sie entscheide nicht, sondern werde "von der Abfolge überholt". Auch Mariamnes Liebe könne sie vor "der letzten Abfolge des Ablaufs" nicht bewahren, so wenig sie diesen aufhalten könne[7]. In Herodes und Mariamne liege demnach eine Handlung vor, die sich folgerichtig aus einem Ausgangspunkt , dem "Quellpunkt", herausentwickle. Weichenmayr nannte diesen Handlungstyp nach Saran "Folgehandlung"[8]. Gewiß spielten in dem Handlungsverlauf Gefühlswellen mit ihrem Auf und Ab herein, psychologische Momente und Gegenüberstellungen, aber dieser psychologische Prozeß sei nicht das Dramatische. Wichtiger für den Verlauf als alle feinen Schattierungen des Seelenzustands sei der Gedanke , daß "ein unseliges Geschick", das jedoch nicht als Fatum gedacht werden dürfe, über diesen Menschen walte und sie in "seine unerbittliche grausam konsequente Abfolge" hineinreiße. Nicht der horizontale Charakter des Handlungsverlaufs also, nämlich das Gegenüber von Herodes und Mariamne, die Distanz zwischen beiden, die sich verringere und erweitere und mit dem Tode Mariamnes überhaupt aufgehoben werde, sei das Bedeutende , sondern "dieser fallende Ablauf des schon im Quellpunkt gegebenen Geschickes", das sich mit seinen Folgen , den Ereignissen auf der Bühne, nur erfüllen und vollenden wolle. Es müsse also vermieden

---

6 Dramatische Handlung und Aufbau in Hebbels Herodes und Mariamne, S. 62.

7 ebd., S. 62 f.

8 ebd., S. 63

werden, daß die handelnden Menschen auf der Bühne zu größerer Selbständigkeit gelangten. Denn sie seien ja nichts anderes als "Vorwärtsgestoßene". Das Wichtigste sei also, daß "dieses Vorwärtstreiben" stark hervortrete, das durch die Regie ganz anders herausgearbeitet werden müsse als etwa ein stetes Auf und Ab von seelischen Bewegungen[9].

Im zweiten Teil der Arbeit wurde der Aufbau des Dramas untersucht[10]. Weichenmayr stellte heraus, daß die gesamte Bedeutungsmasse des Dramas in zwei "Wellen" zerfalle, und zwar den ersten und zweiten "Auftragskomplex". Die beiden Wellen seien jeweils in drei Gruppen voneinander abgesetzt. Die "Welle I" umfasse die Gruppen "Auftrag des Herodes", "Geständnis Josephs" und "Lebensfrage Mariamnes", die "Welle II" die Gruppen "Entschluß zum neuen Mordauftrag", "Verrat des Soemus" und "Todesspruch". Am Anfang und am Schluß der gesamten Masse ständen zwei selbständige Stücke, die Weichenmayr "Eingang" und "Auslauf" nannte[11]. Die zwei großen Massenteile bedingten durch ihre Abstufung eine wirkungsvolle Steigerung , so daß von dem zweiten Mordauftrag des Herodes als von einer bloßen Wiederholung nicht gesprochen werden könne[12].

Weichenmayrs Arbeit konzentrierte sich darauf, das systematisch zu fassen, "was der Zuschauer beim Genuß dieses Dramas an Spannung, dramatischer Bewegung usw. erlebt"[13]. Damit waren Leistung und Grenzen der Untersuchung recht genau gekennzeichnet. Weichenmayrs Handlungs- und Aufbauzergliederung vermittelte in der Tat "einen zwingenden Einblick in den erstaunlich folgerechten Bau dieser Tragödie"[14]. Die konkreten Unter-

9 Dramatische Handlung und Aufbau in Hebbels Herodes und Mariamne, S. 65.

10 ebd., S. 67 ff.

11 ebd. ,S. 77.

12 ebd., S. 98.

13 Friedrich Kainz (Rez.), Literaturblatt für germanische und romanische Philologie 54 (1933) 378.

14 ebd.

suchungsergebnisse hingegen , die sich angesichts des großen Arbeitsaufwands recht bescheiden ausnahmen[15], ließen sich relativ leicht in Frage stellen. So interpretierte T. M. Campbell, der sich dagegen wehrte, alles Verhängnis einem "unseligen Geschick" zuzuschreiben, das Drama nicht als "Folgehandlung", sondern als "Zielhandlung"[16]. Hebbel sei entschlossen, alles zu behaupten, was ihm gehöre, vor allem sein Weib. "The goal , as Herod sees it, is illusory from the first, but no less real in his mind. Mariamne also has a "Ziel". She is fighting to keep her relation to Herod pure. This "Handlung" can easily be traced in the drama. It is far nobler than Herod's but equally illusory."[17] Damit war erwiesen, daß in Herodes und Mariamne nicht mit Sicherheit eine "Folgehandlung" dargestellt ist; alle daraus abgeleiteten Schlußfolgerungen waren somit hinfällig[18]. Gesicherte Ergebnisse waren also auf dem Weg über eine derartige, ganz und gar ahistorisch verfahrende Formbetrachtung nicht zu erzielen. Weichenmayrs Arbeit bezeugte somit nicht nur die berechtigte Skepsis gegenüber einer weltanschaulich orientierten Literaturbetrachtung, sondern auch das Unvermögen oder die mangelnde Bereitschaft, das literarische Werk als einen geschichtlich und gesellschaftlich relevanten Gegenstand aufzufassen.

---

15 John C. Blankenagel (Rez.), The Journal of English and Germanic Philology 31 (1932) 438.

16 The Germanic Review 5 (1930) 402.

17 ebd., 403.

18 cf. Karl Schultze-Jahde (Rez.), ZfdPh 55 (1930) 489-496.

3.4.2.6 Die metaphysizierende Richtung

Der gegenüber der wilhelminischen Zeit erheblich gewachsene Einfluß der metaphysizierenden Richtung der Hebbelrezeption erstreckte sich vor allem auf die Schulen und Universitäten. Die Richtung war nicht mehr wie in der Vorkriegszeit an bestimmte Forscherpersönlichkeiten wie Volkelt, Scheunert und Zinkernagel gebunden, im Lehrbetrieb der Universitäten hatte vielmehr , wie Ermatinger feststellte, "Metaphysik ... die Psychologie verdrängt"[1]. Die "Metaphysizierung" der Hochschulgermanistik[2] ging bei einzelnen so weit, daß sie die "Wissenschaft als Mythologie" begriffen und praktizierten[3]. Daß es der Literaturwissenschaftler mit dem "Absoluten und Ewigen" zu tun habe, daß "sein Amt nicht ein Handwerk sondern ein Tempeldienst" sei, den er "mit Hingabe seiner ganzen Person an das Heilige auszuüben" habe[4], war eine durchaus verbreitete Anschauung.

Daß bei dieser Art der Literaturbetrachtung politisch-gesellschaftliche Motivationen und Absichten im Spiel waren, wurde allerdings selten so unmißverständlich zum Ausdruck gebracht wie in der dritten Auflage von Ernst August Georgys Hebbelbuch. Die Ausführungen über <u>Herodes und Mariamne</u>[5] waren nahezu unverändert. Verändert hatte sich aber die politisch-gesellschaftliche Situation des deutschen Volkes, das nach Ansicht Georgys in seiner "unsagbar großen Not" der "Erneuerung und Wiedergeburt" bedurfte[6]. Denn "statt in starker Einheitsfront den Feind zu überwinden", sei man in "den alten Erbfehler erbitterter Zwietracht und gegenseitiger herber Aufgesesssenheit" verfallen[7].

---

1 <u>ZfD</u> 1925, 256.

2 Cf. H. Epstein, <u>Die Metaphysizierung in der literaturwissenschaftlichen Begriffsbildung</u>.

3 Ermatinger, <u>ZfD</u> 1925, 257.

4 ebd., 260

5 <u>Die Tragödien Friedrich Hebbels nach ihrem Ideengehalt</u> (Leipzig, 3. Aufl. 1922) S. 184-284.

6 ebd., S. VII.

7 ebd., S. VIII.

Wer die "unsagbar große Not dieses zerfahrenen und zerschlagenen Volkes" erkannt habe und es allen "Machenschaften seiner erbitterten und erbostesten Feinde" wie gelähmt gegenüberstehen sehe, ermesse die "hohe Bedeutung" von Hebbels Produktionen für die Gegenwart[8]. So stelle Herodes und Mariamne der "verelendenden Oberflächlichkeit, verstumpfenden Seichtigkeit und verloddernden Verlogenheit" das tiefergreifende Bild der "Verinnerlichung und Vertiefung" entgegen[9]. In diesen "unseligen Tagen des sich überschlagenden Individualismus und des Tanzes um den Götzen der Persönlichkeit" möge man sich der Hebbelschen Frauengestalten erinnern, die einem "lebengebenden Gesetze" ergeben seien, "jenem Gesetze, das wir durch den schnöden Wegwurf der Patronentasche für immer verletzten": "Sie tun durchaus und nehmen in freier Bindung auf sich, was wehe macht und Leiden schafft, zur Erreichung großer Zwecke um des Volkes, um der Menschheit willen - bis in den Tod."[10] Nichts habe sich seit der Reichsgründung so verhängnisvoll ausgewirkt wie die "Libertät", die so oft von den Besten der Nation tief beklagt worden sei und die den "genialen Reichsmacher" zu allen Zeiten mit tiefen Sorgen erfüllt habe[11]. Georgy ließ keinen Zweifel daran, daß diese "Libertät"zugunsten der "Tugenden und Energien", die den Frauengestalten Hebbels eigen seien, eingeschränkt, notfalls beseitigt werden müsse[12].

Solche Überlegungen lagen der konservativen Schweizer Kritik unmittelbar nach dem Weltkrieg durchaus fern. Frieda Knecht schrieb in ihrer 1919 bei Ermatinger eingereichten Dissertation, man habe Herodes und Mariamne oft mit der Frauenemanzipationsbewegung in Zusammenhang gebracht und das Stück immer wieder mit

---

8 Die Tragödien Friedrich Hebbels nach ihrem Ideengehalt, S. X.

9 ebd., S. XI.

10 ebd. , S.XIII f.

11 ebd., S. XV.

12 ebd.

Ibsens Puppenheim in Parallele gesetzt. Nun sei eine gewisse Beziehung zwischen Hebbels Tragödie und den Emanzipationsbestrebungen der Jungdeutschen nicht zu leugnen, und ebensowenig könne die innere Verwandtschaft zwischen Hebbels Tragödie und dem Nora-Problem in Abrede gestellt werden. Aber ein Tendenzstück der Frauenemanzipation sei Herodes und Mariamne nicht. Es liege in diesem Stück überhaupt keine Tendenz, am allerwenigsten irgendeine Zeittendenz zugrunde. Nicht das Recht der Mariamne werde dem Unrecht des Herodes gegenübergestellt, nicht das Recht der Frau "gefordert". Der Konflikt, den Hebbel in historischem Gewande vor uns entrolle, sei "ein ewiger Gegensatz", er sei "der ewige, naturnotwendige Kampf zwischen Mann und Weib", und beide hätten in ihm gleiches Recht und Unrecht. Mariamne sei nicht eine "Puppe", die sich plötzlich ihres Menschenrechts und ihrer Individualität bewußt werde. Und Herodes stehe als Mensch und Mann hoch über der Durchschnittsnatur Robert Helmers. Was von der Frau in Ibsens Nora gefordert werde, das sei seitdem längst zur Selbstverständlichkeit geworden. Ganz anders lägen die Dinge in Herodes und Mariamne. Wohl träten die Gegensätze im Leben selten so schroff und mit solch unerbittlicher Tragik ins Licht, aber sie seien da und "notwendig gegeben mit dem Dualismus von Mann und Weib"[13].

Mariamne sei stolz und sich ihres Persönlichkeitswertes voll bewußt, deshalb ertrage sie nicht Zwang und Gewalt. Herodes könne solche Liebe in ihrem Wesen nicht erfassen. Ihm erscheine sie als Kälte, Leidenschaftslosigkeit und Gleichgültigkeit. Mariamne wiederum sehe nur die nackten Tatsachen: Herodes' stetes Mißtrauen und seine Furcht sowie den Todesbefehl, der ihr als eine Vergewaltigung ihrer Wesenheit erscheine und erscheinen müsse. Sie begreife nicht die eigentlichen Motive, die ihn so zu handeln zwängen. Seine Denk- und Fühlweise könne die Gewalt rechtferti-

---

13 Die Frau im Leben und in der Dichtung Friedr. Hebbels (Zürich, Phil. Diss. 1919) S. 68.

gen, weil sie in übergroßer Liebe wurzele. Mariamne aber dulde keinen Egoismus der Liebe, ihre Eigenart künde die christliche Auffassung der Liebe voraus, deren Wesen Dienen und nicht Beherrschen sei[14]. Als Ganzes laufe die Darstellung darauf hinaus, "die innere Fremdheit dieser beiden Menschen" zu vergegenwärtigen; diese sei "ihr Verhängnis und ihr Schicksal"[15].

Der Deutsche Hans Wahl betonte, daß der Dichter das Recht habe, "der Großartigkeit der Tragik zuliebe sanftere Töne auszuschalten"[16]. Nicht "das So=oder=so=Handeln" seiner Gestalten bringe den Konflikt, sondern "das So=Sein"[17]. Auch Wolfgang Liepe vertrat die Existenzschuldthese[18]. Hebbels _Herodes und Mariamne_ zeuge von der "eisernen Notwendigkeit des Weltgeschehens", das über den Einzelmenschen hinweggehe, und von der "erdrückenden Tragik des Persönlichkeitsseins überhaupt"[19].

Walter Schnyder machte in seiner Dissertation über die Beziehungen zwischen Hebbel und Rötscher (Referent: Franz Zinkernagel) auf den Zusammenhang zwischen Goethes _Wahlverwandtschaften_, Rötschers Studie über Goethes Roman und Hebbels _Herodes und Mariamne_ aufmerksam[20]. Es sei kein Zufall , daß Hebbel während der ersten Arbeit an seinem Drama im Januar 1847 eingehend Rötschers Abhandlung über die _Wahlverwandtschaften_ studiert habe. Denn in Hebbels Stück gehe es um dasselbe Problem wie in den _Wahlverwandtschaften_:

---

14 _Die Frau im Leben und in der Dichtung Friedr. Hebbels_, S. 67.

15 ebd.

16 "Einleitung", _Hebbels Werke_, In Auswahl hg. v. Hans Wahl, Bd. 1 (Leipzig 1921) S. XIV f.

17 ebd., S. XVII.

18 "Biographische Einleitung" , _Hebbel_, _Werke_, Ausgewählt und hg. v. Wolfgang Liepe, Bd. 1 (Berlin 1925) S. XXXIX.

19 ebd., S. XXXVIII.

20 _Hebbel und Rötscher unter besonderer Berücksichtigung der beiderseitigen Beziehungen zu Hegel_, Hebbel-Forschungen, Nr. X (Berlin 1923) S. 72.

die Ehe. Was Rötscher in seiner Abhandlung über das Wesen der Ehe ausführe, könnte nach Ansicht Schnyders ebensogut in einer Einleitung zu Herodes und Mariamne stehen. Dort werde dargelegt, daß die Lebensform der Ehe erst durch die freie , christliche Weltanschauung zu ihrer absoluten Bedeutung komme, da sich in ihr zwei gleichberechtigte, freie Individuen zu einer sittlichen Einheit durchdrängen, deren Grundlage und Ausgangspunkt die freie Hingebung des ganzen Menschen bilde. Es sei eine freiwillige Abhängigkeit, in der jeder sich ganz von dem andern zurückempfange. Darin sei "das ganze menschlich-ethische Problem", zugleich aber auch"die historische Bedeutung des Herodesdramas" enthalten[21]. Herodes sei der Mensch , der nach dem von christlicher Nächstenliebe und Freiheitsbegriffen noch "unangekränkelten" Gesetz der Expansion des Individuums die heißgeliebte Mariamne durch Gewalt an sich zu ketten suche. Mariamne , welche "weiblich und zugleich christlich fühlend" ihrem Mann in freier Hingabe völlig angehören wolle, müsse sich dadurch verletzt fühlen. Daraus erwachse der tragische Konflikt, der durch "die halb symbolische Bedeutung der Gestalten" zugleich Spiegelbild des weltgeschichtlichen Prozesses werde[22].

Das "menschlich-ethische Problem" von Hebbels Drama entwickelte Schnyder aus einer Gegenüberstellung von Hebbels Herodes und Mariamne und Goethes Wahlverwandtschaften. Hebbel habe in seiner Ehetragödie den Mangel zu vermeiden gewußt, den er Goethe so scharf vorwerfe, "eine von Haus aus nichtige, ja unsittliche Ehe wie die zwischen Eduard und Charlotte zum Mittelpunct seiner Darstellung" zu machen und dies Verhältnis zu behandeln und zu benutzen, "als ob es ein ganz entgegengesetztes, ein vollkommen berechtigtes wäre"[23]. In Herodes und Mariamne gehe der Dichter von einer Ehe

---

21 Hebbel und Rötscher unter besonderer Berücksichtigung der beiderseitigen Beziehungen zu Hegel, S. 72

22 ebd. , S. 72 f.

23 ebd. , S. 53.

aus, die aus warmer, inniger Liebe entsprungen sei, und an dieser Ehe werde nachgewiesen, wie sie dennoch brechen müsse, weil sich das Individuum durch sie in seinem notwendigen, eingeborenen Expansionsdrang beengt fühle[24]. Das tragische Scheitern der Figuren sei, wie Schnyder unter Berufung auf Zinkernagels Hebbelstudie ausführte, geradezu mit der Existenz gesetzt[25]. "In der Vernichtung der unvollkommenen Einzelexistenz liegt allein die Versöhnung."[26]

Die "historische Bedeutung des Herodesdramas" bestand nach Ansicht Schnyders darin, daß in ihm der Versuch gemacht worden ist, "die geschichtliche Modifikation der Menschen=Natur in ihrer relativen Notwendigkeit darzustellen"[27]. Nicht daß Herodes so ausschließlich an den Verhältnissen zugrunde ginge wie etwa Maria Magdalene, dazu wiege er zu schwer als Charakter. Dennoch sei er nicht als Ausnahmecharakter, als dämonische Gestalt konzipiert, er sei vielmehr ein "Kind seiner Zeit"[28]. Seine "Lage" mache ihn zum "Ungeheuer"[29]. Völlig vereinsamt stehe er voll Mißtrauen in der Welt und suche wenigstens Mariamne an sich zu ketten, glaube es aber nur mit Gewalt tun zu können. Dagegen sträube sich das Gefühl des Menschenwertes in Mariamne. Schnyder vermutete, daß erst während der Arbeit ein weiterer Gedanke hinzugetreten sei: In den Vorstellungen der absterbenden, orientalischen Antike befangen, könne Herodes sein Weib gar nicht als selbständiges Individuum schätzen, sondern müsse in ihm das "Ding" sehen[30].

Für Schnyder ergab sich aus dem Umstand, daß die Tragik in Herodes und Mariamne "nicht nur ihre rein menschliche, sondern auch ihre historische Seite" habe, die Schlußfolgerung, daß dies Drama "ungezwungen den welthistorischen Prozeß selbst" widerspiegele[31].

24 Hebbel und Röscher unter besonderer Berücksichtigung der beiderseitigen Beziehungen zu Hegel ,S.54, 73.
25 ebd., S. 54 ff.
26 ebd., S. 96.
27 ebd., S. 133.
28 ebd., S. 133 f.
29 ebd., S. 134.
30 ebd., S. 134 f.
31 ebd., S. 135.

Herodes und Mariamne ständen sich "nicht nur als Menschen, sondern als Symbole zweier Weltanschauungen" gegenüber, die sich in ihrem Kampf zermalmten. Die "psychologische Handlung" des Stücks symbolisiere zugleich den "welthistorischen Prozeß"[32]. Das Drama spiele in der "Weltenwende", in welcher der Mensch zum Bewußtsein seines Wertes erwache. Dies verdeutliche schließlich die Ankündigung der drei Könige, daß derjenige geboren sei, der "den unendlichen Wert jeder Einzelseele zum Grundprinzip seines Handelns wie seiner Lehre" gemacht habe[33]. Schnyder nannte dies "eine Versöhnung im Drama von überwältigender Größe und Hoheit"[34]. Der Zuschauer werde mit der Gewißheit entlassen, daß "aus dem Tode neues Leben erblühe"[35].

Schnyder wollte die "menschlich-ethische" Problematik metaphysisch und die geschichtlichen Elemente des Stücks im Sinne Walzels als Momente des "weltgeschichtlichen Prozesses" verstanden wissen. Die Kombination der Existenzschuldthese der metaphysizierenden Richtung der Hebbelforschung mit der entwicklungsgeschichtlichen Konstruktion Walzels gelang also nur unter der Voraussetzung, daß die "menschlich-ethische" Problematik des Stücks nicht als geschichtlich-gesellschaftlich bedingt aufgefaßt wurde.

Nach dem Urteil von Julius Bab hat Hebbel in irgendeinem Grade in jedem seiner Dramen einen erotischen Vorgang als Stütze und Bewegungskraft gebraucht, aber nur einmal, und zwar in Herodes und Mariamne, hat er seine ganze Kraft der Ausgestaltung eines "Kampfes zwischen zwei Liebenden" zugewandt[36]. Daß hier "eines der großen Liebesdramen der Weltliteratur" entstanden sei, das sei um so merkwürdiger, als

---

32 Hebbel und Röscher unter besonderer Berücksichtigung der beiderseitigen Beziehungen zu Hegel, S. 135.

33 ebd., S. 135-137.

34 ebd., S. 143.

35 ebd.

36 Das Drama der Liebe (Berlin 1924) S. 166 f.

Hebbels ursprüngliche Absicht keineswegs auf "das tragische Gleichgewicht zweier großer Liebender" gerichtet gewesen sei. Die "Psychologie des Bethlehemitischen Kindermordes" sei sein Ausgangspunkt gewesen; er habe faßbar machen wollen, wie dieses ungeheuerste Verbrechen habe in die Welt kommen können. Nur als ein starker Schritt auf diesem Wege sei zunächst des Herodes Verhältnis zu seiner Frau erschienen, die er liebe und aus ungerechtfertigter Eifersucht töten lasse, so seinem Inneren einen letzten Halt, eine wohltätig lindernde Verbindung mit der Welt raubend. Aber dann sei dieses Ergebnis selbst so ungemein wichtig für Hebbel geworden, daß es die ganze Breite des dichterischen Raums einnehme, daß die sozialpolitischen, religiösen Schwierigkeiten, in die Herodes sonst noch verstrickt sei , lediglich noch als Anlaß für "die erotische Katastrophe" Bedeutung hätten und daß der am Schluß tatsächlich gegebene Befehl zum Bethlehemitischen Mord nur wie ein schrecklicher Epilog, ein dumpfer Nachhall des eigentlichen Dramas wirke[37].

Um der eigentlichen Bedeutung von Hebbels Drama gerecht zu werden, müsse man sich vergegenwärtigen, daß es "eine Tragödie der Liebe im vollsten Sinne des Wortes" sei, daß hier "mit der letzten menschenmöglichen Kraft" zwei Menschen einander zugewandt seien. Am Anfang stehe eine der ungeheuersten "Liebeserklärungen", die jemals die menschliche Sprache formuliert habe (445 ff.). Stärker könne das Gefühl, durch Anblick eines Schönen, durch Liebe im allerreinsten und tiefsten Sinn, den Schranken des sterblichen Ich, den irdischen Gesetzen entronnen zu sein , überhaupt nicht ausgesprochen werden. So liebe Herodes Mariamne, aber wie wenig er in diesem Gefühl den Schranken der Menschheit entrinne, wie sehr er auch in dieser Liebe und gerade in ihr Mensch bleiben müsse, das sei von Anfang an klar[38]. Wenn nichts ande-

37 Das Drama der Liebe, S. 167 f.

38 ebd., S. 168 f.

res, so könne der Tod das Band zweier Liebender trennen, dem "übermenschlichen Glück ihrer Vereinigung" ein Ende machen. Herodes glaube an die Unsterblichkeit doch nur "fast" - aber immerhin genug, um das Beieinandersein beider im Tod tröstlicher und erträglicher zu finden als ihr Getrenntsein durch den Tod. So sei es ein "dumpf sinnlicher Aberglaube der allzu irdischen Kreatur", der Herodes veranlasse, der sterblichen Liebe eine Dauer zu erzwingen - "über den Tod hinaus - durch den Tod"[39]. Mariamne ihrerseits liebe Herodes so sehr, daß sie ihn nicht freiwillig überleben wolle; aber wie in seiner Liebe "der gewalttätige Angriff" , so sei in ihrer "der abwehrende Trotz" als der "untilgbare irdische Rest" wirksam: "wie er, männlich aktiv sein Ich erobernd über das ihre auszudehnen trachtet, so muß sie,weiblich passiv, ihr Ich-Gefühl in der Verteidigung offenbaren , in dem Freiheitstrotz, der den Menschen selbst in der äußersten Hingabe doch noch die Freiwilligkeit des Handelns gewahrt wissen will"[40].

Dieses "tiefe erotische Zerwürfnis" sei ein Menschenalter später in den Mittelpunkt einer denkbar verbreiteten Diskussion gerückt, als es von Ibsen in Nora trivialisiert worden sei. Ibsen, dem gerade in dem ersten Entwurf der Nora wohl etwas wie eine "Tragödie der Liebe" vorgeschwebt sei, habe den Stoff dann schrittweise tiefer und tiefer auf rein soziale Diskussion herabgedrückt. Es handle sich jetzt tatsächlich nicht mehr um ein von der Liebe geschaffenes Verhältnis zweier Menschen, sondern um die Ehe, und zwar um die Ehe in einem bestimmten geschichtlichen Moment, um die Ausartung der bürgerlichen Ehe in "ein sentimental-verschminktes Besitzverhältnis". Bab möchte weder die starken artistischen Qualitäten dieses Ibsenschen Stückes noch das große sittliche Verdienst, das seine Arbeit damals gehabt habe , leugnen,

---

39 Das Drama der Liebe, S. 169 f.

40 ebd., S. 170.

aber er betonte, daß dieses bürgerliche Sittenstück nicht auf einer Ebene mit der Tragödie Hebbels liege, in der die Schicksalskämpfe aus "bleibenden Grundbedingungen der Menschennatur" hervorgingen[41]. Wenn sich auch der Stolz der menschlichen Individualität in Nora schließlich gegen die Entwürdigung in ihrer mißratenen Ehe mit ganz ähnlichen Worten wie der Stolz der Persönlichkeit in der Mariamne zur Wehr setze, so bleibe der Abstand doch ungeheuer. Bei Nora handle es sich ja ausgesprochen um ein Drama der Nicht-Liebe. Herodes und Mariamne aber erlebten deshalb eine so große und tiefe Tragödie, weil nicht aus einem Mißbrauch, sondern aus dem reinsten und gründlichsten Gebrauch der großen Liebesmöglichkeit ihr Verhängnis erwachse: "Die Liebe, die der höchste Triumph unseres Lebens scheint, sie wird durch ihre stärkste Entfaltung, durch den verzweifelten Drang nach Unendlichkeit, nach Unsterblichkeit gerade tödliche Bedrohung des Lebens, des Lebens in seinem Individualitätsprinzip"[42].

Mit dem ersten großen Fehlgriff habe Herodes "eine Lawine der furchtbarsten Irrungen" entfesselt. Da er an der tiefen Empörung, mit der Mariamne die Ausschreitung seiner Liebesleidenschaft gegen ihr Menschenrecht aufnehme , sehe, daß ihre Liebe Grenzen habe , so sei er nun tief empört. Er begreife in diesem Augenblick nicht, daß eben alles Irdische Grenzen habe und daß seine Liebe ihre Beschränktheit ja eben jetzt auch erwiesen habe, nur eben in der männlich aktiven Form: als "Besitzgier", die "das tiefste göttliche Freiheitswesen der Geliebten" mißachte[43]. In einem "wahrhaft grauenvollen Dialog wilden , sich übersteigenden Mißverstehens" rasten diese beiden Liebenden aneinander vorbei. So bringe der äußere Zufall, daß Herodes abermals abgerufen werde, die Katastrophe, die über kurz oder lang doch

41 Das Drama der Liebe, S. 171.

42 ebd., S. 172.

43 ebd.

hätte eintreten müssen: sein zerstörtes Vertrauen wiederhole den gleichen Fehler , das gleiche "Verbrechen an der Menschenwürde"[44]. Nun sei der Fehler tödlich - nicht nur durch die Wiederholung, er sei auch noch im Umfang gewachsen. Denn dies zweite Mal habe Herodes mit dem Mordbefehl nicht einen gleichgültigen Schwächling betraut, sondern einen ebenbürtigen Mann, seinen besten Freund. Wie Mariamne werde damit auch Soemus zum Ding herabgesetzt, und dagegen lehne auch dieser sich auf. In der genial erfundenen Episode des Sklaven Artaxerxes, der Uhr beim Perserkönig gewesen sei, der "das innerste Heiligtum des Menschenlebens", den Puls seines Blutes, als tote Maschine für andere hergegeben habe noch stolz darauf sei, habe Hebbel "die große Warnung" aufgerichtet, wohin die Menschheit gerate, wenn sie dem "Gottähnlichkeitsrausch der Tyrannen" keinen Widerstand leiste, "das letzte Selbstbestimmungsrecht der Persönlichkeit" nicht verteidige[45].

Mariamne, "die gleichgewachsene Frau, die Geliebte", werfe sich dem Herodes in den Weg[46]. In ihrem zu Tode getroffenen Stolz reife ein furchtbarer Racheplan, in dem einmal der Wille zum Selbstmord zum Ausdruck komme, dann aber auch "ein gleich tötlich gespannter Liebeswille": "Sie will mit dem Bewußtsein seiner Tat Herodes vernichten, sie will ihn so hinter sich herziehen, wie er sie sich nachziehen wollte!"[47] Die Liebe - auch in ihrer Empörung arbeite nur grenzenlos tiefe Liebe zu diesem Mann - sei zu einem "Wechselmord" geworden. Dies sei geschehen, weil "ihr innerster Charakter" durchschaut und unerträglich gefunden worden sei: "der Charakter der Illusion"[48]. Mariamnes "Wille zum Leben" sei wahrhaft gründlich, abgrundtief "gebrochen, aufgelöst , vernichtet", aber, und dies sei für die Einschätzung des Stücks entschei-

44 Das Drama der Liebe, S. 173.
45 ebd., S. 173 f.
46 ebd., S. 174.
47 ebd., S. 175.
48 ebd.

dend, "durch das Leben selbst in seiner höchsten Entfaltung, durch die Liebe"[49]. Bab schrieb zusammenfassend, Herodes habe Mariamne mit einer Leidenschaft geliebt, die noch über den Tod hinaus habe dauern wollen, und das sei sein Verbrechen gewesen. Mariamne habe Herodes so sehr geliebt, daß sie nach Zerstörung dieser Liebe nicht mehr leben könne und lieber sich und ihn mit ihrer Rache töte. In ihrem beglückenden Schein sei die Liebe ein Triumph des Lebens; aber aus dem furchtbaren Aufruhr ihrer ins Maßlose stürzenden Kräfte komme als Wahrheit der Tod[50].

Bab betonte, daß die dramatische Form ihrer Natur nach auf "das Wesentliche, Zeitlos-Notwendige eines Vorgangs" eingestellt sei. Die großen Dramen führten uns deshalb unmittelbar ins "Herz des erotischen Geheimnisses", wo nicht weniger bedeutende epische Schöpfungen, fest ins Kleid ihres Jahrhunderts gehüllt , uns nur auf langen historischen Umwegen ans Ziel kommen lassen würden[51]. Fragen nach der Entstehungsgeschichte, den geschichtlich-gesellschaftlichen Voraussetzungen und der gesellschaftlichen Funktion waren dieser Auffassung zufolge bei einem so bedeutenden Drama wie Herodes und Mariamne falsch gestellt, weil sie geeignet seien, von der eigentlichen Problematik, der zeitlosen Tragik gerade der großen Liebesleidenschaft, abzulenken. Hebbels Drama vermittelte nach Ansicht Babs deshalb auch nur beiläufig politisch-gesellschaftliche Einsichten wie die, daß das "Selbstbestimmungsrecht der Persönlichkeit" verteidigt und der "Gottähnlichkeitsrausch der Tyrannen" bekämpft werden müßten.

Bab schrieb an anderer Stelle, die Übermenschen Holofernes , Herodes und selbst Kandaules gingen zugrunde, weil sie sich gegen das "höchste Gebot", die Achtung vor dem Lebensrecht des anderen, vergingen. Aber

---

49 Das Drama der Liebe, S. 176.

50 ebd., S. 177.

51 ebd., S. 178.

dies sei nur "die ethische Folge der metaphysischen, überethischen Schuld des Seins"[52]. Bab, der auch die sozialen Kämpfe der Gegenwart als "Spiegelungen jenes Grundkampfes von Individualität und Kosmos , von Ich-Bewußtsein und Allgetragenheit" begriff[53], widersetzte sich der verbreiteten Tendenz zur Metaphysizierung der tragischen Liebesleidenschaft keineswegs.

Diese Tendenz zeigte sich auch in einzelnen Theaterkritiken. So schrieb ein Münchner Kritiker, Hebbels Stück sei bedeutsam als "die Tragödie der großen Passion, die Metaphysik der Liebe", die über die Grenzen des Endlichen hinausgreife[54]. Ein Hamburger Kritiker berief sich auf die Analyse Julius Babs[55], und im Feuilleton einer Königsberger Zeitung hieß es, bei Hebbel werde stets der Versuch gemacht, "den metaphysischen Horizont in Fernen zu rücken, ohne damit seine Deutlichkeit zu schmälern"[56]. Kurt Pinthus schrieb 1926, Herodes und Mariamne sei "die grausige Doppeltragödie des Mißtrauens von Mann und Weib und der stolzen Verschlossenheit des mißkannten Weibes gegen den Mann"[57]. Bei der Aufführung vergesse man "den kniffligen und unglaubhaften Einzelfall" und empfinde erschüttert "das rein und ewig Menschliche"; "Es wurden zwei Leidströme des Daseins offenbar, in dem schon viele wunderbare Menschen untergingen: un-

52 Das Wort Fr. Hebbels (München 1923) S. 82.

53 ebd., S. 122.

54 "Berliner Theater", Neueste Nachrichten, München, 28. 9. 1920. - Ähnlich urteilte Hermann Kienzel, "Vom Berliner Deutschen Theater", Leipziger Neueste Nachrichten, Leipig , 22. 9. 1921.

55 "Herodes und Mariamne", Hamburger Nachrichten, Hamburg, 23. 10. 1930.

56 Pfeiffer-Belli, "Herodes und Mariamne", Königsberg. Hartungsche Zeitung, Königsberg, 27. 4.1931.

57 Der Zeitgenosse: Literarische Portraits und Kritiken, Marbacher Schriften 4 (Marbach 1971) S. 139.

hemmbares Mißtrauen von Mensch zu Mensch und unaufhebbare Verschlossenheit eines verkannten Herzens. Während beide aus dem Dunkel ihrer Seelen doch wissen und wollen: gut und treu und liebend zueinander sein."[58] In diesen Theaterkritiken wurde der unmittelbare Eindruck wiedergegeben, den die gelungene Aufführung von Hebbels Stück gemacht hatte: der Eindruck eines unaufhebbaren Verhängnisses. Eine kritische Abgrenzung von solchen Impressionen erfolgte dagegen nicht.

Dogmatischer als die Theaterkritiker gaben sich die Literaturwissenschaftler. Wilhelm Tidemann faßte Herodes und Mariamne als Beleg dafür auf, daß das Dasein "eine einzige große Verletzung der zentralen göttlichen Weihe" sei. Auch in die reinste, die stärkste Liebe falle "ein Tropfen Gift", den jede Realität als Realität in sich aufnehme und der sie zum Tode bestimme[59]. In Hebbels Drama verberge sich hinter einem Gewebe von Intrigen, von historischen und psychologischen Beziehungen dieser Grundgehalt, ein "Problem von metaphysischer Wichtigkeit"[60].

Elise Dosenheimer erschien der unergründliche Widerstreit zwischen Weltwillen und Einzelwillen, wie er als Bedingung alles Lebens in jedem Menschenschicksal hervortrete, als das Generalthema der Hebbelschen Dramatik. "Danach ist das individuelle Leben eine Schuld, eine Maßlosigkeit gegen die Idee. Eine metaphysische Urschuld, die als solche notwendig ist, da sie die Bedingung des Lebens ist."[61] Dosenheimer

---

58 Der Zeitgenosse: Literarische Portraits und Kritiken, Marbacher Schriften 4, S. 140.

59 Friedrich Hebbel und die Gegenwart: Die tragische Situation des nordischen Menschen (Prien 1922) S. 75.

60 ebd., S. 65.

61 Das zentrale Problem in der Tragödie Friedrich Hebbels, Deutsche Vierteljahrsschrift für Literaturwissenschaft und Geistesgeschichte , Buchreihe, Bd. 4 (Halle 1925) S. 1.

glaubte dieses Generalthema noch genauer umschreiben zu können. Sie meinte bestimmen zu können, worin jene "Maßlosigkeit des Individuums" beruhe, die nach Hebbel die metaphysische Ursache aller tragischen Katastrophen bilde. Jene Maßlosigkeit dem Ganzen gegenüber sei im Grunde nichts anderes als die Unfähigkeit des einen Geschlechtsvertreters, dem Vorstellungs- und Empfindungsbereich des anderen Geschlechts voll gerecht zu werden.

Dementsprechend interpretierte Dosenheimer Herodes und Mariamne[62]. In diesem Stück lebten Judith und Holofernes wieder auf , aber in einer "geistigeren Gestalt". Was sich dort mehr auf physisch sinnlichem Gebiet abspiele, sei hier auf das geistig seelische übergegangen, was dort mehr im unbewußt Unterbewußten geblieben sei , sei hier volle Bewußtheit der Beteiligten und dadurch nicht harmloser, sondern schärfer, zugespitzter geworden[63]. Bei Mariamne finde die "leidenschaftliche Hingabe ihre Grenze an ihrem leidenschaftlichen Selbstgefühl". Mariamne könne, nachdem der König zum zweitenmal den "Mord an ihrer Seele" begangen habe, nicht mehr mit ihm leben, sie könne überhaupt nicht mehr leben. Das Leben habe sich ihr "in seiner ganzen Furchtbarkeit , seiner Scheinhaftigkeit und Problematik" enthüllt, daher "dieses Schweigenmüssen, dieses Sichzurückziehen auf die eigene Würde"[64]. Wenn auch "in absoluter Desillusionierung", habe Mariamne die "Einigkeit mit sich und dem Geschick" zuletzt wieder gefunden. In ihr sei "die Schönheit nach der Dissonanz", die Hebbel in Gegensatz zu der Goetheschen Schönheit gestellt habe, "Verkörperung" geworden[65]. Zu dieser "immanent dramatischen Versöhnung" trete in Herodes und Mariamne "die

62 Das zentrale Problem in der Tragödie Friedrich Hebbels, S. 72-85.

63 ebd., S. 73.

64 ebd., S. 74.

65 ebd., S. 75.

transzendente", angedeutet durch das Erscheinen der heiligen drei Könige, die auf dem Weg seien zu dem heilbringenden Kinde[66].

Herodes sei ein orientalischer Despot von der Art des Holofernes, wenn auch weniger triebhaft , im ganzen ein Produkt der Welt, in der er lebe. An ihm trete die "Gebundenheit des Individuums an die es bindende Atmosphäre" und damit die "Dissonanz zwischen dem primären und dem gewordenen Ich" besonders deutlich hervor[67]. Auch Herodes sei nicht unedel. Um so furchtbarer sei auch seine Erschütterung, als ihm die Gewißheit seiner Schuld gegen Mariamne und in dieser eine Ahnung seines Verhältnisses zum Weltganzen sowie seiner grenzenlosen Einsamkeit aufgehe. Wohl bleibe er , während Mariamne erhaben-schön in den Tod gehe, physisch bestehen, aber innerlich erleide er den absoluten Zusammenbruch. Auch seine äußere Macht, noch krampfhaft festgehalten und auf blutige Weise manifestiert , sei dahin. Statt der Erlöser seines Volkes zu werden, sehe er "die Götterdämmerung seiner, die Morgenröte einer neuen Welt". Das Individuelle werde zum Weltenschicksal, in dem "Brechen eines Einzeldaseins" erlebten wir das einer "Weltstruktur". "Der kleine und der große Kreis, die immanente und transzendente Versöhnung gehen ineinander über."[68]

Auch Mariamne sei in ihrer Geistesstruktur historisch bedingt. Sie könne nicht als eine Vertreterin des christlichen Geistes gelten, wie sie überhaupt keine religiöse Natur sei[69]. Wie "das Fieber des Herodes" sei auch ihr Handeln nur aus "jenem dampfenden vulkanischen Boden, aus einer untergehenden, krampfhaft zuckenden Welt" zu deuten. Mariamnes Rache sei denn auch viel furchtbarer, viel grausamer als die verach-

---

66 <u>Das zentrale Problem in der Tragödie Friedrich Hebbels</u> , S. 76.

67 ebd., S. 77.

68 ebd., S. 79.

69 ebd., S. 81.

tete "Katzentat" Judiths[70]. Daß Mariamne keinen Moment in dem unerschütterlichen Gefühl ihres absoluten Rechtes schwankend werde, daß sie keinen Moment die Einheit ihres Wesens verliere, daß sie, "wenn auch in absoluter tragischer Welt-Enttäuschung", doch mit sich selbst "in hoher Einigkeit" in den Tod gehe, sei ein Akt der "Selbst-Befreiung". In diesem Sinne sei Mariamne "das Symbol einer Weltwende, deren vorwärtsblickendes wie rückwärts gewendetes Antlitz gleicher Weise repräsentierend"[71].

Trage so das Stück als welthistorische Tragödie in hervorragendem Maße zeitlich determiniertes Gepräge, so komme auf der anderen Seite "das Absolute, das Ewige in ihm" zu um so stärkerem Ausdruck[72]. Für die Verfasserin war "das Ewige , von keiner Zeit Bedingte und Bestimmte" dies: "das Sichnichtverstehen, die Feindschaft zwischen Mann und Weib": "man könnte das Stück die Tragödie des Sichnichtverstehens nennen, der inneren Fremdheit, die beiden zum Kern des anderen vorzudringen wehrt, trotz aller Liebe, trotz aller Leidenschaft"[73]. Wenn Herodes gerade von dieser, seiner egozentrischen Leidenschaft her Mariamnes ganzes Sein für sich in Beschlag nehmen zu dürfen glaube, wenn er, "ganz nur Mann, nur rein männliches Prinzip, ganz nur auf Gewalt gestellt", von ihr erzwingen wolle, was das Weib nur geben könne, so liege das darin, daß ihm "jedes Organ für die Struktur der weiblichen Seele Mariamne" fehle , die im unerschütterlichen Bewußtsein der inneren Treue die äußere Bürgschaft und Sicherheit ablehnen müsse. "Nicht fähig, Mariamne zu erkennen, will er sie doch besitzen. Und da er sie so, wie er sie will, nicht besitzen kann, zerstört er sie in weltmörderischer Raserei. Nicht erkennen und zerstören, das dürfte die kürzeste Formel sein für jene tief im Urgrund

---

70 <u>Das zentrale Problem in der Tragödie Friedrich Hebbels</u>, S. 82.

71 ebd. , S. 83.

72 ebd. , S. 83.

73 ebd., S. 84.

der Dinge verankerte Schuld des Geschlechts, wie sie sich im Handeln des Herodes manifestiert."[74] Umgekehrt hätte Mariamne nicht so weit gehen, Herodes nicht so weit gehen lassen können, wenn nicht "gerade ihre Weiblichkeit , ihr Positivstes" die Grenze wäre, die ihr "die Einfühlung in den letzten Kern des Herodes, seine maßlose Leidenschaft, die Leidenschaft des Mannes, durch eine besondere Lage gesteigert", wehrte[75]. Herodes und Mariamne verdeutliche damit jene "Einsamkeit und Isoliertheit", die "das ewige Schicksal alles Individuellen überhaupt" sei[76]. Dies war nach Ansicht Dosenheimers "das Urseiende, das Urwesenhafte, das Urmenschliche", demgegenüber "die historische Gebrochenheit", in der es erscheine, eben nur "Erscheinung" sei[77]. Solche in Hebbels Drama angelegten Einsichten erschienen Dosenheimer "bahnbrechend", "erstaunlich modern"; von Hebbel führe der Weg direkt zu den Modernen, zu Ibsen, Wedekind und Strindberg, allerdings nur insoweit, als auch diese "über alles Zufällig-Historische hinweg zum Unbedingten, Letzten, dem Menschen, dem Weib, dem Geschlecht vorzudringen" suchten[78].

Dosenheimers Darstellung war skizzenhaft und unausgereift; diesen Charakter der Studie verrieten nicht nur die Sorglosigkeit der Formgebung, bis hinunter in den Ausdruck, sondern auch der grundsätzliche , wenn auch keineswegs streng durchgeführte Verzicht auf die Auseinandersetzung mit den bisherigen Ergebnissen der Forschung[79]. Außerdem war die These des Buches längst nicht an allen Dramen Hebbels so schlüssig zu beweisen wie an Herodes und Mariamne[80]. Wenn Paul Kluckhohn und

---

74 Das zentrale Problem in der Tragödie Friedrich Hebbels, S. 84.

75 ebd.

76 ebd., S. 84 f.

77 ebd., S. 85.

78 ebd.

79 Cf. Franz Zinkernagel (Rez.), DLZ 47 (1926) 1447 f.

80 Cf. Martin Sommerfeld (Rez.), Euphorion 27 (1926) 580-582; Josef Wiehr (Rez.), Journal of English and Germanic Philology 25 (1926) 427-432; Georg Witkowski (Rez.), Zeitschrift für Bücherfreunde 1926, 130 f.; Bruno Markwardt (Rez.), ZfdPh 53 (1928) 447-450.

Erich Rothacker, die Herausgeber der Deutschen Vierteljahrsschrift für Literaturwissenschaft und Geistesgeschichte, sich dennoch entschlossen haben, Dosenheimers Arbeit in die Buchreihe des für die deutsche Literaturwissenschaft repräsentativen Publikationsorgans aufzunehmen, so haben sie damit sicher nicht nur den im einzelnen "überaus feinsinnigen" Beobachtungen der Verfasserin[81], sondern auch dem angeblich in Hebbels Drama angelegten "metaphysischen" Weltbild eine größere Publizität verschaffen wollen. Es war sicher auch kein Zufall, daß gerade die Zeitschrift für deutsche Bildung einen Aufsatz Dosenheimers veröffentlicht hat, der noch stärker als das Buch auf die Verdeutlichung jenes Weltbildes abzielte[82].

Daß Hebbels literarisches Werk so nicht interpretiert werden könne, wurde recht vorsichtig von Martin Sommerfeld[83] und in aller Deutlichkeit von T. M. Campbell zum Ausdruck gebracht: "Finally, if Hebbel had based his tragedies on a 'metaphysisch unheilbare Dissonanz' between the sexes, he would be worse off with his metaphysics than he is anyway. For we no longer believe in an absolute physical difference between the sexes, much less a 'metaphysisch unheilbare Dissonanz'. A good many of the author's sentences read as if written in a time of greater confidence in metaphysical phrases than the present."[84]

Nach Ansicht Emil Ermatingers hat Hebbels literarisches Werk seinen Ursprung in der "letzten großen Krise in der weltanschaulichen Bewegung des Abendlandes", im "Gegensatz zwischen dem christlichen und dem philoso-

---

81 Zinkernagel, DLZ 47 (1926) 1446.

82 "Die Tragik zwischen den Geschlechtern im Drama Hebbels", ZdB 4 (1928) 517-527.

83 Euphorion 27 (1926) 581 f.

84 Modern Language Notes 41 (1926) 202.

phischen Idealismus einerseits und dem mechanistisch-naturwissenschaftlichen Materialismus andererseits in der Mitte des 19. Jahrhunderts"[85]. In Herodes und Mariamne finde diese Krise in dem "Sichnichtmehrverstehenkönnen der beiden Welten und Menschen" ihren Ausdruck[86]. Die Auseinandersetzung erfolge in diesem Stück ausschließlich in Form der "Vergewaltigung des Menschlich-Sittlichen durch übermäßig betonte Herrschermacht": Herodes gestehe seiner Gattin nicht zu , aus eigenem Willen über ihre Persönlichkeit zu verfügen. In der "seelischen Kluft" zwischen den beiden Figuren, über die es "keine Brücke" mehr gebe, liege die eigentliche Tragik des Stücks, die sich gleicherweise auf Herodes und Mariamne verteile. Beide bäumten sich in ihrem "Persönlichkeitstrotz" empor , Herodes in seiner Herrschermacht, Mariamne in ihrer Menschenwürde. Äußerlich unterliege Mariamne, innerlich siege sie: das Christentum als Religion der menschlichen Freiheit, durch Jesu Geburt verkündet, durch das Weltreich der Römer (Titus) als Weltreligion ermöglicht, löse die Ordnung des zur Unfruchtbarkeit erstarrten Despotismus ab[87].

Ermatingers Darstellung vermittelte keine klare Vorstellung von der "Krise des deutschen Geisteslebens in der Mitte des 19. Jahrhunderts". Dieser Begriff blieb inhaltlich so unbestimmt, daß Ermatinger am Ende seiner Ausführungen über Hebbel dessen "erotisches Verhalten (das Wort im weitesten Sinne genommen) als den psychologischen Schlüssel zu seiner Metaphysik" hinstellen konnte. Dies wurde damit begründet, daß in allen Tragödien Hebbels die "weibliche Schönheit" als "Symbol der Harmonie der Welt" erscheine. Indem sie den

---

85 "Hebbel, Gotthelf, Keller und die Krise des deutschen Geisteslebens in der Mitte des 19. Jahrhunderts", Blätter für Deutsche Philosophie 1 (1927/28) 167.

86 ebd., 176.

87 ebd. ,176.

männlichen Liebestrieb entzünde , reize sie ihn, neues Leben "schaffend-zerstörend" zu erwecken. Da aber die Harmonie der Welt bestehen müsse, so gehe der Mann an diesem Versuche zugrunde, nicht ohne den Zustand der Welt als "einmalige geschichtliche Sichtbarmachung der allgemeinen Weltordnung" geändert und so die notwendige Bewegung der Welt unterhalten zu haben[88].

"Modernität" war für Herbert Cysarz die "rätselreiche Gemeinschaft von Metaphysik und Psychologie", die bei Hebbel zu "schöpferischem Trieb und tragender Potenz" geworden sei[89]. Die Leistung Dosenheimers bestehe darin, "die in Hebbels erotischer Psychologie beschlossene Metaphysik" herausgestellt zu haben. Es müsse aber auch umgekehrt "die Psychologie in der Metaphysik" erkannt werden[90]. Cysarz erinnerte an die "geschichtsphilosophischen Leitmotive des Hebbelschen Pantragismus", wonach es dramatisch gleichgültig bleibe, ob jemand an einem vortrefflichen oder verwerflichen Unterfangen scheitere[91]. Die Tragik ruhe eben in der Notwendigkeit, "den an sich nur konfliktvollen Charakter an ein durchaus katastrophales System zu fesseln und so den verderblichen Knäuel zu flechten"[92]. Cysarz erwähnte Herodes, dessen Liebe sich selbst im Wege stehe , "in ungeheurer Ausdehnung des Ich in alle Zukunft herrsch- und eifersüchtig", und der schon durch den "monomanen Paroxysmus seines Urgefühls" in den "Mythos" emporrage. Daneben ständen Hebbels Frauen, "menschlich vergewaltigt, ihr ewiges Rätsel, ihr ewiges Grauen hervorkehrend"[93]. Kein "Umwelt-Reflex", sondern ein "gesamtmenschliches Gesetz" werde in Hebbels Drama dargestellt[94], eben jener Pantragismus, dessen Pessimismus diese Tragödie von der Renaissance-Tragödie scheide[95].

---

88 Blätter für Deutsche Philosophie 1 (1927/28) 177.
89 Von Schiller zu Nietzsche (Halle 1928) S. 249.
90 ebd., S. 246, Anm. 1.
91 ebd., S. 246 f.
92 ebd., S. 247.
93 ebd. ,S. 249.
94 ebd.
95 ebd., S. 233.

Von Hebbels "tragischer Weltanschauung" ging auch Gustav Klingenstein aus[96]. Hebbels Tragödie deutete er als die "künstlerische Gestaltung der ehernen Weltzusammenhänge": "Das große Individuum sucht der Welt sein Gesetz aufzuzwingen, die Ordnung der Dinge aber läßt sich nicht zerbrechen, und der Sturz und Untergang ist unvermeidlich."[97] Dabei sei es Hebbel auf "die seelische Deutung" des Stoffes angekommen, wobei er sich in "eine deutende Kleinarbeit" verloren habe, die den ursprünglichen Vorgang schließlich verdunkle , indem sie das Unglaubliche glaubhaft zu machen versuche[98]. Der "Vorwurf der erdachten Tragödie" habe Hebbel mit Recht getroffen, und doch sei _Herodes und Mariamne_ eines der höchsten Werke der nachklassischen Zeit, weil das Stück zeige, daß jedes "heroische Individuum" im "Daseinskampf" unterliege, daß "das heroische Leben" zur "grauenhaften, vernichtenden Notwendigkeit" werde[99].

Seit dem Beginn der Weltwirtschaftskrise kamen die reaktionären politisch-sozialen Vorstellungen dieser Literaturwissenschaft noch deutlicher zum Vorschein. Paul Hankamer , der Hebbel als einen "Tragiker, nicht nur Tragödienschreiber oder Gesellschaftskritiker" verstand, kennzeichnete die Tragik bei Hebbel als "Wesensgrund des Lebens und des Menschen". Im Sinne des Pantragismus-Konzepts führte er aus, daß Gestalt, "Individuation", lebensnotwendig und doch Schuld und Schmerz sei. Tragik sei an sich überall, erscheine nur in bestimmten Gestalten deutlicher. Des Dichters Bestreben gehe dahin , "die Welttragik" an einem demonstrierenden und notwendig übertreibenden Beispiel klar zu machen. Hebbel habe "tragische Lebens- und Weltaugen-

---

96 _Dichtung und Unterricht: Ein Lehrgang für den deutschen Literatur-Unterricht auf der Oberstufe höherer Lehranstalten_ (München 1925) S. 389.

97 ebd., S. 390.

98 ebd., S. 393.

99 ebd.

blicke" bei oft grotesk steigernder Klügelei doch groß gestaltet. So seien die "tragischen Situationen" Mariamnes von "menschlicher Größe und Typik", während von den Gestalten selbst keine als "ein menschliches Urbild" zu bezeichnen sei[100].

Die "Lebenstragik der abgespalten vereinzelten Individuen" habe Hebbel vor allem im Verhältnis der Geschlechter zueinander dargestellt. Die Liebe sei ihm "sozusagen die Natursituation" gewesen, an der die Lebenstragik sich steigernd verdeutliche. Charakteristisch für Hebbel sei weiter "das Sichtbarmachen des Tragischen in der Geschichte, an den Uebergängen und Schnittpunkten von Kulturkreisen und -zeiten". "Der Wille des Alls erfüllt ehernen Wandels sich als Entwicklung durch oder gegen den Willen der vereinzelten Person." In Herodes und Mariamne erscheine "das Tragischsein des Menschen" als "Schuld gegen das neue Recht"[101].

Hankamer registrierte bei Hebbel einen "Mangel an Instinkt", das Fehlen einer "Naturwahrheit", die das Werk des "reinen, unverstörten Dichters" auszeichne[102]. Hebbel war für ihn der "Individualist norddeutsch-protestantischer Prägung"[103] und darüber hinaus das Opfer widriger Zeitumstände. Die Auflösung der Ständegesellschaft im Zuge der Industrialisierung Deutschlands sei für die deutsche Dichtung ein Unglück gewesen. "Je weniger die deutsche Dichtung in dieser ständischen Lebenswirklichkeit eingewurzelt blieb, um so substanzloser war sie."[104]. "Emanzipation" als politisch-gesellschaftliche Forderung sei "der Ausdruck der völligen Selbstzersetzung" ; sie suche "keinen Weg in Natur oder Geist, d.h. keine naturhafte oder geistige Ordnung überhaupt"[105]. Im "Demokratismus des Jungen

100 Deutsche Literaturgeschichte (Bonn 1930) S. 262 f.
101 ebd., S. 263.
102 ebd., S. 262.
103 ebd.
104 ebd., S. 241.
105 ebd., S. 245.

Deutschland" artikulierten sich nach Ansicht Hankamers die fatale Tendenz des Zeitalters zur "Gleichmacherei" und die "Unduldsamkeit gegen das Große und Führende". "Schon damals ist der große Mensch für das Unglück seiner Zeit und seines Volkes erklärt worden.[106] Die großen Dichter "von Grabbe bis Stifter" hätten sich gegen diese Bestrebungen verwahrt, aber "fast alle" hätten sich "wurzelkrank oder doch wurzelgefährdet" gefühlt , weil sie sich aus "erschöpftem oder vergifteten Zeitboden" hätten nähren müssen[107]. Dies gelte auch für Hebbel, dessen Holofernes Stifter einen Hanswurst genannt habe, "und etwas von dieser Hanswurstigkeit im Sinne Stifters hat fast jede Hebbelsche Gestalt". Sie seien alle gewollt übersteigert und ungewollt grotesk, und das sei auch "die geheime Krankheit der Sprache Hebbels". Hebbel zergrüble das lebendige Wort seiner Gestalten, um sie zu erhöhen und zu vertiefen[108].

Die antiaufklärerische, antidemokratische Tendenz von Hankamers Hebbelkritik ist um so bemerkenswerter, als Hankamer keineswegs Faschist, sondern praktizierender Katholik war, der in katholischen Kreisen als "Persönlichkeit von erster literarischer Autorität" galt[109]. Als spezifisch katholischer Literaturgeschichtsschreiber galt auch Joseph Nadler, der Hebbels dramatische Kunst als "eine tief religiöse, gottbewußte Kunst" begriff[110]. Von sächsischer Mystik und Historik gebannt, habe Hebbel einen metaphysischen Vorgang, "die Individuation des Gott-All und die Vernichtung des Individuums eben durch diese Individuation", im Bilde geschichtlicher Ereignisse schaubar gemacht, in dem er das Individuum sich im Kampfe gegen die Gott-All ver-

---

106 Deutsche Literaturgeschichte (Bonn 1930) S. 245.

107 ebd., S. 248.

108 ebd., S. 261.

109 Cf. Spael, Das Buch im Geisteskampf, S. 315.

110 Literaturgeschichte der deutschen Stämme und Landschaften, Bd. IV, Der deutsche Staat (1814-1914) (Regensburg, 3. Aufl. 1932) S. 528.

tretenden geschichtlichen Bindungen habe aufreiben lassen. Damit habe er der Geschichte "mythischen Gehalt" gegeben[111]. Diese "geschichtlich schaubar gemachte metaphysische Tragik" habe Hebbel "folgerichtig" in den Bereich des Geschlechtlichen gelegt. Der Geschlechtsgegensatz sei für ihn nicht "Quelle des Tragischen" gewesen, sondern "Mittel", um "die metaphysische Tragik" anschaulich zu machen. "Und dieser Zwiespalt wurzelt nicht in der Geschichte, sondern die geschichtlichen Gegensätze sind nur stellvertretende Abbilder jenes metaphysischen Zwiespaltes, aus dem alle Tragik fließt."[112]

In diesen gedanklichen Zusammenhang ordneten sich Nadlers Bemerkungen zu Herodes und Mariamne ein. Herodes möchte ebenso "frevelhaft" wie Kandaules "gewalttätig" einen "Witterungswechsel" herbeiführen, "indes sich der doch eben aus kosmischem Willen und für Herodes unsichtbar vollzieht". Herodes erniedrige Mariamne zur Sache, er wisse in seiner Frau nicht Gottes Ebenbild zu ehren. "Eben da steigt die Weltwende auf, die das Weib sich selbst zurückgibt und es nicht mehr besessene Sache sein läßt." Römisches Imperium und Christentum, beide von außen und innen "Überwinder des Judentums", seien die neuen Mächte[113].

---

111 Literaturgeschichte der deutschen Stämme und Landschaften, Bd. IV, S. 528.

112 ebd.

113 ebd., S. 529 f.

3.4.2.7 Die lebensphilosophische Richtung

Vereinzelt trat ein maßgeblich von Nietzsche beeinflußter vitalistischer Irrationalismus mit ausgeprägt konterrevolutionärem Gepräge in Erscheinung.

Georg Hallmann schrieb in seiner Dissertation (Referent: Rudolf Unger) über Hebbels zweite Schaffensperiode, der Dichter habe sich als "Dolmetsch eines Höheren" verstanden, aus seinen Figuren spreche "der Geist , der sozusagen letzte Sinn irdischen Geschehens"[1]. Hallmann betonte zwar den überragenden Einfluß Hegels[2], aber wie sich die Hegelsche "List der Vernunft" in Hebbels Drama realisiere, ließ er unbestimmt[3]. Dagegen stellte er wiederholt heraus, daß Hebbel das Leben als unerbittlichen "Kampf" aufgefaßt habe[4] und daß er von der "Furchtbarkeit", der "Unerträglichkeit des Daseins" durchdrungen gewesen sei[5]. Das einzelne Individuum habe "keinen Anspruch auf Dauer" und müsse, indem es sich durchzusetzen vermeine, doch nur auf "seine eigene Zerstörung hinarbeiten". Warum dies so sei, darauf könne Hebbels Kunst im letzten Grunde keine Antwort geben[6].

Hallmann deutete in seinen Ausführungen über Herodes und Mariamne den König als den "Exponent der Männlichkeit", als einen Herrscher an Machtfülle, Einsicht und Erfahrung"; mehr noch, er sei, "obgleich ein König", Mensch geblieben. In der "entsetzlichen Atmosphäre, die ihn wie in konzentrischen Kreisen durch die allgemeine Weltlage, die spezielle politische Bedrängnis, den ihn auflauernden Verwandtenhaß und Macht-

---

1 Das Individualitätsprinzip bei Friedrich Hebbel, Beiträge zur Ästhetik XVI (Leipzig 1920) S. 37.

2 ebd., S. 34 f.

3 Darauf verweist Hermann Glockner (Rez.), Zeitschrift für Ästhetik und allgemeine Kunstwissenschaft 16 (1922) 430-432.

4 Hallmann, Das Individualitätsprinzip , S. 17, 18, 28.

5 ebd., S. 31.

6 ebd., S. 29.

neid von außen nach innen umklammernd einschließe , verlasse er sich nur auf sich selbst, die Beherrschung der Situation durch seine geistige Überlegenheit. An einem Punkte allein dringe die Welt in seine "stählerne Seele", und daraus ergebe sich die Tragik seines Schicksals[7]. Er liebe Mariamne, und zwar so, wie er als der , der er sei, sie eben nur lieben könne, als "der Mann im extremen, elementaren Sinne", als der Mann, für den das Weib seiner Liebe "kein andersartiges Eigentum" sei, als was ihm sonst zugehöre, "sein Geist, sein Schwert, seine Macht"[8]. Mariamne sei anders geartet. Sie sei "nicht mehr ein derart ungebrochener, triebhaft sicherer und sich selbst unzweifelhafter Mensch" wie Herodes. Sie selbst charakterisiere ihre "Instinktunsicherheit", wenn sie erwähne, daß der von Herodes getötete Aristobolus ihr den Sinn verstöre. Somit ständen sich in Herodes und Mariamne "Repräsentanten zweier Kulturkreise" gegenüber, eines "ausgeschöpften, überlebten" und eines "brutal jungen" , "der wurzellos in einer entwickelteren Welt" nicht dauern, sondern mit jenem niederstürzen werde[9]. Die beiden Figuren könnten gar nicht anders handeln; das "Drängen" des Herodes komme geradezu einem "Gedrängtwerden" gleich, "durch die letzte Erfüllung seines eigenen Lebensgesetzes schließlich sich selbst aufzuheben"[10]. Dies sei allerdings weltgeschichtlich motiviert, wie überhaupt das Verhalten des Herodes aus der Atmosphäre der Zeit verständlich werde[11].

Um "über die Unerträglichkeit des Daseins hinaus" etwas zu finden, das dem tief und unausrottbar dem Menschen eingepflanzten "Verlangen nach Einheit, einheitlicher Erfassung des Lebens, Auflösung der Dissonanzen, kurz nach Harmonie" entspreche und so mit dem Leben

---

7 Hallmann, Das Individualitätsprinzip, S. 42.

8 ebd., S. 43.

9 ebd.

10 ebd., S. 44.

11 ebd., S. 44 f.

selbst versöhne , habe Hebbel, wie Hallmann im Anschluß an Nietzsche formulierte, die Tragödie geschaffen[12]. Die Tragödie vermittle "den metaphysischen Trost", daß das Leben "trotz allem Wechsel der Erscheinungen unzerstörbar mächtig und lustvoll" sei[13]. Als die "Grundlagen und Voraussetzungen des Hebbelschen Schaffens und Denkens" müßten "die irrationalen Kräfte der Seele, des Geistes und des Gemütes" angesehen werden[14].

Ludwig Marcuse schrieb in einem Essay über Hebbel[15], der dramatische Nerv seines Werkes sei Hebbels "Selbst-Duell", in Herodes und Mariamne das Duell "Zweifel gegen Vertrauen"[16]. "Die Frau , die Pietät , 'Hauptwurzel des sittlichen Menschen', ist der Deich, der das Leben schützt vor dem Einbruch des geistigen Mannes."[17] Es sei "das tiefste Geheimnis der Moderne", daß der Geist "lebensgefährlich" sei. Hebbel habe sich gegen den Geist und für das "Leben" entschieden[18].

Marcuse behauptete, Hebbel habe nicht anders als Schopenhauer und Nietzsche an "jenem anonymen Leid", das "keine irdische Ursache" habe, gelitten. Das "Leid der Leere", "der Unendlichkeit, der durch keinen Sinn mehr gebändigten , rasenden Unendlichkeit" habe ihn verzehrt[19]. Von diesem inhaltlich nicht näher bestimmten Leid seien auch die männlichen Hauptfiguren Hebbels gekennzeichnet; sie stammten aus "unheimlichen, gefährlichen Tiefen" und hätten Hebbels "Abgrundblick". In der Gestalt des Herodes trete "das Grauenvolle" vernichtend in die "Endlichkeit" ein: Herodes brauche einen Wächter, der das Versprechen, das Mariamne ihm gegeben habe , überwache[20]. Dieser Maßlosigkeit setze Hebbel das "Angemessene" entgegen, welches schließlich siege. Die-

---

12 Hallmann, Das Individualitätsprinzip , S. 31.

13 ebd., S. 28.

14 ebd., S. 14.

15 "Hebbel" , Die Welt der Tragödie (Berlin 1923) S. 123-128.

16 ebd., S. 125.

17 ebd., S. 126

18 ebd., S. 126.

19 ebd. ,S. 123.

20 ebd., S. 124.

ser Sieg des "Angemessenen" bewahre Hebbels Existenz vor dem "Nichts der Sinnlosigkeit"[21]. Hebbels politische Stellungnahme 1848 sei die selbstverständliche Folge dieser konservativen Tendenz. Vor die Alternative gestellt, "Stärkung der alten Gewalten bei Gefahr abermaligen schnöden Mißbrauchs oder ein Tohuwabohu, das vielleicht die neue Welt gebären wird", habe Hebbel die konservative Lösung vorgezogen. "Der Kommunismus ängstigt ihn, der Krieg nicht. Der Krieg ist eben innerhalb einer (wenn auch perfiden) Ordnung."[22] Den spießbürgerlichen Hebbel der letzten Wiener Jahre denunzierte Marcuse als "Bourgeois"[23]; die antikommunistische Kampfbereitschaft Hebbels hingegen erschien ihm als "heroische Stimmung". Hier, im konterrevolutionären Kampf, finde "das Leben seine tiefste Beziehung auf seinen Gegenspieler"[24]. Nach Ansicht Marcuses erforderte das sittliche "Ethos"[25] die Anspannung aller Kräfte zur Überwindung der Revolution, deren Triebkräfte wie das "Leid" von Hebbels männlichen Figuren unbegreiflich seien.

---

21 Marcuse , "Hebbel", Die Welt der Tragödie, S. 125.
22 ebd., S. 126.
23 ebd., S. 127.
24 ebd., S. 126.
25 ebd. ,S. 125 f.

3.4.2.8 Die religiös-konservative Richtung

Die älteren Vertreter dieser Richtung wurden kaum noch beachtet, nur die Literaturgeschichten von Kosch sowie Vogt und Koch wurden neu aufgelegt. Kosch wertete Herodes und Mariamne nach wie vor als einen Beweis für Hebbels Hochschätzung des Christentums[1]. Koch dagegen nannte Hebbel nicht mehr wie noch in der 3. Auflage der Literaturgeschichte von 1910 einen "Bahnbrecher eines vertieften psychologischen Dramas", der wesentliche Züge der Ibsenschen Dramatik vorweggenommen habe , er charakterisierte ihn vielmehr als eine Art Seher, dem sich "Rätsel und Abgründe im Seelenleben des einzelnen wie gesamter Zeiten und Völker" enthüllt hätten[2]. In Herodes und Mariamne verbinde Hebbel "individuell seelische Probleme" mit "bedeutenden Wandlungen der Kultur". Über dem Todesgang der letzten Makkabäerin leuchte der Stern von Bethlehem[3]. Hebbels "schroffe Kraft" habe sich zu "sittlicher und künstlerischer Klärung" durchgerungen[4].

An die Tradition der Forschungen Werners und seiner Schüler, die als positivistisch galten und deshalb von der Literaturforschung der Weimarer Zeit als überholt angesehen wurden, schloß sich die Studie Hermann Nagels an, deren Ausführungen über Herodes und Mariamne der entsprechenden Darstellung Frenkels entsprachen[5]. Nagel machte darauf aufmerksam, daß der Dichter während der fieberhaften Arbeit an Herodes und Mariamne immer wie-

---

1 Das deutsche Theater und Drama seit Schillers Tod (Leipzig, 2. Aufl. 1923) S. 152.

2 Friedrich Vogt / Max Koch, Geschichte der Deutschen Literatur von den ältesten Zeiten bis zur Gegenwart, Bd. 3 (Leipzig, 4., neubearbeitete Aufl. 1919) S.198.

3 ebd.

4 ebd. , S. 202.

5 Studien zur Entstehungsgeschichte von Friedrich Hebbels Christusfragment, Hebbel-Forschungen , Nr. XIV (Berlin 1925) S. 67-69.

der mit dem "Christusproblem" gerungen habe[6].

Die Arbeiten der Theologen Gustav Pfannmüller[7] und Leopold Blaustein[8] waren offensichtlich dazu bestimmt, konservativen protestantischen Kreisen eine Einführung in das literarische Werk Hebbels zu bieten. Während Pfannmüller sich in seinen Ausführungen über Herodes und Mariamne im wesentlichen an den Kommentar Werners hielt[9], untersuchte Blaustein, ohne der Hebbelforschung die geringste Beachtung zu schenken und ohne den jeweiligen dramatischen Kontext zu beachten, die Gotteserlebnisse der wichtigsten dramatischen Figuren[10], u.a. von Sameas, Mariamne und Herodes. Alles, was Sameas tue und erleide, entspringe religiösen Motiven[11]. Als Individuum sei er der Welt entrückt, erfordere nichts von ihr und leide alles, was sie ihm antue. Aber als "Diener Gottes", als "Hüter des göttlichen Gesetzes", nehme er am Treiben der Welt den regsten Anteil[12]. Blaustein fand es "wunderlich" , daß "dieser Fanatiker des starren Gesetzes", dessen Gotteserlebnis wohl Haß, aber keine Liebe zu den Menschen erzeugt habe, zum "Propheten des liebespendenden Christus" werde[13], eine Erklärung dafür gab er aber nicht. Die Ausführungen Blausteins über Mariamne gipfelten in der Feststellung, daß die Königin Tausenden ähnele, die "eine vorurteilsfreie, rationalistische Erklärung der Weltgeschehnisse" mit einem "tiefen Glauben an Gott" verbänden. Ohne Gott irgendwie zur Lösung ihrer intellektuellen Probleme heranzuziehen, hätten sie eine zwar unklare Vorstellung von ihm, an die sich aber ein tiefes Gefühl knüpfe[14]. Dem König Herodes stand

---

6 Nagel, Studien zur Entstehungsgeschichte von Friedrich Hebbels Christusfragment, S. 70.

7 Die Religion Friedrich Hebbels auf Grund der Werke , Tagebücher und Briefe dargestellt (Göttingen 1922).

8 Das Gotteserlebnis in Hebbels Dramen (Berlin 1929).

9 Pfannmüller, Die Religion Friedrich Hebbels,S.174-178.

10 Blaustein, Das Gotteserlebnis in Hebbels Dramen, S. 61 f.

11 ebd., S. 17.

12 ebd., S. 18 f.

13 ebd., S. 19.

14 ebd., S. 21.

Blaustein einigermaßen ratlos gegenüber. Die Erörterung seines Gotteserlebnisses lief darauf hinaus, daß Herodes kein Atheist sei[15].

Georg Witkowski schrieb in seiner Rezension des Buches, daß dem Verfasser zu einer sachgerechten Bearbeitung des Themas jede literarhistorische "Vorbildung" fehle[16], H. Fels dagegen empfahl "die fleißige Arbeit" gerade den Deutschlehrern an höheren Schulen[17].

3.4.2.9 Die völkische Richtung

Adolf Bartels hat nach dem Ersten Weltkrieg nichts Neues über Hebbel publiziert. Dennoch haben seine Hebbelstudien auch in der Weimarer Republik eine relativ starke Verbreitung gefunden. Bartels' um die Jahrhundertwende entstandenen Literaturgeschichten sind in den ersten Nachkriegsjahren wiederholt aufgelegt worden. So hat seine Geschichte der deutschen Literatur, 1919 in 7. und 8. Auflage erschienen, 1924 in der 12. Auflage eine Auflagenhöhe von 29 000 Exem-

---

15 Blaustein, Das Gotteserlebnis in Hebbels Dramen, S. 22.

16 Zeitschrift für Ästhetik und allgemeine Kunstwissenschaft 25 (1931) 203 f.

17 Philosophisches Jahrbuch der Görres-Gesellschaft 44 (1931) 127.

plaren erreicht[1]. Die Neuauflage des Buches Die Alten und die Jungen von 1921 ist nach Angaben des Verfassers der größte Erfolg gewesen, den er als Literaturgeschichtsschreiber überhaupt erlebt hat, "und wahrscheinlich der überhaupt größte literaturgeschichtliche Erfolg in Deutschland"[2]. Die Hebbelkapitel beider Werke wiesen gegenüber den früheren Auflagen nur unerhebliche Veränderungen auf. Bartels hat außerdem einige seiner Hebbelaufsätze aus der Wilhelminischen Ära neu veröffentlichen können, u.a. in einem Band der renommierten Hebbel-Forschungen[3]. Bartels versuchte zu zeigen , daß Hebbels "poetische Kraft" aus dem "nationalen Grund- und Urwesen" und nicht aus irgendeinem Milieu oder aus einer Zeitbewegung erwachse[4] und daß folglich das Studium der germanischen "Rasse" die beste Voraussetzung für das Verständnis des Hebbelschen Werkes sei[5]. In ähnlichen gedanklichen Bahnen bewegte sich ein weiterer, 1932 veröffentlichter Aufsatz über Hebbel und Shakespeare[6].

Die publizistischen Erfolge Bartels' lassen erkennen, daß die völkische Literaturkritik keineswegs eine quantité negligeable der bürgerlichen Literaturgesellschaft gewesen ist. Die Erkenntnis des Hebbelschen Werkes haben die Vertreter dieser Richtung allerdings schwerlich gefördert. Der später viel zitierte "Rassenforscher" Hans F. K Günther kennzeichnete das Wesen von Hebbels tragischer Dichtung mit dem Oxymoron

---

1 Ausgabe in einem Bande (Hamburg, 11. u. 12. Aufl. 1924).

2 Die deutsche Dichtung von Hebbel bis zur Gegenwart (Die Alten und die Jungen), Ein Grundriß, Erster Teil, Die Alten (Leipzig, 10.-12. Aufl. 1922) S. IX f.

3 Hebbels Herkunft und andere Hebbel-Fragen, Hebbel-Forschungen, Nr. IX (Berlin 1921); Rasse und Volkstum: Gesammelte Aufsätze zur nationalen Weltanschauung (Weimar, 2. Aufl. 1920).

4 Rasse und Volkstum, S. 20.

5 Hebbels Herkunft, S. 18.

6 Adolf Bartels, Hebbel und Shakespeare , Johannes Krumm, Friedrich Hebbel, ein nordischer Dichter (Heide 1932).

"heiße Kälte"[7] und behauptete, bei Hebbel seien "nordische Menschen im Kunstwerk nordischer Art" aufgetreten[8]. Theobald Bieder, der die werbende "Arbeit für Hebbel" als "deutsche Kulturarbeit" , Hebbel selbst als das "germanische Gewissen" begriff[9], regte an, Hebbels "Verbindung mit dem nordischen Germanentum im allgemeinen" und seine "Verbindung mit seiner schleswig-holsteinischen (genauer dithmarsischen) Heimat insbesondere" genauer zu überprüfen[10]. Bieder benutzte jede Schrift über Hebbel für die Zwecke konterrevolutionärer Agitation: "Die deutsche Schmach von 1918 bis jetzt würde Friedrich Hebbel am tiefsten empfunden haben."[11] Wenn Bieder auch jetzt hervorhob, daß nicht "die Richter", denen Mariamne gegenüberstehe, "die Künder unbedingter Gerechtigkeit" seien, sondern die "Geister, die sie stumm und ernst betrachteten"[12], so war damit wohl angedeutet, daß die geltende Rechtsordnung für den "rassebewußten" Deutschen ohne Belang sei.

Johannes Hillmann vertrat die Ansicht, daß die Gestalten des Stücks in ihrer "Reckenhaftigkeit" wesensverwandt mit den Nibelungen seien; wie diese lebten sie in einer Zeit des Übergangs[13]. <u>Herodes und Mariamne</u> sei als die "Verherrlichung edelster , stolzer Persönlichkeit" zu begreifen, für die es "kein schwächliches Unterducken und Auch-anders-Können" gebe. Hier zeige sich ein "prachtvoller Heldentrotz". Der Verfasser, ein Theologe, meinte dazu: "Mög's oft andächtig gehört und gelesen werden. Unsere Zeit und unser Volk kann's

---

7 <u>Rasse und Stil</u> (München 1926) S. 37.

8 ebd., S. 40.

9 "Hebbeliana: Adolf Bartels zum 60. Geburtstag überreicht", <u>Festgabe zum sechzigsten Geburtstag von Adolf Bartels</u>, hg. Walter Loose (Leipzig 1922) S.96.

10 "Friedrich Hebbels Sendung", <u>Die Stätte</u> 1924, Heft 2, 25.

11 "Friedrich Hebbel", <u>Deutsche Bühne,</u> Spielzeit 1921/22, Heft 4, 53.

12 ebd., 52.

13 <u>Hebbel: Sein Leben und sein Werk</u> , Turm-Bücherei, Bd. 16 (Leipzig o.J.) S. 46.

gebrauchen."[14]

Was Paul Sickel Ende der zwanziger Jahre über Herodes und Mariamne mitteilte, war nicht neu und recht pauschal. Hebbel habe "die untergehende , ihrem Schicksal noch im Erliegen trotzende und krampfhaft zuckende alte Welt" darstellen und zugleich "die in rührender Hilflosigkeit aufsteigende, noch marklose und ungestaltete neue" darstellen wollen[15]. Gleichzeitig betonte Sickel den "urgermanischen Grundcharakter" Hebbels und seines Werkes. In Hebbel, "dem in weitem Maße Traditionslosen", habe "etwas von den urweltlichen Instinkten und den chaotischen Gefühlen primitiver Seelen" gelebt. Deshalb habe es ihn zur Darstellung "ungeheurer, maßloser, dämonischer Naturen" gedrängt[16]. Der "nordische Zug seines Wesens" sei bei Hebbel zuletzt mit aller Kraft durchgedrungen, wie er in seinen Dramen "das Dämonische als metaphysische Lebensmacht" so eindringlich wie kein deutscher Dramatiker vor ihm gestaltet habe[17].

Johannes Krumm hat, wie ein Aufsatz aus dem Jahre 1932 zeigte, seine Anschauungen über Hebbel auf dem Höhepunkt der Wirtschaftskrise und der präsidialen Diktatur nicht unerheblich modifiziert. Hebbel erschien ihm jetzt als "ein nordischer Dichter". In den isländischen Sagas sei "das harte und große Bild der Welt des Hebbelschen Dramas" gleichsam vorweggenommen , das sich in allen seinen Tragödien wiederfinde, "vor allem in den Nibelungen und in Herodes und Mariamne , die am meisten in Stoff oder Form nordische Eigenart tragen"[18]. Wie in den Sagas sei in Hebbels dramatischer Sprache "kein

---

14 Hillmann, Hebbel: Sein Leben und sein Werk, S. 46.

15 "Hebbel und die Antike", Neue Jahrbücher für Wissenschaft und Jugendbildung 4 (1928) 446.

16 ebd., 447.

17 "Hebbel und das Dämonische", ZdB 5 (1929) 665.

18 Adolf Bartels, Hebbel und Shakespeare, Johannes Krumm , Friedrich Hebbel, ein nordischer Dichter (Heide 1932) S. 52.

Raum für die breite rhetorische Entladung und für den üppigen Schmuck der Rede", sie dränge vielmehr auf "die schwere Kürze, das lakonische Pathos, die wortkarge, die stumme Rede"[19]. "Tragischer Heroismus" sei der "Charakterzug des Nordens", "Schicksalstrotz die Tugend und Untugend des Germanentums"[20]. Hebbel habe etwas von "dieser nordischen Anlage", er meide das Grausige nicht, er liebe es fast, und einige Gestalten hätten nicht nur "Gewaltiges und Erhabenes", sie hätten auch "Gewaltsames und Starres"[21]. So sei Herodes am Anfang seiner Laufbahn bei seiner kleinen Macht ein großer Herrscher, am Ende aber "ein Ungeheuer, der Schlächter der Kinder von Bethlehem". Mariamne sei "die erhabenste Gestlat der erhabenen Dichtung", aber ihr Wesen sei Stolz. Die Rache dieses liebenden Weibs gehe an "die Grenzen des Menschentums"[22]. In der germanischen Götter- und Heldensage, im deutschen Epos und in den isländischen Bauerngeschichten seien Gestalten wie Herodes und Mariamne vorgebildet[23]. Auch bei den Enkeln lebe noch "etwas von der alten germanischen Art"[24]. Krumm bekannte sich zu diesem "tragischen Heroismus".

---

19 Krumm, Friedrich Hebbel, ein nordischer Dichter, S. 53.

20 ebd., S. 57.

21 ebd., S. 56.

22 ebd., S. 56 f.

23 ebd., S. 57.

24 ebd., S. 52.

3.4.3 Die proletarische Rezeption

Das Interesse der proletarischen Literaturgesellschaft an den Produktionen Hebbels war - trotz Johannes R. Bechers "Der an den Schlaf der Welt rührt - Lenin" - außerordentlich gering. Auf die Initiative des Sozialdemokraten Ernst Lissauer ging die posthume Buchveröffentlichung von Otto Wittners Literaturgeschichte zurück[1]. Eine Auswahl von literaturkritischen Schriften Franz Mehrings brachte die Soziologische Verlagsanstalt Berlin heraus[2]. Eine im Vorwärts veröffentlichte Theaterkritik von Max Hochdark begnügte sich mit der Feststellung, daß Hebbels Schauspiel nicht mehr als zeitgemäß empfunden werde: "So wenige Jahrzehnte trennen uns erst von Hebbel, und wir sind schon in Gefahr, daß wir seine majestätischen Bestien als überflüssige Heroen empfinden."[3]

Der Austromarxist Alfred Kleinberg war der einzige, der den Versuch machte, Hebbels Drama vom proletarischen Klassenstandpunkt aus zu interpretieren. Kleinbergs Ausführungen über Hebbel gehörten einem Kapitel seiner Literaturgeschichte an, das die "Diesseitskunst" in ihrer Beziehung zum "Siegeszug des Industrialismus" behandelte[4]. Um die "Bedingtheit alles Ideellen" erkennbar zu machen[5], ging Kleinberg eingehend auf den wirtschaftlichen und politischen Umschwung um 1848 ein[6]. Es sei der "industriellen und intellektuellen Bourgeoisie"

---

1 Deutsche Literaturgeschichte vom westfälischen Frieden bis zum Ausbruch des Weltkrieges, 2 Bde (Dresden 1919, 1926).

2 Gesammelte Schriften und Aufsätze in Einzelausgaben, hg. Eduard Fuchs, Bd. 2, Zur Literaturgeschichte von Hebbel bis Gorki, Mit Einleitung von August Thalheimer (Berlin 1929).

3 "Deutsches Theater (Herodes und Mariamne)", Vorwärts, Berlin, 20. 9. 1921.

4 Die deutsche Dichtung in ihren sozialen, zeit- und geistesgeschichtlichen Bedingungen: Eine Skizze (Verlin 1927) S. 305 ff.

5 "Marxistische Literaturforschung", Die Literatur 33 (1930/31) 596.

6 Kleinberg, Die deutsche Dichtung, S. 307-313.

klar geworden, daß sie sich , ihrer eigenen Schwäche eingedenk, mit den bisherigen Machthabern aussöhnen müsse. Den Proletariern sei die Lehre erteilt worden, daß ihr Wunsch, an den politischen Errungenschaften der Revolution selber teilzuhaben, keinen hartnäckigeren Gegner habe als das eben erst selbst auf die politische Bühne zugelassene Bürgertum. Das junge Unternehmertum habe mit den Mächten der Vergangenheit Frieden geschlossen, um die zum Selbstbewußtsein erwachte Arbeiterschaft niederzuhalten und um in einer neuen Epoche der Ruhe und der wirtschaftlichen Prosperität seinen technischen und finanziellen Apparat nach allen Seiten hin auszubauen. Tatsächlich sei die deutsche Wirtschaft im Schatten der Reaktion zu ihrer "ersten kapitalistischen Hochblüte" herangewachsen, und zwar in einer Zeit, als sich die deutsche Arbeiterschaft zum größten Teil aus "entwurzelter Bauernschaft" und "verfallendem Handwerkertum" zusammengesetzt habe, als zudem die konstante Zunahme der Bevölkerung "die vielen Überflüssigen" gierig nach jeder Erwerbsmöglichkeit habe greifen lassen[7].

Eben diese sozioökonomischen Zusammenhänge ließ Kleinberg in seiner Hebbelkritik außer acht. Seine offensichtlich von Walzel beeinflußte Deutung postulierte den Konflikt zwischen Feudalismus und Kapitalismus als den "eigentlichen Sinn" von Hebbels Zeit. Das Gegeneinander von "Altem" und "Neuem", "Abgeblühten" und "Werdenden" konstituiere die Tragödie, die Hebbel geschaffen habe[8]. Mit dieser Begriffsbildung wurde er weder der geschichtlichen Realität noch der Eigenart von Hebbels Drama gerecht. Herodes und Mariamne wollte er nicht als eine "Ehetragödie im üblichen Sinne" verstanden wissen, hier stritten vielmehr "epochale Auffassungen vom Wesen der Frau" gegeneinander. Zwischen Herodes und Mariamne ständen nicht persönliche Irrungen und Mißverständnisse, sondern entscheidende "Zeitenwenden",

7 Kleinberg, Die deutsche Dichtung, S. 308.
8 ebd., S. 320.

und ihr Verhängnis sei, daß sie, durch echte Neigung verbunden, doch auf "verschiedenen Seiten der Barrikade" zu kämpfen verdammt seien. Der Sproß jüdisch-römischer Kultur, Herodes, dem Lieben Besitz bedeute, und "die von neuem christlichen Geist beseelte Mariamne" müßten im selben Augenblick unversöhnlich auseinandertreten, da Herodes seine Besitzerrechte "in aller Naivität" in die Tat umzusetzen beginne. Aus freiem Antrieb sich für ihn zu opfern, sei ihr Selbstverständlichkeit; auf seinen Befehl als Opfertier zu fallen, sobald er sterbe, damit niemand anderer sie erwerbe, dünke sie "schwerste Beleidigung ihrer freien Persönlichkeit", und darum erzwinge sie ihre Hinrichtung. Auch wenn Herodes gegen den Geist, der aus ihr gesprochen habe, wüte - "die Zukunft gehört ihm doch, die heiligen drei Könige singen ihm ihr Hosianna"[9].

---

9 Kleinberg, Die deutsche Dichtung, S. 322.

3.5 Die Rezeption in der faschistischen Ära

3.5.1 Die literaturgesellschaftlichen Voraussetzungen

Hebbel gehörte zu den von den faschistischen Machthabern besonders gepflegten Klassikern. Das seit 1939 veröffentlichte Hebbel-Jahrbuch sollte für "Wesen und Werk des nordischsten aller deutschen Dichter" eintreten[1]. Sein Herausgeber, Detlef Cölln, war zugleich Vorsitzender des Adolf Bartels-Bundes. Das mit Unterstützung des Reichsministeriums für Propaganda und Aufklärung gedruckte Jahrbuch[2] brachte bis 1943 Beiträge u.a. von Rainer Schlösser, Johannes Krumm, Gerhard Fricke, Wilhelm von Scholz, Fritz Martini, Walter Thomas, Josef Nadler, Heinz Kindermann und Hans W. Hagen. Die Faschisten förderten die Gründung lokaler und regionaler Hebbelvereinigungen[3] und veranstalteten Hebbel-Wochen in Bochum[4] und Wien[5]. Hebbel blieb Schulklassiker, die besondere Eignung der Hebbelschen Produktionen für den Deutschunterricht im faschistischen Deutschland wurde in mehreren literaturdidaktischen Arbeiten herausgestellt[6]. Seit 1938 war die Lektüre von Agnes Bernauer verbindlich vorgeschrieben[7]. Nach wie vor wurde Hebbel an den Universitäten behandelt. Hier

---

1 "Zum Geleit", HJb 1939.

2 Cf. die "Vorworte" des HJb 1941 und des HJb 1942.

3 Cf. Wilhelm Schow, "Zur Gründung der Wiener Ortsgruppe der Hebbel-Gesellschaft", HJb 1942, 75-83.

4 Cf. Walter Rumpf, "Die Ausstellung 'Friedrich Hebbels Leben und Werk' anläßlich der Friedrich-Hebbel-Woche in Bochum", HJb 1939, 80-84; "Hebbel-Woche in Bochum", Die Literatur 41 (1938/39) 519 f.

5 Cf. Walter Thomas, "Ansprache zur Eröffnung der Woche Hebbel und Wien", HJb 1942, 57-63.

6 Cf. Hans Rochacs, "Hebbel als Erzieher", ZdB 9 (1933) 520-525; H.W. Keim, "Friedrich Hebbels deutsche Art und Kunst", ZfD 1933 , 702-719 ; Johann Georg Sprengel, Der Staatsgedanke in der deutschen Dichtung vom Mittelalter bis zur Gegenwart (Berlin 1933) S. 62 ff.; Ilse Münch, "Die Tragik des germanischen Wesens im Drama Hebbels", ZfD 1937, 356-367; Karl Berend Hasselmann, "Hebbels germanisches Bild der Welt", ZfD 1939, 145-154.

7 Erziehung und Unterricht in der höheren Schule , Amtliche Ausgabe des Reichs- und Preußischen Ministeriums für Wissenschaft, Erziehung und Volksbildung (Berlin 1938) S. 68.

die Ergebnisse der Durchsicht von Vorlesungsverzeichnissen deutscher Universitäten:

Berlin

WS 1942/43 Franz Koch, Übungen über Hebbel

Bonn

SS 1933 Enders , Dramenfragmente von Lessing bis Hebbel
WS 1933/34 Wilhelm Schneider, Friedrich Hebbel
WS 1939/40 Obenauer, Hebbels 'Nibelungen'
WS 1944/45 Obenauer, Deutsche Literatur im 19. Jahrhundert von Hebbel bis Nietzsche

Frankfurt

SS 1933 Sommerfeld, Friedrich Hebbel und seine Zeit
WS 1935/36 Schultz, Grillparzer und Hebbel

Freiburg

SS 1934 Witkop, Die dramatischen Fragmente Schillers, Hebbels und Richard Wagners
SS 1939 Witkop, Die dramatischen Fragmente von Schiller, Hebbel, Richard Wagner
3.Trimester 1940 Witkop, Aufsätze Lessings, Herders, Schillers, der Brüder Schlegel, Hebbels und Nietzsches zur Literatur
SS 1942 Witkop , Dramatische Fragmente Schillers, Hebbels, Büchners und Richard Wagners
WS 1942/43 Witkop, Aufsätze zur Literatur von Lessing, Herder, Schiller, Schlegel, Hebbel und Nietzsche
SS 1944 Rehm, Das Wesen des Tragischen und die Geschichte der deutschen Tragödie bis Hebbel

Göttingen

WS 1935/36 May, Kleist, Büchner , Hebbel
WS 1942/43 May, Studien zu Hebbels Dramen
SS 1944 May, Friedrich Hebbel

Greifswald

SS 1934 Markwardt, Hebbels Dramen
SS 1935 Markwardt, Hebbel
WS 1937/38 Markwardt, Hebbel
2. Trimester 1940 Markwardt, Hebbel und Otto Ludwig
WS 1941/42 Markwardt, Übungen über Hebbel

Köln

WS 1935/36 Niessen, Friedrich Hebbel
WS 1935/36 Bertram, Hebbel im 19. Jahrhundert

Münster

WS 1938/39 Günther Müller, Hebbel und Stifter
WS 1942/43 Kindermann, Von Hebbel bis Kolbenheyer
WS 1943/44 von Wiese, Die deutsche Tragödie von Lessing bis Hebbel
SS 1944 von Wiese, Die deutsche Tragödie von Lessing bis Hebbel (Fortsetzung)

Dennoch hat Hebbel im Dritten Reich schwerlich ein größeres Publikum gehabt als in der Periode der Weimarer Republik. Die überwiegende Mehrheit der Bevölkerung war auf die Auseinandersetzung mit der klassischen Literatur nicht vorbereitet. Nach wie vor vermittelten die Volks- und Realschulen nur ein rudimentäres literarisches Bildungswissen[8], während die Zahl der Absolventen der höheren Schulen und Hochschulen um die Hälfte reduziert wurde[9].

Die faschistische Ära hat neben einem Nachdruck der Hebbelausgabe von Theodor Poppe[10] nur zwei Hebbelausgaben hervorgebracht, und zwar die von Gerhard Fricke[11] und die von Benno von Wiese[12]. *Herodes und Mariamne* ist in nur einer Ausgabe neu aufgelegt worden[13], während *Agnes Bernauer* nicht weniger als 22 Neuauflagen erlebt hat. Eine weitere Ausgabe von *Herodes und Mariamne* ist 1944 in der Schweiz erschienen[14].

Auf dem Theater ist *Herodes und Mariamne* ganz selten aufgeführt worden[15]. Während der Hebbel-Woche in Bochum z.B. wurden alle größeren Dramen Hebbels gezeigt,

---

8 Cf. Helmers, *Geschichte des deutschen Lesebuchs in Grundzügen*, S. 203.

9 *Geschichte der Erziehung*, hg. Karl-Heinz Günther, S. 610 f.

10 *Friedrich Hebbel*, *Werke*, hg. v. Theodor Poppe, 8 Teile (Berlin, Verlagshaus Bong, o.J.).

11 *Christian Friedrich Hebbel*, *Werke*, In 4 Haupt- und 3 Ergänzungsbänden, hg. Gerhard Fricke (Leipzig, Reclam 1936).

12 *Friedrich Hebbel*, *Werke*, Nach der historisch-kritischen Ausgabe von R.M. Werner, systematisch geordnet von Benno von Wiese, 9 Bände (Leipzig, Bibliographisches Institut, 1941).

13 *Friedrich Hebbel*, *Herodes und Mariamne*, Tragödie in 5 Akten (Paderborn, Schöningh 1933) = Schöninghs Textausg. alter u. neuer Schriftsteller, 130.

14 *Friedrich Hebbel*, *Herodes und Mariamne*, Tragödie in 5 Akten (Luzern, Räber 1944) = Editiones Helveticae, Abt. Dt. Texte, 18.

15 Cf. Heidrun Rössner, *Herodes und Mariamne*: *Wie äußerte sich der Kritiker in verschiedenen Zeiten zu Aufführungen dieses Werkes?* Staatsexamensarbeit (Hebbel-Museum, Wesselburen, Masch.Manuskript 1964) S. 29 ff.

Judith und Herodes und Mariamne ausgenommen[16].

Die faschistische Kulturpolitik, die Hebbel als einen "geistigen Schwertbruder" feierte[17], auch wenn ihr Stücke wie Judith und Herodes und Mariamne aus Gründen der Rassenpolitik nicht gerade genehm waren, zielte von Anfang an darauf ab, jeden Widerstand gegen die terroristische Unterdrückungspolitik im Inneren und die verbrecherische Aggressionspolitik nach außen hin unmöglich zu machen. Wer in Deutschland publizierte oder lehrte, mußte sich dazu hergeben, den NS-Staat zu rechtfertigen und von seinen Barbareien abzulenken[18]. Auf kulturpolitischem Gebiet machte der faschistische Staat, der im Interesse der reaktionärsten Kreise der Monopolbourgeoisie die parlamentarische Demokratie beseitigt und die Organisation der Arbeiterbewegung zerschlagen hatte, keinen Unterschied zwischen kommunistischen, sozialdemokratischen oder demokratischen Autoren, Kritikern, Lehrern und Wissenschaftlern. Die bedeutendsten deutschen Autoren und Kritiker gingen, um der physischen Vernichtung zu entgehen, ins Exil. Tausende von Lehrern wurden gemaßregelt, ihrer Ämter enthoben, vorzeitig in den Ruhestand versetzt oder auf entlegene Schulstellen verbannt. Über tausend Wissenschaftler, darunter viele von Weltruf, mußten ihre Lehrtätigkeit in Deutschland aufgeben.

Die Mehrzahl der deutschen Lehrer jedoch schloß sich, teils in voller Überzeugung, teils aus falsch verstandener Pflichtauffassung, dem verbrecherischen System an. Ulrich Peters erklärte 1933, daß die Gesellschaft für Deutsche Bildung, der die Mehrzahl der Hochschul-

---

16 Die Literatur 41 (1938/39) 520.

17 Hans W. Hagen, "Hebbels Sendung in der deutschen Gegenwart", HJb 1943, 17.

18 Cf. Dietrich Strothmann, Nationalsozialistische Literaturpolitik: Ein Beitrag zur Publizistik im Dritten Reich, Abhandlungen zur Kunst-, Musik- und Literaturwissenschaft, Bd. 13 (Bonn 1960); Josef Wulf, Literatur und Dichtung im Dritten Reich: Eine Dokumentation (Gütersloh 1963); ders., Theater und Film im Dritten Reich: Eine Dokumentation (Gütersloh 1964).

germanisten und der Deutschlehrer an höheren Schulen angehörte, "den Staat von Weimar immer nur als ein Vorläufiges" aufgefaßt habe, daß es aber "in jenen Jahren eines marxistischen und pazifistischen Regimentes" nicht immer leicht gewesen sei , den "Gedanken einer deutschen Bildung" zu vertreten[19]. Jetzt werde die Gesellschaft ihre ganze Kraft an die "Erziehung zum nationalsozialistischen Führerstaat" setzen[20]. Unverblümt wurde nach der faschistischen Machtübernahme die Abkehr von den rationalistischen und humanistischen Grundüberzeugungen des Bürgertums des 18. und 19. Jahrhunderts zugegeben[21]. Der Faschismus wurde als "eine deutsche Renaissance", als "Wiedergeburt der uralten ewigen Grundlagen und Wesenszüge des Deutschtums" ausgegeben, der die Aufgabe zugewiesen sei, das "uralte ewige Antlitz des Deutschen" von jeder "Überfremdung" zu befreien[22]. "Westlicher Geist, Liberalismus, Parlamentarismus, Kapitalismus, Marxismus, Materialismus , Intellektualismus, Rationalismus, Pazifismus, Zivilisation, Säkularisation u.a.m." wurden als undeutsch verworfen[23]. Ein Didaktiker des Deutschunterrichts schrieb, daß der Glaube früherer Generationen an "Menschheitsbildung und Menschheitsgestaltung" für die Gegenwart "unvollziehbar" geworden sei: "Das Ziel unseres Wollens und damit ein entsprechend gerichtetes Bildungsziel können allein aus irrationalen Gründen der Zeitnotwendigkeit aufsteigen."[24] Ein anderer Didaktiker propagierte einen "gewissen Mut zur Barbarei"[25].

---

19 "Deutsche Bildung gestern und heute", ZdB 9 (1933) 339.

20 ebd., 340.

21 Walther Linden, "Deutschkunde als politische Lebenswissenschaft - das Kerngebiet der Bildung!" ZfD 1933, 337.

22 Lothar Böhme, "Deutschunterricht und Nationalsozialismus", ZfD 1933, 389.

23 Rudolf Ibel, "Politische Erziehung und deutscher Unterricht", ZdB 9 (1933) 432.

24 Eduard Schulze, "Die deutsche Klassik und die nationalpolitische Bildung", ZdB 10 (1934) 125.

25 ZdB 9 (1933) 435.

Von seiten der Hochschulgermanistik wurden die Gymnasiallehrer zu solchen Stellungnahmen durchaus ermuntert. Karl Vietor schrieb, das "längst brüchige Gebäude der liberalistischen Ideen und der zu ihnen gehörigen Wirklichkeit" sei zusammengebrochen. "Die Deutschen haben sich in Marsch gesetzt, in neuer Haltung und zu neuen Zielen."[26] Jetzt gelte es , die letzten Reste des "historischen Relativismus", die der geistesgeschichtlichen Methode von der "liberalistischen Denkweise" her anhafteten, abzustreifen[27]. An der Bereitschaft der Hochschulgermanisten zur Preisgabe des humanistischen und aufklärerischen Erbes hat es allem Anschein nach nicht gefehlt, auch wenn es zutreffen sollte, daß die Zahl der mehr oder minder bewußten Mitbereiter nationalsozialistischer Gesinnung unter den Lehrstuhlinhabern sich im Laufe der dreißiger Jahre verringert hat[28]. Von denjenigen, die sich später selbst der "inneren Emigration" zugerechnet haben , sind allerdings kaum Impulse ausgegangen, die eine Widerstandshaltung gegen den Faschismus hätten fördern können.

Die Ansätze einer proletarischen Literaturkritik und die progressiven humanistischen Tendenzen der bürgerlichen Literaturkritik sind durch den faschistischen Terror weitgehend vernichtet worden. Dennoch hat es nicht an Versuchen gefehlt, der Zerstörung und Verfälschung der humanistischen Kultur durch die imperialistisch-faschistische Unterdrückungs- und Aggressionspolitik eine demokratische und sozialistische Gesellschafts- und Literaturprogrammatik entgegenzustellen. Neben der reaktionären Literatur und Literaturkritik, die als Teil und Mittel des herrschenden staatsmonopolistischen Systems wirkte, gab es eine "ausgebürgerte"

---

26 "Die Wissenschaft vom deutschen Menschen in dieser Zeit", ZdB 9 (1933) 342.

27 ebd., 346.

28 Cf. Eberhard Lämmert , "Germanistik - eine deutsche Wissenschaft", Nationalismus in Germanistik und Dichtung: Dokumentation des Germanistentages in München vom 17. - 22. Oktober 1966, hg. Benno von Wiese und Rudolf Henß (Berlin 1967) S. 23.

oder "heimliche" sozialistische und bürgerlich-humanistische Literatur und Literaturkritik. Welche Rolle Hebbel in den Literaturzeitschriften und den literarischen Diskussionen der Volksfront sowie in den "reeducation camps" der Alliierten und in der Bildungsarbeit des Nationalkomitees "Freies Deutschland" gespielt hat, ist allerdings angesichts der Schwierigkeiten der Materialbeschaffung und des Fehlens bibliographischer Hinweise nur schwer rekonstruierbar[29]. Es ist aber anzunehmen, daß das Interesse an den Produktionen Hebbels in den Kreisen der Antifaschisten ausgesprochen gering gewesen ist.

3.5.2 Die systemkonforme Rezeption

Im faschistischen Deutschland dominierten die ausgesprochen reaktionären Richtungen der Hebbelkritik, die sich seit dem Übergang der deutschen Gesellschaft zum Imperialismus entwickelt hatten. Daß das Dritte Reich Adolf Bartels als "einen der Vorkämpfer und Propheten des Deutschen Reiches unter der Führerschaft

---

29 Cf. Arbeiterbewegung und Klassik , S. 206 ff.

Adolf Hitlers" geehrt hat[1] versteht sich geradezu von selbst. Bartels' Kampf gegen "Marxismus, Reaktion, Judentum und Freimaurerei für seines Volkes Art, für Blut und Boden und das nordische Ideal" wurde u.a. an seinen Hebbelstudien aufgewiesen[2]. Anerkannt war aber auch die metaphysizierende Richtung der Hebbelkritik; auch sie hatte offensichtlich ihre Funktion im System der ideologischen Mobilisierung und Manipulierung durch die staatsmonopolistische Ordnung des Faschismus. Alle anderen Richtungen der Hebbelkritik traten demgegenüber zurück.

---

1 Adolf Bartels: Leben, Wesen und Werk, hg. im Auftrag des Adolf Bartels-Bundes durch den Bundesvorsitzenden Detlef Cölln in Wesselburen (Heide 1935) S. VII. - Cf. Adolf Bartels: Festgabe zum 80. Geburtstag, hg. vom Bartels-Archiv durch Walter Loose (Neumünster 1944).

2 Rainer Schlösser, "Adolf Bartels, Wesen und Werk", Adolf Bartels: Leben, Wesen und Werk, S. 29.

3.5.2.1 Die völkische Richtung

Der Faschismus deutete Hebbel als einen "nordischen Menschen" , in dessen Schicksal sich "uraltes Los der Arier" wiederholt habe[1]. In seinen Dramen offenbare sich Hebbel "als der Kämpfer für wüchsiges Leben, als der Warner vor artwidrigem Freisinn und als Erzieher zu völkischer Pflicht"[2]. Franz Stuckert sah Hebbels besondere Leistung in der "großartigen Wucht und Kühnheit", mit der sich "sein nordisch-germanisches Schicksalsgefühl" in seinen Dramen Raum geschaffen habe[3]. Wolf Braumüller vertrat in mehreren Artikeln die Ansicht, daß in Hebbels Drama die "Sehnsucht nach der sittlichen Größe", die "Sehnsucht nach dem rassischreinen Menschen" lebten. "Lieber tot als Sklave ist die ewige Formel Hebbelscher Gestaltungskraft."[4] Hebbels Dramenfiguren seien "Gestalten der Saga", wie Hebbel überhaupt der "Dichter des nordischen Menschen" sei[5].

Der Altmeister der völkischen Literaturkritik, Adolf Bartels, verfaßte die Hebbelgedenkartikel des Völkischen Beobachters 1933 und 1938[6]. Theobald Bieder hielt am 16. 3. 1933 einen Rundfunkvortrag über Hebbel[7].

---

1 Wilhelm Erbt, "Friedrich Hebbel , ein nordischer Dichter", Rasse 1 (1934) 176 f.

2 ebd., 179.

3 "Die Entfaltung der deutschen Dichtung im 19. Jahrhundert", DVjs 16 (1938) 396.

4 "Der Weg zur Gottheit führt durch das Tun der Menschen", Westermanns Monatshefte 164 (1938) 58.

5 ebd. - Ähnliche Vorstellungen in "Friedrich Hebbel, der Dramatiker des tragischen Urerlebnisses", Bücherkunde 5 (1938) 193 und "Der Schöpfer des realistischen Charakterdramas", Stuttgarter N.S.-Kurier, Stuttgart, Abend-Ausgabe, 12./13. 3. 1938; wieder abgedruckt in Hakenkreuzbanner , Mannheim, 17 3. 1938, und Rheinische Landeszeitung, Düsseldorf, 18. 3. 1938.

6 Walter Loose, "Der Hebbelkämpfer Adolf Bartels", Adolf Bartels: Festgabe zum 80. Geburtstag, S. 100 f.

7 "Friedrich Hebbel. Zum 120. Geburtstag des Dichters am 18. März 1933", Sendung des Norddeutschen Rundfunks vom 16. März 1933 (Hebbel-Museum, Wesselburen, Masch. Manuskript).

Größere Arbeiten über Hebbel haben Bieder und Bartels in der faschistischen Ära allerdings nicht mehr veröffentlicht. Bartels' letzte Veröffentlichung über Hebbel, ein Nachdruck des Hebbelkapitels der Literaturgeschichte, ist 1943 erschienen[8].

Die Theaterkritik sah sich genötigt, der Frage nachzugehen, warum gerade Hebbel, der "nach Herkunft und Blut, nach Wesen und Werk am stärksten nordisch" bestimmte deutsche Dichter, in Herodes und Mariamne einen jüdisch-orientalischen Stoff aufgegriffen habe[9]. Rolf Siebert schrieb dazu, daß sich das Schicksal von Hebbels Charakteren nicht vollziehe, weil sie diesen oder jenen Schwächen erlägen, sondern weil "das Ausmaß ihrer Persönlichkeit die Grenzen des allgemein Menschlichen" sprenge. Übergangszeiten schüfen solche Menschen, sie vereinsamten das Individuum, weil es keine ausgetretenen Pfade mehr gebe und weil jeder den neuen Weg selbst suchen müsse. Damit sei "die Möglichkeit zur Größe, aber auch zum tragischen Irrweg" gegeben. Daraus ergebe sich auch, daß solche Menschen "nie von typisch orientalischem Charakter" sein könnten oder gar dem "jüdischen Wesen", das "ewig seine Grenzen" verwische, "ewig in ein fremdes Sein hineinzukriechen" sich bemühe, irgendwie verwandt sein könne. Herodes sei "ein Herrenmensch, ein Krieger und Soldat, der wie ein Condottiere der Renaissance einer vergotteten Welt sein eigenes Ich als ordnendes Prinzip" entgegenstelle. Herodes bleibe der alten Welt verhaftet, die die Persönlichkeit mißachte und den Menschen zum Sklaven mache. Mariamne hingegen werde zum Symbol einer neuen Weltordnung, die der Persönlichkeit ihre natürliche Würde gebe und die Achtung des Menschen und der Menschlichkeit verlange. "Sie ist deshalb ein ganz abendländischer Charakter, von einer Herbheit und Hoheit, die nur nordisch genannt werden kann."[10]

---

8 Deutsche Dichter: Charakteristiken (Leipzig 1943) S. 262-274.

9 Rolf Siebert, "Hebbels 'Herodes und Mariamne'", Göttinger Tageblatt, Göttingen, 6. Oktober 1937.

10 ebd.

Hans Herbert Reeder behauptete, in Herodes und Mariamne gebe es Ansätze zu "antisemitischen Empfindungen und Erkenntnissen"[11]. In diesem Stück seien zwei Momente wesentlich,und zwar Mariamnes "Ahnung vom rechten Ergreifen des eigenen Geschicks" und Soemus' "Bekenntnis zur Gefolgschaft des freien Mannes", der treu sei und diene, aber nicht schmachvoll Werkzeug sein könne[12]. Für Otto von Nedden, den Chefdramaturgen des Deutschen Nationaltheaters in Weimar, war Mariamne "eine Frauengestalt urgermanischer Prägung"; mit jüdischem Wesen oder gar jüdischer Rassenseele habe sie nichts zu tun[13]. Dies war auch die Auffassung von Ilse Münch. Sie schrieb, die Tragik des Schicksals von Herodes und Mariamne ergebe sich aus jenen Spannungen, welche die germanische Seele erfüllten[14]. Es sei bezeichnend für die "Wesensart des germanischen Dichters", daß der Gegensatz zweier Weltanschauungen mit dem Gegensatz der Geschlechter zusammenfalle. Die "neuere Rassenseelenforschung" habe erkannt, daß es innerhalb der "nordischen Rasse" häufiger als anderswo zu schweren tragischen Konflikten zwischen den Geschlechtern kommen könne , da die "nordische Frau" innerlich stärker und selbständiger sei und ein "reicheres Eigenleben" besitze als die Frauen anderer Rassen. So erschienen bei Hebbel Frauen als "Verteidigerinnen von Lebenswerten, als Trägerinnen einer Weltanschauung", welche ebenbürtig neben die ihrer männlichen Gegenspieler treten könne. In Herodes und Mariamne werde die tragische Verwicklung herbeigeführt durch "einen Eingriff des Mannes in das persönlichste Leben der Frau

---

11 "Zwischen den Zeiten - über der Zeit" , Der Mitteldeutsche, Magdeburg, 4. 12. 1938.

12 "Dichter zwischen den Zeiten: Betrachtungen zum Hebbel-Jahr" , Die Westmark 1938, 307.

13 "Frauengestalten bei Hebbel", Friedrich Hebbel: Sein Leben und Werk in Einzeldarstellungen, hg. zur Wiener Hebbel-Woche im Auftrage des Reichsstatthalters in Wien von Walter Thomas (Wien 1942) S. 46. - Cf. auch "Hebbel als Lyriker und Frauengestalter" , Kieler Zeitung , Kiel, 15. 5. 1944.

14 "Die Tragik des germanischen Wesens im Drama Hebbels", ZfD 1937 , 362.

und deren entschlossenen Willen, ihr Selbst zu verteidigen oder zu rächen". Die beiden Gegenspieler fühlten sich zueinander hingezogen und würden doch durch den Zwang ihrer Natur auseinandergerissen[15].

Auch Hans Pesta setzte sich in seinen Ausführungen über Herodes und Mariamne mit der Schwierigkeit auseinander, daß Hebbel zur Verdeutlichung des "deutschen Wesens" gerade jüdische Charaktere herangezogen habe. Die Problematik des Stücks sei in keiner Weise "jüdischem Geist" verbunden, sie entspringe vielmehr "deutscher Wesenhaftigkeit"[16]. Die treibenden Kräfte in der Dichtung seien einerseits der Ehrgeiz und die Eifersucht des Herodes und andererseits Ehre und Treue sowie Stolz der Mariamne[17].

In einer Reihe weiterer Veröffentlichungen war das Bemühen erkennbar, Hebbels Drama für die Zwecke der Kriegspropaganda auszuwerten. Karlheinz Rüdiger schrieb, Herodes und Mariamne zeige "das Ringen eines Titanen mit einer vergehenden Welt der Hoffnungslosigkeit und erstarrten Formen" und zugleich einen "Kampf für ein neues Zeitalter" , in dem "Charakter und Ehre" als die großen Richtpunkte des sittlichen Handelns herausgestellt würden[18]. Herodes stehe auf dem Boden seiner orientalischen Anschauungen im Kampf mit Mariamne, deren Herz von einem freieren Weltbild erfüllt sei[19]. Als Kämpfer für eine "größere Zukunft" zu sterben, sei eine zugleich tragische und heroische Erfahrung , die den Menschen aus den niedrigen Gefilden des Daseins zwischen Haß und Leidenschaft herausführe in die "ewige Region der Unsterblichkeit"[20].

---

15 Münch, "Die Tragik des germanischen Wesens im Drama Hebbels", ZfD 1937 , 362.

16 Der Bildungsgehalt der Dichtung von Friedrich Hebbel: Eine bildungsgeschichtliche Untersuchung, Erziehungswissenschaftliche und psychologische Studien, Heft 9 (Hamburg 1938) S. 30 f.

17 ebd., S. 32 f.

18 "Friedrich Hebbel", Nationalsozialistische Monatshefte 1938 , 46 f.

19 ebd., 48.

20 ebd. ,50.

Erst "ein durch alle Feuer des Weltkrieges hindurchgegangenes Geschlecht" war nach Ansicht Rainer Schlössers in der Lage, "in Hebbel und seinen Gestalten die germanische Ursubstanz zu erkennen, zu bejahen und zu würdigen"[21]. Schlösser wendete sich gegen Bartels, der bei Besprechung von Herodes und Mariamne von gutgetroffenem orientalischem Kolorit gesprochen habe. Denn außer dem Pharisäer, den allerdings "die hoffnungslose Verbohrtheit einer talmudistischen Inzucht" charakterisiere, hafte allen Trägern der Handlung ihr historischer Name als etwas Zufälliges an. "Durch diese Tragödie des Stolzes schreitet Mariamne, die sich wohl in ihrer Liebe selbst opfern , aber nicht opfern lassen will, mit der blauäugigen und blonden Sicherheit einer Sagagestalt"[22]. Ihre Mutter Alexandra verrate in jedem Zug "die hohe Gefährlichkeit herrschsüchtiger normannischer Königinnen"[23]. Soemus, "seines Zeichens in nichts Galiläer, vielmehr durchaus würdig, am jüngsten Tag unterm Stahlhelm zu stehen", knüpfe an seine "Gefolgschaftstreue" eine einzige Bedingung, nämlich die, "dem sicheren Untergange nicht schmachvoll überantwortet zu werden". Nicht der sichere Untergang sei es, der ihn schrecke, sondern einzig und allein die Gefährdung der Ehre erscheine ihm untragbar[24]. Dieses "Gesetz der Ehre", welches demjenigen, der es beherzige , "folgerichtig Ausblicke auch in die dunklen Risse des Unerforschlichen" verschaffe, sei "der innerste Kern" fast aller Werke Hebbels[25].

Daß Herodes und Mariamne "nichts als ein einziges Drama der Ehre" sei, behauptete auch Thilo von Trotha[26]. Aus Herodes', des Emporkömmlings Ehrgefühl heraus erwachse die Empfindlichkeit und das Mißtrauen, das ihn die Weibesehre der Mariamne so tief verwunden lasse,

---

21 "Friedrich Hebbel zum Gedächtnis" , HJb 1939, 12.

22 ebd.

23 ebd., 13.

24 ebd. ,14 f.

25 ebd. ,15

26 "Der Dichter der Ehre", Wilnaer Zeitung, Wilna , 26. 3. 1944.

daß sie den Tod wähle. Durch nichts hätte Hebbel besser zeigen können, wie fern ihm morgenländisches Denken gelegen sei, als durch dieses Drama, wo er mitten in der Entartungswelt des späten Altertums zwei Menschen hineinstelle, denen "unter der hebräischen Vermummung das starke und wilde Herz der dithmarsischen Bauern" klopfe[27]. Den Hinweis auf den "tragischen Heroismus" der Frau in Herodes und Mariamne gab Johannes Rohr in seiner Neubearbeitung von Vilmars Literaturgeschichte[28].

Karl Berend Hasselmann betonte, daß Herodes keine orientalischen Züge habe. "Hinter dem historischen Kostüm zeigen sich niedersächsische Züge: das herrische Selbstbewußtsein, das Pflichtgefühl gegenüber der politischen Aufgabe, die Geringschätzung für die Kirche, der doch viel Freiheit gelassen ist, das stolze und doch mit Klugheit gepaarte Verhalten gegenüber stärkeren Mächten, es sind Züge, die wir uns an einem Heinrich dem Löwen oder an mancher Gestalt der Sagas vorstellen können."[29] In Hebbels Stück stehe "Recht gegen Recht" , und es gebe "keine Versöhnung". Für den "sittlich großen Menschen" werde das Recht beansprucht, "gegen den anderen, den auch Berechtigten, Unrecht zu tun": "In fast allen germanischen Heldenliedern besteht die sittliche Größe der Helden in ihrem Mut , Unheil anzurichten."[30]

Franz Bielfeld bezeichnete Herodes und Mariamne als dichterische Vorstufe für die in jeder Hinsicht reifere und geschlossenere Daseinsgestaltung der Gyges-Tragödie. Beiden Dramen liege das gleiche tragische Motiv zugrunde. Hebbel sei es um die "tragische Veranschaulichung des germanischen Persönlichkeitsethos der Ehre" zu tun. Herodes vergehe sich an der Persönlich-

---

27 von Throtha , "Der Dichter der Ehre", Wilnaer Zeitung, Wilna, 26. 3. 1944.

28 A.F.C.Vilmar, Geschichte der Deutschen Nationalliteratur, bearbeitet und fortgesetzt von Johannes Rohr (Berlin 1936) S. 336.

29 "Hebbels germanisches Bild der Welt", ZfD 1939, 152.

30 ebd., 150.

keitswürde und Ehre Mariamnes, indem er sie aus grenzenloser, dennoch egoistischer Liebe zum Ding, zur Sache erniedrige[31]. Das "Gesetz der Ehre" beherrsche das Dasein der handelnden Charaktere, die "Idee der Ehre" werde damit geradezu Maßstab und Grundlage für die tragische Lebensgestaltung der Hebbelschen Dichtung[32]. Es sei bezeichnend für die hohe Persönlichkeitsbewertung Hebbels, daß Mariamne dem Gatten wohl den politischen Mord an ihrem rebellischen Bruder verzeihen könne, nie aber, daß Herodes sie zum Opfertier, zur Sache , habe erniedrigen wollen. "Nordisches Persönlichkeitsbewußtsein" liege dem Freundschafts- und Gefolgschaftsverhältnis zugrunde. Als freier Mann, nicht als Knecht, trete der Freund dem Freunde, der Gefolgsmann dem Fürsten entgegen, dem er sich freiwillig unterordne. Soemus sage sich von Herodes als Freund und Diener los , weil dieser in grenzenloser Überhebung den Freund zum willenlosen Werkzeug habe erniedrigen wollen[33].

In _Herodes und Mariamne_ seien drei Gruppen von Menschen zu unterscheiden, die sich in ihrer Lebensauffassung und sittlichen Grundhaltung wesentlich voneinander abhöben. In die Gestalt der Mariamne , des Soemus und des Titus habe Hebbel nordische Seelenhaltung hineingesehen. Sie seien daher geradezu als die Vertreter germanischer Lebensauffassung anzusehen. Auch Herodes sei eine durchaus ehrbewußte Persönlichkeit. Allein durch das maßlos egoistische Machtstreben des orientalischen Tyrannen, der einen Antonius und Oktavian zum Freunde habe, träten an Herodes zugleich "undeutsche Züge" hervor, die in vieler Hinsicht an Holofernes erinnerten. Sameas wie auch Alexandra und Salome verkörperten "die listige Verschlagenheit, den skrupellosen

---

31 _Hebbels Menschengestaltung als dichterischer Ausdruck nordisch-deutschen Wesens_ (Berlin 1939) S. 73.

32 ebd., S. 76.

33 ebd., S. 77.

Fanatismus jüdischer Art". Die Ehrauffassung Mariamnes müsse jüdischer Eigenart wesensfremd bleiben. Titus dagegen, der vornehme, nordisch empfindende Römer, begreife nur zu sehr das Leid "seiner" Königin und die sittliche Berechtigung ihres Handelns[34].

Auch das Liebesverhältnis der Menschen des Hebbelschen Dramas werde bestimmt von den "Grundgesetzen germanischer Persönlichkeitsauffassung". Neben das sich hingebende Liebesverlangen des Weibes trete das Persönlichkeitsverlangen, ihre Ehrauffassung. Das Liebesverhalten Mariamnes werde von der Idee der Ehre beherrscht. Die Tragödie der Liebe sei daher zugleich eine Tragödie der Ehre. Leidenschaftlich bestehe Mariamne darauf, daß den freiwillig akzeptierten Geboten der Ehre Erfüllung werde[35]. In der Königin offenbare sich der "Adel nordischen Wesens", sie handle, "dem Gesetze einer inneren Notwendigkeit folgend, aus der Urschau, dem Mythos der nordischen Seele"[36].

Bielfeld wollte aber nicht nur Hebbels "spezifisch deutsche Wesensart" kennzeichnen, sondern er wollte auch nachdrücklich darauf hinweisen, daß es geradezu die Lebensaufgabe des "nordischen Menschen" sei, den Kommunismus, der in Rußland "chaotische Zustände" geschaffen habe, mit letzter Entschiedenheit zu bekämpfen[37].

Gerhard Fricke schrieb, in _Herodes und Mariamne_ ständen sich zwei Menschen gegenüber, die zusammengehörten, die einander ebenbürtig seien, die einander liebten und sich alles bedeuteten - die den Herodes liebende Mariamne sei eine bewußte Umgestaltung der Überlieferung durch den Dichter - und die sich gegenseitig zerstörten, weil keiner sein Lebensgesetz zerbrechen und dem anderen helfen könne , weil kein Wort, keine Tat und kein Vertrauen mehr eine Brücke vom Ich zum Du schlage, weil sie innerlich verschiedenen Welten an-

34 Bielfeld, _Hebbels Menschengestaltung als dichterischer Ausdruck nordisch-deutschen Wesens_, S. 78.

35 ebd., S. 80.

36 ebd. ,S. 84.

37 ebd., S. 56 f.

gehörten. Versinkendes Heidentum, jüdische Spätzeit und aufsteigendes Christentum - das seien die Horizonte, vor die Hebbel seine Helden stelle: bei aller Größe und echten Leidenschaft könne Herodes sein Weib doch nur wie eine unersetzliche Sache lieben. Mariamne aber sei ein Mensch, kein Besitz ; nur in der Freiheit des Vertrauens könne sie ihr Ich dem Gatten ganz und bedingungslos schenken. Er allein könne das Vertrauen schaffen und das zerstörte wiederherstellen. Nur die Möglichkeit dazu, nicht mehr dürfe sie ihm geben. Er aber bleibe , der er sei, und so gebe es für Mariamne, die zwiefach in ihrer Menschheit Vernichtete, nur noch einen Weg: willig den Tod zu ergreifen, mit dem sie Herodes zugleich die Augen öffne zu schrecklich strafendem Erwachen, aber auch zu schrecklicher Verstockung[38]. Wie die anderen Helden Hebbels gingen Herodes und Mariamne zugrunde und richteten einander zugrunde , weil in ihnen starr und ausschließlich wie nur im alten Heldenlied oder in der nordischen Saga das höchste Gesetz germanischen Wesens lebe: "sei, was du bist! bleib dir selbst treu und handle nach der Ehre und Wahrheit deiner Natur." Darum riefen sie lieber das Verderben über sich hinauf, als daß sie kapitulierten[39].

Hebbels dramatisches Schaffen beruhe auf der Überzeugung, daß alles Leben Kampf sei, daß es "ein unaufhörliches Sichbehaupten und Sichdurchsetzen des einen auf Kosten des anderen" sei. Leben gebe es nur in der Form der Vereinzelung , der Individualisierung. Jedes Individuum aber sei beherrscht von dem einen Gesetz der Selbstbewahrung, der Selbststeigerung, der Selbstver-

---

38 Hebbels Werke in vier Haupt- und drei Ergänzungsbänden, hg. Gerhard Fricke, Bd. 2 (Leipzig o.J. [1936]) S. 10 f.

39 "Erfahrung und Gestaltung des Tragischen in deutscher Art und Dichtung", Von deutscher Art in Sprache und Dichtung , hg. Gerhard Fricke, Franz Koch u. Klemens Lugowski, Bd. V (Stuttgart 1941). S. 88. - Cf. die ähnlichen Formulierungen Frickes in dem Aufsatz "Die Tragödie der Nibelungen bei Friedrich Hebbel und Paul Ernst", HJb 1940, 14 f.

wirklichung. Entweder das Individuum gebe sich schwächlich auf, versäume seine Bestimmung und seinen Daseinszweck - dann verschulde es sich am Leben, und es wäre besser, es wäre nie geboren. Oder aber das Individuum bleibe sich selber und seinen innersten Gesetzen treu, steigere das Leben, indem es vollbringe , was es könne - dann verstricke es sich notwendig in Kampf, in schuldvolle Verletzung anderer. Das Recht des Ich werde zum Unrecht am Du, an dem höheren Ganzen und rufe so selbst die kommende Welle herauf, die rächend und sühnend die vorige verschlinge[40].

Die gewaltige Dynamik dieses von Kampf und Werden beherrschten Weltbildes enthülle das germanische Wesen des Dichters. Er bejahe das Leben, er bejahe den Kampf , aus dem allein Leben erwachse. Er bejahe das tragische Gesetz des Daseins, das ein Individuum an andern und eine Epoche an der andern zugrunde gehen lasse. Er bejahe "jene ursprüngliche Schuld des sich loslösenden und verselbständigenden Individuums und die daraus folgende abgeleitete Schuld maßloser Selbststeigerung und des Frevels am Du oder am geheiligten Herkommen", denn nur so wälze das ungeheure Rad des Lebens sich selber vorwärts. Aber er bejahe nicht minder die metaphysische Sühne jener metaphysischen Schuld: den Untergang, den die rächende Idee dem maßlosen Individuum unvermeidlich bereite, den Tod, mit dem das Individuum die Schuld des Daseins sühne[41]. In dem "heroischen Ja" zum durch und durch tragischen Vorgang des Lebens enthülle sich die "nordisch-germanische Artung" des Dichters[42].

1941 hat Fricke offensichtlich unter dem Eindruck von Zieglers Hebbelstudie betont, man könne es geradezu mit Händen greifen, wie der Mensch in Hebbels Drama zum einsamen und einzelnen Individuum geworden sei,

---

40 Hebbels Werke, Bd. 1, S. 20.

41 ebd., S. 21 f.

42 ebd., S. 22.

"zum Atom im unendlichen Wirbel des Alls"[43]. "Dies Individuum nun, beseelt von dem unstillbaren Willen nach einem unbedingten Dasein, nach der Fülle und Ganzheit des Lebens - ist für den ehernen Gang des Weltganzen ein ohnmächtiges Nichts, ein Staubkorn, das vom großen Rad der Zeit hinuntergeknirscht wird."[44] Hebbel habe sich gegen "die unerträgliche Sinnlosigkeit des Daseins" ein schützendes Dach geschaffen - aus Elementen der Hegelschen Philosophie, deren idealistischen Glauben und deren Pathos er freilich nicht mehr geteilt habe. Man könne das philosophische Ideendach, das Hebbel all seinen Dichtungen aufzusetzen versucht habe, abnehmen, ohne daß man sie dabei verletze und schädige. Ja, ihr Wesentliches und Dichterisches trete gerade dann ganz rein hervor: "was ist es anders als das trotzige, kompromißlose und stolze Ja zum eigenen Wesen und zum Schicksal, dessen Sinn verschlossen und dunkel bleibt bis auf den einen, daß es bestanden werden will."[45]

Franz Koch ging es zuerst und vor allem darum zu verdeutlichen, daß sich der einzelne dem "Ganzen" zu opfern habe - im Kriegsjahr 1940 eine durchaus konkrete Forderung. Im Anschluß an die "Pantragismus"-These entwickelte er seine Auffassung, daß Hebbel in seinen Dramen "eine Urtatsache des Lebens" erfasse, daß nämlich "die lebendige Substanz", die als solche "ewig" sei, sich in einzelne Träger, die Individuen aufspalten müsse, um "lebenswirksam" zu werden, daß sie aber ihren "ewigen Bestand" nur durch die Vernichtung dieser Individuen erhalte, nachdem sie durch sie "neue, jüngere Lebensträger" hervorgetrieben habe. "Es ist klar, daß das Individuum so, und das heißt biologisch gesehen, sein Lebensrecht , seinen Wert und seine Bedeutung nur vom Lebensganzen her besitzt, weil, wie wir uns modern ausdrücken würden, die Individuation, die

---

43 Von deutscher Art in Sprache und Dichtung, Bd. V, S. 87.

44 ebd.

45 ebd., S. 87 f.

Aufspaltung in Einzelwesen, für das Leben ja nur Mittel ist zum Zweck, d.h. zu leben und zu wachsen."[46] Hebbel erkenne "die Unbedingtheit des Lebensganzen und die Bedingtheit des Individuums" und verlege damit eine tragische Spannung ins Leben selbst, "die Spannung zwischen den Ansprüchen des Überindividuellen und denen des einzelnen Lebensträgers"[47]. In den Dramen Hebbels dokumentiere sich der "Polarismus" , der allem Leben notwendig eingeboren sei, in der Zweiheit , in der Aufgespaltenheit menschlichen Lebens in die beiden Geschlechter. In Herodes und Mariamne sei deshalb keineswegs eine sexuelle, sondern eine "metaphysische" Problematik behandelt, die in der "höheren Einheit des Lebens" gründe. Wenn Herodes das Lebensrecht des anderen Pols, die Eigengeltung Mariamnes mißachte und dieses Leben zur Sache mache, zu einem Ding, über das man verfüge wie über lebloses Eigentum, zerstöre er dadurch auch dieses Leben selbst, das doch zugleich ein Stück seines eigenen Seins, die naturgegebene, notwendige Ergänzung seines Wesens, sei[48].

In dem zur Vernichtung der Individuen führenden tragischen Prozeß realisiere sich jene Daseinsschuld, die letztlich nicht im Logischen, sondern im Biologischen, in Hebbels "rassischer Wesenheit", gründe[49]. Denn Hebbels Helden überragten das ihnen, vom Ganzen her gesehen, zuzubilligende Maß doch nur deshalb, weil sie mit unerschütterlicher Treue , ja mit Trotz, "diesem

---

46 Welt und Ich, das Grundproblem von Hebbels Theorie des Dramas, Abhandlungen der Preußischen Akademie der Wissenschaften, Jg. 1940, Philosophisch-historische Klasse, Nr. 4 (Berlin 1940) S. 7.

47 ebd. - Cf. den Aufsatz "Hebbels Weltanschauung", Friedrich Hebbel: Sein Leben und Werk in Einzeldarstellungen, hg. zur Wiener Hebbel-Woche im Auftrage des Reichsstatthalters in Wien von Walter Thomas (Wien 1942) S. 15.

48 Koch, Welt und Ich, S. 11.

49 Geschichte deutscher Dichtung (Hamburg 1937) S. 218 f.

echt germanischem Erbe", an ihrem "Selbst" so festhielten, daß dieser ihnen allen gemeinsame Zug zugleich die Gegenkräfte, den tödlichen Haß erwecke, der sie vernichte[50]. In Hebbels Dichtung breche aus dem "Blute seines nordischen Wesens" "germanischer Schicksalsglaube, germanischer Schicksalstrotz" auf und lasse den Betrachter einen Blick tun "in die Risse des Unerforschlichen" , von wo ein Strahl dann auch "die Finsternis des Daseins" durchhelle[51]. Im Rahmen dieses faschistischen Hebbelverständnisses erklärte und rechtfertigte Koch den imperialistischen Weltkrieg.

---

50 Geschichte deutscher Dichtung (Hamburg 1937) S. 219.

51 Koch, Welt und Ich, S. 17.

3.5.2.2 Die metaphysizierende Richtung

Die Vertreter dieser Richtung, die zumeist der Hochschulgermanistik angehörten, waren in ihren politisch-ideologischen Wertungen in der Regel wesentlich zurückhaltender als Hermann Stodte, der Hebbels Kampf gegen Liberalismus und Arbeiterbewegung pries[1]. In Herodes und Mariamne ständen sich Mann und Weib nicht "liebend im gewöhnlichen Sinn" gegenüber, beide seien vielmehr im "Dienst jenes 'Egoismus des Universums'", das seine Erhaltung wolle und die Menschen als Mittel einsetze[2]. Mariamne sei dabei auf eine "Stufe keuschester Weiblichkeit" gehoben. Ihre menschlich-sittliche Tragik bestehe darin, daß Herodes "die Entfaltung ihrer edelsten weiblichen Sittlichkeit" vereitele. Herodes erscheine als "der liberale Gegenpol des Weibes". Seine "Maßlosigkeit" beruhe wie die des Holofernes auf dem"Mangel jeder Ehrfurcht vor dem Geschaffenen, Lebendigen" und auf dem "Wahn, der Welt, diesem verächtlichen Nichts , einen neuen Inhalt, eben sich selbst, aufzwingen zu können[3].

Stodte war der Auffassung, daß sich Herodes und Mariamne direkt gegen jene "liberal bewegten Strömungen" gerichtet habe , die mit der "angeblichen Befreiung der Frau von unwürdigen Fesseln" das 19. Jahrhundert erfüllt hätten[4]. In einer Zeit, da die Frau "unter Ibsens und Hauptmanns Führung" sich bis zur "öffentlich und politisch kämpfenden Abart des Typus" vermännlicht habe, sei es notwendig , sich zu erinnern, daß Hebbel der Frau "eine höhere , gewiß die höchste Stelle" angewiesen habe: "Bewahrerin der 'sittlichen Idee' der Welt" zu sein[5]. Hebbel verharre folgerichtig bei seiner Gegnerschaft zu dem, was er "die hohle Demokratie

---

1 "Der konservative Hebbel", Dichtung und Forschung: Festgabe für Emil Ermatinger (Frauenfeld 1933) S.203.

2 ebd., S. 198.

3 ebd., S. 200.

4 ebd.

5 ebd.

der Zeit" genannt habe[6], daher sein Eintreten für die Aufhebung der Arbeitslosenunterstützung sowie sein publizistischer Kampf gegen den Kommunismus, der "wahnsinnigen Ausgeburt fanatischer Köpfe"[7].

Christa Marie von Zanthier war der Auffassung, das Stück dokumentiere einen "ehrfürchtigen Glauben an die Weltordnung" , die in ihrem Zweck verborgen bleibe[8]. Daß Mariamne nach außen spröde sei, das liege ihr als Makkabäerin "im Blut". Daran könne sie nichts ändern, sie könne nur stolz in freiem Vertrauen leben, sonst müsse sie ersticken. Herodes hingegen sei "von Natur" mißtrauisch und eifersüchtig. Er könne nicht anders als "eifersüchtig, gewalttätig" sein. Somit seien Konflikt und Katastrophe unvermeidlich[9]. Die Frage nach den Ursachen dieser tragischen Konstellation sei für Hebbel unbeantwortet geblieben: "er hat ehrfürchtig vor dem Geheimnis Halt gemacht, das Menschenmaß und =aussage nicht mehr zugänglich ist."[10] Daß bei derartigen Grundüberzeugungen jeder aktive Widerstand gegen den Faschismus ausgeschlossen war, liegt auf der Hand.

Deshalb konnten auch faschistische Kritiker Hebbels Drama metaphysizierend interpretieren. Walther Linden bezeichnete _Herodes und Mariamne_ als die Tragödie der beiden sich leidenschaftlich liebenden Menschen, die sich gegenseitig vernichteten , da das Herrschaftsverlangen des nach ausschließlichem Besitz begehrenden und diese Forderung mit äußerem Zwang vertretenden Mannes zusammenstoße mit der Selbstverantwortlichkeit der reif und bewußt gewordenen Frau[11]. Dieser Konflikt entspringe aus der "Notwendigkeit der alles bestimmenden übergreifenden Lebensgesetze", dem "ewigen Kampf

---

6 Stodte , "Der konservative Hebbel", _Dichtung und Forschung: Festgabe für Emil Ermatinger_, S. 203.

7 ebd., S. 204.

8 _Der Schicksalsglaube der Dithmarscher: Hebbel - Groth - Frenssen_ - Groß (Heide, Phil. Diss., Tübingen 1934) S. 110.

9 ebd., S. 85.

10 ebd., S. 105.

11 _Geschichte der deutschen Literatur von den Anfängen bis zur Gegenwart_ (Leipzig 1937) S. 389.

der Geschlechter", dem "Bruch im menschlichen Sein", der "alles Sein" tragisch mache[12].

Reinhold Zickel-von Jan schrieb, daß Hebbel zu Unrecht als ein "Vorläufer Ibsens, Strindbergs und der Moderne" gepriesen worden sei. Was ihn von diesen seinen "modernen Pseudoerben" unterscheide und ihn "um Sonnenfernen" über sie erhebe, sei die Tatsache, daß er das Problem Mann-Weib immer im weltgeschichtlichen Moment verwurzele , daß seine Psychologie aus dem "sicheren Boden weltgeschichtlicher Zustände" ihre Nahrung sauge und daß er den Seelenkampf immer auf dem Hintergrund der "kosmischen Urtragik" als dem letzten Beweger der Handlung austrage[13].

Josef Nadler, nunmehr ein entschiedener Propagandist des Faschismus[14], modifizierte seine Ansichten über Hebbel[15] nur geringfügig. Wie zuvor vertrat er auch im Dritten Reich die Auffassung, daß Hebbels Dramatik "eine im wesentlichen religiöse Kunst" sei, daß Hebbel "das metaphysisch Absolute" in jeweils verschiedenen allgemeinen geschichtlichen Mächten verkörpert und die "individuatio" in dem jeweiligen Helden verkörpert habe[16]. Neu war der Gedanke, daß Hebbels Dichtungen trotz überlegen dramatischer Aufmachung ihrem wahren Sein nach epische Gebilde seien. "Und die angelsächsische Verserzählung von Geoffreey Chaucer bis George Lord Byron wäre ihre gemäße sächsische Form gewesen."[17] Weiter betonte Nadler jetzt den "Willen zum Staat" in Hebbels "tragischen Gedichten". Hebbels Dramen erhöhten "Staat und Gesellschaft über das Einzelwesen"[18].

---

12 Linden, Geschichte der deutschen Literatur von den Anfängen bis zur Gegenwart, S. 388.

13 "Das Drama Hebbels", Berliner Börsen-Zeitung, Berlin, Morgen-Ausgabe, 15. 2. 1938.

14 Cf. Literaturgeschichte des Deutschen Volkes: Dichtung und Schrifttum der deutschen Stämme und Landschaften, Bd. I (Berlin, 4., völlig neubearbeitete Aufl. 1938) S. 1-6.

15 ebd. , Bd. 3, S. 450-454.

16 "Christian Friedrich Hebbel: Ein hohes Leben aus der Tiefe", Friedrich Hebbel: Sein Leben und Werk in Einzeldarstellungen , hg zur Wiener Hebbel-Woche von Walter Thomas (Wien 1942) S. 9; ähnlich Literaturgeschichte, Bd. 3, S. 450 f.

17 ebd., S. 454.

18 ebd.

Klaus Ziegler ging in seiner bei Rudolf Unger angefertigten Dissertation auf die völkische Richtung der Hebbelkritik mit keinem Wort ein. Die progressive Hebbelkritik, als deren bedeutendsten Vertreter er Josef Körner nannte, lehnte er dagegen ausdrücklich ab; Ziegler behauptete, daß der Bedeutungsgehalt des Stücks "wesentlich metaphysischer und nicht ethischer Struktur" sei[19]. Dieser "metaphysischen" Struktur des Stücks suchte Ziegler durch "ein ganz unvoreingenommenes Analysieren" auf die Spur zu kommen, wobei er vorgab, sich "mit strenger Ausschließlichkeit auf die Betrachtung der Hebbelschen Tragödien selber"zu beschränken, und auf die Verwendung der theoretischen Kommentare , mit denen Hebbel in Aufsätzen, Tagebüchern und Briefen seine Tragödien begleitet hat, verzichtete[20].

Die geschichtlich-gesellschaftlichen Bezüge von Hebbels Drama stellte Ziegler als belanglos hin. Die Dreikönigsszene bezeichnete er als "ein unorganisches Anhängsel und Einsprengsel" , dem für die Gestalt und Bedeutung des Gesamtdramas keine zentrale Funktion zukomme[21]. Ziegler leugnete nicht , daß Hebbel in ihr "eine dialektisch-evolutionistische Auffassung der Geschichte" zum Kerngehalt seines Werkes habe machen wollen: "als versöhnenden Sieg der höheren christlichen Sittlichkeit über den starr düsteren Gesetzesfanatismus des jüdischen Pharisäismus wie über einen angeblich brutal-egoistischen Naturalismus des Herodes und der ihn umgebenden heidnischen Welt"[22]. Aber er leugnete, "daß der Dichter erreichte, was er wollte", und behauptete, daß Bedeutungs- und Handlungsgehalt der Tragödie "durchaus anderen Quellen und Gründen als jener geschichtlichen Konstruktion" entsprängen[23].

---

19 Mensch und Welt in der Tragödie Friedrich Hebbels , Neue Forschungen 32 (Berlin 1938) S. 74, S. 78, Anm. 78.

20 ebd. , S. 10.

21 ebd. , S. 74, Anm. 72.

22 ebd.

23 ebd.

Ziegler hob hervor , daß Herodes so wenig wie Mariamne einer ganz bestimmten und einzigartigen Gesellschaftsform und Geschichtsepoche zuzurechnen seien. Die dramatische Welt gehöre "der Schicht einer noch ganz unspezifischen und unindividualisierten Daseinshaftigkeit und Tatsächlichkeit" an, die durchaus noch "vor allen gesellschaftlichen Differenzierungen und geschichtlichen Individualisierungen" liege und deshalb auch nicht als "Ausdruck einer bestimmten Kultursituation" genommen werden könne[24]. Ziegler behauptete, daß die Szene II,1, in der im Gespräch zwischen Alexandra und Sameas die geschichtliche Situation und Problematik der Epoche breit dargelegt wird , zu der zwischen Herodes und Mariamne spielenden Handlung weder im Hinblick auf deren äußeren Fortgang noch auf deren innere Bedeutsamkeit in einer unmittelbar positiven und organisch lebendigen Beziehung stehe[25]. Der von Alexandra und Sameas geschilderte Herodes, der vor allem eine Funktion der geschichtlich-gesellschaftlichen Welt und ihrer Bezüge sei, sei "das ausgesprochene Gegenteil" von jenem Herodes, der im Liebeskonflikt mit Mariamne unmittelbar selber auftrete. Während dieser "wirkliche" Herodes als "ein durch und durch unsicherer, von Verzweiflung geschüttelter, von Nöten gejagter, von allem bedrückter und bedrohter Mensch" erscheine, sei der von Alexandra und Sameas "geschilderte" Herodes "ein passionierter Spieler", der leichtfertig und willkürlich mit allem spiele, was es nur gebe, mit Volk und Gott, Tradition und Pietät, "teils eine bravouröse Kraftnatur, teils ein gedankenlos-leerer Hohl- und Wirrkopf"[26]. Ziegler folgerte daraus, daß nur der unmittelbar geschilderte Herodes in den Bezügen der gesellschaftlich-geschichtlichen Welt lebe, während der unmittelbar auftretende und jenem kraß entgegengesetzte Herodes ganz in seiner

---

24 Ziegler, _Mensch und Welt in der Tragödie Friedrich Hebbels_ , S. 75, Anm. 72.

25 ebd., S. 76, Anm. 72.

26 ebd., S. 76 f., Anm. 72.

"rein persönlichen bzw. rein metaphysischen Liebesproblematik" aufgehe[27].

Ziegler behauptete, daß jede Auffassung, die Herodes nur die individuellen Eigenschaften eines individuellen Charakters zubilligen oder sein Zentrum in seinen politischen, historischen, soziologischen Bedingtheiten erblicken wolle, den tiefsten und innersten Gehalt dieser Figur verkennen müsse: in ihr werde "das Prinzip der Wirklichkeit als solcher" zur Debatte gestellt[28]. Diese Wirklichkeit kennzeichnete Ziegler als "die Wirklichkeit dessen, was <u>ist</u>, nicht aber dessen, was sein soll". "Ihr aus ihrer Endlosigkeit endlos sich erzeugendes Werden ist ganz und gar ein Werden im Äußerlichen, getrieben vom blinden Mechanismus leerer Kausalität, sich richtend nach den Quantitäten der nackten Macht, keineswegs aber beherrscht von der inneren Gültigkeit des Sinn- und Werthaften."[29] Die Wirklichkeit unterstehe "keiner anderen Bedingung als des ganz und gar wesenlosen Zufalls". Somit sei in ihr schlechthin alles möglich, sie sei "das Unberechenbare und Ungewisse schlechthin"[30].

Ziegler begriff dieses angeblich in <u>Herodes und Mariamne</u> angelegte Wirklichkeitsverständnis als Resultat des "Säkularisierungsprozesses", der im 19. Jahrhundert den Menschen "aus seiner einst ganz selbstverständlichen inneren Gemeinschaft mit Welt und Natur heraus" gelöst habe[31]. Die Welt, vor dem Einsetzen des Säkularisierungsprozesses "Schwester der Seele", "Gefäß des Geistes", "Körper der Vernunft", sei zum "Arsenal toter Dinge", zum "toten Konglomerat von Kausalität" geworden, sie sei - "ohne metaphysische Sinn- und ethische Werthaftigkeit" - "gehalt- und ordnungsloser Zufall ihres rein äußerlichen Da- und Vorhandenseins"[32]. Im Verlauf der Entwicklung, die zum Sieg der

---

27 Ziegler, <u>Mensch und Welt in der Tragödie Friedrich Hebbels</u>, S. 77, Anm. 72.

28 ebd., S. 94, Anm. 92.

29 ebd., S. 60.

30 ebd., S. 61.

31 ebd., S. 13.

32 ebd.

"positivistischen und naturalistischen Strömungen" im 19. Jahrhundert geführt habe, sei es immer schwieriger geworden , auf die Frage nach dem Verhältnis von Mensch und Welt eine dem Menschen angemessene und ihn zufriedenstellende Antwort zu geben[33]. Ziegler ging es um den Nachweis, daß Hebbel in seinem Drama diese Frage aufgegriffen und eine Antwort gegeben habe, in der sich allerdings "die völlige Ausweglosigkeit des tragischen Zirkels" offenbare[34].

Hier wurden Argumente verwendet, die die Herrschaft des Faschismus nicht erschüttern, sondern nur stärken konnten. Zieglers kulturkritischer Ansatz ließ keinen Ausweg aus der Krise der bürgerlichen Gesellschaft erkennen. Diese Krise wurde vielmehr als Auswirkung jenes "Säkularisierungsprozesses" gekennzeichnet, den die Faschisten auf ihre Art bekämpften: durch die Liquidierung des Liberalismus und des Sozialismus.

Die "Säkularisierungsbewegung" bedingte nach Ansicht Zieglers die "Nothaftigkeit des Mensch-Welt-Verhältnisses"[35]. Dabei handelte es sich nicht etwa um eine politisch-soziale Kategorie: Ziegler deutete zwar am Schluß seines Buches einen Zusammenhang zwischen dem Prozeß der "Industrialisierung und Technisierung Deutschlands" und dem Siegeszug der "positivistisch-naturalistischen Strömungen" in der zweiten Hälfte des 19. Jahrhunderts an[36], aber es lag ihm fern, bei seinen Ausführungen über das "Mensch-Welt-Verhältnis" politisch-soziale oder sozioökonomische Faktoren mitzuberücksichtigen. "Nothaftigkeit" war für ihn "die konkrete Wirklichkeit" des seelischen, der "reale Schicksalskern" des geistigen Lebens[37]. Er sprach im Sinne der zeitgenössischen Existenzphilosophie und -theologie von der "Not der Existenz", der "Not als Form des Existierens" , bedingt durch "die Vereinze-

33 Ziegler, <u>Mensch und Welt in der Tragödie Friedrich Hebbels</u>, S. 13.

34 ebd., S. 98 f.

35 ebd., S. 13.

36 ebd., S. 189.

37 ebd., S. 13.

lung und Vereinsamung des Ichs, die Sinnleere und Fragwürdigkeit des menschlichen Daseins , die Fremdheit einer blinden und drohenden Welt"[38], ohne auch nur ansatzweise zu versuchen , die von ihm registrierten Krisensymptome in ihrem geschichtlich-gesellschaftlichen Zusammenhang zu analysieren. Für Ziegler stellte sich demgemäß auch die "Überwindung" der schlechten Wirklichkeit, des "Nur-Wirklichen", nicht als politisch-gesellschaftliches Problem dar[39]. Der "Wirklichkeit" wurde das "Wesen", der "Vereinzelung" die "Allheit", der "Bedingtheit" die"Freiheit", der "Endlichkeit" die "Unendlichkeit", dem "Sein" der "Sinn", der "Faktizität" die "Dignität" antithetisch gegenübergestellt[40]. Erstrebt wurde ein Sinn, den Ziegler als "ein irgendwie Umfassendes und Gemeinsames" charakterisierte, "etwas, das in sich selber Gültigkeit und somit jenseits des Flusses der Zeit eine Dauer eigenen Wesens besitzt". Dieser "Sinn" wurde mit "Gott" gleichgesetzt[41].

Ziegler vertrat die Auffassung, daß die Liebe einer der Wege sei, auf denen der Mensch dem "Schmerz und Verhängnis des Daseins" zu entrinnen und "die leere Wirklichkeit" mit einem tragenden Sinn zu erfüllen suche. Als "rettendes, heilendes, erlösendes Prinzip" spiele sie in der tragischen Welt Hebbels eine große Rolle[42]. Ziegler hob hervor, daß "die metaphysische Abstammung der Liebe aus der Not des vereinzelten Daseins" und "ihre metaphysische Würde als Medium seiner Erlösung" sie streng von allen Bereichen schieden , in denen wie im Psychologischen und Physiologischen "rein empirische Faktizität" herrschend sei[43]. Diese ausschließlich "metaphysisch" begründete Liebe unternehme das Unmögliche, "die Erlösung von der Wirklichkeit

---

38 Ziegler, _Mensch und Welt in der Tragödie Friedrich Hebbels_, S. 27.

39 ebd., S. 28.

40 ebd., S. 38.

41 ebd., S. 28.

42 ebd., S. 30.

43 ebd., S. 38.

wiedrum innerhalb des Wirklichen und Endlichen zu suchen"[44].

Die Ausgangssituation der beiden Hauptfiguren in Herodes und Mariamne sei die oben gekennzeichnete "Nothaftigkeit" des Daseins[45]. Beide erstrebten als Liebende "die Einung von Wirklichkeit und Wesen"[46], für beide sei die Liebe "der absolute Sinn und Wert des eigenen wie allen Seins überhaupt - das wahre und wesenhafte Sein, das Wesen schlechthin"[47]. Dennoch sei das Verhalten beider ganz unterschiedlich. Herodes verlange um jeden Preis , daß das Wesen sich unmittelbar innerhalb der äußerlich-faktischen Wirklichkeit zur Erscheinung bringe[48]. Das Drängen des Herodes nach dem gemeinsamen Tod der Gatten sei nichts anderes als ein Versuch, "Sinn und Sein, Gültigkeit und Tatsächlichkeit, Wesen und Wirklichkeit miteinander in Einklang zu setzen"[49]. Den "Zweifel" als "die bestimmende Macht" von Herodes' Seele führte Ziegler gleichfalls auf dieses Bestreben zurück[50], ebenso Herodes' Schwurverlangen und die Schwertbefehle[51]. Das Scheitern, das Herodes mit jedem seiner Schwertbefehle erfahre, besage, daß "in der Welt und Wirklichkeit der äußeren, in eine Kette von Bedingungen und Bedingtheiten verflochtenen Dinge" dem Menschen "der Gewinn irgendeiner Unbedingtheit" unerreichbar sei[52]. Herodes gerate je länger je mehr in einen "circulus vitiosus"[53]. Wenn er am Ende Mariamne töten lasse, gestehe er ein, daß er die früher von ihm erstrebte "Einung von Wesen und Wirklichkeit, des Unbedingten mit den Dingen, von Sinn und Sein, Dignität und Faktizität" nicht mehr für erreichbar halte[54].

---

44 Ziegler, Mensch und Welt in der Tragödie Friedrich Hebbels, S. 39.
45 ebd., S. 56 f.
46 ebd., S. 79.
47 ebd., S. 77.
48 ebd., S. 58.
49 ebd., S. 58 f.
50 ebd. , S.59.
51 ebd., S. 63 ff.
52 ebd., S. 67.
53 ebd., S. 71.
54 ebd., S. 73.

Hier enthülle sich , daß die Wirklichkeit ganz und gar unfähig sei, "in sich das Wesen zur Erscheinung zu bringen und vom Wesen sich erfüllen zu lassen", daß sie also "unabwendbar dem Schicksal vollendeter Wesenlosigkeit, Nichtigkeit und Vergeblichkeit verfallen" sei. "Der Zusammenbruch des Herodes am Ende des Dramas ist Symbol dieser vollendeten metaphysischen Vergeblichkeit und Verworfenheit seines wie überhaupt alles wirklichen Seins."[55]

Anders als Herodes stütze Mariamne die Zuversicht, die sie in den Sieg der Liebe setze, nicht auf irgendeine Gegebenheit und irgendwelche Gegenständlichkeiten der äußeren Welt und der in ihr sicht- und greifbaren Dinge, was nicht bedeute, daß Mariamnes Haltung überhaupt nicht in den Dingen begründet sei, sondern lediglich "eine rein subjektive und willkürliche Phantasmagorie eines von jeder Bindung an eine objektive Welt losgelösten Inneren" darstelle[56]. Mariamnes "Glaube" gründe sich vielmehr auf eine "den Dingen der Welt innewohnende Ordnung"[57]; sie gehe davon aus, daß dem Wirklichen keine andere Möglichkeit belassen sei als die, dem Wesen rückhaltlos gefügig zu sein"[58]. Aber Mariamne scheitere auf dem Wege, auf dem sie "das Unbedingte" suche, ebenso wie Herodes auf seinem scheitere[59]. Das, was für Mariamne von ihrem Leben nach dem zweiten Schwertbefehl und seiner Entdeckung noch übrig sei, sei "das reine Nichts". Denn ein Leben ohne Liebe, ein Sein ohne Sinn, eine Existenz, der die Wirklichkeit nur Wesenloses gewähre und die das, was wesenhaft sei, nicht in Wirklichkeit umsetzen könne , sei für Mariamne "das reine Nichts". "Kein Mensch aber erträgt es , im reinen Nichts, ohne jede innere Verbindung und ohne irgendeine tiefere Einheit mit Welt und Wirklichkeit zu

---

55 Ziegler, <u>Mensch und Welt in der Tragödie Friedrich Hebbels</u>, S. 74.

56 ebd., S. 87.

57 ebd., S. 88.

58 ebd., S. 89.

59 ebd., S. 90.

leben."[60] Mariamne scheitere somit an der "Antinomie von Wirklichkeit und Wesen" ebenso wie Herodes, und in dem gemeinschaftlichen Scheitern beider Personen offenbare sich diese Antinomie als "ein letztes und wahrhaft unabwendbares, allumfassendes und allmächtiges Gesetz des Seins"[61].

Ziegler kam es darauf an, die "völlige Ausweglosigkeit des tragischen Zirkels", in den die Menschen von Hebbels Drama verstrickt seien[62], sinnfällig zu machen. Daß die Geschlechterliebe kein "Weg zur Erlösung" aus der ganz und gar unbegriffenen Wirklichkeit[63] sein konnte, stand von vornherein fest. Zieglers Deutung von Herodes und Mariamne lief deshalb darauf hinaus, den unvermeidlichen Prozeß der Desillusionierung nachzuzeichnen, den er als adäquaten Ausdruck einer durch den Säkularisationsprozeß bedingten "Weltanschauungskrise" des 19. Jahrhunderts begriff[64]. Diese Krise sah er offensichtlich als ein schicksalhaftes Verhängnis an. Die Entschiedenheit, mit der Ziegler alle die geschichtlich-gesellschaftliche Realität berücksichtigenden Interpretationsansätze beiseite schob, legte die Vermutung nahe, daß ihm an einer geschichtlich-gesellschaftlichen Konkretisierung der von ihm bezeichneten Krise relativ wenig gelegen war. So eindeutig Zieglers Absage an jede optimistisch versöhnliche Auffassung von Hebbels Drama ausfiel, seine eigene Darstellung blieb ganz in den Illusionen jenes "metaphysichen Nihilismus"[65] befangen, die er aus den Produktionen Hebbels herauslas.

So konsequent Ziegler jede Bezugnahme auf die völkisch-rassistische Ideologie der Faschisten verweigerte, so konsequent war auch seine Abkehr von den liberalen

---

60 Ziegler, Mensch und Welt in der Tragödie Friedrich Hebbels, S. 91.

61 ebd., S. 93.

62 ebd., S. 99.

63 ebd., S. 30.

64 ebd., S. 191.

65 Benno von Wiese (Rez.), Literaturblatt für germanische und romanische Philologie 61 (1940) 14.

Ideen des Bürgertums. Darin und in dem forcierten Bemühen, metaphysisch begründete absolute Wertmaßstäbe zu wahren, berührte sich sein ideologisches Konzept mit dem der Faschisten. In Zieglers Hebbelinterpretation gingen somit kritische und apologetische Tendenzen eine eigentümliche Verbindung ein. In der politisch-sozialen Realität des Dritten Reiches entsprach diese Haltung der sozialen Position des kleinbürgerlichen Intellektuellen, der in seiner Ohnmacht zwischen aufrichtigem Protest und rechtsradikaler Apologetik schwankte.

Benno von Wiese hob in der Einleitung zu seiner Hebbelausgabe hervor , daß Herodes und Mariamne kein eigentliches Geschichtsdrama sei. Der Gedanke der Zeitenwende, der sich von dem historischen Hintergrund Ägypten-Orient-Christentum abhebe, werde durch die starke Unterstreichung des sittlichen Problems im Geschlechterkampf von Mann und Frau zurückgedrängt, so daß das Drama dann doch vorwiegend eine Tragödie der Liebe und nicht eine Tragödie der Geschichtsepochen geworden sei[66]. In der zweimal wiederkehrenden und damit unwiderrufbar gemachten Situation der Probe seien drei verschiedene Betrachtungsebenen miteinander verschmolzen worden: die ethische, die geschichtsphilosophische und die tragische[67]. Das ethische Problem liege in dem Verfügen über die Persönlichkeit des anderen. Mariamne gehöre zu den Hebbelschen Frauengestalten, die vom Manne nicht erkannt und ein Opfer des männlichen uneingeschränkten Besitz- und Ausdehnungstriebes würden. Auf der einen Seite stehe die männliche Selbstbehauptung und ihr natürlicher Egozentrismus, auf der anderen die Undurchschaubarkeit der liebenden und sich opfernden Frau, die alles verzeihen könne, nur nicht die

---

66 Hebbels Werke, Nach der historisch-kritischen Ausgabe von R.M. Werner systematisch geordnet von Benno von Wiese, 9. Bd. (Leipzig, Bibliographisches Institut 1941) S. 73.

67 ebd., S. 74.

Herabwürdigung ihres einmaligen Ichs zum beliebigen Es, ihrer Person zum Ding[68]. Das Problem dieser dialektisch zugespitzten Sittlichkeit, in der Mann und Frau gleichsam die beiden Extreme des sittlichen Dualismus verdeutlichten, werde von Hebbel mit einer geschichtsphilosophischen Sinndeutung verknüpft, für die die geschichtlich gewordene sittliche Stufe des Herodes durch die neue, in die Zukunft weisende der Mariamne tragisch abgelöst werde. Durch solche geschichtsphilosophische Deutung des sittlichen Problems löse Hebbel den extremen Radikalismus der ethischen Entscheidungen wieder auf und mache diese zu notwendigen Stufen eines alles Menschliche übergreifenden Entwicklungsganges[69]. Unterstreiche man die ethisch-geschichtsphilosophische Dialektik zu stark und sehe in Herodes nur den in die Tyrannis hinabgleitenden, argwöhnischen und ichsüchtigen Bösen , in Mariamne aber nur die aus Vorurteilen und Eigenheiten ihres Volkstums in der Richtung auf das Christentum sich hinaufentwickelnde Gute , so zerstöre man die dritte mit dem Ethischen und dem Geschichtsphilosophischen verschmolzene Betrachtungsweise des Dramas, die tragische. Tragisch werde das Drama, wie von Wiese im Anschluß an Ziegler formulierte, erst durch die Selbstzerstörung der Liebe, die Herodes in die Zeitlichkeit und das Irdische des Daseins hineinziehen und sichern, Mariamne aber als überzeitliches Wesen und jenseitigen Wert in der reinen Innerlichkeit des Herzens bewahren möchte. Beide Wege jedoch müßten scheitern. Die in das Zeitliche verstrickte Liebe gehe an der Fragwürdigkeit alles Zeitlichen zugrunde. Die Bewahrung der reinen Innerlichkeit aber sei in dieser "trüben Welt" nicht möglich. Der Mensch, der in der Liebe eine unbedingte und unzerstörbare Freiheit gefunden zu haben glaube , werde durch den Widerspruch des Daseins widerlegt, das

---

68 von Wiese, Hebbels Werke, 9. Bd., S. 74 f.

69 ebd., S. 75 f.

weder die reine Selbstbewahrung der Mariamne noch die den Tod in seinen Dienst zwingende Besessenheit des Herodes gelten lasse[70]. Nicht aufgrund irgendwelcher Mißverständnisse oder geschichtlicher Zufälle gehe die Liebe von Herodes und Mariamne zugrunde, sondern von innen her, weil sie in dieser Welt unmöglich sei[71].

Erst diese tragische Ebene konstituierte nach Ansicht von Wieses Hebbels Drama; im Tragischen habe Hebbel die ihm "angeborene geistige Sehform" gefunden. Dies Tragische sei aus der "Verschlungenheit des Lebenslaufes" des Dichters nicht abzuleiten, wie überhaupt geschichtlich-gesellschaftliche Faktoren bei seiner Konstituierung keine Rolle gespielt hätten.Es handle sich dabei vielmehr um "eine bei Hebbel besonders hervortretende Erbanlage", "eine seit der Edda und dem Hildebrandslied in der germanisch-deutschen Dichtung immer wieder neu durchbrechende Grundhaltung"[72]. Dies "tragische Daseinsgefühl", das Hebbel als "Blutserbe" seines "ungebrochenen Volksstammes" in sich wirksam gewußt habe , sei "im schärfsten und nur allzu oft polemisch werdenden Gegensatz zu seiner Epoche und ihren bürgerlichen und revolutionären Instinkten" gestanden[73].

Damit war der Weg frei für eine Einordnung des Hebbelschen Dramas in von Wieses "Theologie" der Tragödie[74]. Von Wiese arbeitete heraus, daß Hebbels Drama darauf abziele, Entfremdung und Verdinglichung als unaufhebbar, weil durch göttliches "Mysterium" sanktioniert, hinzunehmen. Die "Einzelseele" erfahre die Welt als "das Fremde, Bedrohende, Zerstörende und Unverstandene", sie empfinde ein "unbegreifliches, nur hinzunehmendes Anderssein und Alleinesein"[75]. Diese "Urtatsa-

---

70 von Wiese, Hebbels Werke, 9. Bd., S. 77.

71 ebd., S. 273.

72 "Das Tragische in Friedrich Hebbels Welt- und Kunstanschauung", DuV 41 (1941) 2.

73 ebd.

74 Cf. "Geschichte und Drama", DVjs 20 (1942) 433 f.

75 DuV 41 (1941) 3.

che" könne der Mensch weder erklären noch auflösen, sondern nur durchleben, wobei ihm als höchstes Ziel aufgegeben sei, dieses Ertragen und Durchstehen als "eigenes , freiwilliges Opfer des Menschen an die unbekannte Gottheit", die in solchem " Mysterium" sich verhüllend rede, bewußt zu wollen und zu vollziehen[76]. Statt nach den geschichtlich-gesellschaftlichen Ursachen dieses jeder humanistischen Tradition entgegengesetzten dramatischen Konzepts zu fragen, setzte von Wiese alle Energie daran, einen systematischen Entwurf von Hebbels "Theologie" vorzulegen[77]. Von Wiese stellte dabei heraus, daß der zeitliche Prozeß der Weltgeschichte für Hebbel zu einem großen "Heilsvorgang" werde, in dem es um eine "Selbstdarstellung und Erlösung der Gottheit" gehe[78]. Gott müsse mit sich selbst versöhnt werden. Wie es dem Menschen dabei ergehe, spiele gar keine Rolle[79].

Joachim Müller schrieb im Anschluß an die Studie Zieglers , daß das "menschliche Urverhängnis" in der "tragischen Spannung zwischen Einzelnem und Absolutem" bestehe, in dem, was Ziegler "die Antinomie von Wirklichkeit und Wesen" genannt habe[80]. Diese Antinomie sei am radikalsten als Tragödie der Liebe in Herodes und Mariamne gestaltet[81]. Aus den Resultaten von Zieglers Darstellung leitete Müller die Schlußfolgerung ab, daß in Hebbels Drama eine Wirklichkeit dargestellt sei, die vom Anspruch des Metaphysischen her verworfen sei. Das Absolute entziehe sich dem Menschen, der, an der Not des Daseins unendlich leidend, vergeblich seine Existenz im Unbedingten aufzuheben versuche. Müller behauptete, daß die in Herodes und Mariamne dargestellte Wirklichkeit "wesenlos" sei, weshalb sie

76 DuV 41 (1941) 5.

77 ebd. , 12.

78 ebd., 10.

79 ebd. ,13.

80 "Grillparzer und Hebbel", Zeitschrift für Deutsche Geisteswissenschaft 3 (1940/41) 288.

81 ebd., 288 f.

innerhalb des dramatischen Geschehens ein Schemen bleibe, ja, genau genommen überhaupt nicht da sei[82]. "Der radikale Dualismus von Einzelexistenz und absolutem Bereich läßt in diesen Dramen gar kein Bild und keinen Raum der Wirklichkeit entstehen."[83] Hebbel habe "dieses Vakuum" gefühlt und in Herodes und Mariamne anstelle der Wirklichkeit eine "geschichtsphilosophische Spekulation" eingefügt[84]. Das Erscheinen der Morgenlandkönige habe allerdings mit dem Scheitern zweier Menschen an der tragischen Antinomie von Wirklichkeit und Göttlichem nichts zu tun[85].

Herodes und Mariamne sei somit eine "Tragödie der Vereinzelung", in der Menschen gezeigt würden, die "keine Welt um sich" hätten, so daß auch am Ende , nachdem sie an ihrem"metaphysischen Schicksal" zerschellt seien, "keine Welt" da sei[86]. Müller führte diese Eigenart des Hebbelschen Dramas auf "die problematische Situation des deutschen Menschen des 19. Jahrhunderts" zurück, solange er nicht mit den "zukunftweisenden, geschichtlichen Kräften" verbunden gewesen sei. "Diese Kräfte lagen im preußischen Staat."[87] Der starke Staat bot diesen Ausführungen zufolge allein die Chance, aus den Schwierigkeiten, in die der"deutsche Mensch des 19. Jahrhunderts" hineingeraten sei , herauszufinden.

Fritz Martini bemühte sich um eine Beantwortung der Frage, ob bzw. inwieweit die weltgeschichtliche Versöhnung in Hebbels Drama eingreife[88]: Herodes und Mariamne verrate das "Scheitern der weltgeschichtlichen Symbolisierung einer Werdezeit" und damit den "Zerfall der von Hebbel erstrebten, überindividuellen Versöhnung"[89]. Es sei offenbar, daß die Idee der Überwindung,

---

82 Müller, "Grillparzer und Hebbel", Zeitschrift für Deutsche Geisteswissenschaft 3 (1940/41) S. 289 f.
83 ebd., S. 290.
84 ebd.
85 ebd., S. 293.
86 ebd. , S.298.
87 ebd., S. 298 f.
88 "Friedrich Hebbels Anschauungen vom Beruf des Dichters", HJb 1941,, 28 f.
89 ebd., 30 f.

Ablösung des starren, verfinsterten Judentums und des ichsüchtig willkürlichen, wilden Heidentums durch das läuternde, befriedende Christentum, die Hebbel in das Drama hineinverlegt habe, gegenüber dem eigentlichen "metaphysischen" Gehalt, der "Liebes- und Seinstragödie" des Herodes wie der Mariamne, einen Bruch bedeute, mindestens nicht zwingend, "innerlich gültig" aus dem Drama emporwachse. Sie würde allerdings das Geschehen in eine ungeheure Notwendigkeit hineinstellen, die , indem sie die Schicksalhaftigkeit des Untergangs dieser heidnischen Welt erweise, diesen Untergang an das "Gesetz eines ewigen Werdens und Vergehens" , des tragisch dialektischen Geschichtsprozesses binden würde. Aber der dichterische Gehalt der Tragödie liege im anderen Bereich, der das furchtbare Scheitern jedes "Willens zu einem Göttlichen, Unbedingten, zu einer höchsten Sinnerfüllung und Ewigkeit des menschlichen Daseins" durch die Liebe in "dieser verzehrenden menschlichen Wirklichkeit" ausweg- und versöhnungslos entfalte. Nicht als eine unmittelbar wirkende Kraft sei das neu aufsteigende Christentum eingeschaltet, sondern aus dem Bestreben, eine Idee der geschichtlich versöhnenden Notwendigkeit zu retten, die im Drama und seinem Gehalt selbst nicht begründet sei. Nicht zur Versöhnung führe das Ende des Dramas, auch wenn sich in der Ferne ein christlich geläutertes, verklärtes Zeitalter andeute, sondern es stelle nur ganz unter "die Wucht der tragischen Erfahrung der Nichtigkeit aller Hoffnung auf eine höchste innere Sinnerfüllung des Menschen in diesem Dasein"[90]. Herodes und Mariamne gehöre demnach zu den "vernichtenden Tragödien der menschlichen Sehnsucht nach dem Unbedingten"[91].

In einem weiteren Aufsatz ist Martini auf die Eigenart der Hebbelschen Menschengestaltung eingegangen[92]. Wie

---

90 Martini , HJb 1941, 14 f.

91 ebd. , 32.

92 "Der Mensch in Hebbels Tragödie", HJb 1942 , 1-36.

tief, unermeßlich auch die Liebe in Herodes und Mariamne zueinander glühe, wie brennend und erlösungsbedürftig sie sich suchten und doch gerade damit immer weiter sich voneinander entfernten - das Schicksal der Vereinzelung sei unentrinnbar: "jeder muß ganz in sich selbst, in seiner Art verharren".[93] In dem Verlangen nach grenzenloser, alles Trennende überwindender Hingabe könnten sie sich einander nicht öffnen, und so ständen sie stumm, wortlos und ohne die Fähigkeit, sich befreiend einander zu offenbaren, nebeneinander. Bis zur Erstarrung könne sich "diese innere Ausweglosigkeit" steigern; jeder von beiden müsse ganz er selbst bleiben, jeden von ihnen bilde sein Charakter, sein Dämon[94]. "Furchtbar ist das Tasten , Suchen, Verlangen, mit dem beide sich umwerben, um doch ohnmächtig jenen Abgrund nicht überbrücken zu können, der sie trennt, immer weiter auseinander reißt."[95] Die Unbedingtheit, mit der dieses Schicksal ausgetragen werde, habe heroische Maße. Denn es gehe hier nicht nur um eine psychologische Problematik, sondern eine letzte metaphysische Erfahrung: "daß die Verwirklichung des Göttlichen, Absoluten, Dauernden in der Liebe dem Menschen durch die Schuld seiner Individuation für immer im Irdischen verwehrt ist"[96].

Martini hat _Herodes und Mariamne_ eine Tragödie genannt, an deren Ende die Verzweiflung und der Pessimismus ständen[97]. Die "Tragik der Individuation" habe Herodes zur Hybris und so zur tiefsten Schuld geführt. Zugleich mit ihrer Liebesgemeinschaft mit ihm werde Mariamnes "inneres Selbst", "der einzige metaphysische Halt", zerstört, den sie in diesem von allen Seiten bedrohten Leben besitze. Nicht aus einer Rache erwachse "dieses

---

93 Martini, _HJb_ 1942, 14.

94 ebd., S. 14 f.

95 ebd., 15.

96 ebd.

97 ebd., 23.

zerschmetternde Selbstopfer" Mariamnes, in dem sie den Gatten zwinge, über die geliebte Gattin mit falschem Urteil zu Gericht zu sitzen, nicht aus dämonischer Unmenschlichkeit, sondern aus der "metaphysischen Verzweiflung" des in seiner Innerlichkeit tödlich getroffenen Menschen[98].

Diese Eigenart des Dramas führte Martini auf Hebbels "nordisch-germanisches Seelenerbe" zurück[99]. Es sei "germanisches Ethos", das Hebbels dichterische Menschengestaltung durchziehe, sie für die Gegenwart so unerhört eindringlich mache[100]. "Germanischer Art" seien "der Kampfwille, das Entscheidungsbewußtsein, die Härte und seelische Unbedingtheit" , die alle seine Helden erfüllten. "Germanisch sind ihre Einsamkeit, ihre Treue zu sich selbst, ihr Wille zu Kraft und Verantwortung, ihr Stolz, ihre Unbedingtheit in allen seelischen Regungen, ihr oft bohrender Ernst, ihr Schicksalsglaube und ihr Schicksalstrotz."[101] Die gleiche "heldische Rücksichtslosigkeit", mit der Hebbel sein Leben seinem Werk zum Opfer gebracht habe, werde auch von seinen Gestalten gelebt. Dennoch sei "dieses nordische Reckentum" nur eine Seite Hebbels. Aus "heroischer Einsamkeit" breche immer wieder "das sehnende Verlangen nach erlösender Liebe , nach dem Göttlichen" durch. Liebe und Herrschaft seien die Pole, um die diese Menschen kreisten. Auch "diese träumerische Weichheit und tiefe Leidensfähigkeit" seien durchaus "nordischer Art"[102]. Hebbel habe "aus der Tiefe der Volksseele heraus" gestaltet und in seinen dramatischen Personen einen "Mythos des Menschentums" geschaffen, in dem "die tiefsten Kräfte"des deutschen Volkes wirksam seien[103]. Hebbels "großer deutschen Tra-

---

98 HJb 1942, 23.

99 ebd., 31.

100 ebd., 30; cf. HJb 1941, 38.

101 HJb. 1942, 30.

102 ebd., 30 f.

103 ebd., 36.

gödie" sei es um "die notwendig zum Tragischen führende Bewährung des Göttlichen , Unbedingten in der unentrinnbar zwingenden Wirklichkeit" gegangen. Es werde "ein Göttliches als letzte, jedes Opfer rechtfertigende Wirklichkeit der Seele in dieser Welt" beschworen[104].

Die bei Emil Ermatinger in Zürich entstandene Stilstudie Marga Bührigs[105] unterschied sich erheblich von den Arbeiten der reichsdeutschen Vertreter der metaphysizierenden Richtung. Bührig konzentrierte sich, von den Ausführungen Zinkernagels über den weltanschaulichen Gehalt der Hebbelschen Produktionen ausgehend, auf die Beschreibung einzelner Stileigentümlichkeiten des Hebbelschen Werkes. Sie führte den Monolog des Herodes in III,6 als Beispiel für Hebbels "Technik des Bewußtmachens unbewußter Regungen" an. Was Hebbel vorher, ganz ohne es zu erkennen , getan und empfunden habe, das suche er jetzt zu verstehen und vor sich selbst zu begründen. So würden wir "Zeugen des Bewußtwerdens innerster Antriebe" , Motive würden ausgesprochen , die gewöhnlich unbewußt blieben, die sich in einem Tun auswirkten, aber sich nie so weit vordrängten, daß sie ausgesprochen werden könnten[106]. Hebbels "monologischer Dialog" führe die Menschen nicht zueinander, sondern in das eigene Innere zurück. So verkenne Herodes seine Gattin gerade deswegen so tragisch, weil das, was sie "beiseite" sage, nicht zu ihm gesprochen werde[107]. Der komplizierte Satzbau sei, wie gerade Herodes' Rechtfertigungsversuch in I,3 (v. 356 ff.) erweise, rationalistisch durchkonstruiert und unbewußt drängend zugleich. Das verwickelte Satzbild sei Ausdruck von Herodes' Unsicherheit, seines Schwankens zwi-

---

104 "Verfall und Neuordnung in der deutschen Dichtung seit dem 19. Jahrhundert", Von deutscher Art in Sprache und Dichtung, Bd. 4 (Stuttgart 1941) S.370.

105 Hebbels dramatischer Stil, Wege zur Dichtung, Bd. XXXV (Frauenfeld 1940).

106 ebd., S. 64 f.

107 ebd. ,S. 67.

schen Argwohn und Liebe, zwischen dem Eingestehen des wahren Sachverhalts und der bewußten Bemäntelung[108]. Bührig wies schließlich am Beispiel von Belegstellen aus Herodes und Mariamne[109] auf die Zweigliedrigkeit des Ausdrucks hin, in dessen Antithesen und Paradoxien sich die dualistische Grundstruktur des Hebbelschen Werkes spiegele.

Daß Hebbel so schreibe, sei psychologisch bedingt: er sei in hohem Maße Analytiker gewesen, nicht nur im Bau seiner Sprache , sondern in seiner ganzen Haltung[110]. Mit einer ungeheuer differenzierten Sprache suche er sich des Lebens zu bemächtigen, "statt es selbst, unmittelbar, im Wort leben und sich auswirken zu lassen". In immer erneuten Ansätzen und immer anderen sich vordrängenden Vorstellungen, die mit den schon ausgedrückten verknüpft würden, werde versucht, das Letzte zu sagen[111]. Dabei sei nicht zu verkennen, daß gelegentlich zu viel gesagt, daß rationalisiert werde[112]. Hinter dem "Denken" stehe "ein starker irrationaler Antrieb, ein Suchen und Fragen", das das "Denken" aus sich gebäre, "ein quälendes Drängen", das sich auf den Leser und Zuhörer übertrage[113].

In diesen Stileigentümlichkeiten prägte sich nach Ansicht der Verfasserin Hebbels individuelle Eigenart aus, war es doch ihre erklärte Absicht, "innerhalb der durch den Sprachgebrauch gegebenen Grenzen das Wirken einer künstlerischen Persönlichkeit aufzuspüren, Sprache als Ausdruck eines ganz bestimmten Menschen zu verstehen"[114]. Bührig hatte ihre Ergebnisse auf dem Wege der "Einfühlung" gewonnen, die zu einem "weitgehenden und tiefen Verständnis für dichterische Formgebung" führen sollte[115]. Ohne Angabe von Gründen lehn-

---

108 Bührig, Hebbels dramatischer Stil, S. 73 f.

109 ebd., S. 88 ff.

110 ebd., S. 77.

111 ebd. , S. 79.

112 ebd., S. 79 f.

113 ebd., S. 80 f.

114 ebd. ,S. 11.

115 ebd. ,S. 12.

te sie jedes "Werturteil" ab[116]. Dabei blieben die geschichtlich-gesellschaftliche Situation, in der Hebbels Dramen entstanden sind, und die Klassenzugehörigkeit des Dichters völlig unbeachtet. Die Ergebnisse der Stiluntersuchung wurden statt dessen auf Hebbels Weltanschauung bezogen, die Bührig nicht anders als Zinkernagel interpretierte. Allerdings hob sie hervor, daß Hebbel die metaphysischen Bezüge zwischen dem Teil und dem Ganzen mit "starkem Interesse für alles Psychologische" dargestellt habe. Damit sei eine Gefahr gegeben, der Hebbel oft nicht entgangen sei. Er sei "zu tief ins Psychologische hineingeraten", und es falle schwer, in seinen bis auf die Spitze getriebenen Individualitäten "allgemeines Menschenschicksal" zu sehen, wie er es gewollt habe[117].

3.5.2.3 Die geistesgeschichtliche Richtung

Die geistesgeschichtliche Richtung Walzelscher Provenienz spielte im Dritten Reich eine ganz untergeordnete Rolle. Nur ein Theaterkritiker stellte den "leidenschaftlichen Zusammenstoß zweier Welten, der Spätantike mit der erschöpften Grausamkeit ihrer zerbröckelnden Reiche und der jungen Welt des aufsteigenden Christentums" in den Mittelpunkt seiner Betrachtung

---

116 Bührig, Hebbels dramatischer Stil, S. 12.
117 ebd., S. 45.

über Herodes und Mariamne[1]. Unter den Literaturgeschichtsschreibern war es Paul Fechter, der die Auffassung vertrat, Hebbels dramatisches Kernthema sei im Grunde immer "der weltgeschichtliche Moment Hegels", in dem eine Richtungsänderung des geistigen Ablaufs einsetze, eine Thesis in ihre Antithesis umschlage. In Herodes und Mariamne habe Hebbel solch einen Weltmoment aufgegriffen: die Stunde, da sich aus der Epoche der orientalischen Freiheit einzelner die christliche Wendung zur Freiheit aller loszulösen beginne[2]. Herodes wolle haben, Mariamne wolle auch sein. Sie verneine die männliche Besitzgier und lasse sich selbst vernichten. Um den Beginn der christlichen Zeit fechte dieser letzte Orientale den Kampf mit der ersten Christin aus, in dem noch einmal beide Sieger und Besiegte blieben[3]. Die Welt Hegels sei hier Dichtung geworden, "abgerückte, mehr geschichtslyrische als dramatische Dichtung, aber doch Dichtung"[4]. Überhaupt durchziehe die Hegelsche Dialektik bei Hebbel nicht nur "die reale Welt", sondern ebenso "die innere". Hebbel gestalte seine Menschen "nicht aus der unmittelbaren Lebenssubstanz, sondern aus der sich spaltenden, sich im Bewußtsein spiegelnden". Seine Menschen redeten nicht Worte des Gefühls, sondern der Erkenntnis; sie lebten nicht im Sprechen, vielmehr erkennten sie sich in ihren Worten. Hebbels Dramatik bewege sich nicht im drängenden Rhythmus des Fühlens, des Lebens, sondern im hegelisch verzahnten Takt seiner Dialektik, der Erkenntnis seines inneren Widerspruchs. Sein Werk sei "das erste Dokument dieses Zerfalls": aus seiner Dialektik des Gefühls ergebe sich mit Notwendigkeit als nächster Schritt die Analyse des Lebens überhaupt, die damit zur Voraussetzung des Selbstbewußtseins erhoben werde. Nicht mehr das Selbst, sondern das Bewußtsein sei das Entscheidende[5]. Hebbels Werk verzichte von vornherein auf die

---

1 Th. Fromm, "Ideendrama und Bühnengestalt Hebbels 'Herodes und Mariamne' im Schauspielhaus Frankfurt", Der Mittag, Düsseldorf, 26. 3. 1937.

2 Geschichte der deutschen Literatur: Von den Anfängen bis zur Gegenwart (Berlin 1941) S. 482.

3 ebd., S. 488.

4 ebd., S. 489.

5 ebd., S. 483.

die Kraft des Unmittelbaren und Lebendigen. Es habe nicht volkstümlich werden können, weil es zu wenig volksverbunden sei.

Auch Friedrich Sengle war offensichtlich nicht bereit, sich den völkischen und metaphysizierenden Trends der literaturwissenschaftlichen Forschung anzupassen. Er schrieb, daß Hebbel, der mit einer "Tragödie der Verzweiflung" begonnen habe, erkannt habe, daß "ohne die Versöhnung in einem Absoluten kein Weg zur großen Tragödie" führe. Deshalb habe Hebbel seine großen Tragödien "aus der Glaubenssubstanz des Hegelschen Idealismus heraus" vollendet[6]. Sengle setzte sich mit den abweichenden Auffassungen anderer nicht auseinander.

3.5.2.4 Die progressive Richtung

Es gehörte zweifellos Mut dazu, im faschistischen Deutschland progressiven Tendenzen, auch wenn sie sich nur in der Literatur zeigten, das Wort zu reden. Dies war der Fall in Edgar Gross' Hebbelbiographie, wo Herodes und Mariamne mit Ibsens Nora verglichen und abschließend festgestellt wurde, daß Mariamne als "erste Verkünderin der aufgehenden

---

6 "Vom Absoluten in der Tragödie", DVjs 20 (1942) 270.

Zeit" den "Opfertod" leide[1]. Diesen Mut bewies auch Ferdinand Joseph Schneider in einem Aufsatz über Herodes und Mariamne[2]. Darin knüpfte Schneider an die Bemerkung Hillers an , daß in Hebbels Tragödie Mariamne ganz genau wisse, daß Herodes noch lebe, obgleich allem menschlichen Ermessen nach das Gegenteil anzunehmen sei[3]. Hiller habe in diesem Zusammenhang von einem "mystischen" Element des Dramas gesprochen, wobei der Ausdruck im populären Sinne von "geheimnisvoll", "rätselhaft", "unerklärlich" gebraucht sei. Damit sei "die dunkle Stelle der Dichtung" berührt[4]. Für die Königin stehe, wie auch aus den Versen 1101 ff. zu entnehmen sei, fest, daß sich der Tod ihres Gatten über Raum und Zeit hinweg, sozusagen telepathisch, in ihrer Seele ankündigen müßte, und das Ausbleiben der Vorahnung gelte ihr als untrügliches Kriterium für die Unwahrheit jeder über Herodes verbreiteten Todesnachricht[5]. In diesen Zusammenhang gehörten auch die Äußerungen Herodes' am Schluß des vierten Aktes (v. 2604 ff.). Die hier von Herodes vertretene Liebesauffassung decke sich im letzten Grunde mit jener durch Platos Symposion und wohl auch durch Leibnizens "prästabilierte Harmonie" angeregten Idee der sogenannten "Hälftenliebe". Daß sich die beiden füreinander bestimmten Geschlechterhälften im unbeirrbaren Streben nach Wesensergänzung, ja völliger Einswerdung bis über den Tod hinaus zusammenfänden, das sei es wohl auch, was sich Herodes als ideale Liebesbeziehung zwischen zwei Menschen denke. Und zwar spreche er einer solchen Liebe magische Kraft zu. Durch eine geheimnisvolle Fernwirkung über Länder und Meere hinweg solle

---

1 Hebbel, Colemans kleine Biographie, Heft 32 (Lübeck 1933) S. 22 f.

2 "Mystik in Hebbels 'Herodes und Mariamne'", DuV 36 (1935) 341-350.

3 ebd. , 341.

4 ebd. , 342.

5 ebd. , 343.

sich der Tod des einen Partners dem anderen ankündigen und auch sein existenzielles Erlöschen bewirken[6].

Künstlerisch verwertet sei die Idee der "Hälftenliebe" in der deutschen Empfindsamkeitsepoche und in der deutschen Romantik, und gelegentlich tauche das Motiv auch noch in der spätromantisch-biedermeierlichen Unterhaltungsliteratur auf[7]. Nun sei die Geisteswelt Hebbels nicht mehr "die Atmosphäre" , in der sich romantische Ideenkeime voll entfalten könnten. Vor allem fehle Herodes und Mariamne, wenigstens was die beiden Hauptgestalten anlange, jede religiöse Grundstimmung[8]. Romantische Vorstellungen könnten im Drama Hebbels über "Ansätze und Grundformen" nicht hinaus gedeihen. Sie würden immer an den Stellen, wo sie ins Übersinnliche hinübergriffen , vom Dichter abgekappt. Den "fast phantastischen Stoff auf die derbste Realität zurückzuführen", sei ja das Kunstziel gewesen, das Hebbel bei Herodes und Mariamne vor Augen gehabt habe. Säkularisierung könnte man das Verfahren nennen, wie sich hier Hebbel der empfindsamen bzw. mystisch-romantischen Motive bediene[9].

Es sei auffallend, welch breiten Raum in Hebbels Drama noch der Wunsch der beiden Ehegatten einnehme, einander nicht zu überleben. Auch sei sich Mariamne bewußt, daß es für Herodes den Tod bedeute , wenn er durch Titus ihre Treue und opferbereite Liebe erfahre, und auch deshalb gebe sie dem Römer die Erlaubnis, nach ihrer Hinrichtung von ihrem Geständnis Gebrauch zu machen. "Es steht uns demnach frei, den unwiderstehlichen Wunsch , auch den Gatten sich ins Grab nachzuziehen, als letzte und geheimste Triebfeder ihrer unversöhnlichen Haltung zu vermuten."[10] Dem Verlangen nach dem Tod des anderen fehle bei Hebbel doch der klare Ausblick ins Übersinnliche. Wohl erwachse Ma-

---

6 Schneider, DuV 36 (1935) 344.

7 ebd.

8 ebd. , 345.

9 ebd. , 346.

10 ebd.

riamnes Sehnsucht, sich im Sterben mit Herodes vereinigen zu können, ihrem Gefühl innigster Liebesverbundenheit, und durch die mystisch-magischen Offenbarungen überschreite ihre Liebe sogar schon den Rahmen des strengen Realismus, den sich Hebbel für das psychologische Moment in seinen späteren Tragödien vorgezeichnet habe. Hingegen verliere Herodes' ungestümes Drängen auf die Todesbereitschaft seiner Gattin im Stücke je länger je mehr jeden spirituellen Zug und sei nur als "Auswirkung seiner triebhaft-elementaren Eifersucht" anzusehen. Dazu sei von seinem anfänglichen Entschluß, im Falle eines früheren Todes der Königin auch für sich selbst die Konsequenzen wahrer Liebe zu ziehen, gar nicht mehr die Rede[11]. An Mariamne, aber auch nur an ihr, habe sich die innige Seelengemeinschaft, die sich Herodes unter wahrer Liebe denke, aufs glänzendste bewährt. So gelinge Hebbel, ganz seiner Geistigkeit gemäß, die immer auf möglichst feine innere Zuspitzung psychologischer Lagen bedacht sei, eine grandiose Paradoxie: "Das Verhalten Mariamnens, das Herodes' Mißtrauen in ihre Liebe augenscheinlich bis zu einem jeden Zweifel ausschließenden Grade steigern muß, gibt dem Verblendeten in Wirklichkeit den untrüglichen Beweis dafür in die Hand, daß diese Frau auch der an sie gestellten Höchstforderung vollkommen gewachsen war."[12]

Schneider verwies darauf, daß Hebbels _Herodes und Mariamne_ und Kleists _Käthchen von Heilbronn_ in _einem_ bedeutsamen Zug miteinander übereinstimmen: hier wie dort werde nämlich der Frau, als dem einen Träger der beiderseitigen Liebesbeziehungen, der sittliche Primat vor dem Manne eingeräumt. Allerdings sei die Liebe der Makkabäerin, auch wenn sie bis zur Todesbereitschaft gehen könnte, in ihrer Bewußtheit noch immer himmelweit verschieden von der Liebe Käthchens, die unter einem magischen Zwange stehe. Hebbel habe der Königin das

---

11 Schneider, _DuV_ 36 (1935) 347.

12 ebd., 348.

Recht zur Behauptung ihrer Persönlichkeit voll gewahrt, ja den Kampf um dieses Recht sogar zum Hauptmotiv seiner Tragödie gemacht. Ihm sei daher auch nichts ferner gelegen, als sich mit seinem Werk den deutschen Dichtern zuzugesellen, die in unserer Literatur das Hohelied von der erlösenden Liebe der Frau gesungen hätten. Seine Mariamne sei nicht die Frau , die ihren verblendeten Mann mit dem Aufgebot all ihrer Kräfte und mit Hintansetzung ihrer persönlichen Würde von seinem Wahn hätte heilen können und wollen. Nur wenn Herodes aus eigener, ohne fremdes Zutun gewonnener Einsicht den Rückweg fände, könnte zwischen ihm und ihr wieder alles in Ordnung sein[13]. Schneider, der auf die Verbindungslinien zwischen Hebbels und Ibsens Dramatik ausdrücklich hinwies, erklärte diese Eigenarten von _Herodes und Mariamne_ mit dem Hinweis auf "die religiöse Gesinnung des Protestanten". Hebbel gründe die tragische Wendung seines Stückes einzig und allein auf die Fähigkeit seines Helden, aus eigener Kraft zur Einsicht und reuigen Umkehr zu gelangen.[14]

Der Anspruch des einzelnen auf Selbstbestimmung ist in keiner im faschistischen Deutschland veröffentlichten Kritik von Hebbels Drama so unmißverständlich wie in Schneiders Aufsatz zum Ausdruck gebracht worden. Ansätze dazu fanden sich lediglich in zwei Theaterkritiken. Der Kritiker der _Schleswiger Nachrichten_ schrieb, das Verhältnis zwischen Herodes und Mariamne sei das der "elementaren Liebesleidenschaft", und deshalb sei es von Grund auf paradox, und die Brechungen, Reflexe und Steigerungen des erotischen Paradoxons machten den seltsamen Reiz und das Wesen dieser Tragödie aus. Mariamne empfinde aus einem "Ethos" heraus, für das der Freitod aus Verzweiflung über den Tod des Gatten "eine sittliche Tat" sei. Herodes habe das Erotische noch nicht "in die Tiefen des Ethischen hinein" verklärt - er könne ja auch Mariamne überleben. Er fordere "kraft der ehe-

---

13 Schneider _DuV_ 36 (1935) 349 f.

14 ebd. , 350.

lichen Bindung". Mariamne sehe dies nicht, wolle es nicht sehen. Sie wolle das Ungeheure des Freitods nur leisten "kraft der Freiheit".

Dieser "ungeheuren Seelentragödie zweier Menschen" gebe Hebbel als historischen Hintergrund die Todeszuckungen der antiken Welt. Während sich diese Weltwende vollziehe , leuchte bereits der Stern am Himmel, der beides, orientalische Machtgier und römischen Rechtsstaat, durch das Evangelium der schrankenlosen Liebe siegreich überstrahlen solle. Die historische "Stufen=Wendepunkttheorie" sei das gedankliche Beigut, "und wir haben heute die Pflicht , die menschliche Tragödie von diesem gedanklichen Ballast möglichst frei zu machen"[15].

Heinz Koch schrieb im Göttinger Tageblatt , Hebbels Herodes sei ein tragischer Held, den ein furchtbares, dem gewöhnlichen Sterblichen unfaßbares Schicksal auf der Bahn weiterpeitsche, die er einmal betreten habe. "Diese Logik ist so zwingend und mit einer so überzeugenden dramatischen Formulierung aufgezeigt, daß der Zuschauer nicht mehr nach Wieso und Warum fragt, sondern sich willig dem Bann dieser Tragödie beugt. Gewiß, jedes natürliche Gefühl bäumt sich gegen den Entschluß des Herodes auf, sein Weib dem Phantom seines übersteigerten Macht= und Besitzwillens zu opfern, aber die Götter haben nie nach menschlichen Gefühlen gefragt, wenn sie die Fäden großer Schicksale sponnen." Den gewaltigen Bau des Dramas trügen, "Karyathiden gleich", zwei Gestalten, Herodes und Mariamne. Mariamne sei "die verkörperte Menschheit", die ihr "Heiligstes, ihre "Menschenwürde und das Recht auf die Achtung der Persönlichkeit" durch "das barbarische Despotentum" des Herodes geschändet sehe[16].

Noch ausgeprägter als in dieser Kritik , in der die brutalen Züge des Herrschers als schicksalhaft und un-

---

15 "Hebbels 'Herodes und Mariamne'", Schleswiger Nachrichten, Schleswig, 12. 3. 1936.

16 "Herodes und Mariamne" , Göttinger Tageblatt, Göttingen, 7. 10. 1937.

abwendbar gekennzeichnet wurden, waren die resignativen Momente der Hebbelkritik Martha Glasers. Diese bezeichnete Herodes und Mariamne als einen "erschütternden Zweikampf" zwischen Mann und Frau. Es sei die "letzte Sehnsucht" der Frau, "vom Manne als Person erkannt zu werden, als selbständiges Wesen außer ihm – freilich um ihm dann diese ihre Person, dieses ihr Wesen völlig zu eigen zu geben", während es die "natürliche Bestrebung" des Mannes sei, "die Frau von vornherein als seinen Besitz zu betrachten"[17]. Nicht Lieblosigkeit, nicht Verachtung ließen Mariamne den Schwur zurückhalten, sondern Liebe und Achtung, die Hoffnung, daß Herodes doch noch "ihr wahres Selbst" erkennen und dadurch auch sein eigenes besseres Ich finden möge[18]. Das "innerste Wesen der Frau" sei aber "nicht Selbstbehauptung , sondern Selbstaufgabe"[19]. Mariamne erstarre in der "geradlinigen Entfaltung ihres Frauenwesens", ja, dieses verwandle sich ihr ins Gegenteil, und damit verrate die Königin letztlich auch ihre sittliche Aufgabe: Herodes werde nach Mariamnes Tod vollends zum Tyrannen[20]. Mariamne hätte wie Genoveva "die Forderung der Frau auf Achtung ihrer Person" aufgeben müssen; nur so hätte sie "den Knoten, der nicht zu lösen war, durchhauen" können[21]. Nur durch uneingeschränkte "Selbstaufgabe" werde die Frau für ihre sittliche Aufgabe reif[22]. Dies führe aber aus der "Hebbelschen Ebene der reinen Sittlichkeit" hinaus in die "Sphäre des Religiösen", in jene Sphäre, wo der Mensch nicht denke, sondern schaue, nicht folgere , sondern sich überwältigen lasse, nicht führe , sondern geführt werde[23].

---

17 "Die Frau bei Hebbel" , Die Frau 49 (1941) 31.

18 ebd.

19 ebd. , 30.

20 ebd. , 34.

21 ebd.

22 ebd.

23 ebd. , 33.

3.5.3 Die Rezeption der Volksfront

Das Interesse der exilierten Kritiker an den Produktionen Hebbels war augenscheinlich gering. Georg Lukács war meines Wissens der einzige, der sich um ein literarhistorisches Verständnis von Hebbels Werk bemüht hat. In einem Aufsatz über Gottfried Keller[1] schrieb Lukács , Hebbel greife in Herodes und Mariamne in vertiefender Weise ein Problem auf, das Racine als erster in der modernen Entwicklung gestellt und gelöst habe. Racine nenne seinen Nero in Britannicus "un monstre naissant", ein Ungeheuer im Entstehen, das sich in diesem Drama erst allmählich als solches zeige und erweise. Die Vertiefung des Themas durch Hebbel sei leicht ersichtlich: der Nero Racines sei von Natur ein Schuft; die Macht der Verhältnisse, die Hofatmosphäre des Absolutismus brächten nur die vorhandenen Keime des Bösen in ihm zur Reife. Hebbel dagegen wolle zeigen, wie diese Verhältnisse aus einem von Natur aus gut angelegten Menschen einen blutgierigen Tyrannen machten. Der einfachere Plan Racines sei gelungen, weil Racine den Charakter Neros in allen seinen Phasen tatsächlich aus den typischen Verhältnissen des absolutistischen Hofes "organisch" entwickle, während die Psychologie des Hebbelschen Herodes sich auf andere , weitläufigere , kompliziertere, individuell-biographische Gründe stützen müsse So entstehe bei Racine "eine geschlossene dramatische Einheitlichkeit", während bei Hebbel "historisch-gesellschaftliche Handlung" und "überindividualisierte Psychologie" auseinanderklafften und die tragische Einheit zerstörten[2]. Überhaupt sei Hebbel nie imstande gewesen, "das allgemeine , das gesellschaftliche und ideelle Wesen seiner Konflikte organisch aus den in-

---

1 Internationale Literatur , 1939, Nr. 6 - 7. Aufgenommen in Deutsche Realisten des 19. Jahrhunderts (Berlin 1951). Im folgenden zitiert nach Die Grablegung des alten Deutschland: Essays zur deutschen Literatur des 19. Jahrhunderts , rowohlts deutsche enzyklopädie , Bd. 276 (Reinbek 1967) S. 21-92.

2 ebd. , S. 67.

dividuellen Schicksalen seiner dramatischen Gestalten zu entwickeln"[3].

In Hebbels Drama sei die später verhängnisvoll gewordene "stillose Verknüpfung von monumentaler Form und dekadenter Psychologie rein individueller Schicksale" als starke Tendenz vorhanden. So sei es nicht schwer, die "Dostojewskijschen Züge von Hebbels Helden" hinter den "pathetischen Jamben" zu finden[4]. Die "zersetzenden Tendenzen" machten sich darüber hinaus, wie Lukács in einer Aufsatzfolge über den historischen Roman[5] ausführte, in folgendem Dilemma des dramatischen Ausdrucks bemerkbar: "die allerpersönlichsten tiefst charakteristischen Züge der Hauptgestalten stehen in keinem inneren und organischen Zusammenhang mit der konkreten Kollision."[6] Die komplizierte und nachträgliche Herstellung der psychologischen Zusammenhänge zwischen Held und gesellschaftlich-geschichtlicher Kollision reiche für das Drama nicht aus; sie werde durch "eine lyrische Ekstase in den großen Momenten, besonders am Schluß" , ergänzt. Der Inhalt solcher "Ekstasen" könne sehr mannigfaltig sein. Zumeist sei er jedoch "eine lyrisch-psychologische Einsicht in die Notwendigkeit des tragischen Unterganges". Durch solche "subjektive Lyrik" solle die "fehlende objektive dramatische Einheit" nachträglich hergestellt werden[7].

Daß Hebbels Drama aus seinen spezifischen sozioökonomischen und politischen Grundlagen erklärt werden müsse, verstand sich für Lukács von selbst. Der Umstand, daß die deutsche Bourgeoisie, "stets ängstlich , stets zu Kompromissen mit den alten Mächten bereit", nach dem

3 Lukács, Die Grablegung des alten Deutschland, S. 66.

4 ebd., S. 26.

5 Diese Aufsatzfolge ist Ende der dreißiger Jahre in der Sowjetunion entstanden und veröffentlicht worden; deutsche Erstauflage unter dem Titel Der historische Roman (Berlin 1955).

6 Lukács , Der historische Roman, S. 125 f.

7 ebd., S. 126.

Juniaufstand des Pariser Proletariats unter "die schützenden Fittiche des österreichischen und des preußischen Adlers und anderer gleich edler Wappentiere" geflüchtet sei[8], mache sich auch in Hebbels Produktion bemerkbar, in der nie "jenes Citoyen-Pathos zur Vernichtung des Verrotteten" laut geworden sei, das in Emilia Galotti und Kabale und Liebe lebe[9]. Daß in Hebbels literarischem Werk die "Widersprüche seiner Zeit" ans Tageslicht träten, mache seine Größe aus ; daß es Hebbel aber nicht gelungen sei, auch diese Widersprüche in seinem Schaffen zu einer "beweglichen und bewegten Einheit" zusammenzufassen, bezeichne seine Grenze[10].

Welche konkreten politisch-gesellschaftlichen Widersprüche in Hebbels dramatischer Produktion aufgegriffen waren, wurde in Lukács' Darstellung allerdings nicht näher ausgeführt. Im Rahmen der antifaschistischen Volksfrontpolitik, die in Lukács einen entschiedenen Anhänger hatte, war eine derartige Differenzierung auch nicht wünschenswert , kam es doch darauf an, alle antifaschistischen Kräfte, ungeachtet der Unterschiede im Selbstverständnis und in den Zielvorstellungen, für den Kampf gegen den Hitlerfaschismus zusammenzufassen. Wie Keller und Hettner bezweifelte Lukács Hebbels künstlerisches Integrationsvermögen , was freilich nicht als bloß individuelles Versagen ausgelegt, sondern auf die der Literaturproduktion ungünstigen politisch-gesellschaftlichen Verhältnisse zurückgeführt wurde. Hebbel habe die "volle Tiefe", soweit es sich um die wichtigsten inneren Probleme der modernen Individualität handle, und die Berührung mit dem "geistigen Umwälzungsprozeß seiner Zeit" eröffne ihm große welthistorische Ausblicke. Aber diese beiden Reihen der Welt-

---

8 "Fortschritt und Reaktion in der deutschen Literatur", Internationale Literatur, 1945, Nr. 8 - 9. Hier zitiert nach Skizze einer Geschichte der neueren deutschen Literatur (Berlin 1953) S. 74.

9 ebd. , S. 72.

10 ebd., S. 70.

auffassung klafften in seiner Dramatik auseinander und könnten nur künstlich miteinander verknüpft werden. Hebbel sei nie imstande gewesen , welthistorische Auseinandersetzungen aus den individuellen Schicksalen seiner Helden wirklich "organisch" herauswachsen zu lassen. Daher "das Gesuchte, Bizarre, oft Pathologische seiner Konflikte, seiner Fabeln und Gestalten", das der große Verehrer seiner Begabung, Gottfried Keller, scharf an ihm kritisiert habe[11]. Die großen welthistorischen Zusammenhänge schwebten "völlig oberhalb der dramatischen Handlung" und könnten aus ihr nicht "organisch" entwickelt werden. Die Mittel, mit denen Hebbel die Verbindung zwischen tragischem Individuum und Weltgeschichte herstelle,zerrissen noch mehr den "wirklichen Zusammenhang", solle doch dem Helden "eine volle Einsicht in die Notwendigkeit seines tragischen Untergangs" gegeben werden[12]. Diese "neue tragische Einsicht" sei vor allem die, daß der einzelne kein Recht habe, am Bestehenden zu rütteln[13]. In der Tendenz von Hebbels Dramatik, "eine Versöhnung mit der reaktionären Armseligkeit der Zeit nach Achtundvierzig" zustande zu bringen[14], sei ihre geschichtlich-gesellschaftliche Bedingtheit mit Händen zu greifen.

Lukács betonte, daß die philosophische und psychologische sowie die moralische Problematik, die in Hebbels Werken lebendig sei, die der bedeutendsten europäischen Zeitgenossen sei: Hebbel berühre sich eng mit Dostojewski und Ibsen. Aber diese Problematik werde auf einem "ins Mythische verzerrten Hintergrund" projiziert, ihr "neuzeitlicher Gehalt" bleibe in "mystifizierend vertieften alten Formtraditionen" stecken[15]. So vage diese Formulierungen waren, sie ließen einen kritischen Ansatz erkennen, der weniger den Traditionen der proletarischen als der kleinbürgerlich-demokratischen Literaturkritik verpflichtet war.

---

11 Lukács, Skizze einer Geschichte der neueren deutschen Literatur , S. 71.
12 ebd., S. 79.
13 ebd., S. 77.
14 ebd.
15 ebd., S. 79.

3.6 Die Rezeption in der Periode antagonistischer Gesellschaftssysteme nach dem Zweiten Weltkrieg

3.6.1 Die literaturgesellschaftlichen Voraussetzungen

Mit Hebbelausgaben war in den ersten Nachkriegsjahren in Deutschland kein Geschäft zu machen; nicht eine einzige Gesamt- oder Auswahlausgabe ist bis 1948 auf dem deutschen Büchermarkt erschienen. Die Bühnen interessierten sich allenfalls für Maria Magdalene, nicht aber für die großen Geschichtsdramen Hebbels. Herodes und Mariamne ist allem Anschein nach bis 1948 nur ein einziges Mal aufgeführt worden[1]. Hebbels historische Schauspiele, die sich so leicht für die Zwecke der faschistischen Propaganda hatten einsetzen lassen, waren nach dem Zusammenbruch des Dritten Reichs offensichtlich diskreditiert[2]. Die Textausgaben von Maria Magdalene, die die Verlage Volk und Wissen und Reclam, beide in Leipzig, 1946 und 1947 herausbrachten – es waren dies die ersten Hebbelausgaben nach dem Krieg überhaupt[3] –, waren offensichtlich für den Schulgebrauch in den antifaschistisch-demokratisch reorganisierten Oberschulen der SBZ bestimmt. In den drei Westzonen war eine entschieden demokratische Schulreform unterblieben und das Gymnasium restauriert worden Im Deutschunterricht der gymnasialen Oberstufe, dessen Lektürekanon maßgeblich durch die Lehrpläne der zwanziger Jahre bestimmt war, wurden auch die historischen Schauspiele Hebbels, und zwar ungeachtet der Rolle , die sie im Dritten Reich gespielt hatten, wieder berücksichtigt. Eine Schulausgabe von Herodes und Mariamne erschien 1947 bei Metzler in Stuttgart[4].

---

1 Cf. "Herodes und Mariamne", Nordwestdeutsche Rundschau , 30. 9. 1947.

2 Cf. Herbert Eulenberg, ""Hütet euch vor Hebbel", Berliner Hefte für geistiges Leben 1 (1946) 241-249; Ernst Benkard, "Nach der Lektüre von Hebbels 'Nibelungen'", Die Gegenwart 1 (1946) Nr. 4/5, 30-33.

3 Cf. Deutsches Bücherverzeichnis 24 (1941-1950) S. 486 f.

4 Friedrich Hebbel , Herodes und Mariamne, hg. Friedrich Sengle, Metzlers Schulausgaben, Deutsche Reihe (Stuttgart 1947).

In der DDR sind Hebbels historische Schauspiele nicht sonderlich gepflegt worden. Herodes und Mariamne ist allem Anschein nach auf den Bühnen der DDR nicht aufgeführt und in den Schulen nicht gelesen worden. Maria Magdalene war das einzige Hebbelsche Drama, das im Lehrplan von 1951 für die Behandlung in den Abschlußklassen der Oberschule vorgesehen war[5]. Diese Lehrpläne, unmittelbar nach der Errichtung der Diktatur der Arbeiter-und-Bauern-Macht und in der Periode der beginnenden sozialistischen Planwirtschaft entstanden, zielten primär auf die Pflege des nationalen literarischen Erbes ab. Die Lehrer wurden verpflichtet, alle reaktionären, neofaschistischen und insbesondere antisowjetischen Einflüsse entschieden zu bekämpfen, aber sie wurden nicht auf die Vermittlung spezifisch sozialistischer Erziehungsziele festgelegt[6]. Bei aller Betonung der geschichtlich-gesellschaftlichen und biographischen Bedingtheit der literarischen Werke ist auch in den folgenden Jahren eine sozialistische Literaturdidaktik nicht entwickelt worden[7]. Die Veröffentlichung der großen Hebbelausgabe von Siegfried Streller[8] fiel somit in eine Zeit, als es in der DDR kein konkretes kulturpolitisches Programm, kein Programm für die sozialistische Umgestaltung der Volksbildung gab[9].

An der "sozialistischen Umgestaltung der Schule" wurde systematisch erst seit 1958 gearbeitet, als die Konsoli-

---

5 Cf. "Lesestoffe für den Literaturunterricht der Oberstufe im neuen Schuljahr", Deutschunterricht 6 (1953) 460.

6 Cf. Geschichte der Erziehung, hg. Karl-Heinz Günther u.a. (Berlin, 11. Auflage 1973) S. 639; Dora Hujer, "Der Deutschunterricht in der Deutschen Demokratischen Republik", Deutschunterricht 7 (1954) 561-566.

7 Cf. Ernst Stein, "An einer Wegscheide unseres Literaturunterrichts", Deutschunterricht 8 (1955) 363-370; Karl Reichert, "Wider den Schematismus im Literaturunterricht" , Deutschunterricht 9 (1956) 140-147; "Um eine wahrhaft patriotische Erziehung im Deutschunterricht", Deutschunterricht 9 (1956) 253-256.

8 Friedrich Hebbel, Werke , hg. Gerhard Fricke. Mit einem Lebensbild u. Einleitungen von Siegfried Streller, In 4 Haupt- und 3 Ergänzungsbänden (Leipzig, Reclam 1957).

9 Cf. Geschichte der Erziehung , hg. Karl-Heinz Günther u.a., S. 646.

dierung der sozialistischen Staatsmacht und die Entwicklung der Produktivkräfte in der DDR eine konsequente Weiterführung der sozialistischen Kulturrevolution ermöglichten. Im Zuge der Umgestaltung aller Lehrpläne und Lehrbücher[10] wurde eine Neuordnung des Literaturunterrichts durchgesetzt, die für die Behandlung eines Hebbelschen Stückes keinen Platz hatte[11]. Eine Auswahl von Hebbels Produktionen wurde allerdings in die "Bibliothek deutscher Klassiker" aufgenommen[12] und damit einem breiteren Publikum zugänglich gemacht. Diese von Joachim Müller besorgte Auswahlausgabe erreichte 1963 die zweite , 1966 die dritte und 1971 die vierte Auflage[13]. In diesen Jahren wurden in der DDR Ansätze zu einer Literaturdidaktik entwickelt, deren Inhalte durch das Ziel, die Jugendlichen zu sozialistischen Persönlichkeiten zu erziehen, bestimmt waren[14]. Gleichzeitig kam es zu einer Neuformulierung der Aufgaben der Literaturwissenschaft , die im Hinblick auf "die Entwicklung des sozialistischen Bewußtseins der Menschen, die Durchführung der sozialistischen Revolution auf dem Gebiete der Ideo-

---

10 "Helft mit bei der sozialistischen Umgestaltung der Schule!" Deutschunterricht 11 (1958) 369-371; "Zur Umgestaltung der Lehrpläne im Fach Deutsch", Deutschunterricht 11 (1958) 371-379 ; Kurt Böttcher, "Die sozialistische Literaturgeschichtsschreibung muß Grundlage des Literaturunterrichts an unseren Schulen sein!" Deutschunterricht 11 (1958) 307-312.

11 Cf. "Lesestoffe für den Literaturunterricht der Oberstufe im neuen Schuljahr", Deutschunterricht 12 (1959) 455-460; Lehrplan der zwölfklassigen allgemeinbildenden polytechnischen Oberschule (erweiterte Oberschule), hg. von der Regierung der Deutschen Demokratischen Republik, Ministerium für Volksbildung (Berlin 1961); Lehrgang Deutsche Sprache und Literatur, Lehrbogen 1-51, Fernstudium der zehnklassigen allgemeinbildenden polytechnischen Oberschule - Volkshochschule (o.O., o.J.) S. 6.

12 Friedrich Hebbel, Werke, Ausgewählt u. eingeleitet von Joachim Müller, In 3 Bdn. (Weimar, Volksverlag 1960).

13 Hebbel, Werke, Ausgewählt und eingeleitet von Joachim Müller, 3 Bde.(Berlin, Aufbau-Verlag, 4. Aufl. 1971).

14 Cf. Hans Marnette, "Zur Erziehung des schöpferischen Kunstgenießenden im Literaturunterricht",

logie und Kultur" bestimmt wurden[15].

Auch in den Westzonen vollzog die Hochschulgermanistik die Abkehr von den nationalistischen , stammeskundlichen oder völkischen Tendenzen der NS-Zeit. Hier kam es vor allem seit der Währungsreform und der Gründung der BRD zu einer Reaktivierung geistesgeschichtlicher und metaphysizierender Richtungen sowie unter dem maßgeblichen Einfluß des New Criticism zur Entwicklung werkimmanenter Interpretationsverfahren[16]. Während das Interesse für die historischen , politischen und sozialen Implikationen der Literatur schwand, wurde die Aufgabe der Literaturwissenschaft darin gesehen , "Dichtung um ihrer selbst willen zu vernehmen, sie als ein in sich selbst ruhendes Gebilde zu sehen und zu verstehen"[17]. Die Wendung der Literaturwissenschaft zur werkimmanenten Interpretation machten die Richtlinien und Methodiken des Deutschunterrichts in den ersten Jahren nach der Gründung der BRD allerdings noch nicht mit. Sie verstanden Dichtungen als "Offenbarungen ewiger Werte und Anweisungen zum rechten Leben"[18]. Die Beschäftigung mit der

---

Deutschunterricht 17 (1964) 263-273; ders., "Bildungs- und Erziehungsziele des Literaturunterrichts in unserer allgemeinbildenden Schule", Deutschunterricht 22 (1969) 632-640; Ingmar Dreher, "Marxistisch-leninistische Literaturpolitik und Literaturunterricht in der sozialistischen Schule", Deutschunterricht 24 (1971) 200-209.

15 "Über die Aufgaben der Zeitschrift für deutsche Literaturgeschichte", WB 4 (1958) 133. Cf. Ingmar Dreher, "Gedanken zu einer Neukonzeption der Germanistik" , WB 8 (1963) 752-758 ; Hans-Günther Thalheim, Dieter Schiller , "Diskussion zu aktuellen Aufgaben der Literaturwissenschaft", WB 12 (1966) 3-9; Hannelore Prosche , "Unser Standpunkt",, WB 16 (1970) H. 9, 5-9.

16 Cf. Felix Arends , Hennig Brinkmann, "Die Lage der germanistischen Forschung und des Deutschunterrichts auf der Germanistentagung in München", Wirkendes Wort 1 (1950/51) 59-62 ; Gerhard Storz , "Wendung zur Poetik. Ein Literaturbericht", Der Deutschunterricht 4 (1952), H. 2, 68-83.

17 Storz , Der Deutschunterricht 4 (1952), H.2, 69.

18 Friedrich Hassenstein, "Literaturwissenschaft und Literaturpädagogik" , Taschenbuch des Deutschunterrichts, hg. Erich Wolfrum (Esslingen 1972) S. 237. - Cf. Ludwig Kerstiens , "Die höhere Schule in den Reformplänen der Nachkriegszeit", Zeit-

Literatur sollte vor allem unter Volksschulabsolventen die Einsicht verbreiten, daß es gut sei , auf dem Platz zu verharren, den die göttliche Vorsehung dem einzelnen durch Geburt oder Schicksal zugewiesen habe[19]. In den Klassen der gymnasialen Oberstufe hingegen zielte der Literaturunterricht nicht selten darauf ab, eine "ausweglose Verzweiflungsstimmung" zu erzeugen, die wiederum mit der "Forderung nach religiöser Bindung" gekoppelt sein konnte[20].

In den vornehmlich von Angehörigen der gehobenen Mittelschichten besuchten Oberstufenklassen der Gymnasien wurde Hebbel gelesen. Jedenfalls gehörten die großen Dramen Hebbels in den fünfziger und sechziger Jahren zum Lektürekanon der westdeutschen Gymnasien. Das Kultusministerium von Nordrhein-Westfalen empfahl 1952 die Lektüre von _Herodes und Mariamne_ und _Gyges und sein Ring_[21], 1963 die Lektüre von _Maria Magdalene_, _Herodes und Mariamne_ und _Agnes Bernauer_[22]. In Niedersachsen wurden 1952 _Agnes Bernauer_ und _Herodes und Mariamne_[23], 1966 _Herodes und Mariamne_ und _Maria Magdalene_ zur Lektüre empfohlen[24]. Die Stoffpläne für

---

schrift für Pädagogik 11 (1965) 538-561.

19 Hassenstein, _Taschenbuch des Deutschunterrichts_, S. 237 f.

20 Cf. Klaus Gysi, "Zum dritten deutschen Germanistenkongreß", _Deutschunterricht_ 7 (1954) 689-699; Dora Hujer , "Wohin geht der Weg? Zum Jahrgang 1958 der Stuttgarter Zeitschrift 'Der Deutschunterricht'," _Deutschunterricht_ 12 (1959) 457-466.

21 _Richtlinien für den Unterricht im Deutschen an Gymnasien im Lande Nordrhein-Westfalen_, hg. v. Kultusministerium von Nordrhein-Westfalen (Düsseldorf 1952) S. 36.

22 _Die Schule in Nordrhein-Westfalen, Richtlinien für den Unterricht in der Höheren Schule , Deutsch_ (Ratingen 1963) S. 57.

23 _Deutsch an höheren Schulen, Richtlinien für den Unterricht an den Schulen des Landes Niedersachsen_ (Braunschweig o.J. [1952]) S. 35.

24 _Allgemeine Richtlinien und Richtlinien für den Deutschunterricht_, Richtlinien für den Unterricht an den Gymnasien des Landes Niedersachsen, hg. vom Niedersächsischen Kultusministerium (Hannover, 2. Auflage 1966) S. 79.

die höheren Lehranstalten Bayerns sahen 1952 die Lektüre von Agnes Bernauer, Gyges und sein Ring und Herodes und Mariamne, 1956 und 1960 von Agnes Bernauer, Maria Magdalene, Gyges und sein Ring und Herodes und Mariamne vor[25]. Die Bildungspläne des Landes Hessen schrieben 1956 die Behandlung von Agnes Bernauer , Herodes und Mariamne und Maria Magdalene vor[26]. Baden-Württemberg empfahl 1957, 1961 und 1965 die Lektüre der Nibelungen , der Agnes Bernauer sowie eines weiteren Hebbelschen Dramas[27]. Der Berliner Bildungsplan stellte es ins Ermessen des Lehrers, welches Hebbelsche Werk behandelt werden sollte; empfohlen wurden Maria Magdalene und Gyges und sein Ring[28]. "Ein Drama von Hebbel" sollte in den Oberstufenklassen der Schulen des Landes Rheinland-Pfalz[29] und des Saarlandes[30] gelesen werden. In Schleswig-Holstein war die Behandlung von Maria Magdalene vorgeschrieben[31].

Die Eignung der Hebbelschen Produktionen für den Literaturunterricht in der gymnasialen Oberstufe ist nie bestritten worden, im Gegenteil, Literaturdidaktiker und Lehrerverbände betonten ausdrücklich den Er-

---

25 Stoffpläne für die höheren Lehranstalten in Bayern (München 1952) S. 17 f.; Ausgabe von 1956: S. 20 f.; Ausgabe von 1960: S. 26 f.

26 "Bildungspläne für die allgemeinbildenden Schulen im Lande Hessen", Amtsblatt des Hessischen Ministers für Erziehung und Volksbildung 9 (1956), Sondernummer 4, S. 460, 462.

27 Lehrpläne für die Gymnasien Baden-Württembergs, hg. vom Kultusministerium des Landes Baden-Württemberg (Villingen, o.J.) S. 49, 51; cf. ebd. die Zusatzbestimmungen von 1965 , Anhang , S. 3 f.

28 Entwurf eines Bildungsplans für die Oberschule wissenschaftlichen Zweiges, hg. vom Senator für Volksbildung (Berlin 1954) S. 31 , 33.

29 Lehrpläne für die höheren Schulen in Rheinland-Pfalz, hg. vom Ministerium für Unterricht und Kultus Rheinland-Pfalz (Grünstadt/Weinstraße 1960) S. 91.

30 Richtlinien und Stoffpläne für das Fach Deutsch, hg. vom Minister für Kultus, Unterricht und Volksbildung des Saarland (o.O. 1960) S. 12.

31 Lehrplanrichtlinien für die Gymnasien, hg. vom Kultusminister des Landes Schleswig-Holstein (Lübeck 1955) S. 56.

ziehungswert dieser Dichtungen[32]. Hebbel gehörte einer Erhebung zufolge , die 1961/62 an öffentlichen Gymnasien des Landes Hessen durchgeführt wurde, zu den meistgelesenen Autoren der Klassen 11-13[33]. In einer Liste der 75 meistgelesenen Schriften der Oberstufe wurde Agnes Bernauer an 33. Stelle, Maria Magdalene an 41. Stelle aufgeführt[34].

Es versteht sich, daß auch die Hochschulen, die die Gymnasiallehrer ausbildeten, Hebbel in ihren Lehrveranstaltungen berücksichtigten. Hier eine Zusammenstellung von Vorlesungen und Übungen über Hebbel aus den Vorlesungsverzeichnissen einiger westdeutscher Universitäten:

Berlin, FU

SS 1951	Altenberg , Das dt. Drama II (vom Sturm und Drang bis Hebbel)
SS 1952	Liepe, Friedrich Hebbel und die geistesgeschichtlichen Grundlagen seines Werkes
WS 1960/61	Emrich, Friedrich Hebbel
SS 1968	Emrich, Schiller, Kleist , Hebbel

Bonn

WS 1946/47	Enders, Übungen über Dramenfragmente Lessings, Goethes, Schillers, Kleists, Hebbels und Otto Ludwigs
SS 1949	Haller, Friedrich Hebbel
WS 1952/53	Grenzmann , Das Drama Friedrich Hebbels
WS 1954/55	Grenzmann, Das Drama Grillparzers und Hebbels
WS 1957/58	Grenzmann ,Das Drama seit Hebbel
WS 1958/59	Grenzmann, Grillparzer und Hebbel
SS 1959	Grenzmann, Grillparzer und Hebbel
WS 1959/60	Grenzmann, Grillparzer und Hebbel
SS 1961	Haller, Hebbels Dramen
SS 1963	Pütz, Deutsche Erzählungen im 19. Jahrhundert (Kleist, Büchner, Grillparzer, Hebbel)
SS 1964	von Wiese, Friedrich Hebbel
WS 1964/65	Grenzmann, Das Drama Friedrich Hebbels und Grillparzers

---

32 Cf. Ernst Busch, "Der Lektüreplan im Deutschunterricht", Wirkendes Wort 4 (1953/54) 366; Bildungsauftrag und Bildungspläne der Gymnasien, vorgelegt v.d. Arbeitsgemeinschaft Deutsche Höhere Schule (Göttingen 1958) S. 71.

33 Hans Thiel, "Der Lektürekanon der gymnasialen Oberstufe des Landes Hessen", Der Deutschunterricht 17 (1965), Beilage zu Heft 5, 3 f.

34 ebd. , 6.

SS 1965 Weißkirchen, Hebbels Dramen
WS 1967/68 Haller, Hebbels Dramen
WS 1968/69 Kramer-Lauff, Hebbels Dramen

Erlangen

WS 1963/64 Prang, Friedrich Hebbel
WS 1965/66 Schlaffer, Übungen zum dramatischen Werk Friedrich Hebbels

Frankfurt

WS 1968/69 Stöcklein, Friedrich Hebbel

Freiburg

SS 1948 Rehm, Das Wesen des Tragischen und die Geschichte der deutschen Tragödie bis Hebbel
WS 1948/49 Ruprecht, Grillparzer und Hebbel
SS 1952 Rehm, Das Wesen des Tragischen und die Geschichte der deutschen Tragödie bis Hebbel
SS 1959 Rehm, Drama und Tragödie von Kleist bis Hebbel
WS 1967/68 Peacock, Das Drama von Hebbel bis Georg Kaiser

Göttingen

WS 1947/48 May, Friedrich Hebbels Dramen
SS 1952 Ziegler, Die Tragödie Friedrich Hebbels
WS 1959/60 Kayser, Übungen zu Hebbels Dichtungen
WS 1962/63 Schöne, Hebbel, Dramen

Kiel

SS 1946 Meetz, Hebbel
SS 1948 Meetz, Hebbel und das Drama des Realismus
dies. , Übungen zu Hebbels dramaturgischen Schriften
SS 1952 Liepe, Friedrich Hebbel, Weltbild und Dichtung
SS 1956 Liepe , Friedrich Hebbel
WS 1957/58 Meetz, Hebbel und das Drama des Realismus
WS 1961/62 Meetz, Kleist, Büchner, Hebbel
dies. , Hebbels späte Dramen
SS 1964 Meetz, Die Tragödie bei Büchner, Hebbel und G. Hauptmann
WS 1967/68 Trunz Daunicht, Das deutsche Drama von Hebbel bis Hauptmann
SS 1968 Meetz, Friedrich Hebbel: Drama und Dramentheorie im 19. Jahrhundert
dies., Übung zu Hebbels theoretischen Abhandlungen
WS 1969/70 Daunicht, Deutsche Dramen zwischen Hebbel und Hauptmann (Interpretationen)

Köln

WS 1946/47 N. N., Hebbel
WS 1949/50 Alewyn/Elschenbroich, Übungen zur neuhochdeutschen Textbehandlung: Hebbels dramatische Fragmente

SS 1959 Emrich, Friedrich Hebbel
SS 1961 Böckmann , Übungen über Hebbels Dramen
WS 1962/63 Böckmann, Hebbel und das Drama des 19. Jahrhunderts
WS 1964/65 Fricke, Übungen zum Drama des 19. Jahrhunderts, insbesondere zu Friedrich Hebbel
SS 1973 W. Keller , Hebbels Dramen und Dramentheorie

Zum westdeutschen Klassiker avancierte Hebbel in der Periode des Kalten Krieges, die in der BRD eine Zeit des großen privatkapitalistischen Aufschwungs, der Wiederaufrüstung und des Verbots jeder oppositionellen Tätigkeit war , soweit sie fundamentale Alternativen zu dem bestehenden Gesellschaftssystem anzubieten wagte. In dieser Zeit traten zahlreiche Bühnen mit Aufführungen Hebbelscher Stücke hervor. Herodes und Mariamne wurde 1950 in Flensburg, Köln, Wuppertal und Bielefeld , 1951 in Braunschweig und Mainz, 1952 in München und Marburg, 1953 in Kiel und Mannheim auf der Bühne gezeigt. Weitere Aufführungen folgten 1956 in Bochum, 1957 in Hannover, 1958 in Hof , Detmold und Freiburg, 1959 in Wilhelmshaven und 1960 in Celle. Aus Anlaß des Hebbeljubiläums wurde das Stück 1963 in Bonn und Frankfurt, 1964 in Nürnberg, Bielefeld, Saarbrücken und Gelsenkirchen aufgeführt. 1966 wurde das Drama in Düsseldorf, 1967 in Wiesbaden und Oldenburg gezeigt. Eine weitere Aufführung ist 1970 in Konstanz erfolgt.

Eine größere Breitenwirkung als diese Theateraufführungen hat zweifellos die Fernsehbearbeitung des Stücks gehabt, die am 31. 12. 1964 ausgestrahlt worden ist[35].

Die preisgünstigen Ausgaben der Verlage Reclam[36] und

---

35 Cf. Funk-Uhr , Dortmund, 27. 12. 1964.

36 Friedrich Hebbel , Herodes und Mariamne, Eine Tragödie in 5 Akten , Reclams Universal-Bibliothek 3188 (Stuttgart 1951).

Goldmann[37] sowie des Standard-Verlags[38] sind vermutlich vorwiegend von Schülern und Studenten gekauft worden. Die bibliographisch wertvollen und mit kritischem Kommentar versehenen Hebbelausgaben des Hanser-Verlags[39] waren offensichtlich für akadamisch gebildete, zahlungskräftige Leser bestimmt. Drei Buchgemeinschaften, die die Zielgruppe der literarisch wenig geschulten, aber auf ihr Sozialprestige bedachten bürgerlichen Mittelschichten ansprachen, führten Hebbel in ihrem Programm[40].

Am Ende der sogenannten Rekonstruktionsperiode veränderten sich die kultur- und gesellschaftspolitischen Voraussetzungen für die Rezeption des Hebbelschen Werkes. In einer Periode verschärfter sozialer Spannungen, die nicht zuletzt Folgen der Vollbeschäftigung und der Zunahme der unproduktiven Rüstungslasten waren, entstand in der westdeutschen Öffentlichkeit das Bewußtsein der "Bildungskatastrophe". Zwar wurde die Struktur der öffentlichen Bildungsanstalten nicht grundsätzlich in Frage gestellt, aber auf ihre Reformbedürftigkeit wurde nachdrücklich hingewiesen. Im Rahmen des Deutschunterrichts führte die seit dem Ende der fünfziger Jahre vehement vorgetragene Kritik am westdeutschen Lesebuch[41] in wenigen Jahren zu einer

---

37 Friedrich Hebbel, Ausgewählte Werke, 5 Bde. (München 1967 f.).

38 Friedrich Hebbel. Werke. Jubiläumsausgabe, hg. Heinz Stolte.(Hamburg, Standard-Verlag 1963).

39 Friedrich Hebbel, Werke in zwei Bänden , hg. Gerhard Fricke , Werner Keller und Karl Pörnbacher, 5 Bde. (München 1963 ff.).

40 Friedrich Hebbel, Werke, Ausgewählt und mit einem Nachwort versehen von Walther Vontin , In 2 Bdn. (Hamburg , Hoffmann u. Campe, Deutsche Hausbücherei 1958); Friedrich Hebbel, Sämtliche Werke, hg. Hannsludwig Geiger, 2 Bde. (Berlin , Tempel-Verlag, Deutsche Buch-Gemeinschaft , 1961); Friedrich Hebbel, Gesammelte Werke, Mit einer Einleitung v. Anni Meetz, In 2 Bdn. (Gütersloh, Mohn, Bertelsmann Lesering 1963).

41 Cf. Die Diskussion um das deutsche Lesebuch, hg. Hermann Helmers, Wege der Forschung , Bd. CCLI (Darmstadt 1969).

"Modernisierung" der Lesebücher, vor allem aber zur Übernahme des Prinzips der werkimmanenten Interpretation, das nun rasch in die Schulen drang und sich in Richtlinien und Methodiken niederschlug. Die seit der Rezession der Jahre 1966/67 offenkundige sozioökonomische und politische Krise der westdeutschen Gesellschaft hatte zur Folge, daß nunmehr die Vernachlässigung politisch-gesellschaftlicher Fragestellungen in Literaturwissenschaft und -didaktik als Mangel erkannt und kritisiert wurde[42]. Bei der Durchsicht von Vorlesungsverzeichnissen westdeutscher Hochschulen fällt auf , wie häufig und detailliert seitdem die Literaturwissenschaft solche Fragestellungen aufgreift. Im Deutschunterricht der Gymnasien sind stärker sozialgeschichtlich orientierte Richtlinien erst in der Erprobung.

3.6.2 Die Nachkriegsrezeption (1945-1948)

Die nach dem Zusammenbruch des Dritten Reiches eingeleitete und in den verschiedenen Besatzungszonen mehr oder weniger konsequent durchgeführten Maßnahmen zur Vertilgung des Faschismus und zur Demokratisierung der deutschen Gesellschaft wirkten sich auch auf die Hebbelkritik aus. 1945 kam die antifaschistische Literaturkritik zum Zuge. In der Sowjetischen Besatzungszone wurden die Schriften Georg Lukács', darunter Fortschritt und Reaktion in der deutschen Literatur (Berlin, Aufbau-Verlag 1945 , 2. Aufl. 1947) und Gottfried Keller (Berlin, Aufbau-Verlag 1946), veröffentlicht - ein Beleg dafür , daß die sowjetische Besatzungsmacht in den ersten Nachkriegsjahren an der Volksfrontpolitik festhielt. Daß Lukács' sozialgeschichtlicher Interpreta-

---

42 Cf. Hubert Ivo, Kritischer Deutschunterricht (Frankfurt 1969); Sprache und Politik, Vorträge und Materialien einer Arbeitstagung der Bundeszentrale für politische Bildung vom 8. - 13. März 1971 in Bremen, Schriftenreihe der Bundeszentrale für politische Bildung, Heft 91 (Bonn 1971); Ideologiekritik im Deutschunterricht, hg. Heinz Ide u.a. (Frankfurt 1972).

tionsansatz auch außerhalb der Sowjetischen Besatzungszone Anklang fand , erwies der Hinweis Walter Muschgs auf die "soziale Dienstbarkeit der Kunst"; Muschg forderte, die Kunst aus den wirtschaftlichen Bedingungen zu erklären, unter denen sie geschaffen worden sei[1]. Hebbels Kunst sei als Reflex seiner Lebenserfahrung zu begreifen, habe er sich doch selbst als "das Opfer einer fatalen Gesellschaftsordnung" verstanden und um die "Verwüstungen" gewußt, die in der Geschichte des Geistes durch die soziale Unfreiheit entstanden seien[2].

Demgegenüber war die Krise, in die die bürgerliche Hebbelkritik durch die Niederlage des Faschismus geraten war, nicht zu übersehen. Die völkische Richtung der Hebbelkritik, die in der faschistischen Ära eine überragende Rolle gespielt hatte , war völlig diskreditiert, aber auch metaphysizierende Konstruktionen im Sinne Scheunerts , Dosenheimers oder Zieglers fanden allem Anschein nach keinen Anklang. Da andererseits die Leistungen der progressiven bürgerlichen Hebbelkritik vergessen waren, kam die bürgerliche Kritik von Hebbels Herodes und Mariamne in den ersten Nachkriegsjahren über relativ bescheidene Ansätze nicht hinaus.

Hermann Schneider hob 1946 Hebbels Bindung an die Traditionen der klassischen deutschen Dramatik hervor und betonte "die mächtige Überhöhung des heldischen Charakters" und die Ausschließlichkeit der beherrschenden Leidenschaft, deren Darstellung die Grenzen des Geblähten und Bombastischen nicht immer zu meiden wisse[3].

Ganz unausgewogen blieb die literarhistorische Darstellung Alfred Zächs[4]. Zäch vertrat die Ansicht, daß das "Gebäude" von Hebbels "Spekulationen" in der Vergangen-

---

1 Tragische Literaturgeschichte (Bern 1948) S. 179.

2 ebd., S. 176, 347 f.

3 Epochen der deutschen Literatur (Bonn 1946) S. 96 f.

4 "Der Realismus (1830-1885)" , Deutsche Literaturgeschichte in Grundzügen, hg. Bruno Boesch (Bern 1946) S. 289-316.

heit stärker berücksichtigt worden sei als die dichterische Leistung. Dabei seien Hebbels Dichtungen "nicht einseitig abstrakte Ideendichtungen" ; gerade in den Tragödien, in denen "das Seelische" überwiege, u.a. in Herodes und Mariamne , könne er am meisten ergreifen[5]. Im übrigen weise Hebbels "Geistiger Charakter" Züge auf , die an diejenigen Seiten des "deutschen Menschen" erinnerten, die im 20. Jahrhundert, nicht zum Vorteil Europas, zum Durchbruch gekommen seien. Sie bekundeten sich einmal in der Auffassung von der unbedingten Überordnung des Staates über das Individuum und dann vor allem in der "fast brutalen Konsequenz des ideenmäßigen Denkens"[6]. Zächs Kritik gipfelte in einer Absage an den "germanischen Grübler"[7].

In einer Theaterkritik der Nordwestdeutschen Rundschau[8] wurden Zweifel geäußert, ob Hebbels Drama zeitgemäß sei. Der Vergleich der in Herodes und Mariamne geschilderten Verhältnisse mit dem "eben überwundenen Schreckensregime" treffe nur bedingt zu. Im Mittelpunkt der Darstellung stehe nicht der "irre Machtwahn" des Herrschers, sondern "das ewige Mann-Weib-Problem" , das Hebbel mit der ihm eigenen Liebe zur psychologischen Seelenzergliederung bis zur unerbittlichen Selbstaufgabe aller Beteiligten behandle.

Die konservative Kritik dieser Jahre gab sich betont christlich-sozial. So behauptete Carl Augstein , daß Hebbel ein viel zu hohes Verantwortungsgefühl für "die ewigen Werte der Kunst" besessen habe, als daß er die Dichtung in "die Niederungen des Alltags" gezogen habe. Auch er habe "die dämonische Welt der Maschine" und

---

5 Zäch , "Der Realismus (1830-1885)" , Deutsche Literaturgeschichte in Grundzügen, S. 313.

6 ebd., S. 314.

7 ebd.

8 "Herodes und Mariamne", Nordwestdeutsche Rundschau , 30. 9. 1947.

die "soziale Massenproblematik" wahrgenommen, aber im Gegensatz zu Gutkow und Laube habe er die "zeitnahe" Aufgabe des Dichters in dieser der "Entseelung" und dem "geistigen Chaos" zutreibenden Epoche nur darin gesehen, "das Göttliche in der Welt zu retten"[9]. Ungeachtet der Ablehnung des "Christlich-Konfessionellen" sei "ein tiefer inbrünstiger Glaube, ja ein demütiges Hingegebensein an das göttliche Walten in der Welt" in ihm gewesen[10]. Augstein deutete Hebbels literarisches Werk als "die Offenbarung eines dichterischen Gottsuchers", der die "Idee der Gottheit" aus den Trümmern einer von ihm als barbarisch empfundenen, entseelten Zeit für die Welt retten wolle. Hebbel sei es gerade angesichts der sozialen Problematik des 19. Jahrhunderts darauf angekommen, die "abgerissenen Fäden zwischen dem Individuum und Gott, zwischen Einzel-Ich und Universum neu zu knüpfen"[11].

3.6.3 Die Rezeption in der DDR

Der kulturpolitischen Situation entsprechend, gab es in der DDR bis zum Beginn des sogenannten Bitterfelder Weges neben der proletarischen Richtung eine bürgerlich-demokratische Richtung der Hebbelkritik, deren einflußreichster Vertreter bis 1956 Georg Lukács gewesen ist. Lukács' _Fortschritt und Reaktion in der deutschen Literatur_, als Buch 1950 in 3. Auflage veröffentlicht, erschien unverändert in der _Skizze einer Geschichte der neueren deutschen Literatur_ (Berlin, Aufbau-Verlag 1953, 2. Aufl. 1955). Den Aufsatz über Gottfried Keller enthielt das Buch _Deutsche Realisten des 19. Jahrhunderts_ (Berlin, Aufbau-Verlag 1951, 2. Aufl. 1952, 3. Aufl. 1956). 1955 erschien _Der historische Roman_. Eine Auseinandersetzung mit den Positionen

---

9 _Hebbel als Denker_ (Berlin 1947) S. 11.

10 ebd., S. 14.

11 ebd., S. 22.

von Lukács' Hebbelkritik hat es, soweit erkennbar, auch nach 1956 nicht gegeben.

Eine eindeutig geistesgeschichtliche Orientierung verriet die Kritik Joachim Müllers. Herodes breche zusammen , weil eine lieblose Welt vergehen müsse. Mit Notwendigkeit komme das neue Weltalter Christi herauf , der die Liebe sei. Die Gestalt des Heilands werde somit in eine geschichtsphilosophische Perspektive gerückt[1].

In einem 1966 in Westdeutschland veröffentlichten Aufsatz stellte Müller die Problematik der Verdinglichung des einen Menschen durch den anderen Menschen in den Mittelpunkt seiner Betrachtung. "Daß Herodes Menschen als Ding ansieht und mit ihnen Schindluder treibt , ist der tiefste Grund seines Scheiterns."[2] Herodes' letzter mörderischer Befehl werde durch die "weltgeschichtliche Wende" überholt. "Der verdammenswerte Frevel an der Menschheit im Menschen wird aufgehoben in der historischen Not-Wende, die den Despotismus ablöst."[3] In Mariamnes "Opfertod" werde die "Schlacht der ganzen Menschheit" gewonnen. Herodes, der sich hybrid als Messias angesehen habe, aber "ein Leibes- und Seelenmörder" gewesen sei, der seine Liebe verraten habe , weil er sie zum Besitz erniedrigt habe, werde vor dem "aufgehenden Stern wahrer Messianität" zunichte, die - "so sah es hier Hebbel im dramatischen Symbol" - der Menschheit den Menschen bringe. "Im versöhnenden Erscheinen des Knaben von Bethlehem hat Hebbel die Rettung des Humanen nach der durchlittenen Passion der Schändung und des Todes dichterisch-dramatisch verlebendigt."[4]

---

1 Das Weltbild Friedrich Hebbels (Halle 1955) S. 150.

2 "Zur Struktur und Motivik in Hebbels 'Herodes und Mariamne'", HJb 1966 , 73.

3 ebd., 80.

4 ebd.

Die "durchgängige dramatische Emphase" des Stücks ergebe sich aus der Antithetik von Haß und Liebe, Vertrauen und Mißtrauen, Menschlichkeit und Unmenschlichkeit, Mensch und Ding, Maske und Wahrheit, Opfertier und Selbstopfer, Schein und Wesen , dämonische Willkür und Schicksalszwang , schließlich Leben und Tod[5]. Das äußere und innere Geschehen stehe fortgesetzt unter einer antithetischen Alternative; die Antithetik werde an den Konzentrationspunkten, in entscheidenden Phasen der dialogischen oder monologischen Auseinandersetzung zum syntaktischen Prinzip[6]. Dabei werde die "dramatische Struktur" erkennbar , in der "eine personale Katastrophe" sich zum "Menschheitskonflikt" weite und der tragische Untergang der hybriden Größe wie seines armen Opfers in dem vom Dichter intendierten Welthorizont versöhnt werde[7].

Eindeutig bürgerlicher Provenienz war auch die Kritik Bruno Markwardts. Dieser verwies darauf, daß Hebbel unermüdlich und zäh "die Frage nach der Bewertungsweise der Frau durch den Mann" stelle. Fraglos ziele die Tendenz dieser Fragestellung dahin , daß der Mann teils durch sein individuelles Wesen dazu neige, teils durch die herrschenden Verhältnisse dazu geradezu genötigt sei, die Frau als bloßes Besitztum zu betrachten und sie als Genußwert zu begehren , ohne sie als ebenbürtigen, zwar andersartigen, aber gleichwertigen Menschen gelten zu lassen[8]. Herodes betrachte und behandle, beurteile und verurteile Mariamne letztlich als zwar geliebten , aber auch willkürlich verfügbaren Besitzwert. Diesen männlichen 'Geschlechtsegoismus' klage Hebbels Drama an[9]. Hebbel sei es allerdings nicht nur um einen "Wertungswechsel der Geschlechter", sondern auch um eine "Entwicklungswende der Geschichte" gegangen. An der "Entwicklungswende" entstehe die Tragik:

---

5 Müller , HJb 1966, 80.

6 ebd.

7 ebd., 86.

8 Geschichte der deutschen Poetik, Bd. IV (Berlin 1959) S. 446.

9 ebd.

"Tragik wächst, wo Neues gewirkt wird, ohne gewollt zu sein."[10] So komme auch in Herodes und Mariamne "das heraufziehende Christentum" zur Geltung, aber das seien "mehr Anklänge als Anfänge"[11]. Es könne nicht geleugnet werden, daß Hebbel die Vergegenwärtigung des "großen kulturgeschichtlichen und geschichtlichen Prozesses" am einprägsamsten in der Darstellung des Ringens zwischen Mann und Weib um ihre menschliche Geltung und ihr menschliches Glück gelungen sei. Fast scheine es so, als wolle Hebbel den kulturellen Fortschritt der Menschheit weitgehend abhängig machen von einer "Hebung des Wertes und der Würde der Frau"[12]. Im Liebesprozeß sei für Hebbel eine in sich reiche Konzentrationsstelle für den Kulturprozeß gegeben, aber auch für den "Lebensprozeß" schlechthin. In ihm finde das große Urbild des Lebensprozesses sein verkleinertes, aber keineswegs verkleinerndes Abbild , wie der Kulturprozeß in der jeweiligen Wertung und Würdigung der Frau sein zuverläßliches Kriterium antreffe[13].

Die Kulturpolitik der SED ging davon aus, daß die unvollendete Revolution von 1848 "tiefe innere Desorientierung, Verwirrung und Zersplitterung" in die deutsche Literatur gebracht habe[14] und daß auch Hebbel sich dem "humanistischen Geist der deutschen klassischen Literatur" entfremdet habe[15]. Hebbels "unkämpferische Haltung" wurde deshalb abgelehnt, gleichzeitig aber zugestanden, daß Hebbels "Meisterwerke", u.a. Herodes und Mariamne, auch in der Gegenwart noch fesselnd seien[16].

---

10 Markwardt, Geschichte der deutschen Poetik, Bd.IV, S. 447.

11 ebd., S. 448.

12 ebd.

13 ebd., S. 449.

14 Alexander Abusch, "Die unvollendete Revolution und die Literatur", Literatur und Wirklichkeit (Berlin 1953) S. 63.

15 ebd., S. 62 f.

16 Rudolf Mocker, "Friedrich Hebbel - Dichter der Zeitwende", Neue Zeit, Berlin , 15. 12. 1953. - In der Tendenz ähnlich ist der Artikel "Friedrich Hebbel: zum 90. Todestag des bedeutenden deutschen Dramatikers", Leipziger Volkszeitung, Leipzig, 12.12.1953.

In den für Unterrichtszwecke bestimmten Erläuterungen zur deutschen Literatur nach 1848[17] hieß es unter Berufung auf Franz Mehring, Hebbel habe die volle Tiefe, soweit es sich um die wichtigsten inneren Probleme der modernen Individualität handle: die Berührung mit dem geistigen Umwälzungsprozeß seiner Zeit eröffne ihm große welthistorische Ausblicke. Aber diese beiden Reihen der Weltauffassung klafften in seiner Dramatik auseinander und könnten nur künstlich miteinander verknüpft werden[18]. Den Anforderungen des Lehrplans entsprechend, wurde nur Maria Magdalene ausführlich interpretiert[19], wobei die Ausweglosigkeit des tragischen Konflikts mit der sozialen Lage des "verspießerten Kleinbürgertums" in Deutschland in Verbindung gebracht wurde. Diese Schicht sei infolge der ökonomischen Entwicklung aller Zukunftsaussichten beraubt und deshalb "pessimistisch , konservativ und rückwärts gewandt" gewesen[20]. Die Problematik von Herodes und Mariamne wurde nur kurz, und zwar mit den Worten Mehrings, skizziert[21].

Hans Mayer betonte , daß nach dem Scheitern der Revolution von 1848/49 die bedeutende Literatur deutscher Sprache in immer stärkerem Maße einen fatalen Hang aufweise, "unwürdige und häßliche Lebensformen zu verklären" oder in Stoff und Form einer Thematik zu dienen, die nur noch auf Umwegen, wenn überhaupt, einen Zugang zum damaligen Zeitgeschehen erlaubt habe. Hebbels Herodes und Mariamne habe wie seine Nibelungen , wie Otto Ludwigs Makkabäer oder Stifters Witiko mit der damaligen Zeit zu tun: "Dennoch, wie verwinkelt und unklar, wie fragwürdig in der Entscheidung zwischen Fortschritt und Rückschritt sind diese Beziehungen, vergleicht man sie etwa mit der Stellung von

---

17 Hg. vom Kollektiv für Literaturgeschichte im VEB Volk und Wissen (Berlin 1954).

18 ebd., S. 49.

19 ebd. ,S. 50-56.

20 ebd., S. 52.

21 ebd., S. 61.

Iphigenie auf Tauris, von Wallenstein , des Hyperion zu den Grundfragen ihrer Epoche..."[22]

Siegfried Streller wies in seiner Rezension der Hebbelstudie Joachim Müllers darauf hin, daß "ein Zusammenhang" bestehe "zwischen dem lediglich individuellen Herausstreben des Dichters aus den halbproletarischen Verhältnissen seiner Herkunft, der daraus resultierenden Verachtung der Masse, dem Bildungsdünkel , dem Geniearistokratismus einerseits und der Kälte,dem ständigen Aneinandervorbeireden der Hebbelschen Figuren, sogar gewissen unmenschlichen Zügen im Werk Hebbels andererseits"[23]. Die Aufgabe des Interpreten bestehe deshalb darin, "der gesellschaftlichen Genesis von Hebbels Gedanken und ihrer realen Funktion in der Klassengesellschaft" nachzugehen[24]. Streller selbst hat diese Aufgabe 1957 noch nicht lösen können. Daß Hebbel "besonders ausgeprägt die Kompromißhaltung des deutschen Bürgertums von 1848" repräsentiere , daß er "eine konterrevolutionäre Position" bezogen habe[25], vermochte Streller an Hebbels politisch-gesellschaftlichem Verhalten, nicht aber an seiner Dichtung nachzuweisen.

Streller hob hervor, daß Hebbels dramatisches Werk "für uns Heutige" ohne "Schlüssel" nicht mehr zu verstehen sei[26]. Es ziehe an durch die dramatische Kraft, die von der Fügung der Handlung, von den Charakteren und der Gewalt des Wortes ausgehe. Es stoße ab durch die Übersteigerung seiner Gestalten, durch Übertreibungen, durch Härten und Grausamkeiten und durch das fühllose Danebenstehen des Autors, der scheinbar ganz unbeteiligt das Geschehen registriere. Es befremde, weil Heb-

---

22 Deutsche Literatur und Weltliteratur: Reden und Aufsätze (Berlin 1957) S. 142.

23 "Joachim Müller , Das Weltbild Friedrich Hebbels (Halle 1955)", WB 3 (1957) 628.

24 ebd. , 629.

25 ebd. , 626, 627.

26 Hebbels Werke in vier Haupt- und drei Ergänzungsbänden, hg. Gerhard Fricke , Mit einem Lebenslauf

bel Stoff und Personen zu symbolischen Trägern einer Geschichtskonstruktion mache , die zwar aus Hebbels Herkunft und seinem Bildungsgang verständlich werde, die aber unseren historischen Erkenntnissen widerspreche. Groß sei die Gefahr, einseitig nur diese Schranken zu sehen und sich so den Zugang zu dem zu verbauen, was Hebbels Dichtung auch heute noch lebendig erhalte. Das sei vor allem die Lebensfülle der Gestalten. Auch in den in entlegenen Sphären und Zeiten angesiedelten Stücken fessele die Plastik der Charaktere, deren Entwicklung sorgsam psychologisch motiviert sei[27].

Hebbel sehe ebenso wie Heine und die Vertreter des Jungen Deutschland, daß die Welt dissonant sei und daß die Tragödie nicht eine einfache Kopie der Schillerschen oder Goetheschen sein könne. Er fordere "ein sozial=historisch=philosophisches Drama", doch er vermöge in der Durchführung nicht realistisch zu bleiben , weil er durch sein idealistisches Weltbild zu Abstraktionen und zu einer Typik komme, die gesellschaftlich unwahr werde, so daß seine Gestalten schließlich "lebendige interessante Einzelmenschen von außerordentlichem Format" darstellten , aber "keine typischen Repräsentanten bestimmter Klassen und Stände" seien[28].

Daß sich Hebbel bei der Gestaltung von Herodes und Mariamne aus der realen Zeitgeschichte, der er skeptisch gegenübergestanden sei, in "seine Geschichtskonstruktion" zurückgezogen habe, sei dem Dichter selbst wohl kaum bewußt geworden. Um so mehr dürften dies seine Zeitgenossen empfunden haben, denen die Tragik der völlig vereinsamten Repräsentanten des Heidentums (Herodes) und Judentums (Mariamne) weder eine Ablenkung von den drängenden Fragen der Gegen-

---

und Einleitungen von Siegfried Streller, Bd. 1 (Leipzig o.J. [1957]) S. 20.

27 ebd.

28 ebd., S. 21.

wart noch einen Schlüssel zu ihrem Verständnis habe bieten können[29].

Erstmals zeichne sich in diesem Werk die Tragödien- und Geschichtskonzeption Hebbels in ganzer Klarheit ab. Große Individuen repräsentierten für ihn historische Epochen. Diese Epochen seien hier freilich gemäß der idealistischen Sicht des Dichters als Ideen-, genauer als Religionsepochen gefaßt. Aber darüber hinaus sei Herodes "die männliche, brutal=rücksichtslose Kraftnatur". Er habe viel Ähnlichkeit mit Holofernes. Allerdings sei er durch die Gegebenheiten, unter denen er seine Herrschaft ausübe, gebundener als dieser.Er könne sich nicht so selbstherrlich und selbstüberheblich über alles hinwegsetzen. Diese Bindung erstrecke sich auch auf das Verhältnis zum anderen Geschlecht. Er liebe Mariamne aufrichtig. Aber er könne die Schranken seines Geschlechts nicht überspringen. Scheitere Holofernes an seinem Leichtsinn und seiner Menschenverachtung, so gefährde und zerstöre Herodes die Liebe Mariamnes durch seinen Argwohn und die Mißachtung ihres menschlichen Eigenwertes. Mariamne sei der Liebe eines Königs würdig. Sie handle durch Dulden , aber sie gebe nicht einen Zoll ihres eigenen Wesens auf. Daß Herodes, statt ihr das Vertrauen zu schenken, das sie von ihm erwarten dürfe, der Kraft ihrer Liebe im Falle seines Todes wiederholt mißtraue, führe letztlich zur physischen Vernichtung Mariamnes und zum moralischen Untergang des Herodes. Das Auftreten der drei heiligen Könige künde den "Anbruch einer neuen Epoche" an. Der Zuschauer wisse, daß auch der Befehl zum Kindermord in Bethlehem dies nicht verhindern könne , sondern im Grunde nur den Zusammenbruch des Herodes und seines Zeitalters bekräftige[30].

Trotz des geschichtsphilosophischen Hintergrundes bleibe Herodes und Mariamne eine packende Dichtung ,

---

29 Streller, Hebbels Werke in vier Haupt- und drei Ergänzungsbänden, Bd. 2, S. 10.

30 ebd., S. 10 f.

weil Hebbel bei aller Stilisierung zwei lebendige Menschen miteinander in Konflikt geraten lasse. Dabei motiviere er die einzelnen Phasen der Handlung sehr stark vom individuellen Charakter und der Psychologie der Hauptpersonen her. Wo er dies zurückstelle und nur versuche, "seine geschichtsphilosophische Idee" poetisch zu realisieren, scheitere der Dichter[31].

In der als Schulbuch verwendeten Deutschen Literaturgeschichte in einem Bande hieß es , die Arbeit an Herodes und Mariamne sei in "gewissem Sinne Flucht aus dem so gefahrvoll empfundenen politischen Geschehen" der Jahre 1847/48 gewesen[32], Hebbel habe mit einem individuellen tragischen Frauenschicksal die sittliche Überlegenheit des Christentums gegenüber der Grausamkeit der Antike, einer überlebten Welt , symbolisieren wollen. Sein Versuch, eine Fülle historischen und legendären Materials zu verarbeiten, zugleich aber die psychologischen Prozesse zu dramatisieren und seine ideellen Absichten deutlich zu machen, habe zu einer sehr verwickelten Handlung und zu komplizierten Charakterzeichnungen, letztlich zu dem offenbaren Dilemma, tragische Phänomene nicht objektiv-geschichtlich, sondern psychologisierend zu deuten , geführt[33].

In dem neuen Lexikon deutschsprachiger Schriftsteller wurde ausgeführt , daß in Herodes und Mariamne das Verhältnis der Geschlechter, insbesondere das Thema der Gleichberechtigung der Frau, in Vorgänge eingebettet sei, die in der Zeit des Umbruchs von der Sklavenhaltergesellschaft zum Christentum spielten: Mariamne fordere bis in den Tod ihr Recht, mehr als "nur ein Ding und weiter nichts" in den Händen des Herrschers, ihres Gatten, zu sein. Ihr Opfer kündige in einer Verknüp-

---

31 Streller , Hebbels Werke in vier Haupt- und drei Ergänzungsbänden, Bd. 2, S. 11.

32 Deutsche Literaturgeschichte in einem Bande, hg. Hans Jürgen Geerdts (Berlin 1966) S. 408.

33 ebd.

fung von symbolischem Einzelschicksal und historischer Entwicklung das Heraufkommen einer neuen Zeit und Sittlichkeit an[34]. In seinen großen Dramen habe es Hebbel mit Meisterschaft verstanden, psychische Konflikte, vor allem das Verhältnis zwischen Mann und Frau, tief auszuloten und, wenn auch in historischer Verkleidung, ein eindrucksvolles Bild des geistigen und moralischen Habitus vom Menschen seiner Zeit zu geben, in dem der geschichtliche Vorwurf bezeichnenderweise nur am Rande fungiere. Vom klassischen Begriff der Tragik unterscheide ihn die Auffassung des Tragischen als "zeitloses, unabdingbares Menschenschicksal", was auf eine "Privatisierung der Konflikte durch ihre Abstrahierung von der Gesellschaft" zurückzuführen sei[35]. Hebbel beweise in seinen Stücken sein großes dramatisches Talent, wenn es ihm auch mit seiner "kleinbürgerlich-verkrampften , psychologistisch-individualistisch bestimmten Welt- und Kunstauffassung" nicht gelungen sei, die welthistorischen Auseinandersetzungen, die er in den dramatisch zugespitzten Schicksalen seiner Helden habe gestalten wollen, objektiv zu erfassen[36].

Bislang sind erst einige Vorarbeiten zu der großen, von der DDR-Germanistik projektierten Literaturgeschichte des 19. Jahrhunderts erschienen[37]. Hebbels literarisches Werk wurde nur einmal, und zwar in einem Aufsatz von Rainer Rosenberg , ausführlich gewürdigt[38]. Büchner und Hebbel hätten von einander entgegengesetzten philosophischen Positionen her die die humane Selbstverwirklichung zunehmend beeinträchtigende Gesellschafts-

---

34 Lexikon deutschsprachiger Schriftsteller von den Anfängen bis zur Gegenwart, hg. Günter Albrecht u.a., Bd. I (Leipzig 1967) S. 538.

35 ebd. , S. 537.

36 ebd. , S. 536.

37 "Historisch-inhaltliche Konzeption der Geschichte der deutschen Literatur von der Aufklärung bis zur Gegenwart", WB 17 (1971) , Heft 2, 54-86 ; "Literaturgeschichte: Bd. 9", WB 15 (1969) 275-324; Rainer Rosenberg, "Zum Menschenbild der realistischen bürgerlichen Literatur des 19 Jahrhunderts", WB 15 (1969) 1125-1150 ; Rainer Rosenberg, "Deutsche Literatur zwischen 1830-1871", WB 18 (1972), Heft 1, 121-145.

38 WB 15 (1969) 1138-39.

entwicklung als einen nach objektiv-historischen Gesetzmäßigkeiten verlaufenden Prozeß erfaßt, dessen Richtung nicht vom bewußten Willen der Individuen bestimmt werde. "Unter dem Eindruck der Gewalt, mit der die kapitalistisch werdende Gesellschaft den Anspruch des Individuums zurückwies, die Auflehnung gegen seine funktionale Ausrichtung im Produktionsprozeß des Kapitals frustrierte, gelangten sie frühzeitig zu Menschenbild-Konzeptionen, die das Individuum in einem Grade durch objektive Gesetzmäßigkeiten determinierten, der die Literatur noch die vorbildlich-ideale Dimension auch nur individueller Selbstbehauptung entzog."[39] Hebbel erkläre "den Zwang der objektiven Gesetzmäßigkeiten" allerdings "metaphysisch-irrational", während Büchner ihn als "Zwang der materiellen gesellschaftlichen Entwicklung selbst" deute[40].

Hebbel sei , als er in dem mit der Kapitalisierung sich verschärfenden Widerspruch zwischen Individuum und Gesellschaft das Wirken eines "Bewegungsgesetzes der Geschichte" erkannt habe, zwar zu einer "Geschichtsdialektik" vorgestoßen , die zugleich als ein realistisches Moment gewertet werden müsse. Indem er aber diesen Widerspruch in einen "ewigen Widerspruch zwischen menschlichem Einzelwillen und einem transzendentalen Weltwillen" umgedeutet , die Situation des Individuums in der bürgerlichen Gesellschaft als existentielle Situation des Menschen schlechthin gefaßt habe , sei der historische Prozeß mythisiert, die Welt, an deren "Entfetischisierung" die realistischen Schriftsteller des 19. Jahrhunderts gearbeitet hätten, erneut fetischisiert worden. Damit aber habe die Literatur die historisch-konkrete gesellschaftskritische Stoßrichtung eingebüßt. "Insofern als Hebbel und andere bürgerliche Schriftsteller mit verwandten mythisch-irrationalistischen Weltanschauungskonzeptionen den historischen Prozeß pessimistisch deuteten, die kapitalistische

---

39 WB 15 (1969) 1138.

40 ebd.

Entwicklung - wie z.B. Richard Wagner - als Weltuntergangsmythos gestalteten , war ihr Verhältnis zur bürgerlichen Welt gleichwohl negativ, wurde diese Welt als Welt der Menschen verneint. Dennoch war mit dem Aufkommen dieser Konzeptionen, die in der deutschen Literatur nach 1848 zunächst unter resignativem Vorzeichen standen, auch der Boden bereitet für die von der kapitalistischen Praxis ausgehende ideologische Umwertung aller humanen Werte, für den aktivistischen Mythos bürgerlicher Klassenherrschaft, ging aus der von solchen mythisch-irrationalistischen Konzeptionen getragenen Literatur jene Literatur hervor, die mit dem Übergang der deutschen Bourgeoisie zum Imperialismus , als die liberale bürgerliche Ideologie des 19. Jahrhunderts die Kluft zur kapitalistischen Praxis nicht mehr zu überbrücken vermochte, die apologetische Funktion übernahm, zu der die Klassenfunktion bürgerlicher Literatur nach 1848 sich verschob."[41]

Es bleibt abzuwarten, ob bzw. inwieweit die Einzelinterpretationen der Literaturgeschichte[42] diesem in groben Zügen skizzierten geschichtlich-gesellschaftlichen Hebbelbild entsprechen.

---

41 WB 15 (1969) 1138 f.
42 Cf. die Ankündigung in WB 15 (1969) 294 , 297.

3.6.4 Die Rezeption in der BRD

Umfangreicher und auf den ersten Blick auch vielfältiger als die in der DDR entstandene Kritik von Hebbels Drama war die westdeutsche Hebbelkritik. Allerdings waren auch dieser Kritik Grenzen gesteckt, die unverkennbar durch die sozioökonomische und politische Entwicklung in der BRD bedingt waren.

3.6.4.1 Die erste Phase (1948 - 1959)

In der Rekonstruktionsphase des Monopolkapitalismus hat es in Westdeutschland eine Auseinandersetzung mit den Positionen Lukács' und Mehrings, die im anderen Teil Deutschlands dominierten , nicht gegeben. Unter den Bedingungen des Kalten Krieges entstand in der BRD eine Hebbelkritik, der die geschichtlich-gesellschaftliche Dimension ihres Gegenstandes entglitten war.

3.6.4.1.1 Die metaphysizierende Richtung

Symptomatisch für das Wiederaufleben der metaphysizierenden Richtung der Hebbelkritik in der Rekonstruktionsphase des Monopolkapitalismus war der Erfolg, der Benno von Wieses Buch Die deutsche Tragödie von Lessing bis Hebbel beschieden war. Von Wieses Buch hat, wie der Verfasser im Vorwort zur zweiten Auflage selbst hervorhob, auf die wissenschaftliche Diskussion nicht eigentlich anregend gewirkt[1]. Die Ergebnisse der Studien von Wieses , die der Verfasser u.a. auf dem Germanistentag in München 1950 vorgetragen hat[2], wurden von der

1 Die deutsche Tragödie von Lessing bis Hebbel (Hamburg, 2. Aufl. 1952) S. V.

2 "Probleme der deutschen Tragödie im 19. Jahrhundert", Wirkendes Wort 1 (1950/51) 32-38; wieder abgedruckt in Wirkendes Wort, Sammelband III, Neuere deutsche Literatur (Düsseldorf 1963) S. 195-201.

westdeutschen Universitätsgermanistik allem Anschein nach ohne nennenswerten Widerstand akzeptiert. Von Wieses Buch, das bis 1964 in sechs Auflagen erschienen ist[3], war für Germanistikstudenten und Deutschlehrer an höheren Schulen ein Standardwerk.

Die Interpretation von Herodes und Mariamne, die von Wiese in diesem Werk vorlegte , war, von einigen stilistischen Korrekturen abgesehen, dieselbe, die er 1941 in seinem Kommentar zu der von ihm besorgten Hebbelausgabe veröffentlicht hatte[4]. Stets bemüht, den "religiösen Sinn" eines literarischen Werkes aufzuspüren, resümierte von Wiese: "Von der individuellen Existenz aus ist der in der Liebe gegangene Weg vergeblich und findet in keiner antwortenden oder mittragenden Liebe Gottes eine Hilfe."[5]

Von Wiese begriff Herodes und Mariamne als ein Dokument der Glaubensnot und der religiösen Verzweiflung, stellte sich für ihn doch die Geschichte der modernen Tragödie als "die Geschichte der modernen Glaubenskrise" dar[6]. Dabei interpretierte er das Drama Hebbels nicht etwa theologisch, sondern betrachtete es als ein Produkt von Hebbels "Theologie"[7], die er vergegenwärtigen, nicht aber historisch-kritisch analysieren wollte. Nach wie vor lehnte er es ab , geschichtlich-gesellschaftliche Ursachen für die Entstehung der Hebbelschen Tragödie gelten zu lassen, als deren beherrschendes Thema er die Nichtigkeit des menschlichen Lebens angesichts des undurchschaubaren Selbstverwirk-

---

3 [3]1955, [4]1958, [5]1961, [6]1964.

4 Cf. Die deutsche Tragödie von Lessing bis Hebbel, Bd. II (Hamburg 1948) S. 417-429, und Hebbels Werke, Nach der historisch-kritischen Ausgabe von R.M. Werner systematisch geordnet von Benno von Wiese, 9. Bd. (Leipzig 1941) S. 73-77.

5 Von Wiese, Die deutsche Tragödie von Lessing bis Hebbel, Bd. II, S. 429.

6 ebd., Bd. I , S. 31.

7 Darauf verweist Gustav Konrad (Rez.), DLZ 71 (1950) 21. - Von Wieses Ausführungen über Hebbels "Theologie" sind gleichfalls zuerst 1941 veröffentlicht worden; cf. von Wiese, Die deutsche Tragödie von

lichungsprozesses der Gottheit bezeichnete[8].

Noch im Jahre 1959 hat von Wiese Hebbels Dramatik vorwiegend unter dem Aspekt der "Säkularisation christlich-theologischer Gehalte" gedeutet[9]. Ohne jeden historischen Kommentar entwickelte er auch hier den "häretischen" Gedanken Hebbels, daß "eine Erlösung des Menschen durch Gott" uninteressant geworden sei und daß es vielmehr auf den "Beitrag" ankomme, den der Mensch in seiner jeweiligen geschichtlich gebundenen Konstellation zur "Erlösung Gottes" leisten könne[10]. Daß dabei der einzelne Mensch "geopfert" werden müsse, ohne daß Sinn und Zweck dieses "Opfers" durchschaubar würden, verstand sich im Rahmen dieser "Theologie" von selbst.

Der Erfolg der Wieseschen Darstellung erklärt sich nicht zuletzt aus der Tendenz maßgeblicher Gruppen der westdeutschen Literaturgesellschaft, geschichtlich-gesellschaftlichen Fragestellungen auszuweichen, waren doch gerade die Schichten der Bevölkerung, die dem Faschismus zum Sieg verholfen und das Funktionieren der faschistischen Herrschaft ermöglicht hatten, die Nutznießer der seit der Währungsreform energisch durchgesetzten sozioökonomischen und politischen Restauration.

Auch Klaus Ziegler sah offensichtlich keinen Anlaß, von seiner zuerst 1938 veröffentlichten Auslegung von _Herodes und Mariamne_ abzurücken. In zwei im _Hebbeljahrbuch_ veröffentlichten Aufsätzen[11] und in seiner Lite-

---

Lessing bis Hebbel, Bd. II, S. 353-377, und von Wiese, "Das Tragische in Friedrich Hebbels Welt- und Kunstanschauung", _DuV_ 41 (1941) 1-22.

8 Von Wiese, _Die deutsche Tragödie von Lessing bis Hebbel_, Bd. II, S. 353 f.

9 "Die Religion Büchners und Hebbels", _HJb_ 1959, 29.

10 ebd., 20.

11 "Friedrich Hebbel und die Krise des deutschen Geistes", _HJb_ 1949/50. 1-46, und "Wandlungen des Tragischen", _HJb_ 1951, 9-29.

raturgeschichte[12] bemühte er sich aber , seine Interpretation geistesgeschichtlich bzw. soziologisch zu begründen. Nach wie vor behauptete er, das Stück sei darauf angelegt, "die Hoffnung des Menschen, in Gestalt der Liebe seinem Leben einen metaphysisch-religiösen Sinn zu gewinnen", zu zerstören[13]. Im Scheitern der Liebe entlarvten sich "das Sinn- und Werthafte als das Unwirkliche kat exochen" und ebenso das Wirkliche als "das Sinn- und Wertlose kat exochen"[14]. Für diese "desillusionierende Entlarvung des menschlichen Lebens"[15] gab Ziegler drei Ursachen an. Sie sei einerseits als "säkularisierte Form einer älteren christlichen Weltverzweiflung" aufzufassen[16] und stelle andererseits "zweifellos ein Ergebnis der mechanistischen Naturwissenschaft bzw. Naturphilosophie des 18. und 19. Jahrhunderts" dar[17]; das Problem des zwischenmenschlichen Vertrauens in Herodes und Mariamne sei auf ähnlich gerichtete Einwirkungen zurückzuführen , es sei "untrennbar mit den mechanistischen Tendenzen der Neuzeit verbunden"[18]. Darüber hinaus müsse der soziologische Faktor berücksichtigt werden. Das "chaotische Bild", das Hebbel vom gesellschaftlich-geschichtlichen Dasein entwerfe, sei seinen eigenen Äußerungen zufolge nicht im leeren Raum einer abstrakten Philosophie entsprungen. Hebbel habe vielmehr die "Chaotik" widerspiegeln wollen , die während des späten 19. Jahrhunderts mit der rapiden Entfaltung des Hochkapitalismus , seiner "ständig sich verschärfenden Industrialisierungs- und Proletarisierungsprozesse" , Europa zu überfluten gedroht habe[19].

---

12 "Das deutsche Drama der Neuzeit", Deutsche Philologie im Aufriß, hg. Wolfgang Stammler, Bd. II (Berlin, 2. Aufl. 1960) Sp. 1997-2350.

13 HJb 1949/50, 8; ähnlich Dt. Phil. i.A., Sp. 2213.

14 HJb 1951, 18 f.

15 HJb 1949/50, 9.

16 ebd., 11.

17 ebd., 13.

18 ebd., 13 f.

19 ebd., 15.

Trotzdem deutete Ziegler die Literatur nicht etwa als eine - wie auch immer modifizierte - Widerspiegelung gesellschaftlicher Prozesse. Die Krisenhaftigkeit des Hebbelschen Werkes war für Ziegler Ausdruck der "zunehmenden Krisenhaftigkeit der Geistesgeschichte", die ihrerseits in der ständig zunehmenden "Radikalisierung ihrer ideologiekritischen Tendenzen" offenkundig sei[20]. Freud, Nietzsche, Marx, Kierkegaard und die historische Schule waren für Ziegler im gleichen Maße Repräsentanten eines "Emanzipations- und Destruktionsprozesses", mit dessen Vollzug der Mensch unweigerlich einem "zutiefst ordnungslosen Chaos" zum Opfer fallen müsse[21]. Dabei wurde der "reale Krisencharakter der 'bürgerlichen Gesellschaft'" von Ziegler keineswegs geleugnet[22], aber die Ursachen dafür sah er nicht in der durch die Entwicklung der Produktionsmittel bedingten Krisenhaftigkeit der kapitalistischen Produktionsverhältnisse. Infolgedessen war ihm die Einsicht, daß die Krise des "Geistes" und mithin der Literatur nicht anders als im Kampf für eine humanere Arbeitsverfassung überwunden werden kann, durchaus versperrt. In Zieglers Ausführungen über Hebbel spielten entsprechende Erwägungen deshalb auch keine Rolle. Hebbels Leistungen sah Ziegler darin, daß er die "Entgötterung der modernen Welt" ehrlich anerkannt und ihr doch mutig eine "neue Gestalt des Göttlichen" abzuringen gesucht habe[23]. Hebbels Drama halte den "Glauben an eine objektiv gültige , objektiv wirksame Sinn- oder Weltordnung wenigstens mittelbar in der Form eines Postulates fest: als leidenschaftliche Sehnsucht oder (nach dem Erweis ihrer Vergeblichkeit) als leidenschaftliche Verzweiflung"[24]. Alle großen Figuren bestätigten "das tragisch-nihilistische Urerlebnis"

---

20 HJb 1949/50, 4; cf. Dt. Phil. i.A. , Sp. 2211 f.

21 HJb 1951, 17.

22 HJb 1949/50, 16.

23 ebd.

24 ebd., 18 f.; cf. HJb 1951, 22.

ihres Schöpfers: "sein Erlebnis von der grundsätzlichen Unvereinbarkeit des Göttlich-Vollkommenen mit dem Unvollkommenen des Irdischen"[25]. In Herodes sei der "aktive Nihilismus"[26], der mehr oder weniger ausgeprägt bei allen Hebbelschen Figuren vorkomme , besonders eindringlich dargestellt. Im Monolog des Königs in I,2 werde die gesellschaftlich-geschichtliche Wirklichkeit unter dem Aspekt des homo homini lupus gedeutet. Klar sehe der König, daß er im Endgültigen den Untergang, der ihn bedrohe, nicht von sich abwenden könne, aber er kapituliere angesichts der "Sinnlosigkeit des Seins" weder innerlich noch äußerlich, sondern suche ihr "aus der Unbeugsamkeit seines Willens heraus" standzuhalten[27].

Wie ernsthaft sich Hebbel selbst um die Überwindung der Krise bemüht habe, zeige sein Versuch, Hegels dialektisches Entwicklungsschema ins Drama aufzunehmen[28], sowie die leitmotivische Wiederkehr der "Idee der Humanität", verstanden im Sinne von Kants kategorischem Imperativ, in allen größeren Werken[29]. Überhaupt gehe es nicht an , Hebbel wegen seiner schroff ablehnenden Haltung dem zeitgenössischen Sozialismus und Kommunismus gegenüber als 'konservativ' oder gar 'reaktionär' hinzustellen. Hebbel vertrete einen "Liberalismus zwar 'gemäßigter', aber doch unverkennbar 'fortschrittlicher'Prägung"[30]. Zumindest "zeitweise" stehe er der Hegelschen Linken näher als der Hegelschen Rechten[31]. Diese Behauptungen wurden allerdings von Ziegler nicht belegt, und es ist kein Zusammenhang erkennbar zwischen Hebbels angeblich gemäßigt progressiven politisch-gesellschaftlichen Ansichten und dem Aussagegehalt seiner literarischen Produktionen, der sich Zieglers Darstellung zufolge im wesentlichen in Manifesta-

---

25 HJb 1949/50, 24.

26 ebd. , 28.

27 ebd. , 31.

28 ebd. ,18; cf. Dt. Phil. i.A., Sp. 2211.

29 ebd., 36; cf. Dt. Phil. i.A. ,Sp. 2220, 2251 f.

30 ebd., 38.

tionen existentialisten Daseinstrotzes erschöpfte.

Die in den Interpretationen von Wieses und Zieglers zum Ausdruck kommenden gesellschaftlichen Grundüberzeugungen standen in so eindeutigem Gegensatz zum liberalen Credo der westdeutschen bürgerlichen Öffentlichkeit, daß sie die Theaterkritik nur in geringem Maße beeinflußt haben. Unter den in der Tagespresse veröffentlichten Besprechungen des Stücks, die im Zeitungsarchiv des Hebbel-Museums in Wesselburen gesammelt sind , finden sich nur zwei, die eindeutig der metaphysizierenden Richtung der Hebbelkritik zuzurechnen sind[32]. In der Hochschulgermanistik hingegen war deren dominierende Position nahezu unumstritten.

Gerhard Fricke , bis 1945 ein führender Vertreter der faschistischen Literaturkritik, führte in seiner Literaturgeschichte aus , man habe Herodes und Mariamne vielfach derart mißverstanden, als zerstöre hier ein barbarischer und roher Despot die ihm innerlich überlegene personenhafte Würde seines Weibes , indem er sie nicht als Person, sondern als eine unersetzliche Sache liebe und behandle. Aber so eindeutig verteilte Schuld und Unschuld widerspreche Hebbels überall deutlicher Tendenz, allen tragisch verstrickten Gestalten recht zu geben. Das tragische Gleichgewicht der sich gegenseitig zerstörenden Partner wäre damit aufgehoben. Für beide sei die Liebe der einzige unbedingte Wert ihres Lebens. Aber Herodes bedürfe aus seinem Wesen und seiner Situation heraus nicht minder notwendig eines Zeichens, einer realen Gewißheit , auf der sein Glaube ruhen könne, wie Mariamne aus ihrer Art und Situation ihm selbst das schlichteste Wort, um das er sie anflehe, verweigern müsse. Aus solcher Verket-

---

32 "Herodes, Mariamne und das Nichts" , Lüdenscheider Nachrichten, Lüdenscheid, 7. 11. 1956; Alfred Püllmann, "Herodes blieb zu sehr der Eifersucht verfallen", Die Abendpost, Frankfurt, 25. 2. 1957.

tung erwachse, unaufhaltsam sich vollendend, die völlige gegenseitige Vernichtung[33].

Fricke hat diese Gedanken in seinem Nachwort zur Hebbelausgabe ausgeführt[34]; dabei hob er hervor , daß für die beiden Hauptfiguren "inmitten einer sinn- und wertentblößten Welt" die Liebe zur "einzig tragenden und sinngebenden Mitte ihres Daseins" geworden sei. Darin einander völlig gemäß, zerstörten sie sich dennoch gegenseitig bis auf den Grund, weil jeder sich der Unbedingtheit dieser Liebesverbundenheit auf eine andere, der Notwendigkeit seiner Situation und seines Daseins entsprechenden Weise zu versichern suche[35]. Was dieses Drama von allen scheinbar motivverwandten Gestaltungen in Haßliebe aneinander gebundener und sich zerstörender Geschlechtspartner, wie sie seit Ibsen, Strindberg und Wedekind immer häufiger hervorgetreten seien, unterscheide, sei , daß es nicht in der bloßen Aufdeckung psycho-physischer Zwangsläufigkeiten seine Befriedigung finde. Wohl sei der Prozeß der Psychologisierung so weit fortgeschritten , daß sich in Herodes und Mariamne die gegenseitige Zerstörung der Liebenden aus den immanenten Bedingungen von Situation und Charakter beider Individualitäten vollständig ableiten ließe. Trotzdem sei es nicht das Räderwerk dieses Ablaufs gewesen, das Hebbel - im Gegensatz zu den Späteren - interessiert habe, sondern die tragische Unfähigkeit selbst der höchsten und stärksten Naturen, "an einer einzigen Stelle ihres Lebens, etwa in der Liebe, das Unbedingte als das Dasein erst

---

33 Geschichte der deutschen Dichtung (Tübingen 1949) S.288. - Frickes Literaturgeschichte hat bis Ende 1961 eine Auflage von 100.000 Exemplaren erreicht; cf. die "Vorbemerkung" zur 11. Auflage (Hamburg 1965) S. 7.

34 Friedrich Hebbel, Werke in zwei Bänden, hg. Gerhard Fricke, Bd. II (München 1952) S. 655-687; im folgenden zitiert nach "Friedrich Hebbel und sein Zeitalter", Studien und Interpretationen (Frankfurt 1956) S. 285-309.

35 Studien und Interpretationen, S. 303.

ermöglichende und rechtfertigende Erfahrung und Gewißheit festzuhalten". So ergehe es dem Menschen, der "inmitten des chaotischen Daseinskampfes" an einer Stelle "die gewisse Erfahrung des Unbedingten , den daseinsermöglichenden Sinn" zu realisieren und zu behaupten suche[36].

Fricke schloß sich mit dieser Deutung des Stücks eng an die Interpretation Zieglers an. Er übernahm auch den von Ziegler entwickelten geistes- und sozialgeschichtlichen Begründungszusammenhang von Hebbels Drama[37], doch trat die Berücksichtigung vor allem sozialgeschichtlicher Zusammenhänge in Frickes Darstellung deutlich zurück. Statt dessen betonte Fricke den für jede große tragische Dichtung charakteristischen "religiösen Bezug zu einem Unbedingten, Göttlichen" , der auch in Hebbels Drama noch lebendig sei. Dieses "Sichbezogenwissen und Sichbeziehenmüssen auf einen unbedingten und göttlichen Sinn", sei es in der Form gewisser Erfahrung , sei es in der des Postulats und der Sehnsucht, sei es schließlich in der negativen der Vergeblichkeit und der Verzweiflung , erzeuge "das eigentliche und wahre tragische Pathos", das die Tragödie Hebbels durchströme[38]. Hebbel stelle große , über "das bloß Wirkliche" hinausgehende Seelen "vor den weiten Horizont des Alls und des Unbedingten", so "unbegreiflich und rätselhaft" die Gottheit selber auch geworden sei[39]. Fricke ging anscheinend davon aus, daß die Wirklichkeit, die er wiederholt als "chaotisch" bezeichnete, genauso unbegreiflich und rätselhaft sei wie die Gottheit, auf die sich seiner Deutung zufolge die Figuren des Dramas beziehen.

Fritz Martini knüpfte in seiner literaturgeschichtli-

---

36 Studien und Interpretationen, S. 305.

37 cf. Geschichte der deutschen Literatur, S. 247 f., sowie Studien und Interpretationen, S. 291 f.

38 Studien und Interpretationen, S. 293.

39 Fricke , Geschichte der deutschen Dichtung, S. 290.

chen Darstellung an die Positionen der Volkelt-Walzelschen Richtung an. In _Herodes und Mariamne_ ständen Mann und Weib einander als "unversöhnbare Gewalten" gegenüber. Ihre tiefe Liebe treibe sie qualvoll auseinander. Zwei übermütig groß geartete unbedingte Seelen gingen an ihrem Stolz, ihrer Härte, ihrer maßlosen inneren Leidenschaft zugrunde. Das Entscheidende des Dramas liege in der "Psychologie", nicht in dem "gedanklichen Überbau der weltgeschichtlichen Entscheidung durch die Ablösung eines alten Zeitalters durch ein neues Zeitalter". Denn die Schlußszene, die auf das kommende Christentum hinweise, sei "äußerlich angefügt , nicht von innen heraus notwendig"[40]. Überhaupt habe Hebbel nicht Ideen, sondern Individuen gestaltet , deren Schicksal "ihre besondere, unwandelbare Seelenanlage" sei. Er habe den Menschen "zum tragischen Untergang verurteilt" gesehen , aus dessen Schmerzen ihn nichts befreien könne, auch wenn sich über seinem Ende "das Ganze des Weltschicksals als göttliche Ordnung" erneuere[41]. Auf die Ursachen und die Funktion des in Hebbels Drama dargestellten Vernichtungsprozesses ging Martini nicht ein.

Einen entsprechenden Hinweis sucht man auch in Karl Vietors Literaturgeschichte vergeblich. Vietor schrieb über _Herodes und Mariamne_, in diesem Stück solle alles "Einmalige des geschichtlichen Vorgangs" überwunden und "die Abhängigkeit des Menschen von den als Schicksal auftretenden Mächten des Absoluten" in der allgemeingültigsten Weise gezeigt werden[42]. Das Stück sei wie alle übrigen Dramen Hebbels eine Konkretisierung von Hebbels Theorie des Tragischen, der Vietor in seiner Literaturgeschichte eine relativ ausführliche Darstellung widmete. Darin hieß es u.a., daß Hebbel

---

40 _Deutsche Literaturgeschichte von den Anfängen bis zur Gegenwart_, Kröners Taschenbuchausgabe, Bd.199 (Stuttgart 1949) S. 371.

41 ebd., S. 369.

42 _Deutsches Dichten und Denken von der Aufklärung bis zum Realismus: Deutsche Literaturgeschichte von 1700 bis 1890_, Sammlung Göschen , Bd. 1096

nur die "metaphysische Schuld" kenne, die der ursprünglichen Unangemessenheit von "Idee und Entscheidung" entstamme. Das "Warum des tragischen Widerspruchs und die 'Schuld'-Frage" gehörten der "undurchdringlichen Nacht des Weltmysteriums" an. Dieser "metaphysische Pessimismus" werde durch geschichtsphilosophische Ideen, die ihren Ursprung in Hegels Geschichtsphilosophie hätten, überlagert. Danach sei der Untergang des Individuums notwendig für das Leben der Gesamtheit. Was im einzelnen Vorgang grausam erscheine, sei auf das Ganze gesehen notwendig und sinnvoll[43].

Ernst Alker kennzeichnete Herodes und Mariamne als das "tiefsinnige Drama sich selbst zerfleischender Liebe"[44]. Maßlos seien "diese Menschen des Übergangs". Eine "neue Zeit" ziehe herauf, die Mariamne, wenn auch untergehend, ankündige, und die der Despot im Blutrausch vergeblich bekämpfen wolle, "frevlerisch das Weltenschicksal herausfordernd"[45]. Hebbel verharre allerdings keineswegs bei der "Charakterologie des tragischen Helden beiderlei Geschlechts", sondern gestalte darüber hinaus "das Verhältnis des tragischen Menschen zum Urgrund der Schöpfung". Hebbel sei "nordischer Art" gemäß bestrebt gewesen, "durch den Wald der Geschichte zu Mythos und Religion durchzubrechen und im Sinne eines edlen, doch harten Konservativismus (...) den liberalistischen Individualismus zu überwinden"[46].

Franz Koch, der Berliner Ordinarius der NS-Zeit, betonte, daß alles Historische in Hebbels erstem historischen Drama "nur Nebenumstand" sei. Der Konflikt,

---

(Berlin, 3. Auflage 1958) S. 122.

43 ebd. , S. 120 f.

44 Geschichte der deutschen Literatur von Goethes Tod bis zur Gegenwart, Bd. I (Stuttgart 1949) S. 126.

45 ebd., S. 127.

46 ebd., S. 119.

den Hebbel darstelle, sei "überzeitlich, unabhängig von einer bestimmten geschichtlichen Lage", die nur die Begleitung für das Thema gebe, das Geschehen selbst nur untermale, im einzelnen auch begründe, aber doch nicht aus sich hervortreibe Letztlich gehe es um eine "metaphysische Gegebenheit, die tragische Spaltung von Welt und Leben in Wirklichkeit und Wesen"[47]. Im Anschluß an Ziegler schrieb Koch, für Herodes trete alles andere vor seiner Liebe zu Mariamne zurück, vor dem Anspruch dieser Liebe , eins und alles nicht nur zu bedeuten, sondern auch zu sein. Herodes wolle "die Unbedingtheit einer solchen Liebe" in "die bedingte Wirklichkeit" hineinzwingen, wodurch er gerade das verliere, was er suche und wolle. Mariamne dagegen möchte die Wirklichkeit ins Wesen ihrer Liebe emporheben und verliere dabei den Boden der Wirklichkeit unter ihren Füßen. Indem sie ihre Liebe mit keinem Hauch verrate, verstärke sie den äußeren Schein der Untreue und widerspreche so , dem Scheine nach, allem, was der König glauben solle[48]. Die beiden Partner seien so in ihre Standpunkte verbohrt, daß sie in der sechsten Szene des dritten Akts hoffnungslos aneinander vorbeiredeten, trotz aller Liebe und Sehnsucht einander nicht mehr erreichten, sich hier immer weiter voneinander entfernten, so daß der Dialog in Monologe zerfalle[49].

Die Absicht Hebbels, die individuelle Lage zum Symbol einer überindividuellen, geschichtlichen Wende zu machen , laufe dem eigentlichen Vorgang nur parallel, ohne sich damit zu verbinden. Dieser Absicht dienten die Artaxerxes-Episode sowie die Drei-Königs-Szene , ferner Bekenntnisse Mariamnes wie "Ich war ihm nur ein Ding und weiter nichts" und "Du hast in mir die

---

47 Idee und Wirklichkeit: Deutsche Dichtung zwischen Romantik und Naturalismus, Bd. II (Düsseldorf 1956) S. 49.

48 ebd. S. 50.

49 ebd.

Menschheit geschändet", diene endlich auch Soemus, wenn er , "in seinem Heiligsten gekränkt", wie Mariamne "zum Ding herabgesetzt", aufbegehre: "So groß ist keiner, daß er mich als Werkzeug gebrauchen darf." Solche Formeln berührten nur die ethische Seite des Konflikts, der im Wesen "metaphysisch" sei. Nicht zuletzt spiegele sich "diese wesentliche , dialektisch-metaphysische Artung" des dramatischen Geschehens auch in der Form und Technik des Dialogs, der mehr noch als sonst vom Beiseitesprechen Gebrauch mache und oft nur ein Scheindialog sei, durch den sich die Gestalten selbst deuteten, weil sie jene Verbundenheit nicht finden könnten, der die ethisch-dramatischen Konflikte erwüchsen[50].

In den Dissertationen von Rosemarie Berger[51] und Günther Hackenberg[52] wurden ähnliche Überlegungen vorgetragen. Anneliese Werner deutete das Nichtverstehen zwischen Herodes und Mariamne als "Ausdruck eines Konfliktes", der "als Problem ewig und als Erlebnis tragisch" sei, weil er in der "metaphysischen Geschiedenheit von Mann und Weib"wurzele[53]. Die Artaxerxes-Szene beleuchte die Kulturstufe , der Herodes verwandt sei. Es sei die Welt orientalisch heidnischer Anschauungen, nach der die Menschen nicht als Individualitäten gälten, sondern Sachwert hätten im Besitz des Despoten[54]. In Mariamne und Soemus hingegen erwache das "Personenbewußtsein" ; beide stürben für die Anerkennung desselben. Sie seien "Vorkämpfer" jener Zeit , die um den Eigenwert der Person wisse und die Achtung des Menschen als "Gottes Ebenbild" zur ethischen Forderung erhebe, jene Zeit , auf deren "Geburt

---

50 Idee und Wirklichkeit: Deutsche Dichtung zwischen Romantik und Naturalismus, Bd. II, S. 51 f.

51 Studien zur Ideen- und Motivwelt von Friedrich Hebbels Dramen (Innsbruck, Phil.Diss. 1949 [Masch.])

52 Die nihilistische Situation des Menschen in den Tragödien Hebbels (Bonn, Phil. Diss. 1952 [Masch.]).

53 Hebbels Verhältnis zur Geschichte in seinem Denken und Dichten (Bonn, Phil.Diss., 1952 [Masch.]) S. 97 f.

54 ebd., S. 100.

in Christo Jesu" der Pharisäer Sameas und die drei Könige aus dem Morgenland hinwiesen[55]. Das Schicksal des Einzelmenschen sei "tragisch seit dem Augenblick seiner Individuation"; das "Moment der Versöhnung" liege in der "ausgleichenden Gerechtigkeit der geschichtlichen Gesamtbewegung"[56].

Helmut Kreuzer, der die Unzulänglichkeit der "evolutionistischen" und "ethischen" Deutung betonte[57], ging es darum, die "paradoxe Struktur der Hebbelschen Tragödie" herauszuarbeiten[58]. Ausgerechnet durch seine verzweifelten Anstrengungen, den Besitz Mariamnes für sich zu behaupten und zu sichern, zerstöre Herodes die Ehe und vernichte die Geliebte und in ihr sich selbst. Diese furchtbare Verkehrung der Resultate seines Tuns in das Gegenteil von dem, was er bezwecke, sei "reinste Tragik im Hebbelschen Sinne und offenbare die Auslieferung des Menschen in der Welt an "eine Macht der tragisch-ironischen Verkehrung", der er aus eigener Macht nur mit Beihilfe des Zufalls zu entrinnen vermöchte[59]. Das Scheitern der Liebe beraube Mariamne jeder Möglichkeit der Lebensbejahung: nicht das Pathos der Freiheit, nicht die Vision der Zukunft ständen am Ende ihres Daseins, sondern "der Haß auf das Leben und das Ganze des Kosmos"[60]. Die Tragödie werde zu einem Zeugnis der Ohnmacht des Menschen[61]: "Die Welt ist nicht die Welt des Menschen, sondern 'Gottes Welt'. Der menschliche Anspruch ist nichtig in ihr, und er wird zur Sünde, wo er noch gegen Gott behauptet wird."[62] Kreuzer betonte, daß die Antwort auf die Fragen nach den "metaphysischen Gründen" und damit nach der "Sinnhaftigkeit oder Sinnlosigkeit der Existenz" letztlich offen bleibe: "Der Mensch muß sich damit abfinden, daß es nun einmal ist, wie es ist."[63]

---

55 Hebbels Verhältnis zur Geschichte in seinem Denken und Dichten, S. 110.
56 ebd., S. 113.
57 Die Tragödie Friedrich Hebbels: Versuch ihrer Deutung in Einzelanalysen (Tübingen, Phil.Diss. 1956 [Masch.]) S. 160 , 283.
58 ebd., S. 168.
59 ebd.
60 ebd., S. 283.
61 ebd., S. 158.
62 ebd., S. 306. 63 ebd., S. 20.

3.6.4.1.2 Die traditionalistische konservative Richtung

Daß die Figuren des Stücks außerstande seien, in ihren Handlungen "das richtige menschliche Maß" zu finden[1], wurde vergleichsweise selten bemängelt, und nur einmal wurde behauptet, daß Hebbels Eifersuchtstragödie versagt geblieben sei, was Shakespeare in seinem Othello-Desdemona-Drama gelungen sei: "seine Gestalten im starren historischen Gewand werden nicht Sinnbilder menschlicher Leidenschaft und leidender Opferbereitschaft."[2]

August Langen knüpfte im Rahmen seiner Geschichte der deutschen Literatursprache an die Ergebnisse der positivistischen Stilforschung der Wilhelminischen Ära an, wenn er hervorhob, daß Hebbels "beherrschender Sprachwille auf Stilisierung" gehe, daß es in Hebbels dramatischer Sprache aber auch eine nicht unbeträchtliche "realistische Schicht" gebe, die man "auf Rechnung von Hebbels ländlicher Herkunft, seines Autodidaktentums und wohl auch des offenbaren Mangels an sprachschöpferischer Ursprünglichkeit" setzen könne[3]. Im Widerspruch zur stilisierten Dramensprache ständen besonders in Herodes und Mariamne "die zahlreichen, oft platten und stilstörenden Wendungen aus der Umgangssprache", u.a. "Das beweist", "das heißt", "was mich betrifft"[4]. Satzbau und Gesamtstil seien durch die "grübelnde Reflexion" und den "dialektischen Gang der Gedankenentwicklung bestimmt"[5]. Die dialektische Sprache von Herodes und Mariamne bediene sich all der

---

1 "Herodes und Mariamne", Annener Zeitung, Witten-Annen, 1. 12. 1956.

2 Gerd Vielhaber, "Herodes und Mariamne", Westfalenpost, Hagen, 28. 9. 1956; wieder abgedruckt in Hamburger Abendblatt, Hamburg, 15. 10. 1956.

3 "Deutsche Sprachgeschichte vom Barock bis zur Gegenwart", Deutsche Philologie im Aufriß, hg. Wolfgang Stammler, Bd. 1 (Berlin, 2. Aufl. 1957) Sp. 1307.

4 ebd., Sp. 1307 f.

5 ebd., Sp. 1310.

Stilmittel, die der Durchordnung der Gedanken dienten. Außerordentlich häufig seien antithetische Fügungen. Dagegen fehlten auffallende Kühnheiten fast völlig[6]. Aber auch der knappe Satz werde als Stilmittel gebraucht[7].

Langen registrierte diese Stilmerkmale, ohne sie zu interpretieren. An die spezifisch geschichtlich-gesellschaftlichen Inhalte von Hebbels Dramatik führte seine Darstellung nicht heran.

---

6 Langen, "Deutsche Sprachgeschichte vom Barock bis zur Gegenwart", Deutsche Philologie im Aufriß, Bd. 1, Sp. 1310 f.

7 ebd., Sp. 1311.

3.6.4.1.3 Die geistesgeschichtliche Richtung

Das große und beherrschende Thema von Hebbels Drama war nach Ansicht von Hermann Schneider "das Neue und sein sieghaftes Vordringen"[1]. Der tragische Held renne gegen die "Mauer der Zeitwertung und Zeitvorurteile" an und gehe dabei zugrunde, aber er habe sich nicht umsonst geopfert. "Die Menschheit ist durch ihn ein Stück weitergekommen."[2] In der zweiten , mit Herodes und Mariamne einsetzenden Periode von Hebbels Wirken sei die Beziehung zur Hegelschen Weltschau, der "Glauben an den Dreischritt der Weltgeschichte" in These, Antithese und Synthese, mit Händen greifbar[3]. Im Gegensatz zu den früheren Produktionen beginne sich die Synthese hier gewissermaßen vor den Augen des Hörers und des Helden anzubahnen, wodurch jene "Überabsichtlichkeit" entstehe , die für Hebbel immer eine Gefahr sei. Schneider hat für diese Erscheinung, Hebbels "eigensten Tribut an die Epigonenzeit", eine soziologische Erklärung: der Dichter dieser Zeit lebe ständig in der Angst, "der" Hörer möchte den seelischen und psychologischen Feinheiten der Handlung nicht gewachsen sein[4]. Im übrigen sei "echt hebbelisch", wie in diesem Stück Menschen nebeneinander lebten, die füreinander bestimmt seien, aber vor lauter Wällen, die sie selbst errichtet hätten , nicht zueinander kämen[5].

Daß Hebbel in Herodes und Mariamne zweierlei habe demonstrieren wollen: "Den von These und Antithese zur Synthese strebenden Weltgeist", der es ihm seit seinen Hegel-Studien angetan habe, "konkret gesprochen die Ablösung der heidnisch-despotischen, alttestamentarischen Welt durch das sanfte Gesetz des Christen-

---

1 Geschichte der deutschen Dichtung, nach ihren Epochen dargestellt, Bd. II (Bonn 1950) S. 643.

2 ebd., S. 642.

3 ebd., S. 642, 645.

4 ebd. , S.645.

5 ebd.

tums", sowie das "'menschliche' Anliegen", nämlich "die Warnung vor dem Verbrechen, daß ein Mensch einen anderen, ihm in Liebe und Leidenschaft verfallenen Menschen zum Ding erniedrigt"[6], wurde von den Theaterkritikern folgender Tageszeitungen herausgestellt:

- "Hebbels 'Herodes und Mariamne'". Kölnische Rundschau, Köln, 8. 10. 1950
- "Die Tragödie des Mißtrauens / Herodes und Mariamne". Fuldaer Volkszeitung. Fulda, 3. 1. 1952
- "Herodes und Mariamne". Kieler Nachrichten. Kiel, 16. 3. 1953
- "Hebbel: Herodes und Mariamne". Rhön- und Streubote. Mellrichstadt, 17. 3. 1953
- "Herodes und Mariamne". Badische Zeitung, Freiburg, 30. 1. 1958
- "Die Repräsentation hatte das Hebbelsche Wort". Fränkische Presse. Bayreuth, 22. 9. 1958
- "Herodes und Mariamne". Rheiderland. Weener, 26. 3. 1959
- "Das Schicksal selbst ist hier Tragödie". Ostfriesischer Kurier. Norden, 11. 4. 1959

Den liberalen Vorstellungen breiter Schichten der literarisch interessierten westdeutschen Öffentlichkeit kam diese Auslegung des Hebbelschen Werkes offensichtlich in höherem Maße entgegen als die metaphysizierenden Konstruktionen der Hochschulgermanistik.

Friedrich Sengle war einer der wenigen Literarhistoriker, die Hebbels Drama historisch zu interpretieren versuchten, doch auch für ihn reduzierte sich die Geschichte im wesentlichen zur Geistesgeschichte. Sengle beachtete zu wenig die sozioökonomischen Voraussetzungen der geschichtlichen Vorgänge, mit denen er Hebbels Drama in Verbindung brachte. 1949 betonte er, daß Hebbel "das ungeheure Beben" empfunden habe, das eine Veränderung des "gesamten inneren und äußeren Zustands der Welt" angekündigt habe. Hebbel sei im Unterschied zu Herder und Hegel "nicht immer" davon überzeugt gewesen, daß die "geschichtliche Wandlung" eine "Auf-

---

6 "Münchner Theater-Bilderbogen", Schwäbische Landeszeitung, Augsburg, 16. 5. 1952.

wärtsentwicklung" sein werde, aber über "die Tatsache einer großen Weltenwende selbst" sei er nicht im Zweifel gewesen. "Sie ist stärker als alles Wünschen und Wollen des Einzelnen."[7] 1848 hätten die seit langem spürbaren Tendenzen zur "Revolutionierung der alten Gesellschaft" zu einem "großen Umsturz" geführt, und "gerade in dieser Zeit" habe Hebbel Herodes und Mariamne vollendet[8]. Sengle warf die Frage auf , ob diese Tragödie wirklich der "neuen Zeit" entsprochen habe oder ob sie nicht doch "eine historische Jambentragödie alten Stils" sei[9]. Daß Hebbel sich zu einer Kandidatur für das Frankfurter Parlament zur Verfügung gestellt hat, war für Sengle ein Beleg dafür, daß Hebbel "seiner revolutionären Auffassung von Welt und Gesellschaft" treu geblieben sei. Hebbels "Auffassung von der Kunst" sei allerdings strenger geworden. Für ihn habe es sich nicht einfach darum gehandelt, "das Alte zu bekämpfen, sondern ein Bild für den Übergang vom Alten zum Neuen zu finden"[10]. Die "freudige Gewißheit einer neuen Weltepoche" habe aber nur das Geschichtsdrama vermitteln können[11].

In seiner 1952 veröffentlichten Habilitationsschrift wandte sich Sengle ausdrücklich gegen die Versuche Dosenheimers und Zieglers, das "Zentrum des Stücks" dem Historischen zu entrücken[12]. In diesem Drama seien die Geschichtsinhalte durchaus symbolisch verwendet, was aber nicht bedeute, daß Hebbel "die allgemeinere Problematik des Am-Ende-Stehens, des Übergangs", welche nur durch den "entwicklungsgeschichtlichen Ausblick" gelöst werden könne, fremd sei. "Wer beweist, daß der Dichter in der zerfallenden jüdischen Welt nicht die Probleme der eigenen Zeit wiederfand, ja daß sogar eine tatsächliche Verwandtschaft zwischen der

---

7 Friedrich Hebbel, Herodes und Mariamne, Eine Tragödie, hg. Friedrich Sengle, Metzlers Schulausgaben (Stuttgart 1949) S. 4.

8 ebd., S. 6.

9 ebd.

10 ebd., S. 7.

11 ebd.

12 Das deutsche Geschichtsdrame: Geschichte eines lite-

voraugustischen und der eigenen Zeit bestand?"[13] Sengle verwies auf das "Fraglichwerden aller Tradition und Bindung" im 19. Jahrhundert, das durch den "maßlosen, sich selbst verzehrenden Individualismus der Machthaber und der Massen" gekennzeichnet sei[14], eine Feststellung, die erkennen ließ, wie undifferenziert Sengles sozialgeschichtliches Urteil war. Herodes und Mariamne könne man nicht bloß aus der Problematik der Hauptthelden verstehen. Gewiß redeten sie aneinander vorbei, könnten sie Schein und Wesen nicht unterscheiden, vernichtete und verlören sich. "Aber andere Könige sind schon unterwegs zu dem neuen Stern, in dessen Licht wieder alles in Ordnung zurückkehrt und sich vereinigt."[15] Diese Könige behielten Recht. Herodes sei hoffnungslos ins Nichts gefallen, weil er mit den Menschen, die um ihn lebten und die er zerstörerisch zum "Ding" erniedrigt habe, auch sich selbst vernichte. In Herodes und Mariamne, vor und während der ersten Zeit der Revolution entstanden, überwiege im Gesamteindruck die "Hoffnung auf das Neue"[16].

Sengle betonte, daß die Geschichtsphilosophie Hegels bzw. der Junghegelianer den jungen Dichter, der hart am Rande des "Nihilismus" vorbei gegangen sei, davon überzeugt habe, daß die Geschichte über die Vernichtung hinweg immer wieder zu "neuen sinnvollen Welten" weiterschreite, daß man in die Vergangenheit schaue, um an die Zukunft glauben zu können. Hebbel habe seine Zeit als "tragischen Übergang" begriffen[17]. Zur Symbolisierung des gegenwärtigen und zukünftigen Zustands habe Hebbel zu einem Stoff aus der Vergangenheit greifen müssen; dort könne er nicht nur den einen, sondern auch den zweiten Weltzustand, der aus der Überwindung des ersten hervorgehe, in seiner vollen Inhaltlichkeit und Gegenständlichkeit darstellen[18].

rarischen Mythos (Stuttgart 1952) S. 166.

13 ebd., S. 167.
14 ebd.
15 ebd.
16 ebd.
17 ebd., S. 160.
18 ebd., S. 162.

Sengles "very sound aestetic judgment"[19] hat ihn davor bewahrt , den Denker und den Künstler Hebbel voneinander zu trennen und Hebbels Drama als ein zeitloses Gebilde zu betrachten. Herodes und Mariamne war für ihn vielmehr die künstlerische Widerspiegelung der geschichtlichen Situation von 1847/48, einer Periode politisch-gesellschaftlichen Umbruchs, deren sozioökonomischen Triebkräfte und Klassenkämpfe er allerdings viel zu wenig berücksichtigte. Seine Interpretation von Hebbels Drama entsprach einem im wesentlichen geistesgeschichtlich orientierten Verständnis der revolutionären Ereignisse.

Paul Fechter hielt wie in seinen früheren Veröffentlichungen an einer geistesgeschichtlichen Auslegung von Hebbels Drama fest, deutete aber auch auf sozialgeschichtliche Implikationen von Hebbels Dramatik hin. In Herodes und Mariamne sei der Moment dargestellt, da die Entwicklung der Welt wieder zu einem "neuen Riesenschritt auf ihrem Weg zur Freiheit" aushole , Altes zerfalle und aus den "seelischen Trümmern" ein Neues aufzusteigen beginne. Der Mann, der noch habe Uhr sein müssen , sei der Gegenspieler Mariamnes, die es nicht mehr ertrage, unter das Schwert gestellt zu werden[20]. Die alte , besitzenwollende Form der Liebe in Herodes stehe der neu heraufsteigenden des freien, sich selbst besitzenden und verschenkenden Menschen in Mariamne gegenüber."Der letzte Orientale ficht den Kampf mit der ersten Christin, allerdings schon einer sehr modernen Christin, aus."[21] Dabei erweise sich das neue Gefühl bereits als das stärkere[22], wie überhaupt die Frauen in Hebbels Dramen die Aufgabe hätten , das "männliche Prinzip", jeder Form des Übermenschen-

---

19 F.W. Kaufmann (Rez.), The Germanic Review 28 (1953) 208.

20 Das europäische Drama, Bd. 1 (Mannheim 1956) S. 360.

21 ebd., S. 361.

22 ebd., S. 362.

tums zum Trotz, aus den Angeln zu heben[23]. Das Weib des Herodes sei die erste Frau, die sich dagegen auflehne, als Sache behandelt zu werden, die, obgleich ein Weib, ein Mensch sein und als Mensch die eigene Freiheit der Entscheidung und des Gebens haben wolle. Jenseits aller geschichtsphilosophischen Betrachtung von Hegel her und jenseits aller orientalischen Einkleidung enthülle sich hier ein Problem der bürgerlichen Welt: das Problem des Verhältnisses zwischen "Besitz und Freiheit", zwischen "Nehmen und Sichgeben"[24].

Diese Problematik wurde allerdings nicht näher untersucht, Fechter begnügte sich vielmehr mit der Feststellung, daß Hebbel den Boden für die Zerstörung der inneren Selbstsicherheit der bürgerlichen Welt bereitet habe, jene Zerstörung, die dann Ibsens Aufgabe geworden sei[25].

3.6.4.1.4 Die christlich-soziale Richtung

Seit dem Beginn der Rekonstruktionsphase trat die für die erste Nachkriegszeit charakteristische Aufwertung christlich-humanistischer Denktraditionen merklich zurück. Die Arbeiten von Kahle und Schmidtke, die, 1949 bzw. 1951 im rheinisch-westfälischen Raum entstanden, diesen Traditionen verbunden waren, blieben ohne erkennbaren Einfluß.

Wilhelm Kahle, der davon ausging, daß unsere Zeit

---

23 Fechter, Das europäische Drama, Bd. 1, S. 357.

24 ebd., S. 363.

25 ebd.

"auf dem Weg zum Absoluten" sei[1], hielt Herodes und Mariamne für mehr als eine Ehetragödie: "ein Zeitalter stirbt hier, mit seiner Gier und Lebensangst"[2]. Mit dem Christentum komme eine neue Zeit. Sie werde das Recht eines jeden Menschen auf seine Würde, das Recht der Frau, in der Ehe auch die Freiheit des Menschentums zu bewahren, heiligen[3].

Margarete Schmidtke schrieb, Herodes und Mariamne lasse die "seelenzerstörenden Wirkungen" erleben, die durch die "Verletzung der Menschenwürde" ausgelöst würden[4]. Die "Entwürdigung des Menschen in der Frau" werde die Schuld des Herodes[5]. Seine Gestalt trete uns im Drama entgegen vor dem Hintergrund einer entmenschten Zeit, deren Spiegelbild er werde[6]. Das Erscheinen der drei Könige aus dem Morgenland habe "symbolische Bedeutung": "als Herodes seine Unmenschlichkeit zum Äußersten treibt, geht der Stern des Jesuskindes auf, wird die Religion geboren, die den unersetzlichen Wert der Menschenseele lehrt."[7]

Für die Gegenwart sei Hebbels Tragödie insofern bedeutungsvoll, als sie erkennen lasse, daß jeder, der das geliebte Wesen nur besitzen und beherrschen wolle, "auch Gott bezwingen wolle"[8]. Die Liebe des Herodes führe zu "Asozialität und heidnischer Dämonie", die "echte Liebesbeziehung" hingegen setze "gegenseitige Hilfe" voraus, die dem jeweils Schwächeren durch den an-

---

1 Geschichte der deutschen Dichtung (Münster 1949, [2]1954, [3]1958, [4]1964) S. 333 f. - Zitate nach der vierten Auflage.

2 ebd., S. 335.

3 ebd.

4 Friedrich Hebbel als Dichter der Menschlichkeit, Berckers Kleine Volksbibliothek (Kevelaer 1951) S. 7.

5 ebd.

6 ebd., S. 8.

7 ebd., S. 13.

8 ebd., S. 14.

deren zuteil werde[9]. "Krieg und Nach-Krieg" hätten gezeigt , wohin die "Nichtverwirklichung des Christentums" führe; sie könne zum "Untergang der Menschheit" führen. So sei die Verwirklichung des Christentums nicht allein eine Forderung der Menschlichkeit, sie sei eine Existenzfrage der Menschheit geworden[10]. Schmidtke begriff Hebbel als einen "Gewissensmahner", einen "Wegweiser zur Menschlichkeit", die sich "ebenso in Liebe und Ehe wie in der sozialen Einstellung und in der Haltung" zeige , die der Mensch dem "Überirdischen", "seinem Gott gegenüber" einnehme[11]. Auf die Frage nach den konkreten Bedingungen für die Verwirklichung einer menschenwürdigen Gesellschaft ging Schmidtke allerdings nicht ein.

9 Schmidte, Friedrich Hebbel als Dichter der Menschlichkeit, S. 14.

10 ebd. , S. 15.

11 ebd. ,S. 32.

3.6.4.1.5 Die progressive Richtung

Die Leistungen der progressiven Richtung der bürgerlichen Hebbelkritik vor 1945 blieben in der Rekonstruktionsphase vergessen. Zwar wurde eine Auswahl aus den Schriften Alfred Kerrs, die auch seine Kritik von Herodes und Mariamne enthielt, veröffentlicht[1], aber sie blieb unbeachtet. Die westdeutsche progressive Hebbelkritik war somit genötigt, einen neuen Anfang zu machen.

Kurt May setzte der metaphysizierenden Deutung Zieglers eine gesinnungsethische Auslegung des Stücks entgegen. Er vertrat die Auffassung , daß die durch Ziegler vorgenommene "Abtragung des universalgeschichtlichen Zusammenhangs" nicht mehr rückgängig gemacht werden könne[2]. Denn Mariamne könne im Hinblick auf den "christlichen Seelengedanken" nicht verstanden werden, ihr Tun vollende sich vielmehr gerade umgekehrt in schneidendstem Kontrast zu jeder christlichen Liebesethik, und der "Stimmungsausdruck" der heiligen drei Könige, der aus einer neuen Tiefe mit einer neuen Intensität hervorbrechen müßte, bleibe "überaus schwächlich"[3]. May hob andererseits kritisch hervor , daß Ziegler "ein dichtgewebtes, schief gespanntes Gespinst von metaphysizierenden Spekulationen 'aus dem Geist unserer Zeit' über Wesen und Wirklichkeit" ausgebreitet habe "über ein einmaliges Geschehen", in dem gar nichts die Unerfüllbarkeit der Vereinigung von Wert und Wirklichkeit überhaupt, sondern ausschließlich die Unerfüllbarkeit der Liebe im Falle der Nichtbeachtung ihres Wesens und seiner gewaltsamen Verletzung vergegenwärtigt werde[4].

---

1 Die Welt im Drama , hg. Gerhard F. Hering (Köln 1954) S. 412-417.

2 "Hebbels 'Herodes und Mariamne'", HJb 1949/50, 52. - Der Aufsatz ist im wesentlichen unverändert wieder abgedruckt in dem Buch Form und Bedeutung: Interpretationen deutscher Dichtung des 18. und 19. Jahrhunderts (Stuttgart 1957) S. 299-311.

3 HJb 1949/50, 52 f.

4 ebd., 55.

Die Liebe von Herodes und Mariamne scheitere nicht allein am Verhalten des Königs, der sich an Mariamnes Selbst vergreife , sondern auch am Verhalten der Königin, die sich in ihrer Rachsucht "im Frevel an der Liebe" weit über den Mann hinaus steigere[5]. Dieser dramatische Vorgang impliziere keineswegs "eine absolut negative Lebensansicht"."Wie sollte überhaupt die Reinheit und Macht einer Idee widerlegt werden durch ihre Schändung , ein Wesen dadurch herabgezogen werden, daß es mißbraucht wird, die Gültigkeit eines Lebenssinnes gemindert, dadurch daß er mißverstanden wird, das Heiligste entthront, indem die Menschen vor ihm versagen?"[6] Von einem "Relativismus der geistigen Werte" sei Hebbels Drama weit entfernt[7] , es bezeuge vielmehr "einen skeptisch-pessimistisch gebrochenen Idealismus": Idee und Wirklichkeit seien im tragisch paradoxen Verhältnis der Unvereinbarkeit zueinander dargestellt, jedoch so, daß "der Sinngehalt und die Verbindlichkeit des Sollens" für den Menschen unangetastet blieben[8].

Neben May war unter den Hochschulgermanisten Heinz Otto Burger lange Zeit der einzige, der sich ähnlich über Hebbels Drama äußerte. Burger kennzeichnete _Herodes und Mariamne_ als "ein Werk ohne Liebe, aber voll Unbedingtheit und Leidenschaft für die Menschenwürde"; das Stück sei auch "ohne Sinnenhaftigkeit, aber von wuchtiger Architektonik, von einer, man möchte sagen , mathematischen Schönheit"[9]. Hebbels Tragik gründe dort, wo der Mensch das menschliche Du zum Ding mache. Die "menschliche Würde" zu verletzen, sei für Hebbel der "höchste Frevel". Herodes habe gegen Mariamnes "Recht der Persönlichkeit" gefrevelt, indem er über ihr Leben verfügt habe, statt ihr die freie Entscheidung zu las-

5 May, _HJb_ 1949/50, 57.

6 ebd., 58.

7 ebd.

8 ebd., 59.

9 "Der Realismus des neunzehnten Jahrhunderts" , _Annalen der deutschen Literatur: Geschichte der deutschen Literatur von den Anfängen bis zur Gegenwart_ (Stuttgart 1952) S. 659.

sen. Aber ihr und sein Untergang wären nicht nötig, der tragische Ablauf nicht möglich, wenn Mariamne nicht "wie eingekerkert" wäre in ihr Selbstbewußtsein und Ehrgefühl. Die Schuld sei auch auf ihrer Seite. Mariamne liebe angeblich den König, aber das erfahre man nur aus Monologen. Niemals erkläre sich einer dem anderen, und Mariamne könne nicht verzeihen. Sicher sei dieser Charakter nicht bloß erdacht, um darauf eine tragische Handlung aufzubauen. Hebbel habe solche Menschen für möglich gehalten , weil er selbst solch ein Mensch, beherrscht von Ehrgefühl und Persönlichkeitsbewußtsein, gewesen sei[10].

In Hebbels Drama dürfe der "geschichtsmetaphysische Rahmen" nicht fehlen. Ohne weiteren Kommentar schrieb Burger, Mariamnes Untergang sei notwendig, damit die Entwicklung der Menschheit weiterschreite und sich zum Christentum erhebe[11].

May und Burger formulierten als Literarhistoriker, was so oder ähnlich von einer Vielzahl westdeutscher Theaterkritiker zum Ausdruck gebracht wurde. Hebbels Stück wurde weithin als ein "Protest gegen die Despotie" aufgefaßt, stelle es doch "die Empörung des sein Lebensrecht fordernden Individuums gegen die schrankenlose Willkür des Tyrannen und Diktators"[12]. Hebbels Drama sei von der Idee durchzogen, "daß ein Mensch nicht zu einem Gegenstand herabgewürdigt werden darf"[13]. Die "Erlebnisse unserer Generation" seien wie keine zuvor dazu angetan, den Zugang zu der Tragödie zu öffnen:"die unantastbare Freiheit des Individuums ist und bleibt die wesentliche Idee, der

---

10 Burger, "Der Realismus des neunzehnten Jahrhunderts", Annalen der deutschen Literatur: Geschichte der deutschen Literatur von den Anfängen bis zur Gegenwart, S. 658.

11 ebd.

12 "Protest gegen die Despotie" , Hellweger Anzeiger, Unna, 13. 10. 1956, und Wanne-Eickeler Zeitung , Wanne-Eickel, 27. 9. 1956.

13 "Herodes und Mariamne", Oberfränkische Volkszeitung, Hof/Saale, 11. 9. 1958.

sich Hebbel in weitem Bogen über die Tragödie der unbedingten Liebe und über das Drama der Zeitenwende nähert."[14] Herodes und Mariamne bewege noch immer das Publikum , weil es in dem Stück um "das Bildnis des Menschen , um Würde und Unverletzbarkeit seiner Substanz" gehe[15]. Hier eine Zusammenstellung weiterer Belegstellen für diese Auslegung von Hebbels Drama in der westdeutschen Theaterkritik:

- "Herodes und Mariamne". Freie Presse. Bielefeld, 2. 3. 1950
- "Herodes und Mariamne". Rheinische Zeitung. Köln, 9. 10. 1950
- "Die verletzte Menschenwürde". Flensburger Tageblatt, Flensburg, 13. 9. 1950
- "Herodes und Mariamne". Allgemeine Zeitung. Mainz, 10. 5. 1951
- "Hebbel - aus Hebbel'schem Geiste". Wetzlarer Neue Zeitung. Wetzlar , 19. 12. 1951
- "Die Tragödie der Liebe und des Mißtrauens". Fuldaer Volkszeitung. Fulda, 9. 1. 1952
- "Eifersucht - das größte Scheusal". Die Abendzeitung. München, 8. 5. 1952
- "Herodes und Mariamne von Friedrich Hebbel". Münchner Merkur. München, 8. 5. 1952.
- "Erich Pfeiffer-Belli. "Kortner spielt den Herodes". Der Mittag. Düsseldorf, 12. 5. 1952
- W. Girus. "Maßlosigkeit als Schuld und Schicksal". Generalanzeiger Ludwigshafen. Ludwigshafen, 23. 11. 1953
- "Hebbelinszenierung in Mannheim". Offenburger Tagblatt. Offenburg, 2. 12. 1953
- "Hebbels 'Herodes und Mariamne' in Bochum". Westfälische Rundschau. Dortmund, 27. 9. 1956
- "Historie als aktuelles Theater". Düsseldorfer Nachrichten. Düsseldorf , 29. 9. 1956
- "Molière, Shakespeare , Hebbel". Ruhr-Nachrichten. Dortmund, 28. 9. 1956
- Kurt Dörnemann. "Breiter Hebbel - schmaler Shakespeare". Der Mittag. Düsseldorf, 28. 9. 1956

---

14 "Hebbels 'Herodes und Mariamne'", Die neue Zeitung. Frankfurt, 8. 5. 1952.

15 "Immer noch bewegt uns Friedrich Hebbel", Hannoversche Allgemeine Zeitung. Hannover, 15. 2. 1957.

- "Die Dämonie der Eifersucht". Westfalen-Post. Hagen, 25. 10. 1956
- "'Herodes und Mariamne' in Hannover". Osteroder Kreisanzeiger. Osterode , 22. 2. 1957
- "Herodes und Mariamne". Südwest-Rundschau. Freiburg, 30. 1. 1958
- "Grenzen menschlicher Verfügungsgewalt". Lippische Landeszeitung. Detmold, 7. 2. 1958
- "... und erst im Tod mich sehen , wie ich bin". Der Neue Tag. Weiden, 16. 9. 1958
- "Im Banne von 'Herodes und Mariamne'". Wilhelmshavener Zeitung. Wilhelmshaven, 11. 3. 1959
- "Herodes und Mariamne". Jeversches Wochenblatt. Jever, 1. 4. 1959

Die meisten der für die Tagespresse schreibenden Kritiker lasen aus Hebbels Drama offensichtlich das heraus , was in der Phase des Kalten Krieges allgemein als die wichtigste Aufgabe der westdeutschen Gesellschaft bezeichnet wurde: die Verteidigung ihrer "Freiheit" vor dem Zugriff "totalitärer" Gewalten. Auf den "welthistorischen Gegensatz zwischen Ost und West" ging allerdings nur ein Kritiker ausdrücklich ein , der "das Zentralproblem dieses Dramas" als "das Problem unserer Tage" bezeichnete: "Ein Tyrann behandelt den Menschen als Ding, und die in Mariamne und Soemus 'geschändete Menschheit' erhebt sich mit tragischer Würde gegen die Willkür der Macht."[16]

Die ideologischen Fronten des Kalten Krieges waren auch in der Interpretation Emil Ermatingers klar erkennbar[17]. Ermatinger stellte 1949 in seinen Ausführungen über Herodes und Mariamne "Freiheit" gegen "Unfreiheit", "Christentum" gegen "orientalische Gewaltherrschaft"[18].

16 "Elementarer Hebbel", Rheinische Post. Düsseldorf, 18. 10. 1950.

17 Deutsche Dichter 1700 - 1900: Eine Geistesgeschichte in Lebensbildern, Bd. II (Bonn 1949) S. 364.

18 ebd. - Diese Grundgedanken sind auch in der im übrigen stark gekürzten 2. Auflage von Ermatingers Buch beibehalten; cf. Deutsche Dichter 1750 - 1900: Eine Geistesgeschichte in Lebensbildern, überarbeitet von Jörn Göres (Frankfurt 1961) S. 660.

Wesentlich differenzierter war die Interpretation des Stücks durch Wolfgang Liepe. Dieser bezeichnete das "Recht der Person auf sittliche Achtung" als ein "frühes Grunderlebnis" Hebbels, als das "Keimerlebnis seiner Tragödiendichtung". Denn das zentrale Problem der Tragödie Hebbels sei ein sittliches: es sei "die Versündigung an dem Heiligkeitsrecht der Person schlechthin"[19]. Liepe , der diese Deutung von Hebbels Drama vom Hebbelverständnis Zieglers betont absetzte[20], schrieb über <u>Herodes</u> <u>und</u> <u>Mariamne</u>, daß Herodes die Liebe nur als die Leidenschaft des Besitzes kenne. Jene selbstüberwindende Liebe, die in der Person des Geliebten Gottes Ebenbild achte, sei ihm verschlossen. Mariamne dagegen stelle die Liebesbeziehungen zwischen Mann und Weib in das "übergreifende Erlebnis der humanitas, das der sittlichen Achtung vor dem Menschenbild schlechthin"[21]. Herodes tue alles, um seinen Frevel an Mariamne in das Licht einer ausweglosen Notwendigkeit zu stellen, aber auch in ihm sei die Stimme des Gewissens wach. Er stehe der eigenen Leidenschaft wie einem fremden Dämon gegenüber, wisse um die "innere Freiheit" der sittlichen Person, aber flüchte, um den eigenen Frevel zu entschuldigen , in den Glauben an den Zwang der äußeren Umstände, des "tück'schen Schicksals"[22]. Dabei sei ihm die freie Entscheidung durchaus gegeben. Daß Herodes den Augenblick freier Entscheidung nicht erkenne und wahrnehme, das mache sein Schicksal aus, nicht der "Zwang von Zeitzustand und Umwelt", die die individuelle Menschenachtung noch nicht kennten. Hebbel habe allerdings geglaubt, die Haltung des Herodes auch aus seiner Zeitgebundenheit heraus motivieren zu sollen. Aber diese geschichtliche Motivierung

---

19 "Zum Problem der Schuld bei Hebbel", <u>HJb</u> 1958, 13 ; ähnliche Formulierungen finden sich in Liepes Aufsatz "Friedrich Hebbel, Weltbild und Dichtung", <u>HJb</u> 1960 , 14 , 23.

20 <u>HJb</u> 1958, 9.

21 ebd., 28 f.

22 ebd., 29.

bleibe doch nur "unwesentliches Beiwerk" in der dramatischen Diskussion des eigentlich ethischen Problems[23]. In Herodes und Mariamne erlebten wir keineswegs "ein besonderes Zeitproblem", so sehr der Dichter auch episodisch darauf anspiele, sondern "die zu allen Zeiten mögliche Tragödie der Nichtachtung einzelmenschlicher Würde"[24]. So gesehen bedeute der das Drama abschließende Hinweis auf den Anbruch des Christentums mehr als den geschichtlich gesehenen Spannungsausgleich zweier Zeitalter, er bedeute vielmehr "die symbolische Erhöhung eines überzeitlichen sittlichen Maßstabes" , unter den das Versagen des Helden gestellt werde. "Dem tragischen Negativ der trotzigen Ichverkrampfung des Herodes und der Weltverzweiflung Mariamnes stellt der Dichter mit der Eröffnung des christlichen Horizonts ein ethisches Positiv entgegen, das zugleich tragisches Gewicht und positive ethische Weisung bedeutet."[25]

Auf Grund solcher Überlegungen faßte Liepe sein Verständnis des Hebbelschen Werkes so zusammen, daß nicht die "Gebrechlichkeit der Weltordnung", wie seine tragischen Gestalten sie "schuldflüchtig" behaupteten , sondern die "Gebrechlichkeit des Menschen", der um seine Aufgabe wisse, aber an ihr versage, dargestellt werde[26]. Hebbels Drama halte demnach an der "Idee des Daseins als sittlicher Aufgabe" fest[27], bezeuge aber gleichzeitig die Unmöglichkeit, dieser sittlichen Aufgabe gerecht zu werden. Zur Erklärung für diese unverkennbar resignative Grundstimmung von Hebbels Drama wies Liepe, so entschieden er sonst den "zeitlosen" Charakter der Hebbelschen Produktionen betonte, auf die durchaus geschichtlich-gesellschaftlich bedingten individuellen Erfahrungen Hebbels hin. Der "Druck der Verhältnisse", unter dem Hebbel gelitten habe, war demnach nicht nur für sein "Gefühl der personellen Be-

---

23 HJb 1958 , 29 f.

24 ebd. , 30 f.

25 ebd., 31.

26 ebd. ,19.

27 ebd., 32.

drohung" und den "rücksichtslosen Behauptungswillen gegen seine Umwelt" verantwortlich , sondern hatte auch in seinem literarischen Werk Spuren hinterlassen[28]. Liepe lag es jedoch fern , diesen Spuren nachzugehen , was allerdings eine genauere Überprüfung des Zusammenhangs von Hebbels Drama und der gesellschaftlichen Realität seiner Entstehungszeit erforderlich gemacht hätte. Liepe bekannte sich zur Freiheit der Person und zur Achtung der Menschenwürde , eine Haltung, die in der westdeutschen Gesellschaft risikolos war , solange die sozioökonomischen Voraussetzungen für die Verwirklichung dieser elementaren demokratischen Forderungen nicht überprüft wurden.

In mehreren Theaterkritiken wurde, vor allem im Anschluß an die Kortner-Inszenierung in München, der an Strindbergs Figurenentwürfe erinnernde monomanische Zug im Charakter der Hebbelschen Figuren hervorgehoben. Karl Schumann, ein Kritiker der <u>Münchener Abendzeitung</u>, urteilte am 7. 5. 1952: "'Herodes und Mariamne', Königspaar aus Neurologien, psychologische Fälle, nicht Ideenträger". Ähnliche Urteile enthielten folgende Kritiken:

- "In den Kammerspielen: 'Herodes und Mariamne'". <u>Süddeutsche Zeitung</u>, München, 8. 5. 1952
- Willy H. Thiem. "Kortner gestaltet die Tragödie der Eifersucht, das Drama des Mißtrauens." <u>Abendpost</u>. Frankfurt, 10. 5. 1952
- "Jubilar Fritz Kortner inszeniert Hebbel". <u>Weser-Kurier</u>. Bremen, 10. 5. 1952
- Juliane Reck-Malleczewen. "'Herodes und Mariamne' als Kortner-Inszenierung". <u>Neue Ruhr-Zeitung</u>. Essen , 10. 5. 1952; derselbe Text unter dem Titel "'Herodes und Mariamne' unter Kortner". <u>Westdeutsche Neue Presse</u>. Köln, 13. 5. 1952

In einer Kritik der in Hannover erscheinenden <u>Norddeutschen Zeitung</u> hieß es, in <u>Herodes und Mariamne</u> werde vieles vorweggenommen , was später von Ibsen bis Schnitzler Sensationen gemacht habe und Mode geworden sei: "Feinste Seelenverästelungen werden bloßgelegt, an

---

28 <u>HJb</u> 1958, 11.

deren Tiefe bis dahin noch kein Dichter gerührt hatte."[29] Aber seltsamerweise bleibe unser Gefühl dieser "Liebesraserei" und diesen "Eifersuchtsausbrüchen" gegenüber kühl. Es spüre das "Zuviel" in der Charakterzeichnung, und "das Uebermaß der Leidenschaften" lasse uns nicht mitgehen , sondern stoße uns zurück"[30]

In einer Kritik der Neuen Züricher Zeitung wurde ausgeführt, wie in allen seinen Dramen bemühe sich Hebbel auch in Herodes und Mariamne, "die Frau als die höhere, durch ihre Herzensgröße die Männer beschämende Natur in Erscheinung treten zu lassen"[31]. Wie immer mache er es dem Zuhörer nicht leicht, in dieser "großkonzipierten Jambentragödie vom Halbbarbaren und seiner sittlich höher stehenden Gattin" rückhaltlos zu den Forderungen des weiblichen Teiles zu stehen[32]. "Die tragische Schuld des mit blutigen Händen vor uns stehenden Mannes steht außer Zweifel. Aber er ist nicht bloß der Skeptiker, der mißtrauische Despot. Er vertritt in seiner verzehrenden Liebe zu Mariamne die große Sehnsucht nach einer alle Grenzen sprengenden Gemeinsamkeit."[33] Diesem "großen männlichen Gefühl", diesem "brennenden Wollen" bringe Mariamne nichts Gleichartiges entgegen. Sie wolle vor allem ihr Menschentum anerkannt und gesichert wissen und stelle als Frau eine ideale Forderung auf , die der von Herodes geforderten hemmungslosen Hingabe in der Gemeinsamkeit der Liebe starr entgegengesetzt sei[34].

---

29 "Ein Abend voller Kühle", Norddeutsche Zeitung , Hannover, 15. 2. 1957.

30 ebd. - Ähnlich war der Tenor der Kritik von Karl Kuehne , "Hebbel auf großer Bühne / Hannover: Erstarrte 'Herodes und Mariamne'", Der Mittag, Düsseldorf, 19. 2. 1957 ; derselbe Text in "'Herodes und Mariamne' : Hebbel auf Hannovers Opernbühne", Neue Deister Zeitung, Springe , 18. 2. 1957.

31 "Hebbel: 'Herodes und Mariamne'", Neue Züricher Zeitung, Zürich, 25. 3. 1952.

32 ebd.

33 ebd.

34 ebd.

Hans Hellmut Kirst kritisierte bei aller Anerkennung der "Sprachschönheit" des Stücks die "präzise Uhrwerk-Dramatik" , den "ständigen vertraulichen Tratsch mit dem Publikum, dieses berechnete Verschweigen , Intrigieren, Enthüllen und Gestehen, dieses beharrliche Ausspielen eines deus ex machina"[35]. W. M. Guggenheimer schrieb, wenn Mariamne die Todesdrohung ihres Mannes als Schändung des Menschengeschlechtes abwehre , so streife sie das Lächerliche, nicht weil ihre Argumentation lächerlich wäre, sondern weil sie wortlos von uns angestellt werden müsse und nicht wortreich auf der Bühne[36].

Der erste größere Versuch einer diese Einzelbeobachtungen systematisierenden kritischen Auseinandersetzung wurde erst 1958 veröffentlicht. Rainer Gruenter , der sich mit Hebbels Ludovico-Aufsatz auseinandersetzte , dem "getarnten 'Vorwort' des Dichters zu Herodes und Mariamne"[37], und dessen Kernbegriffe erläuterte, betonte , daß Hebbel wahrscheinlich beeinflußt durch Rötscher, im tragischen Kampf Mariamnes um die Anerkennung der Menschenwürde den "geschichtsdialektischen" Prozeß gesehen habe, in dem das kommende Zeitalter einer neuen "Innerlichkeit" unter Schmerzen und Opfern siege. Dieses "geschichtsphilosophische Schema" habe den "Aufmarsch der Nebenfiguren" erforderlich gemacht, die die "geschichtsphilosophische Fracht" des Stückes verwalteten und auf eine "unbefangene Nachwelt" wie "Personalallegorien" für die Dialektik des geschichtlichen Prozesses wirkten: Sameas als Vertreter der überlebten mosaischen Gesetzeshärte , Artaxerxes, der die unhaltbare heidnische Geringschätzung des Menschenwertes demonstrieren solle , Soemus als Parallelfigur zu Mariamne, die die "neuen"

35 "Königlicher Kortner / 'Herodes und Mariamne' in den Münchener Kammerspielen", Echo der Woche , München, 10. 5. 1952.

36 "Der Stil fegte den Text weg. Problematische Hebbel-Aufführung in Bochum", Neue Rhein-Zeitung, Düsseldorf, 27. 9. 1956.

37 "Hebbel. 'Herodes und Mariamne'", Das Deutsche Drama vom Barock bis zur Gegenwart, hg. Benno von Wiese, Bd. II (Düsseldorf 1958) S. 125.

Gesinnungen durchsetze , schließlich die heiligen drei Könige , die eine neue Geschichtsära verkündeten[38].

Gruenter kam am Schluß seiner Studie zu dem Ergebnis, daß die Vermittlung des "Welthistorischen Moments" in Hebbels Drama mißlungen , daß sie "graue Theorie" geworden sei[39]. Dieses Ergebnis leitete er aus einer Untersuchung der eigentümlichen Wirkungsabsicht von Hebbels Drama ab. Der dramatische Vorgang sei so angelegt, daß er auf den Zuschauer oder Leser zwingend "notwendig" wirke, daß Zuschauer oder Leser dem "Vernichtungsprozeß" der dramatischen Figuren , mit dem der dialektische Geschichtsprozeß verschmolzen sei , nicht allein mit Furcht und Mitleid beiwohnen sollten, sondern daß sie ihn bejahen, ja, daß sie sich zu ihm "bekennen" sollten[40]. In der Tat könne man nicht umhin, dem Dichter "peinlichste Folgerichtigkeit in der Entwicklung des Geschehensablaufs" zuzugestehen[41]. Herodes erweise sich schon in der ersten Szene des Stücks als ein "politischer Parvenu", der nicht herrschen, sondern nur unterdrücken könne , ein König , der nicht Minister, sondern Komplizen brauche. Der Menschenverachtung des Herodes entspreche die Impertinenz seiner Höflinge, die der Terror, nicht die Würde des Herodes zum schuldigen Respekt zwinge[42]. Kein Wunder, daß Herodes die Königin mit der Verzweiflung des Verbrechers, aber auch mit den Mitteln des Verbrechers liebe[43]. Schon vor dem ersten Auftritt Mariamnes sei, bedingt durch die Ermordung ihres Bruders Aristobolus durch die Komplizen des Königs , die "Vertrauenskrise" da, und alles, was in den weiteren Szenen des Stücks geschehe , scheine die "unbedingteste Notwendigkeit" des dramatischen Vorgangs zu bestätigen[44]. Hebbels "idée fixe vom 'Vernichtungsprozeß' des Lebens", die

---

38 Gruenter, Das Deutsche Drama vom Barock bis zur Gegenwart, Bd. II, S. 129.

39 ebd., S. 139.

40 ebd. , S.129 f.

41 ebd., S. 133 f.

42 ebd., S. 130.

43 ebd. ,S. 131.

44 ebd., S. 131 f.

sein dramatisches Schaffen beherrsche, stelle das Geschehen so dar, daß Anfang und Ende wie Phasen einer mathematischen Gleichung aufeinander bezogen seien. Der Leser könne alle Vorgänge nachkontrollieren wie die Einzelposten einer Rechnung, ihre Schlüssigkeit befriedige den Verstand , aber sie beunruhige die "Anschauung des Dargestellten", die in der Kunst "ein Ungeklärtes und Unerklärbares" verlange[45]. Wenn nun eine Tragödie wie eine mathematische Gleichung angelegt sei, und wenn das Resultat des tragischen Geschehens feststehe wie das Resultat einer solchen Gleichung, so würden die Faktoren, die es ermöglichten, so gewählt und berechnet, daß sie das Ergebnis garantierten. Für die tragische Handlung von Hebbels Drama bedeute dies, die Figuren lebten nicht aus sich selbst , entwickelten sich nicht, sondern erhielten an den einzelnen Stationen des Geschehens Anweisungen, wie sie sich zu verhalten und wie ihre Handlungen zu geschehen hätten. Wenn man sich der Suggestion der Hebbelschen "Notwendigkeit" entziehe, stelle man fest, daß die Lösung des dramatischen Konflikts keineswegs die einzig "natürliche" sei. Gruenter warf auf Grund dieser Überlegungen folgende Fragen auf: "Und wenn man sich ihr (sc. der Suggestion) entziehen kann, handelt es sich dann noch um "Notwendigkeit"? Kann sie dann überhaupt im Sinne der Tragödie Furcht und Mitleid hervorrufen? Beschäftigt dann den Betrachter nicht allein das intellektuelle Vergnügen, ein raffiniertes Rechenexempel zu begreifen, das jene Erschütterung und Reinigung des Gemüts ausschließt, die der tragische Dichter bezweckt?"[46]

Gruenter wollte sich bei dem Versuch, diese Fragen zu beantworten, nicht damit zufrieden geben , das "vage Unbehagen" zu registrieren, das in der Hebbelkritik hier und da geäußert worden sei. Es komme vielmehr darauf an, nach zureichenden Gründen für unser "Unbehagen"

---

45 Gruenter, Das Deutsche Drama vom Barock bis zur Gegenwart , Bd. II, S. 134.

46 ebd.

zu suchen[47]. Tatsächlich fixiere Hebbel nicht nur die Charaktere von einem fixierten Geschehen aus, er lege auch ihre Gefühle in einer Weise fest, die zwar der Logik der Hebbelschen "Notwendigkeit" entsprächen, aber nicht nur jeder Wahrscheinlichkeit entbehrten, sondern auch als exzentrische Gefühle den natürlichen Verlauf des Geschehens ständig störten[48]. Gruenter versuchte diese Behauptung am Charakter Mariamnes zu belegen. Mariamne sei ein "exzentrischer Charakter". Hebbel billige ihr Züge der Hysterie zu. Wie sie nicht weinen könne, so sei ihr auch die Wohltat des freien Bekenntnisses versagt. Ohne die "Verschlossenheit" Mariamnes, die die tödlichen Mißverständnisse erzeuge, käme die "Notwendigkeit" des Geschehens nicht zum Zuge. Mariamnes "Schweigen" sei nach dem Muster der "Notwendigkeit" zugeschnitten, die das Geschehen regele. Das "Ungeheuerliche" ihres Schweigens und Liebens überzeuge nicht als Eigenschaft, als "natürliche" Hysterie , sondern es wirke konstruiert , aufgepreßt , künstlich , weil es von der "Ungeheuerlichkeit" des Hebbelschen Notwendigkeitsbegriffs bestimmt werde. Somit werde der tragische Charakter zum Demonstrationsmittel der tragischen Theorie Hebbels: "Die Theorie diktiert in die Praxis hinein."[49]

Der Umstand, daß Hebbels Figuren nicht eigentlich "natürlich" denken und empfinden, daß das Gefühl des Zuschauers oder Lesers sich nicht mit ihnen solidarisieren kann, ist dieser Auffassung zufolge die entscheidende Ursache jenes "vagen Unbehagens", das Zuschauer oder Leser des Stücks empfinden. Weder mit Herodes noch mit Mariamne könne man Furcht oder Mitleid empfinden. Herodes sei "unmäßig" in seiner Liebe, und seine Maßnahmen seien schaudererregend, aber ihre Lasterhaftigkeit verletze nicht unsere Vorstellungen vom Unsittlichen. Mariamne sei nicht minder "unmäßig" in ihrer Lie-

---

47 Gruenter, Das Deutsche Drama vom Barock bis zur Gegenwart, Bd. II, S. 134 f.

48 ebd., S. 135.

49 ebd., S. 136.

be, aber ihre Tugend verletze unsere Vorstellung vom Sittlichen. Mariamnes Sittlichkeit sei nicht minder grausam als Herodes' Unsittlichkeit[50]. Sowohl der handelnde als auch der duldende Held trügen Züge des "Abnormen" und "Ungesunden"[51]. Die an Baudelaire erinnernden "Scheusale" und "bleichen Selbstquäler" Hebbels[52] könnten "jene Erschütterung und Reinigung des Gemüts" nicht bewirken, die der tragische Dichter bezwecke.

Gruenter rechnete , darin Lukács folgend , Hebbels Dichtung der "décadence" zu[53]. In Herodes und Mariamne seien alle wichtigen Motive von Hebbels Dichtung verwendet: die Gewalttat , die aktive und passive Erniedrigung, die Selbstzerfleischung und der gräßliche Mißbrauch des Partners, der grelle Stolz und der sittliche Rigorismus sowie das "notwendige" Mißverständnis, das "tragische" Mißtrauen und die zur Hinrichtung prädestinierte Unschuld[54]. Hebbel habe es in Herodes und Mariamne so wenig wie in seinen anderen Produkten vermocht , den circulus vitiosus dieser Motive , die die "tragische Notwendigkeit" seiner Produktionen konstituierten, zu durchbrechen. Gruenter schloß daraus , Hebbels dramatische Figuren seien "'krank' wie seine Zeit und seine Dichtung"[55].

Gruenter ist es gelungen, Symptome der "Krankheit" in Hebbels Figuren nachzuweisen, weil er bei seinem Urteil über Hebbels Produktion an den Normen der klassischen Literatur und Ästhetik festhielt. Ob es ihm gelungen ist, mit dem Nachweis von "Krankheits"-Symptomen in Hebbels Figuren die Brüchigkeit der gesamten Anlage des Stücks zu erweisen, wird man zumindest bezweifeln können. Gänzlich versagt hat er vor der Aufgabe, die Eigenarten der Hebbelschen Produktion einschließlich ihrer unbefriedigenden Momente aus den "krankhaften" geschichtlich-gesellschaftlichen Verhältnissen, auf die sie sich beziehen, zu erklären.

50 Gruenter, Das Deutsche Drama vom Barock bis zur Gegenwart, Bd. II, S. 137 f.
51 ebd., S. 138.
52 ebd. ,S. 139.
53 ebd., S. 139, S. 442, Anm. 9.
54 ebd., S. 124 f.; ähnlich S. 139.
55 ebd., S. 139 f.

3.6.4.2 Die zweite Phase (seit 1960)

Die Kritik des Hebbelschen Werkes blieb von dem Wandel der politisch-gesellschaftlichen Verhältnisse in der BRD, der im Zuge der Vollbeschäftigung seit dem Ende der fünfziger Jahre eingetreten war, nicht unberührt. Daß Hebbels literarisches Werk neu interpretiert werden müsse, wurde allgemein angenommen, auch wenn keineswegs klar war, worin der neue kritische Einsatz bestehen solle. Helmut Kreuzer gab bezeichnenderweise seiner Sammlung kritischer Essays über Hebbel den Titel Hebbel in neuer Sicht (Stuttgart 1963, 2. Aufl. 1966) , obwohl die einzelnen Beiträge, von wenigen Ausnahmen abgesehen, keineswegs Erstveröffentlichungen waren und den erwarteten Neuansatz vermissen ließen[1]. Auch in den sechziger Jahren gab es in der BRD keine proletarische oder kleinbürgerlich-demokratische Richtung der Hebbelkritik, aber die Schriften Lukács' aus der Exilszeit wurden nunmehr auch in Westdeutschland aufgelegt und verbreitet[2], und auch die Hebbelkritik Alfred Kerrs war wiederentdeckt[3]. So zählebig sich die verschiedenen Richtungen der bürgerlichen Hebbelkritik auch in den sechziger und zu Beginn der siebziger Jahre erwiesen, die veränderte Soziallage erzwang Modifikationen des tradierten Hebbelbildes.

---

1 Cf. Wolfgang Paulsen (Rez.), Germanistik 5 (1964) 652 f.

2 Skizze einer Geschichte der neueren deutschen Literatur (Neuwied , 3. Aufl. 1963); Deutsche Literatur in zwei Jahrhunderten, Werke, Bd. 7 (Neuwied 1964); Die Grablegung des alten Deutschland: Essays zur deutschen Literatur des 19. Jahrhunderts, Ausgewählte Schriften I, rowohlts deutsche enzyklopädie 276, Reinbek 1967.

3 Die Welt im Drama, hg. Gerhard F. Hering (Köln, 2. Aufl. 1964).

3.6.4.2.1 Die metaphysizierende Richtung

Zieglers Hebbelbuch, das 1966 unverändert neu aufgelegt wurde[1], galt in den Kreisen der westdeutschen Hochschulgermanistik als die klassische Hebbelstudie schlechthin, von der sich die neuen kritischen Versuche mehr oder weniger dezidiert abzusetzen versuchten. Die wenigsten gingen dabei allerdings so weit wie Ziegler selbst, der am Beginn der sechziger Jahre stärker als je zuvor sozialgeschichtliche Fragestellungen in seine Überlegungen über das deutsche Drama des 19. Jahrhunderts einbezog[2]. Neu war bei ihm der Hinweis darauf, daß gerade die sozialen Massenbewegungen des 19. Jahrhunderts, in den Revolutionen von 1830 und 1848 sowie im Aufstand der Pariser Kommune eruptiv sich entladend, das konservativ gesinnte, traditionalistisch gebundene Bürgertum Deutschlands mit dem Alptraum einer Auflösung der modernen Gesellschaft ins völlige Chaos, in einen chaotischen Kampf aller gegen alle heimgesucht hätten. Ziegler sprach vom "cauchemar des révolutions" in den Dramen Grillparzers und Hebbels, ohne diesen Gedanken allerdings näher zu verfolgen[3].

In Fritz Martinis literaturgeschichtlicher Darstellung wurden die Grundgedanken des älteren Zieglerschen Deutungsansatzes unverändert vorgetragen[4]. Wie weit Martini noch von einer sozialgeschichtlichen Interpretation des Hebbelschen Werkes entfernt war, zeigte seine Einschätzung der "zeitgeschichtlichen Verhältnisse", die durch den "Schwund der universalen religiösen und ideellen Sinnordnungen", die "Preisgabe des Menschen an die Relativität des Geschichtlichen", seine

---

1 Mensch und Welt in der Tragödie Friedrich Hebbels, Mit einer Vorbemerkung zum Neudruck (Darmstadt 1966).

2 Cf. "Stiltypen des deutschen Dramas im 19. Jahrhundert", Formkräfte der deutschen Dichtung vom Barock bis zur Gegenwart, hg. Hans Steffen (Göttingen 1963) S. 149 f., 157 f.

3 ebd., S. 150.

4 Deutsche Literatur im bürgerlichen Realismus, Epochen der Deutschen Literatur, Bd. V,2 (Stuttgart 1962) S. 164-166.

"Vereinzelung und Vereinsamung im Individuellen und in seinen geschichtlichen wie psychologischen Determinationen", die ihn mehr und mehr zu einem erleidenden Objekt des Daseins machten, charakterisiert sei[5]. Wie wenig sich Martinis Hebbelverständnis von dem Zieglers und von Wieses , dessen theologisierende Darstellung rühmend hervorgehoben wurde[6], emanzipiert hatte, erwies sein Urteil, Hebbels Tragödie sei dem "Verlangen" entwachsen, "die individuelle Existenz an eine metaphysische Gesetzlichkeit zu knüpfen, im Schmerz der Vernichtungen noch eine Notwendigkeit zu erkennen, das Einzelgeschick mit dem Ganzen, wenn auch durch die Opferung, mit einem Unbedingten, wenn auch durch die Preisgabe, in Einklang zu bringen und es, wenn auch im tragischen Vollzug , an ein Unbedingtes und Wesenhaftes zu knüpfen"[7]. Wie Ziegler 1938 betonte Martini noch 1962, daß die formgeschichtliche und sprachkritische Untersuchung noch nicht genügend angesetzt habe, die im einzelnen "die Problematik dieses dramatischen Dichtertums im Übermaß des analytisch Reflektierenden, des komplizierten Motivierens und Kombinierens, im Übersteigern und Verzerren der Psychologie und des Sittlich-Humanen zu Extremen des Fieberhaften und Eisig-Starren, des fast Unmenschlichen in Leidenschaft und Dulden erweisen würde[8]. Wie Gruenter verwies Martini allerdings darauf, daß Hebbels tragische Charaktere weniger aus sich selbst, aus ihrer eigenen "Fülle", als aus der "berechnenden und beweisenden Führung des Dichters" lebten, der sie seiner dramatischen Theorie entsprechend konstruiert habe[9].

---

5 Martini, Deutsche Literatur im bürgerlichen Realismus, S. 142.

6 ebd., S. 141.

7 ebd., S. 142. - Zur Kritik von Martinis "Schreibweise" cf. Claus Träger (Rez.), WB 10 (1964) 304.

8 Martini, Deutsche Literatur im bürgerlichen Realismus , S. 163.

9 ebd., S. 167.

Martini betonte, daß Hebbel die Charaktere und ihr Zusammenspiel so angelegt habe, daß sie das "Pathos einer tragischen Monumentalität" vermittelten[10], aber er versuchte nicht, dies "Pathos einer tragischen Welterfahrung" auf seine gesellschaftliche Bedingtheit und Funktion hin zu untersuchen. Martinis Darstellung vermittelte vielmehr den Eindruck, daß dies tragische Pathos einerseits aus der "existentiellen Problematik" von Hebbels "dramatisch-tragisch erlebendem Ich", andererseits aus der "Krise der Weltanschauungen" im 19. Jahrhundert erwachsen sei[11]. Das Verständnis für die gesellschaftliche Problematik von Hebbels Drama, insbesondere sein Bezug zu den revolutionären Ereignissen der Jahre 1847/48, wurde durch solche Erklärungen nicht gefördert.

Benno von Wiese behauptete noch 1963, daß Hebbels Produktionen Zeugnisse einer "eigenwilligen Häresie" seien[12]; in ihr sei "mit einem Radikalismus ohnegleichen" das christliche Paradox, daß Gott Mensch geworden und für den Menschen gestorben sei, um ihn zu erlösen , in das tragische Paradox umgekehrt, daß der Mensch für Gott sterben müsse, um Gott zu erlösen. "Denn Gott soll mit sich selbst versöhnt werden, und wie es dem Menschen dabei ergeht , spielt keine entscheidende Rolle mehr."[13] Im Hinblick auf _Herodes und Mariamne_ führte von Wiese aus, daß den heutigen Leser oder Zuschauer weniger das sittliche Postulat von der Unantastbarkeit der menschlichen Person ergreife als vielmehr das monomanische Sprechen mitten im Dialog, das Verzweifelte im Sich-Verständigen-Wollen der Menschen, die sich doch nicht verständigen könnten, und der vulkanische Boden , auf dem die Gestalten ständen

---

10 Martini, _Deutsche Literatur im bürgerlichen Realismus_, S. 167.

11 ebd., S. 134.

12 "Der Tragiker Friedrich Hebbel", _HJb_ 1963, 18, und _Plädoyer für Friedrich Hebbel: Zu seinem 150. Geburtstag am 18. März_ (Wiesbaden 1963) S. 4.

13 _HJb_ 1963, 18 f.

und auf dem sie vergeblich "Grund" zu finden suchten[14].

Andererseits hob von Wiese nun hervor, daß die "welthistorischen" Perspektiven des Stücks nicht ohne weiteres als "zusätzlicher 'Historismus' oder 'Hegelianismus'" abgetan werden könnten[15]. Es sei zu vermuten, daß Hebbel damit einen dichterischen Einblick in das "Beunruhigende aller Geschichte" gebe, innerhalb derer "jede partielle Verwirklichung menschlichen Daseins" stets unvollkommen bleibe und daher wiederum aufgelöst werden müsse "bis zur Zerstörung durch die Dynamik der Geschichte selbst"[16]. Darüber hinaus betonte er, daß Hebbel als "der Analytiker und Entlarver von 'Ideologien'", der den gesellschaftlichen Prozeß in seiner Unsinnigkeit und Immoralität bloßstelle, bisher viel zu wenig bekannt und gewürdigt worden sei[17]. Ausdrücklich verwies er darauf, daß Hebbels "Psychologie" in das Abgründige der menschlichen Seele habe eindringen können[18]. Von Wiese erinnerte jetzt auch an die Hebbelkritiken Alfred Kerrs , der den Ethiker und Theoretiker Hebbel abgelehnt, den Dichter aber bewundert habe. Herodes und Mariamne lasse sich in der Tat als "eine interne Ehetragödie" spielen , in der das Verhältnis der Geschlechter, und zwar gerade durch ein Übermaß an Liebe und Liebesforderung, nicht weniger folternd und zerstörerisch sei als in den "gespenstischen Totentänzen" Strindbergs[19]. Von Wiese wagte schließlich die Gegenüberstellung Hebbels und Brechts[20]. Beiden gemein sei "die ganz auf Dialektik gestellte Struktur des Dramas" , die in beiden Fällen provozierend gemeint sei ; nur gelte die Hebbelsche Provokation der Gottheit, die Brechts der bürgerlichen Gesellschaft. Für den Figurenentwurf ergebe sich dar-

---

14 Von Wiese, HJb 1963, 25; cf. von Wiese, Plädoyer für Friedrich Hebbel, S. 2.

15 HJb 1963, 25.

16 ebd.

17 ebd. , 23.

18 ebd. , 19.

19 ebd. , 13.

20 ebd. , 17 f.

aus die Konsequenz , daß die Hebbelschen Charaktere "durchaus noch mit sich selbst identisch" seien, "gerade im Starren und Gewaltsamen ihres Wesens", während sich für Brecht gerade diese "Einheit der Person" als fragwürdig erweise[21].

Ob bzw. inwieweit diese Behauptungen zutreffend sind, interessiert hier weniger als der Umstand , daß der Hebbelschen Dichtung eine ausgesprochen gesellschaftsbezogene und -kritische Literatur gegenübergestellt wurde. In der Gegenüberstellung mit Brecht verdeutlichte von Wiese "eine Grenze Hebbels": "Die Verherrlichung der tragischen Notwendigkeit und des Vernichtungsprozesses, dem der Mensch sich hier ausgesetzt sieht , kann auch wieder ein Mangel an Humanität, an verzeihender und versöhnender Menschlichkeit bedeuten."[22] Die Ursachen dafür sind dem Verfasser auch 1963 noch ein "Rätsel" geblieben[23].

Helmut Kreuzer polemisierte gegen "unhistorische Aktualisierungen" des Hebbelschen Werkes[24] und verwies darauf, daß selbst "ein scheinbar so zeitfernes Werk wie Herodes und Mariamne"in der Zeit wurzele[25]; zur Verdeutlichung zitierte er Motivparallelen aus den u.a. von Marx ins Deutsche übersetzten Memoiren des französischen Polizeiarchivars Peuchet[26].

Die Grenzen von Kreuzers sozialgeschichtlichem Interesse dokumentierte insbesondere seine letzte, vorwiegend biographisch orientierte Hebbelstudie[27]. Kreuzer charakterisierte Hebbel als einen "Außenseiter der

---

21 Von Wiese, HJb 1963, 17 f.

22 ebd. , 30.

23 ebd.

24 "Hebbel und Kleist" , Der Deutschunterricht 13 (1961), Heft 2, 115.

25 "Zu Peuchets Memoiren - Ein Hinweis auf Hebbel-Parallelen", HJb 1964 , 130 f.

26 ebd., 129-131.

27 "Friedrich Hebbel", Deutsche Dichter des 19. Jahrhunderts: Ihr Leben und Werk , hg. Benno von Wiese (Berlin 1969) S. 387-411.

privilegierten Klasse"[28], der sich nach seiner "Abkehr vom zeitgeschichtlich-sozialen Stoff" für "eine geschichtliche Sackgasse" entschieden habe[29]. Dennoch sei es Hebbel gelungen, "die Vereinzelungserfahrungen und Verdinglichungstendenzen der Zeit" auszudrücken[30]. In Herodes und Mariamne versuche der König vergeblich, "die Bedingtheit des Liebesbundes im vereinzelten Dasein , die Geschiedenheit von Ich und Du" zu überspielen. Indem er Mariamne als "Ding" behandle, negiere er ihre Menschenwürde und zerstöre die ethische Basis der Liebesgemeinschaft[31]. Die Liebesverbundenheit gelte in diesem Drama als "höchster Erlebniswert und Inbegriff der Glückserfahrung", und doch werde sie durch den "Vertrauenszweifel" des Herodes und die "Sühneforderung" Mariamnes vernichtet[32]. Daß die Liebe der Geschlechter in Hebbels säkularisiertem Weltbild der einzige "Schlüssel zum Paradies" sei und dennoch dem "Rachetrieb" und der "Rachepflicht" regelmäßig geopfert werde, mache das Schicksal der Hebbelschen Menschen zum "bedrückenden Paradox"[33].

Für die "unnachgiebige Entschlossenheit und steinerne Unbeirrbarkeit" der Hebbelschen Figuren hatte Kreuzer keine plausible Erklärung. Einer "bürgerlich-modernen Literaturepoche" müßten diese Einstellungen "rätselhaft und befremdlich" erscheinen[34]. Vollends unverständlich und "dem vorherrschenden Bewußtsein des 19. Jahrhunderts ungemäß" seien die "Maßstäbe" Mariamnes: "vielleicht nährten sie sich aus der Partizipation Hebbels an tiefverwurzelten Denkformen seiner bäuerlich-niederdeutschen Heimat und dem die Kindheit durchprägenden Einfluß des Alten Testaments."[35] Kreuzer ge-

---

28 Von Wiese, Deutsche Dichter des 19. Jahrhunderts: Ihr Leben und Werk, S. 390.

29 ebd. , S. 404.

30 ebd.

31 ebd. , S. 399.

32 ebd.

33 ebd., S. 400.

34 ebd.

35 ebd.

lang es offensichtlich nicht , die Eigenarten des Hebbelschen Dramas sozialgeschichtlich zu erklären. Von seinen früheren metaphysizierenden Stellungnahmen rückte er allerdings merklich ab.

Gisela Bischke beobachtete eine "Vermischung und Überschneidung rein menschlicher und metaphysischer Rache" in Herodes und Mariamne[36]. Ihr ging es um den Nachweis, daß die Figuren des Stücks an der eigenen Rache zugrunde gingen; dies sei "die wichtigste Form der metaphysischen Vergeltung" , die in Hebbels Drama vorkomme und die "ein Ausdruck des Dualismus zwischen dem Individuum und dem allgemeinen Weltwillen" sei[37]. Im einzelnen wies Bischke die Rachsucht als "psychologisches Phänomen" im Verhalten einer jeden Bühnenfigur nach[38]. Sie hob hervor, daß Herodes sich rächend selbst vernichte[39] und daß Mariamne, indem sie "die Verletzung ihrer Menschenwürde" durch Herodes räche[40] , ihrem eigenen Leben ein Ende bereite[41]. In diesen Vorgängen offenbare sich "der Grundgedanke der Hebbelschen Tragik", daß jedes Individuum auf Grund seiner "Urschuld" in seinem persönlichen Verhalten gegen die "Idee" verstoßen müsse[42]. Hebbels Drama sei somit auf die Verdeutlichung der "tragischen Urschuld" hin angelegt, die dem menschlichen Leben notwendig anhafte[43].

Helga Frisch ging davon aus, daß in Herodes und Mariamne die "Dichtigkeit der Beziehungen" zwischen den bei-

---

36 Die Problematik des Rachemotivs im Drama Friedrich Hebbels" , HJb 1965, 69. - Der Aufsatz ist ein Auszug aus der maschinenschriftlichen Dissertation der Verf., Die Problematik des Rachemotivs im Drama Friedrich Hebbels (Hamburg, Phil.Diss. 1960); cf das Selbstreferat in Germanistik 3 (1962) 123.

37 HJb 1965, 87.

38 ebd., 69.

39 ebd., 70.

40 ebd., 71.

41 ebd., 72 f.

42 ebd. ,73.

43 ebd., 88.

den Hauptfiguren gerade angesichts des Todes, der Herodes in Rom drohe, entstehe[44]. Der Gedanke an den Tod, dem das Bewußtsein nicht standhalten könne , setzte sich hier um in das Verlangen, die Bindung an das Gegenüber, das Mariamne für Herodes schlechthin bedeute, noch zu steigern[45]. Je intensiver der Wille des Menschen nach dem Leben verlange , desto unausweichlicher involviere er selbst den Tod, denn "das Prinzip der Individuation", "die unbedingte Steigerung des Willens über sich selbst hinaus", zerstöre gerade die Grenzen der Einzelexistenz"[46]. In Hebbels Drama werde somit verdeutlicht , daß "der tragische Mensch" sich bei dem Gedanken an den Tod mit doppelter Intensität ins Leben zurückwende, aber "die Unbedingtheit seines Lebenswillens" rufe ohne sein Wissen nur den Tod gegen ihn herauf[47]. Eine Möglichkeit, sich dieser "tragischen Paradoxie" zu entziehen, gebe es für den Menschen nicht[48].

Wie Frisch knüpfte auch Lawrence Ryan an die Positionen der älteren metaphysizierenden Richtung der Hebbelkritik an. Ryan ging der Frage nach, ob die Dreikönigsszene mit der damit verbundenen Ausweitung der Perspektive ins "Welthistorische" organisch aus dem Handlungszusammenhang erwachse[49]. Zweifellos habe Hebbel mit dieser Szene "ganz bestimmte Absichten" verfolgt , auch wenn Hebbel die "Schwierigkeiten der Gestaltung einer sowohl universell als geschichtlich begründeten Tragödie"nicht ganz gemeistert habe[50]. "Universell" war der Auslegung Ryans zufolge weder "die

---

44 Symbolik und Tragik in Hebbels Dramen, Abhandlungen zur Kunst- Musik- und Literaturwissenschaft, Bd. 16 (Bonn 1961) S. 77.

45 ebd.

46 ebd., S. 79.

47 ebd.

48 ebd.

49 "Hebbels 'Herodes und Mariamne'. Tragödie und Geschichte", Hebbel in neuer Sicht, hg. Helmut Kreuzer (Stuttgart 1963) S. 248.

50 ebd., S. 250.

psychologische Problematik der Beziehungen der Geschlechter" noch "die Frage der 'Achtung vor dem Menschenbild'", sondern die Problematik "der ins Maßlose tendierenden Individualität"[51]. Es falle schwer, in der Rache an Herodes die Mariamne so oft zugeschriebene "Humanität" aufzuspüren. Nicht nur fehle es Mariamne wie Herodes an dem zur Aufrechterhaltung der Liebe gehörigen Vertrauen, nicht nur trügen ihr Stolz und ihre Verschlossenheit, ihre zunehmende Erstarrung und Verhärtung einen großen Teil der Schuld an den gegenseitigen Mißverständnissen, sondern auch sie behandle ihren Partner im wesentlichen als Gegenstand der eigenen Berechnung[52]. Beide , Herodes wie Mariamne, seien entschlossen , es auf die "Probe " ankommen zu lassen ; die einmal gegebene Situation werde ganz bewußt und ohne äußeren Zwang zum Anlaß genommen, sich zum Richter über den anderen aufzuwerfen[53].

Im Auftritt der drei Könige werde vergegenwärtigt, wie der unerbittliche "Lebensprozeß" Herodes zermalme und über ihn hinweggehe; die Vergeblichkeit des letzten verzweifelten Kindermordbefehls unterstreiche die "Machtlosigkeit" , die "Isolierung des tragischen Individuums", sein "Ausgeschlossensein vom unaufhaltsam weiterverlaufenden Gang der Geschichte"[54]. Der Untergang von Herodes und Mariamne sei die "notwendig-tragische Konsequenz der ins Maßlose tendierenden 'unbegreiflichen' Freiheit des Individuums"[55]. Ryan hielt somit durchaus im Sinne der metaphysizierenden Richtung der Hebbelkritik an der "Übergeschichtlichkeit" des dramatischen Konflikts fest[56].

---

51 Ryan, Hebbel in neuer Sicht, S. 260.

52 ebd., S. 251.

53 ebd. ,S 259.

54 ebd., S. 263.

55 ebd.

56 ebd., S. 265.

Karl Fehr interpretierte Hebbels Konzeption der tragischen Schuld als eine "tragische Urschuld", die aus Sein und Wesen des Menschen selbst entspringe. Fehr wollte aber diese Schuld wie die tragische Verstrikkung überhaupt nicht als "eigentlich metaphysische Schuld", sondern als "Folge des Lebensprozesses" verstanden wissen[57], wobei nicht recht deutlich wurde, welchen Inhalt dieser"Lebensprozeß" habe. Fehr legte dar, daß hinter Hebbels Gestalten "ein historischer Pragmatismus" stehe, der den "Phänomenen des geschichtlichen Ablaufs und des Lebens überhaupt" gerecht zu werden versuche[58]. Damit bezeugte sich einerseits seine Abkehr von einer metaphysizierenden Deutung des Hebbelschen Werkes, andererseits sein Unvermögen, die geschichtlich-gesellschaftlichen Inhalte von Hebbels Dramatik näher zu bestimmen.

Rolf Högel versuchte zu zeigen, daß sich Hebbels Konzeption von der "Dualität alles Seins" auch im personellen Gefüge seiner Dramen manifestiere[59]. Als die Hauptmotive von _Herodes und Mariamne_ bezeichnete er den sichim Widerstreit "archaischer" Leidenschaften symbolisierenden Kampf der Geschlechter und die Unverletzlichkeit der Menschenwürde[60]. Högel ging es um die Feststellung, daß die Anteile der beiden Hauptpersonen an der "Repräsentation der beiden Hauptmotive" von etwa gleicher Größe seien[61]. Högels Personenbeschreibung führte zu dem Ergebnis, daß den beiden

---

57 "Der Realismus (1830-1885)", _Deutsche Literaturgeschichte in Grundzügen: Die Epochen deutscher Dichtung_, hg. Bruno Boesch (Bern, 3. Aufl. 1967) S. 389 f.

58 ebd., S. 389.

59 "Zur Frage der Identität des Helden in Hebbels Dramen", _HJb_ 1974, 141; cf. Rolf Högel, _Der Held im Drama Georg Büchners, der Jungdeutschen und Friedrich Hebbels_ (Bonn, Phil. Diss. 1969).

60 _HJb_ 1974, 155.

61 ebd.

Hauptpersonen in gleicher Weise "innerer Reichtum" sowie "Zugehörigkeit zum Bezirk des Humanen" versagt seien. Diese Übereinstimmung mache deutlich, daß Hebbel "das Prinzip der Bipolarität" in diesem Drama bis in alle Teilbereiche hinein realisiert habe[62].

Bert Nagel betonte, um Hebbels Dramen als Ganze verständlich zu machen, das "religiöse Gepräge" von Hebbels Dramatik: Gegen alle "Zweifelsucht des Intellekts", gegen allen "Scharfsinn seiner destruktiven Logik" behaupte sich das "religiöse Bedürfnis nach einer Rückverbindung mit dem Göttlichen" in seinen Werken[63]. Aber statt deutlich herauszuarbeiten , wie sich der "Klageruf der Sehnsucht nach dem Absoluten"[64] in Hebbels Drama artikuliere, konzentrierte sich Nagel darauf, die "monologische Monomanie der Hebbelschen Menschen"[65] in ihren verschiedenen Ausprägungen faßbar zu machen.

In Herodes und Mariamne überforderten sich die beiden Partner in der "unüberbrückbaren Fremdheit ihrer Seelen": Mariamne setze das Vertrauen voraus, das sie dem Zweifelnd-Verzweifelnden einflößen müßte, Herodes aber, der einer realen Sicherheit wie der Luft zu Atmen bedürfe, könne nicht anders , als sich selber diese Sicherheit gewaltsam schaffen , deren Zugeständnis ihm die Gattin verweigere. So folge aus gegenseitigem Überfordern und Verweigern, Mißtrauen und Mißverstehen der sich liebenden Partner unausweichlich die todbringende Katastrophe[66]. Die "innere Fremdheit" der Partner werde auch durch die Liebe nicht überbrückt: "Keiner der beiden kann im anderen wirklich aufgehen; jeder bleibt - unerlösbar - in seine Einsamkeit gebannt"[67]. Verschärfend komme hinzu, daß Herodes und Mariamne verschiedene Stufen menschlicher Gesinnung

---

62 HJb 1974, 158.

63 "Die Tragik des Menschen in Hebbels Dichtung. Zum Verständnis der Tragödie Gyges und sein Ring", HJb 1962, 16.

64 ebd.

65 ebd., 69.

66 ebd., 58.

67 ebd., 59.

verträten. So bezeuge sich in Herodes' Verhalten eine ältere, auf Besitzanspruch gerichtete, rigoros männerrechtliche Form der Liebe, in Mariamne eine neue , auf Freiheit und Freiwilligkeit gestellte Liebesauffassung, für die die Frau durchaus ein sich selbst besitzendes und verschenkendes Wesen sei. Hier stehe die Partnerin mit der Forderung nach Eigensein und Eigenwürde, nach gleicher per onaler Wertigkeit dem Mann gegenüber, und an ihrer Wertung oder Entwertung durch den männlichen Partner entscheide sich für sie die Frage von 'Sein oder Nichtsein'[68].

Im "Eingeschlossensein" der Hebbelschen Menschen in sich selbst, in ihrer "Kontaktlosigkeit" sah Nagel ihre "tragische Grundsituation"[69]. Der Weg vom Ich zum Du sei für sie unendlich. Jeder hause in einer anderen, dem Partner unzugänglichen Welt. Die "Monologik des Sprechens" spiegele ihre unaufhebbare existentielle Einsamkeit, "ihren jede Einwirkung, aber auch jede Entwicklung ausschließenden Subjektivismus"[70]. Nagel interpretierte die "fanatische Selbstbehauptung" der Figuren als "marionettenhafte Gebundenheit an die Vorgegebenheiten der jeweiligen Situation". Das Gesicht, das diese Menschen um jeden Preis wahrten , sei gar nicht ihr eigenes Gesicht, sondern ein oktroyiertes, "das Ergebnis einer ideologischen Fixierung, Resultante aus den Zufälligkeiten der Konstellation"[71]. Der "Selbstverlust" der Person, den Nagel in Hebbels Dramen beobachtete[72], wurde als "ideologischer Fanatismus" charakterisiert[73]. "Dem Totalitarismus der situationsbedingten Ideologien (religiöser, politischer , sozialer Art) korrespondiert ihr Fanatismus, der seinerseits um so weniger Skrupel zuläßt, je vollständiger die Selbstaufgabe erfolgt ist."[74] Je "selbsti-

---

68 Nagel, HJb 1962, 68.

69 ebd., 68.

70 ebd.

71 ebd., 69.

72 ebd., 36.

73 ebd. ,55.

74 ebd., 70.

scher" sich Hebbels Figuren gebärdeten , desto weniger seien sie sie selbst, desto mehr würden sie durch "eine kollektive Moral" gesteuert. Wenn Liebende sich gegenseitig vernichteten, sei augenfällig, daß sie nicht "die freien Täter ihrer Taten" seien, sondern nur "die Vollzugsorgane eines dirigierenden Hintergrundes", der ihren Verstrickungen zugleich den Charakter der Notwendigkeit verleihe[75].

Nagel beschrieb Deformationsprozesse, aber er analysierte sie nicht. Geschichtlich-gesellschaftliche Fragestellungen waren ausgeklammert. So stellte sich für ihn die Frage , von welcher Art jener "dirigierende Hintergrund" sei, der die Menschen von Hebbels Drama einander entfremde, gar nicht, und es blieb ungeklärt, wodurch die "Zwangsjacke" produziert worden sei, die, von Hebbels Figuren unerkannt , ihnen eine zweifelhafte "Daseinssicherheit" vermittele[76]. Ebensowenig vermochte Nagel das angeblich spezifisch "religiöse Gepräge" von Hebbels dramatischer Kunst erkennbar zu machen. Nagels Hinweise auf die Religiosität von Hebbels Dramatik hatten somit den Charakter von Leerformeln, die dazu bestimmt schienen, den sozialpsychologisch und -geschichtlich relevanten Befund seiner Untersuchungen zu neutralisieren.

Von ähnlicher Tendenz waren die Veröffentlichungen Dieter Gerths[77]. Das "Niederdrückende , Ausweglose" von Hebbels dramatischen Konflikten[78] führte Gerth auf die "Abwesenheit einer letzten Ungebrochenheit" in den einzelnen Personen zurück, die er als "Reduktion" bezeichnete und als "Urtatsache" kennzeichne-

---

75 Nagel, <u>HJb</u> 1962, 70.

76 ebd.

77 <u>Die reduzierte Individuation als Moment des Tragischen bei Friedrich Hebbel</u> (Freiburg, Phil.Diss. 1967) ; "Die Struktur der reduzierten Individuation bei Friedrich Hebbel", <u>HJb</u> 1968 , 9-44.

78 Gerth, <u>Die reduzierte Individuation</u>, S. 7.

te[79]. "Das Ich der Hebbelschen Menschen 'will' Glück, aber das unbewußte 'Es' hinter diesem Ich weiß, daß ein solches Glück direkt nicht zu erreichen ist, sondern nur gleichnisweise, in der Erfahrung von Untergang und Auflösung, die gerade noch erreicht werden kann und auf die hin sich das Ganze zu spannen hat."[80] Gerths Untersuchungsziel war eine "Phänomenologie" dieser Reduktion[81].

In seinen Ausführungen über Herodes und Mariamne stellte Gerth dar, daß beide Hauptfiguren an einer "Lebensverarmung" litten[82]. Wie andere Gestalten Hebbels seien sie "nicht voll und ungebrochen 'da'":"sie leiden an ihrem Ich, aber nicht aus Überfülle desselben, sondern aus einem merkwürdigen Entzogensein, das im Leben und Lebenwollen, ja Lebenmüssen dieses Ichs dieses immer in die Vergangenheit zurückzuholen droht"[83]. Das Gefühl Mariamnes, soweit es überhaupt vorhanden sei, habe nicht Breite genug, um das Gegenüber "wachsend , wartend" zu erreichen: "das Ich überholt das Gefühl, vorentwirft das Du und weist ihm die Stelle im Universum dieses Vorentwurfs bereits an, bevor es in seiner Eigentlichkeit überhaupt erfahren wird."[84] Mariamnes Verhalten liege ein "Selbsthaß" zugrunde, der durch "Über-Besitz des Gegenübers" befriedigt werden solle[85]. Herodes sinke dabei zum "bloßen psychologischen Präparat" herab[86], das letztlich dazu bestimmt sei, Mariamne zu der erstrebten "negativen Erfüllung" zu verhelfen[87]. Das "Ungenügen an sich selbst" artikuliere sich im "Rigorismus" und der "reflektierten

---

79 Gerth , Die reduzierte Individuation, S. 11.

80 ebd.

81 ebd. , S. 16.

82 HJb 1968, 10 ; cf. Gerth, Die reduzierte Individuation, S. 100, 110.

83 HJb 1968, 9.

84 Gerth , Die reduzierte Individuation, S. 52.

85 ebd., S. 57.

86 ebd., S. 83.

87 ebd., S. 92.

Sittlichkeit" der Königin , die bestrebt sei, "Schuld und Anklage" auf den Partner abzuwälzen[88]: "das Hybrid-Autonome braucht die Verletzung, um zurückschlagen zu können, aber guten Gewissens zu bleiben."[89] Im Falle Mariamnes handle es sich um "eine Art von präpariertem Selbstmord"[90]. In das Nein zum Partner wie zum Leben überhaupt könne Mariamne "noch etwas wie Souveränität , Ich , Sicherheit" retten; jede andere Möglichkeit sei verbaut[91].

Bei Herodes sei "das Ausbleiben von Souveränität" weit mehr auf objektive , nachprüfbare Faktoren zurückführbar als bei Mariamne[92]. Gerth verwies auf die prekäre politische Lage des Königs und seinen schwierigen Entwicklungsgang: "Herodes erkämpft, erzwingt sich Form, Daseinsraum, Selbstbestätigung, sie wachsen ihm nicht zu, sie tragen als Errungenes im Besitz noch die Spuren des Kampfes an sich."[93]. Herodes sei "Fixationspunkt für Mariamnes logischen Traum", und Mariamne sei Angelpunkt für Herodes' "nothaftes Angewiesensein", "beides ohne Souveränität, ohne spielend-ernsthaftes Zusammenfinden und einander Bejahen, sondern von vornherein unter dem Gesetz des Unausweichlichen stehend"[94].

Gerth ging es darum, im dramatischen Konflikt Struktur und Gesetzmäßigkeit der reduzierten Individuation, der "Verkürzung des Ichs", den "Verlust an Leben" aufzudecken[95]. Einer Erörterung von Ursachen und Funktion der Reduktion ging er mit der Bemerkung, daß die "Grundwurzel des Konflikts" "im Metaphysischen angesiedelt" sei[96], aus dem Wege. Die Darstellung Gerths

---

88 Gerth, Die reduzierte Individuation, S. 62.
89 ebd., S. 77.
90 ebd., S. 97.
91 ebd., S. 96.
92 ebd., S. 102.
93 ebd., S. 100.
94 ebd., S. 110.
95 Cf. HJb 1968, 10, 11.
96 Gerth, Die reduzierte Individuation, S. 213 ; HJb 1968, 13.

blieb somit auf die Beschreibung von Deformationsprozessen in den Hauptpersonen beschränkt. Eine geschichtlich-gesellschaftliche Erklärung von Hebbels Drama war von vornherein ausgeschlossen. Die Grenzen von Gerths werkimmanenter Interpretation waren in seinen Anmerkungen zur Dreikönigsszene unverkennbar. So begnügte er sich mit der Bemerkung, daß der Dreikönigsszene "keine Bedeutung auf Mariamne hin" zuerkannt werden könne[97] und daß der heraufkommende Messias, was seine Beziehung zu Herodes angehe, nur als "Machtprinzip" formuliert sei: "Der Messias erfüllt hier auf natürliche Weise die Funktion des herausgeforderten Erdrückenden schlechthin."[98] Ungeklärt blieb, warum der keineswegs als "sittliche Antithese zu Herodes" gekennzeichnete Messias[99] so ausschließlich mit den Kategorien der Macht gekennzeichnet wurde.

Gert Kleinschmidt machte den Versuch, unter Anwendung des funktionalen Strukturbegriffs Diltheyscher Provenienz "das personale Gefüge nachzuzeichnen , (...) das System der Verlaufsbahnen zu erkennen, die personale Organisation, die dieser Person eigentümliche Weise, einzelne Gehalte zueinander in Beziehung zu setzen bzw. sie voneinander zu isolieren, und gegebenenfalls (...) das Vorhandensein verschiedener 'Personalschichten' nachzuweisen"[100]. Eine streng werkimmanente Betrachtung hielt Kleinschmidt für dringend geboten[101].

In seinen Ausführungen über Herodes und Mariamne stellte Kleinschmidt heraus, entscheidend für die "personale Struktur" dieser Figur sei die "Diskrepanz" zwischen dem Bewußtsein des Liebenden und seinem kon-

---

97 Gerth, Die reduzierte Individuation , S. 99, Anm. 69.

98 ebd., S. 126.

99 ebd., S. 126, Anm. 106.

100 Die Person im frühen Drama Hebbels (Lahr 1965) S.11, cf. Dietmar N. Schmidt (Rez.), Germanistik 8 (1967) 146.

101 Cf. seine Kritik des Gruenterschen Aufsatzes, Kleinschmidt, Die Person im frühen Drama Hebbels, S. 56 f.

kreten Verhalten[102]. Daß Herodes auf das Geliebtwerden durch jenen einen Menschen existentiell angewiesen sei, stehe außer Frage[103], aber er deute dieses Gefühl ständig im Sinne seiner romantischen Liebeserwartung um[104]. Daraus resultiere eine "seelische Spannung", die um so größer werde, je mehr mit fortschreitender Handlung die Wirklichkeit des Verhältnisses von Herodes und Mariamne jene romantische Liebesvorstellung zurücklasse und in den Raum des nur Gewünschten oder gar Geträumten zurückverweise[105]. Diese "seelische Spannung" sei in bestimmten "Formmerkmalen" greifbar, und zwar in der "Amplifikation", der Verwendung relativ komplexer syntaktischer Fügungen, der "Wortwiederholungen", der "abgebrochenen Rede" sowie der "Gebärde und Mimik"[106]. Wo aber Herodes "primär als König und Herrscher" fungiere, sei diese Spannung aufgehoben[107]. Herodes sei in der Lage, sowohl das eigene Verhalten als auch Verhalten und Reaktion anderer zu planen und vorherzubestimmen[108]. Als Herrscher zeige Herodes "eine hochgradige Bewußtheit", die das gesellschaftliche Sein vollständig umgreife und die damit "merkwürdig" mit dem ganz anderen "strukturellen" Aufbau des Liebenden kontrastiere. Letztlich begegneten uns in der einen Gestalt Herodes "zwei verschiedene Entwürfe" dessen, was "Bewußtsein" sei und leiste. Beide "Entwürfe" blieben bis zuletzt voneinander geschieden[109].

Auch in der anderen Hauptfigur seien zwei gehaltlich verschieden geartete "Schichten" nachzuweisen. Einmal handle und reagiere Mariamne in einer Weise, die

---

102 Kleinschmidt, Die Person im frühen Drama Hebbels, S. 47.

103 ebd., S. 46, 49.

104 ebd., S. 49.

105 ebd., S. 50.

106 ebd., S. 10-54.

107 ebd., S. 54.

108 ebd., S. 55.

109 ebd., S. 56.

der des Königs Herodes durchaus entspreche. Es seien Gesinnungen und Einsichten, die offenbar ganz unmittelbar mit ihrem Makkabäertum zusammenhingen[110]. Insgesamt lasse sich das , was Mariamne tatsächlich an Herodes binde, bestimmen als "ein Erkennen und Anerkennen mit den Kategorien der Makkabäerin"[111]. Von dieser "Schicht" hebe sich deutlich eine andere ab, mit der sich die 'Idealität' dieser Existenz ausweise. Es handle sich dabei um jene Äußerungen, mit denen Mariamne dem Anspruch des Herodes entgegentrete, mit denen sie auf die Entdeckung seiner Schwertbefehle reagiere. Ihnen allen liege eine bestimmte Vorstellung vom Wesen des Menschen als eines nicht genug zu achtenden , letztlich gar 'heiligen' Gebildes zugrunde, eine bestimmte Vorstellung davon, was man ihm antun könne und nicht antun dürfe. Unmißverständlich bestimme sich Mariamne als diesem Menschentum zugehörig , setze sie die daraus resultierenden sittlichen Forderungen als für sich selbst verbindlich an. Ebenso deutlich leite sie von hier aber auch ihr Selbstverständnis als Liebende ab. Zwischen diesen beiden inhaltlich ausgewiesenen "Schichten" seien "charakteristische Bahnen" wirksam[112]. So wie Herodes seine Liebe gemäß bestimmter Vorstellungen von ihr verstehe, beziehe Mariamne sich auf "einen wie auch immer hergeleiteten Begriff dessen, was sittlich 'gut', erlaubt und möglich" sei[113]. Dies sei wie bei Herodes ohne eine "Umdeutung" des ursprünglich Erlebten nicht realisierbar[114]. Für die Königin sei je länger je mehr nicht mehr das entscheidend, was sie sei, sondern was sie denke. So verwirkliche sie nicht mehr die Liebe, lebe sie nicht mehr aus einem "vorbewußten Ergriffensein" heraus, folge sie nicht mehr einer "existentiellen Notwendigkeit" , sondern nur mehr einem Plan. "Sie

110 Kleinschmidt, Die Person im frühen Drama Hebbels , S. 58.

111 ebd., S. 59.

112 ebd.

113 ebd. , S. 61.

114 ebd. , S. 60.

reduziert die Totalität ihres Wesens auf eine Idee dessen, was sein soll."[115] Die Katastrophe gehe somit vom "Bewußtsein" aus , erst von dorther greife sie auch auf das Sein über[116]. Seit der Entdeckung des zweiten Mordauftrags lehne Mariamne den König nicht mehr nur "bewußtseinsmäßig", sondern auch "seinsmäßig" ab. Aber nach wie vor sei zu beobachten, wie das Bewußtsein bemüht sei, die tatsächlichen Beweggründe zu überdecken , umzudeuten, auf das Ideelle hin zu beziehen. Daß sie den König durch ihren Tod über ihren Tod hinaus noch treffen wolle, widerspreche der behaupteten äußersten Gleichgültigkeit der Welt gegenüber, die sie verlasse. Die auffällige "Glattheit der Form" gerade auch in der Titus-Szene sei so zu erklären , daß der Haß der Königin sich mit dem "Ergebnis der sittlich akzeptierten Überlegungen" voll identifizieren könne[117].

Hebbels Personendarstellung lief nach Ansicht Kleinschmidts drauf hinaus, "die paradoxe Beschaffenheit der Welt", die alle Verwirklichung ins Nichts zerrinnen lasse, erkennbar zu machen. Diese Eigenart von Hebbels Drama weise es recht eigentlich als Tragödie aus[118]. Überlegungen über Ursachen und Funktion dieses dramatischen Weltentwurfs stellte Kleinschmidt nicht an.

---

115 Kleinschmidt, Die Person im frühen Drama Hebbels, S. 62.

116 ebd. , S. 64.

117 ebd. , S. 65.

118 ebd. , S. 54.

3.6.4.2.2 Die religiös-konservative Richtung

Um sich von der Zieglerschen Hebbelkritik abzugrenzen, griffen einzelne Kritiker auf Positionen der religiös-konservativen Richtung der Hebbelkritik zurück.

Heinz Stolte wollte Herodes und Mariamne als "Bekenntnisdichtung" im doppelten Sinne verstanden wissen: einerseits als Offenbarung "geheimer Erlebnisse, geheimer Schuld" , andererseits als Konfession "metaphysisch-ethischer"Grundüberzeugungen[1]. Wenn man sich die "biographischen Umstände" vergegenwärtige, unter denen das Drama gedichtet worden sei[2], sei der Zusammenhang unmittelbar einsichtig, der zwischen Hebbels "Lebenskonflikt" und dem dramatischen Vorgang bestehe. In die Herodes-Geschichte habe Hebbel die "drei seelischen Traumata", die er aus seinem "Lebenskonflikt" in Wien davongetragen habe, hineingesehen und hineingestaltet[3]. Dabei handle es sich um "die tiefe Erfahrung der männlichen Schuld", die "rasende Enttäuschung" und "Haßliebe" zweier Menschen, deren "lange schicksalhaft gefügtes Verhältnis" von Grund auf zerstört scheine , schließlich die "Verzweiflung an der Existenz überhaupt", die "hilflose Verlorenheit in der Welt und die Rettung daraus durch eine Frau und ihre Liebe"[4]. Zu diesen "existentiellen Schicksalserlebnissen" trete Hebbels zentrales "Bildungserlebnis" hinzu: Gestalt und Vorbild Kleists[5]. Durch das "Erlebnis Kleists" habe eine Gestalt wie Herodes mit ihrem "hybriden, äußersten und unmäßigen Liebeswunsch" für Hebbel das unmittelbar faszinierende Leben gewonnen, dessen sie zu ihrer dichterischen Wiederauferstehung bedurft habe[6]. Diese Erfahrungen

---

1 "Hebbels Herodes und Mariamne als Bekenntnisdichtung", HJb 1961, 112 f.

2 ebd., 90.

3 ebd., 94.

4 ebd., 94 f.

5 ebd. ,96.

6 ebd., 97.

seien in Herodes und Mariamne in einer Form gestaltet, die "das alte große Menschheitsthema der Humanität" nicht zu einem "humanitären Siegesfest" wie in Goethes Iphigenie, sondern zur "großartigen und grausigen Feier menschlichen Untergangs" führe[7].

Zum anderen enthalte das Drama, und zwar in den entscheidenden Wendungen des letzten Aktes, auch ein Glaubensbekenntnis. Die Dreikönigsszene dürfe nicht als "bloßer universalgeschichtlicher Schnörkel am Rande" mißverstanden werden, dem keine tiefere Bedeutung zuzumessen wäre. Sie sei vielmehr "die letzte Konsequenz" , sie symbolisiere "die transzendentale Umkehrung des pantragischen Weltprinzips" Das Letzte sei in Herodes und Mariamne nicht der "verzweifelt-nihilistische Rachetod" Mariamnes, sondern das, was die heiligen drei Könige ankündigten[8].

Die Grundgedanken dieser Interpretation hat Stolte an anderer Stelle wiederholt[9]. Dort hob er hervor , daß die in Hebbels Drama gestaltete menschliche Tragik derart "gnadenlos" sei , daß "etwas anderes, Neues" eintreten müsse, was die Welt aus "ihrer tödlich eisigen Erstarrung" löse und "für Menschen erträglich, für Liebende lebbar" mache[10]. Hebbel lasse deshalb im Hintergrund des tragischen Schicksals die Umrisse eines "göttlichen Heilsplanes" sichtbar werden[11].

Stolte ging es keineswegs um ein geschichtlich-gesellschaftliches Verständnis von Hebbels Drama, auch wenn er bei seiner Deutung die individuellen Erfahrungen des Dichters mitberücksichtigte. Hebbel galt ihm viel-

---

7 Stolte, HJb 1961, S. 102.

8 ebd., 113.

9 Friedrich Hebbel, Werke, Jubiläumsausgabe, hg. Heinz Stolte, Bd. 1 (Hamburg, Standard-Verlag 1963) S. 62-66. - Stoltes Einleitung ist wieder abgedruckt in Heinz Stolte, Friedrich Hebbel: Welt und Werk (Hamburg 1965) S. 9-94.

10 Friedrich Hebbel, Werke, S. 65 f.

11 ebd., S. 66.

mehr als Kronzeuge einer "modernen Weltdeutung"[12]. "Modern" war Stolte zufolge Hebbels Dichtung gerade ihrer innerweltlichen Ausweglosigkeit wegen. Wenn überhaupt wie in Herodes und Mariamne Lösungen angeboten würden , so könnten diese nur religiöser Natur sein. Dabei ging Stolte , der in Schopenhauer, Jaspers und Sartre die wichtigsten Repräsentanten "modernen" Denkens sah[13], davon aus, daß dem "modernen" Bewußtsein der "frühere frohe Glaube" an eine "Progression" des Menschengeschlechts endgültig verlorengegangen sei[14]. Dem gesellschaftlichen Fortschritt stehe zuerst "der" Mensch selbst im Wege, "ein Bündel unbewußter Triebkräfte", "ein gefährlicher Explosivherd irrationaler Gewalten" , "nur notdürftig eingezwängt in die Hülle der Rationalität, aber unaufhörlich bereit, zu furchtbarer Wirkung auszubrechen"[15]. Den geschichtlichen Fortschritt könne weithin der Staat vereiteln, der sich als Machtmittel in der Hand "dämonisierter Gewaltverbrecher" als tödliche Bedrohung seiner Bürger erwiesen habe[16]. "Sozialer Fortschritt" könne schließlich zum "Terror einer Klasse" entarten, die mit ihrer Aufhebung aller Menschenrechte , der Persönlichkeit und aller privaten Sphäre" die "lebendige Gemeinschaft" zum "Kollektiv" vereise[17]. Die sozialistischen Entwicklungsgesellschaften, "weltweite Experimente" , hätten sich als das entlarvt, was ihre Programme immer gewesen seien: "als Utopien, die ins Unmenschliche münden, statt Menschlichkeit neu zu begründen"[18]. Es sei somit unmöglich, die "offene, fließende , sich ständig umstrukturierende Gesellschaft" mit ihren "aus wirtschaftlichen Krisen, Konflikten und Differenzierungen aufgeworfenen sozialen Spannungen"

---

12 "Moderne Weltdeutung im dichterischen Werk Friedrich Hebbels", HJb 1965, 9-32.

13 ebd., 11.

14 ebd., 13.

15 ebd., 11 f.

16 ebd., 12.

17 ebd. ,13.

18 ebd.

ohne göttliches Einwirken so zu verändern, daß mehr Menschlichkeit verwirklicht werden könne[19].

Wie Stolte griff auch Ulrich Henry Gerlach in seiner in den USA entstandenen , aber in Deutschland veröffentlichten Dissertation auf das lange Zeit wenig beachtete biographische Material zurück. Gerlach untersuchte Hebbels kritische Kommentare zu Herodes und Mariamne[20]. Er ging zuerst auf die Genesis des Werkes sowie auf die Quellenfrage ein[21]. Dann stellte er die Werturteile des Dichters zusammen[22] und analysierte schließlich Hebbels kritischen Kommentar zum eigenen Werk[23]. Gerlach ging dabei ausführlich auf die Problematik der "Notwendigkeit" ein[24], wobei er Hebbels Äußerungen über Herodes, Joseph und Mariamne besonders berücksichtigte[25]. Abschließend analysierte er vor allem im Hinblick auf die Dreikönigsszene das Problem der "Versöhnung"[26].

Gerlachs Darstellung bezeugte zwar eine "stupende Kenntnis" der Hebbel-Philologie[27], aber nur ein geringes geschichtlich-gesellschaftliches Interesse. Die Mitteilung Hebbels, daß er in Herodes und Mariamne "alle Vorurtheile schonen" werde (WB IV, 26), kommentierte er mit folgenden Worten: "It is difficult to assess to what Hebbel is alluding. Perhaps he planned to avoid using any motif that might offend then prevailing public taste and morals."[28] Welche Vorurteile Hebbels Stück geschont habe und warum bzw. in welcher Absicht dies habe geschehen können, blieb unbestimmt.

---

19 Stolte, HJb 1965, 13.
20 Hebbel as a critic of his own works - Judith, Herodes und Mariamne, ,and Gyges und sein Ring (Göppingen 1972) S. 83-148.
21 ebd., S. 83 ff.
22 ebd., S. 93 ff.
23 ebd., S. 104 ff.
24 ebd. ,S. 111 ff.
25 ebd., S. 129 ff.
26 ebd., S. 142 ff.
27 Heinz Stolte, "Literaturbericht 1971", HJb 1971/72, 178.
28 Gerlach, Hebbel as a critic of his own works , S. 94.

In seinen Ausführungen über die Problematik des Stücks als Geschichtsdrama[29] verwies Gerlach auf die enge Verbindung der "question of history" und des Problems der "necessity": "What Hebbel wants to do then to achieve a tragedy of absolute necessity is to build into the form or structure of the play only elements that move it along 'necessity' to its conclusion."[30] Gerlach versuchte zu zeigen, daß "necessity" für Hebbel keineswegs "historical determination" bedeute[31]. Die "Notwendigkeit" der tragischen Ereigniskette entstehe vielmehr aus dem engen Zusammenwirken von "inner and outer conditions"[32].

Im Anschluß an die Diskussion von Hebbels Begriff der "Notwendigkeit" ging Gerlach auf die einzelnen Figuren des Stücks und insbesondere auf Mariamne ein. Ausdrücklich wandte er sich gegen jene Kritiker, die behaupteten, Mariamne sei am Ende des dramatischen Geschehens von Haß und Rachsucht erfüllt[33]. Mariamnes Todesverlangen interpretierte er im Anschluß an D. Barlow[34] als "a last desperate attempt to raise him, through grief and suffering, to her own spiritual level"[35]. Abschließend ging er auf die Dreikönigsszene ein, die er als Beweis für eine "Versöhnung" wertete, die zwar nicht den Figuren des Stücks, aber dem Publikum vergegenwärtigt werde[36]. Diese Episode verdeutliche nicht etwa das Heraufkommen eines neuen Zeitalters des Liberalismus und Humanismus, sie sei vielmehr darauf angelegt, die "religious aspects" des dramatischen Vorgangs hervorzuheben[37], die Gerlach in Mariamnes "sacrifice", im mystischen und transzendenten Charakter von Mariamnes Liebe angelegt sah[38].

29 Gerlach, Hebbel as a critic of his own works , S.110 ff.
30 ebd., S. 115.
31 ebd., S. 121.
32 ebd., S. 122.
33 ebd., S. 137.
34 "Mariamne's Motives in Hebbel's 'Herodes und Mariamne'", Modern Language Review LV (1960) 220.
35 Gerlach,, Hebbel as a critic of his own work, S.138.
36 ebd. , S. 144.
37 ebd., S. 145.
38 ebd. - Gerlach zitierte D. Barlow , Modern Language Review LX (1960) 220: "It is in order to stress the mystical and transcendent quality in Mariamne's love - a quality made apparent in her resolve to

3.6.4.2.3 Die traditionalistische konservative Kritik

Unter den konservativen Kritikern der sechziger Jahre war Otto Mann derjenige, der die geschichtlich-gesellschaftlichen Bezüge von Hebbels Drama am deutlichsten erkannte, diese Dichtung aber gerade ihrer Gesellschaftsbezogenheit wegen scharf verurteilte. Mann, der davon ausging, daß der Dramatiker sich um die "Darstellung des Überzeitlich-Möglichen" bemühen müsse, hielt den Versuch Hebbels, den "Lebensprozeß seiner Zeit" darzustellen, sein Drama auf "einen tragischen Prozeß der Gegenwart" zu beziehen, für "dramatisch unrealisierbar"[1]. Durch den "falschen Bezug der Tragödie auf einen realen zeitlichen Zustand" erklärten sich die "Ungereimtheiten" von Hebbels Produktion. Hebbels "Tragik von heute" müsse für spätere Geschlechter "vergangene Tragik" sein. Hebbels Charaktere verlören ihre "Lebenswahrheit", weil sie "Verkörperung einer tragischen Idee" würden. Hinzu komme , daß Hebbel "das Extreme, Krasse , Gewaltsame" liebe, Willen als "leere Unbedingtheit" erscheinen lasse, "Haltung" als Borniertheit, Liebe als sexuellen Trieb. Er gehe an die Grenzen des Verstehbaren, ohne "der poetische Zauberer" zu sein, der Grenzzustände noch glaubhaft machen könnte[2]. So herrsche in Herodes und Mariamne bei Herodes "die Absolutheit des Besitzwillens", bei Mariamne "die Absolutheit innerer Selbstwahrung". "In Ermangelung einer transzendenten vernichtenden Macht führt sie den tragischen Prozeß an sich selbst zu Ende."[3]

---

take her own life should Herodes himself be killed - that Hebbel surrounds her death with Christian symbolism."

1 Geschichte des Deutschen Dramas, Kröners Taschenausgabe, Bd 296 (Stuttgart, 3. Aufl. 1969) S. 423. (1.Aufl. 1960).

2 ebd., S. 423 f.

3 ebd., S. 427.

Daß Hebbel die geschichtlich-gesellschaftlichen Erfahrungen seiner Zeit zu verarbeiten versucht habe, daß er sich aufs Psychologische eingelassen habe, machte nach Ansicht Manns das Fragwürdige von Hebbels Kunstschaffen aus. Mann hielt nicht mit der Auffassung zurück, daß durch die sozialwissenschaftliche Forschung , "durch Psychologie, Soziologie und Historie", "ein Strudel von Fragwürdigkeiten" erzeugt worden sei[4]. Die Psychologie leite "höhere Wesensschichten" im Menschen aus "niederen" ab. So etwa erkläre man die Liebe aus dem Sexualleben. Hierzu neige auch Hebbel, der die Liebe "sexualisiert" habe. Als Beleg für diese Auffassung erwähnt Mann u.a. den Umstand, daß Herodes den Gedanken nicht ertrage, daß seine Frau nach seinem Tode einem anderen gehören könnte[5]. Daß in Hebbels Drama der Mensch sich in der"übergreifenden irdischen Wirklichkeit" zu orientieren habe, nicht mehr wie vorher an Gott, wurde von Mann als verhängnisvolle Vorausdeutung auf den "modernen Kollektivismus" gesehen[6].

---

4 Deutsche Literaturgeschichte (Gütersloh 1964) S. 421.

5 ebd.

6 ebd., S. 420.

3.6.4.2.4 Die geistesgeschichtliche Richtung

In der Theaterkritik wurde Herodes und Mariamne gelegentlich als das "Drama der Weltenwende" bezeichnet[1]. Von diesem Grundgedanken der geistesgeschichtlich orientierten Hebbelkritik ging auch Heinz Ungureit in einem Artikel der Frankfurter Rundschau[2] aus, wo es hieß, Mariamne erscheine nicht nur als Opfer ihrer unbedingten Liebe, sondern auch als "Opfer ihrer nur halben Bewußtheit". Wenn sie schließlich keinen Befehl ihres Mannes unausgeführt lassen wolle , beweise sie, daß sie trotz allen Verlangens nach Fortschrittlichkeit und Emanzipation selbst noch "gesellschaftlich zu befangen" sei, um ihre Liebe verwirklichen zu können: "Mariamne will schon Klarheit, aber nicht genug." Hebbel stelle sie in "eine Zeit des geschichtlichen Aufbruchs" und gebe ihr damit eine gewisse Chance, zu erkennen und zu überleben. Aber die konservativen Mächte und Doktrinen erwiesen sich in der "ersten Welle des Umbruchs" meist als stärker. Hebbel fasziniere das Scheitern in dieser Phase mehr als (wie dann etwa Brecht) die Dialektik der Veränderung allgemein. Aber mit dem Erscheinen der drei Könige weise er gerade in diesem Stück auf die Möglichkeit der Besserung, der vollen Bewußtheit und des Überlebens der Liebenden hin. Hebbel selbst habe den "Widerspruch eines solchen Umbruchsmenschen" in sich und verdeutliche ihn in seinen Dramen. Seine Tragödien vollzögen sich nach einem "scheinbar vorgegebenen Automatismus", aber im Innern gebe es "ständige Relativierungen und Reflektionen": "Der Automatismus kontrolliert sich gleichsam selbst; die Menschen suchen ihn, dem sie zwar nicht entgehen können , zu durchschauen."

---

1 "Auf sehr einsamer Höhe..." , Frankfurter Neue Presse, Frankfurt, 10. 5. 1963; ähnlich "Lehrstück über die Liebe", Wiesbadener Kurier, Wiesbaden , 26. 9. 1967.

2 "Endlich ein Hebbel in Frankfurt", Frankfurter Rundschau, Frankfurt, 10. 5. 1963.

Ähnlich, aber mit anderer Akzentuierung urteilte Friedrich Heer. Das Thema von Hebbels großen Dramen sei "die fortschreitende Geburt des Menschen, des neuen Menschen, mitten in großen Zusammenbrüchen"[3]. Hebbels Stücke wollten das Bersten der alten sozialen und religiösen "Sicherheitsventile" bewußt machen[4]. Heer begriff Hebbel als den "Aufklärer", der den neuen Tag, die neue Sonne bringe, herbeizwinge "in dunkelster Weltenmacht"[5].

Anni Meetz gab in ihrem "Realienbuch" folgenden Kommentar zu Herodes und Mariamne: Eine Welt , in der der Mensch zum Ding herabgewürdigt werde wie Mariamne , die Herodes als sein kostbarstes Besitztum mit ins Grab nehmen möchte, sei zum Untergang reif. Hebbel variiere dieses Motiv von dem Sklaven Artaxerxes, der Uhr gewesen sei, über Joseph und Soemus, die zum "Schwert" erniedrigt würden, bis zu Mariamne hinauf. Hebbels "Hab Achtung vor dem Menschenbild..." gelte hier noch nicht ; es werde erst das Gebot der "christlich orientierten Epoche" sein. In dieser Sicht stelle die Drei-Königs-Szene die Verkündigung einer neuen Zeit dar, in der Liebe und Güte an die Stelle egoistischer Maßlosigkeit treten würden[6].

Wie undifferenziert bei solcher Deutung die politisch-gesellschaftlichen Voraussetzungen des Hebbelschen Werkes sowie die Wirkungsabsichten des Dichters beurteilt wurden, erwiesen die Ausführungen Hayo Matthiesens, eines Schülers Meetz'. Matthiesen hielt die von konkreten Klasseninteressen diktierten Entscheidungen

---

3 "Der unheimliche Gast: Eine Festrede zum hundertsten Todestag Friedrich Hebbels", Frankfurter Hefte 19 (1964) 342.

4 ebd.

5 ebd., 344.

6 Friedrich Hebbel, Realienbücher für Germanisten (Stuttgart 1962) S. 57. Ähnliche Formulierungen in Friedrich Hebbel, Gesammelte Werke in zwei Bänden, Mit einer Einleitung von Anni Meetz, Bd. I (Gütersloh o.J. [1963]) S. 20 f.

Hebbels im Revolutionsjahr für Entscheidungen eines "eminent politischen Menschen"[7], dessen "unabhängige Stellung zwischen den Extremen" ihm die Möglichkeit gegeben habe, "seine Meinung zu den einzelnen Erscheinungen kritisch auszusprechen"[8]. Matthiesen ging offensichtlich davon aus, daß der dem Dichter zugeschriebene politische Weitblick sich im Werk widerspiegele, denn er stellte heraus, daß Hebbels Mariamne die Auffassung des Dichters von der "Unverletzlichkeit des Menschen, von seiner Freiheit und Gleichheit, seiner Verantwortung für sich selber, seinem Recht auf das eigene Leben" repräsentiere[9]. Herodes' Mordbefehl sei "die Negation dieses Grundrechtes der Menschheit", sei "die völlige Entwürdigung des Menschen"[10]. Die "Forderung nach Anerkennung der menschlichen Autonomie" sei ein Grundgedanke von Hebbels Weltanschauung, der in _Herodes und Mariamne_ wie in jedem anderen Hebbelschen Werk dargestellt sei[11]. Matthiesen verwies darauf, daß in Hebbels Drama nicht nur Mariamne, sondern auch Soemus, die Taucher und die Richter als "Werkzeuge" mißbraucht würden. Die "totale Herabsetzung des Menschen zum bloßen Ding" stelle auch der Diener Artaxerxes dar[12]. Die Vergangenheit gehöre den Satrapien, deren Kennzeichen eine "totale Versklavung des Menschen" sei[13]. Im Vergleich zur "Satrapen-Zeit" stelle die Gegenwart am Hofe des Herodes eine "aufgeklärte Epoche" dar, aber im Grunde herrsche in ihr noch derselbe Geist: "Freiheit, Gleichheit, Liebe,

---

7 _Untersuchungen über die Quellen zu Friedrich Hebbels historischen Dramen: Ein Beitrag zur Stoffgeschichte und zur Deutung des Dichters_ (Kiel, Phil. Diss. 1965) S. 62. - Cf. Hayo Matthiesen, "'Herodes und Mariamne': Eine Untersuchung über die Quellen", _HJb_ 1966, 88-116.

8 _Untersuchungen über die Quellen zu Friedrich Hebbels historischen Dramen_, S. 54.

9 ebd., S. 83 f.

10 ebd., S. 84.

11 ebd.

12 ebd., S. 86.

13 ebd., S. 105.

Vertrauen - das sind auch für diese Zeit bloße Ideale"[14]. Es bleibe aber die Hoffnung, daß sie "einst auf der Erde eine dauernde Bleibe finden" würden[15]. Hebbels Drama weise nicht in "eine christlich-dogmatisch bestimmte Zukunft"[16], aber es vermittle die Zuversicht, daß eine Zeit kommen werde, in der die Menschen "in autonomer Freiheit und Gleichheit" nebeneinander ständen, in der "die Abhängigkeit des einen Menschen von anderen, die Versklavung des einen durch den anderen" aufgehoben sein werde[17].

Matthiesen kam es somit auf die Verdeutlichung humanistischer Zielvorstellungen an. Die Art und Weise, wie der von ihm gewünschte Fortschritt geschichtlich-gesellschaftlich realisiert werden könne , war in seine Überlegungen allerdings nicht miteinbezogen.

Marie Luise Gansberg wollte die Problematik von Hebbels dramatischem Stil differenzieren und historisch begründen[18]. Wie in Grabbes und Büchners Dramensprache der dreißiger Jahre zeigten sich auch im Stil von Hebbels Frühdramen bis hin zu Herodes und Mariamne neben längeren, ruhig-nüchternen Passagen "die Neigung zu rhetorisch steigernder Syntax, eine Vorliebe fürs indirekte, bildliche Sprechen, für Personifikation, Allegorie und der selbstverständliche Griff zu extremem Wortmaterial"[19]. Mit Herodes und Mariamne setze ein entscheidender Stilwandel ein. Epochale und individuelle Entwicklungstendenzen wirkten zusammen, schränkten "Extremwortschatz, Metaphernfülle, rhetorische Elemente der Syntax" um ein Mehrfaches ein und schafften "eine gedämpfte, gemäßigte, einfachere Sprache"[20]. Aller-

---

14 Untersuchungen über die Quellen zu Friedrich Hebbels historischen Dramen, S. 105.

15 ebd.

16 ebd.

17 ebd. , S. 106.

18 "Zur Sprache in Hebbels Dramen" , Hebbel in neuer Sicht, hg. Helmut Kreuzer (Stuttgart 1963) S. 59.

19 ebd., S. 62.

20 ebd., S. 65.

dings handle es sich keineswegs um einen "radikalen Abbau extremer, rhetorischer, enthusiastischer Stilelemente". Die "pathetische Stillage", die dem Realismus ganz fremd sei, bleibe bei Hebbel auf weite Strekken erhalten, sie werde nur durch "neue sprachliche Verbindungen und Mischungen" modifiziert. Die Ursache dafür sei in Hebbels "entwicklungsgeschichtlichen Spekulationen" , seiner "abstrakt-konstruktiven Denkweise" zu suchen: "Sein energisches Wiederanknüpfen an den deutschen Idealismus, an die hegelianische Geschichtsphilosophie ermöglichte es ihm, die 'Idee' und eine von ironisch-relativierenden Brechungen nicht mehr bedrohte pathetische Stillage zu retten."[21]

Die "trotz aller Einschränkungen realistisch überformte Jambensprache" von Herodes und Mariamne[22] suchte Gansberg durch die Interpretation einzelner Textausschnitte genauer zu beschreiben. Dabei stellte sie heraus, daß "ganz gewöhnliche, schlichte Redeformen" dominierten, die "teils aus gehobener, teils aus der Umgangssprache" genommen seien[23]. Eine gewisse Differenzierung in den Redeweisen der verschiedenen Personen sei unverkennbar. Mariamne spreche in einer "realistisch-einfachen Sprache", die aber nie die hohe Stilebene verlasse[24]. Bei Herodes dagegen nehme die Sprechweise über das Einfach-Nüchterne hinaus häufig "eine betont leger-umgangssprachliche Tönung" an[25]. Hebbels Versuch , "die leger-umgangssprachlichen Elemente" mit der "hohen Jambensprache" zu verschmelzen, schließe "die Gefahr der Uneinheitlichkeit, des Stilbruchs", ein, der Hebbel in der Tat gelegentlich erlegen sei[26].

Gansbergs Arbeit knüpfte an die Forschungen Berkhouts und Langens einerseits, Sengles andererseits an. Wie

---

21 Gansberg, Hebbel in neuer Sicht, S. 66.

22 ebd., S. 67.

23 ebd., S. 68.

24 ebd.

25 ebd., S. 69.

26 ebd., S. 70.

Berkhout und Langen versuchte sie , ohne eindeutig formulierten Stilbegriff Hebbels "Teilhabe am Epochenstil" nachzuweisen[27]. Dabei gelang ihr der Nachweis, daß Hebbels dramatische Sprache durch den literarischen "Sprachwandel 1835 - 1855"[28] geprägt ist, aber auf Grund der fehlenden Präzisierung des Stilbegriffs blieben die Angaben zum Teil vage und subjektiv und vor allem in literarhistorischer Hinsicht fragwürdig. Gansberg behauptete, daß sich das "Stilklima"[29] mit dem Übergang von der Restaurations- zur Realismusperiode zu einem allgemeinen ruhigen Optimismus, einem entschiedenen Immanentismus gewandelt habe[30]. Zur Erklärung der für Hebbels dramatische Sprache charakteristischen Abweichung vom realistischen "Stilklima" verwies sie auf Sengles geistesgeschichtliches Hebbelbild[31]. Ihre Darstellung zielte somit darauf ab, diese literarhistorische Konzeption mit Hilfe der Stiluntersuchung zu bestätigen.

Christel Kranz berief sich in ihrer vergleichenden Gegenüberstellung der <u>Herodes- und - Mariamne</u> - Dramen Rückerts und Hebbels[32] auf die Arbeiten Sengles[33] und Gansbergs[34]. Martin Neufelder schrieb, daß Hebbel in

---

27 Gansberg , <u>Hebbel in neuer Sicht</u>, S. 62.

28 Cf. Marie Luise Gansberg, <u>Der Prosa-Wortschatz des deutschen Realismus: Unter besonderer Berücksichtigung des vorausgehenden Sprachwandels 1835 - 1855</u>, Abhandlungen zur Kunst-, Musik- und Literaturwissenschaft, Bd. 27 (Bonn 1964) ; cf. auch zum folgenden Dieter Nerius (Rez.), <u>WB</u> 12 (1966) 709-711.

29 Gansberg, <u>Hebbel in neuer Sicht</u>, S. 65.

30 ebd., S. 73.

31 ebd. ,S. 66.

32 "Friedrich Rückerts 'Herodes und Mariamne' und Friedrich Hebbels 'Herodes und Mariamne'", <u>Rückert-Studien</u> 1 (1964) 115 - 139.

33 Cf. ebd., 119, 137.

34 Cf. ebd., 133 f.

Herodes und Mariamne "in nicht zu verkennender Anlehnung an Hegels Geschichtsphilosophie" habe zeigen wollen, daß sich die Welt zu "reineren und höheren Formen" durcharbeiten werde, daß "das Postulat der Menschenwürde" mit zunehmender Geschichte in dieser Welt immer mehr realisiert werde[35].

Als einen Hinweis auf "die Möglichkeit des Wandels durch eine Wende der Zeit" begriff Herbert Kraft Hebbels Herodes und Mariamne[36]. In diesem Stück werde eine Zeit, eine Gesellschaft gezeigt, die vor dem 'Menschenbild' keine 'Achtung' habe[37]: "Die Zeit verlangt nach neuer Wertsetzung, damit der Mensch sich wieder in seiner Zeit verstehen kann, in seiner Zeit statt außer ihr."[38] Anders als Mariamne habe Herodes, obwohl er die gesellschaftlich-politische Entwicklung vorantreiben wolle, im individuellen Bereich den notwendigen Wandel noch nicht begriffen und begehe in einer Situation der Unsicherheit und des Zweifels seinen größten Fehler, indem er Mariamne unters Schwert stelle[39]. Mariamne hingegen glaube , die Leistung des einzelnen reiche aus, um das Problem, an dem der einzelne leide, zu lösen, weil sie nicht erkenne, daß die Ursachen für das Elend des einzelnen nicht im einzelnen allein lägen[40]. Letztlich bedürfe es einer qualitativen Änderung, einer grundsätzlichen Neubesinnung und Wertsetzung[41]. Bevor noch die Katastrophe eintrete, reiche schon die Versöhnung in das Geschehen hinein,

---

35 Die Rechtsauffassung Friedrich Hebbels: Ein Beitrag zu den Grundlagen einer Rechtsordnung (Würzburg , Jur. Diss. 1969) S. 34, 36.

36 Poesie der Idee: Die tragische Dichtung Friedrich Hebbels (Tübingen 1971) S. 192.

37 ebd., S. 175.

38 ebd.

39 ebd. , S. 176.

40 ebd., S. 180.

41 ebd., S. 183.

und in der Gewißheit des dem Zuschauer oder Leser bekannten weltgeschichtlichen Ereignisses von Christi Geburt werde die Katastrophe stark relativiert[42]. Während die Figuren von Hebbels Drama noch an den "Bedingungen der Zeit" zerbrächen, kündige sich bereits eine "Zeitenwende" an[43]. "Christi Liebe ist in der dargestellten Weltsituation die mögliche und historisch wirkliche Lösung."[44] Die "geschichtliche Entwicklung", die Hebbel durch die Dreikönigsszene habe sinnfällig machen wollen[45], bezeuge die Notwendigkeit eines "Wandels" "von der Inhumanität zur Humanität"[46].

---

42 Kraft, Poesie der Idee, S. 184.
43 ebd., S. 186.
44 ebd., S. 188.
45 ebd., S. 191.
46 ebd., S. 192, Anm. 663, mit einem Hinweis auf Zieglers Tübinger Hebbel-Vorlesung im Sommersemester 1967.

3.6.4.2.5 Die progressive Richtung

Die Traditionen der progressiven Hebbelkritik setzten sich vor allem in den Feuilletons der Tageszeitungen fort. Auch in den Theaterkritiken wurde zuweilen die Notwendigkeit einer "neuen Aneignung von Hebbels Werk" betont[1], aber nach wie vor wurden Kritiken veröffentlicht, die Herodes als einen "jener Macht- und Gewaltmenschen" bezeichneten, unter denen die Welt "beständig" zu leiden habe[2] und die in dem Stück die "Forderung" impliziert sahen, daß "das Recht auf freie Selbstbestimmung der Person, der Anspruch, Subjekt zu sein", jedem Individuum zustehe[3]. Von gleicher Tendenz waren folgende Kritiken:

- Fiedler, "Das Genie und seine Zeit" , Cellesche Zeitung. Celle , 1.9. 1960
- "Eigentumswillen contra Eigenwürde", Hanauer Anzeiger. Hanau, 10. 5. 1963
- Wolfgang Stauch v. Quitzow, "Das Neueste von gestern", Sonntagsblatt. Hamburg, 2. 6. 1963
- Christa von Helmolt, "Vom Temperament überrannt" , Saarbrücker Zeitung. Saarbrücken, 13. 6. 1963
- Kurt Dörnemann, "Ein Mensch - zum Ding entwürdigt", Westdeutsche Allgemeine. Ausgabe Gelsenkirchen, 31. 1. 1964
- Hannes Peuckert, "Bielefeld begann mit Hebbel" , Herforder Kreisblatt , Herford , 15. 9. 1964

Ilse Brugger, der es um den Nachweis der Verdinglichungsthematik in Hebbels Dramen ging[4], schloß sich in ihren Ausführungen über Herodes und Mariamne eng an

---

1 "Friedrich Hebbels Tragödie 'Herodes und Mariamne': Absolutismus der Liebe", Wiesbadener Kurier, Wiesden , 10. 5. 1963.

2 "'Herodes und Mariamne' als Kammerspiel", Südkurier, Konstanz, 11. 9. 1970.

3 "Gelungene Hebbel-Inszenierung", Frankfurter Rundschau, Frankfurt, 4. 12. 1964.

4 "Die 'Mensch-Ding-Problematik bei Hebbel", HJb 1963 , 66-94.

die Interpretation Mays an[5]. Der Wiesbadener Kurier veröffentlichte Auszüge aus der Hebbelkritik Kerrs[6].

J. G. Robertson und Edna Purdie schrieben, Hebbel habe die Grundlagen für jene "Erneuerung des Dramas" geschaffen , die sich im letzten Viertel des 19. Jahrhunderts in Nordeuropa vollzogen habe[7]. Die besondere Leistung Hebbels sahen die Verfasser darin, daß er der dramatischen Dichtung "neue psychologische Ausdrucksmöglichkeiten" gegeben habe[8]. In Herodes und Mariamne sei es das nicht näher bestimmte "psychologische Problem" gewesen, das Hebbel zu einer meisterhaften Konzeption der Charaktere angeregt habe[9].

In ähnlicher Form wurde in mehreren Theaterkritiken auf die psychologische Problematik von Hebbels Drama hingewiesen. Herodes und Mariamne wurde als ein "psychologisch aufgeschlüsseltes, beinahe unheimlich modern empfundenes Drama"[10], als ein "unerbittlich in den Abgründen der Seele bohrendes Drama"[11] charakterisiert. Ein Kritiker bezeichnete das Stück als "dramatische Darstellung einer Genealogie der Entfremdung"[12]. Der Zuschauer werde Zeuge "der lähmend langsam und folgerichtig sich vergrößernden Kluft zwischen zwei Menschen"[13]. In der Tendenz ähnlich waren folgende Kritiken:

- "Die Menschen lieben sich nicht so", Main-Echo. Aschaffenburg, 14. 5. 1963
- Jürgen Serke, "Hebbel als Vorläufer der Moderne: Frankfurter 'Herodes - und - Mariamne' - Inszenierung", Rhein-Zeitung. Koblenz , 24. 5. 1963

---

5 Brugger, HJb 1963 , 83-85.

6 "Eifersucht auf die Zukunft", Wiesbadener Kurier, Wiesbaden , 23. 9. 1967.

7 Geschichte der deutschen Literatur (Göttingen 1968) S. 492.

8 ebd., S. 496.

9 ebd. ,S. 494.

10 Erwin Krupp , "Neuß spielt Hebbel", Rheinische Post , Düsseldorf, 5 12. 1966.

11 Hermann Dannecker, "Hebbels 'Herodes und Mariamne' in Celle", Neue Württembergische Zeitung, Göppingen, 1. 9. 1960.

12 Norbert Hampel, "Eine Rarität: 'Herodes und Mariamne'", Nordwest-Zeitung, Oldenburg, 5. 9. 1967.

13 "Zum Hebbel-Jahr: 'Herodes und Mariamne'" , General-

- "'Herodes und Mariamne' in Gelsenkirchen", Stuttgarter Zeitung, Stuttgart, 19. 2. 1964
- "'Herodes und Mariamne' in Oldenburg", Ostfriesischer Kurier, Norden, 7. 9. 1967, und Norddeutsche Volkszeitung, Bremen-Vegesack, 7. 9. 1967 (gleicher Text)

In mehreren Besprechungen fanden sich Ansätze zu einer Kritik von Hebbels Drama. Hebbel sei der "Verführung zur Größe" unterlegen , indem er "private Konflikte in weltgeschichtliche Zusammenhänge" gestellt habe[14]. Das Stück leide an einer "Monochromie (Einfarbigkeit)": Wenn es am Schluß "ein Aufleuchten" gebe, wenn die Königin, vom Besitzanspruch und der mißtrauischen Eifersucht des Herodes im Tiefsten verletzt, die Würde des freien Menschen mit dem Gang in den Tod verwirkliche, dann sei "dieses Aufleuchten mehr Nordlicht als Himmelsgestirn"[15]. Wiederholt wurde das Konstruierte, das Unglaubwürdige des Geschehens kritisiert. Hanns Merck schrieb in einer Kritik der Nürnberger Zeitung vom 30. 11. 1964 ("Tragödie krankhafter Eifersucht"), Hebbel motiviere die Beweggründe "gewaltsam von hintenrum". Man merke dem Stück die in den Jahren 1847 und 1848 aufgewandte Mühe an , "Ver- und Entflechtungen irgendwie hinzubiegen". Weitere Belegstellen:

- "Der lange Weg zu Hebbel" , Allgemeine Zeitung. Mainz , 11. 5. 1963
- Bernhard Boie , "Das Werk einer guten Inszenierung", Recklinghäuser Zeitung, Recklinghausen, 4. 2. 1964
- "Herodes und Mariamne", Saarbrücker Allgemeine Zeitung. Saarbrücken, 3. 6. 1964
- Wilhelm Ringelband, "Ist Hebbel noch spielbar?" Rhein-Zeitung, Koblenz , 5. 10. 1967

Hellmuth Karasek schrieb in einem Artikel der Deutschen Zeitung und Wirtschaftszeitung vom 14. 5. 1963 ("Unter Übermenschen"), was diesem Drama den Ruf einer großen

Anzeiger für Bonn und Umgebung, Bonn, 11.11.1963.

14 "Der Bruder des Othello", Frankfurter Allgemeine Zeitung, Frankfurt, Stadtausgabe , 10. 5. 1963.

15 "Der schwierige Hebbel" , Bonner Rundschau, Bonn, 11. 11. 1963 ; Kölnische Rundschau, Köln, 11. 11. 1963 (gleicher Text).

Liebestragödie eingetragen habe , wirke als "schwüle, schweißige Konstruktion": "Ein Held , der so sehr unter seiner Leidenschaft ächzt, daß er jedesmal, sobald er den Tod für sich befürchtet, seiner Frau einen Henker auf den Hals hetzt, erleidet keine Tragödie, sondern hat eine krankhafte Idee." Es bleibe Mariamne die "Tragik der beleidigten 'Menschheit'", aber auch sie ersticke in der "kalkulierten Konstruktion" des Trauerspiels. Das Schicksal , das sich hier einer Liebe prüfend in den Weg stelle, sei kein Verhängnis, das die Helden erduldeten , sondern es entspringe ihrem eigenen Hirn. Die "vielgepriesene Notwendigkeit" der Tragödie sei jedenfalls nicht einzusehen.

Oskar Fritz Schuh schrieb, bei Hebbel werde ständig "eine Endsituation" angepeilt, und sie vollziehe sich mit einer Ausweglosigkeit, die schlechthin nicht mehr zu überbieten sei[16]. Auch in Herodes und Mariamne sei eine "Endsituation" vorgezeichnet. Die Menschen seien so gestaltet, daß sie seismographisch aufeinander reagierten , daß eine andere als die ihnen eingegebene Reaktion gar nicht möglich sei[17]. Dabei sei "keinerlei aufklärerische Tendenz" erkennbar[18].

Georg Hensel charakterisierte Hebbels Dramen als "Menschenfallen", in denen der einzelne dem Ganzen geopfert und dieses Opfer gutgeheißen werde.Hebbel habe allen Scharfsinn aufgeboten, diese "Fallen" ausweglos zu bauen[19]. In Herodes und Mariamne sei die Darstellung der Zeitenwende mit der "privaten" Tragödie zweier Menschen verschränkt: Wie sie auf einer welthistorischen Grenzscheide ständen, sei auch ihre Liebe ein Grenzfall[20]. Hebbel habe nämlich "das Paradox einer Liebestragödie ohne Liebe" geschaffen. Die beiden

---

16 "'Die Kunst ist das Gewissen der Menschheit' (Hebbel)", HJb 1964, 19.

17 ebd., 21.

18 ebd., 24.

19 Spielplan: Schauspielführer von der Antike bis zur Gegenwart, Teil I (Berlin 1966)S. 505.

20 ebd., S. 509 f.

Figuren gingen nicht an ihrer Leidenschaft, sondern an einem "theoretischen Liebesbegriff" zugrunde[21].

Claude David schrieb, Herodes und Mariamne nehme in jambischem Metrum und antiken Gewand Hebbels zentrales Thema auf: "wie die Liebe Haßgebiert und sich nur durch Besitzgier und Zerstörung auswirken kann"[22]. Herodes verletze Mariamnes "menschliche Würde", aber nur "die hysterische Hartnäckigkeit" Mariamnes mache aus dem Irrtum ein unabwendbares Verhängnis. Das Erscheinen der heiligen drei Könige versuche dem Stück eine historische Deutung zu geben, "als solle und könne das Christentum der Schändung der menschlichen Würde ein Ende bereiten". Es sei Hebbel aber kaum gelungen, diese Interpretation seines Dramas glaubhaft zu machen[23].

Heinz W. Puppe warf im Hinblick auf "die überaus häufige Verwendung des Konjunktivs, die zahlreichen Konditionalsätze und die vielen a parte gesprochenen Monologe" die Frage auf , ob nicht "diese Eigentümlichkeiten" mehr als alles andere Hebbels audrücklich formulierte Absicht zunichte machten, "eine unbedingte Notwendigkeit" in den Gang der Handlung zu bringen[24]. Die konditionalen, konjunktivischen und die a parte gesprochenen Passagen entdeckten dem Publikum keine "realen" Fakten äußerer Handlung, sondern ausschließlich "Gedanken" der Figuren und Möglichkeiten, zumeist Mißtrauen und Verdacht, und zwar Verdacht über das, was in den Gedanken einer anderen Figur vorgehen müsse oder könne[25]. Statt "tragischer Notwendigkeit" komme deshalb nur "ideologisierte Psychologie" zustande[26]., wie Hebbel überhaupt "einen heute erstaunlichen Mangel an psychologischer Einsicht" zeige[27]. Hebbels Figuren

21 Hensel, Spielplan, Teil I, S. 510

22 Zwischen Romantik und Symbolismus (Gütersloh 1966) S. 77.

23 ebd.

24 "'Wir sprechen hier vom Möglichen'. Hebbels Herodes und Mariamne", Neophilologus LIV (1970) 278, 279.

25 ebd. , 279.

26 ebd. , 286.

27 ebd. ,282.

seien keineswegs als "psychologisch integrierte" und damit als "psychologisch identifizierbare Personen" aufzufassen[28]. "Von Gefühlen, Haß und Liebe vor allem, ist zwar die Rede, und sogar oft, dargestellt werden sie aber nicht."[29] Die Figuren des Dramas erlebten nichts, weil Hebbel sie zu sehr mit Erwägungen beschäftige. Die "Notwendigkeit der großen Tragödie" werde somit durch "die sprachlichen Mittel" unglaubhaft[30].

Puppe, der diesen Begriff der Notwendigkeit mit keinem Wort erläuterte, behauptete, daß der Konjunktiv in Hebbels Herodes und Mariamne "ein Zeichen stilistischer Unsicherheit trotz aller Straffheit der Konstruktion" sei, während Thomas Mann, Kafka und Musil zu einer Zeit, als "die absolute Gültigkeit objektiver Wirklichkeitserfassung" bereits in Frage gestellt gewesen sei, den Konjunktiv mit Meisterschaft gebraucht hätten[31]. Hebbel habe in Herodes und Mariamne Figuren konstruiert, durch die "gedachte Gefühle und gedachte Möglichkeiten als Wirklichkeiten" ausgegeben würden[32]. Die Figuren, denen die Worte in den "Mund" gelegt würden, seien "psychologisch kaum identifizierbar": "die Angeberei der Konjunktive läßt bestenfalls auf unreife Mentalität der Dialogpartner schließen."[33]

Puppe kritisierte Hebbels "Idealismus", ohne diesen näher zu bestimmen[34]. So beachtenswert, ungeachtet des polemischen Tons von Puppes Darstellung, einzelne seiner Beobachtungen und Urteile waren - so seine Betonung des konjunktivischen und konditionalen Charakters der dramatischen Reden und seine Behauptung, daß die dramatischen Personen psychologisch nicht integriert und identifizierbar seien -, seine Kritik blieb doch in relativ unklaren, "idealistischen" Vorstellungen befangen.

---

28 Puppe, Neophilologus LIV (1970) 286.

29 ebd.

30 ebd., 286 f.

31 ebd., 287.

32 ebd., 289.

33 ebd., 288.

34 ebd., 290.

3.6.4.2.6 Die antizivilisatorische Kritik

Die Hebbelkritik Wilhelm Emrichs wird vor dem Hintergrund des in den sechziger Jahren auftretenden Phänomens der Hippies und Gammler verständlich. Emrich wandte sich polemisch gegen die liberale Hebbelkritik, die alle wesentlichen Frauengestalten Hebbels als "Mißgeburten eines psychopathisch besessenen, die natürliche weibliche Wirklichkeit in jeder Weise mißachtenden und mißverstehenden Dichters" verunglimpfe[1]. Mariamne dürfe nicht als "ein rachsüchtiges Weib" begriffen werden[2]. Sie liebe Herodes "absolut". Auch Herodes glaube Mariamne "absolut" zu lieben, aber er wolle "empirische Beweise ihrer absoluten Liebe"; das sei "absurd". Herodes begreife nicht "den Absolutheitsanspruch des Geistes, der Identität von Liebe und Geist". Wäre er "souverän" in der Liebe , begriffe er Mariamnes "absoluten Liebesanspruch". "Herodes würde souverän auch innerhalb der empirischen Herrschaftskämpfe selbst , die er nur dadurch seelisch glaubt meistern zu können, daß er Mariamnes Liebe festnagelt und sie unters Schwert stellt, damit sie auch ganz real als Leiche bei ihm sei in seinem bitteren irdischen Tod."[3] Mariamne erspare dem König die "Probe" nicht, ob er "absolut" liebe oder "dem Trug der Empirie verfallen" bleibe. Da Herodes versage, werde die "Enthüllung der Wahrheit" , die ihn restlos vernichte , "das unerbittliche Gebot des Geistes"[4]. Im "Reich des Ungeistes und Widergeistes", in dem sich Emrichs Ausführungen zufolge Hebbels liberale Kritiker bewegen , erscheine "teuflisch und inhuman" immer das , was dem "Gesetz des Geistes" gehorche. Im "Reich

---

1 "Friedrich Hebbels Vorwegnahme und Überwindung des Nihilismus, Akzente 11 (1964) 231. - Der Aufsatz ist abgedruckt in Wilhelm Emrich , Geist und Widergeist: Wahrheit und Lüge der Literatur (Frankfurt 1965) S. 147-162.

2 Akzente 11 (1964) 231.

3 ebd., 232.

4 ebd.

des Geistes" aber seien "die menschlich-allzumenschlichen Motivationen und psychologischen Entschuldigungen" eindeutig "teuflische" Lügen, Maskeraden, die den Verrat an der Liebe verschleierten: "Nihilistisch ist nicht die absolute Welt Mariamnes, sondern die Welt einer alles verzeihenden, erklärenden und rechtfertigenden Humanität."[5]

Als den Ursprung des "Nihilismus", "der Hölle, in der wir leben" , bezeichnete Emrich die "ausschließliche Hinwendung des modernen wissenschaftlichen Bewußtseins auf die Empirie, auf die praktische Lebensformung, auch auf historische Kultur und Bildung"[6]. Diesen "Nihilismus", mithin auch die diesen begründenden kritisch-rationalen Einstellungen , zu überwinden, sei die Sache des "neu formenden Geistes", der sich in Hebbels Drama in dem "erwachenden Bewußtsein des Weibes" geltend mache[7]. Emrich deutete den Kampf der Geschlechter in Hebbels Drama als einen "Kampf um die Artikulierung eines weiblichen Bewußtseins" , das seit Jahrtausenden abgewürgt und in der "modernsten" gegenwärtigen Gesellschaft , der amerikanischen, gänzlich ausgerottet sei, weil es sich total mit dem männlichen Bewußtsein identifiziert habe[8]. Hebbels Frauengestalten beugten sich nicht den "Zwecken und Herrschaftsprinzipien des Mannes", sie lebten , forderten und verwirklichten vielmehr "eine absolute Sphäre mitten im Irdischen" , sie lebten "ganz in der Zeit" und doch zugleich "ganz außerhalb der Zeit"[9].

Emrich hat die "weiblichen Bewußtseinsformen und -möglichkeiten", um deren Realisierung es seiner Darstellung zufolge in Hebbels Drama geht[10], nicht näher ge-

---

5 Emrich, <u>Akzente</u> 11 (1964) 233.

6 ebd., 230.

7 ebd.

8 ebd., 226.

9 ebd., 225.

10 ebd. ,224.

kennzeichnet, und der Umkreis jener "absoluten Sphäre mitten im Irdischen" war keineswegs eindeutig abgesteckt. Der mangelnden begrifflichen Schärfe von Emrichs Darstellung entsprach eine auffällige Dämonisierung geschichtlich-gesellschaftlicher Zusammenhänge. "Unsere gegenwärtige Wirklichkeit" wurde wiederholt als "Hölle" bezeichnet[11]. Die Welt des 19. und 20. Jahrhunderts , eine Welt ohne Metaphysik, "ohne verbindlichen absoluten Maßstab"[12] war danach die "Hölle" , die es "aus ihren Fundamenten zu begreifen und zu besiegen" gelte[13]. In der Entfaltung "weiblicher Bewußtseinsformen und -möglichkeiten" sollte offensichtlich ein neuer "absoluter" Maßstab aufgerichtet werden, der das "zweckbestimmte Herrschaftsdenken des Mannes"[14], das die Welt erobert und zugleich "der Wüste, dem Nihil", überantwortet habe[15], aufheben könne.

Emrichs Hebbelkritik artikulierte ein soziales Unbehagen, das sich nicht an der sozioökonomischen Basis, sondern an kulturellen Überbauphänomenen orientierte. Demgemäß zielte seine Kritik nicht auf die Überwindung der Klassengesellschaft als Voraussetzung für die Konstituierung des "Reiches der Freiheit", sondern auf die Beseitigung der Herrschaftsmechanismen, die angeblich durch wissenschaftlich-technische Gesinnungen produziert und reproduziert werden.

---

11 Emrich, Akzente 11 (1964) 222 (2x), 224, 226 (2x), 230 , 231.

12 ebd., 231.

13 ebd. ,224.

14 ebd. ,225.

15 ebd. ,230.

4. Zusammenfassender Überblick

Ausgehend von dem in der Einleitung formulierten Problemaufriß und den sich daran anschließenden Fragen, kommt die vorliegende Untersuchung zu Ergebnissen , die sich wie folgt thesenartig zusammenfassen lassen:

1. Hebbel ist es, wie der Handlungsablauf von Herodes und Mariamne zeigt , offensichtlich darum gegangen, dem Zuschauer eine ausweglose Situation vor Augen zu führen: Herrscher wie Beherrschte sind in Hebbels Drama außerstande, sich ihrer Situation entsprechend zu verhalten. Das entstehungsgeschichtliche Material legt die Vermutung nahe, daß dieser tragisch-monumentale Vorgang die Klassenkämpfe der Jahre 1847/48 widerspiegelt, allerdings in der besonderen Perspektive Hebbels, der in einer Periode des Zusammenbruchs der ständischen Wirtschafts- und Gesellschaftsordnung und der allmählichen, krisenhaften Entwicklung des Kapitalismus seine bürgerliche Existenz als Schriftsteller zu sichern suchte , ohne dabei für die Lebensinteressen der unterprivilegierten Schichten Partei zu ergreifen.

2. Dadurch, daß sich der dramatische Vorgang in der durch die christlich-humanistische Tradition vermittelten Welt des Flavius Josephus und der Bibel abspielt, erfahren die realen politisch-sozialen Konflikte der Jahre 1847/48 eine charakteristische Umdeutung. So unzweideutig die Niedertracht der die Menschen korrumpierenden Zwangsordnung hervortritt, so auffällig ist die Stabilität, die Hebbel dieser dennoch zuerkennt. Zwar ist die Perspektive eines entschlossenen Kampfes gegen die etablierte öffentliche Gewalt in Hebbels Drama durchaus vorhanden, aber das "Volk" , der Träger des Widerstands, ist außerstande, die etablierte Ordnung zu beseitigen und durch eine andere, bessere Ordnung zu ersetzen. Hebbels Darstellung deutet sogar unter Hinweis auf die gewaltige Übermacht Roms die Notwendigkeit an,

für die Aufrechterhaltung unerwünschter, ja verhaßter Verhältnisse einzutreten , weil jeder Widerstand aussichtslos erscheint , ja sogar die Existenz von Staat und Volk gefährden könnte. Die eschatologischen Einblendungen sind unter diesen Bedingungen darauf gerichtet, die Ausweglosigkeit einer politisch-gesellschaftlichen Situation zu verdeutlichen, die nicht anders als durch die messianische Rettungstat überwunden werden kann.

3. Auch der Figurenentwurf , der die totale Deformation des Lebens aller Gestalten zu erkennen gibt, zielt darauf ab , dem Zuschauer oder Leser die Aussichtslosigkeit jedes Kampfes gegen die Unvernunft der gesellschaftlichen Verhältnisse vor Augen zu führen. Die Figuren, die das Leben nicht anders als unter dem Aspekt von Tod und Vernichtung zu sehen vermögen, werden dazu getrieben, ihr Glück zu zerstören und ihre eigene Vernichtung zu erzwingen. Dabei wissen sie erstaunlich gut über die Welt, aber auch über ihr Inneres Bescheid, was allerdings nicht bedeutet, daß sie zu freier Selbstbestimmung fähig wären. Es hat vielmehr den Anschein, daß gerade die Erfahrung der Unverfügbarkeit der Welt und des Lebens diese Figuren dazu drängt, sich unablässig Rechenschaft über ihre Erfahrungen zu geben. Die Krise der Identität macht nicht nur das fortgesetzte Bemühen um Selbstvergewisserung, sondern auch die fieberhafte Gereiztheit verständlich, die für die Menschen des Stücks charakteristisch ist. Denken und Empfinden der Hauptfiguren sind von Ängsten und destruktiven Wunschvorstellungen abhängig.

4. Daß ein vernünftiger, realistischer Ausweg aus den Schwierigkeiten nicht in Sicht ist , läßt nicht zuletzt die Darstellung der wechselseitigen Verständigung der Figuren in Hebbels Drama erkennen. Die Figuren können sich nur so lange verständigen, als sich ihre Äußerungen im Rahmen des gesellschaftlich Gebotenen, der Unterordnung der Beherrschten unter den Willen der Herrschenden , halten. Da ihnen die Kommunikation

dessen, was sie im Innern bewegt, verwehrt ist, entfällt für sie trotz ihres offenkundigen Hangs zum Räsonnement die Möglichkeit, ihre Überzeugungen, die mehr und mehr den Charakter von Wahnvorstellungen annehmen, kritisch zu überprüfen.

5. Für Hebbels erste Kritiker sind die Revolution von 1848/49 und ihr Scheitern sowie die am Anfang der fünfziger Jahre einsetzende beispiellose Hochkonjunktur die bestimmenden politisch-gesellschaftlichen Erfahrungen gewesen. So unterschiedlich, wie diese Erfahrungen verarbeitet worden sind, so unterschiedlich ist auch die Aneignung des Hebbelschen Werkes durch die verschiedenen Kritiker gewesen. Die Vertreter der kleinbürgerlich-demokratischen Richtung hoben hervor, daß Hebbel in Herodes und Mariamne ein bedeutsames Abbild der Gegenwart gegeben habe, daß das Stück aber gerade der Zeitumstände wegen, die es widerspiegele , kein "großer Wurf" sei. Die liberalen Kritiker bemängelten das Fehlen jeder Fortschrittszuversicht und kritisierten die seelische Deformation der Figuren sowie Brutalität und Verworrenheit in den zwischenmenschlichen Beziehungen als widrige Ausgeburten einer überspannten Phantasie. Die in Österreich lebenden konservativen Kritiker begriffen Hebbels Stück als ein Mysterienspiel, in dem "Zersetzung" und "Heilsbedürftigkeit" der Zeit eine unübertreffliche Darstellung gefunden hätten. Die deutsche konservative Kritik deckte formale Mängel auf und verurteilte die revolutionäre Tendenz des Stücks.

6. Seit dem Erstarken der Arbeiterbewegung in den sechziger Jahren des 19. Jahrhunderts hat es eine kleinbürgerlich-demokratisch orientierte Hebbelkritik in Deutschland nicht mehr gegeben. Auch die liberale Richtung verlor deutlich an Einfluß. Die bürgerlich-feudale Notgemeinschaft zum Schutz von "Besitz und Bildung" war an einer Auseinandersetzung mit den gesellschaftlichen Problemen der Gegenwart und ihrer Widerspiegelung in der Literatur wenig interessiert. Deshalb trat auch in den Ausführungen konservativer In-

terpreten die politische Akzentuierung der Kritik deutlich zurück. Unter dem Einfluß klassizistischer Dramentheorien wurden Mängel in der Exposition, der Handlungsführung und der Figurengestaltung von Hebbels Drama nachgewiesen.

7. Mit dem Beginn der imperialistischen Periode , die die gesellschaftlichen und kulturpolitischen Voraussetzungen für die sogenannte "Hebbelrenaissance" schuf, ging der Einfluß der konservativen Kritik der sechziger und siebziger Jahre deutlich zurück. Seit der Jahrhundertwende hat sich diese nur noch im Bereich von Schule und Hochschule halten können. Sie blieb, sofern sie von den Positionen des literaturwissenschaftlichen Positivismus ausging, auf Stoff- und quellengeschichtliche Studien sowie auf die Beschreibung einzelner Stilzüge und das Registrieren von Einflüssen fixiert. Zur gleichen Zeit wurde Hebbel als Kritiker der bürgerlichen Gesellschaft für ein breites Publikum interessant. Der progressiven Hebbelkritik lieferten die Dramen Ibsens den Schlüssel zum Verständnis der Hebbelschen Produktionen. Dabei traten die sozialgeschichtlichen Voraussetzungen des Hebbelschen Kunstschaffens zugunsten einer Aktualisierung des Stücks im Sinne des Nora-Problems zurück. Hebbels literarisches Werk nahmen aber nicht nur progressive, sondern auch reaktionäre bürgerliche Gruppen für sich in Anspruch. Herodes und Mariamne war für die konservative religiöse Richtung ein Beleg dafür, daß jedes sozialkritische Engagement , jede reformerische oder revolutionäre Anstrengung vergeblich und deshalb überflüssig sei. Die völkische Richtung zog zur Erklärung des Dramas das "germanische Rassetum" des Dichters heran. Den Vertretern der an Nietzsche orientierten Richtung der Hebbelkritik ging es um die Verdeutlichung "human-tragisch-heroischer Stimmungen". Dem dramatischen Werk Hebbels wurde dabei die Tendenz zu einem gewalttätigen Aktivismus reaktionärer Prägung nachgesagt. Eine Anzahl jüngerer Gelehrter versuchte, in Hebbels Drama den "metaphysischen Untergrund des

Lebens" erkennbar zu machen. Dabei wurde herausgestellt , daß immer und überall der "Weltwille" über den "Einzelwillen" triumphiere. Die geschichtlich-gesellschaftliche Bedingtheit von Hebbels Drama ignorierte auch die geistesgeschichtliche Richtung, die bemüht war, die "hegelischen Grundlinien" des dramatischen Vorgangs herauszuarbeiten. Die Ansätze zu einer psychoanalytischen Auslegung des Stücks verdeutlichten das Psychopathische der dramatischen Figuren. Einige der SPD nahestehende Kritiker machten den Versuch, Hebbels Schauspiel sozialgeschichtlich zu interpretieren. Dabei wurden die biographischen, die politischen und sozialgeschichtlichen Voraussetzungen des Hebbelschen Kunstschaffens gebührend berücksichtigt, aber es gelang nur ansatzweise, die spezifisch ästhetischen Eigenarten von Hebbels Kunst sozialgeschichtlich zu erklären.

8. Die schwierige Soziallage der bürgerlichen Mittelschichten in der Weimarer Republik hat die Fortentwicklung der progressiven Richtung der Hebbelkritik, die im Bereich von Schule und Hochschule ohne nennenswerten Einfluß blieb, eher gehemmt als gefördert. Die Veröffentlichungen von Vertretern der geistesgeschichtlichen und der religiös-konservativen Richtung führten zu keinen neuen Ergebnissen. Ohne greifbare Resultate blieben die textanalytisch konzipierten Deutungsversuche, die alle geschichtlich-gesellschaftlichen Probleme von Hebbels Drama als außerästhetisch ignorierten. Während ein psychoanalytischer Deutungsversuch auf Hebbels offensichtliche Vorliebe für sexuelle Konflikte und die destruktive Gefühlsdisposition seiner Figuren aufmerksam machte, ging es der etablierten literaturwissenschaftlichen Forschung vor allem darum, an Hebbels Drama die Zusammenhänge von Metaphysik und Psychologie nachzuweisen. Vereinzelt trat ein maßgeblich von Nietzsche beeinflußter vitalistischer Irrationalismus mit ausgeprägt konterrevolutionärem Gepräge in Erscheinung. Die völkische Richtung der Hebbelkritik brachte zwar keine neuen Ergeb-

nisse zutage, gewann aber zunehmend an Einfluß. Die proletarische Literaturforschung hat die in der Wilhelminischen Zeit errungenen Positionen einer materialistischen Hebbelkritik nicht weiterentwickeln können.

9. Die faschistischen Machthaber förderten die völkische Hebbelkritik, die Hebbels Drama für die Zwecke der faschistischen Rassen- und Kriegspropaganda auswertete. Gleichzeitig wurde ein kulturkritischer Deutungsansatz entwickelt, der Hebbels Stück als adäquaten Ausdruck einer durch den Säkularisierungsprozeß bedingten "Weltanschauungskrise" im 19. Jahrhundert begriff. In der entschiedenen Abkehr von den liberalen Ideen des Bürgertums und in dem forcierten Bemühen, metaphysisch begründete absolute Wertmaßstäbe zu wahren , berührte sich das ideologische Konzept dieser Kritiker mit dem der Faschisten. Eine ganz untergeordnete Rolle spielte die geistesgeschichtliche Richtung der Hebbelkritik,und nur wenige Kritiker bewiesen den Mut, den Anspruch des einzelnen auf Selbstbestimmung als das Hauptmotiv von Hebbels Herodes und Mariamne zu bezeichnen. Für die antifaschistische Hebbelkritik verstand es sich von selbst, daß Hebbels Drama aus seinen spezifischen sozioökonomischen und politischen Grundlagen erklärt werden müsse, aber welche konkreten politisch-gesellschaftlichen Widersprüche in Hebbels dramatischer Produktion aufgegriffen sind , ließ diese Kritik ungeklärt.

10. Nach der Niederlage des NS-Staates kam die antifaschistische Hebbelkritik in Deutschland zur Geltung. Völlig diskreditiert war die völkische Richtung der Hebbelkritik, aber auch die metaphysizierenden Konstruktionen fanden in den ersten Nachkriegsjahren nur wenig Anklang.

11. In der DDR, wo bis zum Beginn des sogenannten Bitterfelder Weges neben der klassischen proletarischen Hebbelkritik und der antifaschistischen Kritik auch bürgerlich-progressive und geistesgeschichtlich orien-

tierte Kritiken erschienen, ist die Aufgabe, der gesellschaftlichen Genesis von Hebbels Drama und seiner realen Funktion in der Klassengesellschaft nachzugehen, relativ früh erkannt worden. Das Interesse an den Produktionen Hebbels war aber so gering , daß eine Lösung dieser Aufgabe bislang, sieht man von einigen Ansätzen ab, nicht zustande gekommen ist.

12. In der BRD wurden in der Rekonstruktionsphase des Monopolkapitals die verschiedenen Richtungen der bürgerlichen Hebbelkritik reaktiviert , die sich beim Eintritt der deutschen Gesellschaft in den Imperialismus ausgebildet hatten. Die meisten Hochschulgermanisten interpretierten Herodes und Mariamne als ein Dokument der Glaubensnot und der religiösen Verzweiflung; nur eine Minderheit setzte der metaphysizierenden Auslegung des Stücks eine gesinnungsethische Deutung entgegen, die "das Recht der Person auf sittliche Achtung" hervorhob. In den Feuilletons der Tageszeitungen dagegen wurde aus dem Stück überwiegend ein "Protest gegen die Despotie" herausgelesen. Eine proletarische Hebbelkritik gab es in der BRD nicht, und die antifaschistische Kritik wurde erst gegen Ende der fünfziger Jahre rezipiert.

13. Die Veränderung der politisch-gesellschaftlichen Verhältnisse zu Beginn der sechziger Jahre bewirkte ein merkliches Abrücken der westdeutschen Hebbelkritik von metaphysizierenden Stellungnahmen, die allerdings nicht historisch-kritisch hinterfragt und auf ihre gesellschaftliche Funktion hin untersucht wurden. Einzelne Kritiker beschrieben, ohne grundsätzlich vom Konzept der metaphysizierenden Hebbelkritik abzurücken, detailliert die Reduktions- und Deformationsprozesse in Hebbels Drama, andere griffen unter Berücksichtigung des quellengeschichtlichen, biographischen und entstehungsgeschichtlichen Materials auf Positionen der religiös-konservativen Richtung der Wilhelminischen Hebbelkritik zurück. Die geistesgeschichtliche Richtung der Hebbelkritik fand neue Repräsentanten, kam aber

ebensowenig wie die progressive Hebbelkritik, die in den Feuilletons der Tageszeitungen dominierte, zu neuen Ergebnissen. Vereinzelt wurde in der Kritik von Hebbels Drama ein soziales Unbehagen artikuliert, das sich aber nicht an der sozioökonomischen Basis, sondern an kulturellen Überbauphänomenen orientierte.

5. Literaturverzeichnis

5.1 Werkausgaben

5.1.1 Werksammlungen

Friedrich Hebbel's sämmtliche Werke in 12 Bänden. Mit Einleitungen und Anmerkungen von Emil Kuh. Hamburg, Hoffmann und Campe, 1865 - 67.

Friedrich Hebbel's sämmtliche Werke in 12 Bänden. Mit Einleitungen und Anmerkungen von Emil Kuh. Neu hg. Hermann Krumm. Hamburg, Hoffmann und Campe, 1891/92

Friedrich Hebbel's Werke. Neu durchgesehene Ausgabe. 8 Teile in zwei Bänden. Berlin, A. Warschauer, 1894

Friedrich Hebbel's Werke. Neu durchgesehene Ausgabe. Auswahl in einem Bande. Berlin, A. Warschauer, 1894

Friedrich Hebbel's Werke. Mit einem Vorwort von Oskar Linke. Auswahl in einem Bande. Halle, O. Hendel, 1894

Friedrich Hebbel's sämtliche Werke in 12 Bänden. Mit Einleitungen und Anmerkungen von Emil Kuh. Neu hg. Hermann Krumm. Mit einer biographischen Einleitung von Adolf Stern. Leipzig, M. Hesse, 1898

Friedrich Hebbel. Sämtliche Werke in 12 Bänden. Mit einer biographischen Einleitung von Adolf Stern. Hamburg, Hoffmann und Campe, 1899

Friedrich Hebbel's Werke. Kritisch durchgesehene und erläuterte Ausgabe von Karl Zeiß. 4 Bände. Leipzig, Bibliographisches Institut, 1899

Friedrich Hebbel. Sämtliche Werke in 12 Bänden. Mit Einleitungen und Anmerkungen von Emil Kuh. Neu hg.Hermann Krumm. Leipzig, M. Hesse, 1900

Friedrich Hebbel. Sämtliche Werke. Historisch-kritische Ausgabe,hg. Richard Maria Werner. 24 Bände u. Anhang. Berlin, B. Behr, 1901 - 1907

Friedrich Hebbel. Sämtliche Werke in 12 Bänden. Nebst Auszügen aus den Tagebüchern und einer Auswahl von Briefen des Dichters, hg. Adolf Stern. Berlin, Knaur, 1902

Friedrich Hebbel. Ausgewählte Werke in 6 Bänden. Hg. Richard Specht. Stuttgart, Cotta, 1903/04

Friedrich Hebbel. Sämtliche Werke. Hg. Adolf Bartels. Stuttgart, Deutsche Verlags=Anstalt, 1904

Friedrich Hebbel. Meisterdramen. Mit Einleitungen und Anmerkungen von Richard Maria Werner. 5 Teile in einem Bande. Leipzig, M. Hesse, 1905

Friedrich Hebbel. Meisterdramen. Mit Einleitungen und Anmerkungen von Richard Maria Werner und Max Koch. 6 Teile in einem Bande. Leipzig, Hesse und Becker, 1907

Hebbel's Werke. Meisterwerke deutscher Klassiker. Eingeleitet von Robert Petsch. Berlin, Buchverlag für das Deutsche Haus, 1910

Friedrich Hebbel. Sämtliche Werke. Historisch-kritische Ausgabe. Säkularausgabe, hg. Richard Maria Werner. 19 Bände. Berlin, B. Behr, 1911 - 1922

Friedrich Hebbel. Sämtliche Werke nebst den Tagebüchern und einer Auswahl der Briefe. Säkularausgabe, hg. Paul Bornstein. 6 Bände. München, G. Müller, o.J. [1911-1926]

Friedrich Hebbel. Werke in 4 Bänden nebst 2 Ergänzungs=Bänden, hg. Friedrich Brandes. Reclams Klassiker=Ausgabe. Leipzig, Reclam, 1912/13

Friedrich Hebbel. Sämtliche Werke. Hg. Hermann Krumm. Leipzig, Hesse und Becker, 1913

Friedrich Hebbel. Werke. Im Verein mit Fritz Enß und Carl Schaefer hg. von Franz Zinkernagel. Kritisch durchgesehene und erläuterte Ausgabe. 4 Bände. Leipzig, Bibliographisches Institut, 1913

Hebbels Werke in 10 Teilen. Hg. mit Einleitungen und Anmerkungen versehen von Theodor Poppe. Goldene Klassiker-Bibliothek. Berlin, Deutsches Verlagshaus Bong, o.J. [1913]

Friedrich Hebbels Werke. Neue illustrierte Ausgabe in 2 Bänden, hg. Egbert Schmitz, Hamburg, Hansa-Verlag, o.J. [1913]

Friedrich Hebbel. Dramatische Werke in 4 Bänden. Hg. Reinhard Buchwald, Julius Zeitler, Moritz Heimann und Julius Bab. Leipzig, Verlag der Tempel, 1915

Friedrich Hebbel. Werke. In Auswahl hg. Hans Wahl. 2 Bände. Leipzig, Weber, 1921 und 1924

Friedrich Hebbel. Werke. Hg. Theodor Poppe. 8 Teile in 4 Bänden (auch: 10 Teile in 6 Bänden). Berlin, Deutsches Verlagshaus Bong, 1923

Friedrich Hebbel. Werke. Vollständige Ausgabe in 14 Teilen, hg. Hermann Krumm. Leipzig, Hesse und Becker, 1923

Friedrich Hebbel. Werke. Auswahl in 8 Teilen, hg. Hermann Krumm. Leipzig, Hesse und Becker, 1923

Friedrich Hebbel. Werke. Hg. Wilhelm von Scholz. Stuttgart, Hädecke, 1923

Friedrich Hebbel. Werke. In 4 Bänden nebst 2 Ergänzungsbänden, hg. Friedrich Brandes. Leipzig, Reclam, 1923/4

Friedrich Hebbel. Gesammelte Werke in 5 Bänden. Berlin, Deutsche Bibliothek, 1924

Friedrich Hebbel. Gesammelte Werke. Eingeleitet von Hugo Bieber. Berlin, K. Voegels, 1925

Friedrich Hebbel. Werke. Auswahl in drei Bänden, hg. Gustav Keyßner. Stuttgart, Deutsche Verlags-Anstalt, 1925

Friedrich Hebbel. Werke. Ausgewählt und hg. von Wolfgang Liepe. 4 Bände. Berlin, Volksbühnen- Verlags- und Vertriebs GmbH, 1925

Friedrich Hebbel. Werke. Eingeleitet von Robert Petsch. Berlin, Oestergaard, 1925

Friedrich Hebbel. Sämtliche Werke in 12 Bänden, nebst Auszügen aus den Tagebüchern und einer Auswahl von Briefen des Dichters. Hg. und eingeleitet von Adolf Stern. Berlin, Knaur, o.J. [1925]

Friedrich Hebbel. Werke. Hg. Chr. Christiansen. 2 Bände. Hamburg, Gutenberg-Verlag, 1926

Friedrich Hebbel. Werke. Hg. Edgar Groß. Berlin, Volksverband der Bücherfreunde, 1926

Friedrich Hebbel. Werke. Hg. Theodor Poppe. 8 Teile. Berlin, Verlagshaus Bong, o.J. [1933]

Christian Friedrich Hebbel. Werke. In 4 Haupt- und 3 Ergänzungsbänden, hg. Gerhard Fricke. Leipzig, Reclam, 1936

Friedrich Hebbel. Werke. Nach der historisch-kritischen Ausgabe von R. M. Werner, systematisch geordnet von Benno von Wiese. 9 Bände. Leipzig, Bibliographisches Institut, 1941

Friedrich Hebbel. Werke in zwei Bänden. Hg. Gerhard Fricke. München, Hanser, 1952

Friedrich Hebbel. Werke. In 4 Haupt- und 3 Ergänzungsbänden, hg. Gerhard Fricke. Mit einem Lebensbild und Einleitungen von Siegfried Streller. Leipzig, Reclam, 1957

Friedrich Hebbel. Werke. Ausgewählt und mit einem Nachwort versehen von Walter Vontin. 2 Bände. Hamburg, Hoffmann und Campe sowie Deutsche Hausbücherei, 1958

Friedrich Hebbel. Werke. Ausgewählt und eingeleitet von Joachim Müller. 3 Bände. Weimar, Volksverlag, 1960

Friedrich Hebbel. Sämtliche Werke. Hg. Hannsludwig Geiger. 2 Bände. Berlin, Tempel-Verlag sowie Deutsche Buch-Gemeinschaft, 1961

Friedrich Hebbel. Gesammelte Werke. Mit einer Einleitung von Anni Meetz. 2 Bände. Gütersloh, Mohn sowie Bertelsmann Lesering, 1963

Friedrich Hebbel. Werke. Jubiläumsausgabe, hg. Heinz Stolte. Hamburg, Standard - Verlag, 1963

Hebbel. Werke. Ausgewählt und eingeleitet von Joachim Müller. 3 Bände. Berlin, Aufbau-Verlag, ^{2}1963, ^{3}1966, ^{4}1971

Friedrich Hebbel. Werke. Hg. Gerhard Fricke, Werner Keller, Karl Pörnbacher. 5 Bände. München, Hanser, 1963-1967

Friedrich Hebbel. Ausgewählte Werke. 5 Bände. München, Goldmann, 1967 - 1970

5.1.2 Einzelausgaben

Herodes und Mariamne (Manuscript). Erster Act. Jahrbücher für dramatische Kunst und Literatur. 1849, S. 247 - 275

Herodes und Mariamne. Wien, Gerold, 1850

Herodes und Mariamne. Reclams Universal-Bibliothek. Nr. 3188. Leipzig, Reclam, 1894

Herodes und Mariamne. Allgemeine National-Bibliothek. Nr. 307/308. Wien, Th. Daberkow, 1902

Herodes und Mariamne, hg. Robert Petsch. Velhagen u. Klasing's Sammlung deutscher Schulausgaben. 95. Lieferung. Bielefeld, Velhagen u. Klasing, 1902

Herodes und Mariamne. Bibliothek der Gesamtliteratur des In- und Auslandes. Nr. 1919. Halle, O. Hendel, 1905

Herodes und Mariamne. Mit Einleitung und Anmerkungen von Max Koch. Die Meisterwerke der deutschen Bühne, Nr. 53. Leipzig, Hesse u. Becker, 1907

Herodes und Mariamne, hg. Heinrich Deckelmann. Deutsche Schulausgaben, Nr. 63. Dresden, Ehlermann, 1909

Herodes und Mariamne. Mit einer Einführung von Alois Bernt. Neuere Dichter für die studirende Jugend. 59. Bändchen. Wien, Manz, 1914

Herodes und Mariamne, hg. Hans Knudsen. Leipzig, Freytag, 1920

Herodes und Mariamne, hg. Robert Petsch. Neue Ausgabe. Berlin, Velhagen u. Klasing, 1925

Herodes und Mariamne. Mit Einleitung von Scholastica Briel. Saarlouis, Hansen, o.J. [1930]

Herodes und Mariamne. Durchgesehen u. mit Anm. v. Friedrich Spanier. Ferd. Hirts deutsche Sammlung. Lit. Abt., Gruppe 7, Bd. 9. Breslau, Hirt, o.J. [1930]

Herodes und Mariamne. Schöninghs Textausgaben alter u. neuer Schriftsteller. Nr. 130. Paderborn, Schöningh, 1933

Herodes und Mariamne. Editiones Helveticae. Abt. Dt. Texte. Nr. 18. Luzern, Räber, 1944.

Herodes und Mariamne, hg. Friedrich Sengle. Metzlers Schulausgaben. Deutsche Reihe. Stuttgart, Metzler, 1947

Herodes und Mariamne. Reclams Universal-Bibliothek. Nr. 3188. Stuttgart, Reclam, 1951

5.2 Sekundärliteratur

5.2.1 Buch- und Zeitschriftenveröffentlichungen

Abusch, Alexander. "Die unvollendete Revolution und die Literatur". Literatur und Wirklichkeit. Berlin, 1953, S. 53-95

Alberts, Wilhelm. Hebbels Stellung zu Shakespeare. Forschungen zur neueren Literaturgeschichte, Bd. 33, hg. Franz Muncker. Berlin 1908

Aliskiewiecz, Andreas. Friedrich Hebbels ästhetische Ansichten. Progr. Brody. Brody 1900

Alker, Ernst. Geschichte der deutschen Literatur von Goethes Tod bis zur Gegenwart. 2 Bde. Stuttgart 1949/50, ²1962, ³1969

Allgemeine Richtlinien und Richtlinien für den Deutschunterricht. Richtlinien für den Unterricht an den Gymnasien des Landes Niedersachsen, hg. v. Niedersächsischen Kultusministerium, 2. Aufl., Hannover 1966

Arbeiterbewegung und Klassik. Ausstellung im Goethe- und Schiller-Archiv der Nationalen Forschungs- und Gedenkstätten der klassischen deutschen Literatur in Weimar 1964 - 1966. Weimar 1964

Arends, Felix, Brinkmann, Hennig. "Die Lage der germanistischen Forschung und des Deutschunterrichts auf der Germanistentagung in München". Wirkendes Wort 1 (1950/51) 59-62

Arnold, Robert F. Das moderne Drama. 2. Aufl., Straßburg 1912

Augstein, Carl. Hebbel als Denker. Berlin 1947

Bab, Julius. "Die Bedeutung Friedrich Hebbels". Sozialistische Monatshefte 19 (1913), Bd. I, 287-294

Bab, Julius. Das Wort Friedrich Hebbels. Philosophische Reihe. 70. Bd. München 1923

Franck, Hans [Rez.]. "Julius Bab. Das Wort Friedrich Hebbels". Die schöne Literatur 24 (1923) 321-324

Bab, Julius. Das Drama der Liebe. Berlin 1924

Balser, Frolinde. Die Anfänge der Erwachsenenbildung in Deutschland in der ersten Hälfte des 19. Jahrhunderts. Stuttgart 1959

Barlow, D. "Mariamne's motives in Hebbel's 'Herodes und Mariamne'". The Modern Language Review 55 (1960) 213-220

Bartels, Adolf. "Friedrich Hebbel und Otto Ludwig". Grenzboten 54, 3 (1895) 32-43, 172-178, 370-384, 522-528

Bartels, Adolf. Die Deutsche Dichtung der Gegenwart: Die Alten und die Jungen. Leipzig, 1898, ^{2}1898, ^{4}1901, ^{8}1910, ^{9}1918

Bartels, Adolf. Geschichte der deutschen Litteratur: In zwei Bänden. Leipzig 1901/02, ^{7,8}1919, ^{12}1924

Lothar, Rudolph [Rez.]. "Adolf Bartels. Geschichte der deutschen Litteratur. Bd. II. Leipzig, 1902". Das litterarische Echo 5 (1902) 77-83

Bartels, Adolf. "Friedrich Hebbel". Der Kunstwart 15, 2 (1902) 516-523

Bartels, Adolf. "Der Sieg Hebbels". Deutsche Monatsschrift für das gesammte Leben der Gegenwart 3 (1902/03) 71-77, 212-218

Bartels, Adolf. Dichter=Biographien. Dritter Band: Chr. Friedr. Hebbel. Universal=Bibliothek 3998. Leipzig o.J.

Bartels, Adolf. "Friedrich Hebbel". Velhagen & Klasings Monatshefte 21 (1906/07) 617-626

Bartels, Adolf. Deutsche Literatur: Einsichten und Aussichten. Leipzig 1907

Bartels, Adolf. Handbuch zur Geschichte der deutschen Literatur. 2. Aufl., Leipzig 1909

Bartels, Adolf. Der Literarhistoriker und die Gegenwart. Leipzig 1910

Bartels, Adolf. "Friedrich Hebbel und die Nachwelt". Westermanns illustrierte deutsche Monats-Hefte 114 (1913) S. 45-52

Bartels, Adolf. Deutsches Schrifttum: Betrachtungen und Bemerkungen. Gesamtausgabe. I.- III. Bd. Weimar 1918

Bartels, Adolf. "Friedrich Hebbel und das Deutschtum". Rasse und Volkstum: Gesammelte Aufsätze zur nationalen Weltanschauung. 2., vermehrte Aufl., Weimar 1920, S. 19-25

Bartels, Adolf. Hebbels Herkunft und andere Hebbel=Fragen. Hebbel=Forschungen, Nr. IX. Berlin 1921

Bartels, Adolf. Die deutsche Dichtung von Hebbel bis zur Gegenwart (Die Alten und die Jungen): Ein Grundriß. Teil I. 10.-12. Aufl., Leipzig 1922

Bartels, Adolf. Geschichte der deutschen Literatur: Ausgabe in einem Bande. 7./8. Aufl., Hamburg 1919, 11/12 1924

Bartels, Adolf. Hebbel und Shakespeare. Krumm, Johannes. Friedrich Hebbel, ein nordischer Dichter, Heide 1932

Bartels, Adolf. Leben, Wesen und Werk, hg. im Auftrage des Adolf Bartels-Bundes durch den Bundesvorsitzenden Detlef Cölln in Wesselburen. Heide 1935

Bartels, Adolf. Deutsche Dichter: Charakteristiken. Leipzig 1943

Adolf Bartels. Festgabe zum 80. Geburtstag, hg. vom Bartels-Archiv durch Walter Loose. Neumünster 1944

Barthel, Karl. Die deutsche Nationalliteratur der Neuzeit, in einer Reihe von Vorlesungen dargestellt. 5.Aufl. Braunschweig 1858

Karl Barthel's Vorlesungen über die deutsche Nationallitteratur der Neuzeit, hg. Georg Reinhard Röpe, 9. Aufl., Gütersloh 1879

Bauernfeld. Aus der Mappe des alten Fabulisten. Wien 1879

Becher, Johannes R. Von der Größe unserer Literatur. Berlin 1956

Begabung und Lernen: Ergebnisse und Folgerungen neuer Forschungen, hg. H. Roth. Deutscher Bildungsrat. Gutachten und Studien der Bildungskommission, Bd. 4, 3. Aufl., Stuttgart 1969

Benda, Oskar. Der gegenwärtige Stand der deutschen Literaturwissenschaft. Wien 1928

Benkard, Ernst. "Nach der Lektüre von Hebbels 'Nibelungen'". Die Gegenwart 1 (1946), Nr. 4/5, 30-33

Berg, Leo. "Hebbel und Ibsen." Die Gegenwart: Wochenschrift für Literatur, Kunst und öffentliches Leben 37 (1890) 212-215

Berger, Rosemarie. Studien zur Ideen- und Motivwelt von Friedrich Hebbels Dramen. Innsbruck, Phil.Diss., 1949 [Masch.]

Berkhout, Adrianus Pieter. Biedermeier und poetischer Realismus: Stilistische Beobachtungen über Werke von Grillparzer, Mörike, Stifter, Hebbel und Ludwig. Amsterdam, Phil. Diss., 1942

Die Bibel und ihre Welt: Eine Enzyklopädie. dtv-Lexikon, hg. Gaalyahn Cornfeld und G. Johannes Botterweck, 6 Bde. München 1972.

Bieber, Hugo. Der Kampf um die Tradition: Die deutsche Dichtung im europäischen Geistesleben 1830-1880. Epochen der deutschen Literatur, hg. Julius Zeitler. Bd. V. Stuttgart 1928

Bieder, Theobald. "Friedrich Hebbel". Hammer: Blätter für deutschen Sinn 2 (1903) 455-459

Bieder, Theobald. Friedrich Hebbel. Beiträge zur Literaturgeschichte. Heft 15. Leipzig 1906

Bieder, Theobald. "Hebbel=Studien". Allgemeiner Beobachter. Halbmonatsschrift für alle Fragen des modernen Lebens 2 (1913) 316-318

Bieder, Theobald. "Friedrich Hebbels Aufnahme in Deutschland 1863-1913". Bühne und Welt 16 Bd. 1 (1913/14) 250-252

Bieder, Theobald. "Friedrich Hebbel". Deutsche Bühne. Blätter des Vereins Deutsche Bühne. Spielzeit 1921/22, H. 4, 49-53

Bieder, Theobald. "Hebbeliana: Adolf Bartels zum 60. Geburtstag überreicht". Festgabe zum sechzigsten Geburtstag von Adolf Bartels, hg. Walter Loose. Leipzig 1922, S. 94-123

Bieder, Theobald. "Friedrich Hebbels Sendung". Die Stätte: Beiträge zur künstlerischen Kultur 1924, Heft 2, 24-31

Bieder, Theobald. "Friedrich Hebbel". Am 16. März 1933 im Norddeutschen Rundfunk, Hamburg, gesendet. Masch. Manuskript. Hebbel-Museum Wesselburen

Bielfeld, Franz. "Hebbels Menschengestaltung als dichterischer Ausdruck nordisch-deutschen Wesens. Ein Beitrag zur literarhistorischen Anthropologie des 19. Jahrhunderts. Germanische Studien, H. 209. Berlin 1939

Biese, Alfred. Deutsche Literaturgeschichte. 3 Bde. München 1907-9, [5]1913, [14]1919

Bildungsauftrag und Bildungspläne der Gymnasien, vorgelegt v. d. Arbeitsgemeinschaft Deutsche Höhere Schule. Göttingen 1958

"Bildungspläne für die allgemeinbildenden Schulen im Lande Hessen". Amtsblatt des Hessischen Ministers für Erziehung und Volksbildung 9 (1956), Sondernummer 4, 413-603

Bischke, Gisela. "Die Problematik des Rachemotivs im Drama Friedrich Hebbels". HJb 1965, 60-90

Bischke, Gisela. Die Problematik des Rachemotivs im Drama Friedrich Hebbels. Hamburg, Phil. Diss., 1960

Bischke, Gisela (Rez.). "Gisela Bischke. Die Problematik des Rachemotivs im Drama Friedrich Hebbels. Hamburg, Phil. Diss., 1959". Germanistik 3 (1962) 123.

Blaustein, Leopold. Das Gotteserlebnis in Hebbels Dramen. Berlin 1929

Witkowski, Georg (Rez.). "Leopold Blaustein. Das Gotteserlebnis in Hebbels Dramen. Berlin 1929". Zeitschrift für Ästhetik und allgemeine Kunstwissenschaft 25 (1931) 203-204

Fels, H. (Rez.). "L. Blaustein. Das Gotteserlebnis in Hebbels Dramen. Berlin 1929". Philosophisches Jahrbuch der Görres-Gesellschaft 44 (1931) 127

Bloch-Wünschmann, Walther. "Friedrich Hebbel als Politiker". Grenzboten 72, 1 (1913) 15-24

Böhrig, Karl. Die Probleme der Hebbelschen Tragödie. Beilage zum Jahresbericht des Realgymnasiums zu Rathenow. Prog.-Nr. 86. Rathenow 1900

Böttcher, Kurt. "Die sozialistische Literaturgeschichtsschreibung muß Grundlage des Literaturunterrichts an unseren Schulen sein!" Deutschunterricht 11 (1958) 307-312

Borinski, Karl. Geschichte der deutschen Literatur von den Anfängen bis zur Gegenwart. 2 Bde. Stuttgart 1921

Bornstein, Paul. Hebbels "Herodes und Mariamne": Ein Vortrag. Hamburg 1904

Bornstein, Paul. "Friedrich Hebbel". Jugend: Münchner illustrierte Wochenzeitschrift für Kunst und Leben 1913, Bd. I, 328-335

Bornstein, Paul. Friedrich Hebbels Persönlichkeit: Gespräche, Urteile, Erinnerungen. 2 Bde. Berlin 1924

Böttcher, Kurt u.a. "Literaturgeschichte. Bd. 9". WB 15 (1969), H. 2, 275-324

Boueke, Dietrich [Hg.], Der Literaturunterricht. Quellen zur Unterrichtslehre, hg. Georg Geißler, Bd. 14. Weinheim 1971

Brachvogel, Carry. Hebbel und die moderne Frau: Vortrag. München 1912

Bräuer, Robert. Tonbewegung und Erscheinungsformen des sprachlichen Rhythmus: Profile des deutschen Blankverses. "Der Blankvers Hebbels" (S. 134-147)

Brauer, Otto. "Zur Behandlung der 'sozialen Anklageliteratur' in der Schule". ZdU 32 (1918) 297-301

Braumüller, Wolf. "Der Weg zur Gottheit führt durch das Tun der Menschen". Westermanns Monatshefte 164 (1938) 56-59

Braumüller, Wolf. "Friedrich Hebbel, der Dramatiker des tragischen Urerlebnisses". Bücherkunde 5 (1938) 189-193

Brie, Max. "Ein unpopulärer Klassiker". Die Zeit: National-soziale Wochenschrift 2 (1903), Bd. 2, 532-534

Brugger, Ilse. "Die 'Mensch-Ding'-Problematik bei Hebbel". HJb 1963, 66-94

Brugier, G. Geschichte der deutschen National-Literatur. 5. Aufl., Freiburg 1878

Bührig, Marga. Hebbels dramatischer Stil. Wege zur Dichtung, Bd. XXXV. Frauenfeld/Leipzig 1940

Bulthaupt, Heinrich. Dramaturgie des Schauspiels. Bd. III. 4. Aufl., Oldenburg 1894

Burger, Heinz Otto. Annalen der deutschen Literatur: Geschichte der deutschen Literatur von den Anfängen bis zur Gegenwart. Stuttgart 1952

Busch, Ernst. "Der Lektüreplan im Deutschunterricht". Wirkendes Wort 4 (1953/54) 365-370

Busse, Carl. Geschichte der Deutschen Dichtung. Berlin 1901

Busse, Carl. Das Drama: Vom Realismus bis zur Gegenwart. Aus Natur und Geisteswelt. 290. Bdch. Leipzig, 2. Aufl. 1922

Campbell, T. A. Hebbel, Ibsen, and the Analytic Exposition. Heidelberg 1922

Campbell, T.A. "History as costume in Hebbel's dramas". Modern Language Notes 41 (1926) 489-495

Carstens, Karl. "Nach welcher Seite verlangt die Behandlung der Lektüre im deutschen Unterricht eine Erweiterung der Universitätsstudien des Lehrers?" ZdU 29 (1915) 201-207

Cholevius, Carl Leo. Geschichte der deutschen Poesie nach ihren antiken Elementen. 2 Teile, Leipzig 1856, 2. unveränderte Aufl. Darmstadt 1968

Chropčenko, M. "Zu einigen Grundrichtungen der literaturwissenschaftlichen Forschung". WB 18 (1972), H. 12, 86-95

Collin, J. "Die Weltanschauung der Romantik und Friedrich Hebbel". Grenzboten 53, 1 (1894) 141-152, 244-257

Cysarz, Herbert. Von Schiller zu Nietzsche. Halle 1928

da Fonseca, Wollheim. Geschichte der deutschen Literatur. Schubert's Omnibus f. Wissenschaft u. Bildung. 34. Lieferung. Hamburg 1850

David, Claude. Zwischen Romantik und Symbolismus. Gütersloh 1966

Deckelmann, Heinrich. Friedrich Hebbels "Herodes und Mariamne", durch des Dichters eigene Aussprüche erläutert. Wissenschaftliche Beilage zum Jahresbericht des Königlichen Gymnasiums zu Bonn. Bonn 1909

Deckelmann, Heinrich. Die Literatur des neunzehnten Jahrhunderts im deutschen Unterricht. Eine Einführung in die Lektüre. 2. Aufl., Berlin 1914

Deiters, Heinrich. Stilistische Studien zu Hebbels Tragödien. Berlin, Phil. Diss., 1911

Deutsch an höheren Schulen. Richtlinien für den Unterricht an den Schulen des Landes Niedersachsen. Braunschweig o.J. [1952]

Deutsche Literaturgeschichte in einem Band, hg. Hans Jürgen Geerdts. Berlin 1966

Deutsches Bücherverzeichnis. Eine Zusammenstellung der im deutschen Buchhandel erschienenen Bücher, Zeitschriften und Landkarten. Bde. 1-35. Leipzig 1915 ff.

Diebold, Bernhard. Anarchie im Drama. Frankfurt 1921.

Diebold, Edmund. Friedrich Hebbel und die zeitgenössische Beurteilung seines Schaffens. Hebbel=Forschungen, Nr. XVII. Berlin 1928

Die Diskussion um das deutsche Lesebuch, hg. Hermann Helmers. Wege der Forschung. Bd. CCLI. Darmstadt 1969

Dosenheimer, Elise. Friedrich Hebbels Auffassung vom Staat und sein Trauerspiel 'Agnes Bernauer'. Untersuchungen zur neueren Sprach- und Literaturgeschichte, N.F., Heft 13. Leipzig 1912

Goebel, Julius (Rez.). "Elise Dosenheimer. Friedrich Hebbels Auffassung vom Staat. Leipzig 1912". The Journal of English and Germanic Philology 13 (1914) 139-145

Dosenheimer, Elise. Das zentrale Problem in der Tragödie Friedrich Hebbels. DVjs, Buchreihe Bd. 4. Halle 1925

Campbell, T.M. (Rez.). "Elise Dosenheimer. Das zentrale Problem in der Tragödie Friedrich Hebbels. Halle 1925". Modern Language Notes 41 (1926) 200-202

Markwardt, Bruno (Rez.). "Elise Dosenheimer. Das zentrale Problem ..." ZfdPh 53 (1928) 447-453

Sommerfeld, Martin (Rez.). "Elise Dosenheimer. Das zentrale Problem in der Tragödie Friedrich Hebbels. Halle 1925" Euphorion 27 (1926) 580-582

Wiehr, Josef (Rez.). "Elise Dosenheimer. Das zentrale Problem in der Tragödie Friedrich Hebbels. Halle 1925". Journal of English and Germanic Philology 25 (1926) 427-432

Witkowski, Georg (Rez.). "Elise Dosenheimer. Das zentrale Problem in der Tragödie Friedrich Hebbels." Zeitschrift für Bücherfreunde 1926, 130-131

Zinkernagel, Franz (Rez.). "Elise Dosenheimer. Das zentrale Problem in der Tragödie Friedrich Hebbels. Halle 1925" DLZ 47 (1926) 1445-1448

Dosenheimer, Elise. "Die Tragik zwischen den Geschlechtern im Drama Hebbels". ZdB 4 (1928) 517-527

Drahn, Ernst. Geschichte des deutschen Buch- und Zeitschriftenhandels. Berlin 1914

Dreher, Ingmar. "Marxistisch-leninistische Literaturpolitik und Literaturunterricht in der sozialistischen Schule." Deutschunterricht 24 (1971) 200-209

Dreher, Ingmar. "Gedanken zu einer Neukonzeption der Germanistik." WB 8 (1962) 752-758

Droese, A. Einführung in die Deutsche Literatur von ihren ersten Anfängen bis zur Gegenwart: Biographien und Proben. Langensalza 1868

Einführung in die Methodik der Stiluntersuchung, verfaßt von einem Autorenkollektiv unter Leitung von Georg Michel. Berlin 1968

Eloesser, Arthur. Die deutsche Literatur vom Barock bis zur Gegenwart. 2 Bde. Berlin 1930/31

Elsermann, Fritz. "Das Verhältnis zwischen alter und neuer Zeit in den Dramen Hebbels." Die Mittelschule. 1930, 654-656

Emrich, Wilhelm. "Friedrich Hebbels Vorwegnahme und Überwindung des Nihilismus." Akzente 11 [1964] 221-237; wieder abgedruckt in Geist und Widergeist: Wahrheit und Lüge der Literatur. Frankfurt 1965, S. 147-162

Engel, Eduard. Geschichte der Deutschen Literatur des Neunzehnten Jahrhunderts und der Gegenwart. Wien und Leipzig 1907, [8]1922, [38]1929

Engel, Eduard. Geschichte der Deutschen Literatur von den Anfängen bis in die Gegenwart. 38. Aufl. Leipzig 1929

Engelberg, Ernst. Deutschland von 1849-1971. Lehrbuch der deutschen Geschichte. 8. Beitrag. Berlin, 3. Aufl. 1972

Engel-Mitscherlich, Hilde. Hebbel als Dichter der Frau. Dresden 1909

von Harbou, Sophie (Rez.). "Hilde Engel-Mitscherlich. Hebbel als Dichter der Frau. Dresden 1909". Die Frauenbewegung 15 (1909) 172

Zeiß, Karl (Rez.). "Hilde Engel-Mitscherlich. Hebbel als Dichter der Frau. Dresden 1909". LE 12 (1909/10) 96

Engelsing, Rolf. "Dienstbotenlektüre im 18. und 19. Jahrhundert in Deutschland." International Review of Social History 13, 1968, 384-429

Entwurf eines Bildungsplans für die Oberschule wissenschaftlichen Zweiges, hg. v. Senator für Volksbildung. Berlin 1954

Epstein, H. Die Metaphysizierung in der literaturwissenschaftlichen Begriffsbildung. Berlin 1929

Erbt, Wilhelm. "Friedrich Hebbel, ein nordischer Mensch." Rasse 1 (1934) 176-184

Erläuterungen zur deutschen Literatur nach 1848, hg. v. Kollektiv für Literaturgeschichte im VEB Volk und Wissen, Berlin 1954.

Ermatinger, Emil. "Die deutsche Literaturwissenschaft in der geistigen Bewegung der Gegenwart". ZfD 1925, 241-261

Ermatinger, Emil. "Hebbe, Gotthelf, Keller und die Krise des deutschen Geisteslebens in der Mitte des 19. Jahrhunderts". Blätter für Deutsche Philosophie 1 (1927/28) 166-188

Ermatinger, Emil. Deutsche Dichter 1700 - 1900: Eine Geistesgeschichte in Lebensbildern. 2 Bde. Bonn 1949

Ermatinger, Emil. Deutsche Dichter 1750 - 1900: Eine Geistesgeschichte in Lebensbildern, überarbeitet von J. Göres. Frankfurt 1961

Erziehung und Unterricht in der Höheren Schule: Amtliche Ausgabe des Reichs- und Preußischen Ministeriums für Wissenschaft, Erziehung und Volksbildung. Berlin 1938

Escarpit, Robert. Das Buch und der Leser: Entwurf einer Literatursoziologie. Kunst und Kommunikation. Schriften zur Kunstsoziologie und Massenkommunikation. Bd. 2. Köln 1961

Eulenberg, Herbert. "Hütet euch vor Hebbel". Berliner Hefte für geistiges Leben 1 (1946) 241-249

Fechter, Paul. Dichtung der Deutschen: Eine Geschichte der Literatur unseres Volkes von den Anfängen bis zur Gegenwart. Berlin 1932

Fechter, Paul. Geschichte der deutschen Literatur: Von den Anfängen bis zur Gegenwart. Berlin 1941

Fechter, Paul. Das europäische Drama. Bd. 1. Mannheim 1956

Fechter, Paul. Geschichte der Deutschen Literatur. Bd. I. Gütersloh 1960

Federn, Etta. Friedrich Hebbel. München 1920

Schnyder (Rez.). "E. Federn. Friedrich Hebbel. München 1920." Die christliche Welt 36 (1922) 924

Fehr, Karl. "Der Realismus (1830-1885)". Deutsche Literaturgeschichte in Grundzügen: Die Epochen deutscher Dichtung, hg. Bruno Boesch. 3. Aufl., Bonn 1967, S. 348-406

Fontane, Theodor. "Hebbel: Herodes und Mariamne (1874)". Sämtliche Werke: Aufsätze, Kritiken, Erinnerungen. Bd. II. Darmstadt 1969, S. 192-196

Frenkel, Joachim. Friedrich Hebbels Verhältnis zur Religion. Hebbel=Forschungen, Nr. II. Berlin 1907

Frenzel, Karl. "Friedrich Hebbel". Unterhaltungen am häuslichen Herd 4 (1864), Bd. 2, S. 15-16

Frenzel, Karl. "Herodes und Mariamne". Berliner Dramaturgie. I. Bd. Erfurt o.J., S. 378-389

Freytag, Gustav. Die Technik des Dramas. Leipzig 1863

Fricke, Gerhard. "Die Tragödie der Nibelungen bei Friedrich Hebbel und Paul Ernst". HJb 1940, 1-25

Fricke, Gerhard. "Erfahrung und Gestaltung des Tragischen in deutscher Art und Dichtung". ZfD 1940, 97-111

Fricke, Gerhard. "Erfahrung und Gestaltung des Tragischen in deutscher Art und Dichtung". Von deutscher Art in Sprache und Dichtung, hg. Gerhard Fricke, Franz Koch, Klemens Lengowski. Bd. V. Stuttgart 1941, S. 57-93

Fricke, Gerhard. Geschichte der deutschen Dichtung, Tübingen 1949, Hamburg [11]1965

Fricke, Gerhard. "Friedrich Hebbel und sein Zeitalter". Studien und Interpretationen. Frankfurt 1956, S. 285-309

Friedmann, Sigismund. Das deutsche Drama des neunzehnten Jahrhunderts in seinen Hauptvertretern, 2 Bde. Leipzig 1902

Friedrich, Paul. Der Fall Hebbel: Ein Künstler=Problem. Leipzig 1908

"Friedrich Hebbel. Herodes und Mariamne". _Deutsche Monatsschrift für Politik, Wissenschaft, Kunst und Leben._ Bd. III. 1850, 292-309

Friedrich Hebbels Briefwechsel mit Freunden und berühmten Zeitgenossen, hg. Felix Bamberg. 2 Bde. Berlin 1890 u. 1892

Friedrich Hebbels Tagebücher, hg. Felix Bamberg. 2 Bde. Berlin 1885 u. 1887

Litzmann, Berthold (Rez.). "Friedrich Hebbels Tagebücher." _DLZ_ 6 (1885) 1041

"Friedrich Hebbel"=. _Unterhaltungen am häuslichen Herd._ N.F. Bd. 1 (1856) S. 189-191

Frisch, Helga. _Symbolik und Tragik in Hebbels Dramen._ Abhandlungen zur Kunst-, Musik- und Literaturwissenschaft, Bd. 16. Bonn 1961

Fritz, G. "Ein 'Musterkatalog' für volkstümliche Bibliotheken". _Blätter für Volksbibliotheken und Lesehallen_ 9 (1908) 1-4

Fritz, G. "Die meistgelesenen Bücher und die volkstümlichen Bibliotheken". _Blätter für Volksbibliotheken und Lesehallen_ 6 (1905) 77-81

Fülberth, Georg. _Proletarische Partei und bürgerliche Literatur: Auseinandersetzungen in der deutschen Sozialdemokratie der II. Internationale über Möglichkeiten und Grenzen einer sozialistischen Literaturpolitik._ collection alternative. Bd. 4. Neuwied 1972

Fürle, Friedrich. "Schiller und Hebbel". _Grenzboten_ 69, 3 (1910) 414-426

Gärtner, Wilhelm. "Ueber Friedrich Hebbel's Herodes und Mariamne". _Lydia: Philosophisches Jahrbuch_ 2 (1851), II. Abt.,192-243

Gansberg, Marie Luise. "Zur Sprache in Hebbels Dramen". _Hebbel in neuer Sicht_, hg. Helmut Kreuzer, Stuttgart 1963

Gansberg, Marie Luise. Der Prosa-Wortschatz des deutschen Realismus: Unter besonderer Berücksichtigung des vorausgehenden Sprachwandels 1835 - 1855. Abhandlungen zur Kunst-, Musik- und Literaturwissenschaft. Bd. 27. Bonn 1964

Nerius, Dieter (Rez.). "Gansberg ..." WB 12 (1966) 709-711

Geissendoerfer, Theodor. "Die Bedeutung der Episode in Hebbels Dramen". The Journal of English and Germanic Philology 19 (1920) 529-539

Georgy, Ernst August. Die Tragödien Friedrich Hebbels nach ihrem Ideengehalt. Leipzig 1904, ²1911, ³1922

Gerlach, Ulrich Henry. Hebbel as a Critic of His Own Works: 'Judith', 'Herodes und Mariamne', and 'Gyges und sein Ring'. Göppinger Arbeiten zur Germanistik. Nr. 82. Göppingen 1972

Gerlach, U. Henry. Hebbel-Biographie 1910-1970. Heidelberg 1973

Gerth, Dieter. "Die Struktur der reduzierten Individuation bei Friedrich Hebbel". HJb 1968, 9-44

Gerth, Dieter. Die reduzierte Individuation als Moment des Tragischen bei Friedrich Hebbel. Freiburg, Phil.Diss. 1970

Giese, Gerhard. Quellen zur deutschen Schulgeschichte seit 1800. Göttingen 1961

Glaser, Martha. "Die Frau bei Hebbel". Die Frau 49 (1941) 29-34

Gloel, Heinrich. "Die nachgoethische Litteratur in den oberen Klassen". ZdU 11 (1897) 22-43

Glogau, Otto. "Friedrich Hebbel". Deutsche Jahrbücher für Politik und Literatur 11 (1864) 217-241

Golz, Bruno. "Friedrich Hebbel". Studien zur vergleichenden Literaturgeschichte 3 (1903) 257-303

Gottschall, Rudolf. Die deutsche Nationalliteratur in der ersten Hälfte des 19. Jahrhunderts. 2 Bde. Breslau 1855

Gottschall, Rudolf. "Friedrich Hebbel. Eine literarische Charakteristik". Unsere Zeit 2 (N.F.), 1865, 21-47

Gottschall, Rudolf. Poetik: Die Dichtkunst und ihre Technik. Breslau 1858

Gottschall, Rudolf. "Friedrich Hebbel". Literarische Charakterköpfe. Erster Theil. Leipzig 1870, S. 264-331

[von] Gottschall, Rudolf. Die deutsche Nationalliteratur des neunzehnten Jahrhunderts. 2 Bde. 5. Aufl., Breslau 1881

[von] Gottschall, Rudolf. Die deutsche Nationalliteratur des 19. Jahrhunderts. 4 Bde. Breslau 1901

Grack, Walter. Studien über die dramatische Behandlung der Geschichte von Herodes und Mariamne in der englischen und deutschen Literatur. Königsberg, Phil. Diss. 1901

Graesel, A.,"Zur Einführung." Blätter für Volksbibliotheken und Lesehallen 3 (1902) 38

Gross, Edgar. Hebbel. Colemans kleine Biographien. Heft 32. Lübeck 1933

Gruenter, Rainer. Der Prosastil des jungen Hebbel. Köln, Phil. Diss., Masch. 1949

Gruenter, Rainer. "Hebbel: Herodes und Mariamne". Das deutsche Drama vom Barock bis zur Gegenwart, hg. Benno von Wiese. Bd. 2. Düsseldorf 1958, S. 123-140, 440-442

Günther, Hans F. K. Rasse und Stil. München 1926

Günther, Karl-Heinz u.a. Geschichte der Erziehung. Berlin, 11. Aufl. 1973

Gurlitt, Ludwig. "Hebbels Bedeutung als Erzieher". Deutsche Monatsschrift für das gesamte Leben der Gegenwart 8 (1905) 675-682

Gutzkow, Karl. Dionysius Longinus. Oder: Ueber den ästhetischen Schwulst in der neueren deutschen Literatur. 2. Aufl., Stuttgart 1878

Gysi, Klaus. "Zum dritten deutschen Germanistenkongreß". Deutschunterricht 7 (1954) 689-699

Habermas, Jürgen. Zur Logik der Sozialwissenschaften. Tübingen 1967

Hackenberg, Günther. Die nihilistische Situation des Menschen in den Tragödien Hebbels. Bonn, Phil. Diss. 1952 [Masch.]

Hagen, Hans W. "Hebbels Sendung in der deutschen Gegenwart". HJb 1943, S. 16-25

Hallmann, Georg. Das Individualitätsprinzip bei Friedrich Hebbel. Beiträge zur Ästhetik XVI. Leipzig 1920

Glockner, Hermann (Rez.). "Georg Hallmann. Das Problem der Individualität bei Friedrich Hebbel.Leipzig 1921". Zeitschrift für Ästhetik und allgemeine Kunstwissenschaft 16 (1922) 430-432

Hankamer, Paul. Deutsche Literaturgeschichte. Bonn 1930

Hasselmann, Karl Berend. "Hebbels germanisches Bild der Welt". ZfD 1939, 145-154

Hassenstein, Friedrich. "Literaturwissenschaft und Literaturpädagogik". Taschenbuch des Deutschunterrichts, hg. Erich Wolfrum. Esslingen 1972, S. 231-247

Hebbel in neuer Sicht, hg. Helmut Kreuzer. Stuttgart 1963, ²1966

Paulsen, Wolfgang (Rez.). "Hebbel in neuer Sicht, hg. Helmut Kreuzer. Stuttgart 1963". Germanistik 5 (1964) 652-653

"Hebbel's neueste Schöpfungen". Iris 2 (1850), Bd. 4, 175-176

"Hebbel-Woche in Bochum". Die Literatur 41 (1938/39) 519 f.

Heer, Friedrich. "Der unheimliche Gast: Eine Festschrift zum hundertsten Todestag Friedrich Hebbels". Frankfurter Hefte 19 (1964) 336-344

Heine, Gerh. "Zur Einführung in die nachklassische Litteratur". ZdU 12 (1898) 762-771

Heinze, Paul u. Goette, Rudolf. Geschichte der deutschen Litteratur von Goethes Tod bis zur Gegenwart. Dresden 1890

"Helft mit bei der sozialistischen Umgestaltung der Schule!" Deutschunterricht 11 (1958) 369-371

Helmers, Hermann. Geschichte des deutschen Lesebuchs in Grundzügen. Stuttgart 1970

Henneberger, August. Das deutsche Drama der Gegenwart. Greifswald 1853

Hensel, Georg. Spielplan: Schauspielführer von der Antike bis zur Gegenwart. Teil I. Berlin 1966

Hentschel, Curt, Matthias, Theodor, Lyon, Otto. "Entwurf eines Lehrplanes für den deutschen Unterricht im Realgymnasium". ZdU 10 (1896) 700-706

Hermand, Jost. "Depravierter Idealismus. Dramentheorien um die Jahrhundertwende." Deutsche Dramentheorien: Beiträge zu einer historischen Poetik des Dramas in Deutschland, hg. Reinhold Grimm. Bd. 2. Frankfurt 1971, S. 429-450

"Herodes und Mariamne". Der Zuschauer (Wien) 1849, Nr. 94, 751 ff.; wieder abgedruckt bei Hirth, S. 156-158

Herrlitz, Hans-Georg. Der Lektüre-Kanon des Deutschunterrichts im Gymnasium. Heidelberg 1964

Hettner, Hermann. "Hebbel und die Tragikomödie". Blätter für literarische Unterhaltung, 1851, 7-8

Hettner, Hermann. Das moderne Drama: Aesthetische Untersuchungen. Braunschweig 1852

Hillebrand, Joseph. Die Deutsche Nationalliteratur im XVIII. und XIX. Jahrhundert, hg. Karl Hillebrand, 3 Bde., Gotha [1]1845, [2]1851, [3]1875

Hiller, Marie Louise. Friedrich Hebbels 'Herodes und Mariamne' auf der Bühne 1849 - 1925. Hebbel=Forschungen, Nr. XX. Berlin 1930

Hillmann, Joh. Hebbel: Sein Leben und sein Werk. Turm-Bücherei. Bd. 16. Leipzig o.J.

Hirsch, Franz. Geschichte der Deutschen Litteratur von ihren Anfängen bis auf die neueste Zeit. Bd. III. Leipzig o.J.

Hirth, Friedrich. Aus Friedrich Hebbels Korrespondenz. 2. Aufl., München 1913

"Historisch-inhaltliche Konzeption der Geschichte der deutschen Literatur von der Aufklärung bis zur Gegenwart". WB 17 (1971), H. 2, 54-86

Högel, Rolf. Der Held im Drama Georg Büchners, der Jungdeutschen und Friedrich Hebbels. Bonn, Phil. Diss. 1969

Högel, Rolf. "Zur Frage der Identität der Helden in Hebbels Drama: Eine Studie zur interpersonellen Struktur der Hebbelschen Dramen". HJb 1974, 139-166

Hofstaetter, Walther. "Kämpfe und Ziele". ZdU 26 (1912) 28-39

Hofstaetter, Walther. "Der Deutschunterricht als Weg zur nationalen Erziehung". ZdU 30 (1916) 560-567

Hofstaetter, Walther. "Einer deutschen Bildung entgegen!" ZdU 30 (1916) 371-386

Hofstaetter, Walther, "Der Deutschunterricht der Zukunft". ZdU 31 (1917) 572-576

Hofstaetter, Walther. "Der deutsche Unterricht". ZdU 32 (1918) 185-189

Hofstaetter, Walther. "Zum Geleit". ZdU 33 (1919) 1-2

Hofstaetter, Walther. "Von der Seele des deutschen Menschen". ZfD 1922

Hofstaetter, Walther. "Der Bildungswert der deutschkundlichen Fächer". ZfD 1925, 532-542

Homann, Hans Joachim. "Die meistgelesenen Bücher". LE 25 (1922/23) 129-135

Honegger, J. J. Literatur und Cultur des neunzehnten Jahrhunderts. Leipzig 1865

Honeffer, Ernst. Hebbel und das religiöse Problem der Gegenwart. Jena 1907

Werner, Richard Maria (Rez.). "Honeffer, Ernst. Hebbel und das religiöse Problem der Gegenwart. Jena 1907". DLZ 29 (1908) 2570 f.

Horn, Robert. "Die Bibliothekskonferenz der Arbeiterbibliotheken vom 3. bis 5. Juli in Schloß Tinz bei Gera (Reuss)". Der Bibliothekar 13 (1921) 1381-1388

Houben, H. H. "Friedrich Hebbels Zensurerlebnisse". Zeitschrift für Bücherfreunde. N.F. 13 (1921) 121-140

Hujer, Dora. "Der Deutschunterricht in der Deutschen Demokratischen Republik." Deutschunterricht 7 (1954) 561-566

Hujer, Dora. "Wohin geht der Weg? Zum Jahrgang 1958 der Stuttgarter Zeitschrift 'Der Deutschunterricht'". Deutschunterricht 12 (1959) 457-466

Ibel, Rudolf. "Politische Erziehung und deutscher Unterricht". ZdB 9 (1933) 432-439

Ideologiekritik im Deutschunterricht, hg. Heinz Ide u.a. Frankfurt 1972

Ihering, Herbert. Von Reinhardt bis Brecht: Eine Auswahl der Theaterkritiken von 1909 - 1932, hg. Rolf Badenhausen. Reinbek bei Hamburg 1967

Ingarden, Roman. Das literarische Kunstwerk. 2. Aufl., Tübingen 1960

Ivo, Hubert. Kritischer Deutschunterricht. Düsterwegs Rote Reihe. Frankfurt 1969

Jauss, Hans Robert. Literaturgeschichte als Provokation der Literaturwissenschaft. Konstanzer Universitätsreden, hg. Gerhard Hess, Bd. 3. 2. Aufl., Konstanz 1969

Jokisch, Willy, "Bausteine zu einer Hebbelbiographie 1919 bis 1930". Archiv für das Studium der neueren Sprachen und Literaturen 163 (1933) 34-41

Kahle, Wilhelm. Geschichte der deutschen Dichtung. Münster 1949, ²1954, ³1958, ⁴1964

Kanyó, Zoltán. "Zur Frage der Methodologie in der Literaturwissenschaft". WB 18 (1972), H. 6, 168-187

Karpeles, Gustav. Allgemeine Geschichte der Literatur von ihren Anfängen bis auf die Gegenwart. Bd. II, Berlin 1891

Kaufmann, Hans. "Zehn Anmerkungen über das Erbe, die Kunst und die Kunst des Erbens". WB 1973, H. 10, 34-53

Kayser, Christian Gottlob. Vollständiges Bücher=Lexicon. Bde. 27 - 36. Leipzig 1895 ff.

Kayser, Wolfgang. Das sprachliche Kunstwerk. 4. Aufl., Bonn 1956

Keim, H.W. "Friedrich Hebbels deutsche Art und Kunst". ZfD 1933, 702-719

Keller, Gottfried. Gesammelte Briefe in vier Bänden, hg. Carl Helbling. Bern 1950/54.

Kerr, Alfred. Das neue Drama. Berlin 1905

Kerr, Alfred. Gesammelte Schriften: Die Welt im Drama. 4 Bde. Berlin 1917

Kerr, Alfred. Die Welt im Drama, hg. Gerhard F. Hering. Köln 1954, 2. Aufl. 1964

Kerstiens, Ludwig. "Die höhere Schule in den Reformplänen der Nachkriegszeit". Zeitschrift für Pädagogik 11 (1965) 538-561

Kindermann, Heinz. "Hebbel und das Wiener Theater seiner Zeit". HJb 1942, 100-126

Kirchner, Friedrich. Die Deutsche Nationalliteratur des Neunzehnten Jahrhunderts. Kassel 1893, [2]1903

Kirchner, Joachim. Das deutsche Zeitschriftenwesen: Seine Geschichte und seine Probleme. Teil II. Wiesbaden 1962

Klaar, Alfred. Das moderne Drama, dargestellt in seinen Richtungen und Hauptvertretern. I. Abteilung. Leipzig 1883

Klaar, Alfred. Geschichte des modernen Dramas in Umrissen. Leipzig 1883

Klammer, Hermann. "Hebbel in der Schule". Preußische Jahrbücher 146 (1911) 93-106

Klammer, Hermann. "Hebbels Stellung zur Religion". Neue Jahrbücher für das klassische Altertum, Geschichte und deutsche Literatur 16 (1916) 208-225

"Der klassische und der moderne Mord. Hebbels 'Herodes und Mariamne' und Hasenclevers 'Mord'". Deutsche Rundschau 207 (1926)

Klee, Gotthold. Deutsche Literaturgeschichte, hg. Willy Schulz. Leipzig, 23. Aufl. 1925

Klein, Fritz. Deutschland von 1897/98 bis 1917. Lehrbuch der deutschen Geschichte. Beitrag E. Berlin, 3. Aufl. 1972

Kleinberg, Alfred. Die deutsche Dichtung in ihren sozialen, zeit= und geistesgeschichtlichen Bedingungen: Eine Skizze. Berlin 1927

Kleinberg, Alfred. "Marxistische Literaturforschung". Die Literatur 33 (1930/31) 596-597

Kleinschmidt, Gert. Die Person im frühen Drama Hebbels. Lahr 1965

Schmidt, Dietmar N. (Rez.). "Gert Kleinschmidt. Die Person im frühen Drama Hebbels. Lahr 1965". Germanistik 8 (1967) 146

Klingenstein, Gustav. Dichtung und Unterricht: Ein Lehrgang für den deutschen Literatur-Unterricht auf der Oberstufe höherer Lehranstalten. München 1925

Knecht, Frieda. Die Frau im Leben und in der Dichtung Friedr. Hebbels. Zürich, Phil. Diss. 1919

Knilli, Friedrich u. Münchow, Ursula. Frühes deutsches Arbeitertheater. Eine Dokumentation. München 1970

Koch, Franz. Geschichte deutscher Dichtung. Hamburg 1937

Koch, Franz. Welt und Ich: Das Grundproblem von Hebbels Theorie des Dramas. Abhandlungen der Preußischen Akademie der Wissenschaften, Jg. 1940, Philosophisch-historische Klasse, Nr. 4. Berlin 1940

Koch, Franz. "Hebbels Weltanschauung". Friedrich Hebbel: Sein Leben und Werk in Einzeldarstellungen, hg. zur Wiener Hebbel-Woche im Auftrage des Reichsstatthalters in Wien von Walter Thomas. Wien 1942, S. 15-16

Koch, Franz. Idee und Wirklichkeit: Deutsche Dichtung zwischen Romantik und Naturalismus. Bd. II. Düsseldorf 1956

Koch, Herbert. Ueber das Verhältnis von Drama und Geschichte bei Friedrich Hebbel. Leipzig, Phil. Diss. München 1904

Koch, Max. Geschichte der deutschen Literatur. Sammlung Göschen. 7. Aufl., Leipzig 1911

Koenig, Robert. Deutsche Literaturgeschichte. 7. Aufl. Bielefeld 1879

Körner, Josef. "Friedrich Hebbels Hauptwerk". Jahrbuch des Freien Deutschen Hochstifts, 1928, 178-236

Köster, Udo. Literarischer Radikalismus: Zeitbewußtsein und Geschichtsphilosophie in der Entwicklung vom Jungen Deutschland zur Hegelschen Linken. Frankfurt 1972

Kosch, Wilhelm. Das deutsche Theater und Drama seit Schillers Tod. Leipzig 1913, ^{2}1923

Kraft, Herbert. Poesie der Idee: Die tragische Dichtung Friedrich Hebbels. Tübingen 1971

Dietze, Walter (Rez.). "Herbert Kraft. Poesie der Idee. Tübingen 1971". DLZ 92 (1971) 879-882

Kreuzer, Helmut (Rez.). "Herbert Kraft. Poesie der Idee. Tübingen 1971". Germanistik 12 (1971) 808-809

Kranz, Christel. "Friedrich Rückerts 'Herodes und Mariamne' und Friedrich Hebbels 'Herodes und Mariamne'". Rückert-Studien 1 (1964) 115-139

Kreisler, Emil. "Hebbels Frauengestalten". Zweiunddreißigster Jahresbericht der k. k. Franz Joseph-Realschule in Wien. Wien 1907, S. 3-13

Kreuzer, Helmut. Die Tragödie Friedrich Hebbels: Versuch ihrer Deutung in Einzelanalysen. Tübingen, Phil. Diss. 1956 [Masch.]

Kreuzer, Helmut. "Hebbel und Kleist". Der Deutschunterricht 13 (1961), Heft 2, 92-115

Kreuzer, Helmut. "Zu Peuchets Memoiren - Ein Hinweis auf Hebbel-Parallelen". HJb 1964, 129-131

Kreuzer, Helmut. "Friedrich Hebbel". Deutsche Dichter des 19. Jahrhunderts: Ihr Leben und Werk, hg. Benno von Wiese. Berlin 1969, S. 387-411

Krumm, Johannes. Die Tragödie Hebbels: Ihre Stellung und Bedeutung in der Entwicklung des Dramas. Hebbel=Forschungen. Nr. III. Berlin 1908

Küchler, Kurt. Friedrich Hebbel: Sein Leben und sein Werk. Jena 1910

Kühne, Gustav. "Friedrich Hebbel und die Tragikomödie". Europa, 1851, 225-230

Kuh, Emil. Friedrich Hebbel: Eine Charakteristik. Wien 1854

Kuh, Emil. Biographie Friedrich Hebbels. 2 Bde., 2. Aufl. Wien 1907

Rez. "Emil Kuh. Biographie Friedrich Hebbel's. 2 Bde. Wien, 1877". Literarisches Centralblatt 1877, Sp. 1578

Rez. "Emil Kuh. Biographie Friedrich Hebbel's. 2 Bde. Wien 1877". Im neuen Reich 7 (1877) 217-225

Emil Kuh's kritische und literarhistorische Aufsätze (1863-1876), hg. Alfred Schaer. Wien 1910

Kulturpolitisches Wörterbuch, hg. Harald Bühl u.a. Berlin 1970

Kummer, Friedrich. Deutsche Literaturgeschichte des neunzehnten Jahrhunderts. Dresden 1909

Kummer, Friedrich. Deutsche Literaturgeschichte des 19. und 20. Jahrhunderts. 2 Bde. Dresden, 3. Aufl. 1922

Kunze, Kurt. "Was heißt völkische Erziehung?" ZdU 30 (1916) 387-392

Kutscher, Arthur. Friedrich Hebbel als Kritiker des Dramas: Seine Kritik und ihre Bedeutung. Hebbel=Forschungen Nr. 1. Berlin 1907

Kutscher, Arthur. Hebbel und Grabbe. München 1913

Ladewig, Paul. _Politik der Bücherei_. Leipzig 1912. 3. Aufl. Leipzig 1934. "Die Kruppsche Bücherhalle von Essen-Ruhr" S. 396-405

Lämmert, Eberhard. "Germanistik - eine deutsche Wissenschaft". _Nationalismus in Germanistik und Dichtung: Dokumentation des Germanistentages in München vom 17. - 33. Oktober 1966_, hg. B. von Wiese und R. Heuß. Berlin 1967, S. 15-36

Landgrebe, Walther. _Hebbels Nibelungen auf der Bühne._ Kiel, Phil. Diss. 1927

Landau, Marcus. "Die Dramen von Herodes und Mariamne". _Zeitschrift für vergleichende Litteraturgeschichte_. N.F. 8 (1895) 175-212, 279-317

Langen, August. "Deutsche Sprachgeschichte vom Barock bis zur Gegenwart". _Deutsche Philologie im Aufriß_. Bd.1 Berlin, 2. Aufl. 1957, Sp. 1306-1313

Laube, Heinrich. _Das Burgtheater: Ein Beitrag zur Deutschen Theater-Geschichte_. Leipzig 1868

Lehmann, Rudolf. _Der deutsche Unterricht: Eine Methodik._ 3. Aufl., Berlin 1909

Lehrgang Deutsche Sprache und Literatur. Lehrbogen 1 - 51. Fernstudium der zehnklassigen allgemeinbildenden polytechnischen Oberschule - Volkshochschule. o.O., o.J.

Lehrplan der zwölfklassigen allgemeinbildenden polytechnischen Oberschule (erweiterte Oberstufe), hg. v.d. Regierung d. Deutschen Demokratischen Republik. Ministerium für Volksbildung. Berlin 1961

Lehrpläne für die Gymnasien Baden-Württembergs, hg. v. Kultusministerium des Landes Baden-Württemberg. Villingen o.J. [1965]

Lehrpläne für die höheren Schulen des Freistaates Braunschweig Braunschweig 1927

Lehrpläne für die höheren Schulen des Freistaates Oldenburg. Oldenburg 1926

Lehrpläne für die höheren Schulen in Rheinland-Pfalz, hg. v. Ministerium für Unterricht und Kultus Rheinland-Pfalz. Grünstadt/Weinstraße 1960

Lehrpläne für die höheren Schulen im Volksstaate Hessen. Darmstadt 1925

Lehrplanrichtlinien für die Gymnasien, hg. v. Kultusminister des Landes Schleswig-Holstein. Lübeck 1955

Leick, Erich. _Hebbels Auffassung des Tragischen, an einigen seiner Dramen erläutert._ Beilage zum Jahresbericht des Gymnasiums und der Realschule zu Greifswald Ostern 1913. Greifswald 1913

Leisegang, Willy. _Das Drama Friedrich Hebbels in der Auffassung der Nachwelt_. Kiel, Phil. Diss. 1928

Leisegang, Willy. "Hebbels Nachleben in der Gegenwart". _ZdB_ 5 (1929) 161-166

Lemberg, Eugen. "Die höhere Schule in der Gesellschaft." _Das Studienseminar_ 6 (1961) 34-58

"Lesestoffe für den Literaturunterricht der Oberstufe im neuen Schuljahr." _Deutschunterricht_ 6 (1953) 460

"Lesestoffe für den Literaturunterricht der Oberstufe im neuen Schuljahr". _Deutschunterricht_ 12 (1969) 455-460

Lexikon deutschsprachiger Schriftsteller von den Anfängen bis zur Gegenwart, hg. Günter Albrecht, Kurt Böttcher, Herbert Greiner-Mai, Paul Günter Krohn. Bd. I (A-K). Leipzig 1967

Liepe, Wolfgang. "Zum Problem der Schuld bei Hebbel." _HJb_ 1958, 9-32

Liepe, Wolfgang. "Friedrich Hebbel, Weltbild und Dichtung." _HJb_ 1960, 7-26

Linden, Walther. "Deutschkunde als politische Lebenswissenschaft - das Kerngebiet der Bildung." _ZfD_ 1933, 337-341

Linden, Walther. _Geschichte der deutschen Literatur von den Anfängen bis zur Gegenwart_. Leipzig 1937

"Literaturgeschichte. Bd. 9." WB 15 (1969) 275-324

Literarischer Ratgeber des Borromäusvereins. Köln, 6. Aufl. 1926

Litzmann, Berthold. Das deutsche Drama in den literarischen Bewegungen der Gegenwart. 3. Aufl., Hamburg 1896. [1]1894. [2]1894

Lorenz, Max. "Hebbels 'Herodes und Mariamne'. Die Litteratur am Jahrhundert=Ende. Stuttgart 1900, S. 116-125

Lublinski, S[amuel]. Jüdische Charaktere bei Grillparzer, Hebbel und Otto Ludwig. Berlin 1899

Lublinski, Samuel. "Hebbel und Nietzsche." Der Kunstwart 13 (1900), 2. Hälfte, 431-440

Lüdemann, "Herodes und Mariamne von Friedrich Hebbel." Blätter für literarische Unterhaltung, 1850, Nr. 283, 1129-30

Lütkehaus, Ludger. "Die Gesellschaft und ihr Henker: Zu Hebbels 'Das Trauerspiel in Sicilien'." HJB 1973, 84-118

Lukács, Georg. Fortschritt und Reaktion in der deutschen Literatur. Berlin 1945, 2. Aufl. 1947. [3]1950

Lukács, Georg. Gottfried Keller, Berlin 1946

Lukács, Georg. Deutsche Realisten des 19. Jahrhunderts. Bern 1951. [2]1952. [3]1956

Lukács, Georg. Skizze einer Geschichte der neueren deutschen Literatur. Berlin 1953. [2]1955. [3]. Aufl. Neuwied 1963

Lukács, Georg. Der historische Roman. Berlin 1955

Lukács, Georg. Deutsche Literatur in zwei Jahrhunderten. Werke. Bd. 7. Neuwied 1964

Lukács, Georg. Die Grablegung des alten Deutschland: Essays zur deutschen Literatur des 19. Jahrhunderts. rowohlts deutsche enzyklopädie 276. Reinbek bei Hamburg 1967

Lyon, Otto. "Plan der Zeitschrift." ZdU 1 (1887) 11-13

Lyon, Otto. "Eine Hebbellektüre für Schule und Haus." ZdU 19 (1905) 1-6

Männer der Zeit: Biographisches Lexikon der Gegenwart. Erste Serie. Leipzig 1862

Mann, Otto. Deutsche Literaturgeschichte. Gütersloh 1964

Mann, Otto. Geschichte des Deutschen Dramas. Kröners Taschenausgabe, Bd. 296. Stuttgart 1960, ³1963

Mannheim, Karl. Wissenssoziologie. Berlin 1964

Marcuse, Ludwig. Die Welt der Tragödie. Berlin 1923

Marggraf, Hermann. "Bühnenpoesie und Bühnenkritik." Blätter für literarische Unterhaltung. 1855, 70-74

Markwardt, Bruno. Geschichte der deutschen Poetik. Bd. IV. Berlin 1959

Marnette, Hans. "Zur Erziehung des schöpferischen Kunstgenießenden im Literaturunterricht." Deutschunterricht 17 (1964) 263-273

Marnette, Hans. "Bildungs- und Erziehungsziele des Literaturunterrichts in unserer allgemeinbildenden Schule." Deutschunterricht 22 (1969) 632-640

Martersteig, Max. Das deutsche Theater im neunzehnten Jahrhundert. Leipzig 1904

Martini, Fritz. "Verfall und Neuordnung in der deutschen Dichtung seit dem 19. Jahrhundert." Von deutscher Art in Sprache und Dichtung 4 (1941) 367-413

Martini, Fritz. "Friedrich Hebbels Anschauungen vom Beruf des Dichters." HJb 1941, 1-39

Martini, Fritz. "Der Mensch in Hebbels Tragödie." HJb 1942, 1-36

Martini, Fritz. Deutsche Literaturgeschichte von den Anfängen bis zur Gegenwart. Kröners Taschenbuchausgabe, Bd. 196. Stuttgart 1949

Martini, Fritz. Deutsche Literatur im bürgerlichen Realismus. Epochen der Deutschen Literatur. Bd. V,2. Stuttgart 1962

Träger, Claus [Rez.]. "Fritz Martini. Deutsche Literatur im bürgerlichen Realismus 1848-1898. Stuttgart 1962." WB 10 [1964] 301-304

Marx, Karl / Engels, Friedrich. Werke. Bde. 4 u. 8. Berlin 1966

Marx, Karl / Engels, Friedrich. Deutsche Geschichte im 19. Jahrhundert, hg. Iring Fetscher. Frankfurt 1969

Marxismus und Literatur: Eine Dokumentation, hg. Fritz J. Raddatz. 3 Bde. 2. Aufl. Reinbek 1972

Matthias, Adolf. Geschichte des deutschen Unterrichts. Handbuch des deutschen Unterrichts an höheren Schulen, hg. Adolf Matthias, Bd. I. Teil I. München 1907

Matthiesen, Hayo. Untersuchungen über die Quellen zu Friedrich Hebbels historischen Dramen: Ein Beitrag zur Stoffgeschichte und zur Deutung des Dichters. Kiel, Phil. Diss. 1965 (Masch.)

Matthiesen, Hayo. "'Herodes und Mariamne': Eine Untersuchung über die Quellen." HJb 1966, 88-116

Maurer, Warren R. "Hebbel im Urteil der Naturalisten." HJb. 1967, 107-138

May, Kurt. "Hebbels 'Herodes und Mariamne'". HJb. 1949/50 47-59; wieder abgedruckt in Form und Bedeutung. Interpretationen deutscher Dichtung des 18. und 19. Jhs. Stuttgart [2]1963, S. 299-311 und Interpretationen: Deutsches Drama von Gryphius bis Brecht, hg. Jost Schillemeit. Fischer Taschenbuch. Frankfurt 1971, S. 259-268

May, Kurt. "Friedrich Hebbels opus metaphysicum Genoveva." Euphorion 45 (1950) 337-364

Mayer, Hans. Deutsche Literatur und Weltliteratur: Reden und Aufsätze. Berlin 1957

Meetz, Anni. Friedrich Hebbel. Realienbücher für Germanisten. Stuttgart 1962

Mehring, Franz. "Eine Klassikerbibliothek für Arbeiter." Die Neue Zeit 26 (1908), Bd. 2, 40-44

Mehring, Franz. Gesammelte Schriften und Aufsätze in Einzelausgaben, hg. Eduard Fuchs. Bd. 2. Zur Literaturgeschichte von Hebbel bis Gorki. Mit Einleitung von August Thalheimer. Berlin 1929.

Mehring, Franz. Aufsätze zur deutschen Literatur von Hebbel bis Schweichel. Gesammelte Schriften, Bd. 11, Berlin 1961

Menzel, Wolfgang. Deutsche Dichtung von der ältesten bis auf die neueste Zeit. 3 Bde. Stuttgart 1859, [2]1875

Metscher, Thomas. "Ästhetik als Abbildtheorie: Erkenntnistheoretische Grundlagen materialistischer Kunsttheorie und das Realismusproblem in der Literaturwissenschaft." Das Argument 14 (1972) 919-976

Meyer, Richard M. Die deutsche Litteratur des Neunzehnten Jahrhunderts. Berlin 1900

Meyer, Richard M. Die deutsche Literatur des Neunzehnten Jahrhunderts. Volksausgabe. Berlin 1912

Meyer, Richard M. Geschichte der deutschen Literatur. Zweiter Band: Die deutsche Literatur des neunzehnten und zwanzigsten Jahrhunderts, hg. Hugo Bieber. 6. Aufl., Berlin 1921

Meyer-Benfey, Heinrich. "Hebbels 'Agnes Bernauer'." GRM 11 (1923) 75-86

Meyer-Benfey, Heinrich. Hebbels Agnes Bernauer. Weimar 1931

Meyer-Benfey, Heinrich. "Friedrich Hebbel". Welt der Dichtung, hg. Fritz Collatz. Hamburg 1962, S.128-142

Michelsen, Peter. "Beitrag zu einer Hebbel-Bibliographie." HJb 1953, 111-133; 1954, 93-122; 1955, 113-141; 1956, 131-143

Michelsen, Peter. "Für Forscher". Euphorion 59 (1965) 412-415

Michelsen, Peter. Friedrich Hebbels Tagebücher: Eine Analyse. Göttingen 1966

Motylew, Ilia. 'Verdeckte Handlung' in Hebbels Dramen. Hebbel=Forschungen, Nr. XVI. Berlin 1927

Müller, Detlef. "Sozialstruktur und Schulsystem: Forschungsbericht über eine mehrdimensionale Analyse des Schulwesens im 19. Jahrhundert, Modellfall Berlin." Zur soziologischen Theorie und Analyse des 19. Jahrhunderts, hg. Walter Ruegg und Otto

Neuloh. Göttingen 1971, S. 213-233

Müller, Joachim. "Grillparzer und Hebbel". Zeitschrift für Deutsche Geisteswissenschaft 3 (1950/41) 282-299

Müller, Joachim. Das Weltbild Friedrich Hebbels. Halle 1955

Streller, Siegfried [Rez.]. "Joachim Müller. Das Weltbild Friedrich Hebbels. Halle 1958." WB 3 (1957) 624-629

Müller, Joachim. "Zu Struktur und Motivik in Hebbels 'Herodes und Mariamne', HJb 1966, 56-87

Münch, Ilse. "Die Tragik des germanischen Wesens im Drama Hebbels." ZfD 1937, 356-367

Münchow, Ursula. "Naturalismus und Proletariat." WB 10 (1964) 599-617

Münchow, Ursula. "Zur Entstehung und Entwicklung des frühen deutschen Arbeitertheaters." WB 16 (1970), H. 8, 140-162

Muschg, Walter. Tragische Literaturgeschichte. Bern 1948

Musterkatalog für Haus-, Vereins-, Volks- und Schulbibliotheken. Nebst einer Anleitung zur Errichtung und Verwaltung von Bibliotheken, hg. von der Gesellschaft für Verbreitung von Volksbildung zu Berlin. Hannover, 6. Aufl. o.J. [1890]

Musterkatalog für volkstümliche Bibliotheken, zusammengestellt von Hermann Herz. Sonderdruck der Nr. 9/10 der Bücherwelt. Köln 1907.

Nadler, Josef. Literaturgeschichte der deutschen Stämme und Landschaften. Bd. IV: Der deutsche Staat (1814-1914). 3. Aufl., Regensburg 1932

Nadler, Josef. Literaturgeschichte des Deutschen Volkes: Dichtung und Schrifttum der deutschen Stämme und Landschaften. Bd. III (1814-1914). 4. Aufl., Berlin 1938

Nadler, Josef. "Christian Friedrich Hebbel: Ein hohes Leben aus der Tiefe." Friedrich Hebbel: Sein Leben und Werk in Einzeldarstellungen, hg. zur Wiener Hebbel-Woche von Walter Thomas. Wien 1942, S. 9.

Nagel, Bert. "Die Tragik des Menschen in Hebbels Dichtung: Zum Verständnis der Tragödie 'Gyges und sein Ring'". HJb 1962, 15-93

Nagel, Hermann. *Studien zur Entstehungsgeschichte von Friedrich Hebbels Christusfragment*. Hebbel=Forschungen, Nr. XIV. Berlin 1925

Neufelder, Martin. *Die Rechtsauffassung Friedrich Hebbels: Ein Beitrag zu den Grundlagen einer Rechtsordnung.* Würzburg, Jur. Diss. 1969

Neumann, Alfred. *Aus Friedrich Hebbels Werdezeit*. Progr. Zittau. Zittau 1899

Neumann, Alfred. "Hebbel als Schulklassiker." *ZdU* 18 (1904) 431-459

Oehlke, Waldemar. *Geschichte der deutschen Literatur*. Bielefeld 1919

Oehlke, Waldemar. *Die deutsche Literatur seit Goethes Tod und ihre Grundlagen*. Halle 1921

Palleske, Emil. "Briefe über 'Das moderne Drama, ästhetische Untersuchungen von Hermann Hettner'." *Blätter für literarische Unterhaltung*, 1852, Nr.9, 193-196

Paulsen, Friedrich. *Geschichte des gelehrten Unterrichts auf den deutschen Schulen und Universitäten*. 2 Bde. Leipzig, 2. Aufl. 1897

Pesta, Hans. *Der Bildungsgehalt der Dichtung von Friedrich Hebbel: Seine bildungswissenschaftliche Untersuchung.* Erziehungswissenschaftliche und psychologische Studien. Heft 9. Hamburg 1938

Peters,Ulrich. "Zum Geleit." *ZdB* 1 (1925) 1-7

Peters, Ulrich. "Die 'Konservation', Schönbrunn und die Kulturkunde." *ZfD* 1931, 33-42

Peters, Ulrich. "Deutsche Bildung gestern und heute." *ZdB* 9 (1933) 337-341

Petersen, Julius. "Literaturwissenschaft und Deutschkunde." *ZfD* 1924, 403-415

Petrich, Franz. "Ein Beitrag zum Bildungsproblem." *Der Bibliothekar: Monatsschrift für Arbeiterbibliotheken* 5 (1913) 597-600

Petrich, Franz. "Die 'Bildungsarbeit' des Kapitalismus." Der Bibliothekar 5 (1973) 621-622

Petrich, Franz. "Der Weltkrieg und die proletarische Bildungsarbeit." Der Bibliothekar 9 (1917) 1061-1064

Petsch, Robert. "Zur Einführung in das Studium Friedrich Hebbels." GRM 1 (1909) 20-35

Petsch, Robert. "Richard Wagner, Friedrich Hebbel, Otto Ludwig und das deutsche Drama des 19. Jahrhunderts." ZdU 27 (1913) 305-335

Pfannmüller, Gustav. Die Religion Friedrich Hebbels auf Grund der Werke, Tagebücher und Briefe dargestellt. Göttingen 1922

Pfeffer, Carl. Die Psychologie der Charaktere in Hebbels Tragödie. Leipzig, Phil. Diss. 1907

Pinthus, Kurt. "Hebbels 'Herodes und Mariamne'." Der Zeitgenosse: Literarische Portraits und Kritiken. Marbacher Schriften 4. Marbach 1971, S. 138-141

Poppe, Theodor. Friedrich Hebbel. Moderne Essays. Heft 28. Berlin 1903

Prosche, Hannelore. "Unser Standpunkt." WB 16 (1970), H. 9, 5-9

Prutz, Robert. Neue Schriften: Zur deutschen Literatur- und Kulturgeschichte. 2 Bde. Halle 1854

Prutz, Robert. Die deutsche Literatur der Gegenwart 1848 1858, 2 Bde. Leipzig 1859

Prutz, Robert. "Friedrich Hebbel." Deutsches Museum 14 (1864) 67-73

Puppe, Heinz W. "Wir sprechen hier vom Möglichen: Hebbels Herodes und Mariamne." Neophilologus 54 (1970) 286, 289

Reeder, Hans Herbert. "Dichter zwischen den Zeiten. Betrachtungen zum Hebbel-Jahr." Die Westmark 1938, 305-307

Reich, Emil. Die Bürgerliche Kunst und die besitzlosen Volksklassen. 2. Aufl., Leipzig 1894

Reichert, Karl. "Wider den Schematismus im Literaturunterricht."*Deutschunterricht* 9 (1956) 140-147

Reimérdes, Ernst Edgar. "Friedrich Hebbel (1813-1913)." *Die Hamburger Woche* 8 (1913), Nr. 10, 5-6

Richtlinien für den Unterricht im Deutschen an Gymnasien im Lande Nordrhein-Westfalen, hg. vom Kultusministerium von Nordrhein-Westfalen. Düsseldorf 1952

Richtlinien für die Lehrpläne der höheren Schulen Preußens: Neue Ausgabe, hg. Hans Richert. 2 Bde. 6. u. 7. Aufl., Berlin 1927

Richtlinien und Stoffpläne für das Fach Deutsch, hg. v. Minister für Kultus, Unterricht und Volksbildung des Saarlandes, o.O. 1960

Riemann, Robert [Rez.]. "Hermann Hettner. Schriften zur Literatur. Berlin 1959." *WB* 6 (1960) 360

Robertson, J.G. und Purdie, Edna. *Geschichte der deutschen Literatur*. Göttingen 1968

Rochocs, Hans. "Hebbel als Erzieher." *ZdB*9 (1933) 520-525

Roeder, Peter-Martin. *Zur Geschichte und Kritik des Lesebuchs der höheren Schule*. Marburger Pädagogische Studien, Bd. 2. Weinheim/Bergstr. 1961

Röhl, Hans. "Charakter in der deutschen Dichtung des 19. Jahrhunderts." *ZfD* 1921, 369-377, 454-463; 1922, 213-221, 284-290, 465-475

Rössner, Heidrun. *'Herodes und Mariamne': Wie äußert sich der Kritiker in verschiedenen Zeiten zu Aufführungen dieses Werkes?"* Examensarbeit zur Ersten Prüfung für das Lehramt an Volksschulen in Schleswig-Holstein. Kiel 1964 (Masch; Hebbel-Museum)

Rötscher, Heinrich Theodor. "Vorbemerkung." *Jahrbücher für dramatische Kunst und Literatur*, 1849, 247-249, wieder abgedruckt in *Friedrich Hebbel*. Säkular-Ausgabe 1813-1913, hg. Richard Maria Werner. Bd.13. Berlin 1913, S. 163-165

Rosenberg, Hans. *Die nationalpolitische Publizistik Deutschlands vom Eintritt der neuen Ära in Preußen bis zum Ausbruch des deutschen Krieges: Eine kritische*

Bibliographie. 2 Bde. München 1935

Rosenberg, Hans. Große Depression und Bismarckzeit: Wirtschaftsablauf, Gesellschaft und Politik in Mitteleuropa. Berlin 1967

Rosenberg, Rainer. "Zum Menschenbild der realistischen bürgerlichen Literatur des 19. Jahrhunderts." WB 15 (1969) 1125-1150

Rosenberg, Rainer. "Deutsche Literatur zwischen 1830 - 1871". WB 18 (1972), H. 1 (121-145)

Rosin, Hans. "'Buchgemeinschaft' und Bildungspflege." Bücherei und Bildungspflege 6 (1926) 103-113

Die Rote Fahne: Kritik, Theorie, Feuilleton 1918-1933, hg. Manfred Brauneck. München 1973

Rube, Wolrad. Der fünffüßige Jambus bei Hebbel: Ein Beitrag zur Geschichte des Metrums. München, Phil. Diss. 1909

Rüdiger, Karlheinz. "Friedrich Hebbel." Nationalsozialistische Monatshefte (1938) 526-531

Rumpf, Walter. "Die Ausstellung 'Friedrich Hebbels Leben und Werk' in Bochum." HJb 1939, 80-84

Ryan, Lawrence. "Hebbels 'Herodes und Mariamne': Tragödie und Geschichte." Hebbel in neuer Sicht, hg. Helmut Kreuzer. Stuttgart 1963, S. 247-266

Sadger, J. "Über das Unbewußte und die Träume bei Hebbel." Imago 2 (1913) 336-356

Sadger, J. Friedrich Hebbel: Ein psychoanalytischer Versuch. Wien 1920

Schanze, Helmut. "Zur Interpretation von Novalis' 'Heinricht von Ofterdingen': Theorie und Praxis eines vollständigen Wortindex." Wirkendes Wort 20 (1970) 19-32

Schanze, Helmut. "Theorie des Dramas im 'Bürgerlichen Realismus." Deutsche Dramentheorien: Beiträge zu einer historischen Poetik des Dramas in Deutschland, hg. Reinhold Grimm. Bd. II. Frankfurt 1971, S. 374-393

Schapire, Anna. "Zu Hebbels Anschauungen über Kunst und künstlerisches Schaffen." Archiv für Philosophie. 2. Abt. Archiv für systematische Philosophie 13 (1907) 242-270

Schapire=Neurath, Anna. Friedrich Hebbel. Aus Natur und Geisteswelt. 238. Bändchen. Leipzig 1909

Schenckel, J. Deutsche Dichterhalle des neunzehnten Jahrhunderts. 3 Bde. 2. Aufl., Mainz 1856

Scherer, Wilhelm. Geschichte zur Deutschen Litteratur. Berlin 1883

Scherer, Wilhelm. Kleine Schriften zur altdeutschen Philologie, hg. Konrad Burdach. Bd. I. Berlin 1893

Scherr, Johannes. Allgemeine Geschichte der Literatur: Ein Handbuch in zwei Bänden, 6. Aufl., Stuttgart 1880

Scheunert, Arno. Der Pantragismus als System der Weltanschauung und Ästhetik Friedrich Hebbels. Hamburg 1903

Meyer, Richard M. [Rez.]. "Arno Scheunert. Der Pantragismus als System der Weltanschauung und Ästhetik Friedrich Hebbels. Hamburg 1903." DLZ 24 (1903) 2420-2422

Schlaf, Johannes. "Das Idol Hebbel." Nord und Süd 129 (1909) 223-254

Schlaffer, Heinz. Der Bürger als Held. Sozialgeschichtliche Auflösungen literarischer Widersprüche. edition suhrkamp 624. Frankfurt 1973

Schlajker, Erich. "Herodes und Mariamne." Die Hilfe 5 (1899), Nr. 20, 9-10

Schlösser, Rainer. "Friedrich Hebbel zum Gedächtnis." HJb 1939, 1-19

Schmidt, Hans. Der steigernde Stil in der Tragödie Friedrich Hebbels. Leipzig, Phil. Diss. 1910

Schmidt, Julian. "Friedrich Hebbel." Grenzboten 9 (1850), II. Sem., II.Bd., 721-733, wieder abgedruckt in Wütschke, Hebbel in der zeitgenössischen Kritik, S. 75-94

Schmidt, Julian. "Herodes und Mariamne." Grenzboten 9 (1850), II. Semester. II. Bd., 953-958

Schmidt, Julian. "Julia. Trauerspiel von Hebbel." Grenzboten 10 (1851), 1. Sem., 1. Bd., 493-504; wieder abgedruckt bei Wütschke, Hebbel in der zeitgenössischen Kritik, S. 94-109

Schmidt, Julian. Geschichte der Deutschen Literatur im neunzehnten Jahrhundert. Bd. III. 3. Aufl., Leipzig 1856

Schmidt, Julian. Bilder aus dem Geistigen Leben unserer Zeit. Leipzig 1870

Schmidt, Julian. Geschichte der Deutschen Litteratur von Leibniz bis auf unsere Zeit. 5 Bände. Berlin 1886

Schmidtke, Margarete. Friedrich Hebbel als Dichter der Menschlichkeit. Berchers kleine Volksbibliothek, Bd. 42. Kevelaer 1951

Schneider, Ferdinand Joseph. "Mystik in Hebbels Herodes und Mariamne." DuV 36 (1935) 341-350

Schneider, Hermann. Epochen der deutschen Literatur. Bonn 1946

Schneider, Hermann. Geschichte der deutschen Dichtung, nach ihren Epochen dargestellt. 2 Bde. Bonn 1949/50

Schnyder, Walter. Hebbel und Rötscher unter besonderer Berücksichtigung der beiderseitigen Beziehungen zu Hegel. Hebbel=Forschungen, Nr. X. Berlin 1923

Schönbach, Anton E. Über Lesen und Bildung: Umschau und Ratschläge. 6. Aufl., Graz 1900

Schow, Wilhelm. "Zur Gründung der Wiener Ortsgruppe der Hebbel-Gesellschaft." HJb 1942, 75-83

Schriewer, Franz. Zur Berufskunde der Dorfbücherei. Veröffentlichungen der Bibliothekskurse in der Berliner Stadtbibliothek. Heft 7. Stettin 1930

Schröder, Winfried. "Die Pariser Kommune und die Veränderungen im ideologischen Überbau der bürgerlichen Gesellschaftsordnung." Deutsche Zeitschrift für Philosophie 19 (1971) 964-984

Schuh, Oscar Fritz. "Die Kunst ist das Gewissen der Menschheit (Hebbel)." HJb 1964, 15-25

Schücking, Levin L. Soziologie der literarischen Geschmacksbildung. 3. Aufl., Bern 1961

Die Schule in Nordrhein-Westfalen. Richtlinien für den Unterricht in der Höheren Schule: Deutsch. Ratingen 1963

Schultz, Franz. "Universität und höhere Schule." ZdB 7 (1931) 311-320

Schultze, Ernst. "Ueber die Auswahl des Bücherstoffes für Volksbibliotheken." Blätter für Volksbibliotheken und Lesehallen 3 (1902) 37-42

Schultze, Ernst. "Musterverzeichnis von Büchern der schönen Literatur für Volksbibliotheken." Blätter für Volksbibliotheken und Lesehallen 5 (1904) 143-151; 6 (1905) 3-10, 44-49, 82-86, 116-120

Schulz, Gerhard. "Zur Theorie des Dramas im deutschen Naturalismus." Deutsche Dramentheorien: Beiträge zu einer historischen Poetik des Dramas in Deutschland, hg. Reinhold Grimm. Bd. II. Frankfurt 1971, S. 394-428

Schulze, Eduard. "Die deutsche Klassik und die nationalpolitische Bildung." ZdB 10 (1934) 123-133

Schulze-Berghof, Paul. Die Kulturmission unserer Dichtkunst: Studien zur Ästhetik und Literatur der Gegenwart. Leipzig 1908

Schwartz, Hans. "Vergangenheit und Gegenwart: Zur Frage der geschichtlichen Betrachtungsweise der deutschen Literatur im Unterricht." ZfD 1927, 205-216

Schwerte, Hans. "Deutsche Literatur im Wilhelminischen Zeitalter." Wirkendes Wort 14 (1964) 254-270

Schwonke, Martin. "Die Bedeutung von Naturwissenschaft und Technik für die Entwicklung der Utopie vom Idealstaat zum Leitbild des Handelns." Der utopische Roman, hg. Rudolf Villgradter u. Friedrich Krey. Darmstadt 1973, S. 186-230

Sellmann, Adolf. "Friedrich Hebbel und Klaus Groth." ZdU 24 (1910) 511-518

Sengle, Friedrich. "Vom Absoluten in der Tragödie." DVjs 20 [1942] 265-272

Sengle, Friedrich. Das deutsche Geschichtsdrama: Geschichte eines literarischen Mythos. Stuttgart 1952

Kaufmann, F.W. [Rez.]. "Friedrich Sengle. Das deutsche Geschichtsdrama. Stuttgart 1952." The Germanic Review 28 (1953) 207-208

Sickel, Paul. "Hebbel und die Antike." Neue Jahrbücher für Wissenschaft und Jugendbildung 4 (1928) 440-447

Sickel, Paul. "Hebbel und das Dämonische." ZdB 5 (1929) 660-665

Siebert, Horst. "Friedrich Hebbel - Anpassung und Widerstand." HJb 1970, 43-56

Sievers, Hartwig. Hebbels 'Maria Magdalene' auf der Bühne: Ein Beitrag zur Bühnengeschichte Hebbels. Kiel, Phil. Diss. 1933

Skutsch, Franz. "Zu Hebbels Herodes und Mariamne." Zeitschrift für vergleichende Litteraturgeschichte N.F. 10 (1896) 94-95

Sommerfeld, Martin. Hebbel und Goethe: Studien zur Geschichte des deutschen Klassizismus im neunzehnten Jahrhundert. Bonn 1923

Zinkernagel, Franz [Rez.]. "Martin Sommerfeld. Hebbel und Goethe. Bonn 1923." DLZ 45 (1924) 1235-1239

Witkowski, Georg [Rez.]. "Martin Sommerfeld. Hebbel und Goethe. Bonn 1923." Zeitschrift für Bücherfreunde 16 (1924) 296-297

Weiss, Fritz [Rez.]. "Martin Sommerfeld. Hebbel und Goethe. Bonn 1923." Literaturblatt für germanische und romanische Philologie 48 (1927) 19-21

Sontheimer, Kurt. Antidemokratisches Denken in der Weimarer Republik: Die politischen Ideen des deutschen Nationalismus zwischen 1918 und 1933. München 1962

Soyter, Gustav. "Die soziale Anklageliteratur in der Schule." ZdU 31 (1917) 238-241

Spael, Wilhelm. Das Buch im Geisteskampf: 100 Jahre Borromäusverein. Bonn 1950

Spieß, Otto. Hebbels Herodes und Mariamne: Versuch einer Erläuterung zwischen den Zeilen für Schauspieler und Hebbel-Verehrer. Halle 1913

Spiro, Ludwig. "Der deutsche Unterricht im neuen Lehrplan für die höheren Knabenschulen Württembergs." ZdU 27 (1913) 710-718

Spiro, Ludwig. "Aus dem neuen Lehrplan für die Mädchenrealschulen in Württemberg." ZdU 28 (1914) 775-776

Sprache und Politik: Vorträge und Materialien einer Arbeitstagung der Bundeszentrale für politische Bildung vom 8.-13. März 1971 in Bremen. Schriftenreihe der Bundeszentrale für politische Bildung, Heft 91. Bonn 1971

Sprengel, J.G. "Deutsch". Die deutsche höhere Schule nach dem Weltkriege: Beiträge zur Frage der Weiterentwicklung des höheren Schulwesens, hg. J. Norrenberg. Leipzig 1916, S. 80-104

Sprengel, Johann Georg. "Die neue Verfassung der höheren Schulen Preußens." ZdB 1 (1925) 31-43

Sprengel, Johann Georg. Der Staatsgedanke in der deutschen Dichtung vom Mittelalter bis zur Gegenwart. Berlin 1933

Steigleder, K. "Die Bedeutung der neueren Literatur in dem Unterricht der höheren Schule." ZfD 1931, 638-648

Stein, Ernst. "An einer Wegscheide unseres Literaturunterrichts." Deutschunterricht 8 (1955) 363-370

Stein, Wilhelm. Friedrich Hebbel. Erläuterungen neuerer Dramatiker. Habelschwerdt 1905

Stern, Adolf. Die Deutsche Nationalliteratur vom Tode Goethes bis zur Gegenwart. Marburg 1886

Stern, Adolf. _Geschichte der Weltliteratur in übersichtlicher Darstellung_. Stuttgart 1888

Stern, Adolf. "Friedrich Hebbels Briefwechsel." _Grenzboten_ 52, 2 (1893) 211-223, 258-271

Stern, Adolf. _Zwölf Jahre Dresdner Schauspielkritik_, hg. Christian Gaehde. Dresden 1909

Stern, Hildegard. _Friedrich Hebbels "Judith" auf der deutschen Bühne_. Hebbel=Forschungen, Nr. 18. Berlin 1927

Stern, Martin. "Das zentrale Symbol in Friedrich Hebbels 'Maria Magdalene". _Wirkendes Wort_ 9, 1959, 338-349; wieder abgedruckt in _Hebbel in neuer Sicht_, hg. Helmut Kreuzer. Stuttgart 1963, S. 277-290

Sterz, Erika. "Zur Problematik der Dramen Hebbels auf der Bühne." _HJb_ 1966, 117-141

Steves, Heinrich. _Fr. Hebbels Verhältnis zu den politischen und sozialen Fragen_. Greifswald, Phil. Diss. 1909

Stodte, Hermann. _Friedrich Hebbels Drama_. Stuttgart 1908

Stodte, H. "Hebbel und Ibsen." _Eckart. Ein deutsches Literaturblatt_ 7 (1912/13) 436-438

Stodte, Hermann. "Der konservative Hebbel." _Dichtung und Forschung: Festschrift für Emil Ermatinger_. Frauenfeld/Leipzig 1933, S. 193-208

Stoffpläne für die höheren Lehranstalten in Bayern. München 1952, ²1956

Stolte, Heinz. "Hebbels 'Herodes und Mariamne' als Bekenntnisdichtung." _HJb_ 1961, 90-117

Stolte, Heinz. _Friedrich Hebbel: Welt und Werk_. Hamburg 1965

Stolte, Heinz. "Moderne Weltdeutung im dichterischen Werk Friedrich Hebbels." _HJb_ 1965, 9-32

Stolte, Heinz. "Literaturbericht 1971." _HJb_ 1971/72, 175-183

Storz, Gerhard. "Wendung zur Poetik. Ein Literaturbericht." Der Deutschunterricht 4 (1952), H. 2, 68-83

Strecker, Karl. "Hebbel als Dramatiker." Eckart: Ein deutsches Literaturblatt 7 (1912/13) 365-375

Strecker, Karl. "Friedrich Hebbel." Monatshefte für deutsche Sprache und Pädagogik 14 (1913) 115-123

Strecker, Karl. Friedrich Hebbel und seine besten Bühnenwerke. Schneiders Bühnenführer. Berlin o.J.

Strecker, Karl. Friedrich Hebbel. Sein Wille, Weg und Werk. Hamburg 1925

Strothmann, Dietrich. Nationalsozialistische Literaturpolitik: Ein Beitrag zur Publizistik im Dritten Reich. Abhandlungen zur Kunst-, Musik- und Literaturwissenschaft. Bd. 13. Bonn 1960

Stuckert, Franz. "Die Entfaltung der deutschen Dichtung im 19. Jahrhundert." DVjs 16 (1938) 376-400

Stümcke, Heinrich. "Von den Berliner Theatern." Bühne und Welt 1 (1899) 708-710

Stundentafeln und Stoffpläne für die Höheren Schulen in Bayern, hg. v. Bayerischen Staatsministerium für Unterricht und Kultus. o.O. 1960

Teutenberg, Adolf. "Hebbels Frauengestalten." Über Land und Meer (1913) 652-653

Thalheim, Hans-Günter u. Schiller, Dieter. "Diskussion zu aktuellen Aufgaben der Literaturwissenschaft." WB 12 (1966) 3-9

Thiel, Hans. "Der Lektürekanon der gymnasialen Oberstufe des Landes Hessen." Der Deutschunterricht 17 (1965) Beilage zu Heft 3.

Thomas, Walter. "Ansprache zur Eröffnung der Woche Hebbel und Wien." HJb 1942, 57-63

Tidemann, Wilhelm. Friedrich Hebbel und die Gegenwart: Die tragische Situation des nordischen Menschen. Prien 1922

Tlustek, Hugo. Hunger und Liebe in ihrem Einfluß auf Friedrich Hebbels dichterische Entwicklung. Wollstein 1913

Treitschke, Heinrich von. Historische und politische Aufsätze. Bd. I. 5. Aufl., Leipzig 1886

Trojan, E.W. "Volksbühne und Freie Bühne. Aufgaben, Ziele und Grenzen der Volksbühnenbewegung." Bühne und Welt 16, Bd. 1 (1913/14) 105-108

Trübe, O. "Hebbel ein Vorläufer Nietzsches?" Konservative Monatsschrift 68 (1910/11) 604-609

Trübe, O. "Hebbel und Nietzsche." Der Geisteskampf der Gegenwart: Monatsschrift für Förderung und Vertiefung christlicher Bildung und Weltanschauung 1912, 21-28

Turzinsky, Walter. "Von den Berliner Theatern 1912/13." Bühne und Welt 15 (1913), I.Halbband, 70-79

"Über die Aufgaben der Zeitschrift für deutsche Literaturgeschichte." WB 4 (1958) 133

"Um eine wahrhaft patriotische Erziehung im Deutschunterricht." Deutschunterricht 9 (1956) 253-256

Unger, Rudolf. "Neuere Hebbelforschungen." LE 15, 1912/13, 41-45, 100-110

Unger, Rudolf. "Aus der gegenwärtigen Hebbelforschung." LE 16 (1913/14) 1475-1485

Utopie: Begriff und Phänomen des Utopischen, hg. Arnhelm Neusüss. Soziologische Texte 44. 2. Aufl., Neuwied 1972

"Der Verfall des deutschen Dramas." Deutsche Jahrbücher für Politik und Literatur 3 (1862) 389-410

Verordnungen und Gesetze über die höheren Schulen in Preußen, hg. L[udwig] Wiese. 2 Bde. Berlin 1867

Viëtor, Karl. "Die Wissenschaft vom deutschen Menschen in dieser Zeit." ZdB 9 (1933) 342-348

Viëtor, Karl. Deutsches Dichten und Denken von der Aufklärung bis zum Realismus: Deutsche Literaturgeschichte von 1700 bis 1890. Sammlung Göschen Bd. 1096. 3.Aufl., Berlin 1958

Vilmar, A.F.C. Geschichte der deutschen Nationalliteratur. 2 Bde. Marburg, 4. Aufl. 1851, ^{8}1858, $^{13/14}$1871, ^{22}1886, ^{25}1901, ^{27}1910

Vilmar, A.F.C. Geschichte der Deutschen Nationalliteratur, bearbeitet und fortgesetzt von Johannes Rohr. Berlin 1936

Vogt, Friedrich und Koch, Max. Geschichte der Deutschen Litteratur von den ältesten Zeiten bis zur Gegenwart. Leipzig 1897, ^{3}1910 (2 Bde.), 4. neubearb. Aufl. 1919 (3 Bde.), 5. Aufl. 1934

Vogt, Karl. "Hebbel und das schauspielerische Problem." Bühne und Welt 16, Bd. 1 (1913/14) 277-279

Volkelt, Johannes. Ästhetik des Tragischen, 2., umgearbeitete Aufl., München 1906

"Vom deutschen Theater." Unterhaltungen am häuslichen Herd. IV. Folge. 1. Bd., 1863, 357-358

von Berger, Alfred Freiherr. Meine Hamburgische Dramaturgie. Wien 1910

von Leixner, Otto. Unser Jahrhundert: Ein Gesamtbild der wichtigsten Erscheinungen auf dem Gebiete der Geschichte, Kunst, Wissenschaft und Industrie. 2 Bde. Stuttgart 1882/83

von Leixner, Otto. Geschichte der Deutschen Litteratur. 2. Aufl., Leipzig 1893

von Nedden, Otto. "Frauengestalten bei Hebbel." Friedrich Hebbel: Sein Leben und Werk in Einzeldarstellungen, hg. zur Wiener Hebbel-Woche im Auftrage des Reichsstatthalters in Wien von Walter Thomas. Wien 1942, S. 46

von Reinhardstoettner, Carl. "Über einige dramatische Bearbeitungen von Herodes und Mariamne." Aufsätze und Abhandlungen vornehmlich zur Literaturgeschichte. Berlin 1887, S. 40-70

von Scholz, Wilhelm. Hebbel. Die Dichtung, Bd. XXVIII. Berlin 1905 von Scholz, Wilhelm. "Hebbel." Gedanken zum Drama: Neue Folge. München 1915, S. 187-203

von Wiese, Benno. "Das Tragische in Friedrich Hebbels Welt- und Kunstanschauung." DuV 41 (1941) 1-22

von Wiese, Benno. "Geschichte und Drama." DVjs 20 (1942) 412-434

von Wiese, Benno. Die deutsche Tragödie von Lessing bis Hebbel. 2 Bde. Hamburg 1948, ²1952, ³1955, ⁴1958, ⁵1961, ⁶1964

Konrad, Gustav [Rez.]. "Benno von Wiese. Die deutsche Tragödie von Lessing bis Hebbel. 2 Bde. Hamburg 1948." DLZ 71 (1950) 20-26

von Wiese, Benno. "Probleme der deutschen Tragödie im 19. Jahrhundert." Wirkendes Wort 1 (1950/51) 32-38; wieder abgedruckt in Wirkendes Wort: Sammelband III. Neuere deutsche Literatur. Düsseldorf 1963, S. 195-201

von Wiese, Benno. "Die Religion Büchners und Hebbels." HJb 1959, 7-29

von Wiese, Benno. "Der Tragiker Friedrich Hebbel." HJb 1963, 9-32

von Wiese, Benno. Plädoyer für Friedrich Hebbel. Zu seinem 150. Geburtstag am 18. März. Internationale Maifestspiele. Wiesbaden 1963

von Zanthier, Christa Maria. Der Schicksalsglaube der Dithmarscher: Hebbel-Groth-Frenssen-Groß. Heide, Phil. Diss. Tübingen 1934

Waetzoldt, Wilhelm. Hebbel und die Philosophie seiner Zeit. Gräfenhainichen, Phil. Diss. Berlin 1903

Wagner, Albert Malte. Das Drama Friedrich Hebbels: Eine Stilbetrachtung zur Kenntnis des Dichters und seiner Kunst. Hamburg 1911

Wagner, Albert Malte. Goethe, Kleist, Hebbel und das religiöse Problem ihrer Dichtung. Leipzig 1911

Zinkernagel, F. [Rez.] "Albert Malte Magner. Goethe, Kleist, Hebbel und das religiöse Problem ihrer Dichtung. Hamburg 1911." ZfdPh 44 (1912) 237-246

Wagner, A.M. "Friedrich Hebbel und sein Verleger." GRM 5, 1913, 177-193

Wallberg, Edgar F. Hebbels Stil in seinen ersten Tragödien 'Judith' und 'Genoveva'. Berlin, Phil. Diss. Marburg 1909

Walzel, Oskar. Hebbelprobleme. Untersuchungen zur neueren Sprach- und Literaturgeschichte, N.F., H. 1, Leipzig 1909

Walzel, Oskar. "Friedrich Hebbel 1813-1913." Deutsche Rundschau 154 (1913) 435-451

Walzel, Oskar. Die deutsche Literatur von Goethes Tod bis zur Gegenwart. In: Scherer, Wilhelm. Geschichte der deutschen Literatur, 2. Aufl., Berlin 1918

Walzel, Oskar. Friedrich Hebbel und seine Dramen. Aus Natur und Geisteswelt, Bd. 408. 2. Aufl., Berlin 1919, ^{3}1927

Walzel, Oskar. Die Deutsche Dichtung seit Goethes Tod. Berlin 1919

Walzel, Oskar. Vom Geistesleben alter und neuer Zeit. Leipzig 1922

Walzel, Oskar. Die Geistesströmungen des 19. Jahrhunderts. Deutschkundliche Bücherei. Leipzig 1924

Walzel, Oskar. Deutsche Dichtung von Gottsched bis zur Gegenwart. Bd. II. Wildpark-Potsdam 1930

Weber, Leopold. "Zur Hebbel-Propaganda." Der Kunstwart 16, 2 (1903) 7-10

Wehler, Hans-Ulrich. Bismarck und der deutsche Imperialismus. Köln 1969

Weichenmayr, Franz. Dramatische Handlung und Aufbau in Hebbels Herodes und Mariamne. Erlangen, Phil. Diss. 1927

Blankenagel, John C. [Rez.]. "Franz Weichenmayr. Dramatische Handlung und Aufbau in Hebbels Herodes und Mariamne. Halle 1929." *The Journal of English and Germanic Philology* 31 (1932) 438

Campbell, T.M. [Rez.]. "Franz Weichenmayr. Dramatische Handlung und Aufbau in Hebbels Herodes und Mariamne. Halle 1925." *The Germanic Review* 5 (1930) 400-403

Kainz, Friedrich [Rez.]. "Franz Weichenmayr. Dramatische Handlung und Aufbau in Hebbels Herodes und Mariamne. Halle 1929." *Literaturblatt für germanische und romanische Philologie* 54 (1933) 377-378

Schultze-Jahde, Karl [Rez.]. "Franz Weichenmayr. Dramatische Handlung und Aufbau in Hebbels Herodes und Mariamne. Halle 1929. " *ZfdPh* 55 (1930) 489-496

Weicker, Gotthold. "Kann die Deutschkunde mit der Neuordnung des höheren Schulwesens in Sachsen zufrieden sein?" *ZdB* 3 (1927) 398-405

Weimann, Robert. "Gegenwart und Vergangenheit in der Literaturgeschichte." *WB* 16 (1970), H. 5, 30-57

Wentorf, O. "'Herodes und Mariamne' und 'Monna Vanna'". *Die Gegenwart* 32 (1903), Bd. 63, 279-282

Werner, Anneliese. *Hebbels Verhältnis zur Geschichte in seinem Denken und Dichten*. Bonn, Phil. Diss. 1952 (Masch.)

Werner, Richard Maria. "Friedrich Hebbel als Dramatiker." *Bühne und Welt* 1 (1899) 10-20

Werner, Richard Maria. "Hebbel und Goethe." *Goethe-Jahrbuch* 25 (1904) 171-184

Werner, Richard Maria. *Hebbel: Ein Lebensbild*. Berlin 1905

Wernick, Friedrich. *Handbuch der Geschichte der deutschen Nationalliteratur*. Gotha 1857

Widhammer, Helmut. *Realismus und klassizistische Tradition: Zur Theorie der Literatur in Deutschland 1848 - 1860*. Studien zur deutschen Literatur. Bd. 34. Tübingen 1972

Wiegand, Julius. _Geschichte der deutschen Dichtung_. Köln 1922

Winkler, Heinrich August. _Preußischer Liberalismus und deutscher Nationalstaat: Studien zur Geschichte der deutschen Fortschrittspartei 1861 - 1866._ Tübingen 1964

Winterscheidt, Friedrich. _Deutsche Unterhaltungsliteratur der Jahre 1850 - 1860: Die geistesgeschichtlichen Grundlagen der unterhaltenden Literatur an der Schwelle des Industriezeitalters_. Abhandlungen zur Kunst-, Musik- und Literaturwissenschaft, Bd. 65. Bonn 1970

Witkowski, Georg. _Das deutsche Drama des neunzehnten Jahrhunderts_. Aus Natur und Geisteswelt, Bd. 51. Berlin 1904, [2]1906, [3]1909, [4]1913, [5]1923

Witkowski, Georg. _Die Entwicklung der deutschen Literatur seit 1830_. Leipzig 1912

Wittkowski, Wolfgang. _Der junge Hebbel: Zur Entstehung und zum Wesen der Tragödie Hebbels_. Quellen und Forschungen zur Sprach- und Kulturgeschichte der germanischen Völker, N.F., Bd. 29, Berlin 1969

Dietze, Walter [Rez.]. "Wolfgang Wittkowski. Der junge Hebbel. Berlin 1969." _DLZ_ 92 (1971) 42-44

Müller, Joachim [Rez.]. "Wolfgang Wittkowski. Der junge Hebbel. Berlin 1969." _Germanistik_ 10 (1969) 631-632

Wittner, Otto. _Deutsche Literaturgeschichte vom westfälischen Frieden bis zum Ausbruch des Weltkrieges_, hg. Ernst Lissauer, 2 Bde. Dresden 1919, 1926

Wulf, Josef. _Literatur und Dichtung im Dritten Reich:_ Eine Dokumentation. Gütersloh 1963

Wulf, Josef. _Theater und Film im Dritten Reich:_ Eine Dokumentation. Gütersloh 1964

Wütschke, H. _Hebbelbibliographie: Ein Versuch_. Veröffentlichungen der deutschen bibliographischen Gesellschaft. 6. Bd. Berlin 1910

Kisch, Paul [Rez.]. "H. Wütschke. Hebbelbibliographie: Ein Versuch. Berlin 1910." Euphorion 19 (1912) 445-458

Wütschke, H. Hebbel in der zeitgenössischen Kritik. Deutsche Literaturdenkmäler. Nr. 143. Berlin 1910

Kisch, Paul [Rez.]. "H. Wütschke. Hebbel in der zeitgenössischen Kritik. Berlin 1910." Euphorion 19 (1912) 459-464

Zäch, Alfred. "Der Realismus (1830-1885)." Deutsche Literaturgeschichte in Grundzügen, hg. Bruno Boesch. Bern 1946, S. 289-316

Ziegler, Klaus. Mensch und Welt in der Tragödie Friedrich Hebbels. Neue Forschungen 32. Berlin 1938, [2]1966 (Darmstadt)

von Wiese, Benno (Rez.). "Klaus Ziegler. Mensch und Welt in der Tragödie Friedrich Hebbels. Berlin 1938." Literaturblatt für germanische und romanische Philologie 61 (1940) 14-16

Ziegler, Klaus. "Friedrich Hebbel und die Krise des deutschen Geistes." HJb 1949/50, 1-46

Ziegler, Klaus. "Wandlungen des Tragischen." HJb 1951, 9-29

Ziegler, Klaus. "Hebbels Judith." Das deutsche Drama vom Barock bis zur Gegenwart, hg. Bruno von Wiese. Bd. II. Düsseldorf 1958, S. 101-122

Ziegler, Klaus. "Das deutsche Drama der Neuzeit." Deutsche Philologie im Aufriss, hg. Wolfgang Stammler. Bd. II. 2. Aufl., Berlin 1960, Sp. 1997-2350

Ziegler, Klaus. "Stiltypen des deutschen Dramas im 19. Jahrhundert." Formkräfte der deutschen Dichtung vom Barock bis zur Gegenwart, hg. Hans Steffen. Göttingen 1963, S. 141-164

Ziegelschmid, A.J. Friedrich. Beiträge zu Friedrich Hebbels Charakterkunde: Ein psychologischer Deutungsversuch. Hebbel=Forschungen, Nr. XXII. Berlin 1932

Zincke, Paul. "Friedrich Hebbel ein Mystiker?" Euphorion 16 (1909) 147-166

Zinkernagel, Franz. Die Grundlagen der Hebbelschen Tragödie. Berlin 1904

Zinkernagel, Franz. Goethe und Hebbel: Eine Antithese. Tübingen 1911

"Zum Geleit." HJb 1939, S. I

"Zur Umgestaltung der Lehrpläne im Fach Deutsch." Deutschunterricht 11 (1958) 371-379

5.2.2 Veröffentlichungen in Zeitungen

1 Abendpost. Frankfurt, 10.5.1952 und 25.2.1957
2 Allensteiner Zeitung. Allenstein, 28.2.1931
3 Allgemeine Zeitung. Mainz, 10.5.1951 und 11.5.1963
4 Annener Zeitung. Witten-Annen, 1.12.1956
5 Anzeiger für das Wuppertal. Wuppertal, 13.2.1931
6 Augsburger Postzeitung. Augsburg, 15.4.1930
7 Badische Presse. Karlsruhe, 8.4.1913
8 Badische Zeitung. Freiburg, 30.1.1958
9 Bergisch-Märkische Zeitung. Wuppertal, 13.2.1931
10 Berliner Börsen - Zeitung. Berlin, 10.1.1931 und 15.2.1938
11 Berliner Tageblatt. Abendausgabe. Berlin, 9.1.1931
12 Bonner Rundschau. Bonn, 11.11.1963
13 Bremer Nachrichten. Bremen, 26.9.1930
14 Breslauer Zeitung. Breslau, 10.4.1927
15 Cellesche Zeitung. Celle, 1.9.1960
16 Chronik. Tübingen, 11.3.1913
17 Courier. Hildesheim, 24.12.1912
18 Der Mittag. Düsseldorf, 26.3.1937, 12.5.1952, 28.9.1956 und 19.2.1957
19 Der Mitteldeutsche. Magdeburg, 4.12.1938
20 Der neue Tag. Weiden, 16.9.1958
21 Der Tag. Berlin, 13.1.1915
22 Deutsche Zeitung. Berlin, 4.10.1912
23 Deutsche Zeitung und Wirtschaftszeitung. 14.5.1963
24 Die Abendzeitung. München, 8.5.1952
25 Die neue Zeitung. Frankfurt, 8.5.1952
26 Düsseldorfer General-Anzeiger. Düsseldorf, 21.4.1905

27 Düsseldorfer Nachrichten. Düsseldorf, 29.9.1956
28 Düsseldorfer Zeitung. Düsseldorf, 20.4.1905
29 Echo der Woche. München, 10.5.1952
30 Flensburger Tageblatt. Flensburg, 13.9.1950
31 Fränkische Presse. Bayreuth, 22.9.1958
32 Frankfurter Allgemeine Zeitung. Frankfurt, 10.5.1963
33 Frankfurter Neue Presse. Frankfurt, 10.5.1963
34 Frankfurter Oder-Zeitung. Frankfurt a.d.O., 20.11.1930
35 Frankfurter Rundschau. Frankfurt, 10.5.1963 und 4.10.1964
36 Freie Presse. Bielefeld, 2.3.1950
37 Fuldaer Volkszeitung. Fulda, 3.1.1952 und 9.1.1952
38 Funk-Uhr. Dortmund, 27.12.1964
39 General-Anzeiger. Bonn, 7.3.1913
40 General-Anzeiger für Bonn und Umgebung. Bonn, 11.11.1963
41 General-Anzeiger. Dortmund, 18.2.1931
42 Generalanzeiger Ludwigshafen. Ludwigshafen, 23.11.1953
43 Generalanzeiger der Stadt Wuppertal. Wuppertal, 12.2.1931
44 Göttinger Tageblatt. Göttingen, 6.10.1937 und 7.10.1937
45 Hakenkreuzbanner. Mannheim, 17.3.1938
46 Hamburger Abendblatt. Hamburg, 15.10.1956
47 Hamburger Fremdenblatt. Hamburg, 6.3.1913
48 Hamburger Nachrichten. Hamburg, 23.10.1930
49 Hanauer Anzeiger. Hanau, 10.5.1963
50 Hannoversche Allgemeine Zeitung. Hannover, 15.2.1957
51 Hellweger Anzeiger. Unna, 13.10.1956
52 Herforder Kreisblatt. Herford, 15.9.1964
53 Jeversches Wochenblatt. Jever, 1.4.1959
54 Kieler Nachrichten. Kiel, 16.3.1953
55 Kieler Zeitung. Kiel, 15.5.1944
56 Kölnische Rundschau. Köln, 8.10.1950 und 11.11.1963
57 Kölnische Volkszeitung. Köln, 12.12.1912, 20.3.1913 und 23.4.1929
58 Königsberger Allgemeine Zeitung. Königsberg, 27.4.1931
59 Königsberger Hartungsche Zeitung. Königsberg, 18.4.1921, 14.4.1931 und 27.4.1931
60 Königsberger Tageblatt. Königsberg, 27.4.1931
61 Leipziger Neueste Nachrichten. Leipzig, 8.7.1912 und 22.9.1921
62 Leipziger Volkszeitung. Leipzig, 12.12.1953

63 Lippische Landeszeitung. Detmold, 7.2.1958
64 Lüdenscheider Nachrichten. Lüdenscheid, 7.11.1956
65 Main-Echo. Aschaffenburg, 14.5.1963
66 Münchener Abendzeitung. München, 7.5.1952
67 Münchener Zeitung. München, 8.7.1921
68 Münchener Merkur. München, 8.5.1952
69 Nachrichten. Bremen, 20.3.1913
70 Nachrichten für Stadt und Land. Oldenburg, 1.9.1927
71 Neue Berliner Zeitung: Das 12-Uhr-Blatt. Berlin, 9.1.1931
72 Neue Deister Zeitung. Springe, 18.2.1957
73 Neue Hamburger Zeitung. Hamburg, 22.3.1912
74 Neue Rhein-Zeitung. Düsseldorf, 27.9.1956
75 Neue Ruhr-Zeitung. Essen, 10.5.1952
76 Neue Württembergische Zeitung. Göppingen, 1.9.1960
77 Neue Zeit. Charlottenburg, 7.11.1926
78 Neue Zeit. Berlin, 15.12.1953
79 Neue Zeitung. Straßburg, 17.3.1913
80 Neue Züricher Zeitung. Zürich, 25.3.1952
81 Neueste Nachrichten. Dresden, 10.6.1912
82 Neueste Nachrichten. München, 28.2.1912 und 28.9.1920
83 Norddeutsche Allgemeine Zeitung. Berlin, 4.10.1912
84 Norddeutsche Volkszeitung. Bremen, 7.9.1967
85 Norddeutsche Zeitung. Hannover, 15.2.1957
86 Nordwestdeutsche Rundschau. 30.9.1947
87 Nordwestdeutsche Zeitung. Bremerhaven, 2.10.1930
88 Nordwest-Zeitung. Oldenburg, 5.9.1967
89 Nürnberger Zeitung. Nürnberg, 30.11.1964
90 Oberfränkische Volkszeitung. Hof/Saale, 11.9.1958
91 Offenburger Tagblatt. Offenburg, 2.10.1953
92 Osteroder Kreisanzeiger. Osterode, 22.2.1957
93 Ostfriesischer Kurier. Norden, 11.4.1959 und 7.9.1967
94 Ostpreußische Zeitung. Königsberg, 27.4.1931
95 Pfälzischer Courier. Neustadt a.a.Haardt, 8.9.1926
96 Post. Berlin, 16.3.1913
97 Recklinghäuser Zeitung. Recklinghausen, 4.2.1964
98 Reichsbote. Berlin, 26.4.1913
99 Rheiderland. Weener, 26.3.1959
100 Rheinische Landeszeitung. Düsseldorf, 18.3.1938
101 Rheinische Post. Düsseldorf, 18.10.1950 und 6.12.1966

102 Rheinische Zeitung. Köln, 9.10.1950

103 Rhein-Zeitung. Koblenz, 24.5.1963 und 5.10.1967

104 Rhön- und Streubote. Mellrichstadt, 17.3.1953

105 Ruhr-Nachrichten. Dortmund, 28.9.1956

106 Saarbrücker Allgemeine Zeitung. Saarbrücken, 3.6.1964

107 Saarbrücker Zeitung. Saarbrücken, 5.11.1926 und 13.6.1963

108 Schlesische Volkszeitung. Breslau, 13.12.1928

109 Schleswiger Nachrichten. Schleswig, 12.3.1936

110 Schwäbische Landeszeitung. Augsburg, 16.5.1952

111 Sonntagsblatt. Hamburg, 2.6.1963

112 Stuttgarter N.S.-Kurier. Stuttgart, 12./13.3.1938

113 Stuttgarter Zeitung. Stuttgart, 19.2.1964

114 Süddeutsche Zeitung. München, 8.5.1952

115 Südkurier. Konstanz, 11.9.1970

116 Südwest-Rundschau. Freiburg, 30.1.1958

117 Tageblatt. Köln, 13.12.1912

118 Volkszeitung. Dresden, 9.6.1912 und 19.3.1913

119 Volkszeitung. Leipzig, 8.7.1912

120 Vorwärts. Berlin, 20.9.1921

121 Wanne-Eickeler Zeitung. Wanne-Eickel, 27.9.1956

122 Weser-Kurier. Bremen, 10.5.1952

123 Weser-Zeitung. Bremen, 30.11.1911

124 Westdeutsche Allgemeine Zeitung. Essen, 31.1.1964

125 Westdeutsche Neue Presse. Köln, 13.5.1952

126 Westfälische Rundschau. Dortmund, 27.9.1956

127 Westfalen-Post. Hagen, 28.9.1956 und 25.10.1956

128 Wetzlarer Neue Zeitung. Wetzlar, 19.12.1951

129 Wiener Zeitung. Wien, 28.4.1849

130 Wiesbadener Kurier. Wiesbaden, 10.5.1963, 23.9.1967 und 26.9.1967

131 Wilnaer Zeitung. Wilna, 26.3.1944

132 Würzburger Generalanzeiger. Würzburg, 14.12.1928

133 Zeitung. Freiburg i.B., 25.1.1912

134 Zeitung, Lahr, 19.3.1913

Namenverzeichnis

Die hochgestellten Ziffern beziehen sich auf Namen in den Anmerkungen.

STUTTGARTER ARBEITEN ZUR GERMANISTIK
herausgegeben von
ULRICH MÜLLER, FRANZ HUNDSNURSCHER und CORNELIUS SOMMER

SAG 1: Christian Hörburger, Das Hörspiel der Weimarer Republik. Versuch einer kritischen Analyse. 1975, 512 Seiten, kart. ISBN 3-88099-002-6 DM 75.–

SAG 2: Jürgen Friedmann, Frank Wedekinds Dramen nach 1900. Eine Untersuchung zur Erkenntnisfunktion seiner Dramen. 1975, 192 Seiten, kart. , ISBN 3-88099-00-X DM 32.–

SAG 3: Knud Willenberg, Tat und Reflexion. Zur Konstitution des bürgerlichen Helden im deutschen Trauerspiel des 18. Jahrhunderts. 1975, 304 Seiten, kart. ISBN 3-88099-001-8 DM 42.–

SAG 4: Festschrift für Adalbert Schmidt zum 70. Geburtstag. Herausgegeben von Gerd Stein und Gerlinde Weiss. 1976, 568 Seiten, 12 Abb., kart., ISBN 3-88099-003-4

SAG 5: David Bathrick, The Dialectic and the Early Brecht: An Interpretive Study of „Trommeln in der Nacht". 1975, 152 Seiten, kart., ISBN 3-88099-004-2 DM 30.–

SAG 6.: Klaus-Peter Ewald, Engagierte Dichtung im 17. Jahrhundert. Versuch einer Erklärung des Psalmendichtungsphänomens dargestellt am Beispiel der Psalmen 23 und 130. 1975, 390 Seiten, kart., ISBN 3-88099-005-0 DM 55.–

SAG 7: Erika Haas, Ideologie und Mythos. Studien zur Erzählstruktur und Sprache im Werk Anna Seghers. 1975, 260 Seiten, kart., ISBN 3-88099-006-9 DM 34.–

SAG 8: Josemaria Taberner Prat, Über den „Marat/Sade" von Peter Weiss: Artistische Kreation und rezeptive Mißverständnisse. 1976, 438 Seiten, kart., ISBN 3-88099-007-5 DM 54.–

SAG 9: Hans Ternes, Das Groteske in den Werken Thomas Manns. 1975, 142 Seiten, kart., ISBN 3-88099-008-5 DM 23.–

SAG 10: Peter Nasse, Die Frauenzimmer-Bibliothek des Hamburger „Patrioten" von 1724. Zur weiblichen Bildung in der Frühaufklärung. 1976, 775 Seiten, kart., ISBN 3-88099-009-3 DM 88.–

SAG 11: Angelika Steets, Die Prosawerke Ödön von Horvaths. Versuch einer Bedeutungsanalyse. 1975, 292 Seiten, kart., ISBN 3-88099-010-7 DM 38.–

SAG 12: Albert J. Camigliano, Friedrich Schiller and Christian Gottfried Körner. A critical Relationship. 1976, 220 Seiten, kart. ISBN 3-88099-011-5 DM 32.–

SAG 13: Frederick George Thomas Bridgham, Rainer Maria Rilke: Urbild and Verzicht. 1975, 250 Seiten, kart., ISBN 3-88099-012-3 DM 32.–

SAG 14: Isolde Vöpel, Der Satzduktus in Schillers dramatischer Versrede. 1976, 182 Seiten, kart., ISBN 3-88099-013-1

SAG 15: **Gunda Lusser-Mertelsmann**, Max Frisch. Die Identitätsproblematik in seinem Werk aus psychoanalytischer Sicht. 1976, 352 Seiten, kart., ISBN 3-88099-014-X DM 48.–

SAG 16: **Leoni Müller-Loreck**, Die erzählende Dichtung Lou Andreas-Salomes. Ihr Zusammenhang mit der Literatur um 1900. 1976, 256 Seiten, kart., ISBN 3-88099-015-8 DM 32.–

SAG 17: **Philip A. Mellen**, Gerhart Hauptmann and Utopia. 1976, 124 Seiten, kart., ISBN 3-88099-016-6 DM 24.–

SAG 18: **Richard D. Hacken**, The Religious Thought of Martin Opitz as the Determinant of his Poetic Theory and Practice. 1976, 124 Seiten, kart., ISBN 3-88099-017-4 DM 21.–

SAG 19: **Ute Schneider**, Der moralische Charakter. Versuch einer Gattungsbestimmung anhand der frühen Moralischen Wochenschriften. 1976, 265 Seiten, kart., ISBN 3-88099-018-2 DM 42.–

SAG 20: **Fritz Rüdiger Sammern-Frankenegg**, Perspektivische Strukturen einer Erinnerungsdichtung. Studien zur Deutung von Storms „Immensee". 1976, 240 Seiten, kart., ISBN 3-88099-019-0 DM 33.–

SAG 21: **Judith Popovich Aikin**, The Mission of Rome in the Dramas of Daniel Casper von Lohenstein, Historical Tragedy as Prophecy and Polemic. 1976, 348 Seiten, kart. ISBN 3-88099-020-4 DM 46.–

SAG 22: **Günter Scholdt**, Der Fall Norbert Jacques. Über Rang und Niedergang eines Erzählers (1880–1954). 1976, 542 Seiten, kart. ISBN 3-88099-021-2 DM 69.–

SAG 23: **Wolfgang Minaty**, Paul Boldt und die 'Jungen Pferde' des Expressionismus. 1976, 122 Seiten, kart., ISBN 3-88099-022-0 DM 18.–

SAG 24: **George Wallis Field**, Hermann Hesse. Kommentar zu seinen sämtlichen Werken. 1976, kart., ISBN 3-88099-023-9 in Vorber.

SAG 25: **Käte Hamburger**, Kleine Schriften zur Literatur und Geistesgeschichte. 1976, kart., ISBN 3-88099-024-7 in Vorber.

SAG 26: **Edward McInnes**, The Development of German Social Drama 1840–1900, 1976, ca. 300 Seiten, kart., ISBN 3-88099-025-5 ca. DM 48.–

SAG 27: **Rolf-Werner Nolle**, Das Motiv der Verführung. Verführer und „Verführte" als dramatische Entwürfe moralischer Wertordnung in den Trauerspielen von Gryphius, Lohenstein und Lessing. 1976, 408 Seiten, kart., ISBN 3-88099-026-3 DM 45.–

SAG 28: **Karl Müller**, Das Dekadenz-Problem in der österreichischen Literatur um die Jahrhundertwende, dargelegt an Texten von Hermann Bahr, Richard von Schaukal, Hugo von Hofmannsthal und Leopold von Andrian. 1976, ca. 250 Seiten, kart., ISBN 3-88099-027-1 ca. DM 35.–

SAG 29: **Jaikyung Hahn**, Helfrich Peter Sturz (1736–1799): Der Essayist, der Künstler, der Weltmann. Leben und Werke. Mit einer Edition des vollständigen Briefwechsels. 1976, 532 Seiten, 32 Abb., kart., ISBN 3-88099-028-X DM 75.–

SAG 30: **Manfred Michael**, Friedrich Hebbels Herodes und Mariamne: Literarhistorische Studien zur gesellschaftlichen Funktion und Klassenbedingtheit von Werk und Wirkung. 1977, 742 Seiten, kart., ISBN 3-88099-029-8 ca. DM 80.–

SAG 31: **Glen A. Dolberg**, The Reception of Johann Joachim Winckelmann in Modern German Prose Fiction. 1977, 165 Seiten, kart., ISBN 3-88099-030-1 ca. DM 28.–

SAG 32: **Anthony J. Harper**, David Schirmer – a poet of the German Baroque" 1977, ca. 320 Seiten, kart., ISBN 3-88099-031-X ca. DM 40.–

SAG 33: **Martin Hüttel**, Marxistisch-leninistische Literaturtheorie: Die theoretische Bedeutung der Literaturkritik von Marx, Engels und Lenin. 1977, ca. 240 Seiten, kart., ISBN 3-88099-032-8 ca. DM 31.–

SAG 34: **Jens Rieckmann**, Autobiographie Thomas Manns. 1977, ca. 186 Seiten, kart., ISBN 3-88099-033-6 ca. DM 29.–